Une vie
de
Vincent Van Gogh

David Sweetman

Une vie
de
Vincent Van Gogh

Traduit de l'anglais
par Jean AUTRET

Presses de la Renaissance
37, rue du Four
75006 Paris

Si vous souhaitez recevoir notre catalogue et être tenu régulièrement au courant de nos publications, envoyez vos noms et adresse en citant ce livre aux

Presses de la Renaissance
37, rue du Four 75006 Paris

et pour le Canada à

Édipresse
945, avenue Beaumont
Montréal H3N 1W3

Illustration de la couverture :

Van Gogh, *Autoportrait*, 1889
(musée d'Orsay)

Titre original : *The love of many things*, publié par John Curtis Books in association with Hodder and Stoughton, Londres, 1990.

© David Sweetman, 1990.
© Presses de la Renaissance, 1990, pour la traduction française.

ISBN 2-85616-548-6   H 60-3602-4

Table

PRÉFACE : Un portrait 13

PREMIÈRE PARTIE
(1853-1880)

1. Cortège funèbre dans les champs de blé (1853-1869) 19
2. Une toile vierge (1869-1874) 39
3. L'effondrement (1874-1876) 76
4. Prie, mon âme (1876-1878) 104
5. Sous un soleil de soufre (1878-1880) 129

DEUXIÈME PARTIE
(1880-1891)

6. Théo (1880-1883) 163
7. *Les mangeurs de pommes de terre* (1883-1885) 212
8. Vert foncé, noir et rouge feu (1885-1888) 253
9. La Maison Jaune (1888) 320
10. Surveillé comme une bête dangereuse (1888-1890) .. 370

ÉPILOGUE : Deux sépultures 437

Remerciements 461
Bibliographie 463

Pour Vatcharin Bhumichitr

Les parties du texte figurant en italique dans l'ouvrage sont des extraits des lettres envoyées par Van Gogh à son frère Théo, ou à d'autres membres de sa famille, ou à des amis.

*Pour les lettres écrites en hollandais, nous avons recouru à la traduction effectuée par M. Beerblock et L. Roelandt (*Correspondance complète de Vincent Van Gogh, *Gallimard/Grasset). Les lettres écrites en français par Van Gogh ont été reproduites sans rien modifier à la formulation de leur auteur.*

Je le dis toujours : le meilleur moyen pour aimer Dieu, c'est d'aimer beaucoup de choses.

PRÉFACE

Un portrait

Le 24 décembre 1888, en début de soirée, Vincent Van Gogh marche à pas de loup derrière son ami Paul Gauguin, qui est sorti pour faire une petite promenade digestive près de leur maison, et il l'attaque soudain, avec un rasoir à main. C'est du moins ce que Gauguin a affirmé plusieurs années plus tard, quand il n'y avait plus personne pour le contredire, et l'on peut se demander quelle foi accorder à ce témoignage. Quoi qu'il en soit, cette histoire fait désormais partie du mythe qui conditionne notre vision de Van Gogh et déforme souvent notre jugement sur son œuvre.

Que les choses aient atteint ou non ce degré de violence, il est tout de même certain que les deux artistes s'étaient querellés au cours de cette journée froide et humide qu'ils avaient passée à Arles. Et pourtant, ce n'est que trois mois auparavant que Vincent avait peint son autoportrait avec la dédicace : *« A mon ami Paul Gauguin »* pour l'inciter encore davantage à quitter la Bretagne et venir contribuer à fonder une colonie d'artistes dans le Midi de la France.

Ce portrait était destiné à montrer Vincent sous les traits d'un moine novice attendant l'arrivée de son maître spirituel. Un homme moins arrogant que Gauguin aurait peut-être vu ce qu'il y avait sous la surface, car le crâne dégarni et les traits émaciés révèlent aussi les longues heures d'un travail harassant, les privations de nourriture et l'excès d'alcool qui ne pouvaient qu'exacerber la maladie mentale accablante et inexorable qui menaçait l'équilibre de Van Gogh.

Gauguin avait choisi de ne tenir aucun compte de cet avertissement, et même si le récit qu'il fit de cette agression a été quelque peu exagéré, il est malgré tout certain que cette soirée s'est terminée dans le sang.

Les détails de la tragédie sont bien connus : n'ayant pas, selon la version de Gauguin, réussi à blesser son ami, Van Gogh, en pleine crise de démence, aurait retourné l'arme contre lui-même pour s'infliger une mutilation sanglante. Tout le monde a entendu parler de cette histoire — tellement montée en épingle ! — selon laquelle il s'est tranché une partie de l'oreille gauche. Ce geste violent a également été intégré au mythe qui a fait de Van Gogh l'archétype de l'artiste des temps modernes : un maudit, ignoré ou rejeté de tous et qui se sacrifie physiquement et mentalement à la réalisation de son œuvre. Il est mort deux ans plus tard, âgé de trente-sept ans seulement, au terme d'une brève existence et d'une période créatrice plus brève encore : sa carrière de peintre a duré onze ans en tout, et les œuvres les plus marquantes ont toutes été exécutées au cours des quatre dernières années.

Quatre ans, pas plus. Voilà qui semble à peine croyable. Le nom d'un artiste célèbre évoque généralement un nombre réduit de toiles prestigieuses ; pourtant, quand il s'agit de Van Gogh, chacun d'entre nous voit surgir à sa mémoire une multitude d'œuvres ardemment aimées : les tournesols et le pont-levis d'Arles, aussi reconnaissables que s'ils faisaient partie de notre environnement immédiat ; et ces visages bien connus : le Zouave avec sa culotte rouge vif, le facteur Roulin, le Dr Gachet. Et il y a des scènes et des objets familiers comme des rappels de notre propre passé : les tables d'un café sous un ciel étoilé, la chaise jaune et vide, et ce champ de blé agité sous les nuages d'un orage qui menace, assailli par de sinistres corbeaux noirs.

Une telle énumération de chefs-d'œuvre fait paraître encore plus extraordinaire le fait que Van Gogh ait passé la plus grande partie de sa courte vie à s'efforcer de ne pas être peintre. Il s'est donné toutes les peines du monde pour consacrer son existence à d'autres choses, consentant enfin à se tourner vers la peinture quand l'art fut devenu pour lui le seul moyen d'échapper au désespoir dans lequel il avait sombré.

Un être qui a succombé à la folie n'a droit aux yeux du monde qu'au mépris et à la dérision et Vincent, à la fin de sa vie, se trouva en butte à l'un et à l'autre. Pourtant, aujourd'hui, il est le peintre le plus populaire de notre époque ; sa chaise jaune est l'œuvre d'art récente qui a été la plus reproduite*. Dans les ventes aux enchères, on paie des sommes astronomiques pour un simple vase de fleurs que lui-même n'avait jamais pu vendre, fût-ce pour quelques francs. Au cours du siècle qui s'est écoulé depuis son suicide, nous en sommes arrivés à considérer que son œuvre, plus que celles de ses contemporains, nous interpelle directement.

Il a dit du portrait de son dernier docteur qu'il lui avait donné *l'expression navrée de notre temps*, mais quelles qu'aient pu être ses propres souffrances, le chagrin et la dépression ne sont pas les principales caractéristiques de son œuvre. Même ce portrait de lui-même qu'il a peint pour Gauguin s'affranchit du masque initial de sa tristesse, car les réactions du spectateur se muent peu à peu en un sentiment proche de la gratitude, une sorte de soulagement à l'idée qu'un homme en proie à une telle souffrance ait pu avoir le courage de transformer son malheur en œuvre d'art. Loin de montrer le naufrage d'une vie, cet autoportrait en marque le triomphe.

En fait, si l'on s'efforce de regarder ses toiles après s'être débarrassé l'œil et l'esprit des légendes qui se sont accumulées à son propos au cours du siècle qui a suivi sa mort, on peut constater que ses œuvres traduisent une joie de vivre et une santé mentale incontestables. Avant même qu'il ne meure, Vincent Van Gogh apparaissait déjà comme le prophète solitaire et maudit de l'art moderne, et l'on pouvait déceler dans ses toiles, selon les critiques de l'époque, les explosions tourbillonnantes, les couleurs mystérieuses et déconcertantes d'un esprit en proie à l'obsession. Mais pour étayer cette théorie, il fallait ignorer ou déformer presque tout de ce que l'artiste disait sur ses intentions, et dénigrer ses propres inclinations artistiques, car Van Gogh était passionnément épris de l'art de son temps, un art que rejetaient avec véhémence les fondateurs du mouvement moderne. Il aura fallu attendre jusqu'à aujourd'hui pour voir dans le modernisme une école comme les autres et non plus le but historique vers lequel l'art tout entier n'avait cessé de tendre, et pour enfin regarder d'un œil neuf la vie de Van Gogh, sans se laisser détourner par des théories surannées. Et c'est justement là que réside l'objectif du présent ouvrage.

Il faut retourner aux paroles qu'il a effectivement prononcées pour découvrir la vérité. Il s'est donné beaucoup de mal pour expliquer ses pensées dans son abondante correspondance ; et la contemplation de ses toiles, menée de pair avec la lecture de ses lettres — dont la plus grande partie était destinée à son frère Théo —, procure l'un des plaisirs les plus intenses que puisse offrir l'étude d'une œuvre d'art. La richesse de ces matériaux est telle que « LA » vie de Van Gogh est chose impossible à écrire. Mais il y a toujours place pour « UNE » vie, car chaque génération s'efforce de tendre la main vers lui, tout comme il a lui-même si généreusement tenté de nous tendre la sienne.

Son plus cher désir était d'être compris et apprécié, et il professait la plus grande vénération pour les artistes capables de se faire admirer par un vaste public, les préférant à ceux qui se contentaient du culte que leur vouait une élite restreinte. Il voulait réaliser des œuvres d'art qui parlent directement à l'homme de la rue. Pour être encore plus sûr d'atteindre ce but, il signait ses toiles du simple nom de Vincent, comme pour montrer, en utilisant son prénom, la sympathie qu'il éprouvait pour le spectateur anonyme.

Première Partie
1853-1880

> Eh bien, mon travail à moi, j'y risque ma vie, et ma raison y a sombré à moitié.
>
> *Lettre de Vincent à Théo*, juillet 1890.

CHAPITRE PREMIER

Cortège funèbre dans les champs de blé
(1853-1869)

Il préférait «Vincent» à «Van Gogh» parce que les étrangers ne cessaient d'écorcher son nom : «Van Gog» était la prononciation qui l'irritait le plus. Cent ans après sa mort, c'est «van Gog» ou «van Goff» que l'on dit le plus souvent et aucune de ces deux appellations ne lui aurait plu davantage. Vincent, c'était plus simple, plus familier, et cela correspondait mieux à son caractère.

Dès qu'il eut appris à lire, il put déchiffrer son nom gravé sur une petite pierre tombale, à côté de l'église où son père était prédicateur :

VINCENT VAN GOGH
1852

suivi de l'inscription :

Laissez venir à moi
les petits enfants
n'élevez devant eux aucun obstacle car tel est
le ROYAUME
de DIEU

Les deux mots hollandais KONINGRIJK GODS étaient profondément gravés en lettres d'une grandeur agressive. Comme il a dû lui paraître sinistre et possessif, ce royaume ! Et quand le petit Vincent demanda qui était dans cette tombe, un second mystère lui fut révélé : le premier Vincent était mort le 13 mars alors que lui, le second Vincent, était né un an après, jour pour jour, le 13 mars 1853, coïncidence qu'il était difficile de ne pas remarquer.

Pour les parents éplorés, la mort de ce premier enfant avait paru plus tragique encore du fait qu'ils s'étaient mariés tard et que leur espoir d'avoir d'autres enfants semblait compromis à jamais. Agée de trente-trois ans, Anna Van Gogh avait trois ans de plus que son mari, le pasteur Theodorus, et elle se tourmentait à l'idée que le temps travaillait contre elle.

En outre, elle était obnubilée par une tradition qui exigeait qu'il y eût beaucoup d'enfants dans les familles. Theodorus avait onze frères et sœurs ; son père, Vincent Van Gogh, était également pasteur ; sa famille habitait dans la région de La Haye.

Lui-même ministre du culte, le pasteur Theodorus était censé montrer l'exemple à ses paroissiens en donnant naissance à une vaste progéniture de protestants...

Le soulagement fut donc considérable quand un second enfant arriva, tout de suite après le premier. La grossesse d'Anna fut surveillée de près par le médecin local, Cornelis Van Ginneken, qui fut donc le premier médecin de Van Gogh, et le seul à avoir vraiment réussi. Le couple était encore en grand deuil quand l'autre Vincent vit le jour, car la perte d'un membre de la famille était un événement social important en ce milieu du XIXe siècle.

On l'appela Vincent Willem, en souvenir de son prédécesseur et en l'honneur de son grand-père. Mais le choix de ce prénom était motivé par une autre raison, moins sentimentale. Le frère aîné du pasteur Theodorus s'appelait également Vincent Willem, et c'était l'homme le plus riche de la famille. Pour quelqu'un comme le pasteur, dont la carrière avait été des plus modestes et qui s'était retrouvé dans une paroisse médiocre située dans les fins fonds du Brabant, sans grandes perspectives d'avancement ou de promotion, cette preuve d'attachement fraternel témoignait de la plus grande prudence. L'oncle « Cent » serait le parrain et le protecteur de ce nouveau Vincent ; et il en fut ainsi d'ailleurs, un certain temps du moins.

Au cours de son existence, le second Vincent fit parfois allusion à son homonyme qui n'avait pas vécu, mais il est fort improbable que ses parents aient dit ou fait quoi que ce soit pour apporter le trouble dans son âme en lui rappelant le souvenir de l'enfant mort. Ils étaient tous deux de fort braves gens dotés d'un cœur généreux ; le péché, le sentiment de culpabilité et la mort n'étaient pas au premier plan de leurs convictions religieuses et bien que Theodorus fût ministre de l'Église réformée hollandaise qui a la réputation d'être particulièrement stricte, il n'avait rien d'un bigot confit en dévotion. C'est d'ailleurs cette largeur d'esprit qui avait compromis sa carrière.

Ayant fait ses études à une époque où l'Église était divisée entre traditionalistes et modernistes, tous aussi intransigeants les uns que les autres, Theodorus avait opté pour une voie moyenne et épousé les vues de la faction qui penchait pour le compromis. C'était en somme le parti des « honnêtes gens », et, comme toujours, ce manque d'héroïsme se solda par une indifférence totale de la part de ses supérieurs hiérarchiques. S'il s'était placé dans la camp des extrémistes, de quelque bord qu'ils fussent, Theodorus aurait sans doute eu de l'avancement.

Il jouissait d'une bonne prestance — on l'appelait « le beau dominié » —, mais ses talents de prédicateur n'étaient pas à la hauteur de son physique et il fallut toute l'influence de son père, le pasteur, pour lui obtenir un poste aussi peu enviable que ce petit village de Zundert, près de la frontière belge. Il se trouvait dans le Brabant catholique, ce qui signifiait que « Dorus », comme l'appelait sa famille, devait pourvoir aux besoins spirituels d'une minorité dispersée autour d'une église privée de toute envergure : c'était au prêtre catholique que revenaient tous les honneurs.

Mais Dorus était déterminé à tirer le meilleur parti de son premier poste dans les plaines agricoles du Brabant, cette province aux familles paysannes bien enracinées, si différente des trépidantes cités marchandes du Nord. Le village s'appelait Groot Zundert, non pas à cause d'une quelconque grandeur historique, mais parce que l'habitat y était très dispersé. Pour aller d'un bout à l'autre de la paroisse en coupant à travers champs, il fallait deux heures, ce qui n'était pas un inconvénient pour le pasteur, qui adorait la marche.

Il ne tarda pas à se rendre compte que ses administrés avaient une nette tendance à boire et à s'agiter les jours de fête, mais cette constatation ne l'irrita aucunement. Il n'était pas du genre à fulminer du haut de sa chaire et, par la suite, s'il devait conseiller son fils aîné, il ne prononçait que des paroles marquées du sceau de la tolérance, l'invitant à choisir une voie moyenne. Quand il citait les Écritures, c'était généralement les passages empruntés au Nouveau Testament, plus modéré, qui venaient à ses lèvres, plutôt que les tourments de l'enfer évoqués par l'Ancien Testament.

Dorus est le seul des enfants du pasteur Vincent à le suivre dans le sacerdoce. Les trois frères les plus proches de lui : Vincent (Cent), Hendrik (Hein) et Cornélis (Cor) sont négociants en objets d'art. Celui qui tranche le plus dans la famille, c'est Johannes, qui finira par accéder au grade de contre-amiral dans la marine néerlandaise.

Le frère préféré de Dorus est Cent ; c'est lui qui, lorsqu'il épouse Cornélia Carbentus, issue d'une famille très connue de La Haye, est à même de présenter à son frère cadet Anna, la sœur de la mariée. Bien que plus âgée, Anna est ouverte et enjouée, ce qui convient bien au caractère calme et réfléchi de Theodorus. Manifestement les deux personnalités sont bien assorties et le mariage sera célébré en 1851, un an après celui de Cent et de Cornélia.

Anna va devenir une matrone bien en chair, une épistolière acharnée et vorace, profondément soucieuse d'assurer le bien-être de sa famille et de ses amis. C'est aussi une artiste amateur dont le talent n'est pas négligeable.

Dorus, comme on pourra le constater plus tard grâce à un dessin de son fils aîné, prendra peu à peu l'apparence d'un antiquaire aux manières réservées, ses cheveux clairsemés cachés par une petite toque d'intérieur, les traits de son visage empreints d'une certaine lassitude. Ils furent manifestement heureux ensemble, jouissant de l'affection de leurs paroissiens qui pleurèrent avec eux l'enfant décédé et se réjouirent de la naissance du second.

Quand Dorus et Anna baptisèrent leur second fils du nom du premier — Vincent Willem —, ils voyaient déjà son avenir tout tracé : il ne pourrait devenir en grandissant qu'un membre de leur solide famille de bourgeois hollandais composée d'ecclésiastiques, de marchands de tableaux et d'officiers, tous respectables et satisfaits d'eux-mêmes, des citoyens néerlandais du genre de ceux qui nous regardent fixement sur les toiles de Rembrandt.

En effet, pendant les vingt premières années de l'existence de Vincent, il n'y a rien qui permette de penser qu'il diffère de son entourage, si ce n'est par des traits mineurs, jugés insignifiants à l'époque. Par la suite, de tels détails allaient retenir l'attention et être montés en épingle car on s'efforcerait de découvrir les premiers signes du génie, et aussi les premiers symptômes de la folie. Mais au début personne ne remarqua rien de particulier. Le jeune Vincent Van Gogh était un enfant tout à fait comme les autres.

Son unique particularité, c'étaient ses cheveux roux, rares dans la famille. Sa forte corpulence indiquait clairement qu'il n'avait pas hérité du physique avantageux de son père. Il montrait souvent un caractère indiscipliné — « mauvais caractère » était l'expression la plus fréquemment utilisée — et on le lui reprochait sans cesse, bien qu'Anna Van Gogh ne voulût jamais le reconnaître ; aussi, quand la belle-mère de la jeune femme — la fameuse génitrice qui avait mis douze enfants au monde —, s'efforça de faire un peu preuve d'autorité un jour que Vincent, encore bébé, avait poussé une colère, les relations entre les deux femmes se tendirent à un tel point qu'il fallut toute la diplomatie de Dorus et une promenade en voiture au crépuscule pour amener les deux adversaires à échanger le baiser de la réconciliation.

Loin d'être le signe d'un ferment artistique en train de lever dans l'esprit de Vincent, ce comportement s'expliquait plutôt par le véritable culte que lui vouaient ses parents, car ils le gâtaient inconsidérément.

Pourtant, sa position d'enfant unique ne devait pas se prolonger bien longtemps ; une fille, sa sœur Anna, naquit en 1855. Dix-huit ans plus tard, ils devaient partir ensemble pour faire un séjour à l'étranger, et ils allaient aussi échanger de temps à autre quelques lettres ; mais ils ne furent jamais beaucoup plus que de simples connaissances.

C'est la naissance de Théo, deux ans plus tard, en 1857, qui apporta à Vincent le compagnon dont il avait tant besoin. Il y eut deux autres filles, Élisabeth et Willemina, et un autre garçon, Cornelis, mais ce furent des figures trop lointaines pour pouvoir jouer un grand rôle dans la vie de Vincent. C'est dans la personne de Théo qu'il trouva l'ami qui lui resta attaché toute la durée de son existence.

Loin de prendre ombrage de la présence d'un second garçon dans le cercle familial, Vincent, qui était alors âgé de quatre ans, lui voua dès le début une véritable adoration. On eût dit des jumeaux, qui devinrent inséparables dès que Théo commença à faire ses premiers pas. Toute leur vie, ils allaient évoquer le souvenir de leurs premières années, se remémorant en détail des choses qu'ils avaient vues ou faites. Où qu'ils aillent, ils comparaient leur environnement immédiat avec le paysage chéri de leur enfance. Vers la fin de sa vie, Vincent écrit à Théo :

Pendant ma maladie, j'ai revu chaque chambre de la maison à Zundert, chaque sentier, chaque plante dans le jardin, les aspects d'alentour, les champs, les voisins, le cimetière, l'église, notre jardin potager par-derrière — jusqu'au nid de pie dans un haut acacia dans le cimetière.

Tout comme leur père, les deux bambins aimaient les longues promenades à pied et passaient des heures à étudier les plantes et les animaux qu'ils trouvaient, mais c'était Vincent qui, en ces occasions, jouait le rôle le plus important. Leur sœur Élisabeth s'est souvenue que Vincent connaissait les noms de toutes les bestioles et montrait une adresse sans pareille pour attraper les insectes aquatiques ; il ne se contentait pas de regarder, il les étudiait attentivement, tournant et retournant ses trouvailles entre ses mains, les recueillant et les étiquetant avec une précision toute scientifique. En fait, il était si loin de manifester les signes d'une vocation artistique qu'on était alors plus volontiers enclin à voir en lui un futur naturaliste.

Ses dispositions pour les sciences étaient telles qu'il éprouvait la plus vive contrariété quand on traitait ses études comme de simples jeux. Élisabeth écrivit par la suite qu'il avait un jour confectionné un éléphant avec de la pâte à modeler, mais qu'il l'avait détruit parce qu'il trouvait que ses parents faisaient trop de cas de cette réalisation.

Son amour de la nature devait demeurer un trait dominant tout au long de son existence. Un amour profondément lié à cette campagne du Brabant où Vincent allait entreprendre sa carrière de peintre.

On peut voir dans ses premières toiles à quel point ces fermes et ces villages étaient restés à l'écart du progrès apporté par le XIXe siècle : des maisonnettes à toit de chaume ; une paysanne garde une chèvre, des poulets grattent le sol, près de la porte ; un fermier en sabots de bois suit une charrue traînée par des bœufs, un couple fouille la terre pour en extraire des pommes de terre ; un tisserand se courbe sur son métier qui occupe toute la petite salle de sa masure. La Hollande de ce milieu du XIXe siècle a délibérément ignoré l'industrialisation de ses voisins plus entreprenants, ce qui préservait le pays des pires excès du libéralisme capitaliste tels qu'on pouvait les constater en Belgique. Mais cela signifiait aussi que la misère paysanne et la pénibilité des tâches n'avaient pas connu le moindre changement...

Heureusement pour les Van Gogh, la pauvreté sévissait surtout dans les villages de l'est de la Hollande et dans les sordides taudis d'Amsterdam où étaient contraints de s'exiler nombre de campagnards poussés par le désespoir. Certes, le Brabant n'était pas riche, mais on pouvait y survivre et il permettait de conserver, comme ce fut manifestement le cas pour Vincent, une vision romantique de la vie des champs, et de croire que les efforts prodigués par ceux qui travaillaient la terre avaient quelque chose de noble et même de sacré.

Les bons citoyens de Zundert vécurent dans l'ignorance des événements importants qui se déroulaient en dehors de leurs frontières, trait caractéristique de la nation hollandaise. Après s'être séparé de la Belgique en 1830, le royaume de Hollande avait délibérément choisi de rester à l'écart des options prises par les grandes puissances, afin de s'attacher en priorité à résoudre ses propres problèmes internes, la plupart étant dus à la cohabitation d'une population en majorité protestante avec une très importante minorité catholique.

Le pasteur Van Gogh s'inquiétait sans doute bien davantage des crédits dont pourrait bénéficier l'école protestante locale que du pouvoir grandissant de l'Allemagne ou des vicissitudes que connaissaient les gouvernements de la France. Naturellement, Vincent hérita dans une large mesure de cette attitude : même s'il devait plus tard s'intéresser profondément aux problèmes sociaux, ses réactions se situaient toujours au niveau du cas purement local ; le tableau plus large, la vision d'ensemble ne présentaient qu'un intérêt médiocre à ses yeux, et dans les quelque six cent soixante-dix lettres qu'il écrivit, on ne trouvera que très rarement mention d'un événement politique majeur dont il avait été le contemporain.

Guerres, coups d'État, assassinats, tout le laissait indifférent. En revanche, un jardin en fleurs, un roman bien écrit ou un paysage de toits brillamment exécuté étaient l'objet d'une description passionnée.

Dans son enfance, ce que Vincent apprit de la vie provenait de deux sources : les champs du Brabant et les livres. C'était un lecteur insatiable. Il manifestait une grande diversité de goûts, mais se montrait fort capable d'approfondir intensément son étude si un sujet retenait vraiment son attention. Ses grandes passions étaient la religion et les romans contemporains, et il possédait des notions assez précises sur un nombre surprenant de poèmes venus de tous les horizons d'Europe.

Ces connaissances, il les doit beaucoup plus à son père qu'aux écoles où on l'avait envoyé. Il commença par l'école de la paroisse protestante, mais ce n'est pas l'enseignement qu'il y reçut qui pouvait développer son goût pour la littérature, car l'établissement scolaire se limitait à une pièce surpeuplée où l'on avait entassé les enfants des paysans pour leur inculquer les rudiments de la lecture et de l'écriture.

Comparés à leurs voisins, les Van Gogh étaient des gens instruits, et bien que le pasteur de l'Église réformée de Hollande ne bénéficiât pas des honneurs réservés à son collègue catholique, il n'en était pas moins un personnage important de la communauté. Son presbytère était une vaste demeure à deux niveaux qui donnait sur la rue principale, tout à fait typique du style classique hollandais, avec un premier étage festonné comme les maisons que l'on trouve en bordure du canal à Delft ou à Amsterdam. La pente du toit était si abrupte que les chambres du premier n'offraient qu'un espace fort réduit, et à mesure que s'agrandissait la famille, les enfants durent se contenter d'une surface sans cesse plus restreinte. Rien d'étonnant, donc, si Vincent, en tant qu'aîné, en vint à haïr le toit en pente, et à désirer à jamais la solitude. Le seul vrai bonheur de Vincent, c'était de trouver un endroit où se réfugier avec Théo sans risquer d'être importuné par qui que ce fût.

Le véritable ciment de cette famille, c'était, naturellement, la mère. Tous se sont souvenus qu'elle pouvait tricoter « à une vitesse terrifiante », et qu'elle était constamment occupée. Même quand les enfants furent devenus adultes, elle continua de les unir grâce aux lettres qu'elle écrivait infatigablement. La plupart de ses missives commençaient ainsi : « Je t'envoie juste ce petit mot... », une affirmation aussitôt démentie par ce qui suivait : une abondante énumération de nouvelles et de conseils au destinataire du message.

Malgré la médiocrité des émoluments du pasteur, Anna avait une servante à demeure, et en dépit des charges familiales sans cesse plus nombreuses et des obligations que lui imposait sa condition de femme du dominié, elle réussit à s'adonner à son passe-temps favori : dessiner au crayon des fleurs sauvages pour son album ou reproduire à l'aquarelle un bouquet qu'elle venait de composer.

Elle voulait que le petit Vincent suive son exemple et les esquisses au crayon qu'il nous reste de cette époque témoignent éloquemment des encouragements que sa mère lui avait prodigués : il existe un extraordinaire dessin représentant un chien féroce, et un dessin ombré, plus que passable, qui représente un pont proche de leur domicile, enjambant un cours d'eau. Vincent avait alors neuf ans.

Pourtant personne à l'époque ne pensait que l'enfant manifestait des dons extraordinaires ou laissait présager une vocation future. Il n'y avait rien d'inhabituel à ce que l'on sache dessiner à une époque où les enfants apprenaient à se montrer précoces au piano, à l'aquarelle, à la couture et dans les autres arts domestiques.

On peut imaginer une soirée d'hiver ; la famille est rassemblée autour d'un feu de bois dans le salon ; chaises en bois ciré et en cuir, jetés de table en tapisserie aux différents motifs sur les guéridons, grosses lampes à pétrole en cuivre et en cristal à la lumière desquelles le pasteur Theodorus met sur le papier quelques notes pour le sermon du dimanche suivant pendant qu'Anna est en train de peindre un rameau de jacinthes roses. Cette scène contient les deux principaux courants suivis par la vie de Vincent : la religion et l'art. Ils devaient rivaliser en lui pendant trente ans, jusqu'au moment où le second finit par l'emporter.

Mais il fallait d'abord que le jeune garçon — il en est toujours ainsi pour un fils — règle ses comptes avec son père, un homme qui, bien qu'il fût beaucoup moins strict et borné que bon nombre de ses contemporains, était tout de même l'incarnation des principes et de la discipline. Vincent devait passer la plus grande partie de sa vie à lutter contre le désir de suivre l'exemple de l'auteur de ses jours pour gagner son approbation, car cette aspiration était accompagnée par la volonté encore plus forte de s'affranchir du monde que le pasteur représentait.

En général, Dorus considérait que tout ce qui appartenait au domaine de l'art relevait de son épouse. Pourtant, son cabinet de travail, un lieu sans doute assez peu prisé par Vincent et par ses frères, contenait un tableau très caractéristique : une minuscule gravure représentant une procession funéraire qui traversait un champ de blé. Il s'agit là, très probablement, de la première œuvre d'art « professionnelle » que le jeune Vincent ait connue. Elle produisit incontestablement sur lui un effet profond et durable.

Cette scène en noir et blanc de vingt centimètres de long sur dix de large portait la signature d'un artiste nommé Jacob Van der Maaten, un peintre graveur spécialisé dans la représentation de scènes locales, qui jouissait à l'époque d'une certaine popularité bien qu'il soit maintenant complètement oublié.

En un sens, il est assez peu surprenant que le pasteur ait voulu avoir cette estampe. Les moulins à vent et les canaux, ainsi que les représentations de la vie en Hollande au XVIIe siècle, avaient la faveur de la bourgeoisie en ce temps-là. Mais cette procession funéraire de Van der Maaten présentait un caractère tout à fait particulier qui différenciait nettement ce tableau du reste de son œuvre.

De loin, cette gravure paraît singulièrement morbide : un cortège composé de personnages vêtus de capes noires et coiffés de chapeaux hauts de forme serpente à travers un champ de hautes tiges de blé mûr, apparemment battu par la pluie que déversent des nuages d'orage surplombant la campagne. Vers l'horizon, le ciel est un peu plus clair. La procession s'éloigne du spectateur pour se diriger vers une église de village dont on distingue la silhouette noire. Au premier plan s'étend un espace qui vient d'être dégagé, avec le faucheur sinistre, le visage masqué de la mort, qui observe la scène.

Avec son ciel ouvert et ce vide particulier aux paysages des plats pays, le tableau produit un effet tout à fait inquiétant, et il est fort peu étonnant que bien des années plus tard, Vincent se le rappelle encore dans les moindres détails. Pourtant, si on regarde de plus près, la scène change complètement de caractère : le sinistre faucheur n'est autre qu'un vieux paysan somnolent qui ôte sa casquette devant le cortège, dont les participants sont eux-mêmes fort comiques : des gaillards bien en chair qui avancent en se dandinant comme des pingouins.

Avec un sentiment de soulagement, nous nous rendons compte qu'il ne s'agit de rien d'autre que d'une œuvre d'humour bucolique. Et pourtant, faites un pas en arrière et voilà que réapparaissent la mort et la tristesse.

Vincent allait se procurer par la suite une copie de l'estampe de Van der Maaten, et le thème du faucheur devait revenir souvent dans son œuvre, de même que l'ambiguïté qu'il avait décelée dans la gravure qui ornait le bureau de son père. L'année qui précéda sa mort, il écrivit à son frère Théo :

Je t'écris cette lettre peu à peu dans des intervalles quand je suis las de peindre. Le travail va assez bien, je lutte avec une toile commencée quelques jours avant mon indisposition, un faucheur; l'étude est toute jaune, terriblement empâtée, mais le motif était beau et simple. J'y vis alors dans ce faucheur — vague figure qui lutte comme un diable en pleine chaleur pour venir à bout de sa besogne — j'y vis alors l'image de la mort, dans ce sens que l'humanité serait le blé qu'on fauche. C'est donc — si tu veux — l'oppo-

sition de ce semeur que j'avais essayée auparavant. Mais dans cette mort, rien de triste, cela se passe en pleine lumière avec un soleil qui inonde tout d'une lumière d'or fin...

Il serait erroné de voir dans la pierre tombale qui portait son nom, et dans le personnage du faucheur, des ombres sinistres planant sur l'enfance de Vincent : comme nous l'avons fait pour *Enterrement dans les blés*, si on regarde d'un peu plus près, on y trouve de quoi rire de bon cœur et une source d'amusements enfantins. Avec Théo, il se montrait d'une insouciance tout à fait caractéristique, mais en présence des adultes, il devenait un petit gamin boudeur, bien typique lui aussi, qui voulait qu'on le laisse tranquille avec son livre ou son carnet d'esquisses, car il n'aimait pas qu'on l'interrompe dans ses activités.

Plusieurs années après sa mort, alors que son talent était déjà reconnu et accepté, on tenta de recueillir les souvenirs de ceux qui l'avaient connu enfant. Les opinions se révélèrent fort différentes les unes des autres : « Il était calme et avait bon caractère », dit un voisin, tandis qu'une femme qui avait été bonne à tout faire dans la famille se rappelait l'avoir jugé comme le moins agréable de tous les enfants. Le seul point sur lequel tous tombaient d'accord était le souvenir très net qu'avaient laissé ses cheveux roux et ses taches de son.

Quelles que fussent les divergences, il apparaît clairement que l'enfant n'était guère apprécié. Étant donné ses goûts — les livres, le dessin et la connaissance de la nature —, il ne pouvait guère être aimé des turbulents fils de fermiers qui fréquentaient avec lui l'école du village. Ses parents s'inquiétaient déjà de l'influence de ses condisciples sur le comportement de leur fils, mais quand le pasteur Theodorus apprit que l'instituteur avait tendance à boire un verre de trop, il décida qu'il fallait autre chose pour l'éducation de son fils aîné.

Au bout d'un peu plus d'un an, il retira l'enfant de l'école pour l'instruire à la maison et l'y garda pendant deux ans, mais quand Vincent eut atteint l'âge de onze ans, en 1864, on se rendit compte de la nécessité d'élargir le champ de ses connaissances. Les émoluments d'un pasteur ne permettaient pas d'envisager de l'envoyer en ville dans un établissement prestigieux. Par ailleurs, ses parents s'étaient certainement demandé si on pouvait l'arracher si brutalement à la vie des champs pour le plonger sans transition dans une atmosphère citadine.

On opta donc pour une petite pension que dirigeait Jan Provily — un professeur protestant que les Van Gogh connaissaient bien —, située à Zevenbergen, un bourg qui se trouvait à une vingtaine de kilomètres de Zundert.

Provily et son fils Piet s'étaient spécialisés dans l'enseignement des langues étrangères : le français, l'anglais et l'allemand. Pourtant, ce n'est pas le programme des études qui détermina ce choix, mais la proximité de l'école et le fait que Vincent serait mêlé à des garçons d'une origine sociale sans doute comparable à la sienne. Quoi qu'il en soit, dès son arrivée dans cette nouvelle école, à l'âge de onze ans, Vincent commença à acquérir une telle maîtrise des langues étrangères qu'il finit par devenir un linguiste accompli, presque capable de parler et d'écrire le français et l'anglais avec la même facilité que le hollandais, sa langue maternelle.

Étant donné son amour de la lecture et sa soif de connaissances nouvelles, on aurait pu penser qu'il serait heureux chez les Provily, une fois surmonté le premier choc provoqué par cette séparation. Il s'était montré si renfermé en compagnie des adultes, et les progrès effectués à l'école étaient tels que ses parents durent croire qu'ils avaient trouvé la meilleure solution. Ce n'est que plusieurs années plus tard que Vincent raconta à Théo combien il avait été malheureux en regardant la petite voiture jaune de ses parents s'éloigner sur une route détrempée par la pluie.

Quand son père revint deux semaines après pour voir si tout allait bien, Vincent se départit de son indifférence coutumière pour s'accrocher au cou de l'auteur de ses jours. Il dit à Théo qu'il n'avait vécu que dans l'attente de ces premières vacances de Noël où il aurait la permission de rentrer au logis. Sa raideur, ses accès de mauvaise humeur quand quelqu'un faisait trop attention à lui, tout cela n'avait été qu'une façade. En réalité, il avait besoin de sa famille et il se sentait seul et malheureux loin d'elle. Il existe une photo de lui, à l'âge de treize ans — nous sommes en 1866 —, où l'on voit un garçon fluet à la tignasse ébouriffée, dont le regard lointain et fixe et la lèvre inférieure légèrement boudeuse donnent nettement l'impression qu'il essaie de refouler ses larmes.

Naturellement, les vacances furent pour lui une véritable fête. Il retrouvait Théo et toute l'animation d'une famille nombreuse qui dut lui paraître bien agréable après cette première séparation. Et surtout, il y avait les visites de l'oncle Cent et de la tante Cornélia, une femme aux manières très douces qui s'était assigné pour mission de soigner son mari, lequel était affligé de fréquents problèmes de santé.

Comme ils n'avaient pas d'enfants, ils étaient tout dévoués à leurs neveux et nièces, qui devaient fort apprécier leur venue tant à cause des cadeaux qu'ils pouvaient apporter que de l'aura romantique qui se dégageait de leurs personnes, car l'oncle Cent et la tante Cornélia habitaient à Paris, et en outre, la conduite de ses affaires amenait le frère de Dorus à se rendre à Bruxelles, Berlin, Londres et même New York.

En voyant Vincent et Théo jouer ensemble, l'oncle Cent et le pasteur devaient sourire en se rappelant qu'eux aussi avaient partagé les mêmes occupations, comme deux frères jumeaux, pendant leur enfance. Cent avait dû quitter la maison dès l'adolescence pour entrer dans la carrière qui fit de lui un riche négociant en objets d'art, mais il était toujours resté en contact très étroit avec Dorus. Quelques années plus tard, quand Vincent partit de chez lui, l'oncle Cent vendit sa maison de France pour acheter une importante propriété à Princenhage afin de se rapprocher de son frère.

Il se fit construire une galerie d'art près de sa demeure pour y abriter sa collection personnelle. C'est l'oncle Cent qui initia le jeune Vincent et le jeune Théo au monde de l'art et au négoce des tableaux. Il fut un mentor idéal. Il avait fait ses débuts à La Haye où il avait travaillé chez un cousin qui vendait des fournitures pour les peintres, mais moins de deux ans plus tard, il avait pris la direction de la boutique, qu'il avait transformée en galerie d'art. Dès le début, il s'était rendu compte qu'il y avait un marché pour les nouveaux talents, et il ne tarda pas à exposer les œuvres des jeunes artistes dans ses salons tout neufs sur la Plaats, une élégante petite place située près de Binnenhof, à deux pas du Parlement.

Dès qu'ils eurent découvert que l'oncle Cent payait bien, les artistes affluèrent dans sa galerie. Il avait une prédilection marquée pour les tableaux peints au-dehors, directement d'après nature, une mode qui florissait alors. C'était un phénomène qui se répandait dans toute l'Europe et dont les chefs incontestés étaient un groupe d'artistes français basé dans le village de Barbizon, au cœur de la forêt de Fontainebleau.

L'oncle Cent collectionnait les toiles de l'école de Barbizon et les vendait en Hollande, mais le but qu'il poursuivait était surtout d'encourager les peintres du cru, une école hollandaise qui appliquait le même principe et résidait à La Haye ; ce en quoi il réussit pleinement.

Ces différents groupes de peintres de la nature avaient tous en commun la volonté de s'affranchir des sujets éculés de l'art classique et religieux perpétués par les académies et exposés dans les salons annuels qui se tenaient dans la plupart des capitales européennes. Pourtant, dans une certaine mesure, cette révolution résultait autant d'un progrès technique que d'une doctrine philosophique très élaborée : l'expédition par la Grande-Bretagne de nouveaux tubes métalliques contenant des mélanges tout faits, prêts à l'emploi, libérait les artistes de la nécessité de broyer et de mélanger leurs propres couleurs et leur permettait de travailler en dehors de leur atelier. Jusqu'alors, les peintres étaient obligés d'effectuer sur le terrain de rapides esquisses à l'aquarelle qu'il fallait reprendre ensuite en studio. Maintenant, il était possible d'exécuter la totalité de l'œuvre en plein air, directement d'après nature.

Dans tous les pays d'Europe, les résultats furent similaires — l'effet produit par la lumière du soleil, l'artiste étant à même d'observer comment elle tombait et comment elle affectait les objets sur lesquels elle tombait, provoqua un éclaircissement général de la palette. Les tonalités sombres des classiques de studio, assombries encore davantage par le vernis, commencèrent à laisser la place à des peintures plus claires, plus aérées. Et, naturellement, la vieille garde manifestait une aversion marquée pour ces nouveautés. Les académiciens jugeaient les peintres de la nature négligés, ils trouvaient leurs œuvres inachevées. Mais l'oncle Cent devina avec beaucoup de clairvoyance que les citadins fortunés s'empresseraient d'acheter au prix fort des scènes aussi colorées, où dominaient les paysages agrestes et les marines : ils les achèteraient pour égayer leurs maisons neuves, édifiées dans les faubourgs qui proliféraient autour du centre des villes, car si les procédés étaient nouveaux, l'attirance pour les sujets représentés relevait essentiellement de la nostalgie du passé. Pour la dernière fois au cours de ce siècle d'innovations rapides, un progrès important dans le domaine artistique était accompagné par une modification comparable des goûts du public, et l'oncle Cent en recueillit tous les bénéfices.

Si Cent Van Gogh s'en était tenu là, il aurait été le négociant en tableaux le plus coté de La Haye, mais il alla beaucoup plus loin. Il était persuadé, à juste titre, que s'il avait réussi à acheter les œuvres de l'école de Barbizon pour les vendre en Hollande, il aurait pu également trouver à l'étranger un marché pour ses artistes hollandais. Il savait que les Français accordaient un certain prestige à ce concept vague qu'était « le Nord », héritage de l'âge d'or de la peinture hollandaise, des Rembrandt et Vermeer, ce qui signifiait que les Français se tournaient encore vers Amsterdam (de même que le monde se tourne encore vers Paris aujourd'hui), longtemps après que cette ville eut cessé d'être un centre artistique majeur.

Poursuivant son idée, l'oncle Cent se rendit à Paris en 1861 et fonda une association avec l'un des principaux négociants en tableaux de l'époque, Adolphe Goupil. Faisant dorénavant partie de la maison Goupil et Cie, l'oncle Cent disposait d'un vaste marché pour ses artistes : Goupil avait deux galeries à Paris, et d'autres à Berlin et à Londres, ainsi qu'un «correspondant» à New York. Pendant un certain temps, un autre oncle de Vincent, Hendrick (Hein), travailla avec Cent à La Haye, mais il décida finalement de fonder sa propre affaire à Bruxelles avant de se joindre, lui aussi, à la maison Goupil, renforçant ainsi la position de la famille.

Goupil, lui, avait fait fortune grâce à la vente des reproductions haut de gamme en se conformant aux goûts qui se manifestaient lors des salons officiels annuels; il liait par contrat les lauréats de chacun de ces salons comme s'il s'était agi de boxeurs professionnels. Le siège principal, rue Chaptal, comprenait un atelier d'imprimerie, une galerie d'art et un certain nombre d'appartements qu'il réservait aux peintres les plus célèbres qui collaboraient avec lui.

Au début, c'est dans l'un de ces logements que s'installa l'oncle Cent avec la tante Cornélia, mais quand il vit que les toiles hollandaises trouvaient preneur en France, il se porta acquéreur d'un hôtel particulier cossu, à Neuilly. Sa principale contribution à la rapide croissance de la chaîne Goupil fut de renforcer la vente de peintures originales, et grâce à la «passion pour le Nord», ses propres poulains firent des affaires florissantes et lui furent redevables d'une dette exceptionnelle.

Il n'y avait qu'un nuage pour assombrir la brillante carrière de l'oncle Cent : son mauvais état de santé. Il avait toujours souffert des attaques d'un mal indéterminé et lorsqu'il initia ses jeunes neveux à la connaissance du négoce des œuvres d'art, il était déjà lui-même partiellement retiré des affaires. Bien qu'il fût demeuré l'un des principaux actionnaires et aussi l'un des directeurs de la société, il s'occupait de moins en moins de la gestion courante des galeries et préférait passer les mois d'hiver sous des cieux plus cléments, à Menton, dans le midi de la France. Mais chaque fois que l'une de ses visites coïncidait avec les vacances scolaires de Vincent, il poursuivait l'éducation de l'adolescent dans le domaine de l'art et du négoce des œuvres artistiques.

Pour Vincent, il ne s'agissait guère que de passer quelques après-midi agréables, mais le vieil homme s'était mis dans la tête, sans jamais en parler d'ailleurs, que son neveu pourrait un jour prendre sa suite dans les affaires.

En 1866, à l'âge de treize ans, Vincent acheva ses études élémentaires chez les Provily et on l'envoya encore plus loin, à l'école secondaire d'État du roi Willem II à Tilburg. C'était sa première expérience de la vie citadine. Il fut mis en pension dans une famille, les Hannick, dont le fils Marinus avait été élève de l'école.

Pour ajouter encore à l'étrangeté de la situation, l'école elle-même se révéla plutôt insolite : il s'agissait du palais où le précédent roi avait résidé, et elle avait l'apparence d'une forteresse de conte de fées, en dépit de ses dimensions modestes, avec ses quatre tours et ses murailles crénelées. Fort heureusement, la véritable nature de l'établissement démentait la martiale austérité de son aspect, car l'école avait un régime extraordinairement libéral pour l'époque. Son fondateur, qui fut également son premier directeur, F.J.A. Fels, avait formé une équipe pédagogique composée d'une douzaine de professeurs tous dotés de titres universitaires prestigieux. Un grand nombre d'entre eux allaient par la suite enseigner à la faculté.

Fels était d'une nature fort aimable et l'atmosphère de l'école n'avait rien de contraignant. Il existe une photographie de la classe, prise sur le perron de l'entrée, avec Vincent au premier rang, où tout le monde, professeurs et élèves, semble particulièrement détendu en dépit des airs compassés qui sont généralement de mise en pareille occasion.

Cependant, le programme des études ne manquait pas de consistance : chaque semaine trente-six heures étaient consacrées à des matières scolaires mais, chose exceptionnelle, outre l'étude des mathématiques et des langues, on réservait quatre heures hebdomadaires à l'initiation artistique, ce qui ne se faisait pratiquement jamais à l'époque. Au moment de sa nomination comme directeur de l'école, Fels avait fait appel à un artiste, C. C. Huysmans, pour assurer les cours de dessin.

Huysmans était en train de se tailler une solide réputation à Paris quand il avait été contraint de rentrer au pays pour s'occuper de son père devenu aveugle. Placé devant la nécessité de se consacrer à l'enseignement, il avait décidé d'y donner le meilleur de lui-même et était devenu un expert en matière d'éducation artistique. Il écrivit même un manuel de l'enseignement du dessin qui connut une grande faveur.

Les instructions ministérielles de 1863 stipulaient que les écoles devaient enseigner la perspective mais, à Tilburg, Huysmans dépassa de beaucoup cet objectif limité en équipant un local pour en faire une salle de dessin tout à fait adéquate, ce en quoi il se montra très en avance sur son temps.

L'homme avait d'ailleurs un aspect déconcertant avec sa mâchoire carrée et glabre, qui lui donnait une allure un tant soit peu inquiétante alors qu'en fait il se souciait surtout du bien-être de ses élèves. Vincent et ses camarades entraient dans la salle de dessin, vêtus de blouses amples, et s'asseyaient sur de longs bancs disposés autour d'une table sur laquelle Huysmans avait placé des moulages de plâtre et des animaux empaillés pour servir de modèles. Pendant qu'ils travaillaient, Huysmans allait de l'un à l'autre en prodiguant conseils et encouragements. Mais pour autant que Vincent ait pu apprécier cet enseignement, il n'en demeure pas moins un fait étrange, c'est qu'au cours de ces deux années passées à Tilburg, il ne soit jamais parvenu à maîtriser la science de la perspective. En dépit des efforts de Huysmans, il n'arrivait pas à en saisir le principe.

Heureusement, Huysmans ne se contentait pas de se conformer aux instructions ministérielles. Chaque fois que le temps le permettait, il emmenait sa classe au-dehors pour peindre d'après nature. Huysmans avait épousé les nouvelles théories sur l'art et ses méthodes s'harmonisaient parfaitement avec les préceptes professés par l'oncle Cent. C'était une occasion unique. Fels nourrissait l'espoir que Tilburg devienne un centre national d'éducation artistique et l'école avait réussi à obtenir une subvention de trois cents florins pour acheter des reproductions de tableaux des grands classiques que l'on avait accrochées aux murs de la salle de dessin afin que les élèves puissent les étudier.

La perspective mise à part, Vincent suivait ces cours avec profit et se classait parmi les meilleurs. Bien qu'il n'eût pas effectué l'année préparatoire qui précédait généralement les études proprement dites, il réussit facilement l'examen à l'issue de la première année. Mais ensuite, la situation se modifia. M. Fels partit et fut remplacé par le Dr W. N. Fenger, un Allemand qui se flattait de recourir à des méthodes très strictes en matière de discipline. Des contestations au sein du personnel ne tardèrent pas à se produire, et quelques élèves se firent mettre à la porte.

Vincent n'eut jamais à subir les foudres directoriales, et on ne trouve dans les cahiers de punitions aucune trace d'une quelconque mesure disciplinaire prise à son encontre, mais il se produisit tout de même quelque chose qui changea radicalement son attitude envers l'école. En mars 1868, au milieu de sa seconde année scolaire, il rentra soudain à Zundert pour n'en plus jamais repartir. Ce qui s'était passé demeure un des grands mystères de sa vie, et c'est peut-être la clé inconnue qui aurait pu expliquer bien des aspects du comportement qu'il allait avoir par la suite.

Le motif de son départ ne devait pas avoir trait à la vie scolaire car Vincent avait brillé à Zevenbergen et passé facilement les examens à Tilburg. Avec sa connaissance des langues étrangères, il aurait dû pouvoir briguer une bourse d'études à l'université. Certains auteurs ont suggéré que les Van Gogh n'avaient plus les moyens de payer les frais d'études, mais alors, pourquoi l'avoir renvoyé là-bas la seconde année pour le retirer au beau milieu du deuxième trimestre ? De toute manière, Vincent était le fils « adoptif » de l'oncle Cent, et si l'argent avait manqué, tout laisse supposer que le riche négociant aurait volontiers apporté son aide.

La seule chose dont nous soyons certains, c'est que lorsqu'il rentra à Zundert, sa vie s'arrêta tout à coup. Il n'avait pas de travail, rien pour occuper son temps, aucun projet d'avenir, et ce hiatus inexpliqué allait se prolonger pendant quinze mois. D'autres périodes d'oisiveté similaire allaient se reproduire par la suite, mais il apparaissait déjà clairement que Vincent souffrait d'un désordre mental qui provoquait en lui des obsessions démentes suivies de périodes où il sombrait dans une mélancolie profonde et malsaine.

On peut supposer que c'est ce qui se produisit à Tilburg. On dut croire à des manifestations de mauvais esprit ou à une tentative de simulation de maladie qui, si elles se poursuivaient, amèneraient la direction à demander aux parents de reprendre l'enfant. Qu'il n'y ait aucune trace écrite de cette hypothèse ne fournit pas nécessairement la preuve qu'elle soit invraisemblable.

C'est seulement quand le désordre mental dont souffrait Vincent l'amena à se comporter bizarrement et provoqua quelques modifications alarmantes dans son aspect physique que sa famille se rendit compte que quelque chose ne tournait pas rond. Il n'est pas du tout impossible qu'il ait eu une attaque, sous une forme ou une autre, et que l'on n'eût su alors ni la reconnaître ni l'interpréter.

Quoi qu'il ait pu se passer, la vie qu'il mena après son départ de l'école fut sans doute fort ennuyeuse. Maintenant que son unique ami, Théo, passait toutes ses journées en classe, il n'avait guère pour occuper les longues heures d'oisiveté que les promenades solitaires dans les champs environnants. Une année se passa ainsi. Dans un livre qu'elle écrivit par la suite, sa sœur Élisabeth le décrit en ces termes : «... aussi large qu'élancé, le dos légèrement voûté par la mauvaise habitude qu'il avait d'aller tête baissée ; les cheveux blond roux coupés court, cachés par un chapeau de paille : un visage étrange qui n'était pas celui d'un jeune homme ; le front déjà sillonné de rides, les sourcils, sous le front large et noble, froncés par une réflexion profonde. Les yeux petits et enfoncés, tantôt bleus tantôt verts, selon l'impression du moment. »

Élisabeth notait aussi que, sous cet «extérieur disgracieux», il semblait aux prises avec un conflit intérieur qui se manifestait sous une forme ou sous une autre. Ce qui est sûr, c'est qu'il ignorait complètement ses sœurs et le plus jeune de ses frères. Il est vrai que Cor avait à peine douze mois, quinze ans de moins que lui... Mais de quel conflit intérieur pouvait-il bien s'agir ?

Nous savons, grâce à des lettres qu'il a écrites par la suite, qu'il brûlait du désir de consacrer sa vie à quelque chose, d'être utile, de s'engager pour une grande cause. Finalement cette cause devait se révéler être la peinture, mais à seize ans il n'avait pas cette ambition et son envie de trouver un but à son existence ne pouvait s'orienter dans aucune direction ; elle ne pouvait que le harceler, alors que se succédaient toutes ces journées gâchées.

Au cours de cette éprouvante période, le père et la mère de Vincent n'étaient certains que de deux choses : d'abord, il leur était désormais impossible de dépenser davantage pour lui : il avait eu son temps à l'école, c'était maintenant le tour des autres enfants. Ensuite, il n'y avait qu'une seule personne qui fût susceptible de les aider à résoudre le problème, l'oncle Cent. Puisque Vincent avait toujours été tellement fasciné par la façon dont son oncle décrivait le négoce des œuvres d'art, ne pouvait-on voir là une issue à cette crise ?

Étant donné l'image de bohème qui s'attache à l'artiste aujourd'hui, on pourrait penser que le pasteur Theodorus n'aurait jamais envisagé une telle carrière pour son fils, mais il savait que les peintres auxquels l'oncle Cent avait affaire étaient d'une respectabilité presque excessive. Dans la Hollande du XIXe siècle, la profession de marchand de tableaux ne manquait pas de raffinement, et Cent comptait parmi ses clients des membres de la cour royale. L'habitude de considérer l'artiste comme un marginal, un «paria», pour reprendre le terme qui allait être utilisé par la suite, ne faisait que commencer à apparaître et à gagner du terrain dans les milieux d'avant-garde de Paris, et ce n'est pas la moindre ironie de la vie de Vincent que ce soit justement lui, plus qu'aucun autre, qui deviendrait un jour l'archétype de ce genre d'artiste. Mais pour le moment, il n'y avait rien dans l'univers des galeries d'art hollandaises qui puisse amener le pasteur ou son épouse à se poser des questions.

L'oncle Cent était ravi. Il avait toujours espéré avoir son neveu à ses côtés. Il envisageait déjà de mettre un terme à ses relations avec Goupil pour se rapatrier en Hollande. Que pouvait-il espérer de mieux que de voir un membre de sa famille prendre la relève ? Si le jeune homme travaillait ferme et montrait des dispositions, rien ne s'opposait à ce qu'il devienne l'héritier de son oncle.

Vincent accepta cette proposition. Que pouvait-il faire d'autre ? Après être resté quinze mois dans une inactivité totale, il était plus qu'heureux de quitter son village une fois de plus. La Haye, qui était la capitale administrative du pays, dut lui paraître suffisamment attirante. A seize ans, le moment était certainement venu pour lui d'introduire un peu d'aventure et d'intérêt dans sa vie.

Il fallut quelque temps à l'oncle Cent pour prendre les dispositions nécessaires, mais un poste d'apprenti dans sa première galerie d'art fut enfin créé et au début de l'été 1869 tout était réglé. Vêtu de ses plus beaux habits, les bottes étincelantes, sa tignasse rebelle bien aplatie, Vincent était prêt à quitter le monde de l'enfance. Mais quand la voiture de ses parents l'emmena sur la route de Breda où il prendrait le train jusqu'à la côte, l'excitation provoquée par la perspective de l'aventure dut être tempérée par l'idée que rien de ce qui lui arrivait n'était le fruit de sa propre volonté. Tout avait été décidé à sa place. Il s'était contenté d'acquiescer.

CHAPITRE II

Une toile vierge
(1869-1874)

Tout avait été organisé en détail. Il logerait chez les Roos, des amis de ses parents qui demeuraient dans le Lange Beestenmarkt, une rue très ordinaire, bordée de maisons bourgeoises aux dimensions moyennes, à dix minutes à pied du centre de la ville où il devait travailler. Bien qu'il fût préférable de prendre pension dans une maison où l'on était connu, tout autre adolescent de seize ans aurait voulu davantage de liberté. Mais Vincent ne se plaignit pas : à certains égards, il était beaucoup plus jeune que son âge réel, et il avait mené jusqu'alors une existence protégée, à la campagne.

C'est seulement au cours des quatre années qu'il allait passer à La Haye qu'une personnalité indépendante commença à se faire jour. Mais au début, il se conforma docilement aux initiatives de la famille Roos qui lui trouva des amis : un neveu à eux, un certain Willem Valkes, avait à peu près le même âge que lui et il s'arrogea automatiquement le rôle de compagnon attitré.

Un certain nombre de membres de la famille de Vincent habitaient La Haye : son cercle de relations était donc déjà tout formé, surtout avec la maison bien remplie où logeaient le frère de sa mère, Arie Carbentus, sa femme (tante « Fie ») et leurs trois filles. Vincent appréciait beaucoup de se plonger dans cette atmosphère familiale, et bien qu'il trouvât la conversation à la table des Roos, un peu limitée après les propos animés qu'il avait échangés à Zundert, il ne tarda pas à s'attacher à ces gens avec lesquels il continua d'entretenir des relations longtemps après les avoir quittés.

Jusqu'à Willem qui se révéla un compagnon fort acceptable. Le dimanche, quand ils avaient congé, ils pouvaient profiter du fait que La Haye n'était guère qu'une petite ville dont les rues ne tardaient jamais à se perdre dans les bois et les dunes des environs. Mis à part le centre ville avec ses jolies places du XVIIe siècle, la plus grande partie de la cité était un jardin de banlieue, et ressemblait plutôt à un village qui aurait trop grandi. Il y avait des bois où l'on pouvait se promener, des lacs pour faire du bateau et surtout le port, tout proche, de Scheveningen, qui était encore un minuscule et pittoresque village de pêcheurs adossé à une étendue illimitée de dunes qui inspiraient encore tant d'artistes locaux.

Ces dunes étaient un véritable désert, un rare élément de drame dans un paysage d'une platitude perpétuelle, une succession de creux sablonneux et de hautes crêtes qui s'ouvraient soudain pour révéler les brisants gris argent de la mer du Nord déferlant sur de vastes plages complètement vides, à l'exception, de temps à autre, d'un bateau renversé ou d'un pêcheur solitaire étalant ses filets.

La forêt et la mer à deux pas de la ville facile à atteindre par le train avaient fait de La Haye une colonie d'artistes. Au cœur de la vie artistique de la cité se dressait la galerie Goupil, sur la Plaats, l'élégante petite place qui débouchait sur le lac bordé d'arbres, tandis que sur l'autre rive, il y avait le Mauritshuis, une ancienne résidence princière qui abritait maintenant les collections d'œuvres d'art royales.

La cour comptait de nombreux clients de la galerie Goupil et quand les toiles des nouveaux artistes hollandais commencèrent à se vendre, ce fut sans doute grâce à la clairvoyance de l'oncle Cent, qui avait tablé sur l'existence d'un marché fondé sur le patriotisme qu'inspiraient ces produits du cru.

Alors que sa réputation commençait à s'affirmer, il fit cadeau au roi d'une collection d'estampes reproduisant les œuvres des lauréats de l'Exposition de Paris en 1867 et il fut récompensé par le titre de chevalier. Voyant son éclat ainsi rehaussé, la galerie de l'oncle Cent fut fréquentée par la reine Sophie qui amena dans son sillage non seulement un prestige accru mais aussi une clientèle encore plus fournie.

Il y avait cependant une ombre à ce succès éclatant : les prétendus artistes de La Haye n'avaient en fait pas grand-chose de commun avec la ville en question. Ils venaient y peindre pendant leurs vacances mais s'empressaient ensuite de regagner des villes plus animées. Certains même habitaient Paris. Les peintres de l'oncle Cent avaient reçu l'appellation d'école de La Haye autant pour les différencier des peintres travaillant dans leurs studios d'Amsterdam que pour marquer un lien physique avec la ville. « La Haye » était une façon plus rapide de désigner la campagne, la nature, l'art nouveau qui se pratiquait à l'extérieur. Mais, comme c'est souvent le cas pour la plupart des écoles créées artificiellement, cette définition ne résistait pas à un examen attentif : tous n'étaient pas peintres de paysages ; les scènes d'intérieur et de rues étaient tout aussi nombreuses.

Pourtant, l'oncle Cent réussit si bien à créer un marché pour cette école que l'idée de l'appeler ainsi finit par se concrétiser d'elle-même et, peu à peu, les artistes qui y étaient associés vinrent plus souvent à La Haye, la plupart décidant même de s'y installer définitivement. Et c'est là qu'apparaît la chance dont bénéficia Vincent, car les quatre années qu'il passa chez Goupil coïncidèrent avec cette migration.

Il devait faire la connaissance de chacun des artistes à mesure qu'ils arrivaient, et trois d'entre eux au moins allaient exercer sur lui une profonde influence. Naturellement, il y avait toujours eu des artistes pour résider à La Haye, mais il s'agissait d'individualistes, de solitaires, comme ce Van der Maaten, l'auteur de la procession funèbre, qui avait séjourné à deux reprises dans la ville avant de se fixer à Appeldoorn.

Le premier peintre de l'école de La Haye qui s'installa dans cette ville fut Joseph Bosboom, qui, avec une certaine perversité, s'était spécialisé dans la représentation fort détaillée des intérieurs d'églises, parfois peuplées de minuscules personnages vêtus de costumes du XVIIe siècle. A première vue, cela ne paraissait avoir aucun rapport avec l'amour de la nature que le nom de La Haye était censé représenter, mais, en un sens, cette pratique mettait en relief l'unique caractéristique qui liait en fait les uns aux autres tous les peintres de La Haye : ils se tournaient vers le passé, vers l'Age d'Or de l'art hollandais, vers les Vermeer, les Van der Veldt, les De Hooch, vers la longue lignée d'artistes qui, eux aussi, avaient fréquemment fait des fermes, des côtes et des villes des Pays-Bas les sujets de leur art.

Il paraissait particulièrement opportun que le royaume qui venait d'accéder à l'indépendance sous l'appellation de Pays-Bas eût dans sa capitale administrative une école d'artistes qui cherchaient à restaurer ce que beaucoup considéraient comme l'héritage interrompu de l'art national. Car, bien que les techniques fussent nouvelles et que la pratique de la peinture d'après nature les fît participer à ce mouvement récent qui se répandait dans toute l'Europe, l'école de La Haye était en fait essentiellement traditionnelle et nationaliste.

Ce conservatisme se reflétait dans l'imposante façade de l'immeuble à quatre étages des Goupil, aussi massif et respectable qu'une entreprise de pompes funèbres. Les jours de fêtes populaires ou de commémoration royale, les fenêtres s'ornaient de drapeaux et une immense bannière tricolore pendait en son milieu, du toit jusqu'au niveau du deuxième étage.

Les badauds qui émergeaient de l'élégant quartier commerçant formé par les étroites ruelles qui serpentaient derrière la Plaats pouvaient admirer les toiles exposées derrière les trois vitrines du rez-de-chaussée. L'intérieur présentait cet équilibre précaire entre l'opulence et la respectabilité de ce milieu de siècle — les papiers muraux étincelants, au velouté profond, contrastant avec la sobriété des lambris foncés ; les cadres aux dorures extravagantes dans lesquels on avait enfermé les toiles, sur toute la hauteur du mur, s'opposaient à la distinction des banquettes recouvertes de tapisserie. De chaque côté de l'entrée, de lourdes draperies de velours tendaient les murs, et tout ce qui pouvait être passé à l'encaustique luisait d'un vif éclat.

Les lieux n'étaient pas faits pour inspirer, chez les jeunes employés, un optimisme débordant et une humeur particulièrement joyeuse. Il est vrai, d'ailleurs, que Vincent n'eut guère le loisir de s'attarder à contempler cet imposant étalage le jour de son arrivée. En tant que commis stagiaire, il était tenu de s'initier à la conduite des affaires dans les bureaux donnant sur l'arrière. Il lui fallait dépouiller la correspondance dans laquelle figuraient les commandes et répartir le travail dans les différentes succursales.

Un vendeur de la maison Goupil était censé savoir quels articles étaient disponibles à Bruxelles ou à Berlin et faire preuve d'un certain flair en devinant quelle sorte de toiles les autres succursales aimeraient avoir parmi les nouvelles œuvres acquises par la maison où il travaillait. Plus tard, quand Vincent eut suffisamment progressé pour venir exercer ses talents dans les salons d'exposition, et que Théo eut été affecté dans une autre succursale de la firme, leurs lettres mentionnèrent souvent des demandes de transfert de toiles.

Une fois achevée la période de stage initiale, il lui fallut apprendre à s'occuper de la clientèle.

Une voiture s'arrête sur la Plaats. Les clients — l'homme sanglé dans un complet impeccable, la femme avec sa robe ample à crinoline — pénètrent dans la galerie. Un employé chevronné s'avance pour les accueillir, tandis que les sous-fifres, du genre de Vincent, restent respectueusement en arrière, prêts à se précipiter pour apporter leur aide en cas de besoin. Quand on songe au caractère bourru et entêté du jeune stagiaire, on peut se dire qu'une telle mascarade devait lui paraître fort pénible, mais, assez curieusement, il semble qu'il ait éprouvé quelque plaisir à jouer ce rôle.

On peut trouver une explication à ce paradoxe dans la manière dont les choses se passaient à la succursale de La Haye. S'il s'était agi d'une institution établie depuis longtemps, dirigée par des gens âgés et figée dans ses méthodes de vente, Vincent aurait sans doute jugé cette atmosphère des plus étouffante. Heureusement, il s'agissait d'une société jeune, encore en pleine expansion, gérée par des cadres brillants et ambitieux.

Le directeur, Hermanus Gijsbertus Tersteeg n'avait que quelques années de plus que Vincent. Il avait déjà à son acquis une réussite incontestée dans l'importation de livres étrangers quand l'oncle Cent, retrouvant sans doute chez ce jeune homme une grande part de son propre enthousiasme juvénile, l'avait fait entrer dans la firme. Le poste élevé auquel Tersteeg avait été promu dut surprendre bon nombre de clients car il paraissait encore plus jeune que son âge.

Connaissant la rigidité avec laquelle on menait à l'époque les maisons commerciales, on ne peut que trouver inhabituelles les relations amicales que Tersteeg entretenait avec ses employés. Naturellement, étant le neveu de l'un des directeurs, Vincent ne pouvait que bénéficier d'un traitement de faveur, mais Tersteeg n'en avait pas moins à cœur d'inviter tous ses subordonnés à venir lui rendre visite dans l'appartement qu'il occupait au-dessus de la galerie avec sa femme et sa petite fille Betsy. Vincent y alla souvent et devint un familier du jeune ménage.

En dépit de cette atmosphère détendue, Vincent ne tarda pas à découvrir qu'il était difficile de définir le rôle d'un employé de la maison Goupil. S'il était vrai que la galerie vendait aux peintres toiles et matériels, il ne s'agissait là que d'une activité annexe destinée davantage à faciliter la vie aux artistes qu'à assurer d'importantes rentrées d'argent ; il serait erroné de penser que la maison n'était qu'un magasin d'art où Vincent et les autres commis se contentaient de vendre des tableaux. L'employé idéal, chez les Goupil, devait faire preuve d'un subtil mélange de savoir-faire et de discrétion.

Si les clients que nous avons imaginés savaient exactement ce qu'ils voulaient, on les félicitait de leur goût et on passait à la vente. S'il s'avérait que quelques conseils étaient nécessaires, il fallait alors les prodiguer avec quelque ménagement, de manière à créer l'illusion que c'était le client et non l'employé qui avait fixé son choix sur l'œuvre en question. Que Vincent se soit aussi facilement plié, sans jamais se plaindre, à des exigences aussi délicates relève tout simplement d'un véritable petit miracle.

Naturellement, ce travail ne manquait pas d'attrait, en particulier le contact qu'il permettait avec d'authentiques œuvres d'art, pour quelqu'un qui n'avait jusqu'alors connu que les estampes monochromes de son oncle. Il y avait la fascination de la couleur, l'odeur inoubliable de la peinture à l'huile et du vernis. Mais surtout, c'était le désir de prouver sa propre valeur, la volonté pure de réussir dans ce premier emploi, qui rendait tout si important et si intéressant. Tersteeg décela incontestablement tout cela chez son cadet et il ne tarda pas à le charger des reproductions photographiques, une activité nouvelle de la société, qui devait s'avérer fort lucrative. Vincent dit un jour à Théo qu'il en avait vendu cent en une seule journée.

Ce n'était sans doute pas là la forme la plus noble du commerce des œuvres d'art, mais elle n'en procura pas moins au jeune homme une considérable satisfaction personnelle.

Absorbé comme il l'était maintenant par tout ce qui touchait à l'art, il fit bientôt sa première visite au Mauritshuis, la collection royale qui se trouvait à quelques pas de la galerie. Ressemblant davantage à une maison de ville qu'à un palais, le musée conservait encore l'apparence d'une collection privée, mais, en dépit de la modestie de ses dimensions, les toiles amassées par le prince Willem III, auxquelles vinrent encore s'ajouter des tableaux achetés par la ville, présentaient la plus belle exposition privée qui eût jamais été offerte au public d'œuvres illustrant l'art européen du Nord.

Pour Vincent, qui avait alors seize ans, la vision de toiles prestigieuses comme *La leçon d'anatomie* de Rembrandt, les magnifiques portraits de Rubens et les œuvres de Jan Bruegel et de Holbein, dut faire de cette visite l'une des expériences les plus mémorables de son existence. Mais si tel fut effectivement le cas, il n'en manifesta pas moins une surprenante réticence. Seules deux toiles vues au Mauritshuis eurent droit à son souvenir affectueux : la *Vue de Haarlem* de Jacob Van Ruysdael et la *Vue de Delft* de Vermeer, toutes deux appartenant à la catégorie des paysages hollandais tant admirés par l'École de La Haye et déjà conformes aux modèles qui lui sont familiers et qu'il est susceptible d'apprécier.

Comme on pourrait s'y attendre, il aimait ce qu'il connaissait et manifestait quelques réserves devant les portraits majestueux et les nus sensuels de l'art « noble ». Mais il est également vrai que, même lorsqu'il eut appris à comprendre et à apprécier une vaste gamme de styles et de périodes, il resta toujours fidèle à son premier amour : l'art des basses contrées : un art à l'échelle du pays, plus soucieux de consigner scrupuleusement les observations du monde quotidien que de dépeindre une scène imaginaire.

Il en fut de même pour les œuvres qui figuraient dans les stocks de la galerie. Les cartons à estampes reliés de cuir et les vitrines bien cirées, emplies de gravures soigneusement séparées les unes des autres par des feuilles de papier de soie, offraient pratiquement toutes les variétés d'œuvres contemporaines que Vincent avait tout loisir d'étudier. Adolphe Goupil avait fait ses débuts dans la lithographie, après avoir abandonné l'idée de devenir un artiste lui-même, et l'atelier d'imprimerie et de gravure de la rue Chaptal à Paris produisait une gamme impressionnante d'articles.

Goupil avait pris pour principe de se conformer aux goûts manifestés à l'occasion des salons annuels, en signant un contrat avec les lauréats pour faire graver et imprimer les œuvres privées. La vente de toiles originales n'avait commencé à se faire chez lui qu'à une date relativement récente. C'était essentiellement la vaste sélection de gravures qui attirait les clients dans ses galeries.

Marie, la fille d'Adolphe Goupil, avait épousé Jean-Léon Gérôme, un peintre qui s'était acquis un immense succès en représentant des scènes tirées de l'histoire antique comme *La mort de César*, ainsi que des épisodes de la vie en Arabie qui jouissaient en ce temps-là d'une énorme popularité. Avec leurs sujets soigneusement étudiés et le « léché » de leur facture, les tableaux de Gérôme étaient aux antipodes des balbutiements approximatifs des peintres de la nature que Vincent avait appris à admirer. Mais c'est Gérôme qui permit à Goupil d'avoir ses entrées dans les ateliers des peintres les plus renommés de France, ces hommes dont les œuvres tendaient à s'imposer dans les salons pour aboutir dans les cartons et les vitrines de la galerie.

Cette forme d'art ne pouvait que laisser Vincent indifférent. C'est l'autre aspect de l'art français, celui que promouvait l'oncle Cent, qui accapara son attention. Seulement, comme il ne voyait que des copies de ces œuvres, il était parfois difficile d'appréhender la saveur de l'original dans toute sa plénitude. Il y avait aussi un doute qui s'insinuait en lui : l'ensemble de cette école artistique n'était-il pas simplement un vaste paysage indivisible et sous-peuplé ? Soulevez une feuille et vous en voyez une autre presque identique : ici une scène représentant des bestiaux buvant à l'abreuvoir, là une clairière à la lisière d'un bois...

Un seul homme se détachait de toute cette uniformité : Jean-François Millet. Aussitôt que Vincent découvrit les copies de ses toiles exécutées par Goupil, il sut que c'était la forme d'art à laquelle sa propre vision intérieure pouvait se montrer sensible. Comme *Les glaneuses* de Millet avaient fait sensation au salon de 1857, Goupil s'était empressé de reproduire le tableau et, dès que Vincent en découvrit la copie, elle devint une icône dans sa galerie mentale d'œuvres susceptibles de l'inspirer. Ce n'était pas tellement la beauté formelle de l'œuvre qui l'impressionnait mais plutôt la manière dont il pouvait l'interpréter.

Puisant à la source de sa propre expérience de la vie champêtre, Vincent comprit que Millet offrait beaucoup plus qu'une charmante vignette de femmes travaillant dans les champs. Les deux femmes qui se courbaient vers le sol pour ramasser les épis gisant à leurs pieds n'étaient pas des paysannes ordinaires — à l'opposé des villageois que l'on voyait au loin rentrer le gros de la récolte. Les personnages que Millet mettait ainsi en vedette étaient en fait des parias. Car Vincent savait fort bien que les glaneuses étaient des miséreuses que l'on tolérait dans les champs pour leur permettre de ne pas mourir de faim en récupérant les débris qui restaient à terre une fois la moisson achevée.

Vincent était déjà habitué à un art qui proclamait la noblesse du travail, qui affirmait que la vie des paysans était digne et honorable, mais *Les glaneuses* dépassaient de beaucoup ces poncifs simplistes car Millet donnait l'impression d'affirmer une opinion politique très progressiste. Or, Vincent n'avait sous les yeux qu'une austère reproduction en noir et blanc ; s'il avait vu l'original du tableau, l'impact aurait peut-être été sinon atténué, du moins modifié. Avec l'éclat de la couleur et de la lumière en plus, les personnages de Millet présentent à bien des égards les caractéristiques d'une fresque religieuse. En couleurs, ses *Glaneuses* échappent aux contingences temporelles, elles sont sanctifiées, leur labeur est sacré. Mais sur une estampe, elles ont toute la force d'un dessin politique, d'un acte de propagande. Et c'est cette estampe que Vincent connaissait.

Les estampes que l'on pouvait se procurer chez Goupil étaient de qualité très inégale car les graveurs professionnels qui les exécutaient possédaient des talents divers. L'une des meilleures, *Les travaux des champs* de Millet, présentait sur une seule feuille dix scènes de travaux agricoles : la coupe du bois ; la tonte des moutons ; le filage au rouet... Mais d'autres, comme la reproduction de *L'Angelus* — deux paysans, debout dans leur champ, baissent la tête pour prier — ne donne guère qu'une vague impression des subtilités du chef-d'œuvre de Millet.

Cette distorsion se retrouvait dans d'autres œuvres que Vincent découvrit ces années-là, celles de ses débuts. Le peintre des provinces du nord de la France, Jules Breton, avait eu, lui aussi, beaucoup de succès au Salon de 1857 avec une grande toile intitulée *Bénédiction des champs de blé en Artois*, qui montrait une procession religieuse aux abords d'un petit village. Là encore, s'il avait pu voir l'original, Vincent se serait rendu compte que Breton avait moins de vigueur et encore plus de sentimentalité que Millet, mais il n'avait à sa disposition qu'une austère reproduction monochrome.

Malgré cet inconvénient, il apparaissait clairement que Breton s'intéressait davantage aux costumes et aux rituels qu'à la vie des paysans : il les montrait à genoux, le dos tourné au spectateur, tandis que l'hostie était apportée de l'autre bout du champ. Il n'y a pas de pauvresses dans cette toile : les glaneuses arriveront sans doute plus tard, après le départ du prêtre...

On avait vivement reproché à Breton de n'être qu'une «fade doublure de Millet», mais Vincent ne le vit jamais ainsi. La foi toute simple qu'il exprimait dans une œuvre comme *Bénédiction des champs de blé*, était suffisante pour lui valoir une place dans son panthéon, avec les autres artistes que Vincent admirait du fond du cœur. D'ailleurs, le jeune commis faisait sans cesse le rapprochement entre l'alignée de personnages représentés dans le tableau du Français et cette autre procession de Van der Maaten, vue dans le bureau de son père, et cela ne pouvait qu'en accroître les vertus.

Vincent commençait à percevoir clairement que l'art ne consistait pas seulement à reproduire avec talent le monde que l'on pouvait observer autour de soi. Certes, il restait fidèle à ses goûts de jeunesse et continuait à aimer un art qui trouvait son inspiration dans le monde réel, mais il devait apprendre peu à peu que l'on pouvait aller beaucoup plus loin, à l'intérieur des limites imposées par l'observation fidèle de la nature. L'excitation que lui inspiraient de telles découvertes apparaissait clairement à ses collègues et, chaque fois que ses modestes ressources le lui permettaient, il achetait une estampe qui l'intriguait particulièrement. Il n'en était pas encore à établir avec le sérieux d'un professionnel la collection qu'il devait entreprendre par la suite, mais s'adonnait à ce passe-temps en amateur passionné, séduit par une trouvaille qui pourrait égayer sa chambre.

Pour le moment, Vincent ne savait guère plus sur l'art français contemporain que ce qu'il apprenait avec ces estampes. Ce n'est qu'au bout d'un certain temps qu'il commença à réunir quelques informations sur les artistes eux-mêmes. Sa connaissance de « vrais » peintres se limitait aux artistes locaux qu'il rencontrait dans la galerie. Goupil était en quelque sorte leur point de ralliement : ils y venaient pour apporter leurs toiles, parler des ventes, ou simplement se tenir au courant de ce que faisaient les autres.

Rencontrer les peintres, discuter avec eux, présentait un vif intérêt pour les jeunes employés, dont la plupart avaient été embauchés à cause de leur passion pour l'art. Les artistes de La Haye étaient tous très soignés, élégamment vêtus de leur costume de ville, et **ressemblaient plus à des gentlemen consacrant leurs vacances au dessin que les peintres de Barbizon, lesquels prenaient volontairement une allure de rustres, avec leur pantalon avachi de paysan et leur chapeau de paille.

Vincent fit connaissance avec eux au fur et à mesure qu'ils venaient s'installer dans la ville. Il appréciait leur compagnie et n'avait aucune raison de considérer que leur comportement ne correspondait pas à ce que l'on pouvait attendre d'un artiste.

Le premier qui arriva, peu de temps après Vincent, fut Jozef Israëls. Il venait de se marier, et maintenant qu'il était père de deux enfants, il avait décidé de mettre un terme à la vie agitée qu'il avait menée jusqu'alors. Quand les enfants eurent un peu grandi, il prit l'habitude d'entreprendre quelques voyages, pour aller peindre ailleurs, mais il fit de La Haye son lieu de résidence permanent.

Bien qu'il n'eût que quarante-sept ans quand Vincent le rencontra pour la première fois, il paraissait beaucoup plus âgé, avec sa silhouette rabougrie, ses épaules voûtées, sa barbe grise et la façon qu'il avait de se pencher en avant en plissant les yeux pour scruter à travers les minuscules verres de ses lunettes à monture métallique. Il avait vraiment tout de l'érudit talmudique qu'il avait autrefois rêvé d'être. Avant de se lancer dans une carrière artistique, Israëls avait envisagé de se faire rabbin, suivant en cela un itinéraire assez proche de celui qu'allait emprunter Vincent quelques années plus tard.

Israëls était déjà célèbre quand ils se rencontrèrent ; il s'était fait un nom comme peintre de scènes historiques mais une visite à Millet, à Barbizon, l'avait amené à se convertir à l'art nouveau. Il était ensuite venu vivre à Zandvoort, un petit village de pêcheurs hollandais où il peignait des scènes toutes simples de la vie des travailleurs de la mer, tout comme l'avait fait Millet avec ses paysans. L'originalité d'Israëls résidait dans la façon théâtrale dont il traitait ses éclairages, manifestement inspirée de Rembrandt : un pêcheur allume sa pipe auprès de l'âtre, tandis que sa femme nourrit son bébé à la cuiller ; une paysanne fait des crêpes pour ses enfants qui la regardent. Dans ces deux cas, les scènes sont présentées comme un drame. Ce n'est que fortuitement que le véritable drame apparaît. Après avoir vu tout le village prendre la mer pour sauver les victimes d'un naufrage, Israëls donne à sa peinture toute la force d'un Millet.

En fait, pour Vincent, il était une sorte de doublure du Français lointain : Israëls était un Millet en couleurs. Malheureusement, Israëls ayant utilisé le bitume, bon nombre de ses toiles se sont irrémédiablement obscurcies, si bien que nous ne pouvons plus partager le plaisir de Vincent en contemplant les vestiges du talent de son aîné.

Pour utiliser les termes des critiques de l'époque, Israëls était beaucoup plus un « luministe » qu'un « coloriste ». Il fut également crédité, de son vivant, de la fondation de l'école de La Haye, bien que maintenant, avec un peu de recul, on puisse se rendre compte que ses affinités pour l'Ancien Testament le rapprochent davantage de Millet, son mentor, que de la peinture franche et directe préconisée par les artistes de La Haye. Il n'en était pas moins le plus prisé des artistes locaux auxquels Goupil avait affaire, jouissant d'une réputation immense à l'étranger et d'une clientèle fortunée.

Il acheta une grande maison de ville, de style français, et une résidence d'été à Scheveningen. En ville, son atelier était un salon au sol moquetté, au mobilier cossu, dans lequel, spectacle assez inattendu, le maître s'installait, en veste, avec son nœud papillon, pour peindre sa toile.

Pourtant, en dépit des succès matériels qui étaient les siens, il présentait bien des aspects auxquels Vincent pouvait s'identifier. Israëls était en fait, lui aussi, un homme plutôt nerveux et gauche, qui aimait les promenades solitaires au coucher du soleil, sur la plage sablonneuse qui s'étendait auprès de sa maison d'été. Il avait également l'habitude d'effectuer de rapides ébauches, esquissant des détails destinés à servir plus tard ; non point des dessins achevés, simplement des contours approximatifs, des notes graphiques. Et ce fut là une pratique que Vincent adopta lors de son séjour à La Haye.

Son intention n'était pas de commettre des œuvres d'art ; il s'agissait uniquement d'aide-mémoire qu'il griffonnait souvent dans la marge de ses lettres. Vincent dessina ainsi le sentier qui longeait le lac, près de la galerie, et aussi le canal voisin ; de simples croquis qui étaient beaucoup moins « finis » que les dessins ombrés de son enfance.

Entouré comme il l'était par des artistes, et baignant dans une atmosphère où l'art régnait en maître, il voulait sans doute se faire un peu la main, pour voir, mais il n'alla jamais plus loin. Dans ce qu'il disait ou écrivait à l'époque, on ne peut trouver le moindre indice donnant à penser qu'il envisageait de devenir lui-même artiste.

Vers la fin de l'été 1870, on présente à Vincent un homme sympathique qui, à la manière dont il tient droit le buste, ressemble à un militaire, en dépit de la barbe plutôt hirsute qui orne son menton. Dès le début, Vincent est impressionné et de tous les nouveaux arrivants, c'est Anton Mauve, cet homme de trente-deux ans, qui deviendra son ami le plus proche. Il connaissait déjà les œuvres de Mauve, qui s'apparentaient étroitement à l'idée que le public se faisait de l'école de La Haye.

Mauve passait le plus clair de son temps à peindre sur les plages près de Scheveningen ou à travailler dans les bois avoisinants. Il existe une scène montrant un groupe de paysans dans les champs près des dunes, qui rassemble tous les éléments que l'école avait la réputation de considérer comme caractéristiques de son art. Mauve recourait assez peu à l'atmosphère religieuse affectionnée par Millet et Israëls ; il cherchait surtout à rendre le caractère immédiat, transitoire de la nature, les effets momentanés d'une lumière changeante étant hâtivement indiqués à touches rapides, parfois même violentes.

A cet égard, Mauve se rapprochait nettement de l'évolution de l'art pictural qui commençait déjà à prendre la relève de l'école de Barbizon en France, et pour Vincent il allait jouer le rôle d'une passerelle entre la forme d'art à laquelle il avait été initié en Hollande et l'art nouveau qu'il découvrirait plus tard à Paris.

A la différence d'Israëls, sans cesse habité par le doute, Mauve manifestait une volonté tenace, et l'on ne peut guère s'étonner que Vincent éprouvât pour lui une attirance semblable à celle que pourrait exercer un frère aîné, plus expérimenté. Là où Vincent se montrait gauche et embarrassé, Mauve brillait par son aisance et son assurance. Mais les relations ne furent pas toujours faciles. L'aplomb de Mauve confinait à l'arrogance et il existe un autoportrait révélateur dans lequel des yeux dédaigneux et un port de tête assez hautain indiquent qu'il y a dans son caractère une tendance très nette à ne jamais supporter la moindre contradiction. Il était de ces hommes qui s'enorgueillissent de ne jamais dissimuler leurs sentiments et expriment leurs opinions avec un franc-parler qui frise souvent l'insensibilité. Mais pour Vincent, qui avait tant de mal à s'affirmer, cet aspect de la personnalité de son ami ne pouvait être pris que comme un signe supplémentaire de la maturité du peintre.

Peu après son arrivée, Mauve fut présenté à tante Fie et il ne tarda pas à fréquenter la maison avec assiduité. Il s'avéra très vite qu'il s'était amouraché de l'une des cousines de Vincent, Jet Carbentus, qui ne demeura pas insensible à ses attentions. Bientôt Vincent et lui prirent l'habitude de se rendre ensemble chez la tante. Mais quand il connut un peu mieux son nouvel ami, Vincent s'aperçut qu'ils avaient encore quelque chose en commun : Mauve avait, lui aussi, souffert d'accès de mélancolie aigus et inexplicables.

La première crise qui assaillit le peintre de La Haye fut effrayante. Il était en proie à une telle dépression que ses amis durent se relayer auprès de lui pour le surveiller de crainte qu'il n'essaie d'attenter à ses jours. C'est pourquoi, s'il arrivait à Mauve de se montrer brutal et irritable, Vincent était tout disposé à le comprendre et à lui pardonner. De toute manière, il avait tout à apprendre de cet aîné qui avait beaucoup voyagé et portait sur l'art des jugements si tranchés que bien des notions devenaient infiniment plus claires pour son jeune admirateur.

C'est à peu près à l'époque où Mauve arriva dans la ville que Vincent commença à entendre, dans les milieux artistiques de La Haye, les commentaires inquiets que suscitaient les nouvelles alarmantes venues de France. Comme une grande partie de leurs échanges commerciaux se faisaient entre les différentes succursales de la maison Goupil, il fallait s'attendre à ce que tout événement affectant le négoce de l'art français ait une répercussion sur les peintres de La Haye.

La France et l'Allemagne s'étaient engagées dans une querelle, incompréhensible pour la plupart des observateurs, sur la succession au trône d'Espagne. C'est du moins ce que l'on supposait en général. Les personnes les mieux informées savaient qu'en réalité il s'agissait d'une lutte d'influence dans laquelle Bismarck, le futur vainqueur, cherchait à mettre un frein à l'impétuosité du souverain français.

La première fois où l'on prit conscience de la gravité de la situation fut lorsqu'on apprit, par l'une des galeries Goupil, sise boulevard Montmartre, qu'il y avait eu un immense rassemblement pour manifester bruyamment en faveur de la guerre. On se faisait en Hollande une telle idée de la puissance de la France et de Napoléon III que, lorsque le conflit éclata, tout le monde était persuadé que l'Allemagne serait battue à plates coutures.

Quand on apprit que l'armée française, mal préparée aux combats, s'était soudain rendue à l'ennemi, dans un endroit qui s'appelait Sedan, l'incrédulité fit vite place à la consternation. Et ce fut bientôt pire quand, au début septembre, on annonça que Napoléon III lui-même avait été fait prisonnier par les Prussiens victorieux.

Malgré son isolement relatif, la colonie artistique de La Haye partagea l'accablement de tous ceux qui considéraient Paris comme la capitale culturelle de l'Europe. Le monde que l'on avait connu semblait s'être écroulé en quelques semaines. Beaucoup de peintres avaient des amis dans la ville assiégée.

La situation empira encore vers la fin de l'année. Les citoyens de Paris, écœurés par les conditions du traité de paix et farouchement décidés à instaurer un semblant d'ordre au sein d'une nation effondrée, décidèrent de fonder une Commune indépendante, inspirée des principes régissant les cantons suisses. Bien qu'on eût ensuite vu dans cette initiative le berceau du socialisme mondial, la Commune n'avait qu'une vision confuse de ce qu'il convenait de faire. Elle fut déchirée par les dissensions, dès le début, et quand elle décida, comme sur un coup de tête, de s'opposer au gouvernement provisoire installé à Versailles, elle signa en fait son arrêt de mort.

Évidemment, pour les observateurs lointains, rien de tout cela n'apparaissait clairement, car ils tiraient leurs informations de dépêches incomplètes et peu fréquentes. Certes, grâce aux nouvelles qui parvenaient à filtrer, on sut que les Parisiens avaient décidé de tenir bon, et que, réduits à la famine, ils en étaient arrivés à manger des rats et autres vermines, mais il fallut attendre assez longtemps après le dénouement pour apprendre les effroyables événements qui avaient marqué la « Semaine rouge », laquelle devait se terminer, à la fin du mois de mai 1871, par le massacre des derniers Communards sur l'ordre du maréchal Mac-Mahon, au cimetière du Père-Lachaise, et sur la colline de Montmartre.

Quelle que fût la véracité de ces récits, ils arrivaient avec l'éclat de la légende, et les Communards, bien qu'on sût mal ce qu'ils avaient été en réalité, étaient maintenant considérés comme des héros assassinés.

Pour le jeune Vincent, c'était le premier grand événement politique de sa vie : il allait par la suite ajouter à sa collection personnelle une estampe montrant les femmes de Paris qui défilaient pour manifester leur soutien à la Commune. Lui qui n'avait jamais connu que le calme imperturbable de la politique hollandaise, il entrevoyait pour la première fois le spectacle lointain de la violence et de la mort.

Bien que la République, que l'on venait de proclamer, prît rapidement les mesures qui s'imposaient pour redonner un semblant de normalité à la capitale de la France, ces événements tragiques eurent pour conséquence immédiate le départ précipité de nombreux étrangers qui voulaient fuir la cité martyre. Le peintre hollandais Jacob Maris serait sans doute resté en France, s'il n'y avait pas eu tous ces bouleversements. Avec sa stature de bourgeois bien nourri et ses longs cheveux qui tombaient en boucles sur son col, il ressemblait à s'y méprendre à l'image populaire du Parisien cultivé qui passe son temps à discourir sur l'art et sur la vie, attablé dans un café des boulevards. Mais pour lui, manifestement, trop c'était trop. Personne ne savait ce qui pouvait encore arriver et, comme tout le monde avait l'air de fuir, il lui paraissait préférable de rentrer au bercail.

Jacob avait deux frères, peintres l'un et l'autre, mais très différents par le style. Willem, le plus jeune, était celui qui s'apparentait le plus à l'école de la Haye. Il peignait les paysages locaux avec une propension passionnée à représenter sur ses toiles les bestiaux assez lugubres de race frisonne que l'on pouvait trouver dans les fermes avoisinantes.

Le second frère, Thijs, était le plus original et à bien des égards le plus fascinant. Dès le début, ses œuvres s'affranchirent de la réalité pour se réfugier dans un monde imaginaire peuplé de châteaux hantés et de femmes voilées à l'air mystérieux. Il finit par aller s'installer à Londres, où il sombra dans l'obscurité, personnage plutôt triste et solitaire, en avance sur son temps et difficile à classer dans une catégorie conventionnelle. Très récemment, pourtant, se sont manifestés certains indices permettant de penser qu'il commence à faire figure d'idole aux yeux de certains.

C'est l'aîné des trois frères, Jacob, qui à son retour de France entretint les relations les plus suivies avec Vincent. On trouvait dans ses toiles les mêmes préoccupations que chez Israëls : des études représentent une pêcheuse fatiguée se reposant dans les dunes et un enfant qui mendie de porte en porte. Là encore, l'ombre de Millet se profilait, ce qui ne surprendra personne.

Naturellement, Jacob avait des nouvelles fraîches concernant le maître. Bien que Barbizon fût très près de Paris, Millet avait refusé d'accorder son soutien à la Commune. Il s'interdisait de prendre parti car il ne voyait guère pourquoi il allait se compromettre en épousant les thèses d'un politicien quelconque. A son âge — près de soixante ans —, il préférait s'en tenir à la compagnie de gens qui peignaient comme lui.

Barbizon était alors à peine un village, plutôt un hameau, dont les maisons blanchies à la chaux s'étiraient au bord de l'unique rue. Millet avait loué une de ces maisonnettes et un propriétaire qui l'avait pris en sympathie avait construit un studio juste à côté. Bien que son genre de vie fût assez éloigné de celui auquel on pourrait s'attendre de la part d'un citadin qui décide de s'installer à la campagne, il n'avait pourtant pratiquement rien de commun avec le dénuement extrême dont la légende l'avait crédité. Millet jouissait de revenus confortables, et il avait une gouvernante pour s'occuper de lui.

Avec sa large stature et sa grande barbe, son apparence évoquait assez celle d'un travailleur, mais s'il avait décidé d'aller peindre chaussé de sabots de bois et coiffé d'un chapeau de paille, ce n'était pas vraiment parce que l'état de ses finances le contraignait à vivre comme un paysan, mais plutôt dans un souci de confort et de discrétion. Son habillement lui permettait d'évoluer sans se faire remarquer parmi les ouvriers agricoles qu'il voulait peindre. Mais dans un monde en quête de héros, il était inévitable que Millet se trouvât mythifié : on colporta l'image du simple paysan peignant sur ses toiles un monde qui était le sien, et c'est cette légende qui s'imposa à Vincent dans la façon dont il se représentait le grand homme. Millet devint non seulement un peintre à admirer mais aussi un prophète à qui il fallait emboîter le pas.

Bien qu'il ne le montrât pas à l'époque, nous savons, à la manière dont il se comporta ensuite, que Vincent éprouvait une sympathie profonde et instinctive pour les pauvres et les malheureux. On aurait pu croire qu'en réaction à une éducation fortement marquée par la religion, il allait manifester une certaine aversion à l'égard de la foi de son père. Bien au contraire : en dépit des longues journées passées à la galerie d'art, il allait assister à des séances privées consacrées à la lecture de la Bible, sous la houlette d'un certain professeur Hille, dans la Bagijnestraat, à deux pas de la Plaats.

Il étudiait avec une ardeur toute particulière, sans que personne l'y contraignît, car il attribuait à ce travail une importance considérable. C'est pourquoi on ne peut guère s'étonner que l'itinéraire spirituel de Millet ainsi que les histoires que l'on racontait sur la simplicité et l'abnégation du peintre français aient exercé une influence aussi profonde sur l'état d'esprit du jeune homme.

Il n'était pas mécontent de son sort. Il pensait avoir trouvé le métier idéal : les artistes qu'il fréquentait appréciaient sa compagnie et l'invitaient à venir dans leur atelier, mais il marquait à leur égard une certaine distance car, par nature, il aimait l'isolement, l'étude et la religion, sans que cela se manifestât beaucoup dans son comportement extérieur.

Il avait encore la passion de la lecture et, à cet égard, la ville de La Haye était un endroit idéal. En tant que siège du corps diplomatique, la cité comportait des librairies où abondaient les livres les plus récents publiés à Londres ou à Paris. Bien que M. Tersteeg eût cessé ses activités d'importateur d'ouvrages étrangers, il s'intéressait encore à la littérature et chaque fois que Vincent venait le voir dans l'appartement qu'il occupait au-dessus de la galerie, ils discutaient longuement des nouvelles parutions.

Vincent ne tarda pas à se lier d'amitié avec la famille Van Stockum, qui tenait une librairie, et on l'invita à des réunions littéraires. Ces relations, auxquelles s'ajoutait sa facilité pour les langues, firent naître en lui une passion pour l'histoire et la poésie françaises, ainsi que pour tous les romans anglais nouvellement parus qu'il pouvait se procurer. Et cette passion devait durer toute sa vie.

Comme pour la peinture, ses goûts étaient larges, mais à l'intérieur de limites bien précises : d'emblée il manifesta une préférence marquée pour les livres qui traitaient de la vie quotidienne mais en tiraient un enseignement moral très clair. Il allait donc se passionner pour Dickens et George Eliot. Il se mit également en quête d'ouvrages qui se référaient à l'art : des poèmes inspirés par un tableau, ou l'étude de maîtres anciens à condition que l'auteur en tirât une leçon.

Il lisait interminablement et ne cessait de recommander les livres en les passant à ses amis ou aux membres de sa famille tout en se livrant à des commentaires enthousiastes. L'amour de l'art et l'amour des livres vont souvent de pair, mais rarement au point de devenir des passions, comme chez Vincent. Beaucoup d'artistes préfèrent se considérer comme des esprits pratiques plutôt que comme des penseurs, mais à cet égard comme à bien d'autres Vincent était un être hors du commun, et dès le début, il s'efforça de concilier ses deux passions en trouvant des tableaux qui illustraient ce qu'il avait lu dans les livres et des livres qui expliquaient ce qu'il avait vu sur les toiles.

Si admirable que fût cette préoccupation, il n'en était pas moins un compagnon déroutant pour les gens aux préoccupations moins intellectuelles. Le pauvre Willem Valkes dut parfois le trouver bien pénible à supporter. Vincent comprenait fort bien tout ce qu'il lisait, mais dans la vie réelle, il n'avait pas une vision claire des choses. Quand il était chez sa tante Fie, il voyait Mauve faire la cour à sa cousine, et pourtant il était incapable d'en tirer la moindre leçon. Il se délectait de poèmes d'amour et d'histoires romanesques, mais en fait, il appréciait davantage la compagnie des gens plus âgés, car la conversation roulait alors exclusivement sur l'art et les livres, et paraissait peu désireux, ou incapable, de se livrer à ces échanges de propos anodins dont Mauve était si friand.

Somme toute, il n'était pas malheureux. Quand il célébra son dix-huitième anniversaire, en mars 1871, il put faire le bilan de ces deux années, des années bien remplies au cours desquelles il avait sans cesse agrandi le cercle de ses relations et enrichi son esprit de pensées nouvelles. Il avait appris que l'art, quoi qu'il pût être par ailleurs, était ce qui comptait le plus, qu'il était au centre des choses.

Les artistes qu'il connaissait étaient devenus des célébrités locales. A peine s'étaient-ils installés dans la ville qu'ils commençaient à dominer les activités du Studio Pulchri, principale organisation culturelle de La Haye. Fondé en 1847, le Studio était à la fois un lieu d'exposition et un club mondain. La plupart des peintres de la région en faisaient partie. Van der Maaten en avait été membre également, pendant son séjour à La Haye, et il existe une photographie, prise à cette époque, où l'on voit des messieurs très guindés et coiffés du chapeau haut de forme noir, à croire qu'ils étaient les originaux des personnages comiques représentés par le peintre dans sa procession funéraire.

Le Studio ne manquait pas de subsides et bientôt il se fit construire une galerie spacieuse dans la Prinsesgracht. En comparaison, l'Académie de La Haye, également dans la Prinsesgracht, paraissait démodée avec ses portiques classiques et ses halls où l'on exposait des moulages antiques. Le nouveau Studio Pulchri, dans le mouvement Arts and Crafts, combinait l'atmosphère d'une ferme hollandaise — étagères style Delft et poteries d'art — avec celle d'un club de gentlemen : lambris de chêne et fauteuils de cuir.

Son secrétaire annuel fut bientôt choisi au sein des peintres de l'école de La Haye qui en étaient venus peu à peu à dominer les activités artistiques. Le caractère mondain de ce club se manifestait particulièrement à l'occasion de ses « soupers », d'interminables banquets où défilaient une dizaine de plats différents et qui se tenaient tantôt dans la galerie, tantôt dans l'un ou l'autre des meilleurs hôtels de la ville.

Mais il y avait aussi des activités plus sérieuses, et l'on y organisait des discussions et des débats sur les problèmes artistiques, auxquels la reine Sophie venait parfois assister. Lors de la séance d'ouverture, la solennité de la circonstance exigeait que chacun arbore ses médailles.

C'était là un bien étrange comportement de la part de gens qui consacraient leur vie à la peinture du dur labeur des paysans, et cette dichotomie n'échappa sans doute pas au jeune Vincent. Il n'en était d'ailleurs plus à une contradiction près. En dépit de son apparence placide, il ne différait pas des autres adolescents, harcelés par des émotions contradictoires et ne sachant trop de quel côté se tourner pour chercher les réponses.

Il existe une dernière photographie de lui, prise quand il avait dix-neuf ans. Il a une apparence un peu rondelette et gauche. Jeune employé typique, il est élégamment vêtu d'un costume noir, avec une cravate également noire mais, comme d'habitude, il n'a pas réussi à discipliner sa chevelure. Même si l'on tient compte du caractère toujours guindé de ces photos, il semble nettement mal à l'aise.

De temps à autre, ce Vincent-là, l'adolescent boudeur et maussade de l'époque de Zundert, pouvait réapparaître. Un jour, un de ses amis le trouva assis auprès du feu chez Goupil en train de déchirer méthodiquement les pages d'un livre pour les jeter ensuite dans les flammes. Il s'approcha de Vincent et s'aperçut qu'il s'agissait d'une brochure à caractère religieux. Il apprit alors que c'était un cadeau du pasteur Theodorus, mais la rage qui avait poussé Vincent à la détruire ne reçut jamais d'explication.

Il n'avait pourtant point eu de querelle avec son père, rien de bien grave en tout cas. Il allait voir ses parents chaque fois qu'il le pouvait. Quelques mois plus tôt, cette année-là, toute la famille avait déménagé pour s'installer à Helvoirt, car le pasteur avait été muté dans cette paroisse, non loin de Zundert, un poste tout aussi médiocre que celui qu'il occupait précédemment mais un peu mieux rétribué.

Dorus et Anna avaient grand besoin de ce supplément de revenu maintenant que les autres enfants allaient bientôt avoir l'âge de fréquenter la classe. Anna, qui avait seize ans, avait été mise en pension dans un collège de Leeuwarden où elle étudiait les langues. Théo, qui avait quatorze ans, se rendait tous les jours à une école d'Oisterwijk, ce qui l'obligeait à effectuer de bien longs trajets à pied, tandis qu'Élisabeth, douze ans, et Willemina, neuf ans, allaient encore à l'école du village. Quant au petit Cornelis, qui n'avait que quatre ans, il restait à la maison pour quelque temps encore.

Il y avait aussi un autre problème à régler : celui du service militaire des trois garçons. Il était alors d'usage, pour les familles de la classe moyenne, de faire dispenser les fils contre le paiement d'une somme d'argent, mais il fallait prévoir une dépense considérable. Finalement, les modestes émoluments du pasteur ne suffirent pas pour lui permettre de faire face à tous ces frais et quatre ans plus tard, il fut contraint de déménager une nouvelle fois pour s'installer dans une autre paroisse, à peine plus grande mais qui offrait une rémunération légèrement supérieure. Bref, la situation financière du ménage n'était guère brillante, mais au moins avait-on la satisfaction de se dire que Vincent avait pris un bon départ dans la vie, d'autant que les échos émanant de la tante Fie et de M. Tersteeg sur le travail et le mode d'existence du jeune homme ne tarissaient pas d'éloges.

Ce qui faisait le plus plaisir à Tersteeg et aux autres directeurs, c'était l'intérêt que manifestait Vincent pour tout ce qui touchait à l'art. Pour lui, il s'agissait manifestement de beaucoup plus qu'un simple gagne-pain. Il allait de son propre chef à Amsterdam pour voir les principales collections nationales, et même si le voyage n'était pas très long, même s'il pouvait, à l'occasion de ces déplacements, trouver le gîte et le couvert chez l'oncle Cor ou chez l'oncle Jan, on y voyait là une preuve d'enthousiasme.

A cette époque, le Rijksmuseum n'existait encore qu'à l'état de projet et la collection nationale se trouvait au Trippenhuis, un édifice empreint de noblesse avec sa surprenante façade de style classique qui servait à dissimuler le fait qu'il ne s'agissait en réalité que d'une maison de ville aux vastes dimensions.

La première réaction de Vincent fut une certaine irritation en constatant à quel point les toiles avaient été entassées les unes sur les autres. Sur une œuvre d'August Jernberg, représentant la galerie, on voit le tableau de Rembrandt intitulé *La ronde de nuit*, qui occupe un mur entier d'une salle à peine éclairée par une seule fenêtre. Un autre tableau, *Les syndics des drapiers*, est presque noyé au milieu des autres portraits accrochés tout autour. Pour ne rien arranger à cette lugubre disposition des œuvres exposées, il y a la nécessité d'effectuer une rotation, de sorte qu'on ne peut jamais voir qu'une minuscule partie des tableaux de la collection. Vincent dut faire de nombreuses visites, étalées sur plusieurs années, pour pouvoir contempler tous les chefs-d'œuvre dont il avait entendu parler.

En juillet 1872, quatre mois après son dix-neuvième anniversaire, il se rendit en Belgique : son premier voyage à l'étranger ; là encore, de sa propre initiative. Certes, il pouvait séjourner chez l'oncle Hein, mais ce n'en était pas moins une véritable aventure. La capitale belge était très différente des immuables cités hollandaises, car on en remodelait le centre en s'inspirant du modèle fourni par Paris tel qu'il avait été reconstruit sous le Second Empire, bien que les abords de la ville fussent enlaidis par les banlieues industrielles et les taudis. Vincent éprouva immédiatement pour ce pays, si différent de sa Hollande natale, une vive attirance malgré la fumée épaisse des usines et les logements crasseux qu'il aperçut au moment où son train allait entrer dans Bruxelles.

La principale raison de sa visite était le Salon qui se tenait tous les ans en Belgique. Bien qu'il fût beaucoup moins important que celui de Paris, il n'en attirait pas moins une foule considérable d'artistes dont les œuvres étaient exposées dans une interminable enfilade de salles. Les pompeuses scènes tirées de l'histoire romaine ou grecque et les chevaliers médiévaux rivalisaient avec les dames de la haute société parées de leurs soieries et de leurs joyaux.

Pour quelqu'un qui voulait se faire une idée sur les goûts officiels de l'époque, le spectacle était fascinant; d'ailleurs, on pouvait toujours trouver une toile valable au milieu de ce fatras : Bruxelles avait les idées un peu plus avancées que Paris et, cette année-là, on présentait trois Manet et un Monet. La Haye était représentée par un paysage de Jan Weissenbruch, que Vincent comptait au nombre de ses relations, mais le jeune homme fut sans doute davantage intrigué par une autre forme d'art qu'illustrait Henry Picou avec *Une nuit de Cléopâtre* et ses *Femmes grecques au bain*.

C'était là un aspect de l'art dont Vincent avait été protégé jusqu'alors, et il dut éprouver un grand trouble en contemplant cette combinaison douteuse de moralité simpliste et d'érotisme à peine voilé. Après avoir été imprégné de ce que l'art contemporain pouvait produire de meilleur, il était passionnant de voir le pire.

Il réussit même à faire un saut jusqu'au musée des peintres contemporains belges, au palais ducal, où l'on avait rassemblé une collection, maintenant pratiquement oubliée, de toiles à caractère historique traitant de thèmes locaux. Cet art mineur ne le déçut pas nécessairement : il trouvait toujours quelque chose de valable dans les œuvres les plus médiocres, remarquant un détail digne de rester inscrit dans sa mémoire : l'expression de piété d'une femme ou la couleur de l'encadrement d'une porte. Il considérait l'art comme une corne d'abondance devant laquelle il convenait de s'extasier et, toute sa vie durant, il conserva cette attitude tolérante et bienveillante, s'interdisant l'exclusive et le dénigrement systématique.

L'enthousiasme de Vincent n'échappait pas à ses employeurs, et l'oncle Cent dut se féliciter d'avoir recommandé son neveu avec autant d'insistance. Il n'y avait aucune raison maintenant pour que le jeune homme ne gravisse pas quelques échelons pour accéder à un poste de responsabilité, et on commença à se demander quelle serait la meilleure façon d'élargir le champ de son expérience. La Haye ne pouvait être qu'une première étape : il faudrait dorénavant qu'il participe personnellement aux premiers stades des autres opérations effectuées par la maison Goupil.

Par ailleurs, il devenait également nécessaire de se pencher sur le cas de Théo. Âgé maintenant de quinze ans, il allait terminer ses études l'année suivante. Ayant eu, lui aussi, la chance d'entendre l'oncle Cent exposer ses vues sur l'art et sur le négoce des objets d'art, il souhaitait suivre la voie que son frère lui avait tracée. Le succès de Vincent était si indiscutable que la maison Goupil s'empressa de donner son aval et la famille décida que cela ferait le plus grand bien à Théo d'aller voir Vincent à La Haye pendant les vacances d'été.

Bien que les deux garçons eussent toujours été très proches l'un de l'autre, le mois d'août qu'ils passèrent ensemble en 1872 resserra encore davantage les liens qui les unissaient déjà. La différence d'âge paraissait abolie maintenant qu'ils voyaient se dessiner la perspective d'une carrière commune dont ils pouvaient parler à cœur ouvert. Pourtant les deux frères étaient assez dissemblables. Tandis que Vincent avait pris du poids, ce qui alourdissait sa silhouette, le faisant ressembler à son père, Théo avait la même ossature filiforme et le même visage pointu que l'oncle Cent. Et tandis que Théo avait plutôt tendance à se montrer calme et réfléchi, Vincent traversait des périodes de passion et d'enthousiasme auxquelles succédaient de soudains accès de morosité et de silence.

Mais de telles dissemblances ne modifiaient en rien leurs relations et, comme ils l'avaient fait si souvent à Zundert, les deux adolescents entreprirent de longues promenades à pied. Un jour, ils conclurent un pacte de fidélité mutuelle, jurant de toujours se prêter main-forte quel que fût le sort que l'avenir leur réserverait. Incontestablement, ils étaient tous les deux persuadés que ce serait Vincent, l'aîné, qui allait aider et guider son cadet. Et en effet, dès que Théo fut rentré à Helvoirt, Vincent prit l'initiative. Il écrivit une lettre à son jeune frère.

Ce n'était qu'un bref message, mais c'était un pas crucial car c'est grâce à leur correspondance que put être entretenue cette amitié extraordinairement profonde. Au début, les lettres furent courtes, peu nombreuses, très espacées, mais peu à peu, elles évoluèrent, non seulement dans leur fréquence et leur longueur, mais par la précision des sujets abordés : relations détaillées de ce que l'on avait vu ou fait, commentaires sur les livres lus, études de tableaux et explications d'ordre artistique.

Plus encore, elles devaient permettre une étonnante ouverture sur la vie personnelle de leur auteur : ses pensées, ses doutes, ses croyances, que Vincent jetait sur le papier avec une grande spontanéité, car, malheureusement, nous connaissons uniquement le texte des missives de l'aîné. Seul Théo conservait les lettres qu'il recevait. Six cent soixante-dix lettres ont donc survécu et, bien que quelques autres aient été perdues, nous avons à notre disposition sur le processus de création d'un artiste le témoignage le plus éloquent de toute l'histoire de la culture occidentale. On a pu dire, à juste titre, qu'il y a là un phénomène pratiquement unique dans l'histoire de l'art. Nous pouvons savoir avec précision où était Vincent Van Gogh chaque jour, et même presque chaque heure de son existence, et plus étonnant encore, nous savons exactement ce qu'il pensait. Certes, de temps à autre, Vincent se réfugiera dans le silence ou évitera de relater certains événements, mais, à sa manière, ce mutisme est lui aussi révélateur.

Les lettres de Vincent à Théo commencèrent en 1872. Le démarrage fut lent, il n'y avait guère plus que de simples informations accompagnées de formules de vœux. En janvier suivant, Théo fut placé comme apprenti dans la succursale bruxelloise de la maison Goupil, ce qui devait apporter un changement important dans l'existence qu'il avait menée jusqu'alors auprès de ses parents, qui l'avaient dorloté comme ils avaient dorloté Vincent, et causer bien du souci à toute la famille.

Certes l'oncle Hein pouvait s'occuper de Théo mais il avait lui aussi une santé chancelante, ce qui l'empêchait parfois de jouer pleinement son rôle de protecteur et de veiller au bien-être de l'adolescent. Vincent fit preuve de beaucoup de sollicitude dans ses premières lettres, faisant de son mieux pour réconforter son frère, car il n'était que trop conscient du sentiment de solitude auquel Théo était en proie, maintenant qu'il était séparé de sa famille pour la première fois.

Garde bon courage. Si la vie est parfois difficile, tout s'arrangera plus tard. Au début personne ne peut faire tout ce qu'il souhaite.

Il est beaucoup trop facile de voir en Vincent un être maussade et irritable en oubliant qu'il ne s'agissait souvent que d'un masque. Ces premières lettres à Théo révèlent l'autre Vincent, la sensibilité d'un garçon qui se rend compte que son frère a besoin d'affection et de conseils.

Bientôt, leur correspondance va comporter de nombreuses allusions à leurs préoccupations commerciales communes. Théo peut-il lui trouver l'« Album Corot » ? A-t-il vu un certain tableau de Cluysenaar ? Théo ne tarda pas à se lancer lui aussi dans une collection d'estampes de Millet, Israëls et autres, son goût se révélant nettement influencé par celui de son mentor.

Mais le plus souvent, ces lettres contiennent simplement les encouragements prodigués par un aîné à son cadet. Ce n'est que progressivement, lorsqu'ils se sentent de plus en plus à l'aise l'un avec l'autre, que des révélations plus intimes apparaissent. Juste avant son vingtième anniversaire, en mars 1873, Vincent écrit pour annoncer sa nomination à la succursale de Londres de la maison Goupil. Le jeune homme se réjouit à l'avance de cette aventure mais il donne tout de même clairement à entendre que la solitude et l'inévitable impression de dépaysement qu'il va éprouver ne laissent pas de l'inquiéter. La lettre se termine par un post-scriptum touchant : il conseille à Théo de se mettre à fumer la pipe car « c'est un excellent remède contre le cafard ».

Vincent venait de retourner à Amsterdam, cette fois pour voir une exposition de tableaux qu'on destinait au pavillon hollandais de l'Exposition internationale qui se tiendrait à Vienne cette année-là. Le gigantesque étalage industriel et technologique organisé à Vienne était l'un des événements majeurs de la décennie. Toutes les nations européennes y exhibaient leurs réalisations artistiques et manufacturières ; en outre, des pays comme le Brésil, le Japon et l'Égypte y seraient également largement représentés.

La plupart des participants rivalisaient pour offrir leurs toutes dernières réalisations, mais à côté des imposantes machines et des appareils ménagers, on avait prévu des vitrines à caractère culturel destinées à attirer les visiteurs peu intéressés par les pompes à eau ou le matériel utilisé dans les mines.

Les tableaux que l'on avait exposés à Amsterdam avant de les expédier en Autriche constituaient l'une des plus importantes collections de vieux maîtres hollandais jamais rassemblées. Le catalogue destiné à être distribué à Vienne parlait d'une salle Rembrandt, d'une salle Van Dyck, d'une salle Rubens et d'une salle Teniers. Outre ces célébrités, on trouvait d'autres œuvres, de Salomon Van Ruysdael, Hobbema, Jordaens et Jan Bruegel. Un grand nombre de ces toiles avaient été prêtées par des collectionneurs privés et elles étaient accessibles au public pour la première fois depuis bien des années. C'est ce qui explique l'empressement de Vincent à voir cette exposition avant que tous ces tableaux ne partent pour la capitale autrichienne.

C'est naturellement cet enthousiasme qui avait convaincu ses employeurs de l'envoyer en Angleterre. Le poste qu'il occuperait à Londres lui assurerait une belle promotion, et bien qu'il manifestât une certaine inquiétude à l'idée d'affronter tant de visages inconnus, Vincent n'en était pas moins sensible au compliment et impatient de vivre une existence nouvelle. Si Bruxelles lui avait paru fascinante avec ses témoignages de la nouvelle Europe industrielle, Londres le serait sans doute encore bien davantage !

Naturellement, son départ de La Haye l'attristait. Il y avait connu quatre années de bonheur pendant lesquelles il s'était acquis l'amitié de Tersteeg et de Mauve. Il se sentait également bien intégré dans la communauté artistique qui s'était développée durant son séjour dans cette ville.

Quelques jours avant de partir, il se rendit au studio de Jan Weissenbruch pour contempler ses dernières œuvres et lui dire au revoir. On peut se rendre compte à quel point Vincent était proche de l'école de La Haye dans le fait que Weissenbruch, qui avait quarante-neuf ans, ait été heureux de passer du temps à montrer à ce jeune employé de vingt ans ses études et ses esquisses.

On lui demanda de se rendre à Londres en passant par Paris pour lui permettre de voir personnellement comment fonctionnaient les principales succursales de la maison Goupil. Il y en avait trois dans la capitale française, toutes situées dans le même quartier : la galerie d'origine, au boulevard Montmartre, exposait les œuvres les plus récentes, celles du groupe parrainé par l'oncle Cent ; la plus importante se trouvait place de l'Opéra et, à quelques pas de là, les ateliers de gravure et d'imprimerie, avec des appartements aux étages supérieurs, étaient sis rue Chaptal.

Le fondateur de cet empire, Adolphe Goupil, exerçait encore des fonctions symboliques, mais la direction effective de la société passait déjà entre les mains d'un associé de longue date, Léon Boussod, et du gendre de ce dernier, René Valadon.

Malgré la brièveté de son séjour, Vincent put voir les témoignages des événements qui avaient tant bouleversé la communauté artistique de La Haye : la colonne de la place Vendôme réduite à l'état de ruine et la carcasse des Tuileries dévastées par l'incendie. Pourtant, en dépit de la violence qui avait sévi pendant les derniers jours de la Commune et des persécutions qui avaient suivi, Paris avait rapidement retrouvé son rôle de capitale culturelle de l'Europe et Vincent déploya une activité fébrile, visitant le Louvre, puis le palais du Luxembourg (qui avait alors sa propre collection publique) et enfin le Salon, qui venait d'ouvrir ses portes.

En dépit des magnifiques tableaux exposés au Louvre, c'est la collection du Luxembourg qui suscita en lui les réactions les plus vives. Le palais accueillait un nombre considérable d'œuvres contemporaines qui, en quelques années, allaient être dispersées dans différents musées nationaux ou régionaux, mais Vincent eut la chance de se trouver là au moment le plus favorable.

La plupart des toiles sacrifiaient à la mode de l'art historique, classique et religieux qui avait eu la faveur du Second Empire. Le chef-d'œuvre en était *Les Romains de la décadence*, de Thomas Couture, un tableau aussi grand qu'une véritable fresque murale représentant une orgie flamboyante mais sans mauvais goût, auquel le peintre a réussi à conférer un caractère moral en donnant aux protagonistes l'air de s'ennuyer profondément.

Mais ce qui compta le plus pour Vincent, c'est l'occasion qui lui fut offerte de voir les originaux des tableaux de Breton. Le Luxembourg possédait trois toiles de tout premier ordre : *Bénédiction des blés en Artois, Le rappel des glaneuses*, qui montrait un groupe de paysannes regagnant leur demeure avec leurs gerbes de blé, la campagne étant baignée dans la somptueuse clarté du crépuscule, et *Soirée*, où une femme aux pieds nus se repose, sa journée de travail achevée.

Naturellement il voulait surtout voir *Bénédiction des blés*, après avoir étudié cette œuvre pendant des années en noir et blanc. Il ne fut pas déçu ; les dimensions du tableau, bien qu'inférieures à celles de l'orgie de Couture, étaient impressionnantes. L'intensité des couleurs et la minutie des détails des costumes surpassaient tout ce que Vincent avait imaginé.

Breton devait dominer ce bref séjour à Paris, car lorsque Vincent réussit à se glisser dans la foule qui avait envahi le Salon, il découvrit que son idole avait été désignée Premier Lauréat pour l'année 1873. Ce qu'il avait vu au Louvre et au Luxembourg aurait dû suffire pour le combler, mais le palais des Champs-Elysées qui abritait le Salon présentait plus de deux mille toiles. Et il y avait encore une vaste salle supplémentaire où l'on exposait les monuments réalisés cette année-là.

C'était presque le double de la production offerte au public à Bruxelles mais, une fois de plus, la majorité des candidats sélectionnés pour l'attribution des récompenses ne méritait guère de passer à la postérité : les Etienne-Berne Bellcour, Paul-Joseph Blanc, Jean-Paul Laurens et autres Jules Machard. Vincent lui-même, qui n'avait pourtant qu'une connaissance limitée de l'art français, dut deviner que leurs œuvres n'allaient pas laisser un souvenir durable.

Fort heureusement, la Grande Médaille d'Honneur était allée à Breton pour *La Bretonne*, portrait d'une jeune fille revêtue de son costume traditionnel breton. Ce jour-là étant un dimanche, son jour de congé hebdomadaire, Vincent put constater l'immense popularité de ce tableau : des milliers de Parisiens hilares et irrévérencieux avaient envahi les galeries, faisant de ce salon une véritable fête foraine. Jusqu'alors, les artistes qu'il connaissait avaient appartenu à un cercle fermé, parrainé par une élite issue des couches supérieures de la société hollandaise. Ici, pour la première fois de sa vie, il voyait qu'un homme pouvait exécuter une œuvre qui parlait à des milliers d'êtres humains.

Il partit pour Londres vers la mi-mai. A vingt ans, la perspective d'une vie nouvelle l'excitait, mais il craignait de souffrir du mal du pays. Les sujets de réflexion ne lui manquèrent pas pendant le long voyage, en bateau d'abord puis en train, avant que son wagon vienne s'immobiliser le long d'un quai de la gare Victoria, dont la construction était alors toute récente : de vagues considérations sur l'art et sur la vie et des convictions religieuses mal définies se mêlant à l'inquiétude encore confuse que lui inspirait le sort des déshérités.

Une seule certitude émergeait : son avenir de négociant en objets d'art était tout tracé. A Londres, il bénéficiait indiscutablement d'une importante promotion et, quand il reviendrait à Paris, il se verrait sans doute confier un poste à hautes responsabilités.

Mais pour le moment, il y avait le frémissement que faisait apparaître en lui la perspective d'arriver dans la capitale industrielle du monde. Paris avait respiré la culture, mais l'immense métropole qu'il voyait s'étaler par la vitre de son compartiment chantait les louanges du commerce, de l'invention et de cette force mal nommée, mal définie et pleine de dynamisme que l'on appelle le progrès.

Bientôt il allait voir la ville avec les yeux de Doré, dont on publiait cette année-là les dessins que lui avaient inspirés les aspects les moins reluisants de la vie à Londres. Le plus connu montre une cité ouvrière surpeuplée, sous l'arche d'un pont de chemin de fer, dont les occupants apparaissent comme des fourmis insignifiantes et minuscules, prises au piège dans un taudis crasseux, noyé dans le brouillard. C'était le Londres de l'exploitation des enfants, de la prostitution des enfants, le Londres des sans-abri, le Londres de la faim qui, au moment où Doré apportait son témoignage, allait passer à la postérité.

Vincent arrivait à l'époque où ce magma énorme, anarchique et suppurant se transformait en capitale impériale. Les signes de cette métamorphose sautaient aux yeux de toutes parts, même sur le court trajet de la gare Victoria jusqu'aux bureaux de la maison Goupil, dans Southampton Street. On venait de construire la voie sur berge, l'Embankment, que dominaient maintenant des immeubles administratifs flambant neufs. Un peu plus loin, au prix de gigantesques travaux, on ouvrait le Strand dans le dédale d'étroites ruelles qui avaient autrefois mené à la City.

Mais Vincent ne prêtait qu'une attention distraite aux exploits de la technique moderne, il n'avait d'yeux que pour les édifices de style gothique dont la présence lui paraissait des plus inattendue : en voyant le Parlement, il se trouva confronté pour la première fois à la manifestation spectaculaire d'une curieuse passion pour le fantastique.

D'ailleurs, cette mode ne se limitait pas aux édifices publics, car, lorsqu'il arriva devant la maison où la direction de Goupil lui avait retenu une chambre, il constata qu'elle était gothique elle aussi.

Il a oublié de préciser l'adresse de cette demeure, mais comme il pouvait se rendre à son travail à pied, il y a tout lieu de supposer qu'il s'agissait de l'immeuble que l'on venait d'achever juste au nord de Battersea Rive, sur la rive opposée de la Tamise par rapport à Chelsea.

Il aurait été difficile, dans ce quartier, d'être plus éloigné du Londres sordide dépeint par Doré. Vincent constata avec grand plaisir que sa nouvelle maison, comme celle des voisins, d'ailleurs, donnait sur un jardin agrémenté d'arbres et de fleurs. Il fut séduit par les parcs et les espaces verts de la ville. Et quelles qu'aient pu être ses craintes, elles furent vite dissipées quand il se rendit compte que Londres était une ville beaucoup plus amusante qu'il ne l'avait cru : ses deux logeuses avaient même un perroquet !

En outre, sa solitude ne serait pas aussi grande qu'il l'avait redouté : trois jeunes Allemands avaient loué des chambres dans la même maison. Au début, il sortit avec eux, mais ils disposaient d'un budget très supérieur au sien. Il décida donc de renoncer à leur compagnie pour économiser son argent. Goupil lui verserait un salaire annuel de quatre-vingt-dix livres ; une somme non négligeable, certes, mais ce n'était quand même pas la fortune, la vie étant beaucoup plus chère à Londres qu'à La Haye.

Ces problèmes financiers mis à part, il devait passer dans la capitale anglaise l'une des plus heureuses années de son existence. Le travail lui plaisait : on l'avait envoyé à Londres pour préparer une extension des affaires de la société. Jusqu'alors, la branche londonienne des Goupil était uniquement affectée au commerce de gros et fournissait les estampes aux autres bureaux. On veut maintenant y ouvrir une galerie semblable à celles qui avaient été implantées dans les succursales françaises, belge, hollandaise et allemande. Le directeur, M. Obach, s'est déjà mis en quête de nouveaux locaux, et moins d'un mois après l'entrée en fonctions de Vincent, une première fournée de tableaux et de dessins originaux arrive de France.

Comme il s'agit surtout d'un travail de bureau, Vincent trouve ses occupations un peu monotones comparées aux contacts directs avec les artistes et le public, qu'il avait connus à La Haye, mais du moins peut-il se consoler en se disant que cela ne va pas se prolonger trop longtemps. De toute manière, il faut avant tout qu'il améliore sa connaissance de la langue anglaise, et c'est beaucoup plus facile à faire en travaillant sur des lettres ou des livres de comptes qu'en essayant de s'expliquer avec des clients.

Ses progrès furent remarquables. Moins d'un mois plus tard, il écrivait à Théo qu'il lisait Keats dans le texte. La maîtrise de la langue une fois acquise, il fut affecté à la galerie photographique, qui était, comme à La Haye, l'un des services de vente les plus importants.

C'est alors que se produisit son premier contact avec les maîtres de l'art anglais comme Gainsborough, Reynolds et Turner, mais il ne semble pas qu'il en fut autrement impressionné. Il se sentait davantage attiré par les œuvres contemporaines vues chez Goupil telles que *Le huguenot*, de John Everett Millais, et *Puritains allant à l'église*, de George Henry Boughton. Il admira le sentiment religieux qui se dégageait de ces toiles.

Bien qu'il continuât de manifester un appétit insatiable pour toutes les formes d'art, son jugement avait encore tendance à subir l'influence de ce qu'on pourrait appeler le « label Goupil » : si la maison acceptait d'exposer ces œuvres, c'est parce qu'elles en valaient la peine. Il y voyait une sorte d'imprimatur. Comme la succursale de Londres se spécialisait dans les mêmes peintures françaises, hollandaises et belges que La Haye et Paris, c'est encore vers ces artistes que se porta son intérêt.

Une visite qu'il fit à Burlington House, dont on venait de terminer la construction à Piccadilly pour l'exposition d'été de la Royal Academy, en 1873, ne réussit pas à le prédisposer en faveur du talent typiquement britannique. Ce salon londonien ne présentant guère que mille cinq cents toiles, il n'était qu'un pâle reflet de ses homologues continentaux, de même que la plupart des œuvres exposées. Vincent, qui pourtant n'avait pas l'habitude de dénigrer ce qu'il voyait, ne ménagea pas ses critiques. Il qualifia d'« horrible » une allégorie à caractère historique de Poynter intitulée *Combat entre More de More Hall et le Dragon de Wantley*. Ce fut l'une des remarques les plus acerbes qu'il ait jamais écrites à propos de l'œuvre d'un peintre.

Pendant son séjour à Londres, il resta confiné dans le domaine pictural délimité par la maison Goupil, sans jamais soupçonner l'existence de gens comme James McNeil Whistler. A aucun moment, il n'entendit parler des furieuses rivalités qui opposaient les différents groupes artistiques anglais. L'intérêt qui commençait alors à se manifester pour l'art japonais ne l'effleura pas un seul instant et, contrairement à ce qui s'était passé à La Haye, il ne put jamais entretenir la moindre relation d'amitié avec les artistes qui venaient à la galerie.

Finalement, avec un peu de recul, on peut se dire que ce fut aussi bien ainsi. S'il avait découvert l'«impressionnisme» de Whistler dans ses *Nocturnes*, ou appris l'existence du Mouvement esthétique, il lui aurait fallu absorber trop tôt une dose beaucoup trop forte.

Bref, il resta en suspens, à la frange du monde artistique de Londres, inconscient de ses mouvances et de ses conflits. Il continuait d'absorber tout ce qui passait à sa portée, mais dans les limites étroites définies par la conception que l'on avait de l'art chez Goupil. Il alla voir les collections les plus importantes, mais se montra fort peu bavard sur les impressions qu'elles suscitaient en lui, et il évita soigneusement les classiques attractions touristiques, comme le musée de cire de Mme Tussaud ou la Tour de Londres. D'ailleurs, il avait bien d'autres chats à fouetter que de s'occuper de l'art anglais. Il était tombé amoureux...

Il peut paraître un peu méchant d'évoquer la photographie fanée d'Eugénie Loyer et de se demander comment cet être étique, au regard affligé, avec sa lèvre inférieure rentrée et ses bouclettes aplaties, a pu tourner à ce point la tête à Vincent. Peut-être était-elle, dans la réalité, une fleur sur le point de s'épanouir, une beauté délicate ? Même si on en doute, là n'est pas le problème, cependant. Vincent, lui, la trouvait indiscutablement jolie.

Eugénie était la fille de sa nouvelle propriétaire, Mrs. Ursula Loyer. Soucieux de réduire ses dépenses, il était allé s'installer dans un logement moins cher, 87 Hackford Road, à Brixton, non loin de l'Oval. La rue était une de ces doubles rangées de maisons neuves, toutes semblables, qui partaient de la Tamise en direction du sud. Certaines de ces demeures ne manquaient pas d'allure, comme les hôtels particuliers à quatre étages le long d'Angell Road, qui avaient été construits pour les négociants fortunés.

Les modestes employés occupaient les maisons plus petites que l'on trouvait dans des rues moins larges, comme Hackford Road. Heureusement pour Vincent, celle qui se dressait au numéro 87 faisait partie d'un groupe de survivantes du passé, des maisons carrées, peintes en blanc, bâties au début du règne de Victoria dans le style géorgien et un peu plus spacieuses que leurs nouvelles voisines.

Il envoya à Théo une description enthousiaste, en évoquant le souvenir de la chambre exiguë qu'ils avaient partagée à Zundert :

Comme j'ai si longtemps désiré, j'ai maintenant une chambre non mansardée, et sans papier peint bleu à bordure verte. C'est chez des gens très agréables que je vis à présent ; ils tiennent une école pour « little boys ».

La chambre contenait le mobilier qui encombrait habituellement les logements de l'époque victorienne : une lourde lampe à huile suspendue au plafond, une grande table qui, avec ses chaises en bois courbé, occupait la plus grande partie du sol et une table de toilette en marbre avec sa cruche à eau et sa cuvette contre le mur.

La logeuse, Mrs. Ursula Loyer, était la veuve d'un Français, Jean-Baptiste Loyer, qui avait enseigné les langues à l'école de Stockwell. Il avait pris sa retraite en 1859 et, à sa mort, Mrs. Loyer s'était retrouvée seule pour élever Eugénie, leur fille unique. Pour parvenir à joindre les deux bouts, Mrs. Loyer hébergeait des locataires et donnait à domicile des leçons aux enfants du quartier.

Vincent prenait son repas du soir avec la mère et la fille, auxquelles venait parfois se joindre un ancien locataire nommé Samuel Plowman, qui était un jeune technicien. Bien que la mère et la fille fussent physiquement très semblables, elles différaient notablement par le caractère. Mrs. Loyer était une femme agréable, facile à vivre, tandis qu'Eugénie était plutôt raide avec ses airs de maîtresse d'école. Elle devint d'ailleurs institutrice par la suite et il existe une autre photographie où on la voit toujours avec son air pincé, sans que rien permette de penser que l'âge lui ait adouci le caractère.

En dépit de ce physique quelque peu ingrat, Vincent trouva en Eugénie l'objet de toutes les émotions qui s'étaient accumulées en lui et qu'il n'avait jamais pu exprimer. Elle avait dix-neuf ans, et il n'existait rien qui puisse empêcher le jeune homme de la courtiser. Poutant, et c'est là le côté le plus étrange de cette histoire, il ne lui dit rien. Il ne lui demanda pas de sortir avec lui, il n'essaya à aucun moment de lui parler de ce qu'il ressentait et ce n'est qu'avec un peu de recul que l'on peut comprendre la remarque énigmatique qu'il adressa à l'une de ses sœurs à propos d'Eugénie et de sa mère :

Je n'ai jamais vu ni rêvé quelque chose d'aussi beau, comme l'amour entre elle et sa mère. Aime-la pour moi !
J'ai un logement splendide. Oh, plénitude d'une vie riche qui est le don du Seigneur !

Amoureux comme il l'était, il s'éprit de tout, en particulier de Londres. Il s'acheta un chapeau haut de forme pour avoir l'air plus anglais et, ainsi accoutré, il partait à pied chaque matin et entreprenait le trajet de quarante-cinq minutes qui le séparait de son lieu de travail. Pour ce jeune Hollandais, il s'agissait d'un voyage dans un lieu plein de mystères : il longeait l'Oval, où ces étranges Anglais pratiquaient leurs nouveaux sports : le cricket, le rugby et le football ; puis il poursuivait sa route vers le fleuve sillonné de bateaux.

Les nouveaux gazomètres dominaient les toits, de quelque côté que se tournât son regard. Il y en avait même tout un pâté, au pied de la cathédrale Saint-Paul. Londres affichait un modernisme agressif, et après avoir traversé le pont de Westminster, Vincent se trouvait plongé dans la cité nouvelle qu'il avait observée le jour de son arrivée. On démolissait Northumberland House, pour faire place au Strand. Le Nouveau Bureau de Poste était en construction à Saint-Martin-le-Grand, et l'on était en train d'achever les derniers tronçons de l'Embankment.

Pourtant, chez Goupil, le travail était d'une régularité monotone. Comme il n'y avait pas de clients, on fermait à six heures, ce qui était tôt pour l'époque, et il avait le temps de rentrer au logis sans se presser, l'esprit pénétré de l'agréable perspective de revoir bientôt Eugénie. Même une fois la nuit tombée, quand la brume et la lumière des becs de gaz envahissaient les rues, rendant le trajet moins agréable, il y avait encore la pensée d'Eugénie pour le pousser en avant, la joie au cœur.

Les fêtes de Noël furent idéalement réussies car les deux femmes l'invitèrent à les passer en leur compagnie. Au début de l'année suivante, on lui augmenta son salaire. Tout allait merveilleusement, avec une exception notable, toutefois : en dépit de ses sentiments pour Eugénie, il ne dit pas un mot à la jeune fille. Naturellement, elle devait trouver très agréable d'avoir un chevalier servant, toujours désireux de lui plaire et de lui rendre de menus services.

Certes, on ne peut dire que Vincent n'avait aucune idée de la manière dont il faut s'y prendre pour courtiser une jeune fille. Il a pu constater l'intérêt qu'éprouvait Mauve pour sa cousine et il sait sans doute que, quand les gens sont attirés l'un par l'autre, ils trouvent bien des manières de manifester leurs sentiments. Et même s'il n'est pas parvenu à voir ce qui se passait en regardant vivre les autres, il lui est difficile d'ignorer les révélations apportées par l'art pictural.

Lors de sa première visite au Mauritshuis, il a dû constater que les peintres ne représentent pas que des paysages. La *Suzanne au bain* de Rembrandt, ou le portrait que Rubens avait fait de sa première femme *Isabella Brandt*, n'ont pu qu'éveiller la curiosité de l'adolescent. Rembrandt invite le spectateur à se joindre au personnage caché dans les buissons pour contempler la nudité de Suzanne, tandis que Rubens vous convie à vous délecter de la beauté de la femme qu'il a épousée. Il y a là deux tableaux d'une sensualité profonde qui ont dû à tout le moins intriguer un garçon dont l'éducation avait été si rigoriste.

Mais si nous en sommes réduits aux conjectures pour ce qui concerne les effets de l'art sur le développement émotionnel de Vincent, nous disposons de véritables certitudes quant à la manière dont ses pensées furent conditionnées par ses lectures.

A un certain moment, sans doute avant son départ de La Haye mais plus certainement lorsqu'il vint s'installer à Brixton, il a lu les œuvres de Michelet. L'auteur de la magistrale *Histoire de la Révolution française* était manifestement tout désigné pour satisfaire l'énorme appétit de Vincent pour les ouvrages d'érudition.

Mais ce ne sont pas les études les plus sérieuses de Michelet qui ont éveillé les premières l'intérêt de Vincent. Il avait découvert un étrange petit livre, un recueil des pensées de Michelet sur l'amour, tout simplement intitulé *L'amour*. Il s'agit de la création la plus inattendue de cet auteur, car elle ne ressemble en rien à ses autres ouvrages : des réflexions jetées sur le papier, au fil des jours, sur les femmes et sur la manière de se comporter avec elles.

Vincent comprit tout de suite que c'était là exactement le guide dont il avait besoin, tout à la fois un traité philosophique sur la nature féminine et un manuel pratique destiné à faciliter les rapports que les hommes pouvaient entretenir avec elles. Grâce à ces pages, Vincent apprit que les femmes sont plus faibles que les hommes et doivent travailler moins qu'eux. La femme est une rêveuse éthérée ; une mère attachée aux choses d'ici-bas ; vous croyez la connaître mais elle reste une énigme sentimentale et fragile.

Le livre était commodément divisé en chapitres, avec des titres du genre « Grossesse en état de grâce ». Comme on peut s'y attendre, il ne figure généralement pas dans les listes actuelles des œuvres de l'historien, et peu de gens prennent maintenant la peine de le lire, mais pour Vincent, ce fut une véritable aubaine. L'une des raisons de l'attrait qu'il exerçait fut l'utilisation que faisait Michelet de l'art pour donner plus de force à son message. Par exemple, il définit son idéal de la féminité en évoquant un tableau qui représentait une femme en noir

> ... qui m'était entrée dans le cœur, si candide, honnête, suffisamment intelligente, simple pourtant, sans finesse pour se démêler des ruses du monde. Cette femme m'est restée trente années, me revenant obstinément, m'inquiétant, me faisant dire : « Mais comment se nommait-elle ? Que lui est-il arrivé ? A-t-elle eu un peu de bonheur ? Et comment s'est-elle tirée de la vie ? »

Le portrait décrit par Michelet était une œuvre anonyme du XVIIe siècle que l'on attribuait alors à Philippe de Champaigne. Vincent chercha à voir cette toile lors d'une visite qu'il effectua par la suite au musée du Louvre. La femme en noir était une respectable matrone qui devait sans doute être en deuil : un idéal de féminité plutôt inconcevable pour un jeune homme, mais Vincent ne tarda pas à faire sienne cette obsession de Michelet et la femme en noir allait réapparaître, avec des visages différents, tout au long de son existence : tour à tour réservée, éplorée ou mystérieuse.

L'amour était maintenant devenu une piste permettant de cheminer à travers le terrain inconnu des émotions. Vincent cita longuement l'ouvrage dans ses lettres à Théo, sincèrement convaincu que les opinions de Michelet avaient la force de faits prouvés scientifiquement. Il conclut donc que l'amour était une sorte de rapprochement mystérieux de deux âmes, un état qui naissait le plus simplement du monde : vous tombiez amoureux, et l'autre personne vous aimait à son tour, c'était d'une simplicité enfantine.

Rien d'étonnant à ce que cela soit arrivé à Vincent en Angleterre, loin de la stabilité des liens créés par le foyer et la famille. De toute manière, Michelet y avait apporté sa caution : *L'amour* disait de la femme anglaise qu'elle était «une rêveuse chaste et solitaire, aimant son foyer, loyale, dévouée et tendre. Une épouse idéale».

Et justement, elle était là, à portée de sa main, comme il en avait toujours eu la certitude, cette épouse idéale, en la personne d'Eugénie Loyer. Naturellement, point n'était besoin de prendre la moindre initiative car, d'après *L'amour*, Vincent et Eugénie allaient se trouver poussés l'un vers l'autre par une force mystérieuse. Avec un tel état d'esprit, il n'y a guère lieu de s'étonner si le moindre geste d'Eugénie, un simple merci, suffirent à le persuader que les choses se passaient exactement comme le guide l'avait prévu.

Pendant neuf mois environ, il vécut un amour heureux, impatient de rentrer le soir pour être auprès d'elle et convaincu qu'elle l'aimait elle aussi. Cette situation aurait pu se prolonger indéfiniment si Théo n'avait annoncé dans une de ses lettres qu'Anton Mauve était maintenant fiancé avec Jet Carbentus. Soudain le monde des illusions et le monde du réel entrèrent en collision.

Allant droit au but, Vincent dit à Eugénie que le moment était venu de conclure le mariage. Le silence qui s'ensuivit fut tel que Vincent n'eut pas besoin de recourir au guide pour comprendre qu'elle s'était attendue à tout sauf à cette proposition saugrenue. Que se passait-il donc? Elle l'aimait pourtant, comment en douter? *L'amour* ne précisait-il pas tout cela avec une limpide clarté?

Mais il allait y avoir pire encore. Quand Eugénie eut recouvré l'usage de sa voix, elle ne laissa subsister aucune équivoque. Non seulement elle ne pouvait pas l'épouser, mais en plus elle s'était secrètement fiancée à Samuel, l'ancien locataire qui fréquentait encore assidûment la maison Loyer.

Seul un être aussi absorbé par ses propres pensées avait pu entretenir de pareilles illusions sans se rendre compte de ce qui se passait réellement autour de lui. La première réaction de Vincent fut de refuser l'évidence : Eugénie allait changer d'avis. Il le fallait. Mais il aurait dû comprendre qu'Eugénie n'avait rien de la fleur fragile décrite par Michelet. Cette jeune fille opiniâtre avait des idées bien arrêtées et elle le lui fit savoir.

Pour Vincent, le choc fut terrible. Il passa de l'euphorie au silence et à l'abattement avec une rapidité foudroyante. Il continuait de se rendre à son travail, mais il ne parvenait plus à mobiliser le moindre intérêt pour ce qu'il y faisait. Les gens s'inquiétaient de sa santé, mais il secouait la tête, sans répondre. Les repas du soir le plongeaient dans un embarras profond, il n'avait plus d'appétit, il ne savait que dire, et les semaines s'écoulèrent, lentement, l'enveloppant dans le nuage noir de la dépression. Chaque fois qu'il se trouvait seul avec Eugénie, il tentait encore de la persuader, mais il se heurtait toujours à un non catégorique.

Comme il pouvait prétendre à un congé d'été, il jugea préférable de s'en aller. Le voyage en train puis en bateau jusqu'en Hollande lui procura quelque soulagement, mais quand il arriva au presbytère d'Helvoirt, ses parents le trouvèrent si maigre et si dépenaillé qu'ils en furent consternés. Ils l'accablèrent de questions, curieux de savoir ce qui s'était passé, mais Vincent se contentait de fixer le vide, d'un air morne, sans donner la moindre explication.

CHAPITRE III

L'effondrement
(1874-1876)

S'ils avaient pu soupçonner ce qui s'était passé, ses parents auraient essayé de le retenir à Helvoirt. Loin d'Eugénie, il avait une chance d'opérer une lente guérison. Mais personne ne put rien lui tirer d'autre que des propos décousus et incohérents selon lesquels il y aurait des «mystères» dans la maison Loyer.

S'il ne s'était agi que du chagrin suscité par une déception amoureuse — la plupart des jeunes gens se trouvent confrontés un jour ou l'autre à des problèmes de ce genre —, il n'y aurait eu aucun lieu de s'alarmer. Mais sa mélancolie avait dépassé les simples limites de ce premier échec sentimental. Maintenant, il souffrait d'une véritable dépression nerveuse.

Cet état dépressif aurait dû attirer l'attention de son entourage, et dans n'importe quelle autre famille on se serait beaucoup plus inquiété de son comportement. Malheureusement, son état ne constituait pas une nouveauté pour les Van Gogh. Deux des frères de Theodorus souffraient aussi de semblables crises de neurasthénie inexpliquées. Cent était constamment en villégiature dans le midi de la France pour y chercher le soleil qui l'aidait à surmonter les problèmes de santé auxquels il était sujet et qui pourtant ne l'empêchèrent pas de vivre jusqu'à soixante-huit ans — ce qui était beaucoup à l'époque — en menant une existence bien remplie de négociant compétent et heureux en affaires. Et il en était de même pour Hein, un commerçant prospère de Bruxelles qui était, lui aussi, constamment malade.

En fait, la famille s'était depuis longtemps résignée à ce genre de situation : le propre père de Theodorus, le pasteur Vincent, avait vécu jusqu'à quatre-vingt-cinq ans après avoir eu douze enfants et démontré sans relâche ses talents de prédicateur et de gestionnaire ; et pourtant il avait fallu que son épouse dévouée soit constamment à ses côtés pour le soulager de ses souffrances.

La branche maternelle n'avait pas non plus été épargnée par ces brusques apparitions de maladies inexpliquées. Une des sœurs d'Anna avait des crises d'épilepsie, et si aucun signe ne permettait pour le moment de penser qu'Anna avait transmis la maladie à ses enfants, il y avait toujours cette menace suspendue au-dessus de leurs têtes.

Bref, il n'y a rien d'étonnant à ce que le père et la mère de Vincent n'aient vu dans son comportement rien d'autre qu'un de ces accès de mélancolie qui avaient ponctué son enfance. Pour eux, il avait dû traverser une mauvaise période à Londres et il ne tarderait pas à surmonter cette crise passagère.

En outre, il y avait cinq autres enfants dont il fallait s'occuper. Certes, maintenant que Théo avait pris la place de Vincent à La Haye, il y avait moins de soucis à se faire sur son compte que pendant son stage à l'étranger, mais le pasteur et son épouse s'inquiétaient maintenant au sujet d'Anna, âgée de dix-huit ans, qui venait de terminer ses études de langues et à qui il allait falloir trouver du travail. Croyant pouvoir faire d'une pierre deux coups, ils décidèrent que la jeune fille se rendrait avec Vincent en Angleterre, où elle chercherait un emploi d'institutrice ou de demoiselle de compagnie, afin d'améliorer sa connaissance de l'anglais. Elle pourrait aussi veiller sur son frère, aucun signe ne montrant qu'il allait bientôt surmonter sa crise de mélancolie.

Comment son état aurait-il pu s'améliorer ? Après avoir rompu tous les ponts avec la réalité, Vincent ne pouvait guère voir autre chose que l'image idéalisé d'Eugénie. Il dessina la maison de Hackford Road et fit une esquisse du paysage qu'il y avait vu de sa fenêtre. Si seulement il pouvait retourner là-bas ! Il lui parlerait et alors tout s'arrangerait pour le mieux. Eugénie se rendrait à ses arguments ! Il suffisait de donner aux sentiments de la jeune fille l'occasion de s'exprimer et elle lui appartiendrait. Il avait eu tort de prendre à la lettre le refus qu'elle lui avait opposé. Il ne pouvait plus démordre de cette idée, et son entêtement grandissait de jour en jour.

Il se mit à dessiner un peu. De loin en loin seulement, mais cette occupation l'aidait à tuer le temps, et en s'activant ainsi, il avait l'impression de tenir en échec l'assaut perpétuel de ces questions auxquelles il ne pouvait répondre et qui l'obsédaient inexorablement. Avec courage, il tenta de se reprendre, de se trouver une occupation positive.

Il se rappela soudain la petite Betsy Tersteeg, à La Haye, et décida de lui faire un présent. Il prit une feuille de papier, la plia en trois pour en faire des petits carnets qu'il commença à remplir de dessins destinés à la fillette. En tout, il exécuta plus de quarante esquisses et tous les occupants du presbytère durent éprouver un certain soulagement en constatant cet intérêt subit : il ne restait plus à broyer du noir à longueur de journée !

La plupart de ses dessins sont des études toutes simples, faites d'après nature : une bergeronnette un peu guindée, installée dans son nid : le genre de choses qu'il avait aimé étudier étant enfant. D'autres esquisses semblent refléter certains de ses états d'âme : une araignée tapie au milieu de sa toile, entourée d'abeilles et de mouches qu'elle a prises au piège. Une voiture tirée par des chevaux évoque la tristesse qu'il avait éprouvée la fois où ses parents l'avaient laissé à la grille de son premier pensionnat.

Comme les dessins crayonnés à La Haye, les petits carnets de Betsy ne laissent guère augurer de son talent, encore moins de son génie, mais le fait qu'il les ait effectués tout en étant en proie à une crise de dépression étrange et effrayante montre de quel courage il était capable.

Les trois carnets devaient être joints à un quatrième recueil par Betsy elle-même, qui confia le tout à sa fille. Ces esquisses marquent la première étape d'une découverte capitale : en concentrant ses efforts sur la création artistique, il parvenait à sortir de lui-même, à oublier, ne serait-ce que pendant un court laps de temps, son inexplicable tristesse.

En voyant l'amélioration que ces activités apportaient à son humeur, sa famille prodigua de nombreux encouragements, surtout sa mère, qui trouvait que les plus simples de ces griffonnages se révélaient très prometteurs. Elle était plutôt encline à rejeter sur les Loyer la responsabilité du malheur qui accablait son fils, elle n'avait pas du tout apprécié la manière dont il avait parlé de « mystères ». Sans doute serait-il préférable que Vincent aille loger ailleurs ?

De leur côté, les Loyer ne devaient guère être enchantées à l'idée que Vincent reviendraient chez elles. Quand il avait appris qu'Eugénie était déjà fiancée, il avait eu une réaction tellement excessive qu'elles n'avaient pas su quelle contenance prendre. Leur seul espoir était que sa visite au pays l'avait dissuadé de retourner à Hackford Road.

Elles éprouvèrent un certain soulagement, quand il reparut en juillet, à constater que sa sœur l'accompagnait. Anna l'empêchait, par sa présence, de se livrer à de nouvelles protestations d'amour.

En fait, rien n'avait vraiment changé. Il lisait *Adam Bede*, de George Eliot, et éprouvait une véritable fascination à l'égard de cet infortuné héros qui vouait une fidélité éternelle à sa Betsy, même après qu'elle fut devenue enceinte des œuvres d'un châtelain débauché. Le mélange d'amour désespéré et de fidélité inconditionnelle, l'atmosphère tragique dans laquelle ce roman est constamment plongé convenaient tout à fait aux états d'âme du jeune homme, et, en dépit des obligations de retenue créées par la présence d'Anna, Vincent réussit à maintenir dans la maison une ambiance funèbre.

Quand Samuel venait rendre visite à sa fiancée, l'embarras était à son comble. Les Loyer ne souhaitaient pas particulièrement faire de la peine à leur locataire, mais elles ne pouvaient plus supporter de le voir continuer à jouer les amoureux transis dans l'espoir de ramener Eugénie à de meilleurs sentiments.

Un mois après son retour, il accepta l'inévitable. Il partit pour aller s'installer dans un nouveau logement situé dans les environs, à Kennington New Road. La maison était couverte de lierre, une plante qu'il affectionnait de plus en plus, et il pourrait encore aller voir Eugénie de temps à autre, maintenant que l'atmosphère serait moins chargée d'émotion.

Malheureusement, ce nouveau cadre de vie ne contribua guère à lui remonter le moral. Les repas n'étaient pas prévus et il dut aller avec Anna manger dans les cafés du quartier. Comme elle paraissait trop jeune pour qu'on lui confie des enfants, Anna avait beaucoup de mal à décrocher un emploi, et Vincent constatait que les conditions de travail ne s'amélioraient guère, bien au contraire, chez les Goupil, car tout le monde préparait l'ouverture de la galerie, qui aurait lieu aussitôt que l'on aurait trouvé un local.

Dans cette atmosphère euphorique, la réserve maussade affichée par Vincent paraissait singulièrement déplacée. M. Orbach partit pour Paris afin de demander si la société devait reprendre un commerce situé à deux pas du bureau londonien, dans Bedford Street. Indiscutablement, il allait aussi soulever le problème posé par le comportement étrange de Vincent.

Quand Anna eut enfin trouvé un poste dans une école de Welwyn, la tristesse de Vincent s'accrut encore. Il n'avait plus guère envie de regagner sa chambre solitaire, une fois la journée achevée. Se retrouver si tôt dans la soirée dans les rues de la ville lui apparaissait maintenant comme une véritable malédiction, avec toutes ces heures qu'il allait falloir tuer.

Il se demanda à quoi il pourrait bien s'occuper et découvrit alors les journaux illustrés que l'on épinglait, dans des vitrines, au siège de ces publications, près de la maison Goupil. Il prit l'habitude de s'attarder dans le quartier, étudiant les dessins exposés devant les immeubles du *Graphic* et des *Illustrated London News*, les deux grands journaux qui présentaient des gravures axées sur des problèmes d'actualité.

L'*Education Act* de 1870 avait contribué à créer, au sein d'une clientèle de gens nouvellement alphabétisés, un marché pour des textes simples et des images hardies, et Vincent ne tarda pas à apprécier l'audace d'un genre jusque-là inédit. Un grand nombre d'illustrations étaient destinées à éveiller la conscience du public en dénonçant les iniquités sociales de l'époque : *Cris amers des proscrits de Londres*, enfants sans foyer, la crasse des taudis, le scandale des prisons, le monde clandestin des mendiants et des criminels, on y voyait les innombrables tares de la capitale industrielle et impériale.

Vincent n'était pas totalement ignorant de la réalité qui se cachait derrière ces images : il avait pu avoir quelques aperçus de la vie dans l'East End, en se rendant au musée Brompton Boilers, que l'on venait de reconstruire à Bethnal Green. On avait en effet démonté cette structure de verre et de métal pour dégager l'espace nécessaire à la construction du musée Victoria et Albert, et on l'avait transplantée à Bethnal Green pour y abriter temporairement un grand nombre des objets qui avaient été présentés à la Grande Exposition de 1851 et qui serviraient de base à la collection destinée à ce nouveau musée.

L'ensemble était remarquable par son éclectisme ; les cartons de Raphaël, venus de Hampton Court, étaient entourés par un assortiment d'objets artisanaux expédiés des Indes, d'Arabie et de Chine.

Se plonger dans les mystérieux trésors abrités par cette jolie « serre » de fer et de verre était une chose. Mais c'en était une autre, toute différente, celle-là, que de traverser le monde qui l'environnait, car Bethnal Green était sans doute le plus immonde de tous les bas-fonds de l'East End.

Tant qu'il avait connu l'amour, qu'il croyait partagé, avec Eugénie, son univers étant alors cantonné dans les quartiers bourgeois du sud de Londres et marqué par le commerce élégant du Strand, Vincent n'avait rien vu de toute cette misère, mais maintenant, de tels spectacles commençaient à l'obséder : des femmes en haillons, dont les enfants malpropres tendaient une main décharnée pour quémander quelque pièce de menue monnaie, le tapage des ivrognes dans les estaminets et les visions fugitives de prostituées dans les ruelles mal éclairées.

Il se tourna vers la Bible pour y trouver quelque réconfort, passant de longues heures, le soir, à la lire et la relire. Il s'aperçut que cette étude du livre saint l'aidait à oublier son propre malheur et à estomper les images du désespoir tapies dans les recoins sordides, loin du Londres aux mille lumières qu'il avait connu. Il commença alors à se dire que c'était peut-être là qu'il trouverait les réponses dont il avait tant besoin.

En rentrant chez lui, tard dans la nuit, il pouvait observer les jeunes hommes et les jeunes femmes revêtus d'uniformes étranges, debout à l'entrée des débits de boisson, qui chantaient des cantiques et offraient un refuge aux déshérités. L'Armée du Salut, que l'on venait de fonder, commençait à faire sentir sa présence dans ces quartiers de la ville que toutes les autres organisations, charitables ou officielles, avaient abandonnés depuis longtemps.

A quelques pas de chez lui, à Elephant and Castle, se trouvait le Tabernacle métropolitain, où Charles Haddon Spurgeon, le premier des prédicateurs revivalistes, qui jouissait d'une immense popularité, haranguait les milliers de fidèles qui cherchaient désespérément des réponses dans un monde marqué par la coexistence de fortunes colossales toutes neuves aux côtés d'une misère que rien ne semblait pouvoir atténuer. Vincent acheta *Little Jewels* (Petits Joyaux), le pamphlet de Spurgeon dans lequel il trouverait maintes fois son inspiration au cours des années à venir.

Les croisades évangéliques de grande envergure offraient des solutions limpides, au sein de ces multiples contradictions : c'était la Bible, oui, tout simplement la Bible, qui offrait la seule réponse valable.

Le *Graphic* et l'*Illustrated News* dévoilaient le purgatoire qu'était la vie dans les taudis de Londres tandis que les évangélistes comme Spurgeon et ses disciples, les missionnaires américains Moody et Sankey, offraient une solution immédiate : la cité de l'homme pouvait être l'enfer, mais il était possible à quiconque d'entrer sans attendre dans la cité de Dieu. Allez de l'avant et acceptez le Christ dans votre existence, proclamaient-ils, et cette vie de misère arrivera à son terme.

Vincent était psychologiquement prêt à réagir favorablement à un tel message. Pourquoi gâcher sa vie à vendre de l'art aux nantis quand il y avait tant à faire pour les pauvres et les déshérités ? Obsédé par cette découverte, l'esprit uniquement accaparé par l'étude de la Bible, il ne parvenait plus qu'à grand-peine à s'intéresser aux tâches que l'on exigeait de lui chez Goupil.

Avant même que Vincent aille passer ses vacances en Hollande, M. Orbach avait remarqué que cet employé jadis exemplaire avait perdu le goût du travail, mais il avait espéré qu'il ne s'agissait que d'une défaillance temporaire : quelques semaines de congé suffiraient pour que le jeune homme se remette à flot. Comme il n'en était manifestement rien, M. Orbach décida, à son corps défendant, qu'il fallait agir. D'abord prévenir Paris, consulter le vieux Vincent. Oui, l'affaire était très délicate.

La réponse ne se fit pas attendre : le jeune Vincent devrait rentrer à Paris. Assurément c'était à ce séjour à Londres qu'il fallait imputer ce changement d'attitude ; une mutation avait donc toutes les chances de rétablir la situation.

Vincent n'avait pas le choix ; il ne lui restait plus qu'à obtempérer. Une grande tristesse s'empara de lui : il allait être séparé d'Eugénie et il allait manquer l'ouverture de la nouvelle galerie d'art, pour laquelle, en dépit de tout, il éprouvait encore un vif intérêt. Mais surtout il était envahi par une fureur croissante à l'idée qu'il se faisait manipuler par sa famille, qu'on l'obligeait à suivre une voie toute tracée, qu'on le déplaçait comme un pion sur l'échiquier des relations d'affaires de ses oncles, ses oncles qui, une fois pour toutes, s'étaient fait des idées très arrêtées sur son caractère et sur ses difficultés.

Une fois à Paris, il bouda au-delà de toute mesure. Les lettres à Théo cessèrent complètement. Ce retour dans la capitale française aurait pu, aurait même sans doute dû marquer la fin de sa carrière dans la maison Goupil mais, une fois de plus, les personnes de son entourage étaient trop préoccupées de leurs propres affaires pour mesurer l'importance et la signification de sa métamorphose. Pour souligner encore davantage les consignes d'obéissance, M. Boussod l'affecta au siège principal de la société, place de l'Opéra, loin du boulevard Montmartre, où régnait une atmosphère nettement plus libérale.

Le patron ne souhaitait pas s'appesantir davantage sur cette regrettable affaire. La société s'apprêtait à opérer une restructuration massive et Boussod avait d'autres chats à fouetter que de se faire du souci pour un petit employé récalcitrant, fût-il le neveu du principal associé du grand patron. Le problème primordial pour la société était de savoir qui allait succéder au vieil Adolphe Goupil quand il se retirerait complètement des affaires. Sur ses quatre fils il n'y en avait eu qu'un pour s'intéresser au négoce des objets d'art et il était mort en 1855, après s'être dépensé sans compter — c'est du moins ce qu'on disait — à la tête de la succursale de New York. Un autre des fils, Albert, avait manifesté son goût pour l'art mais c'était plutôt pour se constituer une collection personnelle, et en plus, il ne s'intéressait pas aux mêmes formes d'art que son père.

Albert avait autrefois rêvé de devenir artiste, et son grand bonheur était de voyager en Afrique du Nord avec son beau-frère, le peintre Gérôme, qui exécutait alors les études préparatoires à ses toiles où il dépeindrait la vie «orientale», et dessinerait les mosquées, les hammams et les scènes de désert. Finalement Albert mit à profit ces longues expéditions, qui à l'époque n'étaient d'ailleurs pas sans danger, pour acquérir une importante collection d'objets d'art et d'artisanat qu'il trouvait au Maghreb.

Albert était un personnage haut en couleur. Il ne s'était jamais marié et l'appartement qu'il occupait, également rue Chaptal, avait peu à peu pris l'apparence d'un sérail, avec ses tapis de prière, ses divans recouverts de tapisseries, les lampes de laiton damasquinées, les narghilés, les coffrets en ivoire aux inscriptions incrustées, et les ouvrages ajourés de style mauresque. C'est seulement à sa mort, en 1884, que l'on s'aperçut qu'il avait constitué l'une des premières collections importantes d'objets d'art islamique jamais réalisées en France.

Mais à l'époque, on le trouvait plutôt bizarre et son comportement devait décevoir cruellement son père, qui était maintenant obligé de démanteler le réseau de galeries d'art le plus important d'Europe, et par conséquent du monde. Les ramifications de son empire ne cessaient de s'étendre : Michel Knoedler, qui avait débuté comme «correspondant» d'Adolphe à New York, ouvrit sa propre galerie en restant étroitement associé avec le réseau Goupil. A Paris, Léon Boussod introduisit son fils Étienne dans l'affaire, avec la bénédiction d'Adolphe Goupil car Étienne avait épousé la fille de Gérôme et de Marie Goupil, ce qui allait permettre à la société de rester dans la famille si le jeune homme prenait la direction de la maison. Une fois cette restructuration achevée, la société fut rebaptisée du nom de Goupil-

Boussod et Valadon successeurs, mais pratiquement tout le monde continua de la désigner sous l'appellation « Société Goupil ».

Avec toutes les tractations que cette nouvelle politique entraînait, il ne faut guère s'étonner si les états d'âme de Vincent passèrent pratiquement inaperçus.

Pourtant, un bouleversement total, une véritable lame de fond, allait métamorphoser la Société et le monde qui gravitait autour, une transformation beaucoup plus fondamentale qu'un simple changement de nom, dans laquelle Vincent jouerait un jour un rôle de premier plan.

A cette époque, les galeries Goupil incarnaient une respectabilité bourgeoise et déshumanisante, une respectabilité qui avait sous-tendu la gaieté superficielle du Second Empire et qui s'affirmait de nouveau dans le prétendu « ordre moral » de la Troisième République.

La salle centrale de la galerie principale était une pièce tout en longueur et haute de plafond, éclairée par des vasistas de studio destinés à reconstituer l'atmosphère du Louvre ou celle des salles abritant le Salon officiel. Comme à La Haye, l'établissement était fréquenté par de riches clients qui déambulaient en admirant les tableaux et s'adressaient aux vendeurs pour obtenir des réponses à leurs questions ou se faire confirmer leurs préférences par des paroles aimables et rassurantes. On n'hésitait pas à afficher le snobisme d'un côté, et l'onctuosité de l'autre. On vivait les derniers jours du négoce des œuvres d'art opéré sur une grande échelle, avant que la reproduction en couleurs ne fasse une entrée fracassante.

La bourgeoisie achetait encore les originaux des œuvres d'art ou, en tout cas, de belles reproductions en noir et blanc, dont le choix était étroitement délimité par les décisions des jurys qui décernaient les médailles aux lauréats des salons annuels. C'est cette pratique qui donnait à l'art officiel un tel pouvoir. Son imprimatur était indispensable pour assurer un revenu décent aux artistes, par le truchement des établissements du genre de celui de Goupil.

C'est la raison pour laquelle les combats que l'on se livrait pour déterminer qui serait ou ne serait pas admis à figurer au Salon dépassaient de beaucoup les simples considérations culturelles : c'était le gagne-pain des artistes qui était en jeu, des artistes qui, en cas d'échec, risquaient de se trouver acculés à la misère.

Pendant plus d'une décennie on avait effectué quelques tentatives pour améliorer le système. L'année 1863 vit le premier « Salon des Refusés », mais les œuvres exposées étaient presque toutes d'une qualité si médiocre qu'elles apportèrent de l'eau au moulin du jury officiel.

Ce n'est qu'à la fin du printemps 1874, juste avant l'arrivée de Vincent à Paris, que se produisit un événement qui allait transformer totalement la vie artistique en Europe. Une exposition fut organisée dans des ateliers prêtés par Nadar (alias Félix Tournachon). Cet incorrigible risque-tout, qui passait du journalisme ou de la caricature aux ascensions en montgolfière, qui avait servi de modèle à l'un des personnages de *Scènes de la vie de bohème* de Murger, était surtout connu pour ses talents de photographe car il avait fait les portaits des artistes et des écrivains les plus célèbres de son époque. Les studios de Nadar, situés au coin de la rue Daunou et du boulevard des Capucines, avaient longtemps servi d'asile à Zola et à Baudelaire mais, en 1874, ils accueillirent l'exposition la plus importante de tableaux modernes.

Ce salon avait déjà fermé ses portes quand Vincent débarqua dans la capitale, mais seul l'isolement dans lequel le jeune homme s'était confiné avait pu l'empêcher d'apprendre ce qui s'était passé, car cette exposition avait été, selon le point de vue envisagé, soit un mauvais coup porté au cœur de la culture française, soit un événement artistique de toute première importance. A elle seule, la violence qui se déchaîna au sein de la quasi-totalité du monde artistique contre les œuvres exposées dans les studios de Nadar avait déjà donné à cet événement une dimension mythique.

Cette exposition avait réuni ce que nous considérons maintenant comme l'élite des génies du XIXe siècle : Monet, Renoir, Sisley, Pissarro, Cézanne, Degas, Guillaumin, Boudin et Berthe Morisot. Il y avait eu plus de cent soixante-cinq toiles, parmi lesquelles Degas en avait exposé dix à lui seul. C'est Renoir qui avait préparé le décor, choisissant pour les murs un papier d'un brun rougeâtre, tandis que son frère Edmond s'était chargé de l'élaboration du catalogue, se dépensant sans compter pour persuader les exposants de donner à leurs œuvres des titres suggestifs, surtout auprès de Monet qui, de l'avis général, se contentait d'appellations banales, correspondant exactement à la nature de l'objet représenté : une gare ou un nom de rue.

La suite des événements prouva d'ailleurs que c'est justement un de ces titres « améliorés » : *Impression : Soleil levant*, une toile peinte par Monet en 1872, qui devint le clou du Salon. Un critique courroucé concentra sa colère sur le premier mot, qu'il attribua à l'ensemble du groupe. Tous ces barbouilleurs n'étaient selon lui que de simples « impressionnistes », et le nom leur resta.

Il n'est pas facile d'imaginer le choc produit par cette première exposition impressionniste. Nous qui avons maintenant l'œil habitué aux couleurs éclatantes de l'art contemporain, à la vivacité des acryliques, à la brutalité des sujets et à l'agressivité du psychédélique, nous ne pouvons plus éprouver le même saisissement que ceux qui virent pour la première fois les toiles issues de la palette des peintres impressionnistes. Les premiers peintres de la nature, comme ceux des écoles de Barbizon et de La Haye, avaient bien entendu éclairci leurs teintes, mais ils étaient encore très loin de ce qu'on montrait maintenant au public.

Ce changement dans la façon de représenter le monde visible était en fait le fruit d'une révolution scientifique. Un grand nombre des idées ainsi mises en pratique était déjà dans l'air depuis quelque temps. La génération précédente avait lu Chevreul et savait qu'un objet d'une certaine couleur projette une ombre qui est teintée de sa couleur complémentaire. Delacroix avait épousé cette théorie mais les impressionnistes étaient les premiers à en faire l'élément central de leur méthode de travail, vouant un véritable culte à la façon dont on pouvait faire agir les unes sur les autres toutes les couleurs disposées sur une toile.

On était tout à fait aux antipodes du style académique, prôné exclusivement dans les Salons, qui proclamait que chaque objet avait sa propre masse et sa propre individualité, et que l'ombre n'était rien d'autre que l'obscurcissement de la surface projetée par la lumière.

Pour les impressionnistes, chaque objet avait sa propre couleur, et cette couleur n'était qu'un instant fugitif créé par une clarté sans cesse changeante. Il leur fallait donc travailler vite, avec des touches et des coups de pinceau rapides pour parvenir à capter cette impression fugace. C'est pourquoi ces nouvelles réalisations paraissaient informes, à moins de se poster à la bonne distance, avec l'éclairage convenable, car alors le kaléidoscope de pointillés, de taches et de vibrions se fondait, comme par miracle, en une image parfaitement reconnaissable.

Avec un peu de recul, il paraît inévitable que les peintres en soient arrivés à recourir à de telles méthodes. Le daguerréotype et les autres ancêtres de la photographie avaient libéré la peinture de cet ennuyeux carcan qu'était l'obligation de représenter le monde réel ; son domaine propre résidait maintenant dans ce que la photographie ne pourrait jamais réussir à rendre : l'art du peintre, la couleur, le travail au pinceau. Il était donc inévitable que le sujet de l'œuvre devienne moins important que la façon dont il était représenté sur la toile, et c'est justement là que se trouve le trait commun qui caractérisa le mieux les impressionnistes : leur volonté de ne dépeindre que des scènes tout à fait ordinaires : promenade dominicale au bord de l'eau, rue populeuse un jour de pluie ou femme jouant du piano.

S'il avait été révolutionnaire de proclamer que des paysans au travail étaient un sujet tout à fait valable pour un peintre, il était encore beaucoup plus audacieux de suggérer qu'un couple assis à une table dans un café méritait d'être fixé sur la toile de l'artiste.

Il fallait s'y attendre, bien sûr : cette combinaison d'une technique extraordinaire avec des thèmes d'une telle banalité ne pouvait qu'exaspérer la plupart des gens de l'époque, qu'ils fussent marchands de tableaux, critiques ou amateurs d'art. Mais la fureur exhalée par un certain nombre de ceux qui s'étaient pressés dans les ateliers prêtés par Nadar dépassa de beaucoup ce que les organisateurs avaient prévu. Les articles des critiques furent souvent d'une cruauté acerbe, vilipendant l'amateurisme et l'incompétence que trahissaient ces œuvres « inachevées ».

Derrière ces pointes acérées se cachait la crainte que l'œuvre d'un impressionniste ne fût beaucoup plus dangereuse qu'une simple révolution dans le style pictural. Dans un tableau digne de figurer parmi les toiles exposées au Salon, chaque élément avait son unité propre, et faisait partie d'un tout solide et consistant, la minutie et le sérieux de l'exécution montrant que le peintre avait bien dominé son art et mérité, en artisan consciencieux, les satisfactions matérielles qui lui revenaient de droit.

Par contre, les couleurs changeantes et transitoires ainsi que les sujets futiles de ces nouveaux venus semblaient inviter le spectateur à participer : il n'était plus question d'imposer une vision unique et autoritaire. C'était la porte ouverte à la subversion, voire à l'anarchie. Quand on mit en vente les œuvres exposées à ce premier salon des impressionnistes, le commissaire-priseur fut obligé d'appeler la police pour faire rétablir l'ordre.

Seul quelqu'un d'aussi isolé que Vincent pouvait ignorer ce qui se passait. S'il avait pris la peine de parler avec ses collègues, ils lui auraient certainement fait part de l'indignation que leur avaient inspirée ces incroyables événements. Et il aurait facilement pu se rendre compte *de visu* de la nature exacte des toiles qui constituaient le corps du délit. La galerie Durand-Ruel continua, en effet, d'exposer les œuvres des impressionnistes après la fermeture du Salon et en dépit du peu d'empressement manifesté par la clientèle.

On pourrait même penser que Vincent se trouvait tout à fait dans les dispositions d'esprit qui convenaient pour accepter cet art nouveau ; n'oublions pas qu'il avait été imprégné par l'école de La Haye, qu'il admirait Barbizon et idolâtrait Millet, tous considérés maintenant comme des précurseurs de l'impressionnisme. Il aurait certainement sauté le pas minuscule qui l'en séparait.

Mais ce genre de supposition est facile à opérer quand on peut voir les choses avec du recul. A l'époque, il ne s'agissait aucunement d'un pas minuscule. Un véritable gouffre, aussi bien sur le plan social que dans le domaine artistique, séparait les artistes préférés de l'oncle Cent des gens comme Monet, Degas, Renoir et les autres. Nombreux étaient ceux qui voyaient dans les couleurs plus claires de l'école de Barbizon une révolution dans l'expression picturale que tout le monde pouvait accepter. Mais pour ces mêmes raisons, les impressionnistes étaient des enfants qui s'amusaient à éclabousser la toile avec de la peinture.

Avant eux, des peintres comme Courbet avaient choqué le public pour toutes sortes de raisons : par exemple, dans le cas de cet artiste, l'indifférence qu'il montrait à l'égard de ce que l'on considérait alors comme les canons de la beauté. Mais les jurys et le public n'en reconnaissaient pas moins son talent et son métier. On n'aimait peut-être pas ce qu'il faisait, mais personne n'aurait jamais contesté sa compétence.

Pour les impressionnistes, il n'en allait pas de même, car ces derniers remettaient en question la notion que l'on se faisait de l'artiste. S'il avait vu leurs œuvres, Vincent aurait peut-être accepté leur *manière* de peindre, mais il aurait sans doute éprouvé la plus vive répugnance pour les *sujets* choisis. Pour lui, à cette époque-là, l'artiste devait se conformer à une règle fondamentale : montrer des sentiments simples, que ce fût l'amour, la charité ou la foi. Il n'était pas encore prêt à apprécier la représentation de gens qui prenaient du plaisir à danser ou à flâner au bord de l'eau. C'est peut-être une bénédiction qu'il soit resté dans l'ignorance de ce qui s'était passé, et il ne faut sans doute pas regretter non plus que la seconde exposition des impressionnistes n'eût pas lieu avant 1876, époque à laquelle il avait quitté Paris.

Il fut autorisé à se rendre à Helvoirt pour les vacances de Noël et il déploya alors des trésors d'éloquence pour persuader les siens de le laisser retourner à Londres. Une fois de plus, si tout s'était passé normalement, ils auraient pu demander à l'oncle Cent de se renseigner pour savoir ce qui ne tournait pas rond chez Vincent.

Mais l'oncle Cent avait fort à faire avec les bouleversements qui se produisaient dans la société. Comme son vieil ami abandonnait de plus en plus la direction de ses affaires à Boussod et à Valadon, Cent jugea que le moment était venu de suivre son exemple.

Comme il vouait à son frère cadet une amitié profonde, Cent décida de s'installer près de lui, à Princenhage. Mais pour y parvenir, il fallait s'atteler à une tâche considérable : il voulait regrouper plusieurs maisonnettes en une seule demeure et entreprendre la construction d'une galerie d'art spacieuse susceptible d'abriter sa collection personnelle, qui était devenue très importante. Entre le transfert des biens de la société et l'édification de la nouvelle résidence, il lui restait bien peu de temps pour se renseigner sérieusement sur les problèmes du neveu.

L'oncle Cent adopta une solution de facilité : il entra en contact avec Boussod et lui demanda sans ambages de laisser le jeune homme retourner à Londres. Boussod, qui, lui aussi, avait beaucoup à faire, accepta.

Comme on peut le prévoir, le résultat fut nul. Quand il se retrouva dans sa modeste chambre de Kennington New Road, Vincent reprit ses anciennes habitudes, obsédé par sa lecture de la Bible et prenant rarement la peine de sortir, sauf pour effectuer, bien à contrecœur, le trajet quotidien jusqu'au bureau de Southampton Street.

Il tenta tout de même, sans grande conviction, de s'intéresser à son travail : une nouvelle fournée de tableaux venait d'arriver, destinée à la nouvelle galerie, revêtus de leurs signatures habituelles : Maris, Israëls, Mauve et Breton. Il alla même voir la Sixième Exposition d'Hiver à l'Académie royale et écrivit ses impressions à Théo. Les seuls tableaux qu'il avait vraiment aimés étaient ceux de Constable, car ils lui rappelaient Barbizon. Il aurait pu apprécier Turner, mais peu de ses œuvres furent exposées pendant le séjour de Vincent à Londres. Il vit tout de même quelques-uns de ses tableaux au mois d'avril suivant, quand Christie's vendit aux enchères la collection de Samuel Mendel, mais de toutes les œuvres qu'il eut l'occasion de contempler alors, sa préférence alla à *Froid Octobre*, le premier véritable paysage de John Everett Millais. Il se dégageait de cette toile un sentiment lancinant de vide, une sensation glacée accentuée par les silhouettes d'oiseaux migrateurs qui se profilaient au loin. Cette vision allait se graver dans la mémoire de Vincent.

En dépit de ses incursions occasionnelles dans le monde de l'art, ses collègues se rendirent compte qu'il n'avait plus le cœur à l'ouvrage. Si on était trop occupé à Paris pour se pencher sur son cas, peut-être que ses anciens employeurs de La Haye pourraient lui être de quelque secours ? M. Tersteeg débarqua inopinément à Southampton Street avec l'intention déclarée d'inspecter les nouveaux locaux, mais comme l'observa Vincent avec une certaine clairvoyance, il consacra bien peu de temps aux problèmes professionnels et beaucoup plus aux lieux fréquentés par les touristes. Le jeune homme avait dû deviner que c'était lui le véritable sujet de cette visite et qu'après avoir observé le comportement de Vincent, Tersteeg s'estimait en droit de prendre quelques distractions.

Peu après le retour de Tersteeg en Hollande, Vincent apprit la décision de son patron : il fallait rentrer à Paris, une fois de plus. On avait conclu en haut lieu qu'il y avait à Londres quelque chose qui ne convenait pas à son tempérament. Dorénavant, on resterait sourd à ses requêtes quand il solliciterait l'autorisation de continuer à y vivre. Il partit quelques jours seulement avant l'ouverture de la nouvelle galerie, et conçut, assez bizarrement, une déception cruelle à l'idée qu'il ne serait pas là pour assister à l'inauguration.

A Paris, c'est Boussod qui dut statuer sur son sort. En tant que successeur de Goupil, il était devenu l'une des figures les plus influentes de l'art européen. Au cours des années à venir, il allait s'affirmer encore davantage, dépassant de bien des manières sa condition d'administrateur de l'empire dont il avait hérité. Boussod et Valadon se métamorphosèrent littéralement, et la firme s'agrandit au-delà de tout ce qu'on aurait pu imaginer, non seulement par ses dimensions mais aussi par la nature des œuvres d'art dont elle allait assurer le négoce.

Pourtant, confronté à Vincent juste après sa prise de fonctions, Boussod dut penser qu'il avait encore une dette à honorer envers les fondateurs de la firme. C'est pourquoi il décida de ménager la susceptibilité du neveu de l'oncle Cent. Non seulement il éviterait de le contrarier, mais en plus il essaierait de stimuler son zèle en lui donnant de nouvelles responsabilités. Loin de se faire réprimander, Vincent eut donc la surprise d'apprendre qu'on lui confiait la gestion des galeries de peinture de la place de l'Opéra, ce qui pouvait très bien être interprété comme une promotion.

Deux années plus tôt, il aurait sans doute aimé ce travail, mais maintenant il n'éprouvait plus la moindre attirance pour la vente des tableaux. Il se retrouvait plongé dans l'ambiance artistique des salons, confronté à un art qu'il n'avait jamais beaucoup apprécié et qu'il trouvait désormais étranger à ses préoccupations.

En fait, cette attitude dépassait largement le cadre de la profession : il allait même jusqu'à tourner le dos au monde extérieur. Le Paris récemment reconstruit, avec ses grands magasins tout neufs qui faisaient vibrer les foules, ses rues si brillamment éclairées qu'elles donnaient au centre de la ville un perpétuel air de fête, le nouvel opéra que l'on construisait à quelques pas de là, il ignora tout cela, regagnant précipitamment sa chambre pour vite se plonger dans sa Bible dont la lecture occupait toutes ses pensées.

Des artistes comme Degas prenaient un vif plaisir à s'installer aux terrasses des cafés — une nouveauté à l'époque —, où les citadins de toutes les classes sociales venaient savourer les distractions offertes par les patrons de l'établissement. Chanteurs et musiciens attiraient une vaste affluence et faisaient de chaque carrefour, de chaque place publique, un théâtre de plein air où tout le monde vibrait à l'unisson.

Les impressionnistes se montraient extrêmement friands de ce genre de scènes qu'ils fixaient sur leurs toiles, mais Vincent, qui n'avait pourtant pas les yeux dans sa poche, passait sans les voir. Il ne faut guère s'étonner qu'il ait eu si peu de contacts avec les autres vendeurs de la galerie : celui qui bénéficie d'une expérience toute fraîche de la religion a rarement la discrétion de garder pour lui sa découverte ; le désir qu'éprouve le converti de partager sa joie toute neuve se manifeste à chaque instant et se révèle profondément embarrassant pour ceux que l'on invite à y assister. Chacun s'efforce de rester à l'écart, réaction fort compréhensible d'ailleurs, ou alors on se pousse du coude en ricanant ou en échangeant des clins d'œil furtifs qui ne font que contribuer à renforcer le sentiment qu'éprouve le paria de subir un véritable martyre, et exagérer sa manie, par le truchement de la solitude et de la souffrance morale. Pour Vincent, le seul remède à cette incompréhension était de rentrer précipitamment au logis pour panser les plaies du jour avec le baume du Livre Saint.

Boussod lui avait dit qu'il serait soumis à une période probatoire de six à huit semaines à Paris pour voir comment il se comporterait, mais tous les espoirs qu'il avait pu nourrir de retourner en Angleterre furent réduits à néant quand les directeurs décidèrent qu'il resterait à la maison mère, place de l'Opéra. Il accepta le verdict avec l'indifférence qu'il affichait, à cette époque, à l'égard de toutes choses.

Comprenant qu'il était pris au piège à Paris, il loua une chambre à Montmartre, une colline encore verdoyante et couronnée de moulins à vent, située juste après les barrières de l'octroi qui marquaient les limites de la ville. C'était l'un des rares quartiers à avoir échappé aux grands travaux de reconstruction d'Haussmann, et les artistes aimaient à s'y retrouver. Ce n'était pas cela qui importait aux yeux de Vincent, d'ailleurs. Tout simplement, comme eux, il avait besoin de se loger à bon marché.

Il paraît surprenant qu'il ait pu manifester une telle absence d'intérêt envers un lieu aussi fascinant. C'est sur les pentes de la Butte que la Commune s'était achevée dans un massacre sanglant. Ceux qui avaient survécu et échappé aux persécutions qui suivirent le rétablissement du gouvernement républicain continuaient de vivre une existence clandestine dans les bars et les guinguettes qui donnaient à Montmartre sa réputation de repaire des criminels et des adeptes débraillés de la vie de bohème. Le monde équivoque des prostituées outrageusement fardées et des artistes décadents, que Toulouse-Lautrec allait immortaliser, renaissait déjà à la vie après que le soleil s'était couché sur les moulins à vent et les carrières qui émaillaient le paysage au-delà de la Butte. Sur les pentes de la colline les cabanes délabrées et les cafés en plein air commençaient à scintiller de mille lumières et l'on entendait s'élever dans les bars surpeuplés les chants plaintifs de l'amour et de la trahison.

Mais la seule chose qui comptait pour Vincent, c'était l'univers étroit constitué par sa demeure et la vue qu'elle offrait sur un jardin tapissé de lierre et de vigne vierge. Il couvrit les murs de sa chambre des estampes qu'il préférait et les goûts qu'il manifesta ainsi nous en disent long sur son état d'esprit. Il envoya à Théo la liste des gravures qu'il avait accrochées et décrivit une reproduction d'un tableau de Rembrandt, *La lecture de la Bible*, en ces termes :

Une grande chambre vieille-Hollande — le soir — une chandelle sur la table où la jeune mère assise près du berceau de son enfant lit la Bible; une vieille femme assise écoute, c'est là quelque chose qui fait penser : « En vérité, je vous le dis, là où deux ou trois personnes s'assemblent en mon nom, je suis au milieu d'elles. »

Près du Rembrandt se trouvait son exemplaire personnel de la reproduction de *Cortège funèbre dans les champs de blé* de Van der Maaten. La contemplation de cette œuvre dut lui rappeler le souvenir de son père car il chargea Théo de porter au pasteur un colis de lithographies qu'il voulait lui offrir. Si l'on en juge d'après les œuvres choisies, ou bien il cherchait à faire plaisir à son père en lui donnant quelque chose qui fût conforme à ses goûts, ou bien il se livrait à une plaisanterie dont il voulait rendre son frère complice. L'une d'elles, *Le huguenot*, d'Anker, représente un vieil homme, adossé à des oreillers, à qui sa fille fait la lecture. Il s'agit sans doute d'une allusion ironique aux goûts morbides de leur père.

Le dimanche était le seul jour où Vincent s'octroyait une entorse au régime draconien qu'il s'imposait, et interrompait son travail et ses lectures de la Bible. Il descendait à pied dans le centre de la ville pour aller visiter quelques temples protestants. De nombreuses communautés étrangères, comme les méthodistes anglais, conservaient leurs propres chapelles et Vincent s'y rendait à tour de rôle pour écouter des bribes de sermon ou assister à une partie de l'office, comme un dégustateur professionnel qui cherche à découvrir un mélange conforme à ses goûts.

Sa tournée du dimanche matin achevée, il se dirigeait vers le Louvre où il se retrouvait en compagnie de milliers d'autres visiteurs qui avaient, eux aussi, choisi ce jour-là parce que l'entrée était gratuite. Il arrivait fréquemment que des étudiants, et aussi des artistes chevronnés, plantent leur chevalet dans les galeries pour copier les chefs-d'œuvre des grands maîtres, car on considérait encore que c'était la meilleure méthode pour apprendre à peindre. On s'arrêtait pour les regarder car cela faisait autant partie de la visite que la contemplation des tableaux célèbres.

Pour Vincent, les deux moitiés de la journée avaient presque le même caractère sacré ; les temples de Dieu, d'abord, puis le temple de l'Art, car en dépit de son manque d'intérêt pour le travail qu'il faisait chez Goupil, il n'en restait pas moins en proie à l'obsession intime de la peinture.

En fait, c'est sa conviction, sans cesse croissante, de l'infaillibilité de son goût qui lui créait des difficultés auprès des clients. Il ne pouvait plus acquiescer passivement quand les acheteurs opéraient ce qu'il considérait comme un mauvais choix. Si les visiteurs insistaient pour acheter les contes historiques exposés dans la galerie et refusaient de s'intéresser au paysage beaucoup plus valable qu'il leur montrait, Vincent ne voyait plus aucune raison de s'incliner devant leur décision. Il s'acharnait à leur démontrer qu'ils commettaient une folie et à les persuader de jeter leur dévolu sur l'article qui lui paraissait supérieur.

Les plaintes à l'encontre du jeune vendeur se multipliaient et il fallut bientôt en avertir M. Boussod. Pourtant ce dernier, en dépit de toutes ces récriminations, ne savait trop à quoi s'en tenir au juste. Un jour, en effet, Jules Breton vint à la galerie avec sa femme et ses filles, et quand Boussod sortit pour les accueillir, il trouva Vincent qui rôdait dans les parages, aussi surexcité que si la visite du maître avait été l'événement le plus considérable qu'il eût jamais connu. Comment concilier de telles contradictions ? Il fallut présenter à Breton le jeune homme qui, manifestement, ne pouvait contenir sa joie.

Ce n'était pas vraiment l'attitude de quelqu'un qui avait perdu tout intérêt pour sa profession. Une fois de plus, Boussod décida de ne rien faire.

En réalité, seule la visite de l'une de ses idoles pouvait faire sortir Vincent de sa torpeur. Il écrivit à Théo pour lui parler de cette rencontre et pour décrire en termes enthousiastes un tableau que le peintre exposait au Salon, *La Saint-Jean*, montrant des paysannes dansant autour d'un feu de la Saint-Jean, par un beau clair de lune. Il fallait à tout prix que Théo lise les poèmes de Breton, tous aussi merveilleux que ses tableaux.

Mais Breton mis à part, quel intérêt y avait-il à essayer de vendre de l'art aux oisifs nantis et contents d'eux-mêmes qui venaient fouiner dans la galerie, à la recherche d'une « valeur sûre » pour en décorer leur maison ? Tout cela semblait d'une telle vanité ! Et puis, juste au moment où la dernière étincelle d'intérêt pour ce négoce commençait à pâlir, vint le coup de grâce avec la stupéfiante nouvelle que Millet était mort dans sa maison de Barbizon. C'était à peine croyable ! Le vieil homme avait paru éternel ; le temps n'avait pas plus de prise sur lui que sur les paysans qu'il fixait sur ses toiles.

Millet, c'était la foi solide du paysan au sein du clinquant de la vie citadine. Vincent pouvait être condamné à passer ses journées dans une salle emplie de Romains expirants ou d'Égyptiennes au bain, mais au moins, il y avait Millet, ferme comme un roc, là-bas dans les champs et les forêts, et il y avait son art, réel plus que toute autre chose, un art qui inspirait la foi.

Peu après avoir appris cette nouvelle, Vincent lut que l'on allait vendre les dessins de Millet à l'hôtel Drouot. Il décida de s'y rendre, manifestement prêt à vivre des minutes quasi mystiques :

Quand je suis arrivé à l'hôtel Drouot, dans la salle où ils étaient exposés, j'ai éprouvé quelque chose dans le genre de : « Déchausse-toi, le lieu que tu foules est sacré. »

C'est à partir de ce moment qu'il commença à appeler le peintre disparu « Père Millet ». Quand eut lieu la liquidation des biens du défunt, le Luxembourg acheta quelques-unes des toiles et Vincent fut parmi les premiers à voir la nouvelle exposition. Il dit à Théo qu'il avait étudié un de ces tableaux, *L'église de Gréville*, avec un soin tout particulier. Le sujet était plutôt inhabituel pour Millet : un édifice, rien d'autre, lui qui représentait toujours des hommes et des femmes au travail ! Le fait que ce fût un souvenir d'enfance peut expliquer pourquoi l'artiste se rappelait l'église beaucoup plus grande qu'elle n'était en réalité : un minuscule personnage qui la longe, la bêche sur l'épaule, est littéralement écrasé par sa masse imposante.

La plupart de ceux qui allèrent voir cette peinture furent surtout frappés par la manière inusitée dont Millet avait utilisé des petites touches et des traits étincelants pour appliquer ses couleurs. C'était comme si, au soir de sa vie, Millet avait été, lui aussi, gagné par la « facture en virgules » des nouveaux impressionnistes. Mais Vincent ne remarqua point cette technique récente adoptée par le « Père Millet ». Seule cette église gigantesque et inquiétante, avec les silhouettes noires des oiseaux qui s'attroupaient autour de son beffroi, le figeait sur place, envoûté par ce spectacle.

Il avait toutes les raisons de croire qu'il assistait à la fin d'une époque : la mort de Millet fut suivie par celle d'un autre grand peintre de la nature : Camille Corot. Vincent se joignit à la foule qui alla voir l'exposition organisée en souvenir de l'artiste. Ce fut autant un geste de protestation qu'une marque d'amour à l'égard des œuvres du peintre, car plus que bien d'autres, Corot avait souffert de la stupidité des institutions artistiques. En dépit de sa stature, cet homme, qui figurait parmi les plus grands des peintres paysagistes, avait été humilié l'année précédente, quand le jury du Salon lui avait décerné, bien à contrecœur, la médaille d'honneur, uniquement pour la lui retirer au dernier moment. Pour Vincent, cela ne faisait que rendre d'autant plus haïssable la nécessité de défendre les lauréats des Salons dont les œuvres passaient ensuite dans les galeries de la maison Goupil.

L'oncle Cent n'avait pas encore quitté son hôtel particulier de Neuilly, c'est pourquoi, lorsque Boussod l'eut averti de ce qui se passait, il prit l'habitude de rendre des visites inopinées à Vincent pour voir s'il pouvait faire quelque chose afin de résoudre le problème. Il ne lui fallut pas longtemps pour conclure que c'était la religion qui était la cause de tous les ennuis.

« Je ne connais peut-être rien au surnaturel, dit-il un jour au cours de l'une de ces entrevues. Mais les choses naturelles, je les connais toutes. »

S'il s'imaginait que de telles remarques allaient modifier l'attitude de son neveu, il se faisait bien des illusions. Rapportant la conversation à Théo, Vincent ajouta non sans acrimonie que l'une des toiles favorites de l'oncle Cent était *Les illusions perdues*, de Gleyre. Manifestement, Vincent était décidé à tenir bon.

Nous n'avons aucune idée de ce que se disaient Boussod et l'oncle Cent après ces rencontres, mais les deux hommes attribuèrent manifestement une grande partie de ses problèmes à l'isolement grandissant dont il souffrait. On décida donc d'envoyer loger dans la maison de Montmartre un nouvel employé qui venait d'arriver à la galerie. Harry Gladwell était un Anglais de dix-huit ans dont le père vendait des tableaux à Londres. Il avait été mis en apprentissage chez Goupil pour s'initier au métier avant d'aller travailler aux côtés de son père.

Celui qui avait eu l'idée de mettre ensemble les deux jeunes gens avait fait preuve d'une grande clairvoyance car Harry souffrait du même ostracisme que Vincent. Sa longue silhouette gauche et dégingandée, ses oreilles rouges et décollées, ses cheveux noirs coupés ras et ses grosses lèvres en avaient fait le souffre-douleur de tous les apprentis qui, dès le jour de son arrivée, s'étaient mis à le prendre pour cible de toutes leurs moqueries.

Pressentant en lui l'existence d'un camarade d'infortune, Vincent se prit immédiatement de sympathie pour son cadet, non sans toutefois éprouver quelque appréhension en voyant l'appétit féroce de son compagnon. Vincent, l'homme frugal par excellence, réprouvait la gourmandise ; or le pauvre Harry, qui était pourtant « maigre comme une trique », engloutissait d'énormes quantités de nourriture.

Mais Vincent prit les choses en main et il ne tarda pas à mettre le holà, et pas seulement dans le régime alimentaire de l'Anglais. Car, en dépit de tout, il savait encore se montrer attachant, et Harry s'empressa de rentrer au logis avec lui, pour souper avec modération et passer le reste de la soirée à étudier la Bible. Ils avaient décidé de se la lire à haute voix, de bout en bout.

Mais ils avaient aussi une autre foi à partager, et Vincent entraîna Harry jusqu'au sanctuaire de Breton, au Luxembourg, et encouragea l'Anglais à décorer sa propre chambre avec des gravures correspondant aux goûts de son mentor.

Malheureusement, la présence d'un nouvel ami qui avait les mêmes préoccupations spirituelles que lui ne diminua en rien la ferveur religieuse de Vincent, bien au contraire. Sa foi ne cessait de s'intensifier et les lettres qu'il écrivait à Théo étaient émaillées de citations de sermons et de passages de la Bible. Il envoya même à sa sœur Anna les textes de certains cantiques revivalistes, par exemple : *Plus près de Toi mon Dieu*, et *Souvent en danger et dans la douleur.*

Il y avait pourtant un domaine au moins dans lequel il avait changé : il avait renoncé à sa quête d'un amour temporel. Jusqu'à Michelet qui avait perdu grâce à ses yeux :

Je voudrais bien, Théo, te dire quelque chose qui va peut-être te surprendre : Ne lis plus Michelet, ni aucun autre livre (la Bible exceptée) jusqu'à ce que nous nous soyons revus à Noël...

Et quelques semaines plus tard :

Je vais me défaire de tous mes livres de Michelet, etc., etc. Je te conseille de faire la même chose.

Si Vincent s'imaginait que sa ferveur religieuse allait plaire à son père, il se trompait lourdement. Le pasteur s'était condamné à une carrière médiocre en faisant preuve d'une modération pleine de nuances et il n'était guère enchanté de découvrir que son fils aîné donnait dans le fanatisme et le prosélytisme. Il exprima sa désapprobation, évoquant l'image d'Icare qui volait trop près du soleil, et répondant aux citations que Vincent empruntait à la Bible par des réflexions pleines de retenue, empruntées sans doute à sa propre expérience. « ... par-dessus tout, faisons preuve de patience ; ceux qui croient ne se hâtent pas. »

Pour l'instant, c'était là tout ce que le vieil homme pouvait faire pour son fils. Une fois de plus, la famille se trouva transplantée dans une autre paroisse, située non loin de là, à Etten. Les appointements étaient un peu plus élevés et, en apparence du moins, la paroisse semblait moins déshéritée que celle de Zundert. L'église protestante était plus grande, avec un clocher assez important. Quant à la maison, elle était spacieuse, avec une belle allée carrossable et un jardin aux vastes dimensions.

Vincent avait hâte de voir la nouvelle installation et il écrivit bientôt à Théo pour lui dire combien il lui tardait de prendre ses vacances de Noël. Ce qu'il oubliait de préciser, c'est qu'en fait, hélas ! ce n'était pas son tour de bénéficier d'un congé cette année-là. La période des fêtes attirait chez Goupil des centaines de clients qui voulaient acheter des cadeaux pour leur famille. Seuls quelques employés recevaient l'autorisation de passer Noël chez eux et, cette année-là, Vincent ne se trouvait pas dans ce cas.

Il décida pourtant de partir, et quand il arriva au nouveau presbytère personne ne savait qu'il avait commis une faute grave. Comme Théo travaillait non loin de là, à La Haye, il put venir pour le jour de Noël, mais il ignorait, lui aussi, que Vincent s'était enfui de Paris sans prévenir personne.

Après avoir passé sept ans dans la maison Goupil, sept ans pendant lesquels il avait fait preuve d'une conscience professionnelle de presque tous les instants, avec la perspective de bénéficier d'un avancement considérable en tant qu'héritier de son oncle, Vincent avait délibérément commis la faute qui allait entraîner, inexorablement, la ruine de toutes ses espérances. Lorsque son frère mesura la gravité de cet acte, il se montra incapable de le comprendre, encore plus de le justifier. Et pourtant, Vincent semblait encore s'intéresser à l'art, il n'envisageait de se lancer dans aucune autre carrière. Tout cela était complètement incohérent. Seul le serment que les deux frères s'étaient fait de rester fidèles l'un à l'autre quoi qu'il arrivât, peut expliquer la patience dont Théo témoigna devant un tel comportement. Bien que la situation fût sans conteste des plus embarrassante pour lui et que son silence fût peu susceptible de favoriser sa propre carrière, il ne critiqua jamais Vincent ; jamais il ne prononça la moindre parole de reproche.

Mais à Paris, Boussod n'était pas lié par un semblable engagement et aussitôt que le déserteur eut regagné son poste, il apprit qu'on le convoquait au bureau du directeur. Pourtant l'entrevue ne se déroula pas exactement comme Boussod l'avait prévu. Le patron commença par démontrer que, cette fois, la mesure était comble, mais au lieu de manifester le moindre remords, Vincent se contenta de formuler l'espoir que personne ne nourrissait de graves motifs de mécontentement à son égard. S'agissait-il d'un sarcasme délibéré ou simplement de la révélation que le jeune homme s'imaginait sincèrement n'avoir commis aucune faute rédhibitoire, peu importe. Le propos fut taxé d'impertinence et Boussod annonça sèchement à Vincent qu'il avait de fortes raisons de se plaindre de sa conduite. L'employé laissa parler le patron sans l'interrompre puis, avec le plus grand calme, offrit sa démission. Il n'y avait rien d'autre à ajouter.

Seules les relations familiales dont il bénéficiait le sauvèrent d'un congédiement immédiat. En fait, il fut autorisé à rester jusqu'au 1er avril 1876, ce qui constituait une concession plus que généreuse. Mais en dépit du traitement de faveur qu'on lui accordait et de son désir évident de partir, c'était tout de même un coup terrible qui lui était porté. Jusqu'à présent, toutes les difficultés qu'il avait rencontrées dans son existence avaient paru venir du monde extérieur. Même l'issue malheureuse de ses amours avec Eugénie Loyer pouvait s'interpréter comme un cruel arrêt du destin. Maintenant, pour la première fois, Vincent était l'artisan de l'infortune qui le frappait. Alors que s'ouvrait devant lui une route dont toutes les difficultés avaient été aplanies, il avait, de son propre chef, gâché toutes ses chances.

Il aurait fallu être doté d'un goût sans cesse accru pour le martyre pour pouvoir supporter sans se plaindre l'épreuve que constituaient ces trois mois de préavis. Jusqu'alors il avait eu des relations déjà tendues avec ses collègues, maintenant ils savaient que le neveu d'un directeur influent avait délibérément traité par le mépris des chances de réussite qui les auraient comblés de bonheur et ils ne se gênèrent pas pour montrer leur désapprobation. Aux yeux de ces jeunes employés qui travaillaient d'arrache-pied afin de faire carrière sans bénéficier des appuis enviables dont Vincent avait eu le privilège, son geste témoignait d'une inconscience qui frisait la perversité. Jusqu'à présent, on le trouvait pour le moins original, maintenant on le prenait vraiment pour un fou.

La situation n'était guère plus brillante à Montmartre, où il se retrouvait en tête à tête avec Harry. Le jeune Anglais avait toujours subi l'ascendant de son aîné, qu'allait-il penser dorénavant ?

Vers la fin du mois, Harry annonça qu'il allait déménager. Certes, il appréciait toujours la compagnie de Vincent — ils allaient rester amis longtemps après le départ du jeune Anglais —, mais il trouvait trop pénible de subir ses sautes d'humeur et son obsession de la religion qui prenait des proportions de plus en plus inquiétantes.

Harry passa le voir de temps à autre et tenta de lui trouver un dérivatif en lui recommandant des livres. Vincent se lança dans la lecture de quelques ouvrages de George Eliot : *Felix Holt* d'abord et, quelque temps plus tard, ses *Scènes de la vie ecclésiastique*, mais le roman comme les nouvelles, qui développaient le thème de la noblesse de la souffrance, ne réussirent qu'à renforcer son amertume.

A part les rares visites de Harry, sa vie se réduisit à l'étude de la Bible, à la lecture de quelques romans, et au plaisir de fumer la pipe. Mais il avait trouvé un livre qui allait sans doute, plus que tout autre, exercer une profonde influence sur le cours de son existence : *L'imitation de Jésus-Christ* de Thomas a Kempis. Ce qui le fascinait dans cet ouvrage, ce n'était pas seulement l'énumération des règles limpides qui devaient ordonner la vie chrétienne, mais aussi tout le contexte qui servait de toile de fond aux pensées de l'auteur. L'association de Thomas a Kempis avec les frères de la vie commune et sa conviction que l'on pouvait connaître le vrai bonheur sur terre en formant des communautés laïques, vouées à la modération et à un mode de vie simple, avaient une résonance profonde chez beaucoup de contemporains de Vincent qui, dès le milieu du siècle, avaient été consternés par le chaos matériel et moral que l'industrialisation rapide du continent avait laissé dans son sillage.

Seul dans sa chambre de Montmartre, passionné par la puissance de ce pamphlet médiéval, Vincent les rejoignit en esprit. Ce livre paraissait répondre avec une telle pertinence aux multiples questions qui l'avaient plongé dans le plus profond désarroi depuis qu'il avait quitté la maison de ses parents : « Comment supporter les chagrins avec patience », « Sur l'abnégation », « Renonciation à nos désirs ». Comme chez Michelet autrefois, il ne s'agissait pas de vagues suggestions mais de règles clairement énoncées. Livré à une solitude totale, en communion avec ce guide sacré, il pouvait facilement s'imaginer être un moine dans sa cellule ou un ermite dans sa grotte. Tous les signes de son identification avec le monde extérieur disparurent de ses lettres à Théo. Les descriptions minutieuses des choses qu'il avait vues ou qu'il avait faites et qui avaient figuré parmi les grandes joies de sa correspondance avaient maintenant complètement cessé d'exister. L'équilibre délicat entre l'art, la religion et la vie était rompu complètement.

A mesure que s'écoulaient les trois mois de délai qui lui avaient été accordés, la perspective inquiétante de se retrouver sans emploi commençait à se dessiner avec une netteté sans cesse accrue. Mais quel que fût le poste qu'on lui proposerait, il faudrait que ses activités soient en conformité avec les nouvelles aspirations que Thomas a Kempis lui avait inspirées. Ces tâches devraient être « utiles », elles devraient lui offrir la possibilité de mener une existence chrétienne. De préférence en Angleterre, bien entendu : ses pensées ne s'égaraient jamais loin de Londres, d'abord à cause des vestiges de son amour pour Eugénie mais aussi, et surtout, parce que c'était le seul endroit où les décrets de sa famille ne pourraient pas l'atteindre.

Il découvrit que les journaux anglais en vente à Paris comportaient parfois, dans leurs petites annonces, des offres d'emploi pour des assistants étrangers susceptibles d'enseigner les langues. Il s'agissait de postes temporaires et médiocrement rémunérés — parfois même on ne proposait aucun salaire — mais il y voyait une solution acceptable. L'enseignement lui apparaissait comme une vocation qui pourrait déboucher sur une activité lui permettant de déployer un dévouement sans bornes et, à tout le moins, il serait en Angleterre.

Il se mit à envoyer ses offres de service à différentes écoles et constata alors, non sans étonnement, à quel point il allait être difficile de trouver un emploi. Il lui fallut aussi avaler d'autres couleuvres : on avait nommé Harry à son poste dans les galeries de peinture. Il savait qu'il n'avait aucun motif valable de se plaindre et s'efforça donc de prendre les choses avec philosophie, mais la souffrance n'en était pas moins là, et dans les lettres qu'il écrivit à Théo, il ne cessa de mentionner cette nomination, comme s'il ne parvenait pas à la chasser de ses pensées.

Sa première candidature à un poste d'enseignant dans une école de Scarborough se heurta à un refus. Cet échec l'affecta profondément mais il trouva quelque réconfort dans la lecture d'un roman de Bulwer-Lytton intitulé *Kenelm Chillingly*, disant à Théo qu'il s'agissait des aventures du fils d'un riche Anglais qui ne peut trouver le repos et la paix que loin de son milieu, en allant vivre au sein des «classes inférieures» : les revers de fortune ont un grand mérite, ils fortifient l'âme.

Il continuait d'honorer ses anciens héros, achetant trois estampes de Millet lors d'une exposition qui se tenait dans la galerie de Durand-Ruel. Y avait-il encore des œuvres d'impressionnistes ? Il n'en mentionne nulle part l'existence. Dans l'ensemble il gardait une tranquillité d'esprit remarquable en dépit du tourment croissant que lui causait son incapacité à se trouver un emploi. Mais il y avait peu de chances pour que cette sérénité se prolongeât indéfiniment, surtout si les candidatures qu'il envoyait demeuraient lettre morte.

Le temps commençait à lui sembler long, tout de même. Son vingt-troisième anniversaire tombait le 30 mars, deux jours avant son départ de chez Goupil, et il n'avait toujours pas reçu de réponse favorable. Heureusement pour lui, Harry vint le voir ce matin-là, à six heures et demie, en se rendant à son travail, pour lui faire cadeau d'un paysage d'automne, dans l'espoir de le réconforter un peu. Ils parlèrent un moment, puis Vincent se retrouva seul, avec la perspective de vivre une fois de plus une journée interminable, vide et désespérée.

Ce n'est que le lendemain matin, au moment où il se préparait à sortir, que le facteur lui apporta une réponse d'Angleterre. On lui proposait un poste non rétribué dans une école de Ramsgate. Son soulagement fut considérable.

Il emballa ses estampes et ses livres et partit pour Etten, où il avait décidé de passer les deux semaines qui le séparaient du jour de Pâques. Dans le train qui l'emmenait vers le nord, il dut se dire qu'il allait au-devant de bien des reproches : il y aurait sûrement une explication orageuse avec son père qui ne comprendrait pas comment il avait pu gâcher ainsi sa carrière pour aller échouer dans une station balnéaire, de l'autre côté de la Manche, afin d'occuper un poste où il n'aurait ni salaire ni perspectives d'avenir.

A sa grande surprise, le pasteur Theodorus s'abstint de toute remarque défavorable. Une fois de plus, le vieil homme manifestait une patience inconditionnelle à l'égard de son fils dévoyé. Peut-être s'était-il résigné aux malheurs qui s'abattaient sur la famille. Il mit à profit les vacances de Vincent pour se rendre à Bruxelles avec lui, et ils virent l'oncle Hein qui, comme cela s'était déjà produit si souvent, souffrait d'une maladie mystérieuse, semblable à celle qui accablait l'oncle Cent. Seulement, l'état de Hein était encore plus inquiétant et, quand il mourut quelques années plus tard, toute la famille se dit avec soulagement que ses souffrances étaient enfin terminées.

Pendant le trajet du retour, Theodorus et Vincent prirent bien soin de faire rouler la conversation exclusivement sur les problèmes artistiques. La religion constituait un terrain beaucoup trop dangereux. En parlant des Rembrandt exposés au Louvre, il y avait moins de risques. Une fois rentrés à Etten, ils attendirent l'arrivée de Théo et d'Élisabeth, prévue pour le dimanche précédant Pâques, et bien que Vincent dût partir le Vendredi saint pour prendre ses fonctions au début du troisième trimestre, les vacances qu'ils passèrent allaient compter dans leur souvenir parmi les meilleures qu'ils eussent jamais vécues ensemble.

Vincent était si heureux, et si triste à la fois à l'idée de les quitter, qu'à chaque étape de son voyage (par le train jusqu'à Zevenberg, le vendredi ; par bateau dans la nuit du samedi, jusqu'à Harwich ; puis de nouveau par le train juqu'à Ramsgate, via Londres et Canterbury), il nota ses impressions au fur et à mesure :

Il ne faisait pas encore grand jour que j'entendais déjà l'alouette.
Le soleil se levait quand nous sommes arrivés près de la dernière station avant Londres. Le banc de nuages s'était dissipé; le soleil avait pris sa place, aussi simple, aussi gros qu'on puisse l'imaginer, un vrai soleil de Pâques. L'herbe semblait couverte de gelée nocturne, et de rosée.
Mais je préférais l'heure grise où nous avions pris congé l'un de l'autre.

Il y avait dans son attitude un changement remarquable. Après avoir, pendant des mois, ignoré l'univers qui l'entourait, sans rien voir du spectacle fascinant que lui offrait Paris, il recommençait soudain à noter avec la plus grande précision tous les détails d'un décor sans cesse changeant. Indiscutablement, son intérêt pour le monde extérieur s'était réveillé, après ces mois sinistres passés chez Goupil.

Assurément cette vie nouvelle qu'il allait mener à Ramsgate lui apparaissait pleine de promesses pour l'avenir. Vincent allait pourtant au-devant de graves désillusions, et il s'en apercevrait presque aussitôt après son arrivée.

CHAPITRE IV

Prie, mon âme
(1876-1878)

Au premier abord, Ramsgate comblait toutes les attentes de Vincent. Les élégantes villas perchées sur la falaise qui dominaient la ville basse s'ornaient de marquises et de balcons en fer forgé. Quand son regard s'abaissa vers le port, les maisons, qui se nichaient autour, lui rappelèrent des souvenirs familiers :

Les maisons le long de la mer sont construites pour la plupart en pierre jaune, dans le goût de celles de l'avenue Nassau, à La Haye, mais plus hautes ; et elles ont des jardins pleins de cèdres et d'arbustes au feuillage sombre, toujours vert. Il y a un port plein de bateaux de toutes sortes, protégé par des jetées de pierre sur lesquelles on peut se promener.

Il monta à pied de la gare jusqu'à Spencer Square, dans la ville haute, près du bord de la falaise. Quand il aperçut l'école, il ne fut nullement déçu. Le numéro six de Royal Road était l'une des spacieuses demeures, toutes semblables, qui formaient un des côtés de la place. Elle dominait le jardin central dont les pelouses, bordées de lilas, étaient entourées de grilles en fer d'une netteté irréprochable. C'était là un paysage typiquement anglais, celui qu'il avait aimé dès les premiers jours qu'il avait passés à Londres. Mais une fois qu'il eut pénétré dans les lieux où il allait exercer ses nouvelles fonctions, le doute commença à s'insinuer en lui.

Comme les vacances de Pâques n'étaient pas terminées, le directeur de l'établissement, qui en était également le propriétaire, n'était pas encore rentré et Vincent s'aperçut tout de suite que les élèves s'ennuyaient. Ils logeaient au-dessus de l'école et n'avaient manifestement pas grand-chose pour les distraire. On lui montra la maison voisine, qu'il allait partager avec un autre assistant, mais aussitôt qu'il revint au corps de bâtiment principal, il constata l'évidente insuffisance des locaux scolaires. Il écrivit à Théo pour lui annoncer la mauvaise nouvelle :

Un autre endroit singulier de l'école, c'est la chambre au plancher pourri où se trouvent les six cuvettes où ils se lavent. Une avare clarté tombe sur les lavabos par la fenêtre aux carreaux cassés. Cela aussi est mélancolique.

Quand Stokes revint enfin, Vincent constata que le personnage n'était pas aussi terrible qu'il l'avait craint. Les élèves avaient l'air de l'apprécier : il jouait même aux billes avec eux ; mais s'ils le contrariaient d'une manière ou d'une autre, il les envoyait se coucher sans souper. Ce n'était pas un homme cruel, il était simplement capricieux, ce que l'on ne peut guère considérer comme une qualité chez un homme à qui l'on a confié des enfants.

Vincent se rendit très vite compte que l'école de Stokes était semblable à d'innombrables autres institutions de taille modeste qui avaient surgi d'un bout à l'autre du pays pour offrir aux fils de la nouvelle bourgeoisie une instruction élémentaire à peu de frais. En fait, ce que l'on attendait de ces écoles, c'était également de maintenir les enfants loin de leurs parents, mais voir en elles des établissements comparables à ceux que Dickens avait décrits dans ses ouvrages serait d'une sévérité excessive. « Dotheboys Hall » fut un exemple fictif des extrémités auxquelles on se livrait, à l'époque victorienne, quand il s'agissait de maltraiter les enfants. L'« école » de Stokes n'était qu'un local miteux dirigé par un marchand de soupe.

Certes, ce genre d'« éducation » ne faisait pas vraiment beaucoup de mal aux jeunes pensionnaires, mais elle ne leur faisait pas grand bien non plus.

Ce qui gênait le plus Vincent, c'était la vermine qui grouillait de toutes parts mais, comme il le notait avec un certain optimisme, la vue que l'on avait sur la mer des fenêtres du premier étage faisait oublier la présence des bestioles. Il se dépensait sans compter pour réconforter les enfants, leur racontant des histoires et les emmenant en promenade. Un jour, ils firent une excursion à Pegwell Bay et, une autre fois, ils assistèrent à un orage spectaculaire qui frappa l'imagination de Vincent :

La mer était d'un jaune ocre, surtout le long de la plage, et l'horizon était traversé d'une bande de lumière. Par là-dessus, les nuages roulaient, énormes, redoutables, d'un gris sombre; la pluie en tombait en rayons obliques. Le vent envoyait dans la mer la poussière du sentier qui court sur les rochers...
A droite, c'étaient les champs de jeune blé vert et, tout au loin, la ville qui, avec ses tours, ses moulins, ses toits d'ardoise, ses maisons de style gothique, son port entre les deux jetées, ressemblait à ces villes qu'Albert Dürer a si bien gravées à l'eau-forte.

Mais on avait rarement l'occasion d'assister à de tels spectacles et, à part ses tâches d'enseignant, il n'avait guère plus à faire que d'aller à l'église et se tourner vers les cantiques avec un intérêt renouvelé.

La ville de Ramsgate lui plaisait assez, mais il savait qu'il ne trouverait jamais chez M. Stokes un emploi qui correspondait vraiment à sa vocation. En fait, le profond sentiment de frustration dont souffrait le directeur provenait sans doute de l'échec qu'il avait subi car il avait voulu, à l'origine, faire une carrière artistique, en se consacrant à la peinture. Malheureusement, ses espoirs étaient demeurés sans lendemain.

S'il avait pu s'ouvrir à Vincent de ses désillusions, il aurait peut-être pu s'établir entre eux quelques liens de sympathie, mais il n'en fut rien et Vincent éprouva bientôt le désir de partir. Il dessina, un peu pour passer le temps (le paysage qu'il voyait de la fenêtre d'une chambre montre une alignée de maisons au bord de la falaise) mais les heures lui semblaient bien longues et il éprouva un vif soulagement quand Stokes annonça que l'école allait être transférée dans un village près de Londres. Il avait trouvé une maison à Isleworth, à l'ouest de la capitale, et voulait quitter Ramsgate le plus vite possible.

Vincent se réjouissait de ce déménagement, d'autant que le directeur laissait entrevoir la possibilité de lui verser un salaire, mais il avait également l'intention de voir quels débouchés la capitale pourrait lui offrir une fois qu'il serait là-bas.

Tout se passa très vite : au bout de deux mois passés à Ramsgate, le jour du déménagement arriva. Vincent décida de faire le trajet par ses propres moyens et entreprit une étonnante expédition de cent soixante kilomètres à travers le sud de l'Angleterre. Il alla à Canterbury pour y admirer les hauts lieux touristiques, puis il rendit visite aux parents de Harry Gladwell, qui habitaient dans la banlieue de Londres.

Ils furent si ravis de faire la connaissance de l'ami de leur fils qu'ils refusèrent de le laisser repartir le lendemain, avant qu'un violent orage ne se fût dissipé. Il réussit à prendre congé en fin d'après-midi et s'en fut à Welwyn pour passer la nuit chez sa sœur Anna, à Ivy Cottage.

Une fois arrivé dans la nouvelle école de Stokes, à Isleworth, Vincent ne tarda pas à apprendre que son employeur avait complètement oublié sa promesse de lui verser un salaire et il commença à chercher un poste où il serait susceptible de percevoir une rémunération. Il avait déjà tenté de se faire embaucher comme assistant d'un ecclésiastique londonien, mais sa candidature n'avait pas été retenue.

Il se mit à prospecter dans la ville, pendant ses jours de congé, pour voir si l'une ou l'autre des missions qui avaient pris en charge les indigents de Londres pourrait lui offrir un emploi. Il connaissait suffisamment les conditions d'existence des habitants de l'East End pour savoir quel genre de travail on attendrait de lui, mais on exigeait que les stagiaires aient au minimum vingt-cinq ans. D'ailleurs, outre sa jeunesse, sa tignasse rousse et son accent bizarre semaient la suspicion dans l'âme des notables austères qui recevaient les candidats pour s'entretenir avec eux.

Il commençait à se dire qu'il ne parviendrait jamais à se libérer de Mr. Stokes et de cette école de malheur quand il fut tiré d'affaire par un homme remarquable. Le révérend Thomas Slade-Jones était un pasteur congrégationaliste de quartier et, dès l'instant où Vincent lui fut présenté, il reconnut en lui un chrétien qui correspondait tout à fait à l'idéal qu'il s'était fixé. Le révérend Jones, comme on l'appelait toujours, ressemblait à un gnome bienveillant avec son visage taillé à coups de serpe et sa barbe fournie, et il avait une âme vraiment généreuse.

Il écouta Vincent exposer ses idées sur la vie qu'il menait et sur les espoirs qu'il nourrissait au fond de son cœur, mais au lieu de tourner le dos avec mépris, comme la plupart de ceux auxquels le jeune homme s'était adressé, il lui prêta une oreille attentive et lui accorda toute sa sympathie. Si Vincent pensait avoir la vocation, Jones était disposé à lui apporter toute son aide.

Le pasteur exerçait son ministère dans deux chapelles congrégationalistes et allait prêcher dans d'autres églises, mais il dirigeait également une école accueillant exclusivement des élèves externes, à son domicile d'Isleworth. Il dit à Vincent qu'il acceptait de l'embaucher comme assistant ; et cette fois, le jeune homme allait toucher un salaire, modeste certes mais c'était mieux que rien.

Plus important aux yeux de Vincent : Jones promit que, si tout se passait bien, le jeune adjoint pourrait aider son patron dans l'exercice des tâches exigées par son sacerdoce. Les espoirs de Vincent allaient donc se réaliser !

Il ne perdit pas de temps à faire ses adieux aux Stokes et vint s'installer dans la jolie maison, de style Reine Anne, de Twickenham Road qui servait de presbytère à Slade-Jones. Cette maison, Holme Court, se trouvait juste en face de l'église principale. Vincent avait une chambre qui donnait sur l'arrière, dominant un charmant jardin planté d'acacias. Il ne tarda pas à accrocher ses estampes favorites sur les murs.

Mrs. Slade-Jones était une femme bien en chair qui lui rappelait un peu sa mère et, comme l'église qui se dressait en face ressemblait étrangement à la chapelle de Zundert où son père avait exercé son premier ministère, Vincent se trouva conforté dans son impression d'être, par certains côtés, de retour au pays natal. Comme il entrait dans ses premières attributions de donner des leçons d'allemand aux aînés des enfants Slade-Jones, il ne tarda pas à se dire qu'il faisait partie de la famille.

A cette époque-là, Isleworth et Twickenham, les deux villages où officiaient le pasteur, se trouvaient nettement en dehors de l'agglomération londonienne, si bien que Vincent eut la joie de se trouver plongé en pleine nature. De surcroît, l'école assurait un enseignement authentique à ses élèves, et ce fut pour lui un incontestable soulagement de pouvoir enfin s'acquitter de tâches vraiment dignes d'intérêt. Il fut heureux comme il l'avait rarement été, discutant avec les enfants du pasteur, racontant des histoires aux élèves ou simplement déambulant dans le jardin où il pouvait fumer sa pipe bien-aimée, loin des regards réprobateurs de Mrs. Slade-Jones qui ne pouvait supporter l'odeur de son tabac bon marché.

Un jour, Vincent prit le train pour se rendre dans la banlieue sud de Londres, où il vécut des heures bien tristes et bien émouvantes : il eut ainsi l'occasion de revoir Harry, qui était rentré au pays pour assister aux obsèques de sa sœur, âgée de dix-sept ans ; elle venait de se tuer dans un accident de cheval et les deux jeunes gens purent mesurer la force de l'amitié qui les unissait quand ils se retrouvèrent côte à côte dans l'église. Ils passèrent le reste de la journée et la plus grande partie de la soirée à discuter avec ardeur. Les motifs de dissension qui les avaient opposés à Paris étaient maintenant effacés de leur mémoire. Ils avaient l'impression de revivre la période des débuts de leur amitié, quand ils épiloguaient sur le Royaume de Dieu et lisaient la Bible.

Harry l'accompagna jusqu'à la gare et ils arpentèrent le quai de long en large, absorbés dans leur conversation :

... Ces instants-là, qui ont précédé notre séparation, nous ne les oublierons pas de sitôt. Car nous nous connaissons si bien ! Son travail était mon travail ; les gens qu'il connaissait je les connais aussi ; sa vie était ma vie.

Quand ils se furent dit adieu, le train emmena Vincent le long de la cathédrale Saint-Paul pour atteindre enfin Richmond. De là, le jeune homme suivit le chemin de halage, longeant la Tamise jusqu'à Isleworth, la campagne environnante étant encore visible à la clarté tardive de cette longue soirée d'août.

Pourtant, en dépit de l'amitié que lui manifestaient Harry et la famille Slade-Jones et malgré les satisfactions que lui procurait son nouvel emploi, Vincent était encore hanté par ses préoccupations anciennes. Il alla de nouveau assister aux séances organisées par une société religieuse au centre de la ville car il avait entendu dire que, dans les ports du genre de Liverpool et de Hull, les pasteurs avaient besoin d'assistants connaissant bien les langues étrangères pour les aider à apporter la bonne parole aux marins.

Ces efforts s'avérant infructueux, il se demanda s'il ne pourrait pas obtenir un poste dans une ville minière du nord de l'Angleterre car les missions évangéliques étaient présentes dans de nombreuses localités situées à proximité des houillères.

Devinant la déception de son jeune ami, le révérend Jones décida de réduire son service d'enseignement pour lui permettre de participer davantage aux tâches purement sacerdotales. Vincent était au comble de la joie. Outre l'église d'Isleworth, il y avait l'Église congrégationaliste de Turnham Green, à Chiswick High Road, que le révérend Jones avait fondée en 1873. L'édifice originel avait été détruit par un incendie et remplacé par un local baptisé « le tabernacle de fer-blanc » par les habitants du quartier.

En plus de ces deux églises, le pasteur participait également aux activités méthodistes locales, et il était chargé de prononcer les sermons à la chapelle wesleyenne de Richmond. Vincent ne pouvait que s'en réjouir car il se sentait de plus en plus attiré par le méthodisme, qui mettait l'accent sur le salut personnel, et n'hésitait pas à partir en croisade au sein des couches les plus défavorisées de la société.

Comme il n'ignorait sans doute pas l'état d'esprit de son jeune ami, Jones lui donna la possibilité d'exercer ses talents à la chapelle wesleyenne lors de la séance de prières du lundi. C'était là une façon judicieuse d'habituer le jeune homme à affronter le public avant qu'il ne tentât de se lancer dans un sermon véritable.

Vincent prit la parole avec toute l'éloquence dont il était capable. Certes, il ne faisait aucun doute qu'il avait hérité des médiocres qualités d'orateur manifestées par son père, mais Jones n'en eut pas moins une impression favorable et conclut que le jeune homme était capable de se tirer d'affaire.

En dépit de sa nervosité, Vincent sentait qu'il avait beaucoup de choses à dire, et il prit l'habitude de noter ses idées dans un « carnet de sermons », afin de mieux se préparer à sa tâche. Il consacra de nombreuses heures de loisir à relire *Le voyage du pèlerin* de Bunyan, car cet ouvrage commençait alors à prendre une importance comparable à celle de *L'imitation de Jésus-Christ*.

Les puritains anglais l'emplissaient d'une admiration sans bornes. Leurs efforts pour créer une communauté chrétienne idéale en Amérique le fascinaient littéralement. Il conçut une prédilection toute particulière pour une estampe de Boughton, *Le débarquement des pères pèlerins*, parce que cette œuvre présentait un fidèle reflet de la foi profonde qui les avait animés tout au long de leur périlleux voyage.

Il y trouvait des thèmes semblables à ceux qu'il avait pu puiser dans de nombreuses sources : la vie simple, le partage d'un idéal commun dont il avait déjà vu les témoignages dans Thomas a Kempis, dans l'histoire des puritains et même dans la vision idéalisée qu'il avait conservée de Millet et des peintres de Barbizon, qui tournaient le dos au monde industrialisé.

S'il ne s'était agi là que des rêveries solitaires d'un jeune homme obsédé, ces préoccupations ne présenteraient guère qu'un intérêt tout relatif à nos yeux, mais en fait, après avoir suivi un itinéraire qui lui était personnel, Vincent avait fini par envisager des solutions qui hantaient nombre de ses contemporains : John Ruskin et William Morris, et le mouvement Arts and Crafts, qui venait de faire son apparition : tous préconisaient une vie simple, fondée sur un travail créateur, et se tournaient vers les corporations du Moyen Age pour y puiser leur inspiration.

L'industrialisation rapide que connaissait le XIXe siècle n'avait offert que deux perspectives tout aussi inacceptables l'une que l'autre : une consommation effrénée pour les riches, une misère sordide pour les pauvres. Épouvantés par un tel contraste et persuadés que ces deux modes de vie aboutissaient à l'avilissement de l'être humain, de nombreux penseurs s'efforçaient d'élaborer une vision qui fût suffisamment forte pour inciter les hommes à adopter un comportement différent.

On a souvent critiqué l'attitude de Vincent en le taxant de fanatisme religieux, alors qu'en fait sa pensée se trouvait en accord avec les principaux courants philosophiques de son époque. Le malheur a voulu qu'il suive son chemin dans une solitude totale. N'ayant personne à qui se confier, il ne lui était jamais possible d'exprimer la nature et la complexité de sa pensée. Aux yeux de son entourage, il apparaissait tantôt comme un être taciturne et maussade, tantôt comme un exalté dont les prédications n'étaient qu'un tissu de stupidités fumeuses. Il avait beau être convaincu d'avoir pressenti de profondes vérités, toutes ces découvertes restaient enfermées au fond de son âme.

Seul le révérend Jones se rendit compte qu'il avait quelque chose à dire, et il fit de son mieux pour l'aider. Au début de novembre, il donna à Vincent l'occasion de prononcer son premier sermon dans la chapelle méthodiste et le jeune homme entreprit de rédiger une mise au point cohérente des idées qui lui tenaient à cœur. Le dimanche matin, ils arrivèrent ensemble à l'église ; le révérend Jones célébra le service religieux et, le moment venu, invita Vincent à prendre la parole. Ce fut l'un des instants les plus terrifiants, mais aussi les plus exaltants de toute son existence :

J'avais un peu l'impression d'émerger à la lumière amie du jour, au sortir d'un souterrain sombre, quand je me trouvai dans la chaire. C'est pour moi une chose merveilleuse que de penser que, désormais, où que j'aille, j'irai prêcher l'Évangile. Pour bien faire cela, il faut avoir l'Évangile dans son cœur. Que le Seigneur veuille bien m'en donner le pouvoir !

Il recopia le texte du sermon pour l'envoyer à Théo. Certains passages ne sont pas faciles à comprendre, mais à d'autres endroits les fioritures du style disparaissent et la noblesse des idées qu'il s'efforçait d'exprimer apparaît avec une lucidité émouvante :

… Notre vie est un pèlerinage, une marche de pèlerins. J'ai vu un jour un beau tableau. Il représentait un paysage, le soir. Au loin, sur la droite,

une chaîne de collines bleues apparaissait dans la brume du soir. Au-dessus d'elles, la splendeur du couchant, des nuages avec leurs lisérés d'argent, d'or et de pourpre. Le paysage se présente comme une plaine ou une lande couverte d'herbe et de feuilles jaunies, car c'est déjà l'automne. Une route traverse la plaine pour mener à une haute montagne, là-bas, très loin et, au sommet de cette montagne, on distingue une ville qui baigne dans la clarté superbe du soleil couchant.

Sur la route marche un pèlerin, son bâton à la main. Il y a déjà longtemps qu'il marche, et il est très las. Le voilà qui rencontre quelqu'un, une femme vêtue de noir, qui fait songer à la parole de saint Paul : « Triste mais toujours réjoui. » Cet Ange de Dieu a été placé là pour encourager les pèlerins et répondre à leurs questions et le pèlerin lui demande : « Cette route monte-t-elle toujours ainsi ? »

Et la réponse est : « Oui, elle monte jusqu'au bout. »

Et il demande encore : « Et le voyage va-t-il prendre toute la journée ? »

Et la réponse est : « Du matin jusqu'au soir, mon ami. »

Le pèlerin poursuit sa course, triste mais le cœur en fête — triste parce qu'il a marché longtemps et la route est très longue. Mais il est plein d'espoir quand il voit la ville éternelle qui resplendit au loin dans la clarté du soir.

Vincent avait proclamé l'unité des valeurs qui lui étaient les plus chères : le voyage du pèlerin raconté dans le livre de Bunyan et illustré par le tableau de Boughton. L'art et la littérature se trouvaient réunis, car la femme en noir du pèlerin est aussi la femme du portrait de Michelet. Il avait paraphrasé *Uphill*, le poème de Christina Rossetti, et cité la Bible. Et d'un bout à l'autre du sermon on découvre des allusions à son amour de la nature et on y voit le Vincent qui se délectait de ses promenades solitaires à la nuit tombée, lorsqu'il rentrait chez lui, après être descendu du train à la gare de Richmond, en longeant les bords de la Tamise, l'œil fixé sur les silhouettes des arbres qui se détachaient du ciel assombri au-dessus de Syon Park. Car naturellement, c'est lui qui est le pèlerin, et le voyage n'est autre que le sien.

Le révérend Jones se montra satisfait de ce début et lui dit que dorénavant il serait chargé de dispenser les cours de l'école du dimanche au « tabernacle de fer-blanc », de Chiswick High Road. Mais il fallait d'abord qu'il se rende à Londres pour percevoir le montant des frais de scolarité payés par les élèves.

Pendant qu'il était en ville, il décida soudain d'aller rendre une petite visite aux dames Loyer. Eugénie était sortie mais sa mère lui offrit le thé. Peut-être s'était-il dit qu'étant donné la période faste qu'il vivait alors, il se sentait assez fort pour envisager une telle rencontre sans risquer de sombrer à nouveau dans la dépression.

Il passa la nuit à Lewisham, chez les Gladwell, et rentra à Chiswick le lendemain matin par le métro. On l'avait invité à assister à une réunion à l'église de Turnham Green où il était dûment inscrit comme professeur, la mention de son nom étant ainsi libellée : « Mr. van Gog ». Le soir venu, il fit une promenade à pied le long du fleuve, jusqu'à Petersham où il prononça son deuxième sermon dans la minuscule chapelle méthodiste.

Il se sentait beaucoup plus à l'aise maintenant, et il alla même jusqu'à plaisanter, avertissant son auditoire que son anglais était loin d'être parfait. Quand il reprit le chemin de Holme Court, il put se dire qu'il n'y avait aucune ombre à son bonheur. Il faisait exactement ce qu'il avait toujours voulu et il envisageait sans déplaisir de rentrer au pays pour les fêtes de Noël. Assurément, il pouvait cesser de s'infliger des punitions et se détendre un peu.

Il ne devait pas en être ainsi. Juste au moment où tout semblait se dérouler conformément à ses vœux les plus chers, il subit un nouveau changement brutal dans son état d'esprit, bien que, cette fois, il ne s'agît pas d'une plongée dans les abîmes de la dépression mais plutôt du contraire. Comme un cavalier dont la monture s'emballe soudain, sa ferveur religieuse connaissait des accélérations si dangereuses qu'il ne réussissait à la juguler qu'un bref instant avant qu'un élan brutal ne la projette en avant.

Cet état d'esprit n'apparut clairement que vers la fin novembre, dans une lettre destinée à Théo, où l'on peut voir dans quel désordre se trouvaient maintenant ses pensées. La missive commence, dans un calme relatif, par une description du premier sermon, mais avant qu'il n'ait pu la poster, arriva une lettre de Théo et il décida d'y répondre sur-le-champ. Entre les deux parties, le changement d'humeur apparaît brutalement. L'additif commence par une citation empreinte de mélancolie :

Ne pleurez plus, mes yeux, gardez plutôt vos larmes.
O ne t'afflige plus, mon âme, prie, ô prie !

Il raconta ensuite à Théo qu'il y avait des heures et des jours où Dieu semblait refuser ses encouragements. Il décrivit le chagrin qu'il avait éprouvé en ce premier jour de classe où il avait vu s'éloigner la voiture de ses parents : c'était là un secret qu'il avait toujours gardé enfoui au fond de son cœur. L'évocation de ces souvenirs paraît hors de propos, mais la lettre prend alors une allure échevelée avec un enchevêtrement de pensées religieuses, de textes sacrés et de paraboles, tandis que des conseils judicieux sont griffonnés en marge :

Vas-tu parfois à la sainte Cène ? Celui qui est bien portant n'a pas besoin du médecin, mais bien celui qui est malade.

Et cela continue ainsi pendant des pages et des pages.

Il tenta de mettre un point final à cette missive, un soir, fort avant dans la nuit, après une longue suite de propos incohérents, mais une fois qu'il se fut un peu calmé, il recommença, avec une clarté relative d'abord, quand il évoqua le souvenir d'une promenade en voiture qu'ils avaient faite ensemble, dans la neige, au moment de Noël. Mais bientôt les divagations reprennent : citations des Écritures auxquelles il mêle ses propres pensées, pour se terminer enfin sur un ton qui confine à l'hystérie :

« Car je suis avec toi, dit le Seigneur, pour te délivrer, alors que ceux qui t'aimaient t'ont oublié. Je te rendrai la santé, je te guérirai de tes maux. »
Le Seigneur m'est apparu de loin, disant : « Je t'aime d'un amour éternel. Comme un enfant que sa mère console, je te consolerai », dit le Seigneur. « Il y a là un ami qui vous étreint encore plus étroitement qu'un frère. »

Quelle que fût la manière dont Théo interpréta ce message, une conclusion s'imposait clairement : son frère n'était plus capable d'une pensée rationnelle, et il était urgent d'intervenir. Comme Vincent s'apprêtait à venir passer les fêtes de Noël en Hollande, il fallait avant tout prévenir la famille.

A l'origine, son père n'avait jamais vu d'un bon œil le retour de Vincent en Angleterre et quand il apprit que son fils était devenu « apprenti vicaire » à Londres, son inquiétude ne fit que s'accroître. Le moment était venu d'affronter une réalité qui ne cessait, depuis quelque temps, de s'imposer avec une clarté de plus en plus aveuglante : son fils aîné avait des problèmes mentaux. Quelque chose ne tournait pas rond dans sa tête et il allait falloir aviser.

Mais si la famille s'était attendue à voir Vincent se comporter d'une manière extravagante après son arrivée au presbytère, c'est qu'elle avait compté sans le talent que le jeune homme avait de surprendre son monde. En fait, la phase la plus aiguë de sa crise de folie était déjà passée quand il entreprit son voyage en direction d'Etten. Il eut donc une attitude tout à fait normale, en apparence du moins, et le pasteur Theodorus dut mobiliser toute sa détermination pour donner suite au projet qu'il avait primitivement conçu. Vincent, déclara-t-il, ne retournerait pas en Angleterre, il n'y avait aucun avenir pour lui dans ce pays et l'air qu'il y respirait ne lui faisait manifestement aucun bien. Pas question donc pour le pasteur de laisser son fils aîné gâcher toutes ses qualités en jouant les prédicateurs sur une terre étrangère.

La famille avait dû redouter, de la part de Vincent, une vive résistance à ce diktat mais, à la surprise générale, il s'inclina sans protester. Sans doute avait-il lui-même conçu quelque frayeur en constatant l'ampleur de la folie qui s'était emparée de lui et il ne demandait pas mieux que de faire le nécessaire pour éviter une nouvelle attaque. En laissant son entourage prendre en main sa destinée, il optait, semblait-il, pour la solution la plus facile.

En tout cas, il passa des fêtes de Noël plutôt heureuses, surtout quand Théo fut venu le rejoindre, et une fois les festivités terminées, il se contenta tout simplement de reprendre le train-train de son existence d'autrefois, coulant une existence insouciante dans le presbytère en attendant que les autres prennent les initiatives à sa place.

Tout comme elle l'avait déjà fait auparavant, la famille se tourna vers l'oncle Cent. Theodorus dut sans doute déployer des trésors de persuasion pour convaincre son frère qu'il fallait intervenir une fois encore. L'oncle Cent avait été profondément affecté par le départ de son neveu de la maison Goupil et il n'avait guère envie de tenter une nouvelle démarche en sa faveur. Pourtant, Dorus étant son frère préféré, il finit par accepter. Il convoqua Vincent chez lui (il venait d'emménager dans le manoir qu'il s'était fait récemment installer à Princenhage). À défaut d'autre chose, le jeune homme allait pouvoir contempler la célèbre collection privée de son oncle, exposée dans la galerie attenante, Cent étant sans doute plus que disposé à laisser son neveu égaré méditer sur le sort qui aurait été sien s'il avait persévéré dans le négoce des objets d'art.

Confronté à celui qu'il avait autrefois considéré comme son propre fils, le vieil homme décida pourtant de faire un dernier effort : il allait contacter un certain M. Braat qui dirigeait la librairie Blussé et Van Braam à Dordrecht, près de Rotterdam, afin de voir s'il n'y aurait pas un emploi vacant pour Vincent dans le magasin.

Quand le message atteignit son destinataire, il mit M. Braat dans une position délicate car son frère Frans travaillait dans une succursale de la maison Goupil (actuellement Boussod et Valadon) à Paris et, bien qu'il fût maintenant à la retraite, l'oncle Cent jouait encore un rôle important dans les affaires de la société. En fait, il n'y avait pas de poste à offrir mais, étant donné les circonstances, il allait falloir en créer un. Braat se rendit à Princenhage dans les meilleurs délais pour faire connaissance avec le jeune homme, et il fut convenu qu'on le prendrait à l'essai pendant une semaine dès le début de l'année suivante.

Toute la famille était ravie car cet emploi apparaissait idéal pour quelqu'un qui pouvait rester plusieurs jours de suite absorbé dans la lecture d'un livre. Si Vincent parvenait à retrouver ne fût-ce qu'une partie de l'enthousiasme qu'il avait autrefois manifesté à l'égard de la vente des tableaux, il pouvait encore effectuer une carrière tout à fait honorable.

Vincent partit en janvier 1877 pour Dordrecht où il se trouva un logement dans la Tolbrugstraatje, chez un certain M. Rijken, marchand de grains et de farines. La vieille maison de pesage public qui avait donné son nom à la rue se trouvait juste en face de la boutique, d'où l'on avait une vue superbe, au-delà d'une petite place, sur le port de Voorstraat et sur l'enchevêtrement harmonieux de maisons pittoresques qui se dressaient au bord de l'eau dans le style traditionnel hollandais.

En fait, c'est cette proximité de la mer qui devait permettre à Vincent de conforter sa position dans la librairie car peu de temps après son arrivée se produisit une de ces crues soudaines qui menaçaient périodiquement la ville. Étendu sur son lit mais incapable de trouver le sommeil, Vincent est le premier à se rendre compte que les eaux de la mer du Nord viennent lécher la petite place et les rues avoisinantes. Il enfile ses vêtements en toute hâte et se précipite au magasin pour réveiller les Braat qui logent aux étages supérieurs.

Dès qu'ils ont ouvert leurs portes, Vincent dévale l'escalier pour aller chercher les stocks de marchandises entreposés au sous-sol qu'envahit déjà le flot et il les monte dans les appartements. Toute la famille et les personnes de bonne volonté ne tardent pas à joindre leurs efforts aux siens, mais c'est Vincent qui a donné l'alerte et fait le plus gros du travail. Il est le héros du jour.

M. Braat se fit un plaisir de le confirmer dans sa position, ce qui donna à Vincent suffisamment d'assurance pour pouvoir enfin écrire aux Slade-Jones et leur expliquer ce qui s'était passé. Le pasteur comprit fort bien la décision de son ancien assistant. Il avait incontestablement perçu les premiers symptômes du dérangement mental de Vincent et s'était rendu compte de leur gravité.

En fait, depuis cette première attaque, son instabilité mentale ne cessait de se confirmer sans cesse davantage. On remarquait dans son entourage qu'il restait taciturne et perdu dans ses pensées pendant un certain laps de temps pour ensuite se mettre à parler et à rire avec une volubilité excessive. Il s'en rendait bien compte lui-même et il écrivit à Théo pour lui dire qu'il ne fallait pas se formaliser quand quelqu'un vous prenait pour un excentrique.

Il ne pouvait manquer de noter les réactions qu'il provoquait chez autrui. Les autres pensionnaires de la maison Rijken avaient du mal à cacher leur amusement devant les bizarreries de son comportement. La seule exception fut un jeune instituteur, P.C. Gorlitz, avec lequel Vincent avait partagé une chambre pendant un temps et avec qui il s'était lié d'amitié. Fort heureusement, en dépit de ses singularités, Vincent avait conservé la possibilité de se faire des amis sincères et Gorlitz nous a laissé un portrait remarquablement compréhensif de Vincent, qui était alors âgé de vingt-quatre ans.

« C'était un homme étrange qui, de surcroît, avait un aspect étrange. Il était bien bâti et avait des cheveux roux qui se dressaient sur sa tête; le visage, assez banal, était recouvert de taches de son, mais se transformait pour briller d'un vif éclat quand l'enthousiasme venait le réchauffer, ce qui se produisait assez souvent. Van Gogh prêtait fréquemment à rire, par son attitude et par son comportement : tout ce qu'il disait, pensait et ressentait ainsi que sa façon de vivre étaient différents de ce que l'on pouvait constater chez les gens de son âge. A table, il récitait d'interminables prières et mangeait comme un frère pénitent : par exemple, il ne prenait jamais ni viande ni sauce, etc. Sur son visage, il y avait toujours une expression distraite, celle de la méditation, de la pensée profonde, de la mélancolie. Mais quand il riait, il s'esclaffait de bon cœur, avec grand plaisir et tout son visage s'éclairait. »

En dépit de la sympathie évidente manifestée par Gorlitz, la description qu'il nous fait de Vincent est tout de même plutôt inquiétante pour quelqu'un d'aussi jeune; mais si ses camarades de pension le trouvaient comique, on avait beaucoup moins envie de rire dans la librairie de M. Braat. Ce dernier ne tarda pas à se rendre compte, en effet, que l'enthousiasme manifesté par le jeune vendeur au moment de l'inondation n'avait été qu'un feu de paille sans lendemain. Presque aussitôt après cette soirée mémorable, l'intérêt que Vincent avait pu trouver dans les tâches qui lui incombaient chez Blussé et Van Braam ne fut plus qu'un simple souvenir. Son travail consistait à consigner sur un registre les entrées et les sorties des marchandises et on l'avait posté derrière un pupitre où il se tenait debout, près de la porte, attendant les livraisons. Il y avait eu là, de la part de Braat, une grossière erreur de jugement car Vincent prit bientôt l'habitude de s'affubler de son chapeau haut de forme importé d'Angleterre. Les clients assez téméraires pour solliciter l'aide de ce personnage bizarre constataient bien vite qu'il n'avait aucune envie de s'arracher aux travaux personnels qui le préoccupaient.

Quant Braat réussit à voir de quoi il retournait, il constata à sa grande surprise que Vincent passait ses journées à faire une traduction parallèle de la Bible en français, en allemand, en anglais et en hollandais, sur des feuilles de papier qu'il avait divisées en quatre colonnes dans le sens de la hauteur.

Au bout d'un moment, il laissa de côté sa traduction de la Bible pour s'adonner au dessin, mais cette occupation eut encore moins l'heur d'emporter l'adhésion de Braat, qui trouvait la qualité artistique de ses réalisations fort médiocre. Naturellement, le patron était furieux. Il n'avait pas attendu grand-chose de son jeune employé, certes, mais il jugeait cette attitude parfaitement intolérable. Pour couronner le tout, Vincent ne manifestait aucune des marques de respect auxquelles un employeur était en droit de s'attendre. Jamais il ne se donna la peine de rendre à M. Braat et à sa famille les visites de courtoisie qu'il s'était imposées à La Haye, chez les Tersteeg.

Certes, ses parents n'ignoraient pas que les choses pouvaient empirer facilement, mais ils ne s'imaginaient tout de même pas que la situation s'était détériorée à ce point. Les lettres écrites par Vincent ne révélaient rien de ses sentiments. Elles donnaient l'impression que tout se passait très bien. Théo lui-même, lorsqu'il alla avec Vincent à Amsterdam pour visiter les galeries de peinture, ne soupçonna à aucun moment l'étendue du désastre.

Seul, l'oncle Cent eut vent de l'affaire quand Vincent lui eut écrit pour lui demander son aide : il voulait entreprendre les études qui lui permettraient de devenir ministre du Saint Évangile. La réponse de l'oncle Cent fut brutale : il ne pouvait lui être d'aucune utilité dans ce domaine, il ne voyait donc aucune raison de poursuivre cette correspondance. L'irréparable avait donc été commis : Vincent avait réussi à s'aliéner la seule personne qui aurait pu lui porter assistance.

Il rompit enfin le silence et écrivit à Théo pour lui dire ce qui était arrivé, mais c'est à P.C. Gorlitz, qui profitait d'un voyage dans la région pour aller rendre visite aux Van Gogh, que revint le soin de prévenir la famille : Vincent avait résolu d'entrer dans les ordres. Ce dernier avait consulté le révérend Van Hoorn, à Dordrecht, pour lui demander conseil et Gorlitz annonça clairement que la décision de Vincent était irrévocable. Ses trois mois de stage comme vendeur fantôme dans la librairie étaient terminés, la mascarade avait atteint son terme et, au soulagement évident de M. Braat, Vincent prévint qu'il s'en allait.

Quand il eut réintégré le logis familial, tout le monde se rendit compte que dorénavant Vincent n'accepterait plus de faire ce qu'on lui disait. D'ailleurs, il ne laissait à personne le loisir de dire grand-chose. Quand on l'interrogeait, il répondait invariablement qu'il avait décidé de devenir pasteur comme son père et comme son grand-père avant lui, et si quelqu'un objectait qu'il avait attendu trop longtemps ou qu'il n'avait pas passé les examens nécessaires, il se contentait de répéter son souhait avec obstination.

Finalement, il parvint à user la résistance de son entourage, et ses parents donnèrent leur accord, du bout des dents.

Mais tous les problèmes n'étaient pas résolus, loin de là. Il avait passé l'âge d'entreprendre des études supérieures et, de toute manière, il fallait qu'il décroche les diplômes de mathématiques et de langues anciennes — ce qui supposait déjà un travail de Titan — avant d'espérer pouvoir s'inscrire dans une faculté de théologie. Mais que pouvait faire Theodorus ? Si son fils avait vraiment la vocation, comment pouvait-on l'empêcher de la réaliser ? Une fois de plus, la seule solution consistait à mobiliser toute la famille en faisant appel aux ressources de chacun.

Il faudrait que Vincent s'installe à Amsterdam. Comme il disposerait d'un budget nécessairement fort limité, on ferait appel à un de ses oncles pour lui fournir un toit. Malheureusement, on pouvait difficilement solliciter la branche artistique de la famille, qui voyait d'un œil plutôt hostile les projets du jeune illuminé. On décida donc d'aller tenter sa chance du côté de l'oncle Jan, le vice-amiral qui dirigeait alors les chantiers navals d'Amsterdam. Comme il était veuf et que ses enfants s'étaient maintenant établis à leur compte, il disposait, dans sa résidence officielle, de suffisamment de place pour loger Vincent.

Autre avantage : il jouissait d'une santé robuste et d'un caractère beaucoup plus jovial que ses mauviettes de frères avec leurs maladies incessantes. Sanglé dans son uniforme d'apparat, avec ses soutaches dorées et ses médailles resplendissantes, Jan avait très grande allure, et ce marin, qui était également un homme de grande expérience, aurait certainement beaucoup moins tendance à critiquer le genre de vie de Vincent que les marchands de tableaux guindés dont ses frères étaient les dignes représentants.

L'autre personnage qui allait jouer un rôle clé dans cette nouvelle phase de la vie de Vincent fut le pasteur Johannes Stricker. Il avait épousé l'une des innombrables sœurs Carbentus et se trouvait donc être oncle par alliance de Vincent. Avec sa barbe abondante qui ondulait sous son menton et sa lèvre supérieure dépourvue de toute ornementation pileuse, le révérend Stricker était le type même du pasteur de campagne hollandais, bien qu'il fût en fait un théologien de grande réputation, auteur d'un ouvrage très prisé des spécialistes intitulé : *Jésus de Nazareth, essai à fondement historique*.

Prédicateur de talent, il jouissait également de nombreuses relations dans la capitale, chose qui manquait totalement à son beau-frère Theodorus, lequel se trouvait isolé dans sa paroisse lointaine.

La première tâche à accomplir étant de préparer Vincent à affronter les examens d'État, les contacts dont il pouvait disposer allaient jouer un rôle essentiel. En dépit de tout ce qu'il avait dû entendre au sujet de son neveu, le pasteur Stricker se mit immédiatement en quête des meilleurs pédagogues qu'il pouvait trouver.

Un jeune professeur de langues anciennes, le Dr M.B. Mendès da Costa, serait chargé de lui enseigner le grec et le latin, et le neveu de Mendès, Teixeira de Mattos, qui faisait partie du personnel de l'École isréalite, s'occuperait des mathématiques. L'oncle Stricker avertit Mendès qu'il n'aurait pas une tâche facile et il lui décrivit quelques-unes des particularités du caratère de Vincent mais Mendès ne se laissa pas décourager.

Le choix de cet enseignant avait été judicieux car sa différence d'âge avec son élève était infime et, avec son col raide, sa vareuse boutonnée jusqu'au col et sa raie au milieu impeccablement tracée, Mendès ressemblait à s'y méprendre à un jeune et fringant étudiant, beaucoup plus en tout cas que Vincent dont la mise était de plus en plus négligée.

Mais de telles différences n'étaient que purement superficielles et les deux jeunes gens ne tardèrent pas à s'appeler par leur prénom. Manifestement, Mendès appréciait fort les heures passées dans sa chambre du quartier juif où Vincent venait le rejoindre pour prendre ses leçons. Bien qu'il eût été lui aussi frappé par les cheveux roux et les taches de son, Mendès trouvait Vincent loin d'être repoussant et il ne laissait pas d'être intrigué par ce visage qui exprimait beaucoup de choses « mais en cachait beaucoup plus encore ».

Vincent ne disposait que d'une année pour ingurgiter toutes les connaissances exigées pour l'examen. Il arriva à Amsterdam en mai 1877, saison à laquelle la vieille ville, avec ses canaux et ses ponts, son marché aux fleurs du Singel, ses églises imposantes et ses étroites ruelles, se parait de toutes ses séductions. Il allait mener une double existence assez surprenante, car tout en étant un étudiant impécunieux, il demeurait dans la splendide résidence de l'oncle Jan, à l'entrée du port, un édifice de noble apparence avec ses deux tours hérissées de hampes de drapeaux pour les fêtes officielles. Les passants devaient éprouver quelque surprise en voyant ce jeune homme débraillé et mal peigné émerger d'une maison aussi fastueuse !

Si Vincent ressentait le besoin de se retrouver en bonne compagnie, il pouvait toujours aller faire un tour dans l'appartement cossu de l'oncle Cor, sur la Liesestraat, d'où il pouvait observer les allées et venues des promeneurs qui arpentaient l'artère la plus élégante de la ville.

Peu de temps après son arrivée, Vincent rendit visite à l'oncle Stricker, et quand on l'eut introduit dans le salon du pasteur, il trouva une jeune femme drapée dans de lourds vêtements de deuil. On la lui présenta. C'était sa cousine Cornélia Vos, surnommé « Kee », la fille du pasteur. Elle portait le deuil de son jeune enfant qui venait de mourir. Cette rencontre apparut au jeune homme comme une décision du destin : dans son chagrin, la cousine Kee avait pris la même allure austère que celle qu'il avait tant admirée chez Eugénie. Cette aura tragique qui émanait de la jeune femme fut encore intensifiée quand Vincent apprit que son mari, Christoffel, se mourait d'un mal incurable qui lui rongeait les poumons.

Cet homme avait autrefois exercé les fonctions de pasteur mais la maladie l'avait obligé à renoncer à son ministère et il gagnait maintenant péniblement sa vie en travaillant à temps partiel comme journaliste. Ils avaient un autre enfant plus âgé, Johannes, et Vincent était fasciné par le spectacle de cette mère éplorée au bras de laquelle s'accrochait le fils dont la mort n'avait pas voulu.

Comme elle habitait à côté de chez les Stricker, Vincent prit l'habitude d'aller assister régulièrement à l'office dominical qui se tenait dans la chapelle d'Oudezijds où son oncle prononçait le sermon, afin de pouvoir repasser par le domicile des Vos en rentrant chez lui.

Quelle ne fut pas sa joie quand, peu de temps après avoir fait sa connaissance, Kee lui fit cadeau d'un exemplaire de la version originale latine de *L'imitation de Jésus-Christ*. Jamais la jeune femme n'aurait pu être mieux inspirée que lorsqu'elle avait décidé de lui offrir un tel présent.

« Le femme en noir » étant devenue maintenant une réalité plus que tangible, Vincent se trouvait en proie à une exaltation dangereuse. Tout ce qui l'entourait dans la ville semblait alimenter ses fantasmes. Lorsqu'il déambulait dans les ruelles étroites et surpeuplées du quartier juif, il découvrait sans cesse de nouvelles vitrines où l'on exposait des estampes qui forçaient son admiration. Il dénicha même un autre exemplaire du *Cortège funèbre dans les champs de blé*, de Van der Maaten, et éprouva un sentiment étrange en s'apercevant que cette œuvre lui rappelait la parabole du semeur qu'il avait entendue au cours d'un sermon à l'office du matin.

Il ne se contentait pas, en effet, de se préparer aux examens indispensables à son entrée à la faculté. Il avait entrepris de faire un tour d'horizon complet des services religieux qui se déroulaient dans les différentes églises, sans se préoccuper, là encore, de savoir quel culte on y observait. Les lettres qu'il a écrites d'Amsterdam pendant toute cette année ne sont guère autre chose qu'un catalogue de sermons et de textes sacrés et constituent la partie la moins intéressante de toute sa correspondance.

Le lecteur a constamment l'impression de se trouver devant quelqu'un qui tente désespérément de se concentrer sur une tâche difficile et craint à tout instant de voir son esprit s'égarer. Mendès, dès le début, avait bien vu quel serait le problème. En bon pédagogue, il avait essayé d'encourager son élève en lui donnant à traduire un auteur latin facile, mais Vincent s'en était offusqué et il s'était immédiatement attelé à la traduction de *L'imitation de Jésus-Christ* que sa cousine Kee lui avait donnée.

Comme il fallait s'y attendre, il buta sur maintes difficultés et ne tarda pas à se plaindre de perdre son temps en apprenant le latin. Pire encore, la conjugaison des verbes grecs le rebuta complètement, et ses doléances se firent plus fréquentes :

Mendès, est-ce que tu crois sérieusement que de telles horreurs sont indispensables à un homme qui veut faire ce que je veux faire : donner la paix à de pauvres créatures et les réconcilier avec l'existence qu'elles mènent sur cette terre?

Mendès déployait des trésors d'éloquence pour défendre les disciplines qu'il enseignait, bien qu'il dût concéder par la suite qu'il avait secrètement admis le bien-fondé des critiques de son élève. Mais si Vincent envisageait d'exercer un ministère religieux et d'aider «ces pauvres créatures», il lui fallait à tout prix venir à bout des difficultés présentées par le latin, le grec et les autres matières inscrites au programme.

En dépit de ses plaintes, Vincent en était parfaitement conscient, et il s'efforça pendant un certain temps de vaincre son entêtement et sa mauvaise volonté. Il montait avec un bâton dans sa chambre afin de se rouer de coups. Parfois, il s'obligeait à rester dehors jusqu'à une heure si tardive qu'il trouvait sa porte fermée à clé, et il se punissait en dormant tout le reste de la nuit par terre, dans une remise. Quand le brave Mendès eut découvert ce qui se passait, il en fut atterré et Vincent dut recourir à tout son charme — arrivant la tête basse, un minuscule bouquet de perce-neige à la main — pour calmer le courroux de son professeur.

On peut déceler dans les lettres qu'il écrivait alors des indices qui montrent à quel point ses excentricités se manifestaient de plus en plus ouvertement. Non content de se rendre dans les églises, il prit l'habitude d'aller voir les ecclésiastiques qu'il admirait le plus ; certains d'entre eux refusaient de le recevoir, faisant dire qu'ils étaient sortis ou invoquant un quelconque prétexte quand il s'annonçait. Entre les sermons, il y avait encore une petite place pour l'art. Il retourna de temps à autre au Trippenhuis pour être bien certain d'avoir pu admirer la totalité des peintures à l'huile et des estampes de Rembrandt.

A mesure qu'il se rendait compte de la vanité de ses efforts dans l'apprentissage du latin et du grec, l'art commença à faire surface au cours de ses séances de travail avec Mendès. Peu à peu, les rôles s'inversèrent et Vincent se fit le mentor de son aîné, essayant d'initier le professeur aux plaisirs de la peinture. Il lui donna même l'une de ses reproductions de l'estampe de Van der Maaten, et Mendès fut très étonné de constater que Vincent avait griffonné partout dans les marges. Ce que Mendès ne vit pas, c'est qu'il ne s'agissait pas de notes décousues, écrites au fil de la plume. Elles témoignaient, elles aussi, de la profonde unité qui marquait la pensée de Vincent, car toutes ces annotations se rapportaient à l'inspiration originale de la gravure de Van der Maaten : les citations de la Bible parlaient des semailles, des moissons et de la mort, tout comme le poème de Longfellow qui était recopié dans la marge inférieure.

Vincent s'était intéressé au poète américain grâce aux tableaux de Boughton qui avait trouvé son inspiration dans des poèmes comme *The Courtship of Miles Standish*, le capitaine puritain. Quand Vincent avait lu *Après-midi de février*, ces vers de Longfellow lui avaient rappelé avec une telle netteté l'estampe de Van der Maaten, qu'il les avait recopiés dans la marge.

APRÈS-MIDI DE FÉVRIER

La journée se termine,
La nuit descend ;
Le marais est gelé,
   La rivière est morte.

A travers les nuages de cendres
Le soleil rouge étincelle
Sur les fenêtres du village
   Aux reflets rouges.

La neige recommence :
Les clôtures ensevelies
Ne permettent plus de distinguer
   La route de la plaine ;

Tandis qu'à travers les prairies
Comme des ombres terrifiantes
Passe lentement
   Une procession funèbre.

La cloche retentit,
Et tous les sentiments
Qui m'habitent vibrent à l'unisson
   Du glas sinistre ;

Les ombres se traînent ;
Mon cœur gémit
Et s'agite en moi
   Comme un glas funèbre.

Mais si Mendès resta perplexe devant ces gribouillis qu'il

considérait comme une manière assez peu raffinée de défigurer une œuvre d'art, il fut touché par ce qu'il vit du comportement généreux de Vincent. Bien que le jeune homme eût fort peu d'argent — il allait jusqu'à demander à son frère Théo de payer l'affranchissement des lettres qu'il lui envoyait —, il donnait sa dernière bouchée de pain à quelqu'un qui se trouvait dans le besoin, même lorsqu'il n'avait plus de quoi acheter du tabac pour sa pipe.

Mendès était également ému de la gentillesse avec laquelle son élève parlait toujours de la vieille femme, une tante à lui, qui ouvrait la porte quand Vincent venait prendre ses leçons. Cet être difforme et simple d'esprit était généralement la cible des quolibets des passants, mais Vincent lui manifestait une telle bonté qu'elle se précipitait au-devant de lui, du plus loin qu'elle le voyait arriver, en s'exclamant : « Bonjour, monsieur Van Gort », ce qu'il lui pardonnait bien volontiers :

Mendès, ta tante a beau écorcher mon nom, c'est une bien brave personne, et je l'aime beaucoup.

Ce que ni Mendès ni personne d'autre ne pouvait soupçonner, c'était que Vincent était obsédé par Kee. Théo fut surpris quand son frère refusa de se rendre à La Haye, bien qu'il lui eût offert le voyage en chemin de fer, pour aller voir une exposition de dessins, un dimanche. Il ne pouvait pas deviner que Vincent n'envisageait pas un instant de quitter Amsterdam le seul jour où il lui était possible de voir sa cousine.

Tout ce dont Théo pouvait se rendre compte, en lisant les lettres qu'il recevait, c'était que son frère était souvent sur le point de sombrer dans la mélancolie la plus profonde :

... J'ai ensuite déjeuné d'un morceau de pain sec et d'un verre de bière, c'est le moyen que Dickens conseille comme très efficace à ceux qui sont sur le point de se suicider, pour les détourner pendant quelque temps de leur projet. Et bien qu'on ne soit pas précisément dans un tel état d'esprit, il est bon de suivre le conseil de temps en temps et, par exemple, de penser au tableau de Rembrandt : « Les Pèlerins d'Emmaüs. »

Quinze jours plus tard, il parle d'une promenade dans le quartier juif au cours de laquelle il a soudain aperçu

... un grand cellier servant d'entrepôt, sombre et dont les portes étaient

ouvertes ; pendant un instant, j'ai pensé à certain épouvantail, tu sais lequel. Sous cette voûte, dans ces ténèbres, des hommes couraient, allaient et venaient, portant des lumières. Spectacle banal, qu'on peut voir tous les jours, mais il y a des moments où les choses les plus quotidiennes font une impression extraordinaire, semblent avoir une autre apparence, un sens profond.

Il eut une fois de plus l'occasion de réaliser un travail matériel, qui réussit à lui faire oublier ses préoccupations. Le programme de ses études prévoyait qu'il fût capable de tracer une carte de la Terre sainte. Comme on peut l'imaginer, ce fut la seule tâche exigée par l'université qui le séduisit vraiment. Il en fit beaucoup plus que ce qu'on lui demandait et ne tarda pas à dessiner des cartes représentant des endroits qui avaient éveillé son intérêt. Il cherchait surtout à se distraire, en fait, mais à l'occasion, il offrait les dessins qui résultaient de ses recherches. L'un d'eux fut donné en cadeau à l'école du dimanche d'une église à laquelle il aimait se rendre.

Naturellement, en réalisant ces cartes, il cherchait en fait à remettre à plus tard les travaux que l'on attendait de lui par ailleurs. Neuf mois avaient passé et Mendès, qui pourtant n'était pas d'un naturel pessimiste, était bien obligé d'admettre qu'à moins d'un miracle, son élève ne parviendrait jamais à passer avec succès les épreuves de l'examen qu'il allait devoir affronter. Il n'y avait rien d'autre à faire que d'annoncer la mauvaise nouvelle au pasteur Stricker pour qu'il puisse en informer le reste de la famille.

Pour une fois, cependant, le clan des Van Gogh, qui avait déjà fait montre d'une patience à toute épreuve, n'était plus d'humeur à supporter les caprices de l'enfant prodigue. L'oncle Hein, le frère de Theodurus, avait succombé à sa longue maladie en décembre, jetant un voile de tristesse sur les fêtes de Noël.

Pourtant, en dépit du chagrin qui l'accablait, le pasteur Theodorus, se conformant aux conseils que lui prodiguait l'oncle Stricker, s'efforça avec des prodiges d'indulgence d'aider son fils à venir à bout des difficultés des déclinaisons latines, quand ils se retrouvaient ensemble pendant les vacances.

A cette époque, Vincent éprouvait une grande dévotion pour son père, qui lui paraissait incarner l'idéal auquel il aspirait. Il dit à Théo à quel point il trouvait son père supérieur à ses oncles, ajoutant qu'il était de leur devoir, à son frère cadet et à lui-même, de s'efforcer d'être ses fils en esprit. Vincent ne pouvait accepter une nouvelle leçon de latin que si elle lui était administrée par ce parangon de toutes les vertus, assis dans son cabinet sous l'habituel cortège funèbre de Van der Maaten.

Il promit de redoubler d'efforts et, quand il fut rentré à Amsterdam, l'oncle Stricker apporta sa pierre à l'édifice en lui consacrant une partie de son temps bien qu'il dût alors se rendre compte que les quatre mois qui les séparaient de l'examen ne suffiraient jamais à combler les lacunes encore innombrables.

Le pasteur Theodorus vint à Amsterdam et y rencontra Mendès, qui ne put lui cacher la triste vérité. Il lui parut alors incroyable que son fils soit si mauvais en latin et en grec alors qu'il était capable de s'exprimer couramment en français et en anglais, tout en ayant une connaissance solide de la langue allemande. Comment avait-il pu se montrer si médiocre ? On pouvait pourtant le croire hautement motivé : pendant plus de deux années, il n'avait pratiquement pensé à rien d'autre qu'à sa vocation religieuse et il savait fort bien que le moment décisif était venu, qu'il allait jouer sa dernière chance d'embrasser une carrière ecclésiastique !

Une fois de plus, Vincent avait irrémédiablement compromis son avenir, mais la déception était plus cruelle encore que toutes celles qu'il avait infligées précédemment. Il avait pourtant dit et répété à son père que son vœu le plus cher était de suivre ses traces, et malgré cela il avait délibérément tout gâché.

Cherchant désespérément à s'expliquer un tel fiasco, le pasteur Theodorus accusa les ecclésiastiques anglais et français que Vincent avait rencontrés à Amsterdam, car c'était leurs théories ultra-orthodoxes qui avaient incontestablement corrompu son fils.

Quel contraste avec la réussite éclatante de Théo qui venait d'être promu à Paris, au siège central de la maison Goupil, et qui allait manifestement tenir toutes les promesses que l'on avait attendues de son frère aîné !

Mais pour le pasteur Theodorus, l'horreur atteignit son comble quand Vincent annonça son intention de se faire catéchiste s'il échouait à son examen. Il s'agissait là de la forme la plus terre à terre de la vie ecclésiastique et le pasteur trouva cette idée profondément humiliante. Le seul rayon d'espoir était l'intérêt manifesté par son fils pour le travail de missionnaire. Résolu à tout pour éviter que Vincent ne s'engage dans la voie de la catéchèse, le pasteur décida de contacter des organisations basées en Belgique pour voir si l'on pouvait espérer pour le jeune homme un poste de missionnaire au sein de l'un des groupes évangélistes qui travaillaient dans les régions industrielles.

Déçu et inquiet il rentra à Etten, laissant Vincent se débattre avec des leçons dont l'inutilité apparaissait sans cesse plus flagrante.

Impossible de trouver la moindre explication au comportement de Vincent. S'il avait réussi à apprendre le latin et le grec, il serait entré à l'université où rien n'aurait pu lui interdire l'accès aux fonctions de pasteur.

Quelle que fût la cause, le résultat ne faisait plus aucun doute pour personne, y compris lui-même. A quoi bon s'obstiner ? Il écrivit à Théo :

On n'a besoin de rien de moins que de l'infini et du miracle, et l'homme a raison de n'être satisfait de rien qui soit inférieur à cela, et de ne pas se sentir à l'aise aussi longtemps qu'il n'a pas atteint et accepté cela.

Il écrivit en mai une dernière lettre d'Amsterdam, et un long silence la suivit. Il était rentré à Etten pour faire le point et voir ce que l'on pouvait sauver de la faillite de la seule ambition pour laquelle il avait vraiment lutté. Il avait insisté pour assumer ses responsabilités d'homme, pour faire lui-même ses propres choix, et, une fois de plus, tous ses efforts s'étaient révélés vains.

CHAPITRE V

Sous un soleil de soufre
(1878-1880)

Vincent laissa son père régler le problème. Le pasteur Theodorus ne manquait certes pas de bonne volonté mais il n'avait pas l'habitude d'être soumis à de telles tensions. A bien des égards, il souffrait d'un certain manque de caractère que n'avaient pas amélioré les années passées à déménager d'une paroisse déshéritée à une autre.

Mais il y avait pourtant une chose qu'il savait avec certitude : son fils aîné avait un problème, un problème que personne ne parviendrait sans doute jamais à résoudre. Le malheureux ecclésiastique en était arrivé à courber sans cesse l'échine en attendant que lui tombent dessus ce qu'il appelait les « coups » de Vincent. Pourtant, il s'était fait à l'idée qu'il allait falloir une fois de plus aviser, ne serait-ce que pour parvenir à ce que Vincent cesse de faire peser sur lui la charge de sa présence.

Malheureusement, les perspectives ne semblaient guère favorables du côté des missions belges. Les différents organismes qui se consacraient à l'évangélisation souffraient désespérément d'une grave insuffisance de crédits et ils évitaient de prendre des risques avec les gens qu'ils recrutaient. La seule lueur d'espoir provenait d'un groupe qui venait de se former à Bruxelles et dirigeait une école de missionnaires à Laeken, dans la banlieue de la capitale belge, envoyant ensuite les meilleurs de ses stagiaires dans le Borinage, la région houillère du sud du pays, près de la frontière française.

Le Borinage avait la triste réputation d'être la région industrielle la plus déshéritée d'Europe : une population de mineurs, acculés à la famine, vivant comme de véritables esclaves dans un environnement plus sordide qu'on ne pourrait l'imaginer. Peut-être, se disait Theodorus, n'y aurait-il pas pléthore de candidats pour un travail aussi ingrat ? Mais comment allait-il pouvoir procéder ?

La réponse lui fut fournie par le révérend Jones, qui vint d'Isleworth aussitôt qu'il eut appris ce qui était arrivé à son ancien assistant. Les deux ecclésiastiques constatèrent que leurs points de vue s'harmonisaient admirablement et ce fut Jones qui insista pour qu'ils entreprennent immédiatement les démarches permettant à Vincent d'obtenir un poste de missionnaire. Pourquoi n'iraient-ils pas à Bruxelles tous les trois afin de voir si l'on pourrait régler le problème directement ?

Theodorus envoya une lettre à laquelle il fut répondu que leur visite serait la bienvenue. On leur offrait même de les héberger chez l'un des paroissiens de l'Église évangéliste.

L'école n'était, à première vue, qu'un établissement de dimensions modestes consistant en quelques salles d'étude situées au-dessus de la chapelle, place Kathelijne, mais au cours de leur conversation avec maître Bokma, le directeur, ils se rendirent compte que le programme d'études correspondait exactement à ce qu'ils recherchaient. En premier lieu la durée de la scolarité était beaucoup plus courte — trois ans au lieu de six —, qu'à la faculté de théologie. Ensuite, bien qu'il y eût encore du latin et du grec, il s'agissait essentiellement de se familiariser avec des notions pratiques, et non d'acquérir une formation universitaire.

Les deux pasteurs furent ensuite présentés au révérend De Jong qui avait fondé l'école avec son codirecteur, le révérend Pietersen. Les deux hommes présentaient un contraste saisissant, De Jong apparaissant comme un supérieur imbu de son autorité et Pietersen se comportant comme un confident amical. Ce dernier se montra très désireux d'aider les deux hommes et de donner une chance à Vincent mais la décision resta en suspens un certain temps, jusqu'au moment où la présence de Jones réussit à faire pencher la balance. En effet, Jones ne parlait pas le français, si bien que la conversation dut se dérouler, tant bien que mal, en anglais et il apparut bientôt aux deux directeurs que Vincent était un linguiste remarquable. Certes, il n'aurait jamais l'occasion d'utiliser l'anglais au cours des tâches dont il aurait à s'acquitter pour le compte de la mission, mais le fait même qu'il était parvenu à assimiler aussi parfaitement une langue étrangère les impressionna tout à fait favorablement. Faisant taire leurs réticences, ils décidèrent d'autoriser Vincent à effectuer une période probatoire au sein de l'école.

Avant son arrivée, on lui donna une rédaction à préparer et le sujet qu'il choisit est très significatif. Il décida en effet de faire porter son essai sur une toile de Rembrandt, *La maison du charpentier*, et il passa une grande partie de ses dernières journées à Etten à approfondir son étude, tout en s'amusant à dessiner quelques esquisses.

En se rendant à l'école, il traversa Bruxelles et exécuta un dessin représentant une auberge au nom prophétique : « Au charbonnage ». Il l'envoya à Théo en y joignant une description des mineurs qu'il avait vus, car avant même son arrivée à l'école d'évangélisation, ses pensées le précédaient déjà dans le Borinage et il pensait sans cesse au travail qu'il devrait y effectuer.

En fait, son impatience était telle qu'il ne parvint pas à fixer son esprit sur les matières au programme, et d'entrée de jeu, il adopta à l'égard de l'école une attitude provocatrice. Manifestement, il était reparti vers une nouvelle série d'excentricités, refusant de s'asseoir à un pupitre, décidant de se tenir en équilibre précaire sur une chaise, un livre posé sur les genoux. Cette recherche systématique de l'inconfort ne produisit qu'un effet médiocre sur ses maîtres et quand Bokma, son professeur de langues anciennes, lui demanda un jour : « S'agit-il ici d'un datif ou d'un accusatif ? » et qu'il répliqua : « C'est bien le cadet de mes soucis, monsieur », il apparut de toute évidence qu'il n'y aurait pas grand-chose à tirer de lui.

Bokma et les autres comprirent immédiatement que Vincent était aux prises avec un conflit interne inexorable. Peu après son arrivée, il avait appris que Christoffel Vos avait succombé à sa maladie pulmonaire et que, pour la seconde fois, sa cousine Kee pleurait la mort d'un être cher. Cette image de la femme en noir, ayant à ses côtés son enfant Johannes, dut le perturber profondément.

Indiscutablement, ce conflit qui le déchirait entretenait en lui la douleur et l'angoisse. Mais il pouvait aussi l'amener à commettre des actes d'où n'était pas exclue une certaine violence ainsi qu'en témoigne un incident curieux qui se produisit à la suite d'une leçon de vocabulaire.

Comme on lui demandait d'expliquer le mot « falaise », Vincent sollicita l'autorisation d'en dessiner une au tableau noir. La permission lui fut refusée mais, la leçon terminée, il marcha d'un air décidé jusqu'au tableau et se mit à tracer le contour d'une falaise. Un de ses condisciples s'approcha de lui à pas de loup et tira sur sa veste pour le taquiner. Vincent fit alors volte-face et tomba sur l'importun à bras raccourcis. Le jeune étudiant dut s'enfuir précipitamment.

Tous ceux qui assistèrent à cette scène s'en souvinrent longtemps, tant avait été grande leur consternation. Nous pouvons supposer que Vincent éprouva lui aussi une profonde épouvante car c'était la première fois que sa colère donnait lieu à une manifestation de violence.

On peut difficilement blâmer le personnel enseignant de l'école lorsque, une fois les trois mois d'essai accomplis, il décida de ne pas poursuivre davantage l'expérience, bien qu'il invoquât surtout, pour justifier cet arrêt, l'insuffisance de Vincent dans le domaine de la prédication. Chaque fois qu'on lui avait demandé de prendre la parole, il s'était borné à lire laborieusement le texte d'un sermon qu'il avait préparé. Or ces missionnaires étaient des évangélistes qui étaient censés pouvoir toucher le cœur de gens simples, harassés par des tâches épuisantes. La capacité à improviser en prononçant des paroles venues du cœur était une qualité essentielle et il leur fut facile de montrer que Vincent n'était pas à la hauteur de la mission qui l'attendait.

Mais Vincent refusa malgré tout de renoncer à sa vocation et, pour sa part, le comité de missionnaires hésitait à condamner définitivement quelqu'un qui, après tout, était le fils d'un collègue. Selon Vincent, c'était Pietersen qui appuyait le plus en sa faveur, et quand Theodorus envoya une lettre pour demander qu'on accorde une dernière chance à son fils, il obtint finalement gain de cause. On acceptait de le mettre à l'essai dans les houillères comme assistant non rétribué. Si son comportement permettait de penser qu'il s'assagissait enfin, on lui donnerait un poste temporaire au début de l'année suivante.

Évidemment, les tâches auxquelles serait confronté Vincent étaient les plus ingrates qu'un ecclésiastique chrétien eût jamais à effectuer, nullement plus enviables que celles du catéchiste que Theodorus avait tant redoutées, mais Vincent manifesta une reconnaissance touchante à l'égard de ses directeurs. Il obtenait enfin ce qu'il désirait depuis si longtemps : l'occasion de faire ses preuves, de montrer son dévouement au service des humbles.

Il prit le train à Bruxelles pour se rendre à l'élégante cité médiévale de Mons, un havre de culture dans le Sud industriel. Ensuite, il pénétra dans une zone désolée, parsemée de puits de mine et de terrils, aux champs de blé poussiéreux, encrassés, du Borinage, perpétuellement sous des nuages froids et humides, auxquels se mêlaient des vapeurs de soufre.

C'était bien pire que tout ce qu'il avait jamais vu auparavant, comme s'il avait laissé derrière lui l'idéal d'une nature intacte qui préoccupait tant les artistes de son époque pour affronter, comme reflété par un miroir, son symétrique absolu, une inversion méphistophélique. Et pourtant, bien que sa sympathie pour les pauvres eût toujours été alimentée par des images pastorales et pittoresques, la misère apparaissant comme une matière première éminemment favorable à la création artistique, il fut d'abord incapable d'absorber la laideur abjecte qui s'offrait à sa vue par la vitre de son compartiment. Tout se passait comme si l'art refusait de l'abandonner aussi facilement.

C'était une journée d'hiver — juste avant Noël 1878 —, et le paysage était adouci par une couche de neige récente, les terrils ressemblaient à des montagnes et les taudis des mineurs à des protubérances immaculées : le souvenir qui s'imposa alors à sa mémoire fut celui des tableaux de Bruegel qu'il avait vus dans les musées de Bruxelles. C'était la nature peinte par Bruegel, un décor du genre de celui où des chasseurs regagnent leur demeure en traversant une vaste étendue toute blanche sur laquelle les arbres dénudés, les vols d'oiseaux noirs, les chaumières et les montagnes lointaines ressortent avec la précision d'une gravure à l'eau-forte.

L'enthousiasme que faisait naître dans l'âme de Vincent cette nouvelle expérience était tel que les premières impressions qu'il éprouva au contact de ces bassins houillers furent très éloignées du catalogue habituel de maisons sordides, de campagne boueuse, de champs et de rivières pollués que décrivaient la plupart des observateurs. Il dit à Théo que tout cela était *très pittoresque*, et quand il commença à explorer ces lieux, il fut frappé par la manière dont les arbustes du bord des routes contrastaient avec les congères de neige, comme dans la gravure de Dürer intitulée *Le Chevalier et la Mort*, avec ces épines et ces racines hérissées de pointes, d'une beauté sévère sur le fond tout blanc.

... les jardins et les champs sont entourés de haies de ronces. La neige qui est tombée ces jours derniers donne à l'ensemble l'aspect d'une feuille de papier blanc couverte d'écriture, telles les pages de l'Évangile.

Mais c'était surtout à Thijs Maris qu'il pensait, le plus romantique des trois frères. Seul un optimiste comme Vincent pouvait comparer les paysages brumeux de Maris, ses taches de lumière qui miroitaient à l'orée d'un bois, son château hanté que l'on entrevoyait au milieu d'une épaisse forêt, avec les terres noires de la campagne belge, mais c'est pourtant à ce rapprochement que se livra Vincent.

Si Vincent put avoir une vision aussi romantique, c'est uniquement parce qu'il n'eut, au début, aucune véritable expérience des conditions de vie des hommes massés autour des puits de mine. Il avait loué une chambre dans la maison d'un colporteur nommé Van der Haegen, rue de l'Église, à Pâturages. La maison se dressait au bord d'un ruisseau, au pied de l'église Saint-Michel, sur une petite éminence qui dominait quelques chaumières, lesquelles, bien qu'elles ne fussent guère autre chose que de petites maisons de paysans, étaient néanmoins incomparablement supérieures aux misérables masures rassemblées autour des carreaux de mine.

Van der Haegen lui faisait payer un loyer de trente francs par mois, une somme considérable si l'on songe qu'à l'époque un mineur adulte gagnait moins de trois francs par jour.

Vincent se mit au travail sans tarder, faisant à pied le trajet d'une demi-heure pour aller à Wasmes, où il devait prononcer ses prédications. En chemin, il passait devant les mines que dominaient les tours gigantesques, avec leurs grandes roues et les énormes tas de poutrelles destinées à servir d'étais aux galeries sinueuses qui serpentaient à plus de sept cents mètres sous la surface du sol.

A cette époque, les mines de Belgique et du Nord de la France n'avaient pas encore été très mécanisées et le travail dans les galeries présentait de multiples dangers, ainsi que Vincent put s'en rendre compte en allant dans les cimetières où il voyait les monuments érigés à la mémoire des dix hommes tués dans un accident ou des vingt hommes qui avaient trouvé la mort dans un autre. Juste avant son arrivée, la mine d'Agrappe, à Frameries, avait connu un épouvantable coup de grisou, preuve supplémentaire, s'il en était besoin, que la vie humaine était bien peu de chose dans le Borinage.

Wasmes, la localité où Vincent se rendait chaque jour, était situé à l'orée des bois de Colfontaine. Le « Salon du Bébé » faisait office de centre communautaire et de maison de prières pour les protestants locaux : il était situé rue Dubois, dans un ancien établissement de danse. La salle principale, aux dimensions modestes, pouvait accueillir une centaine de personnes, et le premier travail de Vincent consistait à répandre la bonne parole auprès des mineurs et de leurs familles.

Pour son premier sermon, il choisit trois paraboles : la graine de moutarde, le figuier stérile et l'homme qui était aveugle de naissance. Aucun document ne nous permet de préciser s'il les énonça séparément ou s'il tenta de faire passer un message qui les contenait toutes. D'une certaine manière, chacune d'entre elles est fondée sur un jugement erroné, formulé après une observation superficielle des choses, dont on ne perçoit la véritable nature qu'au bout d'un certain temps. La graine de moutarde est le Royaume de Dieu, qui commence comme un objet minuscule, presque invisible, mais grandit, secrètement d'abord, pour finir par englober tout l'univers. Le figuier stérile symbolise les patriarches du peuple juif qui n'avaient pas vu ce que Jésus-Christ était vraiment. Enfin, en guérissant l'homme qui était aveugle de naissance, Jésus montre qu'il est sur terre pour ouvrir les yeux des humains.

Il ne s'agit pas là des textes bibliques les plus faciles à commenter et on peut se demander si c'était du courage ou de l'inconscience, de la part de Vincent — en ce premier jour, il devait trembler de peur —, de faire ses premières armes ainsi. Il devait se sentir plus à l'aise quand il allait lire la Bible chez les mineurs, bien qu'il commençât alors à perdre quelques-unes de ses illusions en se rendant compte *de visu* des abominables conditions d'existence des habitants du Borinage.

Car maintenant il voyait bien que, loin de vivre comme son propriétaire dans de confortables chaumières, la plupart des travailleurs souterrains occupaient des baraques en planches massées auprès des grilles qui commandaient l'entrée des mines. C'étaient des gourbis sombres comme des cavernes, souvent recouverts d'un simple tapis de mousse et encrassés par la poussière de charbon qui envahissait tout ce qui se trouvait à proximité des terrils.

Dans la vallée que dominait le village de Wasmes s'ouvrait la fosse de Marcasse qu'entourait un groupe de cabanes. C'était là que logeaient les ouailles de Vincent. Nombre de ces gens étaient les descendants des huguenots qui avaient fui la France après la révocation de l'édit de Nantes au XVIIe siècle.

Cette migration avait donné naissance à une longue tradition de non-conformisme dans le Borinage, qui comptait alors trente mille mineurs dont deux mille filles et deux mille cinq cents garçons de moins de quatorze ans qui travaillaient aussi au fond. La plupart des enfants commençaient dès l'âge de huit ans et c'était la présence de jeunes filles effectuant un travail harassant aux côtés des hommes qui avait amené les bonnes âmes de Bruxelles à penser que la région avait besoin de missionnaires.

Zola, l'un des auteurs qui exercèrent l'influence la plus profonde sur Vincent, était alors en train d'écrire *Les Rougon-Macquart* dont le treizième volume, *Germinal*, brosse un tableau extraordinaire de la vie des mineurs du Nord de la France, en tout point semblable à celle du Borinage. Dans *Germinal*, une jeune herscheuse de dix-huit ans, la Mouquette, passe sa vie au milieu des mineurs dans ce ténébreux monde souterrain, court vêtue, forte en gueule, et d'une vertu peu farouche. Les récits de cette promiscuité « immorale » horrifiaient et fascinaient à la fois les lecteurs chrétiens vivant à une distance respectable de ces mines qui étaient la source de leurs fortunes industrielles.

Mais pour l'instant, Vincent ne savait pas grand-chose de plus qu'eux sur les réalités de ce monde ténébreux. Au cours du premier mois qu'il passa dans le Borinage, il fut fasciné par ses habitants et par la vie simple qu'ils menaient, et intrigué par ces petites masures *disséminées le long des chemins creux, où, le soir, les fenêtres à petits carreaux brillent d'un éclat accueillant.* Il avait encore gardé toutes ses illusions comme en témoigne le sermon qu'il prononça le jour de Noël dans le Salon du Bébé et qu'il avait centré sur l'humble étable de Bethléem et l'espoir de paix sur la terre.

Il raconta tout cela dans sa première lettre à Théo, écrite le lendemain de Noël, car c'était sans doute le jour où il pouvait enfin pour la première fois prendre quelque repos. Nous abordons maintenant la période de sa vie où il a le moins écrit à son frère, signe infaillible qu'il se passe quelque chose qu'il ne peut exprimer ; et les rares lettres qu'il a envoyées révèlent les signes de ce conflit intérieur sans cesse grandissant, dont les premiers symptômes remontent à son stage dans l'école évangéliste. En lisant ses pensées, en observant ses comportements, on a l'impression d'assister à un combat avec Dieu, comme s'il disait : « Je veux aller jusqu'à la limite extrême pour suivre Tes commandements afin de savoir si c'est cela que Tu veux de moi. »

Dans le Borinage, Vincent avait entrepris de se mesurer à lui-même, mais d'une manière qui équivalait à lancer à Dieu un véritable défi, une façon inconsciente de s'affranchir des volontés divines en allant jusqu'aux limites absolues de l'automortification. Déjà, à Laeken, ses faits et gestes avaient pu permettre de présager l'approche d'une crise. Depuis la scène de violence qui s'était produite dans la classe, les derniers vestiges de sa maîtrise de soi avaient commencé à disparaître les uns après les autres. A mesure que l'effroyable pauvreté des mineurs se révélerait à lui, il allait tenter, avec une ténacité sans cesse accrue, de se fondre dans ce monde de parias.

La maison du colporteur était située trop à l'écart de la colonie des mineurs, et, peu après Noël, il quitta Pâturages pour s'installer chez un boulanger, Jean-Baptiste Denis, d'abord rue du Petit-Wasmes, puis, quand la famille déménagea quelque temps plus tard, rue Wilson, à la périphérie de la ville. Cette maison se dressait sur une crête et tournait le dos aux vastes plaines désolées au-delà desquelles les baraques des mineurs étaient regroupées autour du puits de Marcasse. Il se rapprochait d'eux mais demeurait encore un étranger.

Il fut accueilli par le pasteur Bonte, l'un des trois ecclésiastiques en poste dans la région auquel Vincent devait servir d'assistant. Il existait un certain nombre de petits temples protestants disséminés dans les villages miniers mais on célébrait souvent les offices dans des locaux de fortune, du genre du Salon du Bébé.

Peu de temps après son arrivée, Vincent aida l'un des pasteurs à tenir une réunion religieuse dans une écurie ou une remise, il était incapable de préciser ce que c'était au juste, mais ses commentaires montrent clairement qu'une telle simplicité lui convenait parfaitement et qu'il était de plus en plus mécontent du luxe dont il pensait bénéficier. La maison des Denis était aussi confortable que celle du colporteur et elle le maintenait à l'écart des silhouettes furtives qu'il voyait chaque matin et chaque soir traverser les plaines gelées pour se rendre au grand trou noir de la houillère ou en revenir.

Sans doute désireux de contrebalancer cette injustice, il se mit à distribuer le peu qu'il avait : un quignon de pain, quelques vêtements. Il n'avait déjà rien d'un dandy à son arrivée chez les Denis, mais les logeurs ne tardèrent pas à remarquer que sa mise était de plus en plus négligée et qu'il ne se changeait jamais. En outre, il ne se nourrissait pas suffisamment, il préférait emporter ce qu'on lui donnait pour en faire cadeau aux mineurs quand il allait leur rendre visite.

Les Denis ne purent alors s'empêcher de constater qu'un tel comportement dépassait les limites de la charité ou de la simple excentricité. Les réactions de Vincent étaient trop excessives pour qu'on puisse se contenter de les ignorer. Quand Mme Denis découvrit qu'il avait trouvé une chambre dans l'une des baraques situées près de la mine et voulait aller y loger, elle jugea que le moment était venu d'intervenir, car la décision de Vincent n'était pas dictée par un désir d'indépendance : il voulait manifestement partager les conditions de vie des mineurs.

Or ces baraquements n'étaient rien d'autre que des cabanes rudimentaires, plus ou moins identiques aux remises des cours de ferme, et en quittant sa jolie petite maison de brique pour se terrer dans l'une de ces masures de planches, Vincent, pensait-elle, optait pour une existence à peine moins primitive que celle d'une bête sauvage. Elle se dit alors qu'il fallait protéger Vincent de lui-même et elle écrivit au pasteur Theodorus pour l'avertir des intentions de son fils.

Il n'était guère facile de se rendre du Brabant au Borinage et le pasteur Theodorus était d'autant moins enclin à se lancer dans une telle expédition qu'il ne disposait même pas de l'argent nécessaire pour payer le voyage. Pourtant, sachant jusqu'à quelles extrémités la folie de Vincent pouvait aller, il se rendait bien compte que sa présence auprès de lui ne serait pas superflue.

Vincent avait peut-être espéré que son père approuverait sa conduite : ne verrait-il pas en son fils un nouveau saint François d'Assise qui donnait tout ce qu'il avait aux pauvres et menait la même vie qu'eux ? Il ne tarda pas à perdre ses illusions. Le pasteur Theodorus avait lui-même subi une formation très stricte avant d'être ordonné et il avait vu de nombreux jeunes étudiants en théologie s'adonner soudain à des pratiques excessives d'automortification. Quand de tels cas se produisent, les autorités ecclésiastiques éliminent discrètement ces fanatiques de leurs séminaires ou de leurs instituts de formation, ou se contentent simplement de les renvoyer temporairement en attendant qu'ils se calment. Mais le pasteur savait par expérience qu'il est difficile de les convaincre, car ils affirment faire exactement ce que le Christ a ordonné et ils ne veulent pas en démordre.

Au début, l'arrivée de son père calma un peu les ardeurs de Vincent, et il fit de réels efforts pour se montrer à son avantage. Ils allèrent voir les trois pasteurs protestants qui officiaient dans la région et Theodorus accompagna son fils quand ce dernier se rendit chez les mineurs pour leur lire la Bible. Finalement, Theodorus adopta vis-à-vis de son fils une attitude qui excluait toute considération philosophique : si Vincent acceptait de continuer à vivre chez les Denis et renonçait à son idée de partager l'existence des mineurs, il intercéderait en sa faveur auprès des autorités évangélistes pour essayer de lui faire confirmer sa position. Comme c'était là le désir le plus cher de Vincent, il accepta en disant que la chambre qu'il avait louée lui servirait uniquement d'atelier s'il avait envie d'exécuter quelques dessins. Pour l'encourager dans cette voie, Theodorus se porta acquéreur de ses grandes cartes de la Terre sainte, à raison de dix guilders pièce, ce qui constitua un supplément précieux à la petite allocation qu'il payait déjà à son fils.

Mais quand les restrictions imposées par la présence de son père eurent disparu, Vincent ne tarda pas à voir ses bonnes résolutions s'affaiblir. Le pasteur ayant écrit à Bruxelles, les autorités évangélistes confirmèrent Vincent dans son poste et décidèrent de ne procéder à une inspection que plus tard dans l'année, supprimant ainsi la dernière contrainte imposée à son comportement.

Certes, Vincent avait eu l'intention de tenir la promesse faite à son père, mais il fut vite dépassé par les événements. Peu après le départ de Theodorus, l'un des mineurs lui demanda si cela lui plairait de descendre au fond d'un puits. Comment aurait-il pu refuser une occasion de voir de ses propres yeux ce qu'étaient les véritables conditions de travail de ces êtres déshérités ?

Par une froide matinée, il se joignit aux silhouettes furtives, revêtues de leurs tenues de travail grossières et crasseuses, attendant son tour de franchir l'imposant portail de brique qui commandait l'accès à la fosse de Marcasse. Il s'engagea dans les longs couloirs au carrelage blanc et étincelant pour atteindre la grande roue et la benne qui allait les précipiter sous terre, dans le monde ténébreux qui gisait à près de sept cents mètres de profondeur.

La mine de Marcasse était une des plus anciennes de la région et les conditions d'insécurité qui y sévissaient battaient tous les records. Le récit que fit Vincent de cette visite figure parmi les passages les plus poignants de sa correspondance. Il est stupéfiant de constater avec quelle fidélité cette description reproduit celle de Zola, dans le roman qu'il écrivait à la même époque. Bien que Zola ne connût pas les lettres de Vincent (et que Vincent n'eût pu lire *Germinal* que plusieurs années plus tard), on pourrait croire que les deux passages ont été écrits de la même main :

ZOLA : Lui, par moments se demandait s'il descendait ou s'il montait. Il y avait comme des immobilités, quand la cage filait droit, sans toucher aux guides ; et de brusques trépidations se produisaient ensuite, une sorte de dansement dans les madriers, qui lui donnait la peur d'une catastrophe.

Du reste, il ne pouvait distinguer les parois du puits, derrière le grillage où il collait sa face. Les lampes éclairaient mal le tassement des corps, à ses pieds. Seule, la lampe à feu libre du porion, dans la berline voisine, brillait comme un phare.

VAN GOGH : Imagine-toi une série de cellules dans une galerie assez étroite et fort basse, soutenue par une charpente rudimentaire. Dans chacune de ces cellules, un ouvrier revêtu d'un costume de toile grossière, crasseux et maculé comme celui d'un ramoneur, détache le charbon à coups de hache, à la faible lumière d'une petite lampe.
Dans certaines de ces cellules, l'ouvrier se tient debout, dans d'autres, il est couché par terre. Cet aménagement ressemble plus ou moins aux alvéoles d'une ruche, au sombre couloir d'une geôle souterraine, à une théorie de petits métiers à tisser, ou plus exactement à une série de fours à pain comme on en voit chez les paysans, ou encore aux compartiments d'un caveau.

Zola décrit la consternation des mineurs lorsqu'ils voient de l'eau couler du toit de la cage, il parle du froid intense et de l'humidité noire, zébrée par un soudain faisceau de lumière là où travaillent les hommes. Vincent parle lui aussi de cette eau omniprésente, des effets curieux produits par les lampes des mineurs lorsqu'ils s'activent dans les «maintenages», ces cellules minuscules qui ont été taillées de chaque côté des galeries principales.

Et il y a aussi des scènes qui lui déchirent le cœur : des écuries, à sept cents mètres sous terre, où des poneys épuisés par un travail harassant vivent misérablement. Pire encore, des enfants, filles ou garçons, dont certains n'ont que huit ans, couverts de crasse, qui halent des wagonnets emplis de charbon dans des tunnels trop petits pour les animaux de trait.

Et suspendue au-dessus de toutes les têtes, il y a la peur, une peur constante des accidents : l'éboulement d'une galerie, dont le toit est à peine maintenu par des étais trop fragiles ; et la crainte qui vous glace sans cesse d'avoir un coup de grisou. Il venait justement d'y en avoir un, avant l'arrivée de Vincent, et il en avait constaté les effets :

Est-ce que je t'ai parlé de ce mineur qui avait été affreusement brûlé par un coup de grisou : Dieu merci, il en est remis à présent, il sort à nouveau et commence à se promener pour réapprendre à marcher ; ses mains sont encore très faibles et il ne pourra s'en servir avant longtemps pour travailler, mais il est sauvé. Il y a eu également de nombreux cas de fièvre typhoïde et de fièvre maligne, ce qu'on appelle ici « la sotte fièvre », qui provoque des rêves lugubres, des cauchemars et fait délirer. Voilà bien des malades, des alités, des amaigris, des affaiblis et des misérables.

Je connais une maison dont tous les habitants ont la fièvre, ces gens n'ont que peu ou pas d'aide, les malades soignent donc les malades. « Ici, ce sont les malades qui soignent les malades, me disait la femme, comme le pauvre est l'ami du pauvre. »

Comment s'étonner après cela que le Borinage ait été le berceau du socialisme en Belgique ? La plupart des propriétaires de mines ignoraient pratiquement tout des conditions de vie qui sévissaient dans les houillères et ils ne tenaient aucunement à les connaître. Accablés par la pauvreté, souffrant cruellement de leur désorganisation et d'une totale absence de leaders compétents, les mineurs s'étaient montrés incapables de changer leur misérable existence, mais au cours de l'année qu'il passa parmi eux, Vincent put assister à leurs premiers mouvements revendicatifs.

Les moments qu'il vécut au fond du puits de Marcasse et son identification avec la cause des mineurs qui en fut la conséquence, devaient compter comme les deux influences les plus importantes qui allaient s'exercer sur la pensée de Vincent au cours des années à venir. Il serait sans doute excessif de dire de lui qu'il avait épousé la cause du socialisme, car il était incapable de se projeter dans une situation politique de grande ampleur, mais il aurait certainement volontiers souscrit sans la moindre réserve à tous les principes impliqués par ce terme, qu'il s'agisse de la défense des pauvres, des travailleurs et des déshérités ou de l'opposition aux nantis et à ceux qui détiennent le savoir.

Avant Marcasse, il avait vu dans un tableau d'un peintre comme Israëls une sorte de vignette représentant une idylle bucolique ; maintenant, il discernait la souffrance et le désespoir qui accablaient tant d'êtres contraints à un labeur inhumain. Pour Vincent, qui était déjà en proie à une si grande instabilité, ce fut une révélation insoutenable.

La seule manière pour lui d'apaiser cette angoisse était de passer à l'action, de se punir par un excès de travail afin de ne plus avoir le temps de penser à toute cette peine qu'il voyait s'étaler autour de lui. Il allait se rendre d'une masure à une autre pour panser les plaies de ces familles où tous ceux qui avaient l'âge de travailler avaient été terrassés par les maladies qui sévissaient dans la mine : les vieillards qui crachaient leurs poumons après avoir inhalé des années durant la poussière de charbon, les enfants et les jeunes gens mutilés par des accidents ou affligés de maux mystérieux que personne ne pouvait identifier.

Il déchirerait son propre linge pour en faire des bandages et donner le peu de nourriture dont il disposait aux enfants affamés, et quand il n'aurait plus rien à donner, il se coucherait à même le sol, dans sa misérable cabane, pour verser des larmes amères, provoquées par ce qu'il considérait comme son échec personnel.

Il était peut-être incapable de prêcher, mais au moins pouvait-il donner. Seulement, s'il ne pouvait même plus donner, à quoi pouvait-il donc être utile ?

Pourtant, son désespoir n'était pas total car les mineurs lui étaient reconnaissants de sa bonté. Il avait noté dans une lettre que malgré l'abrutissement causé par le travail à la mine, ces gens montraient de la sensibilité et un goût marqué pour leur indépendance, tout en se méfiant profondément de tous ceux qui cherchaient à leur en imposer. Son humilité avait gagné leur confiance.

Mme Denis s'inquiétait encore au sujet de Vincent. Elle lui demanda pourquoi il trouvait nécessaire de se mortifier ainsi, mais il se contenta de répliquer : *Esther, il faut faire comme le Bon Dieu ; de temps en temps, il faut aller vivre parmi Ses créatures.* Des années plus tard, le pasteur Bonte, de Wacquignies, se souvenait de lui, vêtu de sa vieille vareuse de soldat, coiffé de sa casquette élimée. Comme les mineurs étaient constamment souillés de poussière de charbon, il avait lui aussi renoncé à se laver. Quand Mme Denis lui en faisait la remontrance, il répliquait une fois de plus : *Oh ! Esther, pourquoi se préoccuper de tels détails ? Au ciel, ils n'ont aucune importance.*

La seule chose qui lui apportait quelque soulagement était la sélection d'estampes qu'il avait accrochées sur les murs de sa petite chambre. Il continuait de demander à Théo des nouvelles d'Israëls, de Maris et de Mauve, bien que l'existence facile qu'il avait menée au Studio Pulchri fût maintenant aux antipodes de ce qu'il avait éprouvé dans les horribles fourmilières des entrailles de la terre.

Après avoir tenté de décrire le choc qu'il avait ressenti au cours de cette visite, il annonça à son frère qu'il allait s'efforcer de réaliser quelques dessins pour lui donner un aperçu de ce qu'il avait entrevu à la lueur vacillante des lampes de mineurs. Cette idée germa en lui, de se consacrer à un sujet qui n'avait jamais été traité de façon exhaustive par aucun artiste : les pénombres du monde souterrain.

Malheureusement, ce thème était si nouveau pour lui, si puissant et si effrayant, qu'il n'avait pas encore le courage de se colleter avec les difficultés qui se présentaient. La seule chose qu'il réussit à faire fut de réaliser quelques esquisses sur la vie du mineur à la surface du sol. L'une de celles-ci, qui a survécu par une sorte de miracle, montre un charbonnier qui gravit péniblement une pente — un terril, sans doute —, une pelle sur l'épaule, la tête à demi couverte par un sac qui protégera son dos et ses épaules quand il emportera son chargement de charbon récupéré dans les scories.

La facture est plutôt grossière ; celle d'une première ébauche, avec un mélange de fusain, de crayon et d'encre appliqué à la plume et au pinceau. Mais en dépit de la maladresse de sa technique, il s'efforça de souligner le tracé de la silhouette par des touches de lumière blanche. Certes, le sujet ne manque pas d'originalité mais l'esquisse laisse tout de même une impression de déjà vu car Vincent avait délibérément entrepris d'emboîter le pas à son idole, « le Père Millet », par la fermeté du trait et la masse du personnage.

Bien qu'il ait dessiné un mineur partant ramasser du charbon, on trouve dans cette ébauche une évocation des ouvriers agricoles de Millet, courbés vers la terre pour accomplir leurs tâches, de la blanchisseuse qui porte son linge sur l'épaule, au bord de la rivière, du paysan et de sa femme qui plantent des pommes de terre. C'est l'œuvre d'un débutant, incontestablement, mais le charbonnier de Vincent n'en a pas moins une force remarquable, qui montre la sympathie de l'artiste pour les mineurs et la pitié que lui inspirent leurs misérables conditions d'existence. En dépit de son caractère inachevé, cette esquisse n'en constitue pas moins un pas de géant, par rapport aux modestes annotations topographiques décrivant les endroits où il vivait qui avaient autrefois décoré ses lettres.

Les visions de mineurs au travail allaient le hanter encore longtemps, même après son départ du Borinage. Il avait déjà vu des gravures représentant des charbonniers et, plus éloquentes encore, des estampes inspirées par des catastrophes minières, dans les journaux illustrés qu'il avait admirés en Angleterre. Par la suite, quand il agrandirait sa propre collection de reproductions en noir et blanc, il allait déplorer les difficultés éprouvées pour trouver des exemplaires d'œuvres comme *Le mineur*, de Matthew White Ridley, ou de l'estampe anonyme publiée par *L'Univers illustré* où l'on voit un groupe de sauveteurs descendre au fond d'un puits après un accident provoqué par un coup de grisou. Toutes deux lui rappelaient avec une grande précision l'époque où il avait vécu dans le Borinage, surtout la seconde, car au printemps de l'année 1879, les houillères belges allaient connaître la série de catastrophes la plus grave depuis des années, et Vincent devait alors vivre les moments les plus horribles de son existence.

Le grisou est formé par un mélange de méthane et d'air qui provoque, au cœur des mines de charbon, des explosions soudaines et d'une grande violence. Personne ne comprenait pourquoi à l'époque, à chaque printemps, les chantiers souterrains étaient dévastés par les flammes et secoués par des déflagrations qui provoquaient l'éboulement des galeries et bouchaient les voies d'accès. C'est seulement à une date relativement récente qu'on a fini par se rendre compte que ce gaz mortel s'accumulait pendant les mois d'hiver, au froid, et que c'était l'irruption d'une température plus clémente, au printemps, qui amenait ces explosions foudroyantes tant redoutées par les mineurs. A la surface du sol, les feuilles et les bourgeons apparaissaient aux arbres ; au-dessous, un inexplicable carnage semait la mort et la désolation.

L'une des catastrophes les plus sanglantes se produisit à Pâturages en 1934 : quarante et un mineurs furent tués par une seule explosion. Le désastre avait été d'une telle ampleur que le drapeau belge du palais royal de Bruxelles fut mis en berne. Le lendemain, un second coup de grisou dans un puits voisin porta le chiffre des victimes à cinquante-trois, sans parler des malheureux poneys restés bloqués dans les galeries. Les corps que l'on put remonter à la surface étaient à peine reconnaissables, dépouillés de tous vêtements par le souffle de la déflagration, mais la plupart des cadavres ne furent jamais retrouvés et demeurèrent à jamais ensevelis à des centaines de mètres sous terre.

Pendant les années trente, de tels événements choquaient l'opinion publique et déclenchaient des campagnes destinées à améliorer les conditions de sécurité dans les mines, mais à l'époque de Vincent, ces catastrophes passaient souvent inaperçues dans le monde extérieur, tandis que dans le Borinage on se contentait de voir en elles une malédiction de plus, parmi tant d'autres, qui s'abattait sur les pauvres mineurs. Pour Vincent, cependant, la première explosion dont il fut témoin représenta une épouvantable révélation.

Comme toujours, c'est pendant le printemps que commença la série de coups de grisou. Le premier eut lieu le 16 avril à Frameries. Bien que Vincent eût déjà vu dans les villages des gens qui avaient été mutilés dans des accidents antérieurs, ce fut sa première rencontre avec les blessés et les mourants. L'explosion fut rapportée dans deux journaux illustrés de l'époque, et ces documents montrent qu'il ne s'agissait pas de simples déflagrations souterraines. Le souffle fut si puissant qu'il fit sentir ses effets jusqu'à la surface, enveloppant de flammes l'une des grandes roues et détruisant toutes les installations environnantes. On a peine à imaginer l'effet produit sur les hommes qui travaillaient sous terre !

Le seul espoir qui subsistait, c'était que le puits d'Agrappe ayant deux roues, l'une, qui était restée intacte, permettait d'accéder aux galeries dévastées, offrant une issue à ceux qui s'étaient trouvés suffisamment loin du lieu du drame pour pouvoir survivre.

Aussitôt, comme toujours en pareil cas, tous les habitants de la localité s'étaient rués sur le carreau de la mine pour aider à la remontée des rescapés et soigner leurs blessures et, naturellement, Vincent se trouvait parmi eux. Il vécut des moments affreux qui ne devaient ensuite lui paraître que trop familiers, car la catastrophe d'Agrappe fut suivie d'autres coups de grisou aux puits de la Boule et de Quaregnon.

Dans les galeries, les morts se comptaient par centaines. Il fallut remonter les survivants à dos d'homme jusqu'à la surface, la plupart d'entre eux se trouvant dans un état pitoyable. On ne disposait alors d'aucun centre de secours, c'était aux gens eux-mêmes d'assurer les soins.

Vincent était partout, déchirant en lanières le peu de linge qui lui restait pour les plonger dans l'huile d'olive et la cire afin d'en recouvrir les brûlures.

Le 26 avril 1879, *Le Monde illustré* publia une estampe de Daniel Vierge qui devait figurer parmi les pièces les plus précieuses de la collection de Vincent. On y voit le corps dénudé d'une victime, atrocement brûlée à Agrappe, que l'on remonte à la surface dans un coffre en bois, tandis que les autres mineurs et leurs familles regardent anxieusement la scène. Dans une lettre qu'il envoya beaucoup plus tard à Théo, Vincent compare les dessins de Vierge aux écrits de Victor Hugo, ce qui, de sa part, n'était pas un mince compliment.

Il y a dans cette illustration du journal un personnage qui se détache du lot : un policier en uniforme et armé, ce qui n'est guère surprenant quand on songe à la colère qui commençait progressivement à remplacer le fatalisme initial des mineurs devant la répétition périodique de ces carnages dus au grisou. Ces premiers mouvements de protestation allaient atteindre leur paroxysme pendant les années 1880 avec la série de grèves désespérées et souvent violentes déclenchées par les travailleurs des houillères.

Dans la lettre qu'il écrivit ensuite à Théo, en juin, Vincent mentionne qu'il a fait la connaissance d'un contremaître de la mine qui a participé à ces premières grèves. L'un des fils de Denis, son propriétaire, était alors sur le point de se fiancer avec la fille du porion et ce dernier se trouvait souvent dans la maison quand Vincent venait y rendre visite. Manifestement, le jeune homme fut impressionné par le bon sens du père et il éprouva une vive sympathie pour l'action qu'il menait. Dans la même lettre, il annonce son intention de relire *La case de l'Oncle Tom* :

L'esclavage existe encore partout en ce monde, et le problème a été traité dans cet ouvrage merveilleux avec une sagesse, un amour, une ferveur et un souci exemplaire du bien-être des pauvres opprimés ; on le rouvre toujours machinalement, et on y fait à chaque coup de nouvelles découvertes.

Curieusement, cette lettre ne contient aucune allusion aux désastres qui viennent de se produire dans les mines. En fait, c'était la première fois que Vincent écrivait depuis trois mois, et bien qu'il y exprime l'espoir que Théo viendra le voir en allant prendre son poste chez les Goupil à Paris, les deux frères, à cette époque, semblent moins liés l'un à l'autre que d'habitude. Un peu comme un soldat qui se découvre incapable de communiquer, même à ses proches, les horreurs dont il a été témoin, Vincent donne l'impression de se trouver éloigné de Théo par les scènes abominables auxquelles il avait assisté au cours de ce terrible printemps.

Ses réticences pouvaient également s'expliquer par une nouvelle détérioration de son état mental. Alors qu'autrefois les mineurs fermaient les yeux sur ses excentricités pour lui manifester leur gratitude devant l'humilité avec laquelle il se mettait à leur service, maintenant les réactions commençaient à se polariser : il y avait ceux qui le prenaient pour un fou et ceux, plus indulgents, qui le traitaient comme une sorte d'illuminé, possédé par l'esprit divin. Nous savons grâce à l'épouse du pasteur Bonte que parfois, dans la rue, les enfants le poursuivaient de leurs quolibets.

C'est justement à l'époque où Vincent est le plus désemparé que le destin lui assène un coup fatal. Au cours du mois de juillet, un certain révérend Emile Rochedieu débarque de Bruxelles, dépêché par le comité, pour inspecter le missionnaire novice. Ce qu'il trouve, c'est un pénitent mal peigné, crasseux, à la démarche traînante, bourrelé de scrupules et pourtant imbu d'une assurance inébranlable quant à la légitimité de son apostolat.

Pour un homme comme Rochedieu, un ecclésiastique, fût-il un simple assistant comme Vincent, était censé tenir un certain rang social. On ne pouvait amener les gens à Dieu qu'en incarnant le modèle des valeurs bourgeoises auxquelles ils pouvaient aspirer. Vincent, avec la haine toute neuve que lui inspiraient les riches, sa totale identification avec les mineurs exploités et son désir irrépressible de vivre en conformité avec les préceptes du Christ, lui fit éprouver la plus vive répugnance. En voyant arriver ce personnage sévère, sanglé dans un complet sombre, Vincent dut revivre toutes les névroses que son père avait fait naître en lui.

Deux personnalités tout à fait opposées allaient s'affronter. Le trop bien nommé inspecteur Rochedieu observa la façon dont le missionnaire s'acquittait de ses obligations, il nota ses bonnes œuvres et admira sans doute sa sympathie pour la condition des mineurs. Mais il décida de se montrer intransigeant sur les insuffisances dont Vincent témoignait en qualité d'évangéliste. Après avoir assisté à une réunion pendant laquelle le jeune homme avait pris la parole, Rochedieu n'eut aucun mal à conclure que le stagiaire n'était pas à la hauteur. Sa mission ne consistait pas à lacérer son linge pour en faire des pansements mais à apporter la parole divine et à convertir les mineurs au christianisme. Ce n'était pas en les aidant matériellement qu'on allait nécessairement y parvenir. Rochedieu rentra à Bruxelles pour faire son rapport.

Peu de temps après, Vincent se vit notifier son congé, avec un désespoir profond, bien que ce dénouement eût été fort prévisible, car il n'avait rien fait qui pût satisfaire un homme comme Rochedieu, dont la venue n'aurait pourtant pas dû le surprendre. Sans doute essayait-il une fois de plus de briser les barreaux qui le maintenaient prisonnier. Mais il n'en demeurait pas moins que la nouvelle de son congédiement suscita en lui une angoisse insurmontable. Chaque année qui s'était écoulée avait vu s'accentuer sa plongée dans l'abîme ; maintenant, tout était terminé. Il avait sacrifié son existence à Dieu et Dieu ne voulait pas de lui.

Quand il fut enfin parvenu à se remettre un peu du choc initial, il déploya une activité frénétique pour tenter de trouver un moyen de renverser la situation. Vers qui allait-il pouvoir se tourner ? Son père ? Il lui avait désobéi délibérément ; le révérend

Jones était trop loin pour lui apporter le moindre secours. La seule personne qui pourrait peut-être amener le comité à revenir sur sa décision était le révérend Pietersen, de Bruxelles, qui, du moins Vincent en avait-il l'impression, l'avait soutenu au moment de son départ dans le Borinage.

Il n'avait pas la patience d'écrire une lettre. Mieux valait aller le voir en personne. Maintenant que le maigre salaire versé par la mission lui était refusé, il se retrouvait pratiquement sans le sou et il n'envisageait pas d'autre solution que de se lancer à nouveau dans une de ses inénarrables expéditions, à destination de Bruxelles, cette fois.

Pour une raison mal définie, il décida d'emporter avec lui les dessins de mineurs sur lesquels il était en train de travailler : sans doute savait-il que Pietersen était un artiste amateur et il devait espérer susciter ainsi une plus grande sympathie chez son aîné. Bref, il avait une idée derrière la tête, sans que son esprit troublé fût capable d'en définir la nature exacte.

Il ne gagna pas Bruxelles directement, car il semble bien qu'il se soit rendu d'abord, à pied bien entendu, à Mons, dans une base militaire située dans les faubourgs de la ville où un ancien étudiant de l'école d'évangélisation, J. Chrispeels, effectuait son service. Comment Vincent avait-il appris la présence de son condisciple dans cette ville ? Pourquoi décida-t-il d'aller le voir, lui qui n'avait noué aucune relation amicale pendant son stage de formation ? Ces deux questions n'ont jamais été élucidées.

La seule chose certaine, c'est que le jeune conscrit eut l'impression de vivre un véritable cauchemar quand, appelé sur le terrain de parade pour rencontrer son visiteur, il aperçut ce personnage bizarre, serrant dans sa main sa liasse de dessins et qui manifestait un étrange désir de lui parler. Le spectacle qui s'offrait à la vue de ce Chrispeels dut le consterner littéralement. Certes le Vincent dont il avait gardé le souvenir ne l'avait jamais impressionné par l'élégance de sa mise, mais il avait maintenant devant lui un véritable épouvantail couvert de crasse, le corps à peine protégé par le peu de haillons qui lui restaient encore.

Le régime de famine qu'il s'était imposé avait donné à son visage ces traits anguleux et émaciés qui avaient caractérisé l'oncle Cent et que l'on retrouvait encore chez son frère Théo, avec, par-dessus le marché, ce regard inquiétant et inquisiteur qui nous est familier grâce aux autoportraits laissés par l'artiste. Les privations du Borinage avaient fini par créer le Vincent que le monde entier connaît si bien maintenant.

Le jeune soldat qu'on avait appelé pour venir le voir subit un choc qui fut à peine soutenable. Vincent ouvrit son cahier et étala ses esquisses. Chrispeels se demanda alors ce qu'il allait bien pouvoir dire. Il trouva les personnages qu'on lui montrait « bizarres » et pleins de raideur. Il n'avait aucune affinité particulière pour l'art et ne parvenait pas à imaginer les raisons pour lesquelles on avait décidé de solliciter son avis, bien qu'il se rendît compte que l'artiste présentait des signes indiscutables de dérangement mental.

Chrispeels formula les quelques compliments conventionnels qui sont d'usage en pareilles circonstances et qui eurent l'air de satisfaire son étrange visiteur, lequel ne tarda alors pas à rassembler ses œuvres pour reprendre la route.

L'effet produit par Vincent sur les gens n'était jamais tout à fait uniforme. On le trouvait étrange, parfois même inquiétant, mais d'autres sentiments, qui s'apparentaient davantage à de la sympathie, étaient souvent suscités par la concentration puissante que l'on voyait dans ses yeux. Bien des années plus tard, Chrispeels se souvenait encore de cette rencontre insolite, affirmant que, d'une certaine manière, elle lui avait fait du bien.

Le dimanche soir, il faisait encore jour quand Vincent arriva à Bruxelles. Il se rendit tout droit chez le révérend Pietersen et sonna à la porte que vint ouvrir la fille de l'ecclésiastique. Dès qu'elle eut aperçu le vagabond qui se tenait sur le seuil, la jeune demoiselle poussa un grand cri et courut se réfugier dans la maison. Pietersen, venu aux nouvelles, manifesta moins d'inquiétude. Le comité, grâce au rapport de Rochedieu, savait à quoi s'en tenir sur les excentricités de Vincent. Pourtant, la vue de ce chemineau qui avait des jours durant arpenté les routes poussiéreuses pour dormir la nuit au pied des haies, dut lui paraître difficile à supporter.

Mais Pietersen, qui était effectivement l'homme charitable et généreux que Vincent avait espéré, invita son pénitent harassé à entrer dans son bureau et s'efforça de le mettre à l'aise.

A l'origine, Vincent avait entrepris ce voyage pour demander au pasteur d'obtenir sa réintégration, mais cette préoccupation avait laissé la place au désir de montrer ce que contenait le carton à dessin. Pietersen feuilleta le recueil d'esquisses et en arriva à une conclusion qui dénotait une perspicacité tout à fait extraordinaire : la crise que traversait le jeune homme était beaucoup moins d'ordre religieux qu'artistique.

Il étudia les œuvres avec beaucoup d'attention, questionna Vincent sur ses intentions et eut la bonne idée de le complimenter des résultats obtenus. A part le curieux intermède qui avait eu lieu près de la caserne, Pietersen était en fait le premier « public » de Vincent, la première personne invitée à regarder ses productions non plus comme les illustrations d'un message mais comme des œuvres d'art en soi.

Le monde a tout lieu de manifester quelque reconnaissance envers le bon pasteur pour les dons de pénétration dont il avait fait preuve : il prodigua ses encouragements au jeune homme, l'amenant pour la première fois à opérer cette prise de conscience de son identité d'artiste qui avait été si longtemps différée.

Le moment où Vincent, de ses doigts nerveux, ouvrit son carton à dessin peut être considéré comme le point de départ de sa carrière d'artiste.

Mais il fallait avant tout commencer par régler pas mal de problèmes laissés en suspens. Pietersen se rendit compte que Vincent n'avait pas encore renoncé à sa conviction qu'il avait la vocation religieuse et il comprit qu'il serait inutile de lui dire tout de go qu'il n'en était rien. C'était à Vincent d'en faire la découverte lui-même, quand le moment serait venu.

Le pasteur, avec un bon sens louable, conseilla à Vincent de retourner dans le Borinage et de reprendre ses activités d'évangélisation, sans se faire payer, comme au début. Le jeune homme dut se dire que ce serait là un bon moyen de rentrer en grâce auprès du synode, mais il est clair que Pietersen espérait voir disparaître progressivement cette volonté de se rabaisser constamment. Il fit ses adieux à un Vincent grandement réconforté et écrivit ensuite à ses parents pour les rassurer. « J'ai été frappé, leur dit-il, par le fait que Vincent semble maintenant éclairé par une lumière intérieure. »

Le lendemain, avant de quitter Bruxelles pour reprendre la longue route qui allait le mener dans les charbonnages, Vincent consacra une partie du peu d'argent qui lui restait à l'achat d'un carnet à dessin en « papier vieux hollandais ». Jusqu'à présent il avait exécuté ses croquis sur tous les morceaux de papier qui lui étaient tombés sous la main ; une acquisition aussi dispendieuse était un pas de plus, minuscule, certes, mais incontestable, dans la nouvelle direction prise par son existence.

Il en fut de même, d'ailleurs, pour sa décision de louer une chambre chez M. et Mme Decrucq, dans le village de Cuesmes. Les Decrucq travaillaient tous les deux dans la mine d'Agrappe, non loin de là. Si Vincent avait choisi cette nouvelle demeure, c'était peut-être parce que la maison voisine était occupée par un certain révérend Frank, qui pourrait s'avérer un témoin utile du travail de missionnaire que le jeune homme allait s'imposer. Mais il y avait aussi le fait que, malgré son exiguïté, la chambre fournie par les Decrucq allait offrir un espace de travail légèrement plus satisfaisant qu'une cabane de mineur chichement éclairée.

Bien qu'il fût situé près des mines, leur cottage, plutôt austère d'apparence, se dressait sur une étendue bien dégagée empreinte d'un certain charme agreste, et l'on y sentait moins qu'à Wasmes la présence déprimante des silhouettes de terrils et de treuils géants. Il fit une brève visite à ses parents, à Etten, et sa mère remarqua qu'il passait toutes ses journées à lire Dickens : il venait de découvrir *Les temps difficiles* et naturellement, il ne tarda pas à s'identifier au héros de l'histoire, Stephen Blackpool, victime parmi beaucoup d'autres de l'inhumaine industrie textile implantée dans la ville imaginaire de Coketown, et qui part en guerre contre un monde qui refuse de partager sa vision personnelle des choses.

Cette attitude solitaire d'homme qui fuit la société et que la société rejette devait jouer un rôle de plus en plus important dans la manière dont Vincent percevrait sa propre personne, à mesure que le temps allait s'écouler. Elle fut renforcée, une fois de retour à Cuesmes, par la visite de Théo, qui se rendait à Paris, car pour la première fois les deux frères ne réussirent pas à concilier leurs points de vue.

Évidemment, en apparence, les brefs instants qu'ils passèrent ensemble furent empreints de la même cordialité que par le passé. Ils allèrent se promener près d'une carrière abandonnée envahie par les eaux, et cette excursion leur rappela un canal qu'ils avaient longé pendant leur enfance. Mais au lieu de prolonger ces agréables réminiscences, Théo dit soudain à Vincent qu'il avait beaucoup changé. « Tu n'es plus du tout le même. » Sans doute était-il contrarié par l'aspect de Vincent et irrité de le voir gâcher sa vie à jouer les missionnaires ratés.

Théo déclara sans ambages que son frère devait quitter le Borinage pour exercer un quelconque métier. Certes, ils se quittèrent assez bons amis mais Vincent était furieux, et dans une longue lettre qu'il écrivit par la suite il évoqua, non sans ironie, la possibilité de se faire boulanger. Une certaine amertume perçait sous l'humour et bien que l'auteur de ces lignes s'efforçât de manifester quelque gratitude envers Théo pour son affectueuse sollicitude, la tonalité de l'ensemble du message trahissait l'irritation manifestée par Vincent devant ce qu'il considérait comme le manque de compréhension de son frère. Ensuite, l'échange de lettres cessa brusquement. Pour la première fois, il y eut une rupture grave de leurs relations.

La dernière lettre de Vincent était datée du 15 octobre 1879 et elle se terminait par cette annotation : *J'ai encore dessiné un portrait.* Ce fut la dernière information que Théo reçut de lui et qui fut suivie par un silence de dix mois. Elle annonçait d'ailleurs assez éloquemment la nouvelle orientation dans laquelle son auteur s'était engagé car, en dépit de quelques tentatives d'actions charitables, la vie de Vincent pendant ce long silence fut surtout caractérisée par le temps de plus en plus long qu'il consacra au dessin.

Certes, Decrucq l'emmena une seconde fois au fond de la mine, mais cette visite parut stimuler sa conscience sociale plutôt que sa ferveur religieuse. Peu de temps après, une certaine agitation se produisit dans un puits voisin et Vincent alla voir les propriétaires de la mine pour défendre la cause des mineurs. Decrucq indique par la suite : « Il voulait obtenir pour nous un partage plus équitable, mais ils se contentèrent de l'insulter. Ils dirent : ''Nous vous ferons enfermer à l'asile, M. Vincent, si vous ne nous laissez pas en paix.'' »

Mais Decrucq note également, sans aucune ambiguïté, que lorsqu'une autre grève devint violente, c'est Vincent qui persuada les hommes de ne pas mettre le feu à la mine en leur disant... *de ne pas se conduire en gens indignes car la brutalité détruit tout ce qui est bon en l'homme.*

C'est cette identification avec la condition des mineurs qui l'attirait le plus fortement vers l'art, et les quelques échantillons des premiers dessins qu'il fit alors et qui ont survécu auraient été taxés de réalisme socialiste à une époque plus récente.

Nous savons qu'il a dessiné un portrait de Mme Decrucq rentrant chez elle après avoir travaillé à la mine, mais cette œuvre a disparu. Celles qui ont pu nous parvenir comportent un groupe de mineurs portant des sacs de charbon attachés avec des courroies passées autour du front, et nous avons aussi des charbonniers sclôneurs et sclôneuses qui traversent un champ enneigé, se dirigeant vers la fosse, sans doute le puits de Marcasse, à Wasmes.

Là encore, il s'agit d'ébauches grossières avec des ombres trop marquées, les pieds et les mains des personnages mal proportionnés par rapport au reste du corps. Mais Vincent était conscient de ces imperfections et tentait de s'améliorer en exécutant les exercices recommandés dans la méthode de Bargue. Quelque temps plus tôt, il avait épinglé au mur quelques modèles afin de pouvoir les admirer.

La méthode de Bargue offrait à l'époque une série d'exercices d'initiation qui avaient la faveur des amateurs. Elle présentait des études bien claires, en noir et blanc, de visages variés ainsi que des modèles anatomiques que l'élève était encouragé à copier aussi fidèlement que possible. C'était là une pratique aussi ancienne que l'art occidental, bien que de nos jours certains la voient d'un assez mauvais œil car elle décourage l'expression libre.

Vincent n'était pas de cet avis et il semble même qu'il ait apprécié de se plier à une certaine discipline. Mais il ne faut surtout pas s'imaginer qu'il baignait maintenant dans une sorte de sérénité artistique, passant calmement ses journées à travailler sur ses dessins. Au contraire, et en dépit de l'arrivée de l'hiver, il continuait d'aller voir les mineurs et de leur donner les quelques haillons qui lui restaient encore en partageant avec eux le peu de nourriture qu'il pouvait se payer sur la misérable allocation que ses parents lui envoyaient de temps à autre.

Comme tous ceux qui assistaient à ce comportement fait d'abnégation et de mortifications volontairement imposées, les Decrucq plaignaient Vincent mais se reconnaissaient incapables de tenter quoi que ce soit pour l'empêcher de continuer ainsi. Ils lui vouèrent une grande reconnaissance pour s'être occupé de leur jeune fils atteint de fièvre typhoïde. (Par la suite, l'enfant devait trouver la mort dans un coup de grisou à la fosse de Marcasse. Il n'avait que huit ans.)

Le plus pénible pour les braves gens qui le logeaient était d'entendre Vincent pleurer tout seul la nuit quand il essayait de s'endormir sans couverture dans le froid cruel de l'hiver particulièrement rigoureux. Ce qu'ils ne pouvaient pas savoir, c'est que cette angoisse venait moins des souffrances physiques — pourtant déjà suffisamment aiguës —, que du combat spirituel qui le tiraillait dans tous les sens.

Bien qu'il se fût mis sérieusement au dessin, il n'avait pas pour autant renoncé à sa vocation apostolique, loin de là. Le pendule oscillait, avec de douloureuses hésitations, tandis que Vincent se débattait avec sa conscience et avec sa crainte du vide spirituel qui risquait de s'ouvrir s'il admettait que la vie religieuse n'était pas pour lui.

A mesure que l'hiver avançait, il éprouva de plus en plus de difficultés à continuer de dessiner et il cessa soudain d'exécuter des croquis de mineurs. En bénéficiant du recul du temps, il apparaît clairement que ce dont il avait besoin alors était une espèce de déclic, comme celui qu'il avait éprouvé lors de sa mésaventure avec Eugénie Loyer et qui avait donné naissance à sa ferveur religieuse. Il fallait quelque chose qui lui permît de s'affranchir de cette foi envahissante en le laissant libre d'accepter sa nouvelle vocation.

Il dut se rendre compte lui-même de cette nécessité car soudain, au cours de cet hiver, nous ne savons pas exactement quand, il décida qu'il fallait partir. Sa première idée fut de se rendre à Barbizon pour se joindre à la communauté d'artistes qui vivait encore là-bas, mais la longueur du trajet à accomplir le découragea.

Il conçut alors un projet extraordinaire : il irait voir le peintre Jules Breton. Naturellement, il avait toujours admiré Breton et il avait entendu dire, par Théo sans doute, que Breton venait de réintégrer sa province natale, l'Artois, qui se trouvait juste de l'autre côté de la frontière. Breton s'était fait construire une maison et un atelier à Courrières, sa ville natale, dans les environs de Lens, et si Vincent devait solliciter les conseils de quelqu'un qu'il admirait, c'était certainement Breton qui était le plus à sa portée.

Ce qui paraît le plus incompréhensible, c'est qu'une telle idée ait pu venir à l'esprit du jeune homme. Vincent n'avait rien de valable à lui montrer et, bien qu'il pût trouver un prétexte à sa visite en invoquant la fugitive rencontre qui s'était produite quand le grand homme était venu à la galerie Goupil avec sa famille, que pouvait-il lui dire d'autre et que pouvait dire Breton qui risquât de lui être de quelque utilité ?

En fait, cette idée semble avoir eu pour but d'accomplir une sorte de geste symbolique, un pèlerinage artistique, une façon pour Vincent de se libérer de la mine et de son obsédante identification avec les souffrances des mineurs.

Quelles que fussent ses raisons, ce n'était pas la saison idéale pour cheminer dans les vastes étendues bien dégagées du Hainaut. De toutes les expéditions au long cours qu'il eût jamais entreprises, celle-ci était incontestablement la pire, bien que la distance à parcourir ne dépassât pas soixante-dix kilomètres, car il allait rester la plupart du temps sous une pluie glaciale. Il n'avait que dix francs sur lui et il dut dormir dans les meules de foin et au pied des tas de bois, complètement frigorifié quand il se réveillait le matin.

Il aurait dû faire demi-tour au bout de la première nuit, mais il était décidé à aller jusqu'aux limites de son endurance, pour se punir. Le plus souvent, il ne se rendait compte de rien, sauf d'un extrême inconfort physique qui cédait vite la place à une sorte d'euphorie quand il contemplait la beauté austère de ce paysage désolé qui s'étendait à l'infini, une plaine que ne venait jamais rompre la moindre trace de relief.

Il fut fasciné par les gens qu'il trouva en chemin, et exécuta quelques dessins : des paysans dans les champs, des tisserands dans leurs masures. Il observa un vol prophétique de corbeaux qui tournoyaient au-dessus de lui : ils lui rappelèrent un tableau de Millet ou de Daubigny. Et les ténèbres de la nuit redescendant sur lui, il contraignait ses pieds endoloris à aller de l'avant. Il lui fallut une semaine pour atteindre Courrières.

Qu'espérait-il donc au juste ? Il raconta par la suite qu'il avait voulu y trouver un emploi. Il avait sans doute pensé que Breton lui offrirait une place d'assistant, bien que cette idée paraisse absurde quand on compare le réalisme précis des toiles extrêmement fouillées de Breton aux ébauches presque puériles de Vincent.

Quand il atteignit les abords de Courrières il sentit que l'avenir lui apparaissait sous des auspices moins sévères : les étendues brumeuses et désolées du Borinage étaient loin derrière lui, et bien que le paysage fût encore parsemé de puits de mines, la nature avait pris un caractère plus agreste et la vie dans les villages semblait plus animée qu'en Belgique. Quand on voit aujourd'hui à quel point Courrières est devenu une banlieue déprimante par son modernisme, il est presque impossible de comprendre pourquoi un poète et un peintre comme Breton avait pu décider de revenir se fixer en un tel endroit et il faut un réel effort d'imagination et de volonté pour se rendre compte que vers 1880 cette localité était encore essentiellement rurale, rappelant presque la Hollande avec ses vastes horizons et son ciel infini.

En dépit de l'immense popularité dont il jouissait alors, Breton était un homme très compréhensif, et il aurait sans doute accueilli son étrange visiteur avec beaucoup de délicatesse s'il avait eu l'occasion de le rencontrer, mais cette entrevue ne devait jamais avoir lieu. Quand Vincent eut trouvé la maison et le mur de brique rébarbatif qui l'entourait — avec une régularité qu'il devait qualifier de « méthodiste » — le courage lui fit défaut. Il fixa l'obstacle d'un œil rond, incapable de frapper à la porte.

Maintenant que Breton a pratiquement sombré dans l'oubli, il faut se rappeler qu'il fut l'un des artistes les plus éminents de son époque. Cinq ans seulement après la «visite» de Vincent, son *Chant de l'alouette* allait être la plus célèbre des œuvres primées dans un Salon du XIXe siècle.

Bien qu'il soit facile de comprendre l'attachement de Vincent pour Millet, nombreux sont ceux qui ont du mal à s'expliquer l'admiration qu'il éprouva toute sa vie pour la vision plus romantique qu'avait Breton de la condition paysanne. Les critiques ont vu dans l'attitude de Vincent la marque d'un manque de goût caractérisé, mais ce que ces critiques ne voient pas, c'est que Vincent était pénétré de l'intense admiration éprouvée par l'artisan inexpérimenté pour le praticien aux techniques irréprochables.

Quelles que fussent ses insuffisances dans le domaine de l'interprétation, Breton était un maître du détail : le ciel au crépuscule, le pli d'une robe, l'agencement des personnages dans un groupe. Mais plus encore que la technique, Vincent admirait le fait que Breton jouissait d'une immense audience populaire, qu'il s'adressait à un vaste public, au-delà du monde limité des galeries d'art, des salons, des marchands et des critiques, et un être comme Vincent, isolé et rejeté de tous, devait toujours se montrer sensible à une telle popularité.

Ne pouvant se résoudre à perturber le calme de la demeure de Breton, Vincent pénétra dans le village pour tenter d'y découvrir un signe de la présence du maître. Il regarda à l'intérieur des cafés pour voir si on y avait accroché une toile du peintre, mais sans succès. La seule chose qu'il put dénicher fut un portrait de l'artiste à la devanture d'un photographe.

Il entra dans l'église qui se trouvait près de l'atelier, un édifice de style nordique plutôt lugubre dans lequel il trouva une copie de *L'enterrement du Christ*, de Titien, qu'il jugea très belle. Breton en était-il l'auteur ? Il n'y avait aucun moyen de le savoir.

Il n'avait plus aucune raison de s'attarder en ces lieux. Il avait achevé son pèlerinage, il ne lui restait plus maintenant qu'à faire demi-tour pour rentrer au pays.

Si invraisemblable que cela puisse paraître, le trajet du retour fut plus pénible encore que l'aller. Vincent avait dépensé ses dix francs, mais il réussit à échanger quelques-uns de ses dessins contre de la nourriture et quelques pièces de monnaie. Ses premières ventes ! Un signe plutôt encourageant. Mais cela mis à part, ce singulier pèlerinage valait-il toutes les souffrances endurées ? Vincent en fut toujours convaincu, et quand il reprit enfin contact avec Théo il dit qu'en quittant Courrières il s'était soudain rendu compte qu'il

allait remonter la pente : je vais reprendre mon crayon que j'avais délaissé tant était grand mon découragement, et je vais me remettre au dessin.

Pour quelqu'un dont le style avait toujours été si naturel dans ses lettres, c'était une manière inhabituellement grandiloquente de dire qu'il allait se consacrer à l'art. On a l'impression qu'il s'agit d'un engagement sacré, ou d'un serment d'allégeance et, dans un sens, tel était bien le cas.

Mais ce voyage n'avait pas eu pour seul résultat de susciter en lui une vague vocation artistique, il lui avait également inspiré un désir profond de créer un art qui tirerait ses sujets de la grande masse des gens ordinaires en qui il trouverait son public : les mineurs qu'il avait vus repartir des fosses près de Courrières, les silhouettes courbées d'hommes et de femmes qui retournaient la terre dans les champs de l'Artois.

Je serais heureux si un jour je parvenais à les dessiner car alors ces êtres inconnus seraient portés sous les yeux du public.

Rentré à Cuesmes, il travailla d'arrache-pied à ses exercices et consacra également beaucoup de temps à la lecture — le livre de Hugo, *Les misérables*, correspondait tout à fait à son état d'esprit —, mais il ne savait pas encore très bien comment il allait organiser sa nouvelle vie. Au printemps, les beaux jours revenus, il se rendit à Etten, chez ses parents, mais il se querella avec son père, qui désespérait de voir son fils se fixer définitivement dans une occupation quelconque. Vincent parlait vaguement de retourner à Londres. Sans doute à bout d'arguments, le pasteur accepta de l'aider mais, finalement, le jeune homme renonça à ce projet.

Cette visite lui laissa un goût d'amertume. Le seul résultat positif fut un cadeau de cinquante francs que Théo avait chargé son père de remettre à Vincent.

Une fois rentré dans le Borinage, il se crut obligé de répondre à son frère pour le remercier et sa lettre, écrite en juillet, fut pour lui l'occasion de se livrer à une longue confession dans laquelle il tenta d'éclaircir ses idées et d'exposer la nouvelle orientation vers laquelle son cœur l'inclinait. Dépouillée de tous les détails accessoires, cette missive révèle que Vincent a enfin résolu la contradiction qui l'avait obsédé sans relâche jusqu'alors : l'art et la religion n'étaient plus des contraires qui le déchiraient en tous sens. Ils ne formaient plus qu'une seule et même chose ; les deux aspects de sa propre nature — son père préparant son sermon, sa mère peignant ses aquarelles —, s'étaient fondus l'un à l'autre.

Maintenant de même est-il que tout ce qui est véritablement bon et beau, de beauté intérieure morale, spirituelle et sublime dans les hommes et dans leurs œuvres, je pense que cela vient de Dieu. Et tout ce qu'il y a de mauvais et de méchant dans les œuvres des hommes et dans les hommes, cela n'est pas Dieu, et Dieu ne trouve pas cela bien non plus.

Quelqu'un, pour citer un exemple, aimera Rembrandt mais sérieusement, il saura bien qu'il y a un Dieu, celui-là, il y croira bien.

Cherchez à comprendre le dernier mot de ce que disent dans leurs chefs-d'œuvre les grands artistes, les maîtres sérieux, il y aura Dieu là-dedans. Tel l'a écrit ou dit dans un livre, et tel dans un tableau.

Cette lettre inaugure une modification définitive dans ses relations avec Théo ; le don de cette somme de cinquante francs symbolise un retournement des rôles, Théo apparaissant dorénavant comme une sorte de frère aîné qui va soutenir son « cadet » financièrement et moralement. Pourtant, ce silence de dix mois ne marquera pas la dernière brouille entre les deux frères — en dépit de son infinie bonté, Théo n'était pas plus que les autres à l'abri de violentes sautes d'humeur —, mais le serment qui avait été échangé à La Haye allait toujours être respecté par le plus jeune des deux hommes.

Comme pour confirmer ce changement, les demandes d'aide suivirent immédiatement le rétablissement des relations, bien qu'à l'origine elles fussent limitées au domaine artistique. Au début, les ambitions de Vincent ne vont pas plus loin que l'apprentissage du dessin. Il voudrait devenir un illustrateur du genre des graveurs anglais dont il avait tant admiré les œuvres dans les périodiques britanniques.

Il était toujours hanté par la même obsession : créer l'œuvre d'art à partir de la vie environnante et il envisagea de se muer en une sorte de Millet du Borinage. Dans une lettre écrite en août, il demande à Théo de lui envoyer son exemplaire de *Travaux des champs* de Millet : il va essayer d'en effectuer une copie. Il charge ensuite Tersteeg de lui procurer *Les exercices au fusain*, de Bargue, et dit à Théo qu'il aimerait faire une étude du *Rappel des glaneuses*, de Breton.

Maintenant qu'il s'était lancé dans les occupations artistiques, le temps lui faisait cruellement défaut. Il n'avait même pas appris la perspective à l'école : les mains et les pieds qu'il dessinait étaient toujours trop grands, et ils avaient une drôle d'allure. A vingt-sept ans, il possédait la même technique qu'un enfant, mais s'il parvenait à apprendre ce que Millet avait fait, tout irait bien.

Il envoya à Théo une copie rapide de ses mineurs se rendant au travail, mais il se heurtait à de nombreuses difficultés : bientôt, les nuits allaient raccourcir et la chambre qu'il occupait chez les Decrucq était exiguë et mal éclairée. Pire encore, il souffrait de la solitude. Le travail artistique, même quand il s'agit d'exercices aussi élémentaires que ces études destinées à des débutants, est difficile quand on n'a personne pour partager son expérience.

Il aurait voulu se trouver en compagnie d'autres personnes nourrissant les mêmes ambitions que lui. Il ressuscita alors son vieux rêve de fonder une communauté d'êtres unis par les mêmes pensées, artistiques cette fois et non plus religieuses. Mais où trouver ces gens ? Millet était mort et Barbizon au bout du monde. A Paris, il ne connaissait personne avec qui il pût établir des contacts. La seule possibilité, c'était Bruxelles, à quelques pas de là.

Il quitta brusquement Cuesmes pour la capitale belge, en octobre 1880. Mais en dépit des difficultés qu'il avait rencontrées, malgré la souffrance et la tristesse qu'il avait connues dans le Borinage, la perspective de s'en aller le déprimait et, la veille du départ, il rendit visite au pasteur Bonte et à sa femme, à Wacquignies, pour leur dire au revoir et leur faire part de son chagrin.

Personne ne m'a compris. On m'a pris pour un fou parce que je voulais être un vrai chrétien. Ils m'ont chassé comme un chien, disant que je faisais du scandale, parce que j'ai essayé de soulager la misère des malheureux. Je ne sais pas ce que je vais faire. Vous avez peut-être raison : je ne suis qu'un oisif, un inutile sur cette terre.

Il s'en alla, pieds nus malgré le froid automnal, son balluchon sur l'épaule. Une bande de gamins le poursuivit en criant : « Il est fou », « Il est fou ». Il ne devait jamais revenir, bien qu'il eût souvent songé à le faire. Des années plus tard quand son ami, le poète belge Eugène Boch, lui dit qu'il allait dans le Borinage, Vincent prodigua ses encouragements et décrivit la région avec tout le lyrisme que suscite l'éloignement, comme

le pays des lauriers-roses et du soleil de soufre.

Ses premières illusions avaient donc enfin refait surface, et le Pays de la Terre noire était redevenu un décor de Bruegel ou de Dürer.

« Il est fou ! » « Il est fou ! » criaient les enfants au moment de son départ, mais en le regardant s'en aller, le pasteur Bonte dit à sa femme : « Nous l'avons pris pour un fou, et il est peut-être un saint. »

Deuxième Partie
1880-1891

> Plus tard, ils reconnaîtront mon œuvre, j'en suis absolument certain, et ils écriront beaucoup de choses sur moi, quand je serai mort. Je ferai ce qu'il faudra pour ça, pourvu que la vie m'en laisse le temps.
>
> *Vincent, au cours d'une conversation avec Anton Kerssemakers, 1885.*

CHAPITRE VI

Théo
(1880-1883)

C'est par une lettre datée du 15 octobre 1880 et envoyée de Bruxelles que Théo apprit l'arrivée soudaine de Vincent dans la capitale belge. Cette lettre était écrite en français, comme si son expéditeur avait voulu signifier l'annonce d'un changement de vie total. Elle ne comportait aucune allusion aux événements qui avaient précédé le départ précipité de son auteur. Toutes les obsessions religieuses d'antan avaient disparu.

Pourtant, il allait falloir affronter de nouvelles difficultés, et l'aide de Théo se trouvait sollicitée avec une grande insistance.

En proie à la solitude et à l'indécision, ne sachant de quel côté se tourner, Vincent se rendit à la succursale bruxelloise de la Société Goupil et demanda à parler au directeur, un certain M. Schmidt, espérant obtenir des conseils sur la façon de s'y prendre pour améliorer sa technique. Malheureusement l'accueil fut plutôt frais, mais Vincent attribua ce manque de chaleur au fait qu'on l'avait autrefois congédié de la Société. Il ignorait que Schmidt se trouvait alors engagé dans une procédure complexe avec la famille Van Gogh, d'où l'étonnement du personnage en voyant se présenter devant lui un membre de la partie adverse qui lui demandait aide et conseil.

Malgré le caractère insolite de cette situation, Schmidt fit tout de même bonne figure et, en dépit de la tiédeur de son attitude, il n'en donna pas moins au jeune homme le meilleur conseil qu'il pût imaginer. Selon lui, Vincent avait intérêt à s'inscrire à l'école des Beaux-Arts, car on lui inculquerait tous les principes de base et la formation élémentaire dont il avait manifestement le plus grand besoin.

En lisant cette missive, Théo dut éprouver des sentiments mitigés. Ainsi donc, son frère se lançait de nouveau à corps perdu dans une nouvelle existence sans même savoir s'il possédait seulement la moindre aptitude lui permettant d'en surmonter les obstacles. Cette situation lui rappelait beaucoup trop la façon dont son aîné s'était plongé dans la religion : avec un enthousiasme excessif et un désir très limité d'acquérir la formation nécessaire ! La lettre l'annonçait clairement : Vincent n'avait aucunement l'intention de suivre le conseil de M. Schmidt, il préférait s'entraîner tout seul, avec ses livres et ses cahiers.

Bref, Théo avait l'impression de revivre l'inexplicable répulsion qu'avait manifestée Vincent à Amsterdam pour l'étude des auteurs grecs et latins.

Théo était maintenant très intégré dans le monde artistique français, beaucoup mieux que son frère ne l'avait jamais été. Il connaissait les complexités de la vie des artistes, et la naïveté de son frère dut le plonger dans la plus profonde consternation. Il était admirablement placé pour savoir quelles interactions tortueuses et mal définies il pouvait y avoir entre les galeries et les peintres célèbres, entre les écoles et les salons, et n'ignorait rien de la manière dont elles modelaient les styles et forgeaient les réputations. Que Vincent décide de se tirer d'affaire tout seul, voilà bien, aux yeux de Théo, une preuve supplémentaire de son inexpérience.

Pendant les deux ou trois premières années de son séjour dans la capitale française, Théo avait utilisé ses dons d'observation et déployé une activité intense, qui dépassait de beaucoup le simple passe-temps d'un jeune homme intelligent à la recherche de stimulation artistique. Pendant que Vincent, à Bruxelles, apprenait le métier de peintre, Théo réfléchissait aux conséquences qu'une telle démarche pourrait avoir pour son frère. Tout se passait comme si les deux moitiés d'une unique personnalité créatrice s'étaient dédoublées, et bien qu'il dût s'écouler sept ans avant que puisse s'opérer la réunion de ces deux moitiés, Théo faisait le nécessaire pour être prêt à réussir cette fusion.

Dès l'instant où Vincent, ayant décidé d'embrasser la carrière artistique, s'était tourné vers son frère pour solliciter son aide, la vie de Théo allait se trouver liée à la sienne par des attaches inextricables. Bien qu'il n'y ait jamais eu entre eux la moindre concertation, l'expérience que Théo allait acquérir sur le monde des artistes parisiens devait infléchir profondément la nouvelle carrière de son frère. Quand Vincent eut fini par en prendre conscience, il déclara avec force et à maintes reprises que Théo était le créateur associé des toiles qu'il produisait lui-même.

Pourtant, initialement, ils semblaient avoir bien peu de points communs. Après être resté confiné dans le Borinage pendant les deux années qui venaient de s'écouler, Vincent ne pouvait guère imaginer les progrès foudroyants réalisés par son frère cadet dans la société qu'il avait lui-même abandonnée.

Théo était arrivé à Paris en 1878, à vingt et un ans tout juste, avec des perspectives d'avenir fort limitées. L'influence de son oncle ne pouvait plus lui être de la moindre utilité et la réserve de ses manières ne lui permettait guère d'espérer pouvoir attirer l'attention de ses supérieurs.

Pourtant, malgré sa placidité apparente et son caractère taciturne, Théo cherchait sans relâche à approfondir ses connaissances dans la branche qu'il avait choisie, et il devint bientôt manifeste qu'il savait beaucoup plus de choses sur l'art que la plupart de ses collègues.

En fait, cependant, c'est une rencontre des plus fortuites qui devait opérer dans sa destinée le changement le plus spectaculaire.

En 1878, l'homme qui avait si brutalement mis fin à la Commune, le président Mac-Mahon, dont le gouvernement manquait plutôt de solidité, décida de montrer au monde que les « horreurs » de la défaite et du siège de la capitale avaient définitivement disparu et que Paris avait retrouvé son visage d'autrefois. Une exposition internationale de première importance fut alors commandée. Le site choisi fut une vaste esplanade, qui s'étalait entre les Invalides et la butte qui se dressait sur la rive opposée de la Seine.

On construisit une immense rotonde d'un style vaguement mauresque qui aurait pu plaire à Albert Goupil mais que peu de Parisiens appréciaient vraiment. Baptisée palais du Trocadéro, cette bâtisse se dressait sur le site actuel du palais de Chaillot qui devait la remplacer à l'occasion de l'Exposition de 1937.

Le Trocadéro était destiné à devenir le principal lieu d'exposition consacré à l'art et à la culture, l'industrie et le commerce étant relégués dans un autre pavillon, sur le Champ-de-Mars, de l'autre côté de la Seine. Témoignage typique de la confusion culturelle qui régnait à l'époque, ce temple tapageur, construit en brique, présentait côte à côte des éléments que personne n'aurait jamais dû songer à concilier : des arcs romans arrondis avec des fenêtres en ogive de style gothique.

La société Goupil ayant décidé de présenter un stand pour y exhiber les toiles de ses artistes favoris, c'est le jeune Théo qui fut chargé d'en assurer la garde. Qu'il ait provoqué un certain mouvement de surprise en réussissant à vendre une toile montre bien que la maison Goupil considérait beaucoup plus sa présence en ces lieux comme un moyen de faire connaître son image que comme une occasion d'améliorer son chiffre d'affaires.

Soudain, alors que Théo était seul dans le stand, voici que la foule s'écarte, et dans le silence sépulcral qui entoure généralement les puissants de ce monde, il se retrouve face à face avec le comte Marie Edme Patrice Maurice de Mac-Mahon en personne, duc de Magenta et second président de la Troisième République. C'est l'invité d'honneur, qui vient effectuer sa visite officielle de l'Exposition.

En dépit de son air de brave bougre, avec ses cheveux argentés et ses favoris poivre et sel, Mac-Mahon était en réalité un conspirateur retors qui méditait alors une sorte de coup d'État interne pour que seuls les extrémistes de droite, issus des milieux monarchistes encore en proie à une désorganisation totale, soient en position de gérer les affaires de la république. Moins d'un an plus tard il allait être contraint de démissionner, mais pour l'instant il se trouvait au centre de l'attention du monde entier, et en face de lui il y avait ce jeune Hollandais inconnu, nullement intimidé par cette rencontre, qui répondait de son mieux aux questions qu'on lui posait. Quand le vieil homme s'éloigna enfin, la fortune de Théo était faite.

Aux yeux de Boussod et de Valadon, les deux associés, il ne fit plus aucun doute qu'ils avaient un élément de valeur dans leur personnel, et une série de rapides promotions éleva Théo au poste de directeur de la petite galerie du boulevard Montmartre. Ce succès ne manquait pas d'éclat, étant donné la jeunesse de son bénéficiaire, et il allait avoir des conséquences lointaines mais considérables sur Vincent et les jeunes artistes qui travaillaient à Paris, car Théo comprit très vite que les tableaux exposés dans la galerie de la place de l'Opéra étaient loin de représenter à eux seuls toutes les tendances de l'art actuel.

A l'origine, Théo n'avait eu l'occasion d'entrer en contact qu'avec les peintres qui avaient su s'attirer les faveurs de la maison Goupil. L'artiste le plus en vue demeurait Jean-Léon Gérôme, le gendre du vieux Goupil. Dix ans plus tôt, cet homme serait resté pratiquement inaperçu, mais vers la fin des années soixante-dix, une grave crise de dysenterie contractée en Algérie l'avait contraint à limiter ses déplacements. Il jouissait maintenant d'un certain prestige dans le monde artistique parisien. Il possédait une maison cossue et un atelier boulevard de Clichy, et s'offrait chaque jour une promenade à cheval au bois de Boulogne où, grâce à son air martial, on le prenait souvent pour un officier de cavalerie. En outre, de nombreux jeunes espoirs du monde entier s'enorgueillissaient d'avoir été ses élèves.

Aux yeux de Théo, Gérôme représentait la synthèse vivante de tous les éléments nécessaires à la promotion dans le monde des négociants et des acheteurs : il était membre de l'Institut, il faisait partie du jury du Salon et il enseignait aux Beaux-Arts. Il avait reçu tous les honneurs les plus prestigieux de la nation et pouvait se vanter de voir ses œuvres convoitées par les acheteurs qui symbolisaient le mieux le succès artistique en ce milieu du XIXe siècle : l'État français et les millionnaires américains qui venaient de faire fortune.

Pourtant, en dépit de la stature impressionnante de ce personnage, Théo observait un certain scepticisme. Il n'avait pas tardé à constater que Boussod et Valadon n'étaient plus les arbitres du bon goût qu'ils avaient été à l'époque où Goupil et l'oncle Cent avaient pris le risque d'accorder leur appui aux peintres de Barbizon et de l'école de La Haye. Si difficile qu'il fût de le prévoir à l'époque, Théo avait l'audace de penser qu'en dépit des honneurs et de l'argent dont on le gratifiait, rien ne permettait d'affirmer que Gérôme verrait sa réputation se prolonger indéfiniment.

Théo était tellement fondé à formuler ce jugement qu'il est, à l'heure actuelle, presque impossible d'établir une évaluation impartiale de la vie et des œuvres de Jean-Léon Gérôme. L'histoire de l'art l'a confiné dans le rôle d'ennemi acharné du renouveau, le présentant comme l'adversaire juré de l'héroïque combat livré par les impressionnistes, qu'il tenta de contrecarrer par tous les moyens possibles. Il est hors de doute qu'il se comporta d'une façon odieuse en s'efforçant de faire avorter les efforts des amis de Manet qui voulaient organiser une exposition commémorative des œuvres de ce dernier un an après la mort de l'artiste. Mais cette attitude n'était pas typique du personnage, et Gérôme, au cours de son existence, eut la réputation d'un professeur plutôt bienveillant, plus compréhensif en tout cas que certains académistes à l'esprit étroit qui ouvraient leurs studios aux jeunes. Si l'on s'abstient de situer l'œuvre de Gérôme aux antipodes de l'impressionnisme pour considérer que les deux tendances faisaient partie intégrante du mouvement réaliste qui domina le milieu du XIXe siècle, le brouillard des préjugés commence à se dissiper.

Quand Théo le rencontra pour la première fois, Gérôme travaillait à des études d'animaux qu'il avait étroitement observés, et ces ouvrages, de même que les études qu'il avait précédemment effectuées sur l'architecture et les costumes arabes, n'étaient autres que des tentatives pour représenter le monde visible avec une véracité que les impressionnistes cherchaient également à rendre d'une manière qui leur était propre.

Peut-être était-il inévitable qu'une incompréhension mutuelle s'exprimât devant des démarches dont les manifestations accusaient de telles différences et on ne peut que le regretter pour Gérôme, qui subit un échec cuisant et se fit reléguer dans l'obscurité la plus totale. Encore aujourd'hui, alors qu'il pourrait peut-être bénéficier d'une certaine indulgence et d'une réhabilitation relative, son œuvre subit des assauts renouvelés de la part des adversaires de l'orientalisme, qui voient en lui un raciste subtil dont les efforts tendaient à ravaler les cultures extra-européennes au rang d'amusettes teintées d'exotisme.

A l'époque de Théo, les attaques dirigées contre cet éminent personnage ne faisaient que commencer. Zola, qui venait de se lancer dans la critique d'art, lui reprocha de n'être qu'un simple copieur de photographies. Certes, le plus gros du travail, pour Albert Goupil, avait consisté à porter le matériel photo de Gérôme au cours de leurs voyages, mais ce n'était pas une raison pour le condamner aussi sévèrement.

En fait, ce qui irritait le plus ses détracteurs, c'était le fait que Gérôme leur apparaissait comme le défenseur de l'ordre établi, et leur jugement s'en trouvait automatiquement faussé. Ses manières brusques, parfois un peu hautaines, provenaient autant de ses origines paysannes un peu frustes que du snobisme qu'il pouvait parfois afficher. En tout cas, ses élèves l'adoraient, et, l'âge venant, à mesure que s'écoulaient les années, il manifesta une ouverture d'esprit sans cesse accrue, allant jusqu'à admettre auprès de lui le jeune Fernand Léger vers la fin du siècle.

Une photo de lui, prise quand il était vieux, montre un visage bienveillant : il est revêtu de l'uniforme d'apparat de grand officier de la Légion d'honneur, avec le chapeau orné d'une cocarde, et pourtant on décèle un certain désordre dans sa tenue, comme si après avoir endossé ses beaux atours il était allé se promener sous la pluie.

Ce qui importe en tout cas pour Théo, et par conséquent pour Vincent, c'est que Schmidt, le directeur de la maison Goupil à Bruxelles, avait eu tout à fait raison en recommandant à un candidat artiste peintre de s'attacher à un homme comme Gérôme. En ce temps-là, la carrière d'un artiste dépendait avant tout du maître chez qui on se mettait en apprentissage et dont on pouvait, par conséquent, espérer la protection. Les jeunes peintres passaient de l'école à l'académie, puis au studio, dans l'espoir de se perfectionner dans la maîtrise de techniques variées et de se concilier le soutien d'un professeur puissant. Or Gérôme était l'un des plus influents, bien qu'il fût de notoriété publique qu'il répugnait à user indûment de cette influence pour favoriser un de ses apprentis.

Théo se trouva confronté à un exemple classique de ce système dans la personne d'un jeune compatriote, Anton Van Rappard, lorsque celui-ci fut venu visiter la galerie en octobre 1879. Van Rappard était alors un élève de Gérôme. Il venait d'une famille de petite noblesse, relativement fortunée, et qui ne demandait pas mieux que de payer les frais de son éducation artistique. Pour l'instant, cela signifiait que le jeune homme avait étudié en Hollande, en Allemagne, à Bruxelles et à Paris.

Quand Théo le vit pour la première fois, Van Rappard avait vingt et un ans et on mesura aisément le prestige que Théo pouvait avoir à ses yeux à l'extrême nervosité manifestée par l'étudiant au cours de cette entrevue, car il était très impressionné par l'érudition de son interlocuteur. Bien qu'ils fussent à peu près du même âge, Van Rappard se rendait bien compte qu'il avait en face de lui un homme avec lequel il fallait compter.

Malgré l'angoisse du jeune peintre, l'entrevue fut plutôt amicale ; peut-être Théo avait-il le sentiment que Van Rappard et lui partageaient le même intérêt pour les idées nouvelles. Le stage effectué chez Gérôme n'était qu'une étape dans l'itinéraire du futur peintre car il était encore à la recherche des écoles qui lui conviendraient le mieux parmi celles qui existaient alors.

Pour Théo, en tout cas, une conclusion s'imposa avec une aveuglante évidence : si Van Rappard disposait de la jeunesse et de l'argent nécessaires à sa quête, Vincent, lui, avait maintenant atteint un âge lui interdisant tout apprentissage prolongé. De toute façon, il n'y avait pas d'argent pour le payer. Par conséquent, quelle que fût la façon dont s'organiserait la nouvelle existence de Vincent, c'était à Théo qu'incomberait la charge de subvenir à ses besoins.

Pour quelles raisons Théo accepta-t-il d'envisager cette responsabilité ? Le mystère demeure entier. Vincent n'avait manifesté aucune disposition particulière pour l'art pictural et, déjà à l'époque, il ne cachait aucunement sa répugnance à emprunter les voies conventionnelles permettant d'acquérir les techniques indispensables. Sans doute fut-il motivé en partie par sa foi en l'art, qui, comme celle de Vincent, s'apparentait à la foi religieuse, mais c'est surtout l'affection inconditionnelle qu'il vouait à son frère aîné qui dicta cette décision.

Ils en étaient même venus à se ressembler physiquement, car le visage de Vincent, à force de privations et d'autoflagellations, s'était empreint de la même maigreur, des mêmes traits émaciés que celui de son frère cadet. Naturellement, c'était l'impression d'une maigreur maladive qui dominait chez Vincent, tandis que Théo, sans être vraiment bel homme, parvenait au moins à paraître relativement distingué, le visage glabre parfois, mais aussi, de temps en temps, le menton orné d'une barbe très courte, semblable à celle de l'oncle Cent.

Pourtant, comme le remarquaient ses amis, Théo avait, en certaines occasions, un air malingre et maladif. Vincent jouissait d'un tempérament robuste, alors que Théo avait hérité d'une certaine fragilité, celle qui sévissait encore dans la famille.

Leur enthousiasme était semblable mais leurs tempéraments différents. Là où Vincent se plongeait à corps perdu dans quelque nouveauté, avec une intensité nerveuse qui balayait tout sur son passage, Théo recherchait l'équilibre, comme s'il se rendait compte de ses faiblesses.

Il refusa de cantonner toute son existence dans le monde étroit de la maison Goupil et de ses artistes. Il fréquenta le Club hollandais, une association destinée à regrouper les jeunes compatriotes isolés qui vivaient dans la capitale française. Les conversations ne devaient guère y briller par leur éclat mais du moins pouvait-il ainsi élargir le cercle de ses connaissances. C'est à ce club que Théo rencontra un jeune homme du nom d'Andries Bonger, qui était employé de commerce. Certes, c'était là un monde qui n'avait guère de points communs avec celui où évoluait Théo, mais Andries n'en devait pas moins devenir son meilleur ami et un allié précieux qui le soutiendrait dans ses rapports avec un Vincent qui allait lui poser des problèmes sans cesse plus ardus.

Dans un autre domaine, tout à fait essentiel, Théo était différent de Vincent : pour lui, les femmes n'étaient pas des créatures idéales et inaccessibles. Peu après son arrivée à Paris, il s'était trouvé une maîtresse. Cela ne veut pas dire qu'il n'avait jamais de problèmes dans ses relations avec les femmes, mais il les traitait d'égal à égale, comme des êtres humains, et non comme des héroïnes désincarnées qui plongeaient son frère dans de tels abîmes de souffrance.

Somme toute, Théo réussissait là où Vincent avait échoué : il menait une existence de vrai Parisien. Son salaire était modeste, mais il pouvait l'arrondir grâce aux commissions qu'il touchait sur les ventes. Il prit un appartement rue Laval, à deux pas de Montmartre, et ne tarda pas à fréquenter le Chat noir, situé près de chez lui : boulevard Rochechouart, d'abord, puis rue Laval par la suite.

Le Chat noir, qui était à la fois un café et un cabaret d'une réputation plus que douteuse, comptait parmi sa clientèle des poètes et des souteneurs, qui côtoyaient des esthètes blasés attablés devant leur verre d'absinthe. Progressistes sur le plan de l'art, anarchistes dans le domaine de la politique, changeants dans leur sexualité, les habitués du Chat noir se situaient aux antipodes du monde fréquenté par Jean-Léon Gérôme.

Au Chat noir, régnait un égalitarisme empreint de la plus grande impertinence. Si Gérôme avait franchi l'entrée défendue par un garde suisse armé de sa hallebarde, il aurait sans doute succombé à une crise d'apoplexie. Les serveurs portaient l'uniforme vert, orné de soutaches, de l'Académie française et le bric-à-brac qui constituait le décor allait à l'encontre de toutes les règles du bon goût prônées par la classe bourgeoise.

Théo ne tarda pas à se faire accepter parmi les membres de l'élite, il ne fut pas trop en butte aux insultes de Salis, le patron, et se vit réserver, en maintes occasions, l'une des meilleures tables de l'établissement. Tout cela était bien exaltant pour le jeune Hollandais, et sa présence en ces lieux symbolisait son émancipation par rapport à l'univers étriqué de la maison Goupil, émancipation dont son frère n'avait jamais su se montrer capable.

Tandis que Vincent avait réussi à ignorer complètement la révolution impressionniste qui avait embrasé le monde artistique parisien, Théo apporta une adhésion enthousiaste à cet art nouveau. En 1879, il alla à la Quatrième Exposition impressionniste, et cette visite devait changer non seulement sa propre perception de l'art, mais aussi, quelque temps plus tard, celle de son frère.

Assez mystérieusement, cette quatrième exposition marquait une étape importante dans l'évolution de ce mouvement, car il commençait à apparaître que la période du « haut » impressionnisme tirait à sa fin tandis qu'une nouvelle phase semblait sur le point de prendre naissance.

Il est incroyablement heureux pour les deux frères — le temps est venu maintenant de ne plus les dissocier l'un de l'autre —, que l'intérêt de Théo ait commencé à se manifester justement à ce moment crucial. Parmi les artistes présentés lors de cette quatrième exposition, Théo fut surtout attiré par l'œuvre de Camille Pissarro et, là encore, ce fait devait avoir des conséquences capitales pour Vincent. Bien que Pissarro fût plus âgé que les peintres de la première génération d'impressionnistes, le soutien qu'il apporta à Cézanne et, plus tard, à Gauguin et à Seurat, ainsi que sa contribution à leurs expériences, fit de lui une passerelle entre la première et la seconde phase du mouvement. Mais surtout, chance inestimable pour Vincent, Pissarro et Théo devinrent amis.

Comme Théo ne se contentait pas d'être un amateur d'art mais vendait aussi des tableaux, il se rendit compte, en se promenant dans les salles d'exposition, que les réactions furieuses manifestées autrefois par le public et par les critiques s'étaient maintenant quelque peu calmées. Le Tout-Paris, les élégantes et les dandys venaient là pour voir et pour être vus. On avait beau se gausser, il n'empêche que l'on venait tout de même. Certains même achetaient des toiles ; il n'y avait qu'une poignée d'acquéreurs, certes, mais le jeune directeur de galerie ne pouvait manquer de le remarquer.

Il ne fallut guère de temps pour que Théo s'informe sur l'historique et les objectifs de ce nouveau mouvement. Détail significatif, Renoir n'exposait aucune toile, et c'était la dernière fois que Monet participait à une manifestation de ce genre. Ils avaient été les deux piliers du groupe et déjà l'image de ces deux artistes, affamés et rejetés de tous, travaillant côte à côte sur les rives de la Seine, créant ces étincelantes scènes de baignades et de pique-niques, avait pris une dimension héroïque. La période expérimentale avait été suivie d'une décennie (1870-1880) pendant laquelle s'étaient succédé une série de chefs-d'œuvre. Ce haut impressionnisme avait revêtu une telle splendeur qu'il laissait bien peu de champ libre aux artistes plus jeunes.

Il n'y a rien de surprenant à ce que Pissarro, le nouvel ami de Théo, ait aussi facilement accepté l'idée que des innovations étaient nécessaires. Tout le passé du peintre le prédisposait à un refus des idées reçues. Né en 1831 sur l'île de Saint-Thomas, dans les Antilles danoises, d'une mère créole et d'un père juif portugais, il avait encore accru ce pittoresque salmigondis en s'enfuyant au Venezuela avec un artiste peintre danois, « Fritz » Melbye, et décida bientôt de suivre la même voie que son mentor. Dès l'âge de vingt-trois ans, il débarquait à Paris où il découvrait les œuvres de Corot.

Mais Pissarro avait dans son tempérament un facteur déstabilisant de toute première importance : une incertitude totale à propos de son propre talent qui le laissait constamment ouvert à de nouvelles influences. La première fois qu'il découvrit les balbutiements des impressionnistes, il fut tellement bouleversé par les expériences de Monet qu'il souscrivit sans réserve au style de ce nouveau mentor en se dépouillant presque de sa propre personnalité.

Cette métamorphose peut paraître d'autant plus surprenante que Pissarro semblait beaucoup plus âgé que les autres, avec sa barbe de père Noël et ses minuscules lunettes qui lui donnaient l'air d'un oncle bienveillant et un peu gâteux. Les réactions des autres à son égard variaient énormément. Renoir, qui affichait des idées plutôt conservatrices, se méfiait des théories anarchistes qu'il affectionnait, mais ne parvenait pas à détester cet homme qui professait une foi touchante dans la médecine homéopathique et nourrissait une passion enfantine pour tout ce qui était nouveau.

C'est tout de même Renoir qui finit par provoquer la cassure entre lui et ses associés, car si les nouveaux convertis à l'impressionnisme lui étaient reconnaissants de son soutien, la plupart des membres du mouvement originel pensaient qu'il sapait par en dessous leurs réalisations en introduisant des éléments qui voulaient poursuivre plus loin encore le champ des expériences.

Si Pissarro faisait preuve d'une telle ouverture d'esprit, c'était surtout grâce à sa bonté naturelle, à laquelle s'alliait un robuste tempérament révolutionnaire. Contraint de s'exiler à Londres pendant la guerre de 1870, il y peignit ses plus belles toiles impressionnistes dans les brouillards et la neige des banlieues nouvelles de la capitale anglaise.

C'est son retour en France qui joua le rôle d'un catalyseur, favorisant un changement de direction radical. Il installa sa famille à Pontoise, dans la campagne qui s'étend au nord-ouest de Paris, où, en dépit de son extrême pauvreté — il vendait rarement un tableau —, il invitait généreusement Paul Cézanne, alors âgé de trente-trois ans, à venir se joindre à lui.

En dépit de son âge, Cézanne était encore en proie à de nombreux tiraillements car il ne parvenait pas à définir son identité d'artiste. Perturbé par l'ingérence de ses parents dans sa vie personnelle et se débattant avec une palette de tonalités foncées fortement influencées par Manet, il ne trouva la voie qu'il cherchait si désespérément que grâce à l'ascendant bienveillant de Pissarro, qui l'initia aux effets bienfaisants de la peinture en plein air.

Pissarro veilla à ce que son protégé soit représenté à la première exposition impressionniste, bien qu'il apparût avec une évidence aveuglante, dès le début, qu'il était loin d'accepter tous les principes du « mouvement », si peu dogmatiques qu'ils aient pu être.

Pissarro présenta Cézanne au Dr Gachet, un collectionneur de ses amis qui habitait non loin de là, à Auvers, et joua en quelque sorte auprès de son protégé le rôle d'un véritable père. Comme Pissarro était l'impressionniste qui se préoccupait le plus de rendre les formes intrinsèques, et non les effets changeants de la lumière, il avait beaucoup plus de points communs avec ce que Cézanne s'efforçait de représenter que les autres membres du groupe.

Le soutien que Pissarro accordait à Cézanne était dicté par un simple élan de bienveillance, mais les liens qui le rattachaient à Paul Gauguin, qui était beaucoup plus jeune, étaient infiniment plus étroits. Quoique né à Paris, le père de Gauguin, qui était journaliste, avait jugé prudent de chercher refuge au Pérou, dont sa femme était originaire, après le coup d'État de Napoléon III, en 1851. C'est la raison pour laquelle le jeune Gauguin allait pouvoir, par la suite, se qualifier de « sauvage du Pérou », bien qu'il n'eût que trois ans à l'époque où sa famille avait pris la fuite. Il fut renvoyé en France pour y poursuivre ses études, mais aussitôt qu'il eut l'âge de prendre la mer, il devint marin dans la flotte de commerce française et pendant six ans, jusqu'en 1871, il naviga des confins de l'Arctique, en Norvège, aux côtes de l'Amérique du Sud, ce qui dut lui attirer la sympathie de Pissarro.

De retour à Paris, il tenta de gagner sa vie en exerçant des fonctions auxquelles il était manifestement peu prédisposé : celles d'agent de change, aidé en cela par son tuteur qui collectionnait les œuvres d'art, les toiles de Pissarro entre autres. Deux ans plus tard, Gauguin épousait Mette Sophie Gad, une Danoise, mais il ne tarda pas à trouver bien pesantes les contraintes d'une existence rangée.

Au début, il sublima sa soif d'aventure en collectionnant quelques toiles, mais au bout d'un moment, il ne lui suffit plus de rester un simple spectateur, et il se mit peu à peu à peindre lui-même. Cette occupation, qui avait commencé comme un simple passe-temps du dimanche, devait dominer toute son existence.

En 1876, une de ses toiles fut acceptée au Salon et il rencontra Pissarro, dont il adopta immédiatement la conception de l'impressionnisme. Huit ans plus tard, il abandonnait définitivement son emploi à la Bourse pour travailler à plein temps avec son aîné.

Sous sa forme la plus simple, l'impressionnisme se préoccupait avant tout de l'acte visuel et de l'effort réalisé par l'artiste pour rendre ce qu'il voyait, l'objet ainsi figuré n'ayant qu'une importance secondaire. Les impressionnistes se contentaient de fixer sur la toile la vie des nouveaux citadins, sans faire de commentaires ni porter de jugements, ce qui explique la profusion de parties de canotage, de scènes de rue ou de gare.

Pissarro, lui, manifestait surtout dans ses dessins et ses lithographies un intérêt qui portait au-delà de cette gaieté de surface, vers des scènes de la vie paysanne qui faisaient penser à Millet. Certes, il reproduisait souvent ces épisodes de la vie des champs dans le but de se procurer un argent dont il avait grand besoin pour nourrir sa famille, mais ces œuvres révélaient également un aspect de sa personnalité qui ne concordait pas pleinement avec les conceptions de Monet et de Renoir. Et bien qu'il passât dix années de sa carrière artistique sous l'influence du style impressionniste de Pissarro, Gauguin manifesta une impatience accrue à l'égard de ce qu'il considérait maintenant comme une impasse, l'aspect expérimental qu'avait autrefois revêtu l'impressionnisme ayant été codifié pour devenir purement conventionnel.

En réalité, c'est surtout en insistant pour que Gauguin soit admis à participer à la quatrième exposition que Pissarro provoqua la scission du groupe. Comme Théo ne tarda pas à le remarquer, l'impressionnisme allait s'acheminer lentement mais sûrement vers son apothéose pour s'affirmer comme l'un des mouvements artistiques les plus importants du siècle. Mais il appartiendrait à d'autres, souvent soutenus par Pissarro, de devenir les nouveaux expérimentateurs.

Après avoir identifié et compris ces personnalités et ces factions, Théo devait maintenant prendre une décision sur la façon dont il fallait réagir. Il ne mit pas longtemps à mesurer l'importance du rôle d'hommes comme Paul Durand-Ruel, le premier promoteur des impressionnistes, qui avait failli se ruiner en exposant leurs œuvres à une époque où personne ne voulait les acheter.

Il y avait aussi son rival, Georges Petit, qui s'était attaché à cette école en pleine ascension et s'efforçait de monopoliser toutes leurs toiles. Y avait-il une place pour Théo dans tout cela ? Rien ne permettait de dire si Boussod et Valadon allaient voir d'un bon œil les efforts effectués pour promouvoir des « marchandises » aussi peu commerciales. Mais, malgré ses airs tranquilles, Théo était tout aussi volontaire et entêté que son frère et après sa visite au quatrième salon des impressionnistes, il commença à se demander quels moyens il pourrait mettre en œuvre pour jouer un autre rôle que celui de simple spectateur.

La tactique choisie par Théo consista à livrer une patiente guerre d'usure pour vaincre la résistance des deux principaux associés de la maison Goupil afin d'obtenir l'autorisation d'utiliser au premier étage de la galerie du boulevard Montmartre une pièce qui servirait de salle d'exposition pour les nouveaux artistes. Mais on ne lui donnait pas carte blanche pour autant. S'il voulait effectuer un achat important, Boussod et Valadon insistaient pour l'accompagner, si peu intéressante que leur parût l'œuvre d'art en question.

Seule la capacité de Théo à maintenir à un niveau élevé la rentabilité de la galerie principale les dissuadait, en fait, d'étouffer dans l'œuf cette initiative de leur subordonné. Finalement, les quelques toiles qui furent vendues avaient été achetées par Théo lui-même qui, sans avoir l'air de rien, se constituait une collection importante d'œuvres de ces novateurs.

Pourtant, il arrivait parfois que les critiques des deux associés fissent mouche. La confiance de Théo pouvait se trouver sérieusement ébranlée par leur scepticisme et leur manque de discernement, et si cela se produisait au moment où sa vie privée lui posait quelque problème, Théo pouvait alors sombrer dans le désespoir. Pourquoi n'émigrerait-il pas aux États-Unis où, ainsi que Durand-Ruel l'avait découvert, on éprouvait davantage de sympathie pour les artistes d'avant-garde ? Quand il était ainsi au creux de la vague, la seule chose qui finissait par le retenir à Paris était l'idée que son frère dépendait entièrement de lui.

Théo devait se rendre compte également que, seul parmi les négociants en objets d'art, il comprenait jusque dans les moindres détails la lente évolution qui s'était produite au cours de ces années 1880. Même un spécialiste aussi éclairé que Durand-Ruel ne parvenait pas à voir au-delà du haut impressionnisme de la décennie précédente. La grande force de Théo, c'était que, tout comme Pissarro, il était capable de formuler un jugement valable sur des styles qui s'opposaient souvent.

Étant donné la « victoire » remportée par l'impressionnisme au cours de cette période, nous avons tendance à évaluer toutes les autres formes d'art qui ont existé en cette fin de siècle en fonction de ce mouvement, qu'il s'agisse des écoles mineures qui ont été « vaincues », comme celle de Gérôme, ou de l'art qui est sorti de l'impressionnisme ou qui a réagi contre lui. Pourtant, la vérité c'est que l'impressionnisme de Monet et de Renoir a chevauché ce que l'on devait appeler plus tard le post-impressionnisme.

Ainsi donc, Théo se trouvait être le témoin de cette évolution et il discernait également la présence d'autres forces.

L'un de ses compagnons du Chat noir était un jeune artiste désargenté, un certain Henri Rivière, qui gagnait péniblement sa vie en imaginant, pour le théâtre d'ombres, des pièces qui allaient rapidement devenir le clou des attractions du cabaret.

Il s'agissait de personnages découpés dans du carton ou du zinc, qui évoluaient derrière un écran de toile. Les décors étaient grands, annonçant déjà le cinéma, et les silhouettes conçues par Rivière étaient projetées à des distances différentes, ce qui créait une stupéfiante illusion de profondeur. Par la suite, il allait utiliser des découpages en couleurs, pour tenter d'imiter les effets hardis des estampes japonaises qui jouissaient alors d'une certaine vogue.

Accompagnées par une musique d'avant-garde ou par les excès les plus audacieux de la poésie contemporaine, ces pièces subjuguaient littéralement les spectateurs, leur admiration étant encore accrue par la clarté magique de la lampe oxhydrique. Le Chat noir connut son plus grand triomphe en 1887, avec une version de *La tentation de saint Antoine*, de Flaubert, lorsque Rivière utilisa pour la première fois la couleur. Ces images stupéfiantes attirèrent toute une pléiade d'admirateurs appartenant au monde artistique ou littéraire : Verlaine et Rimbaud, Zola, Debussy, Satie, etc.

Pourtant, les spectateurs les plus enthousiastes de Rivière furent les artistes et les illustrateurs de la nouvelle génération, qui reconnaissaient dans ces formes plates et audacieuses et dans ces couleurs franches quelque chose qu'ils cherchaient eux-mêmes à réaliser. L'impressionnisme s'était efforcé de capturer les fugaces instants du réel — le rouge et le vert dans les tachetures d'un rayon de soleil, le bleu du brouillard —, mais d'autres, maintenant, cherchaient autre chose ailleurs.

Le réalisme ou le naturalisme, ou même le positivisme, qui étaient tous des manières différentes de définir le même phénomène, étaient issus de cette conviction propre au XIXe siècle selon laquelle l'homme avait à sa disposition les moyens de transformer son environnement, de le définir et par conséquent de le maîtriser. Le lecteur de Zola, à l'esprit ouvert et progressiste de nature, s'informait de la pauvreté des mineurs, des difficultés de la vie citadine et, inévitablement, une réaction se ferait jour une fois que se serait calmé le choc provoqué par les révélations sur le monde interlope des prostituées et des malfrats.

C'est entre 1870 et 1890 que se produisit cette réaction : la France avait ajouté à ses possessions d'outre-mer des terres lointaines et exotiques comme Tahiti et le Tonkin ; l'intérêt qui commençait à se manifester pour les religions obscures se mêla à un renouveau de l'attention accordée à l'occulte et à l'irrationnel, tandis que les idées de philosophes britanniques et allemands comme Herbert Spencer et Schopenhauer contribuaient à anéantir les certitudes que l'on avait pu avoir sur le progrès scientifique.

Inévitablement, de nouvelles formes d'art allaient progressivement refléter ces théories et, à l'époque de Théo, elles commençaient tout juste à se faire jour. Les noms dont nous nous servons maintenant pour les désigner — symbolisme, cloisonnisme, Nabis — apparaîtraient plus tard.

A l'origine, ces différents groupes étaient aussi mouvants et embryonnaires que les personnages du théâtre d'ombres de Rivière, mais pour beaucoup de leurs spectateurs, ces découpages aux couleurs vives balisaient la route qu'ils commençaient à emprunter. Peut-être les sensations créées par la couleur pouvaient-elles et devaient-elles se dissocier du sujet représenté ? Ce n'était peut-être pas les passants dans la rue ou le bateau sur l'eau, ou le train qui entrait dans la gare Saint-Lazare qui vous rendaient heureux, triste, pensif ou violent ; c'était peut-être simplement la couleur verte ou une nuance particulière de la couleur jaune. D'une certaine manière, des couleurs qui n'étaient pas encore bien définies pouvaient évoquer certaines émotions fondamentales.

Les effets créés par Rivière sur son écran du Chat noir remettaient en question le bien-fondé de l'emploi du clair-obscur et de la perspective qui étayait la recréation de la réalité. Mais si le sacro-saint langage de l'artiste perdait tout son sens, où allait-on lui trouver un substitut ?

Théo nota ces réactions et resta l'esprit en alerte. Il y avait tant de choses à voir et à absorber. Il décida qu'il ne perdrait pas son temps en s'écartant un peu des galeries d'art les plus importantes pour aller faire un tour dans les boutiques qui vendaient aux peintres le matériel dont ils avaient besoin : on y trouvait souvent des tableaux extraordinaires, laissés par des artistes faméliques en échange de tubes de couleurs ou de toiles. Il effectua l'une de ses plus excitantes découvertes chez Joseph Delarebeyrette, qui tenait un magasin où il dénicha un grand nombre de compositions florales d'une originalité inouïe, et dont l'auteur était un obscur peintre provençal nommé Adolphe Monticelli.

Ces bouquets de fleurs avaient été réalisés grâce à un travail en pleine pâte, aux épaisses incrustations, avec des couleurs franches et somptueuses. Théo n'avait encore jamais rien vu de semblable, il n'y avait là rien de commun avec ce que faisaient les impressionnistes dont les teintes paraissaient fades à côté de la violence de la palette de Monticelli.

Malheureusement, Delarebeyrette ne pouvait guère fournir de renseignements sur l'auteur de ces œuvres. Il croyait seulement savoir qu'il avait fait partie de ces nombreux inconnus qui avaient disparu pendant les derniers jours de la Commune. Monticelli habitait en dehors de la ville et il avait pris l'habitude de passer par la boutique quand il se rendait dans les quartiers du centre. Vers 1871, ses visites avaient cessé. C'était tout ce que pouvait dire Delarebeyrette.

Théo tenta d'expliquer à Vincent la nature de certaines de ses découvertes, mais il n'était pas facile de décrire dans une lettre les idées artistiques nouvelles. Pendant quelques années, les deux frères se déplacèrent sur des voies parallèles mais jamais tout à fait à l'unisson. Pourtant Théo ne se découragea pas, il apporta à son frère toute l'aide possible, observant à distance ses efforts pour maîtriser les techniques dont il avait besoin.

Seul à Bruxelles, Vincent avait en tête trois préoccupations dont la plus importante était de savoir comment il allait faire pour ne pas mourir de faim ; la vie était très chère dans cette ville et son père ne pouvait lui envoyer que soixante francs belges par mois. En second lieu, il se demandait s'il réussirait dans sa nouvelle carrière. Et enfin, trouverait-il quelqu'un pour l'aider à partager le voyage ?

Il commença par habiter une petite chambre dans un garni, mais il déménagea bientôt pour aller s'installer dans un hôtel modeste, au-dessus d'un café du boulevard du Midi. Rien que pour un local exigu, il lui fallait payer cinquante francs par mois, et on ne lui fournissait en plus que le pain et le café. Le manque d'argent allié à son instinct l'avait guidé vers les limites d'un quartier fréquenté par les bohèmes bruxellois. La proximité de l'Académie des Beaux-Arts expliquait la présence de petites boutiques vendant du matériel de peinture et lui offrait l'occasion de rencontrer d'autres peintres aussi démunis que lui.

Ce quartier apparaissait comme un réduit isolé dans une métropole à l'expansion rapide. De l'autre côté de la ville, sur l'ancien terrain de parade militaire, Bruxelles célébrait le cinquantième anniversaire de la nation par la construction d'un monument grandiose élevé au succès économique du pays — bien que, détail significatif, le nouvel arc de triomphe fût si loin d'être achevé qu'on l'avait complété provisoirement avec du carton-pâte pour qu'il fût prêt à la date de l'ouverture des cérémonies.

Vincent connaissait bien la réalité industrielle qui se cachait derrière cette façade, symbole éloquent de la flambée de constructions et d'inventions qui transformait l'Europe occidentale. On peut voir un trait bien caractéristique de sa personnalité dans le fait qu'il restait complètement indifférent à ce bouleversement. Où qu'il fût, à deux pas de lui, juste derrière son horizon le plus proche, se révélait un nouvel exploit du machinisme moderne, un échantillon grandiose du nouvel urbanisme, et lui restait systématiquement à l'écart, inconscient de ce qui se passait autour de lui. Entre 1880 et 1890, l'Europe se métamorphosait pour passer d'une culture encore enracinée dans la campagne à une autre culture essentiellement industrielle et urbaine. Toutes les initiatives de Vincent se ramenaient à une fuite loin de cette nouvelle réalité.

Tout concourait à lui faire haïr la grande ville. Avec les quelques francs qui lui restaient une fois son loyer réglé, il pouvait à peine se payer le papier dont il avait besoin pour dessiner, et il était hors de question de s'offrir un repas chaud de temps à autre. Les multiples privations dont il souffrait causaient un grave préjudice à son état de santé, déjà affaibli par la sous-alimentation qu'il avait subie dans le Borinage.

Mais ce qui le préoccupait avant tout, c'était la crainte de ne pas réussir dans son entreprise. Toutes les tortures pouvaient s'accepter si la fin les justifiait. Mais comment le savoir ? Il prétendait encore n'avoir pour ambition que de devenir un simple illustrateur, mais c'était sans doute pour se prémunir contre l'échec. S'il avait vraiment voulu se contenter d'un emploi aussi modeste, il aurait pu s'inscrire dans une école professionnelle ou essayer de se placer comme apprenti dans un journal. En fait, il hantait le quartier des artistes, cherchant désespérément à entrer en contact avec d'autres peintres. Certes, il rencontra effectivement un ou deux jeunes hommes aussi pauvres et aussi désireux que lui de devenir des artistes, mais ils ne purent lui offrir que bien peu de chose, si ce n'est la certitude qu'il n'était pas complètement isolé dans le combat qu'il menait.

Seul dans sa chambre d'hôtel, Vincent s'acharnait sur ses exercices, emplissant les pages de ses cahiers, sans se rendre compte encore vraiment de l'ironie implicite dont il avait fait preuve en choisissant Bargue comme modèle. Bien que Charles Bargue, un peintre mineur mais pétri de talent, eût donné son nom à ce cours, la dernière partie des travaux proposés aux étudiants avait été mise au point par Gérôme en personne. Vincent ne l'ignorait d'ailleurs pas : le vieux Goupil avait réuni dans le même volume les contributions de Bargue et de Gérôme et publié le tout en 1868.

Bargue avait effectué une série d'études isolées : bras, oreilles, et différentes parties du corps, qui permettaient progressivement de réaliser un torse tout entier. Gérôme, lui, avait réalisé un certain nombre d'ensembles de personnages. Ces gravures toutes simples étaient empreintes d'une précision et d'une beauté telles que beaucoup d'utilisateurs les récupéraient pour les encadrer individuellement. C'est d'ailleurs ce que Vincent avait fait avec son propre exemplaire. C'est ce qui explique pourquoi il est aujourd'hui rare de trouver une méthode Bargue qui comporte intégralement toutes ses pages.

Chaque partie du corps était souvent accompagnée d'une silhouette à peine ébauchée et très simplifiée qui permettait à l'étudiant de dégrossir la forme avant de procéder au tracé définitif. Inévitablement, cette méthode mettait l'accent sur le trait aux dépens des ombres ou du ton, si bien que deux éléments — l'angularité et le noircissement des contours — se trouvèrent bientôt introduits pour servir de base à la méthode de travail de Vincent. En acceptant de participer à la réalisation de ce cours, Gérôme avait eu en fait l'intention de parvenir à ce résultat : l'étudiant adoptant sa technique se trouverait ainsi placé dans le droit fil de ses propres conceptions et complètement déphasé par rapport aux méthodes de l'impressionnisme qui condamnait les contours trop précis au profit d'un adoucissement du trait provoqué par les effets d'une lumière diffuse.

L'avantage des exercices de Bargue, c'était qu'ils permettaient de progresser en franchissant des étapes faciles à réaliser, une aide précieuse pour quelqu'un d'aussi peu doué que Vincent. Les rares spécimens de ses premiers exercices qui nous soient parvenus témoignent de la largeur du fossé qu'il peut y avoir entre les mythes entourant le mot « génie » et la réalité infiniment plus terre à terre, celle d'un être qui se lance dans l'aventure sans don véritable et qui pourtant sue sang et eau pour maîtriser la technique et faire en sorte que ce mot puisse prendre un sens authentique.

La première tâche qu'il s'assigna consista à tenter d'apprendre les proportions de la silhouette humaine et de saisir les règles de la perspective, et pour cela Bargue se révéla bon professeur, provisoirement du moins. Vincent avait fort peu de ressources artistiques, mis à part son entêtement et une puissance de travail pratiquement illimitée. Ce n'était pas un artiste-né ; il devint un artiste, là, dans une minuscule chambre d'hôtel, au-dessus d'un sordide café, de jour comme de nuit, exécutant des esquisses médiocres, sans relâche, mais en réussissant peu à peu à maîtriser les mouvements de la main et à éduquer suffisamment l'œil pour parvenir enfin à les soumettre aux exigences de sa volonté.

Si c'est à tort que l'on emploie parfois le mot de génie, il faut alors le remplacer par celui de courage, car Vincent n'emprunta jamais la voie de la facilité. Ayant décidé que la connaissance de l'anatomie lui permettait d'améliorer le dessin de ses silhouettes, il n'hésita pas à coller ensemble cinq feuilles de papier Ingres pour y tracer les contours d'un squelette grandeur nature. Ensuite, il se rendit à l'école vétérinaire où il supplia un professeur de lui céder quelques squelettes d'animaux afin de pouvoir les dessiner.

Mais il ne pouvait plus continuer de travailler ainsi, dans un isolement total. Il avait besoin de quelqu'un qui pourrait au moins assister à ses efforts, le critiquer sans le condamner systématiquement. C'est pour cela qu'il était allé voir Schmidt, à la maison Goupil, bien que sa démarche n'eût été suivie d'aucun effet.

Dans la première lettre qu'il écrivit à Théo, il demanda à son frère de lui suggérer un contact et, dans sa réponse, ce dernier lui parla de William Roelofs, un peintre de l'école de La Haye qui séjournait alors à Bruxelles et dont les œuvres, selon Théo, plairaient sans doute à Vincent. Malheureusement, Roelofs avait une bonne soixantaine d'années et en plus il avait vieilli prématurément. Il professait le même classicisme rigoureux que Schmidt à l'égard de la nécessité de l'apprentissage, mais l'adepte de la peinture en plein air qu'il était bondissait d'indignation à la simple mention du nom de Gérôme.

La vue des exercices de Bargue lui déplut profondément. Il

conseilla à Vincent d'abandonner cette méthode et d'aller travailler en pleine nature, avec prudence toutefois, au début du moins, précisant qu'il valait mieux commencer par recourir à des moulages en plâtre. Tout comme Schmidt, il recommanda le passage à l'Académie, qui était, selon lui, le meilleur moyen d'acquérir une bonne formation. La seule chose positive qui émergea de cette entrevue fut que Roelofs apprit à Vincent qu'il passait une partie de l'année à peindre d'après nature dans les coins les plus reculés de leur province natale : la Drenthe et les îles de la Frise. Cette information parut séduisante à Vincent, accablé déjà par les difficultés qu'il avait à survivre dans la métropole belge.

Sa situation s'améliora légèrement quand son père commença à lui envoyer cent francs par mois, car il parvint alors à s'offrir un repas chaud de temps à autre. Ce n'était pas par souci d'économie qu'il refusait de s'inscrire à l'Académie où l'entrée était gratuite pour quiconque se présentait avec une lettre de recommandation de la mairie ; c'était plutôt parce que Vincent se rendait parfaitement compte du caractère insolite de sa situation : à vingt-sept ans, il avait dépassé l'âge où la plupart des étudiants assistent aux cours de dessin des écoles d'art.

Son arrivée tardive dans la carrière de peintre lui inspirait un désir irrépressible de brûler les étapes. Il voulait rattraper le temps perdu. En outre, il n'avait plus la souplesse d'esprit dont sont dotés la plupart des étudiants, car, s'ils sont déjà fixés sur le but à atteindre, ils n'en acceptent pas moins de s'astreindre à de longues périodes d'études avant de découvrir quelle sorte d'artistes ils seront au juste.

Mais Vincent, lui, savait exactement ce qu'il voulait faire. Son art serait un art de pauvre et un art pour les pauvres. Le Millet des mines de charbon n'était pas encore mort en lui et quand il ne copiait pas Bargue ou des modèles similaires, il dessinait encore des scènes du Borinage, des personnages au contour épais qui allaient à la fosse ou en revenaient, ainsi que des travailleurs des champs imités de Millet.

Pourtant il lui était difficile de ne pas prêter attention aux conseils de deux hommes aussi influents que Schmidt et Roelofs, surtout quand leurs avis concordaient. Bien malgré lui, il accomplit les démarches nécessaires pour pouvoir poser sa candidature à l'Académie, bien qu'il fût rien moins que certain qu'en cas de succès il irait effectivement assister aux cours qui y étaient dispensés.

Toujours à la recherche de nouveaux contacts, Théo fut heureux d'apprendre que le jeune Anton Van Rappard projetait de quitter l'atelier de Gérôme pour aller s'inscrire à l'Académie de Bruxelles. Théo ne devait d'ailleurs pas très bien imaginer les raisons qui pouvaient inciter quelqu'un à déserter La Mecque de l'art européen et l'atelier d'un de ses représentants les plus éminents, pour s'enterrer dans une obscure école de « province » — en fait, la plupart des gens opéraient le mouvement inverse —, mais ce qui lui importait le plus, au fond, c'était que son ami accepterait peut-être de rencontrer Vincent.

Évidemment, Théo ne se faisait guère d'illusions quant à l'issue de cette entrevue. Il connaissait bien la nervosité de Van Rappard, et en songeant aux effets que pourrait produire la puissance volcanique de son frère sur un être aussi fragile, il dut se demander si un tel contact était souhaitable. Pour ne rien arranger, Van Rappard appartenait à l'aristocratie : son père était un « Ridder », c'est-à-dire un chevalier héréditaire, et ce membre de la petite noblesse hollandaise jouissait d'une situation confortable en temps que fonctionnaire municipal. Le jeune Van Rappard avait donc été, à tous égards, protégé des difficultés de la vie et son projet de devenir artiste n'avait reçu que des encouragements de la part de son entourage. L'antipathie foncière de Vincent pour les nantis et l'état quasi désespéré de ses propres finances faisaient fort mal augurer de cette rencontre. Mais comme il n'y avait personne d'autre, Théo décida de courir le risque.

L'entrevue eut lieu à neuf heures du matin, dans l'appartement occupé par Van Rappard rue Traversière dans le quartier cossu de Saint-Joost-ten Noode. Rien que d'avoir mis les pieds dans un tel lieu avait dû agacer Vincent au plus haut point. La timidité du jeune Van Rappard se lisait comme dans un livre ouvert : il avait l'air d'un gamin taciturne, avec ses cheveux en brosse, sa barbe coupée ras et un léger strabisme qui lui donnait une expression rêveuse et vaguement hébétée. Face aux regards farouches que lui lançait Vincent, avec son air bravache et sa tignasse flamboyante, il devait se sentir singulièrement mal à l'aise.

D'emblée, il apparaissait clairement qu'ils avaient bien peu de chose en commun. Dans une certaine mesure, Van Rappard considérait l'art comme un prolongement des mondanités d'une élite sociale à laquelle il appartenait par la naissance, une occasion pour les membres de certains clubs de se rencontrer autour d'une table bien garnie afin d'échanger des propos plus ou moins mondains, ce dont Vincent avait le plus horreur.

Pourtant, ils survécurent l'un et l'autre à cette première entrevue et ils tombèrent d'accord pour se voir de nouveau. Vincent écrivit à Théo pour lui dire qu'il avait vu en Van Rappard *« quelqu'un qui prend les choses sérieusement »*. Au cours des visites qu'il effectua par la suite, Vincent examina les dessins de son cadet et se montra favorablement impressionné : ils révélaient un talent certain bien qu'on y décelât le style guindé des académies. Au fond, c'était là ce dont Vincent avait le plus besoin : le contact avec quelqu'un qui avait une certaine avance sur lui, pas trop pour ne pas tomber dans le rôle fâcheux du professeur mais suffisamment pour l'inciter à aller de l'avant.

Il se virent peu pendant l'hiver, car Van Rappard devait commencer à suivre ses cours à l'Académie. Vincent finit-il par céder et se laisser convaincre de l'y accompagner, nul ne le sait, car il y eut alors une de ses périodes d'inexplicable silence. Il est vrai que Théo était lui-même très préoccupé par son travail et par les soucis que lui causait sa maîtresse : il avait donc fort peu de temps pour écrire. Mais il n'est pas impossible non plus que Vincent ait sombré dans une nouvelle crise de dépression. Un temps sinistre sévissait en permanence, il faisait froid et humide et Vincent était soumis à un régime alimentaire qui lui permettait tout juste de ne pas mourir de faim.

Une soudaine attaque de paranoïa peut expliquer la lettre dans laquelle il accusa Théo de l'ignorer délibérément parce qu'il craignait de se compromettre avec quelqu'un qui avait rompu toute attache avec les Goupil. Dès qu'il eut recouvré sa sérénité, il se hâta de s'excuser en expliquant, pour se justifier, que ses dessins n'avaient pas bien marché. Ses raisons d'espérer se limitaient au fait qu'il avait enfin réussi à travailler d'après des modèles en chair et en os, après avoir persuadé ses voisins — un vieux portier, un jeune garçon et un ouvrier — de poser pour lui.

Au bout de l'année 1881, les deux frères apprirent une nouvelle bouleversante : le pasteur Theodorus avait été terrassé par une attaque. Bien qu'il parût se remettre assez rapidement, il était clair qu'il n'était plus l'homme qu'il avait été. La confiance des deux frères dans sa robustesse s'en trouvait fortement ébranlée. Vincent écrivit à ses parents pour rassurer son père, affirmant qu'il était très heureux dans sa nouvelle existence : il faisait des progrès, expliqua-t-il, et avait réussi à emprunter un squelette à un peintre qui l'avait ensuite félicité pour le dessin qu'il en avait fait. Ce squelette devait appartenir à l'artiste hollandais Adrien-Jean Madiol, qui s'était installé à Bruxelles et à qui Vincent demandait sans doute conseil de temps à autre.

Van Rappard étant encore soucieux d'assister aux cours, Vincent s'était lancé à la recherche d'un nouveau mentor, et il finit par rencontrer Madiol, qui accepta peut-être de lui donner quelques leçons, comme le raconte Vincent dans une lettre envoyée à ses parents en février. A trente-cinq ans, Madiol avait l'âge idéal pour apporter une aide efficace, bien que ses intérieurs hollandais du XVIIe siècle, sirupeux à souhait, avec des titres comme *La pause café*, *Le vieil oncle*, ou son œuvre la plus appréciée *Le jeu de cartes*, n'eussent pas grand-chose à apporter à Vincent, qui remarqua sans doute la précision de sa technique et en resta là.

De tous les peintres qui se trouvèrent sur le chemin de Vincent, Madiol était celui qui avait le moins de chances de survivre aux bouleversements qui se préparaient à Paris, et c'est sans doute un bienfait du destin s'il mourut subitement, douze ans plus tard, avant d'avoir pu être accablé par les événements.

A l'époque où Vincent fit sa connaissance, il ne manquait pas d'un certain panache avec sa crinière aux longues mèches rejetées en arrière et ses moustaches fièrement retroussées. Tout porte à croire que c'est après l'avoir vu que Vincent décida de se défaire du personnage miteux qu'il s'était composé dans le Borinage et d'essayer d'améliorer son apparence. En tout cas, il se procura des vêtements d'occasion, et ce renouvellement de sa garde-robe dut faire plaisir à Van Rappard, qui le voyait maintenant très souvent.

Avec l'arrivée du printemps et la clôture des cours d'hiver dispensés par l'Académie, ils avaient commencé à travailler ensemble. La chambre de Vincent pouvait difficilement servir d'atelier car elle était mal éclairée, et les patrons de l'hôtel voyaient d'un assez mauvais œil le genre de vie qui était le sien : ils s'étaient opposés à ce qu'il accroche sur les murs sa sélection habituelle d'estampes. Van Rappard lui proposa donc de venir travailler dans le nouvel appartement qu'il occupait rue des Églises, non loin de son ancien logement.

Le contraste était frappant : Van Rappard, méticuleux et précis, fignolait patiemment ses dessins ; Vincent, nerveux et agressif, assenait des coups de crayon ou de pastel, effaçant rageusement ses erreurs. Le plus souvent, les résultats lui déplaisaient et il jetait de côté la feuille chiffonnée pour recommencer aussitôt sur une autre. Il ne se décourageait jamais, sachant combien il était nécessaire de se soumettre à un tel entraînement. A force de travail, et en y mettant le temps, il réussirait à se former la main et l'œil. Mais il savait aussi que la perfection a ses limites, et il s'efforçait de persuader Van Rappard que la technique ne pourrait jamais se substituer à la force de l'émotion qu'un dessin devait chercher à exprimer.

Le jeune homme l'écoutait mais, manifestement, il n'en croyait rien. Le stage qu'il avait effectué auprès de Gérôme, entre autres, l'avait pénétré de la conviction qu'il existait des normes de perfection bien établies auxquelles chacun devait aspirer. Vincent, lui, semblait vouloir ne se fier qu'à son propre jugement. C'est pourquoi il craignait de se mettre dans une situation de dépendance à l'égard d'autrui, refusant de se laisser couler dans un moule quelconque. Il se contentait de regarder Van Rappard s'attaquer à un détail particulier quand il avait l'impression de pouvoir en tirer quelque profit, mais les choses n'allaient jamais plus loin.

Bien que sa maladie lui imposât encore quelques précautions, le pasteur Theodorus décida de se rendre à Bruxelles pour voir personnellement ce qu'était la nouvelle existence de son fils. La rencontre ne fut sans doute pas des plus faciles. Au cours de sa dernière visite à Etten, à l'époque où il était encore dans le Borinage, Vincent s'était montré fort désagréable, et le pasteur éprouvait quelque difficulté à dissimuler la déception que lui causait la décision de son fils d'abandonner le saint ministère après tous les sacrifices consentis par la famille pour l'aider à réaliser une ambition si fortement affirmée.

A la rigueur, il aurait très bien admis que son fils se lance dans le négoce des objets d'art, ou même qu'il devienne un peintre du genre de ceux de l'école de La Haye, comme son neveu par alliance Anton Mauve. Mais cette vie de bohème que menait Vincent à Bruxelles! C'était au-delà de tout ce qu'il pouvait imaginer.

Comme il l'avait montré bien des fois, le pasteur n'avait aucunement un esprit étriqué, mais c'était sans doute plus fort que lui : il devait éprouver un sentiment d'échec personnel en voyant ce visage émacié et en écoutant le flot des explications véhémentes de son fils quand il lui décrivait son existence nouvelle. Certes, il y avait bien la présence de son nouvel ami, ce Van Rappard, qui paraissait bien convenable et qui se plaçait manifestement dans la tradition de Mauve. Mais qu'adviendrait-il de son propre fils? Avait-il vraiment du talent? Cet enthousiasme soudain ne serait-il pas qu'un feu de paille qui se terminerait par un désastre, une fois de plus?

Ce qui le déprimait le plus, c'était que Vincent était maintenant à un âge où il aurait dû gagner suffisamment bien sa vie pour aider la famille. Or, en fait, c'était lui qu'il fallait aider, et rien ne permettait d'espérer qu'il se suffirait un jour à lui-même. Certes, il disait bien qu'il allait trouver un emploi d'illustrateur, et il parlait vaguement de vendre ses dessins, mais de tels espoirs s'évanouissaient quand Theodorus regardait les esquisses commises par ce soi-disant artiste. Il y avait encore beaucoup à faire pour pouvoir les vendre à qui que ce soit !

Avant de partir, il informa Vincent que c'était Théo qui payait secrètement les cinquante francs supplémentaires envoyés tous les mois. Vincent n'en regretta que plus amèrement les reproches violents qu'il avait adressés à son frère, et mesura avec une conscience aiguë à quel point il dépendait des autres.

En reprenant le train qui allait le ramener en Hollande, le vieil homme devait être partagé entre des sentiments bien contradictoires. Manifestement, Vincent avait pris une décision irrévocable. Mais ce n'était pas la première fois ! Et ses chances de parvenir à quoi que ce soit étaient bien minces. Cela ne faisait aucun doute, et n'était que plus désespérant. Impossible de tirer la moindre conclusion. La seule certitude, c'était qu'il leur faudrait continuer à l'entretenir, comme un infirme ou un vieillard. Bien triste perspective pour un homme qui n'était plus en parfaite santé.

Pour Vincent, la seule réalité satisfaisante était ce qui apparaissait sur le papier devant lui, tout le reste n'était que source d'irritation. Pour l'instant, il avait une existence plutôt vivable : il avait juste assez d'argent pour manger modérément et payer son matériel. Il avait installé son atelier dans l'appartement de Van Rappard, mais sans pouvoir préciser combien de temps cet arrangement serait encore susceptible de durer.

Aucun des deux hommes n'appréciait la vie dans une grande ville. Pour Van Rappard, c'était surtout parce que ses intérêts artistiques se situaient à la campagne, et il voulait partir, maintenant que les beaux jours étaient revenus. Quant à Vincent, comme toujours, ses sentiments étaient plus complexes. Certes, il prendrait volontiers les gens de la campagne comme sujets de ses toiles, mais il pourrait tout aussi bien trouver les déshérités qu'il brûlait de fixer avec sa palette parmi les gagne-petit qui s'échinaient dans les faubourgs industriels de Bruxelles : chaque jour, il croisait dans la rue des ouvriers d'usine, des porteurs, des couturières, des enfants exploités par des employeurs sans scrupules, tout ce petit peuple qui courbait l'échine en silence en se dirigeant vers ces gigantesques manufactures en brique, ces ateliers remplis de machines et ces filatures, artisans d'un succès économique que la nation était justement en train de célébrer. Et pourtant, c'est aux paysans trimant dans les champs et aux mineurs qui suaient sang et eau dans les entrailles de la terre que Vincent voulait consacrer son art.

Pour lui, la ville n'était que le cadre dans lequel il s'imposait de rester le temps nécessaire pour parvenir à acquérir les techniques qui lui permettraient ensuite de réaliser ses projets. Quand la ville aurait livré ses secrets, il pourrait retourner dans les charbonnages pour se consacrer à la forme d'art à laquelle il croyait. Mais la vie à la ville lui faisait éprouver un sentiment de déchéance, elle le rendait malade.

Dès qu'ils le pourraient, ils essaieraient donc, Rappard et lui, de partir à la campagne pour planter leurs chevalets dans les champs qui s'étendaient au-delà des maisons et des usines. Un jour, en se promenant près d'une carrière où s'affairaient des terrassiers, ils avaient vu une femme cueillant des pissenlits et un fermier semant ses graines. Cette vision avait frappé Vincent au-delà de toute mesure. Serait-il un jour capable de peindre de tels sujets ? se demanda-t-il avec angoisse.

Ses études se terminant en mai, Van Rappard annonça à Vincent qu'il avait l'intention de partir. Vincent, lui aussi, mourait d'envie de changer complètement de décor, de se perdre dans des contrées sauvages et inaccessibles du genre de celles où des peintres comme Roelofs allaient séjourner durant les mois d'été. Mais comment ferait-il pour assumer les frais d'un tel voyage ? C'est alors qu'il apprit que Théo projetait de venir à Etten pour Pâques, et le problème se régla tout seul.

A la « pastorie », les réactions furent plutôt mitigées lorsque arriva le fils prodige. Certes, revêtu de son costume « neuf », il avait un aspect plus présentable, mais que comptait-il faire ?

Si l'on excepte Vincent, la famille Van Gogh connaissait un bonheur tout à fait acceptable. Anna avait donné le jour à sa première fille, Sara, un an plus tôt. Quant à Élisabeth, elle éprouvait quelques difficultés à mener à bien ses études linguistiques, mais il y avait toujours un Théo exemplaire pour démontrer que tout allait pour le mieux. Quelle joie mêlée de fierté pour sa mère quand elle avait appris la rencontre avec le président Mac-Mahon !

Mais Vincent, lui, décevait tout le monde. Il devait être bien difficile de lui réserver un accueil chaleureux et, quand Théo fut retourné à Paris, il n'y eut plus personne pour s'occuper de lui.

En outre, c'était bien gênant de l'avoir dans la « pastorie » et difficile d'expliquer ses excentricités aux paysans des environs pour qui les Van Gogh représentaient l'exemple qu'il fallait suivre. Si encore il avait été un « vrai » artiste. Mais il ne pouvait rien montrer d'autre que des dessins d'écolier, rassemblés dans des cahiers d'exercices.

Vincent était maintenant de plus en plus persuadé que de tels dessins ne pouvaient plus le mener à rien. Il avait appris beaucoup grâce au livre de Bargue et aux autres manuels d'anatomie et de perspective, mais il se rendait compte du caractère artificiel de toutes ces méthodes. Il espérait un changement maintenant qu'il pourrait travailler directement d'après nature, comme tout le monde avait l'air de le préconiser.

Quand il parlait de ses projets à ses parents, il ne faisait qu'aggraver leurs craintes. Certes, il glissait parfois dans la conversation qu'il allait retourner à Bruxelles, mais il apparut bientôt qu'il s'installait dans des habitudes routinières. Comme de bien entendu, il avait commencé par exécuter une copie du *Semeur*, de Millet. Dans son souci de fidélité au modèle, il était allé jusqu'à faire des traits de plume pour imiter le grattement de l'aiguille à graver.

Cet hommage rendu au maître, c'était sa façon à lui d'inaugurer ses travaux. Cette formalité accomplie, il se lança dans les champs et les venelles chaque fois que le temps lui permettait de dessiner à l'extérieur : une chaumière sur la bruyère, les arbres autour du cimetière, des bûcherons dans les pins voisins. Mais les œuvres qu'il exécutait étaient encore empreintes de cette aura de sainteté que Millet donnait à ses paysans, si bien que les scènes campagnardes de Vincent montraient souvent dans le lointain le clocher de l'église de son père et les ouvriers agricoles qu'il dessinait avaient une sorte de dignité robuste.

Toutefois, il avait encore du mal à représenter le corps humain. Bargue apprenait à dessiner des personnages isolés, mais sa méthode n'accordait aucune importance au « modelé », à la mise en relief des personnages par les ombres et le volume, et cette déficience lui faisait éprouver quelque difficulté à les « placer » dans une composition. Isolées de leur contexte, ces études auraient pu satisfaire l'œil, mais il était difficile de les intégrer dans leur environnement naturel.

Il dessina un paysan debout près de sa porte, un tamis à la main, mais il y avait tant de raideur dans le maintien que le personnage n'était pas convaincant. Conscient de ce défaut, il tenta d'y remédier en demandant à des gens de poser pour lui. C'est ainsi que Willemina accepta de se poster près de la machine à coudre de leur mère — il aurait préféré la voir tenir un rouet.

Il visita les ateliers des habitants du village afin de se familiariser avec la perspective en dessinant les outils du forgeron ou du charpentier. Mais pour représenter les gens, la difficulté était autrement plus grande. Il dessina un paysan, qui s'appelait Schuitmaker, auprès de son âtre, le buste penché en avant et la tête dans les mains dans une attitude de grande fatigue. Vincent réussit à rendre de façon touchante les effets de la vieillesse et de l'épuisement, mais la technique manquait manifestement de maîtrise. C'était presque une caricature, et d'ailleurs cette œuvre avait été inspirée par un personnage qu'il avait vu dans une illustration de *The Graphic* et qui représentait une jeune fille fatiguée dans une posture similaire.

Loin de vouloir cacher ses sources, Vincent écrivit « *WORN OUT* » (épuisé) en anglais, au-dessus de sa signature. C'était vraiment frustrant pour lui de rester à ce stade : il avait en lui l'émotion, une émotion puissante, et il avait trouvé avec quelle sorte de sujets il pourrait l'incarner. Mais, d'un autre côté, il souffrait profondément de l'insuffisance de sa technique.

Au bout d'un mois, Van Rappard vint passer une douzaine de jours avec lui à Etten. Ce fut un moment de joie véritable, les deux amis partant ensemble dans la nature avec leurs crayons. Van Rappard dessina la pastorie et donna son esquisse à Willemina. Tous deux furent inspirés par les marais voisins, et si Van Rappard faisait preuve d'une technique plus accomplie, réussissant avec quelques traits bien placés à créer un effet de profondeur sur l'eau, Vincent, lui, bien que plus malhabile, reproduisait dans le moindre détail les roseaux et les nénuphars avec toute la fascination d'un naturaliste professionnel.

Ils se rendirent même à Princenhage pour voir l'oncle Cent. Peut-être Vincent espérait-il que la présence et la distinction de son ami permettraient d'opérer une réconciliation, mais le vieil homme n'était pas suffisamment bien portant pour les recevoir. C'est du moins ce qui leur fut répondu.

Vincent avait besoin de conseils urgents sur la manière de dessiner les personnages. Son compagnon ne pouvait pas l'aider. Ils étaient bons amis et heureux d'avoir pu partager leur solitude, mais Van Rappard avait seulement un peu plus d'expérience que Vincent. Après le départ de Van Rappard, Vincent décida d'aller voir son cousin Mauve à La Haye. Comme il venait d'entrer dans la famille, ce dernier pouvait difficilement refuser de donner ses conseils.

Vincent partit aussitôt et tous les gens qu'il rencontra lui prodiguèrent leurs encouragements, même Tersteeg qui lui réserva un accueil tout à fait aimable. Quant à Mauve, il examina les dessins avec le plus grand soin, donnant ses impressions avec beaucoup de sincérité.

Selon lui, Vincent n'avait pas choisi le bon procédé, ce qui lui interdisait d'améliorer sa technique. Il fallait abandonner la plume et l'encre pour prendre le pinceau et le bâtonnet de pastel. Il parviendrait ainsi à modeler ses personnages de façon plus spontanée. De plus, il insista pour que Vincent se mît immédiatement à la peinture.

Mais Vincent restait nerveux, il se voyait encore faisant carrière comme illustrateur et l'idée de s'attaquer à la couleur l'effrayait. Pourtant il se sentit très encouragé par les paroles de Mauve et se dit qu'il allait enfin pouvoir sortir de l'impasse où la copie des manuels l'avait fourvoyé.

En octobre de cette année-là, à Etten, il dessina le jeune jardinier de son père, qui se nommait Piet Kauffmann. La différence est stupéfiante. Bien que la pose du modèle soit probablement inspirée de Millet — agenouillé, il tient une petite faucille à la main —, l'effet produit par l'ensemble de l'œuvre exécutée au fusain et à l'aquarelle paraît soudain tout à fait réussi, le personnage s'intègre avec beaucoup de bonheur dans son environnement. Vincent eut alors l'impression que ses efforts acharnés commençaient enfin à porter leurs fruits. S'il persévérait, il parviendrait certainement à atteindre son but.

Mais c'était compter sans l'intervention du monde extérieur. Tant qu'il était isolé, dans les limites de la paroisse, absorbé uniquement par son travail, tout pouvait aller pour le mieux, mais quand arriva l'été, ses parents annoncèrent qu'ils attendaient la visite de leur nièce Kee Vos, qui avait récemment perdu son mari et qu'accompagnait son fils Johannes.

Si Vincent avait manifesté le moindre signe de l'importance que cette nouvelle signifiait pour lui, ils auraient peut-être compris qu'il valait mieux annuler cette visite, mais il n'en fut rien, et l'arrivée de la jeune femme, au mois d'août, ne tarda pas à annoncer tous les indices d'une catastrophe imminente.

Le moins que l'on puisse dire, c'est que le noir des vêtements de deuil de la jeune femme paraissait plus intense, et son visage plus dur, empreint d'une tristesse plus profonde. Vincent en fut bouleversé. Dans le Borinage, il avait réussi à chasser de son esprit l'image de la femme en noir. Maintenant, elle était là, l'enfant à ses côtés, les cheveux noués sur la nuque, avec sa robe de soie noire froufroutante. Il fut envoûté mais, fidèle à ses habitudes, il ne dit rien. Il se montra un oncle affectueux et plein d'attentions, emmenant Johannes en promenade ; il avait toujours aimé les enfants, et tout le monde se souvenait des dessins qu'il avait faits pour la petite Betsy Tersteeg.

Quand il avait l'air de regarder avec insistance la mère du bambin, il trouvait une excuse dans le fait qu'il était un artiste. Il travaillait d'ailleurs à son portrait, son premier peut-être. La mère et l'enfant passèrent le mois d'août au presbytère et seraient sans doute restés plus longtemps si Vincent avait réussi à cacher ses sentiments, mais soudain il déclara son amour, dans un torrent de paroles passionnées et maladroites.

La réaction fut brutale, comme celle d'Eugénie quelques années plus tôt. « Non, non, jamais. » Cette réponse l'obséda. Il la répéta dans ses lettres à Théo à mainte et mainte reprise. Des lettres dans lesquelles, au début, il s'efforçait de démontrer que ces mots n'exprimaient pas ce qu'ils avaient l'air de dire et affirmait son espoir de la gagner un jour à sa cause.

Une fois de plus, c'était le désastre de Londres qui recommençait, et pourtant Vincent n'avait manifestement rien appris. Ce qui était nouveau, c'était la violence de sa réaction. Cette fois, il n'allait pas se résigner passivement à son échec, se réfugier dans une bouderie silencieuse pour masquer son désespoir. Il clama bien haut, à qui voulait l'entendre, et son amour et son intention de persévérer.

Kee partit à la première occasion et Vincent accabla Théo de pathétiques demandes d'argent afin d'être en mesure de la suivre à Amsterdam. La famille était consternée, et pourtant l'oncle Cent, assez curieusement, parut trouver que la détermination de son neveu, sans mériter l'admiration, témoignait au moins d'une certaine vitalité.

Pendant deux mois Théo tint bon. Vincent écrivit au père de Kee, le pasteur Stricker, qui lui non plus ne cacha pas son courroux. Il continua de dessiner mais il s'était mis dans la tête que seule la « gentillesse » de la jeune femme lui permettait de progresser dans son travail.

Van Rappard revint en octobre, mais il ne resta qu'une journée ou deux : Vincent n'était plus en état d'apprécier les souvenirs de leurs promenades antérieures ; il passa la plupart du temps à importuner son ami en lui demandant avec insistance de ne pas retourner à Bruxelles suivre les cours de l'Académie. Mais Van Rappard s'en alla et Vincent supplia son frère d'intervenir auprès de Kee. Finalement, Théo se rendit à ses arguments et, en novembre, il accepta de lui envoyer l'argent du voyage, loin de se douter du drame qu'il allait déclencher.

Aussitôt l'argent arrivé, Vincent partit pour Amsterdam et alla droit chez l'oncle Stricker, sur le Kaizersgracht. On l'admit, bien à contrecœur, dans la salle à manger. Kee n'était pas là mais la vue de la table où on avait mis le couvert pour deux personnes seulement éveilla ses soupçons : manifestement on venait d'enlever la troisième assiette pour faire croire que la jeune femme logeait ailleurs. Il insista pour la voir. Le pasteur affirma qu'elle était partie. Sans hésiter, Vincent tendit le bras droit et maintint sa main droite sur la cheminée de la lampe à pétrole, la soumettant à une chaleur insupportable.

Laissez-moi la voir aussi longtemps que je pourrai garder la main sur cette flamme.

La scène évoquait plus le mélodrame que la véritable tragédie et les Stricker furent plus irrités par l'incongruité de la conduite de Vincent qu'inquiets des conséquences qu'elle pourrait avoir sur l'intégrité de son épiderme. Sans se départir de son calme, le pasteur s'approcha et souffla la lampe. Vincent s'était brûlé, mais sans gravité. Son effet ayant raté, il sortit.

Il se rendit alors à La Haye, agité de pensées tumultueuses, pour aller voir Mauve. Son cousin le questionna sur sa brûlure mais Vincent inventa une histoire quelconque et demanda de nouveaux conseils sur la peinture. Heureux de jouer les professeurs, Mauve prit une nature morte et lui donna sa première leçon sur l'utilisation de la palette ainsi que quelques informations sur les couleurs, sans se douter le moins du monde que son élève avait l'esprit à mille lieues de là.

Dès la leçon terminée, Vincent sortit arpenter les rues de la ville. Ce qui se passa alors était sans doute inévitable. Il serait présomptueux de tenter de le décrire mieux qu'il ne l'a fait lui-même quand il fut en état de se confier à Théo :

... je n'ai pas eu besoin d'aller la chercher bien loin. J'en ai rencontré une qui était loin d'être jeune, loin d'être jolie, sans aucun charme particulier, si tu veux. Tu as peut-être envie d'en savoir davantage. Elle était assez grande

et fortement charpentée ; elle n'avait pas des mains de dame comme K. mais d'une femme qui travaille beaucoup. Elle n'était ni grossière ni vulgaire ; il y avait en elle quelque chose de très féminin. Elle ressemblait un peu à une figure de Chardin ou de Frère, ou même de Jan Steen. Bref, ce que les Français appellent une ouvrière. Il était visible qu'elle avait eu beaucoup de soucis, que la vie l'avait malmenée ; oh ! elle n'avait aucune distinction, rien d'extraordinaire, rien qui ne fût banal... Cette femme a été bonne pour moi, très, très bonne, oui, très gentille. Je préfère ne pas expliquer à mon frère Théo comment elle l'a été, car je le soupçonne d'en savoir déjà assez par son expérience. Tant mieux pour lui. Avons-nous dépensé beaucoup d'argent ensemble ? Non, parce que je n'en avais guère et je lui ai dit : « Écoute, nous n'avons pas besoin de nous saouler ensemble, glisse plutôt dans ta poche ce dont je puis me passer. » J'aurais voulu me passer d'un peu plus, car elle le méritait.

Ainsi, il avait fini par acheter... de l'amour ? Non, il n'était pas assez naïf pour le croire. Mais il était convaincu d'avoir obtenu plus que le corps de cette femme, en échange de son argent.

Et nous avons bavardé un peu de tout, de sa vie, de ses soucis, de sa misère, de sa santé. La conversation que j'ai eue avec elle m'était plus agréable que celle que j'ai eue avec mon très savant et très professoral oncle, par exemple.

Il rentra à Etten moins conciliant que « son expérience » aurait pu le laisser espérer. En fait, il roulait dans sa tête des pensées très agressives et se formalisa au plus haut point quand ses parents lui dirent combien ils étaient furieux de son comportement chez l'oncle Stricker. Cet épisode lui avait laissé un souvenir tellement lointain qu'il eut du mal à croire qu'il pouvait encore avoir la moindre importance.

En voyant les actes sans cesse plus déments auxquels son fils se livrait, Theodorus, plus encore qu'Anna, était passé de l'inquiétude à une fureur froide et concentrée. Il alla même jusqu'à proférer des jurons, ce que Vincent trouva déplorable de la part d'un ministre du culte, imputant les réactions de ses parents à Dieu et à la religion. Lui qui avait vénéré son père comme un héros constatait maintenant que ce personnage à la stature de patriarche lui retirait son soutien.

Vers qui allait-il maintenant pouvoir se tourner, si ce n'est vers la seule personne qui semblait lui offrir son aide en lui permettant de s'acheminer vers le seul objectif qui lui importait vraiment : sa nouvelle religion, son art ? Mauve pouvait assumer le rôle que son père avait si honteusement abandonné.

Au début décembre, il retourna à La Haye et constata avec soulagement que son cousin acceptait d'envisager de lui donner des leçons de façon plus suivie. Il était désormais inutile de prolonger le séjour à Etten. Il y revint à Noël, mais se conduisit d'une manière absolument odieuse : il refusa de se rendre à l'église le jour de Noël ! Sans doute voulait-il manifester la déception que lui avait causée la religion et punir son père de ce qu'il considérait comme un manque de compréhension, mais dans une minuscule communauté comme Etten, où la minorité protestante éprouvait le besoin de se serrer les coudes devant l'écrasante majorité de ses voisins catholiques, le « geste » de Vincent allait beaucoup trop loin. Se comporter ainsi, en choisissant justement le jour de Noël ! Manifestement, il cherchait à créer un incident. Et il y parvint.

Excédé, le brave pasteur enjoignit à son fils de faire sa valise. Vincent partit pour La Haye le jour même, sans éprouver le moindre repentir, persuadé que le droit était de son côté et que son père avait perdu tout sens de la mesure.

Pour une fois, Théo refusa d'abonder dans son sens. Il lui adressa des reproches cinglants, l'accusant de se conduire comme un gamin insolent, mais de telles critiques glissèrent sur l'armure hermétique d'autosatisfaction que Vincent s'était forgée. La religion n'était plus seulement abandonnée : sous sa forme institutionnelle, elle était maintenant devenue l'ennemi à abattre.

Jusqu'alors sa vie avait été structurée au sein du cadre moral de l'Église réformée de Hollande, évitant avec la plus grande rigueur tout ce qui avait un rapport avec le péché. A Paris, Théo avait réussi beaucoup plus discrètement à se libérer de telles contraintes. Loin de ses parents, il s'était adapté à une vie de noctambule, à un monde d'aventures où l'absinthe et les plaisirs de la chair étaient là pour qu'on en profite. Vincent, comme toujours, se montra incapable de réaliser un tel équilibre. Dès lors, les prostituées allaient devenir ses compagnes favorites, souvent même ses seules compagnes.

Au début, Mauve ne soupçonna aucunement le nouveau tour que prenait l'existence de son cousin et il lui réserva l'accueil que méritait un membre de la famille qui était en même temps son élève, lui accordant une aide exclusivement matérielle. Il prêta de l'argent à Vincent pour lui permettre de trouver un local où il pourrait travailler. C'était là pure générosité de sa part, malgré la modestie de la somme, et Vincent fut obligé d'aller chercher une chambre loin du centre ville.

Comme La Haye connaissait une expansion rapide aux dépens des dunes et des bois avoisinants, Vincent dénicha un immeuble à demi terminé près de la Schenweg, une zone dépourvue de tout caractère, accrochée aux confins des banlieues en plein développement. Il y trouva un local que l'on pouvait baptiser du nom d'«atelier», et la nécessité de faire de longs trajets à pied ne le dérangea nullement.

Les dessins de Vincent rendent bien ce curieux no man's land, ni ville ni campagne, avec pour toute perspective des gazomètres, des hangars d'usine et les toits des fermes éparses qui ont survécu à l'invasion. Ces ébauches constituent un document unique sur ce moment de l'histoire de la plupart des villes européennes où l'industrialisation et l'urbanisation ont provoqué un divorce définitif entre la ville et la campagne en les séparant par une zone suburbaine hideuse et tentaculaire.

On décèle une tristesse ineffable chez les personnages représentés par ces dessins, avec leur air distant et impersonnel. D'inquiétants volatiles tournoient au-dessus des terrains vagues, plus semblables à des vautours qu'à des oiseaux marins. La technique de l'artiste s'est maintenant améliorée à un tel point que la réussite est totale — il se sert de la perspective en lui donnant une dimension véritablement dramatique — laissant vide la plus grande partie de l'espace, pour créer une impression de terres sous-peuplées cernées à l'horizon par des bâtisses anonymes.

Vincent affirmait sans cesse que la confiance en soi qui l'habitait maintenant lui venait en grande partie de Mauve. L'éloge qu'il faisait de son cousin était si excessif que l'on pourrait imaginer que cette relation de professeur à élève avait duré au moins deux ou trois ans. Or, si surprenant que cela puisse paraître, ils ne travaillèrent que quelques mois ensemble. En fait, le choix de ses sujets et la nature de ses émotions venaient surtout d'Israëls car il s'inspirait directement des paysans de ce dernier, qu'il prenait comme modèles.

Ce que Mauve lui apporta, ce fut le courage d'utiliser la couleur. Mauve le conjura de peindre alors que Vincent était encore convaincu que le seul espoir qu'il puisse nourrir était d'acquérir la technique de l'illustration en noir et blanc. Juste avant qu'il ne parte d'Etten, Mauve avait envoyé tout un assortiment de couleurs à Vincent, et quand celui-ci arriva à La Haye, il lui apprit la technique de l'aquarelle :

Hier, Mauve m'a donné encore une leçon, pour m'apprendre qu'il faut employer des couleurs transparentes pour peindre les mains et les visages. Mauve est très fort ; il a sûrement réfléchi à ce qu'il dit, et il ne parle pas pour ne rien dire. Moi, je l'écoute attentivement et je m'évertue à appliquer ses conseils. Il est vrai que j'ai dit hier à Mauve qu'il me faut absolument gagner un peu d'argent, mais je n'ai pas voulu lui en demander, puisqu'il me donne quelque chose qui vaut plus que l'argent. D'autre part, il m'a aidé à me procurer des meubles, c'est plus que suffisant...

C'était l'argent, bien sûr, sa principale préoccupation, mais il ne désespérait pas de voir Tersteeg lui acheter quelques-uns de ses dessins. A l'origine, Tersteeg lui avait prodigué ses encouragements, mais le directeur de galerie ambitieux et dynamique que Vincent avait connu lors de son premier séjour à La Haye avait laissé la place à un père de famille bien tranquille qui avait perdu, en même temps qu'une bonne partie de ses cheveux, les idées libérales qu'il avait professées du temps de sa jeunesse. Ce dont Vincent ne se doutait nullement, d'ailleurs. Partant du principe que rien n'avait changé dans cette famille, il emmenait les enfants — Betsy et son frère Johan — en promenade dans les dunes et rêvait déjà du jour où ses aquarelles seraient exposées dans la vitrine de la galerie de la Plaats, où il avait travaillé autrefois.

On a du mal à comprendre comment Vincent avait pu oublier à ce point la mentalité qui régnait alors à La Haye. Mauve avait pourtant facilité sa candidature au Studio Pulchri, mais il ne se rendait pas compte combien les artistes du cru pouvaient être conventionnels et bourgeois. Avec un peu de recul, il apparaît clairement qu'un conflit de valeurs ne pouvait manquer de se produire.

Depuis sa première aventure avec une prostituée, la vie de Vincent avait changé du tout au tout. Au début de l'année, il s'était lié d'amitié avec l'une des femmes qu'il avait rencontrées. Il l'appelait Sien, mais son véritable nom était Christine Clasina Maria Hoornik. Elle avait trois ans de plus que lui mais paraissait beaucoup plus âgée. Bien que célibataire, elle avait une fillette de cinq ans, Maria Willemina, mais avait déjà perdu deux enfants. Quand Vincent fit sa connaissance, elle était de nouveau enceinte.

Ce qui l'attira vers elle, inutile de le préciser, ce fut beaucoup moins le charme de sa personne que la misère dans laquelle elle se débattait et son visage marqué par les épreuves. Sans doute trouvait-il aussi en elle quelque chose qui lui rappelait Kee, comme en témoigne un dessin qu'il fit d'elle et où elle est vêtue d'une robe de soie noire identique à celle de la femme aimée.

Sien était-elle cette première prostituée qu'il avait connue en novembre ? Il n'y aurait eu rien d'étonnant à ce qu'il tombe amoureux de la première femme avec qui il avait eu des relations sexuelles. L'enfant qu'elle portait était-il de lui, comme certains le prétendent ? Malheureusement pour ceux qui veulent à tout prix trouver une descendance au «génie», les dates ne concordent pas. De toute manière, il ne revendiqua jamais cette paternité. En fait, Sien était déjà enceinte quand il la rencontra et l'enfant devait naître de père inconnu.

Vincent ne se formalisait aucunement de cette situation. Tous les sentiments qui avaient pu lui être inspirés par les déshérités et les opprimés se trouvaient maintenant projetés sur cette frêle créature.

Pourtant, le passé de cette jeune femme ne justifiait pas vraiment une compassion aussi acharnée. Loin d'apparaître comme la victime d'un foyer brisé, Sien semble avoir bénéficié d'une éducation tout à fait acceptable, bien que sa mère eût élevé onze enfants. Celle-ci n'était d'ailleurs devenue veuve que peu de temps auparavant et on ne voit pas très bien, en dehors de son incapacité à faire le moindre effort, pourquoi Sien avait adopté ce mode d'existence. Au fond, elle était paresseuse et la prostitution lui était apparue comme la manière la moins ardue de régler ses problèmes.

Reconnaissons tout de même qu'au moment où Vincent la rencontra, elle se débattait au milieu d'innombrables difficultés. Elle essayait de s'occuper de l'une de ses jeunes sœurs et elle avait un frère cadet qui lui causait bien du souci. Vincent lui rendait visite de temps à autre, mais à mesure que les mois passaient, il en vint peu à peu à assumer le rôle d'unique «protecteur». Au début, cet aspect de son existence fut soigneusement tenu à l'écart de l'autre monde dans lequel il évoluait également, celui du Studio Pulchri.

Bien que Vincent fît des pieds et des mains pour manifester sa reconnaissance envers Mauve, celui-ci n'était toutefois pas un homme des plus facile à vivre. S'il trouvait dans le travail de Vincent quelque chose à louer, il multipliait les démonstrations d'enthousiasme, mais il était également capable d'une fureur déroutante. De telles extrémités pouvaient s'avérer fort dangereuses sur quelqu'un d'aussi instable que Vincent, et comme on peut s'en douter, les réactions de ce dernier ne faisaient qu'aggraver les choses.

Un jour, Mauve lui donna des moulages en plâtre de mains et de pieds dont on se servait alors comme modèles pour certains exercices, et lui demanda de les dessiner. Vincent prit cette requête pour un affront personnel et, une fois arrivé chez lui, il jeta les plâtres dans le seau à charbon où il les brisa en mille morceaux.

Les réactions de Mauve étaient à peine plus rationnelles : il se mit à imiter la démarche et les manières de Vincent et à se moquer de lui en dessinant des caricatures talentueuses mais pleines de cruauté.

Si Vincent avait trouvé auprès de Sien des motifs de satisfaction, ses relations avec Mauve menaçaient d'aboutir à un violent affrontement. A la fin janvier, quelques semaines seulement après le début des leçons, Mauve fut atteint d'une attaque de dépression débilitante. Quand Vincent se présenta à l'atelier, on lui dit que son cousin était trop occupé pour le voir : il travaillait à une grande toile qu'il allait présenter au Salon de Paris cette année-là et il ne voulait pas être dérangé.

Vincent accepta d'abord ce prétexte, bien qu'il fût peiné de constater que Mauve ne voulait pas lui expliquer lui-même le problème. Mais au bout de quelques jours, Vincent se mit à songer que c'était là pour Mauve une façon de lui dire qu'il ne faisait rien de bien et devrait désormais se passer de son aide. Pendant tout le trajet du retour, il fut assailli par le doute, se demandant s'il avait réellement du talent.

Voulant à tout prix être rassuré, il contacta le peintre Jan Weissenbruch qui lui avait manifesté beaucoup d'amitié quelques années plus tôt, quand Vincent vendait encore des tableaux chez Goupil. Weissenbruch vint le voir chez lui et examina ses dessins représentant les terrains vagues qui s'étendaient devant l'atelier et les aquarelles exécutées non loin de là, à Scheveningen. Heureusement, Weissenbruch était un extraverti — tout à fait l'opposé de Mauve, ce maniaco-dépressif. Il s'habillait avec une grande recherche et la gaieté de son caractère se retrouvait dans ses paysages, qui évitaient les ocres sombres et les bruns foncés tant prisés par ses confrères. Il avertit Vincent, sur un ton plaisant, qu'on l'avait surnommé « le glaive inflexible » à cause de la franchise de ses critiques, puis se lança dans une longue série de louanges, appréciant surtout les dessins exécutés à l'encre.

Il conseilla ensuite à Vincent de ne prêter aucune attention aux sautes d'humeur de Mauve, car elles n'avaient aucun rapport avec la qualité du travail de Vincent.

Celui-ci avait bien besoin d'un tel réconfort, car du côté de

Tersteeg les choses étaient loin de s'arranger. Au début, ce dernier avait acheté des petits dessins pour dix guilders, mais il manifestait maintenant une répugnance mystérieuse à s'intéresser aux autres œuvres que Vincent lui apportait. Il alla même jusqu'à dire à Vincent qu'il ferait mieux de renoncer à l'idée de devenir artiste. Sans doute certains bruits avaient-ils couru sur la vie que menait Vincent par ailleurs, scandalisant les milieux raffinés de la Plaats, et Tersteeg devait s'indigner d'une conduite aussi immorale.

Tour à tour déconcerté et irrité par ces revirements, Vincent travaillait sans relâche, attendant que Mauve revienne à de meilleurs sentiments. Il parvenait à se rendre deux fois par semaine au Studio Pulchri, où des modèles posaient pour les étudiants, et une vieille femme accepta qu'on fasse son portrait. Elle lui trouvait un air si famélique qu'elle lui apportait de temps à autre quelque chose à manger prélevé sur sa maigre ration.

Le meilleur de ses modèles fut Sien car, avec elle, il ne se contentait pas d'étudier un corps anonyme : il était à même d'exprimer ses sentiments les plus complexes. Au cours du mois d'avril, il la dessina nue, assise en plein air, la tête reposant sur ses bras croisés, la poitrine pendant au-dessus de son ventre de femme enceinte. Dans le coin droit en bas de la feuille, il écrivit en anglais « *Sorrow* » (tristesse). Certain d'avoir fait là une œuvre de grande qualité, il écrivit aussitôt à Théo pour lui annoncer que c'était le meilleur portrait qu'il eût jamais effectué.

Il n'y avait rien d'étonnant à ce qu'il continuât de donner à ses productions des titres anglais : il passait beaucoup de temps à revivre son séjour en Angleterre, essayant d'intérioriser la cacophonie d'images et de mots qu'il avait rencontrée là-bas. Il relut Dickens et George Eliot et commença à collectionner les gravures qu'il avait admirées dans les journaux londoniens : le *Graphic* et les *Illustrated London News*. Il découpait avec soin les illustrations qui lui plaisaient pour les fixer sur une feuille de papier fort. Au début de sa seconde année à La Haye, il se procura les 212 numéros du *Graphic* parus de 1870 à 1880. Il devait trouver là une mine inépuisable de modèles.

Un dessin qu'il exécuta représentant des hommes qui extraient de la tourbe près de la ville évoque un certain nombre de ces illustrations : *Étudiants faisant une route près d'Oxford*; *Extraction du diamant en Afrique du Sud*. Une gravure à laquelle il revenait souvent s'intitulait *La chaise vide*, de S. L. Fildes ; elle représentait le cabinet de travail de Dickens avec sa chaise inoccupée, une œuvre chargée d'émotion qui avait été exécutée pour commémorer la mort de l'écrivain en 1870. Qu'un meuble familier puisse être investi d'une telle signification et revête un caractère aussi pathétique ne pouvait que plaire à Vincent, qui en arriva à considérer ce dessin de Fildes comme un exemple presque parfait de ce que l'art devait être et devait réaliser.

Étant donné la forte attirance que ces gravures exerçaient sur lui, il aurait peut-être risqué de revenir à son ambition de se faire illustrateur et renoncer à la carrière de peintre. Heureusement Mauve, maintenant remis de sa dépression, l'invita à reprendre le chemin de son atelier. Comme pour rattraper le temps perdu, il demanda à Vincent de se mettre à la peinture à l'huile, balayant d'un geste de la main les objections de son jeune cousin. Dans ce domaine également, Mauve maîtrisait parfaitement la technique et Vincent ne tarda pas à s'attaquer à ses toiles avec son enthousiasme habituel.

D'autres bonnes nouvelles arrivèrent, émanant cette fois de l'oncle Cor, négociant en objets d'art à Amsterdam ; il passait commande à Vincent de douze vues de La Haye. C'était là une merveilleuse occasion, sa première chance de gagner quelque argent, et il se mit au travail avec ardeur, dessinant dans le quartier juif ou dans une rue animée, près d'une boulangerie. Il acheva promptement ses esquisses pour les envoyer à Amsterdam.

On lui en demanda six autres. Il allait enfin bientôt pouvoir voler de ses propres ailes, mais juste au moment où il allait entreprendre la seconde série, se produisit un autre incident qui compromit ses relations avec Mauve.

Depuis le début de son initiation à la peinture à l'huile, Vincent s'était montré beaucoup trop indépendant à l'égard d'un Mauve habitué à manœuvrer tout le monde au doigt et à l'œil. Or, à sa grande horreur, Vincent voulait à tout prix se servir de ses doigts pour étaler la peinture — il lui semblait évident qu'une matière aussi tactile devait entrer en contact avec la peau pour qu'on puisse mieux la disposer sur la toile. Mauve trouvait ce raisonnement puéril. Les disputes recommencèrent et une fois de plus Vincent se vit interdire l'accès de la maison.

Il s'efforçait encore d'honorer la seconde commande quand Van Rappard vint le voir et manifesta un enthousiasme débordant devant les œuvres de Vincent, lui prêtant un peu d'argent pour réparer un des dessins qui était légèrement déchiré. Mais ce ne fut là que l'un des rares intermèdes de bonheur qui se produisirent au cours d'une période sans cesse plus désespérante.

Vincent percevait chez les gens qu'il connaissait, à La Haye, une hostilité grandissante. A sa grande déception, l'oncle Cor ne lui envoya pas la moindre marque de satisfaction après avoir reçu la deuxième livraison, et il n'y eut pas d'autre commande. C'était à n'y rien comprendre, à croire qu'il avait lui aussi été gagné par la malveillance que Vincent sentait rôder autour de lui.

Cette situation aurait pu se prolonger ainsi, sans qu'aucune hostilité déclarée ne se manifestât, si Vincent et Mauve ne s'étaient pas rencontrés en se promenant dans les dunes. Ils ne purent se défendre d'un mouvement de surprise, s'attendant bien peu à se voir dans un lieu aussi écarté, mais Vincent profita de l'occasion pour demander à Mauve s'il pourrait venir voir ce qu'il faisait et discuter un moment. Mauve laissa éclater sa fureur. « Je n'irai pas chez toi, tout est fini entre nous. » Un silence pénible s'ensuivit, puis Mauve lâcha : « Tu as le vice dans la peau. »

Là-dessus, Vincent tourna les talons et s'en fut. Désespéré et désireux de se justifier, il écrivit enfin à Théo pour lui parler de Sien. Que fallait-il faire ? Comment pourrait-il abandonner quelqu'un dans le besoin ? A peine la lettre envoyée, il souffrit les affres de l'indécision. Et si Théo se fâchait en apprenant qu'il vivait avec une prostituée ? Et si son frère prenait parti contre lui ?

A son grand soulagement, Théo manifesta une grande compréhension dans sa réponse, bien qu'il déconseillât formellement tout projet de mariage. Certes, la sentimentalité de Vincent pouvait avoir brouillé son jugement et, s'il ne reprochait pas à son frère d'entretenir des relations avec cette femme, il n'en reconnaissait pas moins que Vincent était incapable de prendre, face à cette situation, une décision rationnelle et définitive. Ce que Théo ignorait, c'est que Vincent avait contracté une maladie vénérienne, et ce n'était pas une mince affaire étant donné les traitements auxquels on recourait à l'époque.

En outre, Sien allait bientôt accoucher et juste au moment où elle allait partir pour l'hôpital de Leyde, Vincent fut contraint de se faire admettre à l'hôpital municipal de La Haye pour recevoir des soins urgents. Ce fut pour lui une double torture. Aux souffrances infligées par l'insertion d'un cathéter dans son pénis s'ajoutait son désespoir à l'idée de se trouver séparé de Sien à un moment aussi crucial. Le traitement se prolongea pendant trois semaines. Son père vint lui rendre visite, mais il ne subsiste aucune description de cette rencontre qui dut être bien pénible pour l'un comme pour l'autre. Vincent formule simplement son regret de n'avoir point revu son père dans d'autres circonstances.

Vraisemblablement il était guéri de sa gonorrhée et on devait procéder au traitement des séquelles de sa maladie — le rétrécissement du canal urinaire —, que l'on effectuait de façon très primitive en introduisant sur le cathéter des «bougies» dont on accroissait le diamètre afin d'élargir l'étroit conduit. Il semble avoir subi toutes ces épreuves avec une certaine résignation, les considérant comme un juste châtiment. Ce qui lui pesait le plus, c'était de ne point pouvoir fumer sa pipe.

A sa sortie, il accompagna la mère et la sœur de Sien à Leyde, où ils apprirent qu'elle avait donné naissance à un garçon au prix de maintes souffrances et de bien des complications. Vincent resta bouche bée devant le bébé qui n'avait pas été marqué par les forceps.

Quand la mère et l'enfant furent sortis de l'hôpital, et son traitement une fois terminé, Vincent décida de trouver un logement pour s'y installer avec eux. Ils emménagèrent dans une maison plus spacieuse, Vincent étant maintenant plein d'espoir pour leur avenir. Ses lettres indiquent clairement qu'en dépit de la désapprobation de son père et de l'ostracisme dont il était victime de la part des autres artistes de La Haye, Vincent était pleinement heureux de cette vie familiale nouvelle. Il dessina le petit Willem dans son berceau et dans les bras de sa mère, déversant dans ces travaux tout son amour pour les enfants.

Il aimait Sien de toute son âme, cela ne fait aucun doute. Il l'appelait «Une étoile dans la nuit noire» et sur le portrait qu'il avait fait de Sien, il avait écrit, avec le mot «*Sorrow*», une citation de Michelet : «Comment peut-il y avoir en ce monde une seule femme solitaire... abandonnée ?»

Certes, Sien n'avait rien d'une belle femme. Même sur ses portraits, son expression est maussade. Ils n'en eurent pas moins l'air de couler ensemble des jours heureux, bien que le reste du monde doutât de leur relation. Tersteeg surtout en conçut une âcre rancœur. Lorsqu'il vit pour la première fois le jeune ménage et son bébé, il accusa rageusement Vincent d'être fou. Ce fut peut-être lui qui mit oncle Cor au courant de la situation et par conséquent fit annuler ses commandes. Il menaça même de conseiller à Théo de ne plus verser sa pension à Vincent.

La véhémence des réactions de Tersteeg était sidérante. Y avait-il, dans sa propre vie, quelque chose qui justifiât son dégoût des prostituées ? Le directeur de galerie, autrefois libéral, s'était mué en puritain de la pire espèce. Peut-être même prévint-il les parents de Vincent, dont les pires craintes se réalisaient. Son père envisagea même l'internement, et chercha à faire admettre Vincent à l'asile de Gheel, en Belgique. Vincent l'apprit et entra dans une rage indescriptible ; ses lettres à Théo témoignent de la peine qu'il éprouva. On peut dire qu'il ne le pardonna jamais à son père. Heureusement ce dernier ne persista pas dans son dessein. Muté dans une nouvelle paroisse, à Nuenen, près d'Eindhoven, il n'avait plus de temps à consacrer à son fils. Le seul foyer qui restait à Vincent était celui qu'il tentait de constituer lui-même, non sans difficulté.

Sien n'avait rien d'une femme d'intérieur ; Vincent se trouva bientôt contraint d'assumer le rôle, assez inhabituel pour lui, d'un homme organisé qui s'efforçait de donner le bon exemple pour encourager sa compagne à ranger la maison et à faire le ménage. En dépit de son apparence bohème, il avait en fait un goût marqué pour la vie de famille, et de toute façon, il adorait les enfants. Le petit Willem fit immédiatement sa conquête :

Le petit bonhomme est incroyablement exubérant, il paraît déjà se révolter contre les institutions et les conventions sociales. Par exemple, on donne ordinairement aux enfants de la panade, pour autant que je sache. Mais lui, il la refuse énergiquement ; bien qu'il n'ait pas encore de dents, il ronge une croûte de pain et engloutit toutes sortes d'aliments en riant, en criant, en gloussant, mais quand on lui offre de la panade, il ferme résolument la bouche. Il traîne souvent par terre près de moi, dans un coin de l'atelier, sur quelques sacs étendus ; il pousse de petits cris en regardant mes dessins : il se tient toujours tranquille dans l'atelier, il passe son temps à regarder les études fixées au mur. Oh ! c'est vraiment un charmant petit bonhomme.

La présence de Willem, conjuguée à sa volonté de se convaincre que Sien était en train de s'amender, l'incitait à persévérer. De toute manière il ne pouvait pas se montrer trop exigeant à son égard, car elle était encore très faible. Il expliqua à Théo qu'elle était encore nerveusement fragile, ce qui pourrait laisser supposer qu'elle souffrait de dépression post-partum et non des malaises physiologiques qu'il imaginait. De toute façon, elle n'était pas du genre à faire le moindre effort pour se remettre à flot. Elle restait des heures à rêvasser, attendant que se produise on ne sait quel événement.

Le portrait qu'il fit d'elle, blottie près du poêle, vêtue d'une robe de chambre et fumant un cigare, montre bien son indolence foncière et son plaisir de n'avoir rien à faire. Étant donné son état, elle ne se sentait même plus obligée de fournir l'effort nécessaire pour poser pour lui. C'est sans doute à cause de cela, et peut-être aussi pour se changer de l'atmosphère confinée qui régnait au logis, qu'il se remit à peindre en plein air, recourant cette fois à la peinture à l'huile, qu'il avait récemment découverte.

Maintenant qu'il n'y avait plus Mauve pour lui imposer des contraintes, il pouvait enfin recourir aux procédés qui lui tenaient à cœur. Il existe des clairières, avec d'épaisses couches de peinture appliquées directement avec le tube, une méthode inédite à l'époque mais qui lui paraissait riche en possibilités. Il y a aussi une vache allongée dans un champ qui fait presque songer à un bas-relief quand on voit avec quelle abondance de pâte il a modelé le museau.

Grâce à son isolement, il commençait à envisager la peinture sous un angle qui lui était purement personnel. Il s'en tenait toujours à l'ancienne distinction entre une étude et une peinture achevée. Les impressionnistes et les peintres de l'école de La Haye n'avaient jamais voulu faire la moindre différence. L'œuvre achevée était celle que l'on faisait d'instinct, en plein air, sous l'inspiration du moment.

Vincent n'abonda jamais vraiment dans ce sens. Il faisait ses études en pleine nature mais, selon lui, pour que le tableau soit vraiment achevé il fallait que l'artiste, non content de reproduire fidèlement le paysage, réorganise les matériaux bruts en recourant à ses facultés d'invention et d'imagination.

Les sous-bois qu'il a exécutés à cette époque représentent souvent une femme seule appuyée à un arbre. Cette pratique lui avait été inspirée par un artiste anglais, Percy Macquoid, dont l'une des œuvres, *Reflections*, représente une femme vêtue de blanc appuyée à un arbre et fixant son reflet dans l'eau d'un lac. *La jeune fille en blanc dans les bois* de Vincent s'en inspire directement, et on perçoit nettement que l'intention du peintre est de dépasser la représentation de la nature pour provoquer une réaction émotionnelle à la vue de ce personnage mystérieusement solitaire dans un lieu aussi désert. Le propos de Vincent n'a rien de symbolique, la femme n'est investie d'aucun message « caché ». Ce qu'il veut, c'est donner à la scène une atmosphère qui reflète ses propres réactions et ses propres émotions. S'il souffre de la solitude, l'herbe est détrempée et des corbeaux affamés tournoient au-dessus des champs durcis par le gel. Heureux, il fera dans le ciel un soleil flamboyant et ses fleurs formeront un rideau de flammes en délire.

Il se laissait entièrement guider par son instinct, sans se rendre compte que son usage émotionnel de la couleur était très proche des idées dont Théo entendait parler à Paris. Par contre, ses lectures se limitaient aux ouvrages des naturalistes français : Zola, encore et toujours, mais aussi les Goncourt, sans oublier Hugo et les romanciers réformistes anglais comme Dickens.

En un sens, ces nouveaux paysages restent à l'écart de ses théories sur ce que l'art devrait être, tandis que ses dessins continuent de se conformer à ses préoccupations sociales. Il existe des scènes représentant des miséreux rassemblés devant une cuisine où l'on sert la soupe populaire, qui ressemblent à s'y méprendre à des dessins publiés dans *The Graphic*. Il avait également rencontré l'un de ces pitoyables « hommes orphelins », Adrianus Jacobus Zuyderland, qui vivait de charité dans le foyer protestant qui recueillait des vieillards. Vincent fit de lui un certain nombre de portraits, son numéro — 199 — bien en évidence sur sa manche.

Sa vie avec Sien présentait bien des similitudes avec ses réactions à la misère dans les houillères du Borinage. Elle avait sombré dans la déchéance et il était là pour la sauver, bien que, comme le montrait le portrait où on la voit fumer le cigare, son égoïsme et son indifférence fussent tels qu'il était difficile de garder l'illusion qu'elle était autre chose qu'une souillon. Pourtant, ils auraient très bien pu s'accommoder de leurs différences respectives s'ils ne s'étaient pas laissé prendre à un piège tellement classique qu'il en est devenu une source inépuisable de plaisanteries faciles : la mère de Sien vint loger chez eux.

Véritable caricature de la veulerie de sa fille, la vieille femme était dans une misère quasi totale quand Vincent, pris de pitié, lui avait offert de venir s'installer chez eux au moment de Noël. Loin de lui manifester la moindre reconnaissance, cette scélérate se mit, semble-t-il, à saper aussitôt tous les efforts de Vincent pour tenter d'arracher Sien à ses habitudes de fainéante mal peignée.

Par une coïncidence bizarre, la maîtresse de Théo se trouvait alors à l'hôpital et la mère de celle-ci lui causait les pires ennuis. Pour une fois, les deux frères avaient des problèmes identiques à se confier, ce qui changeait des sempiternelles litanies de Vincent se plaignant de son manque d'argent.

Le pire, dans le comportement de la mère de Sien, c'était son absence totale de confiance envers qui que ce soit, une attitude qu'elle semblait avoir transmise à sa fille. Le résultat fut que ses relations avec Vincent s'en trouvèrent complètement empoisonnées. Cette situation était d'autant plus regrettable que les enfants les plus âgés paraissaient eux-mêmes touchés par la contagion, comme en témoigne un portrait de la jeune sœur : assise de biais, les cheveux coupés ras par crainte des poux, elle le fixe d'un regard soupçonneux, du coin de l'œil, comme si elle se méfiait profondément de ce qu'il était en train de faire.

Vincent avait affaire à des gens trop malveillants, trop engoncés dans leurs habitudes, pour trouver un nouvel équilibre dans cette parodie de foyer bourgeois. Sa soif de stabilité ne put résister bien longtemps à l'entêtement frivole de cette femme. Comme il fallait maintenant vivre à six sur la somme allouée par Théo, Sien prêtait à Vincent une oreille moins attentive qu'à son jeune frère qui lui conseillait par en dessous de reprendre ses anciennes activités. Ils avaient à peine de quoi vivre et Vincent était de plus en plus affaibli et torturé par la faim. Obligé de dire un jour à un commerçant furieux qu'il ne pouvait régler la réparation d'une lampe, il reçut un coup de poing qui l'étala sans peine sur le plancher. Son existence se trouvant maintenant emplie de telles humiliations, il n'y a rien d'étonnant à ce que ses lettres à Théo ne contiennent guère plus que d'incessantes requêtes et des plaintes continuelles.

Finalement le problème se régla de lui-même. Dès les premières semaines de l'année 1883, apparurent des signes évidents que les choses allaient mal tourner. Bien que plongée le plus souvent dans une morosité silencieuse, Sien entrait parfois dans une violente colère, menaçant de tout envoyer promener et prévenant Vincent qu'elle irait se noyer s'il continuait de la contrarier. Elle n'arrivait pas à comprendre qu'il devait se consacrer à son travail et employer le plus gros des sommes envoyées par Théo à l'achat de toiles et de peinture. Mais qui peut dire ce que devinrent en fait leurs relations dans le lent déclin de la tolérance qui est la mort de l'amour ?

Théo, en tout cas, comprenait. Il avait lui aussi une maîtresse à problèmes et ne se trouvait pas en position de jouer les moralistes, même s'il avait souhaité le faire. Vers la mi-mai, Rappard vint voir Vincent une seconde fois, et ils partirent tous les deux à Utrecht pour que Vincent puisse se changer les idées.

Rappard venait d'effectuer un séjour au fin fond de la Drenthe septentrionale, là où Roelofs avait passé un été, et l'idée d'aller peindre, lui aussi, dans des lieux aussi désertiques ne pouvait que séduire Vincent, qui voyait maintenant la ville comme un facteur de destruction mentale et de claustrophobie, surtout après son retour auprès de Sien, car le comportement de la jeune femme ne cessait d'empirer. Il adorait le bébé, son plus cher désir était de créer une famille, mais dès que tout semblait s'arranger, Sien entrait dans une violente colère et menaçait d'aller se jeter à l'eau s'il ne faisait pas ce qu'elle voulait.

Rappard revint au mois d'août et le sentiment de liberté qu'il apporta avec lui dut submerger complètement Vincent. Il retournait dans la Drenthe. Vincent fut tenté de le suivre mais il hésita. Comment pourrait-il quitter Sien, l'abandonner avec le bébé, tout en sachant très bien ce qu'elle ferait dans la minute qui suivrait ? Pourtant il sentait bien que cette ville le détruisait. Seule la campagne, la vraie nature, sauvage et inviolée, pouvait lui apporter la liberté.

Heureusement, Théo vint le voir et se rendit compte très vite que la situation était pire encore que ce qu'il avait imaginé. Vincent dut essuyer de sévères reproches de sa part, car Théo voulait mettre fin à cette liaison. Il avait d'ailleurs apporté un costume pour son frère, ce qui amena sur les lèvres de Vincent quelques remarques acides sur ceux qui s'obstinaient à critiquer son genre de vie bohème. Mais Théo tint bon et dit à Vincent qu'il fallait quitter cette femme.

Au début, Vincent ne voulut rien entendre et, quand Théo fut rentré à Paris, il fit clairement entendre dans ses lettres qu'il n'avait aucunement l'intention de suivre son conseil. Mais ce n'étaient que les derniers vestiges d'une résistance qui s'effritait de plus en plus. Au fond de lui-même, il savait bien que Théo avait raison et qu'il faudrait bien un jour en finir avec « la femme », comme il l'appelait maintenant dans sa correspondance.

Je lui ai exposé en long et en large la situation, je lui ai expliqué où j'en étais, que je dois partir à cause de mon travail, que je dois dépenser peu et gagner de l'argent cette année, afin de compenser mes dépenses antérieures, trop lourdes pour moi. Que je prévoyais, si je restais avec elle, que je ne pourrais l'aider d'ici quelque temps, que je me criblerais à nouveau de dettes, car ici, la vie est chère, et que je ne réussirais plus en fin de compte à en sortir. Enfin, pour le dire en peu de mots, que nous devions être raisonnables, elle et moi, et nous quitter comme des amis. Qu'elle devait amener sa famille à recueillir les enfants pour pouvoir se mettre en service.

Il savait bien qu'elle n'écouterait jamais son conseil. Il avait aussi envisagé pour elle un mariage de raison avec quelqu'un qui acceptait de prendre les enfants à sa charge, mais il devinait qu'aussitôt qu'il aurait eu le dos tourné, elle retournerait à ses occupations d'autrefois. Elle fit pourtant semblant de chercher du travail, mais quand elle rentrait le soir c'était toujours pour annoncer l'insuccès de ses démarches.

L'atmosphère au logis devenait de plus en plus pesante et les longues promenades de Vincent ne parvenaient plus à lui procurer le moindre soulagement. Si loin qu'il allât, il se retrouvait toujours au contact de cette ville tentaculaire et de ces « *affreux petits pavillons verts de boîtes à jouets, et des absurdités en matière de parterres, de tonnelles et de vérandas et tout ce que l'imagination stupide des rentiers hollandais est parvenue à créer* ».

Il n'y avait qu'une solution : suivre Rappard, Mauve, Roelofs et tous les autres qui avaient fui dans le Nord-Ouest sauvage, la seule partie du pays que les tentacules de l'industrialisation tardive de la Hollande n'avaient pas encore atteinte. C'était le tout dernier refuge pour les artistes qui voulaient échapper au monde urbanisé.

Sans cesse il tentait de la persuader, et de *se* persuader que tout était fini :

Elle souffre, moi aussi, mais ne se laisse pas abattre. Elle tient tête à l'adversité et continue de s'occuper.

Dernièrement, j'avais acheté un morceau de toile pour faire des études ; je le lui ai donné pour confectionner des chemises aux gosses, je lui ai donné aussi une partie de mon linge, pour qu'ils aient quelque chose à se mettre. Elle s'en occupe, pour le moment.

Si je prétends que nous nous séparons comme des amis, je ne fais pas violence à la vérité, mais cette séparation sera définitive.

Constatant que cette liaison tirait à sa fin, Théo décida que le moment était venu de donner le coup de grâce. Il ne le savait que trop bien : si Vincent voulait réussir, il fallait qu'il se débarrasse de tous les obstacles qui pouvaient le détourner de sa route. Manifestement, il avait effectué rapidement des progrès spectaculaires : les dessins puérils, les personnages mal proportionnés, tout cela avait maintenant laissé la place à des productions plus qu'honorables. Il s'était mis à la peinture et tout portait à croire qu'il allait bientôt maîtriser la technique dont il avait besoin.

Mais Théo savait très bien aussi qu'il y avait un autre Vincent, boudeur et changeant, toujours capable de trouver quelqu'un qu'il pourrait accuser de l'avoir obligé à abandonner ses projets.

Décidé à durcir encore la résolution de son frère, Théo lui envoya cette injonction : « Sans doute ton *devoir* te dictera-t-il une conduite différente. »

Ce mot fit mouche dans l'esprit de Vincent, car il se rendait bien compte que son frère avait raison. Il annonça à Sien que tout était terminé. Il partait pour la Drenthe. Théo avait au moins réussi à faire comprendre une chose : il n'était plus le simple commanditaire de leur entreprise commune, il en était aussi la conscience morale.

CHAPITRE VII

Les mangeurs de pommes de terre
(1883-1885)

Le 11 septembre 1883, Vincent prit le train pour se rendre à Hoogeveen, dans les marécages de la Drenthe méridionale. Sien et les deux enfants l'avaient accompagné à la gare. Il portait son costume brun de « tourbier », celui qu'il avait toujours quand il partait pour la journée peindre dans la campagne, mais cette fois tous savaient qu'il ne reviendrait pas.

Les adieux avaient été déchirants, d'autant plus qu'on lui avait assis le petit Willem sur les genoux jusqu'au départ du convoi. Tandis que le train s'ébranlait lentement, Vincent ne pouvait plus se dissimuler que Sien avait devant elle de bien durs moments à vivre. Et lui, il avait trente ans et sa seule tentative de fonder une relation durable avait échoué lamentablement. Pendant tout le temps que durerait ce long voyage, il allait avoir l'occasion de retourner sans cesse ces tristes pensées dans son esprit.

Sa seule consolation était de songer au travail qu'il allait pouvoir faire dans la Drenthe. Il avait étudié une carte de la région et constaté avec un immense plaisir qu'il n'y avait pas une seule ville de quelque importance. Le centre de la province était un véritable désert traversé par un canal solitaire qui serpentait au milieu des tourbières. Cette promesse de solitude ne laissait pas de le séduire, lui qui avait vécu la surpopulation de La Haye et la progression impitoyable de la ville sur la campagne environnante.

Il faisait déjà nuit quand le train s'immobilisa dans la minuscule gare de Hoogeven et il ne distingua qu'avec peine le paysage qui l'entourait tandis qu'il se dirigeait à pied vers la maison d'Albertus Hartsuiker où il allait loger. Il n'allait pas tarder à découvrir que la présence de ces vastes espaces inhabités avait amené le gouvernement à y reloger les populations misérables qui s'entassaient dans les cités surpeuplées du Sud.

Les rares signes d'activité témoignaient d'un attachement presque exagéré aux usages hollandais : à demi cachées dans les cours d'eau en contrebas, les péniches chargées de tourbe semblaient dériver sur la lande couverte de bruyère. Les ponts-levis, en tous points conformes à la tradition, rompaient de temps à autre la monotonie du paysage. Bien peu de chose avait changé dans la vie des paysans qui passaient leur temps à faucher l'herbe ou gratter le sol meuble et noir pour en extraire des pommes de terre.

Dès qu'il fit beau, Vincent entreprit d'explorer ce monde curieux, travaillant à une série de vastes paysages entièrement vides, comme pour célébrer sa libération de l'étau qui l'avait étouffé dans les faubourgs de la cité.

Les gens donnaient l'impression de vivre dans la terre : les toits de leurs maisonnettes, recouverts de mousse, descendaient jusqu'au sol, ce qui faisait ressembler les habitations à des taupinières. Il était en train d'en peindre une lorsqu'il remarqua deux moutons et une chèvre qui broutaient sur le toit. La chèvre monta jusqu'au faîte et regarda par le conduit de la cheminée, ce qui amena une femme à sortir précipitamment pour la chasser à grands cris.

Mais des épisodes aussi comiques étaient rares. Quand il rencontrait dans la lande une mère et son enfant, il ne pouvait s'empêcher de fondre en larmes. Il ne recevait jamais un mot de Sien, et avait fini par conclure que sa mère et elle étaient retournées habiter dans leur maison d'antan ; quant à Sien, il était convaincu qu'elle avait repris ses anciennes occupations.

Le paysage délavé s'harmonisait avec des pensées aussi sinistres. Il peignit deux silhouettes sombres penchées sur leur travail éreintant dans des champs qui ne sont guère autre chose que des couches d'un bleu sans cesse plus foncé. Sa seule consolation était qu'il s'était partiellement réconcilié avec son père. Maintenant que Vincent avait quitté Sien et que le risque de le voir épouser une putain commençait à s'estomper, les lettres recommençaient à circuler. Incontestablement, sa famille l'encourageait à rester là où il était : on ne tenait pas tellement à ce qu'il rentre au bercail.

Bien qu'il y touchât un salaire un peu plus élevé, la paroisse de Nuenen était la plus petite de toutes celles où le pasteur Theodorus avait exercé son ministère. L'église était encore plus minuscule que la toute première chapelle de Zundert, et le presbytère, situé à deux pas de la rue principale, paraissait plutôt décevant après la belle maison de Hervoirt. Sa construction remontait à 1764 et les signes de décrépitude se manifestaient de toutes parts.

Heureusement, Cor, le dernier enfant dont le pasteur avait encore la charge, pouvait se rendre facilement par le train à son lycée de Helmond. En outre, le pasteur et sa femme n'étaient plus jeunes et appréciaient d'avoir la charge d'une paroisse plus petite. Surtout si leur dévoyé de fils aîné ne venait pas y ajouter le poids de sa présence. Quel soulagement ce fut sans doute pour eux quand ils apprirent, au début octobre, que Vincent avait encore considérablement accru la distance qui le séparait d'eux : il s'était embarqué sur un chaland transportant de la tourbe pour aller à Nieuw Amsterdam, espérant y rencontrer d'autres artistes dont il avait entendu dire qu'ils travaillaient dans cette bourgade perdue.

Au début, le tenancier de l'auberge locale, Hendrick Scholte, hésita à admettre chez lui un voyageur aussi étrange. Il finit par se laisser fléchir, mais ses filles tremblaient à la vue de cet inconnu farouche installé dans leur sombre demeure. Vincent déploya tout son charme pour tenter de les amadouer. Il joua au petit train avec la plus jeune des fillettes et la jucha sur son dos, courant à quatre pattes sur le plancher. Ce fut un peu moins facile avec Zowina-Clasina, sa sœur, qui était légèrement plus âgée, mais il parvint tout de même à se faire accepter. L'aubergiste avait expliqué que leur client était un artiste, mais l'enfant n'avait pas dû comprendre grand-chose.

L'hôtel était situé juste en face du canal traversé par un pont-levis que Vincent fixa sur sa toile. Tous les matins il scrutait le ciel et, si le temps lui paraissait prometteur, il partait en expédition à la recherche de sujets : une maisonnette perdue dans la bruyère, des hommes travaillant dans une tourbière. Il peignait plus qu'il ne dessinait, mais en fait il n'y avait guère de différence car il dessinait avec de la peinture.

S'il était resté plus longtemps avec Mauve, il aurait sans doute compris plus vite ce qu'était un coloriste, car sans être un impressionniste, Mauve créait aussi ses effets en faisant jouer la lumière et la couleur au lieu de tracer des contours trop précis. Livré à lui-même, Vincent se trouvait contraint de réinventer la roue, s'acharnant à résoudre tout seul les problèmes que des générations d'artistes avaient rencontrés avant lui. Sans en être pleinement conscient, il se trouvait déchiré par le conflit classique entre l'utilisation rigide du trait, préconisée par les classiques du XVIIIe siècle, et l'utilisation plus expressive de la peinture que défendaient les romantiques.

Au début, il essaya une combinaison des deux, de la même façon qu'à La Haye quand il avait étalé d'épaisses couches de pâte, comme si la peinture elle-même pouvait servir à définir les contours. Mais une fois seul au milieu des bruyères et des marécages, il ne tarda pas à réinventer une autre méthode : en obscurcissant sa palette pour utiliser ensuite des couleurs légèrement plus claires pour les rehauts, il s'aperçut qu'il arrivait à rendre les objets plus compacts et plus ronds.

C'était une technique qui rappelait Rembrandt et les autres maîtres hollandais, comme si cette étrange étendue sauvage de Hollande l'avait ramené au cœur de la peinture nationale avec ses teintes riches et sombres et ses franges lumineuses qui éclairent les bords. Et c'était du plus heureux effet, car ses chaumières trapues s'investissent d'une présence presque fantomatique aux confins des tourbières noyées d'humidité.

En tout cas elles s'harmonisaient avec son extrême mélancolie et, bien qu'il se rendît compte des limites de cette technique, il n'hésita pas à y recourir pour exorciser la tristesse qui le rongeait.

Pourtant ces hameaux désolés ne parvenaient pas à satisfaire sa fringale de solitude absolue et, vers la fin novembre, il demanda à Scholte de l'emmener à Zweeloo, un village que l'on pensait être le site du plus ancien peuplement humain, un monde complètement perdu. Ils partirent avant l'aube, à bord d'une carriole découverte. Une fois Scholte reparti, Vincent commença ses explorations, mais il ne trouva que quelques maisons éparses et une église austère avec *un vieux clocher camus* qui lui rappela le Gréville de Millet. Il en fit un dessin et erra dans la campagne, espérant maintenant y découvrir les traces des autres artistes qui étaient passés par là avant lui.

C'était un dilemme insoluble. D'un côté il voulait la solitude totale dans un désert inviolé, et de l'autre il était toujours hanté par son désir de fonder une colonie d'artistes. Il rentra seul, à pied, dans la pénombre crépusculaire.

De retour à Nieuw Amsterdam, il repartit à travers champs avec son chevalet, de plus en plus conscient qu'il lui faudrait sans doute plusieurs années pour résoudre des problèmes que d'autres avaient déjà réglés. Il avait besoin d'aide, et cette pensée s'imposa à lui avec une évidence croissante, en même temps que sa solitude qui lui pesait sans cesse davantage. Il avait fait fausse route en voulant s'isoler complètement du reste du monde et, juste au moment où il commençait à se faire à cette idée, une lettre lui apprit que son frère était en froid avec ses employeurs : sans doute répugnaient-ils à lui laisser disposer de la galerie du premier étage.

Théo envisageait maintenant de s'expatrier en Amérique : recommencer de zéro, à New York, c'était peut-être la meilleure solution, d'autant qu'il espérait obtenir là-bas l'aide du correspondant des Goupil, Roland Knoedler, qui avait succédé à Michel, le fondateur de la succursale. Vincent fut consterné. Sans Théo, qu'adviendrait-il de lui ?

Il décida, pour une fois, de se montrer diplomate, écrivant qu'il ne voulait pas être une charge pour son frère qui devait suivre son idée. Mais Théo était si préoccupé qu'il ne répondit pas immédiatement et ce silence plongea Vincent dans des abîmes de désespoir. Avait-on fini par l'abandonner ? Il se demanda à qui il pourrait bien s'adresser pour le tirer d'embarras. Son père lui avait envoyé un peu d'argent, c'était peut-être de ce côté que se trouvait sa planche de salut. Il se rendrait à Nuenen, où l'on s'occuperait de lui si Théo décidait de partir.

Tout en se torturant ainsi l'esprit, il tentait de continuer à travailler, obtenant parfois des résultats d'une beauté hallucinante comme ce *Lever de soleil sur la plaine* qui recréait exactement le monde des maîtres de l'âge d'or hollandais. Avec de l'encre de Chine et un lavis, il évoquait cette impression de vide — le premier plan désert, un ciel qui s'étend à perte de vue — qui caractérise si souvent l'art des Pays-Bas. Une voile minuscule et une chaumière lointaine soulignent la vanité de l'effort humain en un lieu aussi désolé.

Toutes les tentatives auxquelles s'était livrée l'école de La Haye pour éclaircir la palette ont disparu dans ces tourbières fantomatiques plongées dans une clarté crépusculaire. La Drenthe vue par Vincent n'est plus la région pittoresque appréciée par Mauve et les autres. Sa Drenthe est dure et hostile ; pour une fois son art apparaît comme le reflet fidèle de ses émotions, de la tristesse sourde qui l'étreint, exagérée encore par l'âpre temps d'hiver.

Les brumes sinistres de novembre avaient fait place aux interminables nuits de décembre. Il avait de plus en plus de mal à travailler, car un froid tenace l'affaiblissait sans cesse davantage.

Quand Théo lui répondit enfin, Vincent put constater qu'il n'avait pas renoncé à son projet de partir pour l'Amérique. Désespéré, il se résigna à l'idée qu'un tel isolement ne le mènerait à rien car la solitude et la tristesse étaient des choses qu'il emportait partout avec lui. Une fois de plus, il décida de partir.

Il ne prévint pas les Scholte de son intention, déclarant qu'il allait revenir. Il laissa même la plupart de ses bagages dans sa chambre. Il y avait six heures de marche à travers la lande pour gagner la gare de Hoogeven. La pluie avait fait place à la neige. Les vêtements trempés, malade, il grommela pendant la plus grande partie du trajet contre les injustices qui l'accablaient, maudissant son frère ; puis, peu à peu, comme tant de fois auparavant, le contact avec la rudesse extrême de la nature commença à ramener le calme en lui.

Puis ce fut le long voyage en train jusqu'à Eindhoven, au sud du pays, où il eut la correspondance pour Nuenen, qui se trouvait non loin de là. Son apparition inopinée sema la terreur au sein de sa famille. Ses parents purent à peine dissimuler leur mécontentement en le voyant. Nuenen était une bourgade beaucoup trop petite pour qu'on puisse espérer cacher à ses habitants un être aussi excentrique : à peine rien de plus qu'une longue rue avec la minuscule église octogonale de l'Église réformée de Hollande à une extrémité et l'église catholique de Saint-Clément, qui venait d'être construite, à l'autre bout.

La grande majorité de la population était catholique, mais quelques-uns des notables figuraient parmi les ouailles du pasteur Theodorus. Un de ses voisins, Jacobus Begemann, qui était aussi un membre influent de la paroisse, avait fondé l'une des rares usines textiles qui réussissaient à fonctionner dans une région où un tiers des hommes et de nombreux enfants tissaient à domicile. Begemann était lui-même fils de pasteur et on ne pouvait guère s'attendre à ce qu'il manifeste la moindre compréhension quand il découvrirait la présence d'un homme comme Vincent dans la maison qui jouxtait la sienne. La communauté protestante, qui diminuait sans cesse, avait déjà bien assez de problèmes.

La plupart des activités du pasteur Theodorus consistaient à venir en aide à son maigre effectif de paroissiens et la dernière chose dont il avait besoin était la présence dans sa demeure de ce vagabond agressif et débraillé.

Vincent devina tout de suite les sentiments de sa famille :

On redoute de m'accueillir à la maison comme on redouterait de recueillir

un grand chien hirsute. Il entrera avec ses pattes mouillées — et puis il est très hirsute. Il gênera tout le monde. Et il aboie bruyamment.
Bref, c'est une sale bête.

Pour ne rien arranger, Vincent n'hésitait maintenant plus à critiquer son père, le plus souvent sans raison. Après lui avoir voué un véritable culte pendant sa période religieuse, il s'en prenait violemment à tout ce que le vieil homme représentait. Il se lançait même dans de virulentes diatribes contre l'hypocrisie de l'Église et de ses partisans.

Se débattant avec les problèmes que lui posaient une paroisse à bout de souffle et une pauvreté rurale croissante, le pasteur Theodorus ne méritait vraiment pas de telles épreuves. La loi de 1865 prescrivait que c'était aux organisations religieuses qu'il incombait de venir en aide aux pauvres, tandis que la pression qui s'exerçait sur les terres réduisait les paysans à la pénurie, si bien que des hommes comme Dorus éprouvaient toutes les peines du monde à s'acquitter de leurs obligations. Nommé gouverneur de district de la Société de l'Aide sociale, il devait y consacrer la quasi-totalité de ses efforts. Mais cela n'affectait en rien la sévérité des jugements de son fils aîné, qui considérait maintenant comme un affront personnel toutes les formes de religion organisée.

Les trois premières semaines furent invivables, puis Theodorus prit Vincent à part et les deux hommes eurent une longue conversation à l'issue de laquelle ils mirent au point une sorte de modus vivendi. Le pasteur décidait de faire confiance à son fils en le laissant parfaitement libre de s'habiller comme il l'entendait. Une fois de plus, c'était sa famille qui s'adaptait à lui, bien qu'il eût répété à maintes reprises qu'il ne comptait pas rester longtemps et qu'il retournerait dans la Drenthe aussitôt qu'il serait en mesure de le faire.

C'est au cours d'une visite qu'il fit à Van Rappard, à Utrecht, juste avant Noël, qu'il changea d'avis. Son ami lui avait déjà écrit pour lui dire de rester à Nuenen et il réitéra son conseil avec une insistance accrue. Se sentant encore abandonné par Théo, Vincent trouva Van Rappard *moins sec* qu'auparavant et lui annonça qu'il faisait plus grand cas des jugements portés par ce dernier sur son travail que de ceux de Théo. Le changement était de taille. Jusque-là, Vincent et Théo s'étaient toujours gaussés du soin méticuleux que Rappard apportait à la technique, une technique que Vincent critiquait parfois cruellement.

Quant à Rappard, il ne s'était risqué que très rarement à formuler le moindre jugement défavorable sur ce que faisait Vincent, et c'était seulement par lettres. Vincent avait alors toléré ces remarques, réagissant même parfois avec une certaine chaleur.

En fait, il avait aperçu quelques études de tisserands que Van Rappard avait faites, et c'est cela, plus que les paroles de son ami, qui convainquit Vincent qu'il aurait peut-être intérêt à rester à Nuenen. Cette partie du Brabant avait vu une partie de ses habitants abandonner l'agriculture pour le tissage à domicile et Vincent comprit tout de suite que ces tisserands, dans leurs minuscules masures encombrées de ces métiers gigantesques qui emplissaient leur unique salle, fournissaient une image puissante du labeur humain.

Voyez comme cette masse noire de bois de chêne sali avec toutes ces lattes se détache sur la grisaille qui l'environne, et dites-vous bien qu'il y a là, dans cette ambiance, un singe noir, ou un gnome, ou un spectre, qui fait claquer ces lattes du matin au soir...

Il décida donc de rester, sa famille s'adapterait comme elle le pourrait. Heureusement, on avait constaté un certain progrès dans ses œuvres, et il avait l'air de prendre ses activités au sérieux. Malgré les doutes émis par son père sur ses compétences, Vincent obtint la permission d'utiliser la remise qui empiétait sur le jardin, pour en faire son atelier. Il allait bientôt aménager le local, enlevant une vieille essoreuse pour installer un poêle et un tabouret en bois afin d'avoir un siège quand il travaillerait. Il avait une belle vue sur le jardin, même en hiver, et au moins il pourrait travailler au chaud et disposer d'une nourriture convenable quand il en aurait envie.

Dans la Drenthe, les Scholte attendaient son retour. Une énorme quantité de dessins et de tableaux restait entreposée dans sa chambre. Quand ils comprirent que leur étrange client ne reviendrait pas, ils fermèrent à clé la porte de cette pièce qu'il avait baptisée son atelier — il n'y eut pratiquement jamais d'autre occupant. Ne sachant que faire de ces œuvres insolites, ils prirent l'habitude, des années durant, de les distribuer en cadeau de Noël ou d'anniversaire, de sorte qu'il en subsiste aujourd'hui une quarantaine environ. Quant à ceux qui restaient, un jour où elle avait besoin de place, Zowina-Clasina, la fille aînée, les emporta et les fourra un par un dans le poêle pour les brûler.

Vincent devait rester à Nuenen près de deux ans jour pour jour.

Il allait y produire plus de deux cent quatre-vingts dessins ou aquarelles et, fait significatif, presque autant de tableaux. L'un des premiers, une vue de l'église octogonale où son père officiait, montre les fidèles rassemblés au-dehors, après la messe, l'un d'eux portant des vêtements de deuil. Dès le début, il abandonna les teintes sombres qu'il avait utilisées dans la Drenthe pour revenir aux tonalités plus claires dont Mauve lui avait appris à se servir — bien qu'il ait pu retravailler cette œuvre par la suite, au moment où sa palette s'était encore éclaircie. De toute façon la facture est beaucoup moins lourde, moins massive, les coups de pinceau plus courts, plus fins, ajoutant une variété de couleurs qui faisait défaut dans les vastes espaces sombres de ses œuvres exécutées dans la Drenthe.

En dépit de ce nouveau départ, il était toujours en proie à l'inquiétude quand il songeait à Théo et à son propre avenir. Il dessina le presbytère, et sa sœur Élisabeth remarqua que cette bâtisse démodée était devenue «une maison hantée, entourée d'herbes sauvages avec un arbre penché par le vent et de petits personnages dont on ne peut voir qui ils sont ni ce qu'ils sont en train de faire».

Tandis que sa famille s'imaginait vivre dans une maison, Vincent se voyait pris au piège dans une ruine fantomatique. Il fallut un accident pour que s'opère un semblant de rapprochement. Le 17 janvier, sa mère, qui rentrait de Helmond, perdit l'équilibre en descendant du train et tomba sur le quai, se brisant le fémur. Pour cette femme corpulente une telle fracture pouvait avoir de graves conséquences. Vincent était en train de peindre dans une ferme voisine quand il apprit la nouvelle. Il rentra précipitamment au presbytère, juste à temps pour voir le docteur procéder à la réduction de la fracture, une opération délicate et fort douloureuse.

Le choc qu'il subit alors lui fit mesurer combien il aimait sa mère, et il eut tôt fait de se transformer en garde-malade, s'empressant à son chevet dès qu'elle avait besoin de quelque chose, aidé par les sœurs Begemann qui habitaient dans la maison voisine. Les beaux jours revenus, une fois la jambe guérie, il aidait sa mère à sortir dans le jardin où elle pouvait prendre le soleil, confortablement installée dans un fauteuil canné. Chaque jour, Margot, la plus jeune des sœurs Begemann, venait bavarder avec eux. Elle avait dix ans de plus que Vincent et cette femme au physique tout à fait ordinaire mais pleine de bonté était plus que désireuse d'apporter son aide en cette période difficile.

Pour distraire sa mère, Vincent lui apportait ce qu'il appelait des babioles : des croquis et des tableaux. Il lui donna une toile représentant l'église qu'il avait peinte quelque temps auparavant. Tout se passait comme s'il avait transféré son amour et son admiration sur l'autre moitié de son héritage spirituel : ce n'était plus son père et la religion qui l'attiraient, c'était le monde des dessins et de la peinture que sa mère représentait à ses yeux.

Quand elle alla un peu mieux, il se dit qu'il pouvait la quitter pour un moment et partit se promener dans le village pour planter son chevalet devant des hommes qui retournaient la terre ou semaient ; une femme jette du grain à ses poules, devant la porte de sa chaumière ; il dessine l'orée d'un bois.

Il y a un détail bizarre qui réapparaît dans un grand nombre de ses études : parfois il se trouve au centre de ses compositions, d'autres fois il est à peine visible, derrière les arbres : il s'agit d'une tour étrange et solitaire. Quand Vincent dessine le joli jardin qu'il voit de la fenêtre de sa chambre, à l'arrière du presbytère, la tour est là, dans le lointain, au-delà des champs qui s'étendent après les maisons du bourg. C'était ce qui restait de la première église catholique, abandonnée après la mise en service, l'année précédente, de la nouvelle église Saint-Clément. Cette tour allait bientôt être démolie, mais en attendant, avec son clocher pointu, elle se dressait solitaire dans le cimetière désaffecté et attirait le regard de Vincent, quel que fût l'endroit où il plantait son chevalet.

Quoi qu'il ait pu penser de l'accoutrement de son fils, le pasteur Theodorus était en tout cas satisfait de le voir travailler avec un tel acharnement et plus que ravi de constater avec quel dévouement il s'était occupé de sa mère. Une véritable réconciliation allait enfin pouvoir s'opérer, bien que l'accident eût une conséquence assez fâcheuse : la présence sans cesse plus fréquente de Margot Begemann.

Naturellement, on trouvait fort gentil de sa part de venir aider ; il n'y avait que des hommes au presbytère, à part la bonne, et la présence d'une femme rendait les plus grands services. Mais Margot était une vieille fille de quarante et un ans, et l'évident plaisir qu'elle éprouvait à causer avec Vincent ne laissait pas de semer quelque inquiétude. Dans la famille Van Gogh, on savait trop à quoi s'en tenir sur Vincent et les femmes pour ne pas craindre les suites qu'une telle situation pourrait entraîner.

On avait déjà tremblé quand il était allé à La Haye pour récupérer les œuvres qu'il avait laissées chez Sien mais, bien que cette visite lui eût été très pénible, rien de fâcheux ne s'était produit. Les enfants avaient été confiés à d'autres membres de la famille. Quant à son ancienne maîtresse, elle avait renoncé, pour l'instant du moins, à l'existence facile qu'elle avait menée avant de le connaître et avait un emploi de blanchisseuse. Certes, Vincent savait bien qu'ils ne pourraient jamais reprendre la vie commune, mais les efforts qu'elle faisait pour rester dans le droit chemin ne firent que raviver ses remords de l'avoir abandonnée. Il n'en voulut que davantage à Théo qu'il accusait de plus en plus d'avoir provoqué leur séparation.

Théo accueillit avec une grande patience les récriminations de Vincent. Chaque lettre qu'il recevait contenait une nouvelle demande d'argent et s'il tentait de suggérer qu'il ne pouvait pas la satisfaire, son frère lui répliquait avec une vertueuse indignation. Un moment, Théo opta pour la fermeté, il refusa catégoriquement de répondre, mais cette attitude lui valut une menace à peine voilée de Vincent, qui laissa entendre qu'il allait se tuer. Théo céda au chantage et donna ce qu'on lui demandait.

En un sens, Théo savait qu'il était pris au piège. Il ne pourrait jamais se libérer des Goupil tant qu'il serait enchaîné à Vincent. Heureusement le différend qui l'avait opposé à Boussod et à Valadon semblait réglé et, le printemps venu, on l'autorisa à disposer à sa convenance de la galerie du premier étage.

En mars, il réussit à vendre son premier tableau impressionniste, une toile de Pissarro qui fut cédée à un marchand nommé Guyotin pour la somme de 150 francs, rapportant un bénéfice de 25 francs à la maison Goupil. Il n'y avait certes pas de quoi crier au miracle, mais c'était quand même un signe de la clairvoyance dont Théo avait fait preuve. Quant à Pissarro, il accueillit cette vente comme une véritable aubaine, car il venait d'emménager dans sa nouvelle demeure d'Eragny-sur-Epte, à deux heures de Paris, et sa femme Julie s'apprêtait à agrandir encore d'une unité une famille déjà trop nombreuse pour vivre des maigres rentrées d'argent que procuraient des ventes rarissimes. En dépit de ces difficultés, Pissarro demeurait décidé à tenter de nouvelles expériences et se montrait optimiste en dépit des remarques acerbes qu'inspirait à sa femme cette incapacité de faire bouillir la marmite.

A cette époque, la plupart des impressionnistes de la première génération vivaient loin de Paris, et bien que la société qu'ils avaient fondée pour exposer leurs œuvres dût survivre encore pendant deux ans, l'aspect communautaire du groupe — les rencontres dans les cafés, les sorties au bord de la Seine — avait définitivement disparu. Il incombait maintenant à d'autres de défier l'ordre établi, et l'année 1884 vit l'arrivée du premier des Salons des Indépendants, qui s'affirmait comme une nouvelle tentative pour briser le carcan imposé par le jury du Salon officiel.

L'un des premiers artistes à y exposer ses œuvres fut un jeune peintre de vingt-cinq ans, Georges Seurat. Seurat s'était vu refuser l'accès au Salon officiel mais c'est sa grande composition *Baignade à Asnières* qui fut le clou des Indépendants, dès l'ouverture, le 15 mai. Bien que ce nouveau venu fût très connu, il s'affirmait nettement comme un chef de file émergeant de toutes les querelles sur la question de savoir ce que serait la forme d'art qui allait succéder à l'impressionnisme.

C'était du moins la conviction d'un exposant plus jeune encore, Paul Signac, qui reconnaissait dans l'arrangement conventionnel de personnages guindés, sur la berge du fleuve, une préfiguration de ce qu'il s'efforçait lui-même de réaliser. Mais ce qui frappait surtout le jeune homme, c'était la manière dont Seurat avait utilisé de courts traits de couleur pure alignés côte à côte, laissant à l'œil le soin de les mélanger. C'était un procédé auquel les impressionnistes s'étaient essayés de temps à autre, mais uniquement en se fondant sur leur instinct. Il y avait maintenant un peintre plus rigoureux, plus scientifique dans son approche. Les deux hommes se rencontrèrent et décidèrent d'échanger leurs idées.

Pour le vieux Pissarro et pour d'autres visiteurs comme Théo, il apparut clairement qu'un changement important se préparait et, comme pour annoncer encore davantage cette transition, se produisit l'« affaire Manet ».

Manet était mort l'année précédente et quand son ami Antonin Proust, alors ministre de l'Instruction publique, avait tenté d'organiser une exposition commémorative à l'École des Beaux-Arts, il avait soulevé l'opposition fanatique de Gérôme qui objectait : primo que Manet n'avait jamais eu le moindre lien avec les Beaux-Arts et secundo que ses tableaux n'étaient rien d'autre que des « cochonneries ». Gérôme eut même la malencontreuse idée de faire circuler une lettre ouverte adressée au nouveau ministre, Jules Ferry — lettre qui ne fut d'ailleurs jamais postée — proposant que cette exposition se tienne aux Folies-Bergère.

Cette mesquinerie à l'égard d'un confrère disparu allait en fin de compte causer le plus grand tort à la réputation de Gérôme bien que, pour l'instant, ce fût l'exposition des toiles de Manet qui encourût un blâme quasi unanime. Seuls quelques impressionnistes et de rares partisans du groupe, comme Théo, se rendaient compte du rôle primordial joué par ce précurseur de l'art nouveau.

Théo écrivit à Vincent pour lui dire tout le bien qu'il pensait des tableaux exposés, mais il n'était guère facile d'expliquer ce qui se passait à Paris. Malgré tous ses efforts, Théo ne parvenait pas à s'y retrouver dans le mélange de vertueuse indignation et d'acrimonie qui émanait de Nuenen. Non content de réclamer de l'argent, Vincent ne cessait maintenant de prétendre que Théo devait abandonner son emploi pour se consacrer lui aussi à la peinture. Plus irritante encore était sa façon tout à fait irréaliste de concevoir l'existence d'un peintre comme celle d'*un homme parmi les hommes*.

Outre l'illogisme dont il faisait preuve en demandant à Théo de renoncer à leur source commune de revenus, alors que lui ne cessait d'en prélever une part, il manifestait une incompréhension totale à l'égard de la vocation de Théo. La vie artistique parisienne, avec ses luttes captivantes et leurs implications politiques, ne parvenait que comme un lointain murmure à Vincent, perdu dans les champs du Brabant, aux prises avec une charrue tirée par un bœuf, un semeur jetant ses graines à la volée et un moulin au bord d'une rivière.

Dans sa grande générosité, Théo était prêt à accepter que leurs relations se poursuivent à sens unique. C'est pourquoi, quand Vincent proposa que son frère cesse purement et simplement de lui verser une allocation pour lui « acheter » ses œuvres, à un rythme régulier, en d'autres termes qu'il lui paie un salaire en échange des colis de dessins et de tableaux qui seraient expédiés à Paris, Théo accepta, comme toujours. N'importe quoi, pour avoir la paix.

En mai, la maladie du pasteur Theodorus ayant encore empiré, il dut démissionner de son poste de directeur régional de la Société d'Aide sociale. Voilà qui était de fort mauvais augure, et Théo ne tarda pas à se rendre compte que l'état de santé de son père n'était pas amélioré par les relations qui s'étaient établies entre Vincent et Margot Begemann.

Malgré l'amélioration provoquée par le dévouement dont il avait témoigné auprès de sa mère, Vincent ne se rendait que trop bien compte que sa présence dans la maison n'avait toujours pas l'heur de plaire à son père. Maintenant que Théo lui versait un « salaire », il pensa avoir trouvé la solution à ce problème. Il allait louer un atelier dans le bourg, ce qui lui permettrait de se faire oublier pendant la plus grande partie de la journée. Mais les avantages de cette décision, fort sage en apparence, furent gravement compromis quand il jeta son dévolu sur deux pièces qui se trouvaient chez Johannes Schafrat, le sacristain de l'église catholique, à l'autre bout du village, car dans ces conditions il allait passer le plus clair de son temps sous le toit du père Thomas van Luijtelaar, le curé de la paroisse.

Bien que cette partie du Brabant fût un modèle de bonne entente entre les deux communautés, cette cohabitation apparut aux yeux du pasteur comme une nouvelle source d'irritation, car il ne se rendait que trop bien compte du ridicule que ce fils attifé comme l'as de pique attirait sur la famille. Pourtant on l'encouragea à donner suite à son projet, qui l'éloignait de la pastorie une bonne partie du temps, et sa mère l'autorisa même à pousser la chaise roulante qu'elle venait de se procurer pour la conduire jusque chez le sacristain et lui permettre de voir de ses propres yeux les progrès qu'il faisait dans son travail.

Comme ses parents avaient décidé de ne pas lui faire payer sa pension, il avait grâce à son «salaire» une certaine somme d'argent à sa disposition. Certes, il fallait éponger quelques dettes restées en souffrance mais il pouvait au moins se payer le matériel dont il avait grand besoin étant donné sa nouvelle passion pour la couleur. Il se rendait donc de temps en temps à Eindhoven, et la proximité de cette localité amenait un certain équilibre entre la ville et la campagne pour lui qui, autrefois, avait sans cesse balancé entre l'une et l'autre.

Quand il s'ennuyait à Nuenen, il pouvait s'esquiver pour passer la journée en ville. Certes, Eindhoven n'avait rien d'une grande métropole — la croissance rapide qui allait la transformer en un centre industriel de première importance ne se produirait que dix ans plus tard —, et elle ne présentait qu'un intérêt médiocre pour le touriste : son principal édifice, l'église Sainte-Catherine, avait été construit vingt-cinq ans plus tôt dans le style néo-gothique à la mode. Mais Vincent pouvait au moins y rencontrer des gens extérieurs au cercle familial.

Le plus souvent, il se rendait à la droguerie tenue par Jean Baijens, une boutique où il pouvait se procurer quelques accessoires et de la peinture, bien que le choix fût assez limité. Baijens composait lui-même ses mélanges, mais le résultat obtenu n'était pas toujours satisfaisant, comme il devait en faire l'expérience après avoir exécuté une toile représentant la «vieille» gare d'Eindhoven, une bâtisse basse et tout en longueur qu'il avait peinte en hiver : le blanc utilisé pour la neige a manifestement coulé plus que l'artiste ne l'aurait voulu. Mais comme il n'avait pas le choix, il ne lui aurait servi à rien de se plaindre.

En fait, ce magasin étant unique en son genre, il était devenu le lieu de rendez-vous de tous les artistes amateurs de la ville et, comme on peut s'y attendre, Vincent ne manqua pas d'attirer de leur part un certain intérêt. Son allure bohème suffisait déjà à le faire considérer comme un véritable professionnel et il ne tarda pas à se faire aborder par un autre client, un certain Antoon Hermans, qui lui demanda de lui donner des leçons.

Ancien orfèvre retiré des affaires, Hermans avait amassé une coquette fortune grâce au négoce d'importantes collections d'antiquités. Il occupait maintenant ses loisirs en peignant, et se montrait très désireux d'apprendre davantage. De son côté, Vincent s'adressa à un autre habitué, un nommé Vandersanden, organiste à l'église Sainte-Catherine, pour voir s'il pourrait lui donner des leçons de musique. Il avait lu des théories sur les affinités entre la musique et les couleurs et voulait vérifier leur exactitude. Intrigué par un personnage aussi excentrique dans une ville comme Eindhoven, Vandersanden, qui avait dépassé la cinquantaine, accepta de lui apprendre le piano. Ce fut loin d'être une réussite. On frémit rien qu'à imaginer quels sons bizarres un être aussi impétueux que Vincent pouvait tirer d'un clavier. Ce qui tourmentait le plus le professeur, c'était l'habitude qu'avait prise l'élève de s'arrêter soudain pour montrer les relations entre une certaine tonalité et le bleu de Prusse ou le vert foncé. Pris de peur à l'idée qu'il avait affaire à un fou, le vieil homme décida de ne pas prolonger l'expérience.

Quant à Schafrat, le vieux sacristain de Nuenen, il devait lui aussi regretter d'avoir loué ses deux pièces en constatant à quel point le bric-à-brac que son locataire y avait accumulé débordait de toutes parts. Vincent s'était fabriqué lui-même quelques étagères, demandant au menuisier local de lui en installer d'autres à bon compte, et ces rayonnages étaient maintenant encombrés par toutes sortes d'objets hétéroclites qu'il avait ramassés au cours de ses promenades : des plantes, de la mousse, quelques oiseaux empaillés, une bobine, un rouet, etc. Deux gamins du village, Piet Van Hoorn et Leonardus Kuyten, exploraient parfois les bois avoisinants pour lui rapporter des œufs qu'ils prenaient dans les nids. Vincent les gardait dans l'un des placards pour en faire des natures mortes les jours où il ne pouvait pas travailler au-dehors.

Il y avait un vieux fourneau, avec un énorme tas de cendres à côté, et deux chaises dont le cannage commençait à s'effilocher. Le menuisier lui avait confectionné une boîte pour qu'il puisse y ranger ses peintures, ainsi qu'une palette et un cadre de perspective tendu de fils en diagonale grâce auquel il pouvait observer les lignes de fuite du paysage tout en le dessinant. Mais l'entassement de tout ce fatras n'était encore rien comparé aux piles de dessins et de tableaux qui grandissaient à vue d'œil.

Vincent produisait en effet à une vitesse étonnante, travaillant la plupart du temps en plein air. S'il repérait dans le bourg une vue intéressante, il rôdait un moment à proximité, avant de faire une marque avec sa chaussure là où il avait décidé de planter son chevalet. D'après le jeune Piet Van Hoorn, la réaction des passants était toujours de s'exclamer : «Tiens, voilà cet idiot qui revient. » Mais si les enfants s'approchaient trop de lui pendant qu'il peignait, il ne tardait pas à exhaler sa mauvaise humeur.

Quand il allait peindre les tisserands chez eux, il y avait moins de problèmes. Il partait le matin de bonne heure en direction des masures isolées en dehors de la bourgade, à la recherche de modèles consentants. Il emportait avec lui un peu de pain et de fromage : en dépit des plats sains et consistants que lui préparait sa mère, il tenait à manger frugalement, refusant souvent la viande ou toute autre «fantaisie», bien qu'il acceptât de boire un peu de cognac, sa seule faiblesse.

Son accoutrement, quand il partait ainsi, avait tout pour déplaire à son père. Si le temps était inclément, il portait un manteau à longs poils et une toque de fourrure dont on disait qu'elle le faisait ressembler à un matou noyé par la pluie. Mais cela ne risquait guère d'indisposer les tisserands qui s'échinaient sur leur machine du matin au soir, car toute distraction était la bienvenue à leurs yeux.

C'est trois ans plus tôt qu'il s'était intéressé aux tisserands au point de les prendre pour modèles, lors de son expédition à Courrières, et cet intérêt avait été ravivé par les dessins de Van Rappard. Maintenant, il n'avait que l'embarras du choix. Ce qui l'étonnait le plus, c'était la taille gigantesque de leur métier qui emplissait entièrement la pièce principale de leur chaumière, laissant le plus souvent tout juste assez de place pour une chaise haute dans laquelle on installait un bébé qui s'amusait à regarder le rapide va-et-vient de la navette tandis que la femme s'occupait ailleurs, généralement sur le seuil de la porte, où elle préparait de nouvelles bobines.

Dans un espace aussi limité, l'homme et la machine ne faisaient plus qu'un. Dans ses premiers dessins Vincent s'intéressait surtout aux détails mécaniques de l'appareil, considérant l'ouvrier — pour reprendre ses propres termes — comme «un simple nabot dans la machine», et se contentant d'ébaucher une silhouette à peine visible. Il affectionnait particulièrement les métiers à deux lames qui dataient du siècle précédent, mais du fait qu'ils emplissaient entièrement la petite salle, il avait du mal à se reculer assez pour juger de leurs proportions. Il en résulte souvent une distorsion augmentant encore la masse imposante de ces monstres redoutables qui produisaient un vacarme assourdissant.

Pendant les six mois qui s'écoulèrent de janvier à juin 1884, il passa du dessin à la peinture pour les représenter. L'homme et la machine, à peine différenciés, sont investis d'une présence ténébreuse, grâce aux tons assombris qu'il avait adoptés dans la Drenthe. Il existe un *Tisserand vu de face* qui donne l'impression que l'homme dont on distingue la silhouette est aux commandes de quelque engin de guerre futuriste sorti de l'imagination d'un Jules Verne, et qui fonce sur le spectateur.

En mai, Van Rappard vint à Nuenen passer une dizaine de jours et, une fois de plus les deux hommes travaillèrent ensemble. Vincent était si persuadé de l'intérêt qu'il y avait à utiliser des couleurs sombres qu'il poussa le jeune Rappard, toujours aussi influençable, à recourir à la même palette. C'est ainsi que, sans doute au même moment, tous deux s'attelèrent au portrait d'une fileuse, et il est bien difficile de savoir à qui attribuer chacun des deux tableaux, si ce n'est que la supériorité technique de Rappard continue de s'affirmer au niveau du fini ; chez lui le visage de la femme est, selon les critères académiques, plus «correct», alors qu'il y a, comme toujours, dans le portrait réalisé par Vincent, une force sauvage qui, en comparaison, fait paraître bien fade le travail de son jeune ami.

Cela n'empêcha pas Vincent de se montrer plein d'enthousiasme à l'égard des réalisations de Rappard et de lui prodiguer de nombreux encouragements. Cette visite, assurément, l'avait réconforté. Son heure était venue : il pensait avoir découvert, avec les tisserands, un sujet d'inspiration exceptionnel dans la mesure où les autres «peintres de paysans» ne s'intéressaient absolument pas à ce thème, car cela lui permettrait de faire des tableaux qu'il parviendrait à vendre.

C'est alors que Théo arriva pour une courte visite, peu après le départ de Van Rappard. Vincent l'entraîna aussitôt pour faire le tour de l'atelier et lui montrer ses œuvres. La réaction fut profondément décevante. A cette époque, Théo était trop lié à Pissarro et aux autres novateurs pour s'intéresser à ces essais, de toute évidence dépassés avec leur abondance de teintes sombres. Il avait déjà parlé à son frère de la peinture de Manet mais il était naturellement impossible d'expliquer un phénomène aussi visuel en ne recourant qu'à des mots.

Lorsqu'ils abordèrent le sujet de vive voix, il apparut plus nettement encore que Vincent était bien loin de soupçonner la portée de la révolution artistique qui avait eu lieu à Paris.

Vincent était convaincu que la vraie révolution en matière de couleur était celle d'Israëls, et il ne voulait pas en démordre. Pire encore, avant l'arrivée de Théo, il s'était forgé un certain nombre d'idées fausses sur l'impressionnisme en discutant avec Van Rappard : tous deux connaissaient si mal ce mouvement qu'ils en étaient arrivés à la conclusion que les œuvres de Van Rappard devaient être rattachées à la nouvelle école.

Et si Théo ne fut guère impressionné par le nouveau style des toiles de Vincent, il fut en outre profondément contrarié d'entendre les bruits qui couraient sur la vie privée de son frère. Il était évident pour la famille que cette idylle avec Margot Begemann était loin d'être achevée. Ils se voyaient davantage, se promenaient ensemble et distribuaient des dons aux pauvres de la paroisse.

Pourtant la faute n'incombait pas vraiment à Vincent, car c'était de toute évidence Margot qui recherchait sa compagnie. Cette fois, les rôles étaient inversés : c'était elle qui s'était entichée de lui et Vincent ne trouvait pas d'autre dérivatif à lui proposer pour calmer tant de passion. Il aurait sans doute mieux maîtrisé la situation si les Begemann n'avaient pas si mal réagi.

Dans une certaine mesure, ils avaient quelque raison de s'inquiéter : ils connaissaient trop bien les Van Gogh pour ignorer le passé de Vincent, marqué par une histoire lamentable qui ne pouvait guère le faire facilement accepter comme gendre, mais il semble que le comportement de chacun des membres de la famille ait été davantage dicté par des considérations égoïstes que par le souci des intérêts de Margot.

Ses deux sœurs étaient manifestement jalouses. Les possibilités de mariage avec un protestant de leur rang étaient fort limitées et la perspective du célibat menaçait toutes les filles Begemann : voir leur sœur sortir avec un homme — fût-il aussi dépenaillé et peu reluisant que Vincent — ne pouvait qu'ulcérer le cœur de ces pauvres filles condamnées à rester éternellement cloîtrées à la maison.

Pire encore fut l'insistance avec laquelle un père implacable rappelait sans relâche à Margot qu'il était de son devoir de l'aider à faire marcher l'affaire familiale. Il ne voyait pas pourquoi elle négligeait la maison pour ce bon à rien de peintre, et il ne le lui envoyait pas dire. En fait tout le monde le lui répétait, et à maintes reprises, si bien que la pauvre femme, déjà fragile et névrosée, était gravement perturbée par les reproches incessants dont on la harcelait.

Elle s'en plaignit à Vincent qui fit de son mieux pour la rassurer, mais à mesure que l'été avançait, la situation ne cessa de s'aggraver. Vincent demanda à Louis, le frère de Margot, le seul de toute la famille qui manifestât quelque compréhension, de persuader les uns et les autres de la traiter avec plus de douceur. De son côté, Vincent s'adressa au médecin du bourg pour savoir s'il existait un moyen de calmer Margot. Maintenant en proie à ses obsessions, elle ne parlait plus que de mariage, tout en sachant parfaitement que les Begemann n'accepteraient jamais Vincent pour gendre. Elle fit également savoir à l'homme de sa vie que ce n'était pas l'attitude de sa famille qui l'empêcherait de faire l'amour avec lui s'il le souhaitait, mais il prit le parti d'ignorer cette proposition, soit qu'il s'inquiétât des excès auxquels la passion pourrait entraîner la pauvre fille, soit qu'il se rendît compte des suites que cela pourrait avoir pour elle si le bruit se répandait qu'elle avait une liaison avec lui.

La suite des événements devait confirmer le bien-fondé de ses appréhensions. Un jour de juillet où ils se promenaient ensemble, elle tomba soudain à terre, en proie à une attaque de convulsions. Surpris, Vincent se dit qu'elle devait avoir une crise de nerfs, mais les propos incohérents qu'elle tenait et l'extrême violence des spasmes lui firent vite comprendre qu'il s'agissait de quelque chose de beaucoup plus grave. Il la supplia de lui dire ce qui se passait et elle marmonna quelques paroles à peine compréhensibles, le conjurant de garder le secret, pour avouer enfin qu'elle avait avalé du poison. Elle avait réussi à se procurer de la strychnine, dont on se servait alors pour faire des fortifiants.

Une forte dose de strychnine aurait eu pour effet de bloquer tous les signaux inhibiteurs parvenant au cerveau, d'où les contractions musculaires incontrôlées. Comme son organisme tout entier serait ensuite devenu rigide, y compris les muscles qui commandent la respiration, elle aurait fini par mourir d'asphyxie. Heureusement, comme elle le reconnut par la suite, elle avait pris « quelque chose » pour diminuer la douleur. Comme il s'agissait sans doute de laudanum ou de chloroforme, des médicaments courants à l'époque, les muscles devaient se trouver suffisamment détendus pour la maintenir en vie, le temps que Vincent la ramène chez elle, où son frère lui administra un émétique puissant qui lui fit rejeter la plus grande partie du poison.

En tout cas elle ne mourut pas, mais elle n'en fut pas moins très malade. Il fallut l'envoyer chez un docteur à Utrecht, un ami de la famille, pour qu'elle puisse se rétablir. Elle y resta six mois, ce qui valait mieux pour tout le monde, mais par une injustice suprême, c'est Vincent que l'on accusa d'avoir provoqué un scandale qui avait secoué le bourg et défrayé la conversation pendant des semaines.

C'est sans doute pour échapper à cette atmosphère malveillante que Vincent s'arrangeait pour rester le moins possible à Nuenen. Il exécuta quelques dessins à Eindhoven : l'église et le bureau de pesage, par exemple, et tenta de ne plus voir les regards désapprobateurs que lui lançait son père.

Il espérait obtenir une commande du vieux Hermans, l'orfèvre en retraite, qui venait de se faire construire une maison et voulait accrocher dans sa salle à manger une série de six grands tableaux. D'après certains propos recueillis dans le magasin de Baijens, Hermans avait l'intention de les faire lui-même et se proposait de prendre les saints comme sujets. Vincent entreprit sans tarder de le dissuader d'un tel projet, faisant valoir que la vie des paysans serait beaucoup plus appréciée par ses invités, dans six scènes qui refléteraient également les quatre saisons.

Cette idée des quatre saisons venait sans doute d'un épisode de la vie de Millet, dont il avait lu la biographie faite par Sensier ; Millet avait été en effet chargé de décorer le salon de l'industriel Frederic Hartmann avec des tableaux représentant le printemps, l'été, l'automne et l'hiver. Alléché par cette offre, Hermans alla visiter l'atelier de Vincent, où il fut convenu que ce dernier procéderait à quelques essais préliminaires.

Le problème, c'était que la salle à manger de Hermans était plus longue que large et il fallait donc six tableaux pour quatre saisons seulement. On discuta de plusieurs arrangements pour finalement tomber d'accord sur la répartition suivante : deux pour le printemps : *Plantation de pommes de terre* et *Attelage de bœufs avec femmes plantant des pommes de terre* ; un pour l'été : *La récolte du blé* ; deux pour l'automne : *Le semeur* et *Le berger* ; et pour l'hiver : *Ramassage du bois dans la neige*. La disposition serait telle que l'été et l'hiver se trouveraient sur la largeur, face à face.

Hermans trouva à son goût les ébauches que Vincent avait exécutées à la grandeur définitive et celui-ci proposa à son ami de réaliser les tableaux que lui, Hermans, pourrait ensuite copier directement sur les panneaux. Cet arrangement paraissait idéal : Vincent serait non seulement remboursé de ses frais mais il recevrait également de l'argent pour payer les paysans qui accepteraient de poser pour lui.

Finalement, pourtant, la réalisation de ce projet fut quelque peu gâchée par l'insistance de Hermans à rajouter trop de personnages de son cru dans la scène représentant les planteurs de pommes de terre, tandis que les quatre ramasseurs de bois dans la neige, vus par Vincent, apparaissent comme des études individuelles juxtaposées artificiellement, et non comme une composition bien intégrée dans un paysage. Sa déception fut d'autant plus grande que, sous un prétexte quelconque, Hermans ne le paya jamais.

Pourtant, il eut brièvement, en septembre, quelque raison d'espérer quand il reçut une commande anonyme pour un dessin, mais ne tarda pas à s'apercevoir que c'était Margot qui avait eu cette idée. Bien qu'encore convalescente à Utrecht, elle s'inquiétait toujours à son sujet et tentait de lui venir en aide par ces voies détournées. Ayant deviné la vérité, il lui envoya simplement un dessin mais refusa l'argent.

Grâce à cet incident, il comprit qu'elle allait bientôt rentrer au logis, et comme la santé du pasteur avait beaucoup souffert du dernier incident, Vincent se dit qu'il était peut-être temps de songer au départ. A ces considérations, s'ajoutait son nouveau désir d'élucider les mystères de la couleur, et l'idée de se soumettre à un apprentissage en règle le scandalisait beaucoup moins qu'autrefois. Peut-être devrait-il se rendre à Paris, où il pourrait séjourner chez Théo et travailler dans l'un des ateliers. Il avait entendu parler d'un certain Ferdinand Cormon par un de ses amis hollandais qui avait fréquenté son atelier de Montmartre.

Évidemment, la solution la plus commode, c'était d'aller à l'académie de s'-Hertogenbosch, à deux pas de chez lui. Il pourrait y travailler sur des modèles, et obtenir les conseils techniques dont il aurait besoin.

Il exposa ces idées à Van Rappard quand celui-ci vint le voir en octobre, mais le jeune homme se déclara partisan de viser plus haut encore, et conseilla à Vincent de s'inscrire dans une école prestigieuse, comme l'Académie d'Anvers, qui était considérée dans toute l'Europe comme une pépinière de premier ordre pour les talents en gestation.

Comme cela s'était produit si souvent auparavant, Vincent

adhéra à cette idée avec un emballement étonnant : il fallait qu'il se prépare tout de suite, en choisissant les échantillons de ses productions qu'il allait montrer à qui de droit, là-bas à Anvers. Van Rappard avait travaillé sur une série de dessins de têtes ; très bien, Vincent allait s'y mettre lui aussi ! Il pourrait demander aux gens du bourg de poser pour lui. Il allait en faire trente... non, cinquante ! Cela pourrait peut-être intéresser un commanditaire. Il ferait ainsi d'une pierre deux coups : il gagnerait un peu d'argent tout en préparant son admission à l'Académie. Naturellement, il lui fallait un petit capital pour démarrer. Il écrivit donc à Théo pour lui demander un supplément afin de payer les paysans qui poseraient pour lui. Naturellement, ce n'était qu'un prêt à court terme, car il serait bientôt en mesure de subvenir lui-même à ses besoins.

Certes, son enthousiasme était un peu excessif, mais l'idée ne manquait pas de bon sens. Une fois les récoltes rentrées et les mauvais jours venus, les fermiers avaient du temps libre et ne demanderaient pas mieux que de travailler moyennant quelque argent ou un peu de nourriture. Il avait déjà exécuté un certain nombre de portraits. Certes, ses pêcheurs de La Haye étaient inspirés par des illustrations trouvées dans les journaux anglais qu'il avait collectionnés, mais Sien et ses enfants, qu'il avait dessinés d'après nature, pouvaient figurer parmi ses premiers succès.

Il se mit donc à étudier les physionomies locales avec la précision d'un ethnologue, comme s'il cherchait à caractériser une espèce. En même temps, il exagérait les traits, arrivant presque à la caricature. On ne peut pas dire qu'il ait jamais idéalisé ses paysans. Ils sont rarement beaux, mais leur personnalité est bien campée, même si les visages ont été modelés en tous sens pour représenter plus que ce qu'ils sont : ils montrent le dur labeur qui a marqué ces vies, donc ces visages. Quand il les peignait, Vincent les détachait sur un arrière-fond obscur, comme des saints espagnols, les icônes du pauvre.

Il passa la quasi-totalité de l'hiver 1884-1885 à travailler chez ses paysans, leur offrant en échange quelques cadeaux et du café — un luxe à l'époque ! Il commença par des têtes isolées, puis passa progressivement au corps tout entier : un homme coiffé d'une casquette, assis à une table ; une femme qui écosse des haricots ; une autre qui fait des galettes. Certains de ces personnages sont identifiables : l'homme à la casquette, c'est Francis Van Rooy, et l'une des femmes qui embobine du fil pour son mari est probablement Cornélia De Groot, la sœur de Van Rooy.

Tous ces gens vivaient ensemble dans une petite maison grise, loin du bourg, en face du moulin à vent. Vincent passait souvent devant chez eux quand il partait en excursion, et il entrait demander à la famille de poser pour lui. Alors qu'il travaillait dans leur chaumière, une idée germa en lui : ne pourrait-il pas en faire un portrait de groupe ? Il lui restait à préciser le sujet de cette composition.

En dépit de la déception que lui avait infligée Hermans en renonçant à sa commande, Vincent était toujours prêt à aider tous ceux qui avaient besoin de ses conseils. L'un des villageois, Dimmen Gestel, fut autorisé à venir dans l'atelier pour y montrer ses dessins, mais il reconnut par la suite qu'il avait trouvé si étranges les œuvres de Vincent qu'il n'avait guère tiré profit des critiques qu'on lui avait adressées.

Son second élève fut Willem Van de Wakker. Il avait laissé des toiles chez Baijens, pour les faire encadrer, ce qui avait donné à Vincent l'occasion de les voir. Ce dernier les apprécia au point de demander au commerçant d'envoyer le jeune homme à son atelier de Nuenen. Van de Wakker demeurait à Eindhoven, mais travaillait au bureau du télégraphe de Nuenen, si bien que les deux hommes se rencontrèrent souvent sur la route et ils ne tardèrent pas à nouer des liens amicaux.

Pourtant, Vincent ne montra aucune indulgence, critiquant impitoyablement les œuvres que l'autre soumettait à son jugement. Van de Wakker fut particulièrement impressionné par la vitesse à laquelle Vincent travaillait et par la quantité de besogne qu'il abattait au cours d'une seule journée de peinture en plein air. Il désirait tant développer cette amitié qu'il demanda à sa mère d'inviter Vincent à partager leur repas. La brave femme mit les petits plats dans les grands mais tous ses efforts ne furent récompensés que par la vue d'un Vincent horrifié, qui insista pour qu'on ne lui donne rien d'autre que du fromage ordinaire avec les croûtes de pain qui pouvaient rester dans un coin.

Il se comportait de la même manière avec ses parents, refusant de s'asseoir à table, comme il le faisait à Bruxelles à l'école de la mission. Il mangeait son repas frugal sur une chaise à part, après avoir posé devant lui, sur une autre chaise, le tableau auquel il travaillait alors, concentrant sur lui toute son attention tandis qu'il mâchonnait laborieusement son croûton.

Un tel comportement ne pouvait en rien améliorer ses relations avec son père, qui avait conservé un souvenir cuisant de l'incident Begemann — les voisins ne mettaient plus les pieds au presbytère de crainte de se retrouver nez à nez avec le séducteur de Margot. Le pasteur Theodorus avait eu beau décider de ne plus se formaliser de la tenue vestimentaire de son fils, il n'en éprouva pas moins un choc pénible quand Vincent rentra un jour d'Eindhoven en arborant un costume qu'il s'était fait confectionner dans un tissu lilas constellé de taches jaunes. C'était déjà beaucoup demander que de lui imposer la présence d'un sauvage, mais si son fils se mettait à ressembler à un clown !...

A la rigueur, les deux hommes auraient pu simplement convenir de s'ignorer tout à fait. Mais il suffisait que Theodorus voie traîner un roman de Zola pour que cela déclenche une interminable dispute qui pouvait se prolonger fort avant dans la nuit. Aux yeux de ce pasteur rural, Zola et les réalistes français n'étaient que de dangereux athées, des révolutionnaires qu'il rendait responsables de l'attitude de son fils. Vincent, quant à lui, ne pouvait tolérer qu'on persiste dans l'erreur ; tout compromis était impossible et les discussions n'en finissaient jamais.

Plongé dans une telle atmosphère et persuadé de l'incompréhension de Théo, Vincent s'efforçait, tout naturellement, de se trouver un ami sur lequel il puisse réellement compter. Van Rappard était tout désigné pour remplir cet office mais les deux hommes se voyaient rarement. C'est donc sur Anton Kerssemakers, un tanneur qui travaillait à Eindhoven, que Vincent jeta son dévolu. Heureusement, le flegme et le bon sens de Kerssemakers fournissaient un contrepoids solide aux emballements soudains de Vincent.

Kerssemakers, un peintre amateur au talent assez prometteur, décorait son bureau avec des paysages quand Baijens lui parla de Vincent et offrit de se charger des présentations. Une fois de plus une visite à l'atelier fut proposée, visite qui faillit mettre fin à une amitié naissante quand le tanneur aperçut l'incroyable désordre et les tableaux « agressifs et inachevés » qui gisaient tout à l'entour.

Après cette brève incursion, Kerssemakers décida de s'en tenir là, mais il s'aperçut que certaines des images entrevues hantaient son esprit. Il décida donc de reprendre contact avec son nouveau professeur. Vincent alla le voir à maintes reprises dans son appartement, situé en face de l'ancienne gare — c'est d'une de ses fenêtres qu'il peignit la scène de la fonte des neiges — et Kerssemakers vint de temps à autre à Nuenen pour aller avec Vincent peindre dans la nature.

Les méthodes d'enseignement ne manquaient pas de rigueur. Au début, l'élève n'était autorisé à faire que des natures mortes, puis il était encouragé à étudier les collections de journaux illustrés. Comme il avait huit ans de plus que son professeur, il se désespérait parfois à l'idée d'avoir commencé trop tard, mais Vincent, bien qu'il ne tempérât jamais ses critiques, ne se départait jamais de son enthousiasme et l'encourageait sans cesse à persévérer.

C'est Kerssemakers qui remarqua le premier que la tour de l'église abandonnée au milieu du vieux cimetière exerçait sur Vincent une véritable fascination. Ils se dirigeaient souvent de ce côté quand ils peignaient au-dehors. Un jour, ils se rendirent auprès de l'un des vieux moulins à eau que Vincent aimait fixer sur ses toiles, et comme cette promenade les emmenait loin de la ville, Kerssemakers entraîna Vincent dans une auberge située au bord de la route. A son grand étonnement, il se trouva alors confronté aux airs offensés de Vincent qui refusa farouchement de sucrer son café ou de beurrer ses tartines et qui finit, comme c'était son habitude, par ne manger que du fromage et des croûtes de pain.

Que son «élève» ait pu supporter un professeur aussi difficile, parfois même irritable, en dit long sur le charme sous-jacent de Vincent. Mais le fait que ce dernier ait accepté d'assumer le rôle de professeur montre aussi à quel point sa confiance en soi s'était accrue. Tout le monde remarquait avec quelle assurance il s'attaquait à une toile vierge, la maîtrise dont il faisait preuve quand le pinceau enduit de peinture pointait en avant, sans la moindre hésitation, et l'économie de mouvements qui lui permettait, en quelques traits rapides, d'esquisser une silhouette courbée vers le sol ou une rangée d'arbres.

Mais ce qui intriguait surtout Kerssemakers, c'est que Vincent se souciait rarement de signer son œuvre. Quand il le faisait, il n'écrivait jamais son nom en entier. C'est seulement quand on lui eut posé la question que Vincent révéla combien il lui déplaisait que des étrangers prononcent son patronyme de travers. Il était certain qu'ils allaient le «massacrer» s'ils le voyaient inscrits sur un tableau, *tandis que le monde entier peut prononcer Vincent correctement.*

Bien qu'il lui parût agréable d'avoir des amis comme Kerssemakers avec qui il pouvait parler, il est clair, si l'on en croit leurs souvenirs, que le petit groupe n'avait qu'une idée fort imprécise du but qu'il cherchait à atteindre ; en revanche, certains avaient peine à dissimuler l'aversion que leur inspiraient la plupart de ses œuvres.

Étant donné leur attitude, on peut imaginer qu'il se sentait encore bien seul. Il confia à Théo : *Je n'ai jamais commencé une année qui eût un aspect plus sombre, dans une atmosphère plus sombre ; aussi je ne m'attends pas à un avenir de succès mais à un avenir de lutte.*

Quand le conseil municipal de Nuenen décida, en février, de démolir la vieille tour, sa mélancolie s'accrut encore. Pour Vincent, cet étrange moignon solitaire avait fini par représenter beaucoup plus qu'une simple ruine ; il y voyait l'écroulement d'une église à laquelle son père avait adhéré avec tant d'obstination : *ces ruines me disent comment une foi et une religion ont pu tomber en poussière si robustes qu'aient pu être leurs fondations.*

C'est cette attitude qui dut peiner le plus le pasteur Theodorus, car le sentiment de l'échec qui s'en dégageait l'affligeait profondément. Il avait œuvré toute sa vie pour préserver l'unité de minuscules communautés religieuses dans les paroisses reculées où il avait exercé son ministère, des communautés soumises à l'érosion quasi quotidienne provoquée par les migrations de la campagne vers la ville. Certes, cet exode obéissait à des impératifs économiques, mais il était difficile, pour l'ecclésiastique, de ne point y voir un échec personnel.

Maintenant, il avait sous les yeux le spectacle de son fils aîné, qui avait autrefois brigué le saint ministère, et qui affichait à présent un mépris total pour les valeurs auxquelles il était lui-même si attaché. Dans le passé, il comparait les comportements étranges de Vincent à autant de coups qu'on lui aurait assénés. Ces coups, il les recevait maintenant à bout portant, et ils lui faisaient de plus en plus mal.

Il n'échappait pas tout à fait à Vincent que l'état de santé et l'énergie de son père déclinaient mais il y avait tant d'autres choses qui absorbaient ses pensées ! Il passait de longues heures à méditer sur le choix du sujet de sa grande composition, un tableau qui serait l'aboutissement de tous ses travaux depuis son séjour dans la Drenthe.

Un soir de mars, en rentrant chez lui après une séance de peinture à la campagne, il passa devant la modeste maison grise des De Groot et décida d'entrer. A peine eut-il franchi le seuil qu'il fut frappé par le spectacle qu'offrait cette famille réunie autour de la table éclairée par une lampe à pétrole suspendue au plafond, chacun se servant à même le plat de pommes de terre qui constituait l'ordinaire de leur repas du soir.

Il eut la révélation immédiate que c'était là la scène qu'il fallait peindre. Comme toujours, cela lui rappelait d'autres œuvres qu'il admirait : *Paysans festoyant le soir de Noël*, de Léon Lhermitte, et *Action de grâces*, de Charles de Groux. Mais, plus importante que toute inspiration antérieure, était son interprétation immédiate et personnelle de la scène :

... ces petites gens qui, à la clarté de la lampe, mangent leurs pommes de terre en puisant à même le plat avec les mains, ont eux-mêmes bêché la terre où les patates ont poussé ; ce tableau donc, évoque le travail manuel et suggère que ces paysans ont honnêtement mérité de manger ce qu'ils mangent.

Assis autour de la table il y avait ce soir-là Cornélia De Groot et sa fille Sien De Groot, drapées l'une et l'autre dans leur ample costume noir de paysannes, avec la coiffe blanche très ouvragée du Brabant septentrional. Avec elles se trouvaient les deux frères de Cornélia, dont l'un, Francis, portait la même casquette quand Vincent avait fait son portrait quelque temps auparavant.

Au cours de sa première tentative pour fixer ce repas sur la toile, il leur demanda de reprendre la même pose que lorsqu'il les avait vus, éclairés par la lampe à pétrole suspendue au plafond. Mais il ne tarda pas à s'apercevoir qu'il n'est guère facile de travailler dans la pénombre, c'est pourquoi la deuxième séance eut lieu en plein jour.

Ce qui le préoccupait le plus était de savoir comment il pourrait s'y prendre pour équilibrer l'ensemble. S'il se contentait de mettre au premier plan les deux personnages les plus grands avec deux autres plus petits au fond, il laissait vide un grand espace qui ne semblait pas avoir sa raison d'être. Mais s'il rapprochait l'un de l'autre les personnages du premier plan ils cachaient ceux qui étaient derrière.

Ses échecs ne le découragèrent pas. Il avait la certitude d'avoir trouvé un sujet qui lui permettrait d'exprimer ce qu'il avait le plus à cœur, et c'est dans un bonheur total qu'il persévéra pour atteindre le but recherché. Il retourna même sur les lieux pour faire des études à part sur les mains et le visage de chacun afin de préparer l'exécution de l'œuvre définitive.

C'est alors que le malheur s'abattit sur sa famille. Le 26 mars, son père fut terrassé par une attaque sur le seuil de la pastorie. En essayant de le soulever pour l'emporter, Anna et la bonne s'aperçurent qu'il était mort. Vincent travaillait au-dehors, à une étude de tête de paysan. Il fallut l'envoyer chercher.

Quelle fut la complexité de ses réactions devant le cadavre ? On en est réduit aux conjectures. Le chagrin l'emporta-t-il sur son sentiment de culpabilité ? Le spectacle de ce bureau aux murs garnis de livres, avec la chaise vide, celle où son père s'asseyait, et la reproduction du tableau de Van der Maaten, tout cela créait une confusion d'images et de souvenirs où il était bien difficile de se retrouver.

Assez curieusement, les lettres qu'il a écrites juste après ce deuil ne comportent aucune allusion à l'événement, comme si Vincent y était totalement indifférent, à moins que son chagrin ne fût trop profond pour que les mots puissent l'exprimer. La seule chose qu'il parvint à extérioriser fut l'inquiétude que lui inspirait le sort de sa mère.

Les jours qui suivirent furent terribles pour lui : les oncles vinrent assister aux obsèques, et il lui fallut subir la réprobation de ces hommes qu'il s'était aliénés les uns après les autres : l'oncle Cent, l'oncle Stricker, l'oncle Cor. Quel soulagement ce fut pour lui quand Théo arriva, car leur sœur Anna, qui ne pouvait plus dissimuler l'hostilité que lui inspirait la conduite de Vincent, s'était rangée dans le camp des censeurs.

La cérémonie ne fut supportable que grâce aux démonstrations d'affection émanant des fidèles paroissiens qui pardonnaient bien volontiers au pasteur ses médiocres talents de prédicateur pour ne se souvenir que des bienfaits qu'il avait multipliés autour de lui. Dorus fut enseveli dans le vieux cimetière protestant, non loin de la tour abandonnée qui attendait maintenant que la pioche des démolisseurs la réduise en un amas de pierres informe.

Après l'enterrement, Vincent emmena Théo dans son atelier pour lui montrer ses dernières productions. Son frère s'était-il habitué aux couleurs sombres utilisées par Vincent ? N'éprouvait-il pas plutôt quelque pitié en imaginant les épreuves que le malheureux avait endurées ? En tout cas Théo ne ménagea pas ses encouragements, surtout qand il vit les esquisses des *Mangeurs de pommes de terre*.

Pourtant, quand tout le monde fut parti, Vincent ne parvint pas à se remettre au travail. Pendant plusieurs jours, son infatigable énergie ne trouva aucun exutoire. Puis, comme s'il voulait suivre les conseils qu'il avait donnés à ses élèves, il s'obligea à dessiner des natures mortes : il prit un vase de fleurs et disposa à côté la pipe et la blague à tabac de son père. Le symbolisme des fleurs dépend de la langue dans laquelle on s'exprime. On les appelle « *Honesty* » (honnêteté, sincérité), en anglais ; « monnaie-du-pape », en français et « monnaie-de-Judas » en néerlandais. Comme Vincent pouvait parler ces trois langues, toutes ces interprétations sont possibles et il dut penser un peu à chacune d'elles en ces instants de désarroi.

Il envoya le dessin à Théo et, un peu plus tard, il peignit un tableau que son frère reçut également et qui montre plus clairement encore l'ambiguïté de ses rapports avec son père. Il s'agit là encore d'une nature morte représentant cette fois un cierge, une bible ouverte et un roman de Zola. La bible apparaît massive, chargée de menace, mais le texte n'est qu'une succession de macules de peinture sur la toile, des taches indéchiffrables. En revanche, le roman est d'un jaune lumineux et son titre est clair, lisible : *La joie de vivre*. La mort de son père n'avait en rien modifié le jugement de Vincent.

Pourtant, il était toujours aussi dur envers lui-même. Si l'on excepte cette première nature morte, il s'avéra incapable de reprendre le cours des activités qui avaient marqué son existence avant le drame. Mais cette oisiveté le mettait à la torture. Le travail était pour lui un moyen de détourner son esprit des questions et du doute qui le paralysaient et menaçaient de le mener à la dépression ; il l'aidait à conjurer ses démons. Privé de sommeil et de nourriture, travaillant comme un forcené au point d'être terrassé par l'épuisement, il parvenait à s'abrutir l'esprit en lui imposant un silence qui confinait à l'hébétude. En cessant de travailler, il laissait la terreur s'installer en lui.

Il tenta de trouver un dérivatif dans la lecture. Il avait déjà découvert des ouvrages théoriques qui expliquaient la façon dont Delacroix utilisait les couleurs. Il se mit à les étudier pour voir dans quelle mesure il pourrait en tirer parti pour ses propres œuvres. Pourquoi les teintes de Delacroix paraissaient-elles tellement plus vives que celles de ses contemporains ? Y avait-il une formule secrète que l'on pouvait appliquer ? Une fois de plus, il allait être contraint de découvrir par lui-même des lois que d'autres connaissaient depuis longtemps.

Bien avant les impressionnistes, Delacroix avait été fasciné par les écrits d'Eugène Chevreul, ce chimiste qui avait formulé sur la façon dont les couleurs réagissent les unes par rapport aux autres des constatations qui n'avaient été jusqu'alors qu'une connaissance instinctive. Depuis des temps immémoriaux, les artistes savaient qu'il n'existe pas de couleur qui soit unique en son genre. Chaque couleur était affectée par celles qui se trouvaient à côté d'elle. Mais c'est Chevreul qui, le premier, avait ébauché une explication de ce phénomène.

Pendant les années 1820, la manufacture de tapisserie des Gobe-

La maison natale de Vincent : Zundert, Hollande. Sa chambre était au dernier étage, et il éprouva une aversion de plus en plus intense pour cette pièce étroite, avec son plafond très pentu *(FVG*)*

Ce *Cortège funèbre dans les champs de blé*, de Van der Maaten, fut sans doute la première œuvre d'art due à un professionnel que Vincent ait connue *(Rijksmuseum, Amsterdam)*.

* FVG : Fondation Van Gogh au Rijksmuseum Vincent Van Gogh, Amsterdam

Le père, le pasteur Theodorus *(FVG)*

La mère, Anna Carbentus Van Gogh *(FVG)*

Elisabeth *(FVG)*

Théo *(FVG)*

Anna *(FVG)*

Cornelis *(FVG)*

Willemina *(FVG)*

Vincent détestait la photographie.
Ce sont là les deux seuls portraits
photographiques que l'on ait de
lui, à l'âge de 13 et de 19 ans
(FVG)

L'oncle Cent, le riche négociant en objets d'art, et sa femme, la tante Cornélia *(FVG)*

La galerie Goupil, à La Haye, où Vincent fit ses premières armes comme employé dans une galerie d'art *(FVG)*

Paul Gauguin *(Roger-Viollet)*

La dernière photographie connue de Vincent, vu de dos malheureusement, assis avec Emile Bernard sur les berges de la Seine à Asnières en 1886. Les ponts qu'ils ont peints l'un et l'autre apparaissent au loin. *(FVG)*

Portrait, exécuté par Toulouse-Lautrec, de Vincent au café du Tambourin, assis devant un verre d'absinthe *(FVG)*

Camille Pissarro
et Paul Cézanne
(Roger-Viollet)

Le plus célèbre cabaret artistique des années 1880, le Théâtre d'Ombres du café du Chat noir, attirait des clients aussi différents que le Prince de Galles et Émile Zola. Dessin d'Henri Rivière *(The Zimmerli Art Museum, New Brunswick)*

Andries Bonger *(FVG)*

Anton Mauve *(FVG)*

Anton Van Rappard *(FVG)*

C'est son attachement à cette toile anonyme française du XVIIe siècle, *La femme en deuil (Musée du Louvre, Giraudon)*, qui a amené Vincent à opérer une lamentable fixation sur Kee Vos, qui venait de perdre son mari et que l'on voit ici avec son fils *(FVG)*

La fosse de Marcasse dans le Borinage, maintenant désaffectée, et la maison des Denis, juste à côté, où Vincent a logé *(FVG)*

L'un des premiers dessins effectués par Vincent à l'âge adulte, *Le retour du mineur*, vers 1881 *(KM *)*

* KM : *Rikjsmuseum Kroller-Muller, Otterloo*

Deux œuvres parmi celles qui exercèrent l'influence la plus forte sur les goûts de Vincent pendant sa jeunesse : les gravures de Laveille *(FVG)* reproduisant les *Travaux des champs* de Millet, et la *Bénédiction des blés en Artois,* de Jules Breton *(Château de Compiègne, Lauros-Giraudon)*

Découvert il y a quelques années seulement, le dessin que Vincent a fait de la maison où il a logé dans Hackford Road, à Londres *(FVG)*. Il fit cadeau de cette esquisse à Eugénie Loyer, la fille de sa logeuse, dont il était tombé amoureux *(FVG)*

La chaise vide, Gad's Hill, de Luke Fildes, fut un hommage à Charles Dickens, après la mort de l'écrivain en 1870 *(Coll. Mansell)*. Cette gravure produisit une influence considérable sur les idées de Vincent.

Vincent admirait les œuvres d'art inspirées par des thèmes religieux comme *Le débarquement des Pères pèlerins*, de G. H. Boughton *(Sheffield City Art Galleries)*, ce qui a amené certains à critiquer ses goûts.

Ci-contre : L'oncle Jan
Van Gogh *(FVG)*
En bas, à gauche : L'oncle
Stricker *(FVG)* ; à droite :
Mendes da Costa
*(Netherlands Museum of
Literature)*

Une vue d'Arles prise vers 1880 de l'autre rive du Rhône. Cette scène rappelle l'une des nuits étoilées peintes par Vincent *(Coll. Hulton-Deutsch)*

Cette photographie de la Maison Jaune est ultérieure à l'époque où Vincent et Paul Gauguin y vécurent, à l'automne 1888 *(FVG)*

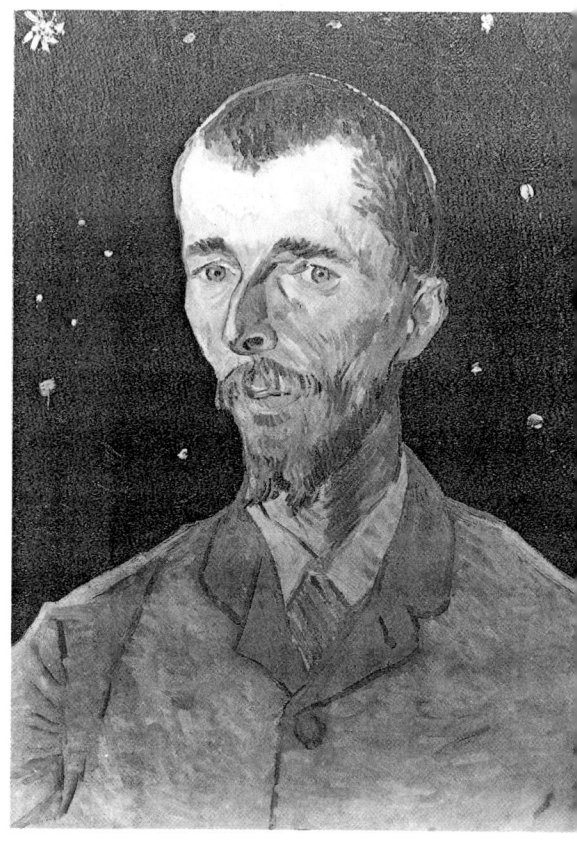

Fantassin du corps des zouaves vers les années 1880, par Marcel Rey (*Roger-Viollet*)

Portrait, exécuté par Vincent, du poète et peintre belge Eugène Boch (*Jeu de Paume*)

L'une des estampes japonaises de Vincent : *Ohashi sous la pluie (FVG)*

Ci-contre : la maison où logèrent Vincent et Théo, au 54 de la rue Lepic à Paris *(FVG)* ; ci-dessous : les moulins à vent de la Butte Montmartre, tels que Vincent les a peints *(FVG)*

Le lit spécial, dans la chambre d'isolement
de l'hôpital d'Arles où Vincent fut interné *(FVG)*

Le traitement subi par Vincent à l'asile de
Saint-Rémy comportait des séances
d'hydrothérapie au cours desquelles il
restait pendant des heures dans l'une de ces
baignoires *(FVG)*

Jo, la femme de Théo, et leur bébé Vincent Willem. Jo, plus que quiconque, allait faire l'impossible pour que les œuvres de Vincent survivent *(FVG)*

La famille Ravoux devant leur café à Auvers-sur-Oise (1890) *(FVG)*

Les tombes de Vincent et Théo à Auvers *(FVG)*

lins avait consulté Chevreul pour savoir comment il se faisait que certains fils paraissaient ternes. Il s'aperçut que cela n'était pas imputable à la façon dont on procédait à la teinture, mais que ce phénomène était dû à un curieux effet d'optique qu'il finit par identifier sous le nom de contraste simultané des couleurs. Il démontra que si l'on prend les trois couleurs fondamentales : le rouge, le bleu et le jaune, et que l'on en mélange deux, par exemple le rouge et le jaune pour obtenir de l'orange, en mettant côte à côte l'orange et le bleu fondamental, on constate un résultat saisissant. L'orange et le bleu ainsi juxtaposés produisaient l'un sur l'autre un effet électrique. Selon Chevreul, il n'y avait qu'une explication : cela voulait dire que le bleu devait être complémentaire de l'orange.

Toutes les combinaisons aboutissaient au même résultat. Si l'on mélangeait du bleu et du jaune pour faire du vert pour le placer ensuite à côté de sa couleur complémentaire, le rouge primaire, là encore l'effet était proprement surprenant. Mais comme le dit Chevreul aux tapissiers, s'ils tissaient ensemble trop de fils aux couleurs complémentaires, par exemple de l'orange avec du bleu, du vert et du rouge, du violet et du jaune, ces couleurs se neutralisaient et l'œil ne percevait qu'un ensemble de teinte grisâtre.

En lisant Chevreul, Delacroix s'était dit que ce qui était vrai pour des bouts de fil devait également s'appliquer à des traits de pinceau. Il ne s'agissait pas de remplir la toile de couleurs complémentaires violentes, mais d'en user modérément : un soupçon de vert près d'une peau rougeâtre allait donc rendre la couleur de la chair plus vive. Mais quand Vincent essaya de se remémorer les toiles de Delacroix qu'il avait vues à Paris, il ne parvint à aucun résultat. Ses visites au Louvre remontaient à un passé trop lointain et ses lectures ne purent avoir aucune application pratique. Leur seul résultat positif fut qu'il commença enfin à admettre qu'Israëls n'était peut-être pas la seule autorité en matière de couleurs.

Dans l'état actuel des choses, il ne pouvait donc pas établir de lien entre ces théories et les œuvres qu'il avait en chantier. Il se remit à l'exécution des *Mangeurs de pommes de terre*, mais sa palette resta identique, la seule différence étant même qu'elle était encore assombrie par les couches qu'il superposait, à mesure qu'il apportait les corrections jugées nécessaires pour améliorer la composition.

Le printemps tirait maintenant à sa fin, et comme les jours s'allongeaient considérablement, il pouvait travailler tout à son aise, grattant ce qui ne lui convenait pas, accumulant les couches de pigments pour modeler les personnages sur la toile. Il finit par se rendre compte qu'avec quatre sujets il ne parviendrait jamais à réaliser un bon équilibre. Lhermitte, sur son estampe, avait mis un petit enfant au premier plan pour remplir le vide qui s'y trouvait. Vincent décida de recourir au même stratagème et repoussa deux des adultes de chaque côté de la table, créant ainsi une sorte de cercle composé de cinq paysans.

L'impression de mouvement, il la produisit en faisant se pencher vers le plat de pommes de terre l'enfant et les deux personnages de gauche, tandis que la femme, à droite, verse du café à côté d'un homme qui est déjà en train d'en boire.

Vincent avait la certitude d'avoir fait du bon travail, sans se dire pour autant qu'il avait atteint la perfection. Il envoya une esquisse à Théo en lui disant qu'il avait l'intention d'en faire une lithographie, se demandant si le nouveau magazine intitulé *Le Chat-Noir*, une production du cabaret favori de Théo, accepterait de la publier. L'idée de la lithographie émanait de son élève Dimmen Gestel, qui était le fils d'un imprimeur. Le travail du père consistait essentiellement à fabriquer des bagues de cigares ornées de lithographies et Vincent se dit que, s'il faisait usage de son autorité, il parviendrait à convaincre Dimmen de demander à son père de coopérer.

Il voulait réaliser une reproduction de taille modeste, mais l'imprimeur, qui ne savait pas très bien ce qu'on attendait de lui, se procura une pierre si grosse qu'il fallut se mettre à deux pour la porter jusqu'à la gare. Vincent dessina ses *Mangeurs de pommes de terre* sur la pierre exactement comme sur son tableau, si bien qu'ils figurent à l'envers sur la gravure. Mais la véritable différence, c'est que le dessin lui permettait de faire des personnages avec beaucoup plus de détails. Si l'on excepte l'enfant au premier plan, dont la silhouette a seulement été campée, les quatre adultes sont aisément identifiables.

Quand il retourna chez Gestel pour tirer vingt exemplaires de sa lithographie, il apparut immédiatement qu'il y avait eu une amélioration considérable. Certes, l'ensemble paraissait un peu trop mièvre et on ne retrouvait pas sur les lithographies l'atmosphère dans laquelle étaient baignés les personnages du tableau, mais les qualités de la reproduction étaient telles qu'il donna un exemplaire de son œuvre à chacun de ses élèves.

Les premières épreuves ayant été tirées sur un papier trop fin, celle qu'il donna à Kerssemakers ne tarda pas à se détériorer. Mais Théo eut droit à une belle épreuve, tirée sur de l'excellent papier, car Vincent espérait ardemment que son frère réussirait à la faire publier, tant il était certain d'avoir enfin réalisé une œuvre de qualité.

Ce dont l'artiste se rendait compte, maintenant, c'était qu'il lui fallait améliorer la version peinte en y apportant les qualités de la lithographie. Il se mit au travail vers la fin avril, mais les circonstances n'étaient guère favorables. Sa querelle avec Anna se prolongeait encore et empoisonnait l'atmosphère qui régnait au presbytère. Bien que les autorités ecclésiastiques eussent accordé à sa mère un an de délai pour régler les affaires en suspens, il y avait déjà des bouleversements et de l'instabilité dans l'air. De toute manière, Vincent, qu'un simple regard pouvait faire mettre hors de ses gonds, ne pouvait supporter l'hostilité déclarée de sa sœur aînée. Il décida alors de déménager pour s'installer à demeure dans son atelier, chez Schafrat. Il y disposait de deux pièces tout à fait convenables, mais son goût pour le martyre était tel qu'il décida de coucher sous l'avant-toit, où il allait souffrir du froid et de l'inconfort.

Cela mis à part, la version définitive des *Mangeurs de pommes de terre* combla tous ses espoirs. Le fait d'avoir peint en prenant des modèles vivants se révélait comme le contrepoids nécessaire à l'aspect artificiel, style maison de poupée, du cadre dans lequel il les avait entassés. Les personnages sont assis autour d'une table qui s'étale vers le fond du tableau, en contre-perspective. Il n'y avait là rien d'absurde ou de fortuit : Vincent avait voulu créer une sorte de malaise provoqué par une promiscuité proche de la claustrophobie afin d'exagérer la rudesse des traits et la déformation de ces visages tourmentés et de ces mains noueuses.

Chacun des personnages détourne son regard dans une direction différente, fixant un point situé dans la portion de l'espace qui lui est propre, comme pour dire : «Nous sommes là, tous ensemble, mais en fait chacun d'entre nous est seul, saisi, l'espace d'un moment, dans la lueur de cette lampe à pétrole.» Et en dépit de la superposition de toutes ces couches de peinture, la clarté de la lampe tombe sur ces humbles convives avec une profondeur et une richesse de couleurs que Vincent n'avait encore jamais réussi à obtenir jusque-là, créant une sorte de résonance qui fait ressortir les personnages de l'obscurité ambiante. La toile est enduite d'une épaisse couche de pâte qui évoque davantage l'argile que la peinture. Cette facture correspond bien à sa citation préférée, tirée du livre de Sensier sur Millet : «Son paysan semble avoir été peint avec la terre qu'il est en train d'ensemencer.»

Quelques semaines plus tard, Théo lui envoya un exemplaire de *Germinal*, le roman de Zola qui dépeint la vie des mineurs dans les charbonnages du nord de la France. Les cinquante premières pages le ramenèrent quelques années en arrière, avec la terrifiante descente au fond de la fosse, le sifflement de la benne, les galeries basses et humides où l'on distingue soudain les silhouettes accroupies dans la clarté fugitive de la lampe d'un mineur travaillant dans les maintenages.

C'est alors que Vincent comprit ce qui l'avait frappé lorsqu'il avait dû baisser la tête pour pénétrer dans la maison des De Groot. Il saisit le sens profond de son œuvre : *Les mangeurs de pommes de terre* n'était pas seulement un témoignage sur la vie des paysans du Brabant, c'était aussi un hymne à ce monde souterrain du Borinage qu'il avait si longtemps souhaité peindre mais que, faute de technique, il n'avait même pas pu tenter de fixer sur une toile. Maintenant, il avait atteint son but et il en était satisfait.

Avec une grande clairvoyance il se dit, dès le début, que le jugement qu'il portait sur son œuvre ne serait peut-être pas partagé par les autres. Il envoya une lithographie à Van Rappard en se doutant bien qu'il allait recevoir en échange l'habituelle énumération de critiques modérées qui marquait leurs rapports artistiques. Vincent était tellement persuadé d'avoir exécuté un chef-d'œuvre qu'il aurait probablement souffert des commentaires défavorables provenant d'un ami, mais il aurait ravalé sa rancœur s'ils étaient formulés avec tact. Bref, il ne s'attendait en aucune façon à ce qui arriva en fait. Pour une fois, le timide Van Rappard fut saisi d'une véhémence de bête fauve. La violence de sa diatribe trahit une incompréhension totale du tableau, qui ne fait qu'en rehausser le mérite.

« Vous conviendrez avec moi que ce n'est pas du travail sérieux. Heureusement vous pouvez faire beaucoup mieux. Mais pourquoi donc avez-vous vu et représenté tout cela d'une manière aussi superficielle ? Pourquoi n'avez-vous pas étudié les mouvements ? Vos personnages sont en train de poser. Qu'elle est loin de la réalité, cette petite main coquette de la femme qui est à l'arrière-plan. Et quel lien y a-t-il entre la cafetière, la table et cette main posée au haut de l'anse ? Et que fait donc cette cafetière ? Elle ne repose sur rien, on n'est pas en train de la soulever. Alors ? Et pourquoi cet homme que l'on voit à droite n'a-t-il pas le droit d'avoir un genou, un ventre et des poumons ? Ont-ils été placés derrière son dos ? Et pourquoi faut-il que son bras soit trop court d'un mètre ? Était-il nécessaire de lui supprimer la moitié du nez ? Et la femme de droite, fallait-il vraiment lui coller au bout du nez un petit cube terminant une espèce de tuyau de pipe ? Et c'est en faisant ce genre de travail que vous avez le culot d'invoquer les noms de Millet et de Breton ? De grâce ! Selon moi, l'art est une chose trop sublime pour qu'on le traite avec une telle désinvolture. »

Naturellement, si l'on se référait à Millet et à Breton, Van Rappard avait tout à fait raison : *Les mangeurs de pommes de terre* tournaient complètement le dos à tous les principes de leur art. On n'y trouvait nulle part l'atmosphère de sainteté ni la sentimentalité qui avaient fait de leurs peintures de paysans des modèles de l'art « noble ». En déformant la perspective, en donnant à ses sujets des traits rudes et grossiers, en les faisant regarder dans le vide d'une manière aussi insolite, Vincent avait délibérément interdit toute possibilité d'associer ce repas avec une sorte de Cène campagnarde. Ces personnages n'ont aucun caractère sacré, ce sont des déshérités ; il ne nous appartient pas de les admirer ou de les plaindre, ils ont une dignité qui leur est propre, nous n'avons pas à leur conférer la nôtre.

Vincent se contenta de replier la lettre de Van Rappard et de la retourner à l'expéditeur.

De toute manière, il avait d'autres chats à fouetter. Les préparatifs de la démolition de la vieille tour avaient commencé et Vincent ne pouvait s'empêcher d'aller assister à toutes les étapes de cette lente transformation. Il peignit d'abord la vente aux enchères qui se produisit près de la porte : tous les meubles étaient proposés aux acheteurs éventuels. Des matériaux prosaïques, comme les ardoises du clocher, furent empilés pêle-mêle avec des objets chargés d'émotion, comme les croix en bois qui venaient de l'ancienne église.

Sa peinture de la vente évite toute prise de position de sa part, les activités parlent d'elles-mêmes, seuls les deux volatiles qui tournoient dans le ciel suggèrent la présence de rapaces en quête de charognes. Mais ce sont ces oiseaux qui apparaissent comme le trait dominant une fois le tableau de la tour achevé. Il l'a peinte après la démolition du clocher, seul se dresse le moignon qui reste alors. Il ressemble à une sorte de fortification militaire trapue, érigée au milieu des anciennes sépultures. Les corbeaux tournoient au-dessus, annonciateurs de la mort. Ils évoquent le souvenir de *L'église de Gréville* de Millet et *Froid d'octobre*, de Millais. Les deux fenêtres qui subsistent encore et la porte de ce chicot sont les trous des yeux et de la bouche d'une tête de mort. C'est ce tableau, plus que la nature morte, qui est le *momento mori* de son père. On imagine Vincent dans le bureau du disparu, fixant du regard le Van der Maaten accroché au mur avec la tour de cette église toute noire à l'horizon. Maintenant, son père et la tour n'étaient plus là. C'était comme si la religion était morte deux fois. Mais ce qui l'émouvait le plus, c'étaient les tombes abandonnées : les paysans anonymes gisant dans la terre qu'ils avaient eux-mêmes travaillée.

Cette intense concentration sur la mort dut opérer un effet de catharsis, car il n'eut pas plus tôt fini cette dernière toile qu'il revint à la vie avec une assurance renouvelée. Il se lança dans une série de portraits de paysans sur lesquels il travailla comme jamais encore auparavant. Il les dessina en pleine action, de pied en cap, généralement courbés en deux, souvent vus de dos ou de profil tant la cassure de leur échine les rapprochait du sol. Maintenant il possédait bien la méthode Bargue car, bien que les contours fussent toujours aussi appuyés, il y avait à présent la rondeur du peintre dans l'utilisation de la lumière et de l'ombre qui leur conférait la solidité d'un roc.

Il avait envoyé *Les mangeurs de pommes de terre* à Paris, mais tous ses espoirs d'arriver à quelque consécration demeurèrent lettre morte. Il accabla Théo de suggestions sur la façon dont il fallait s'y prendre avec les clients potentiels, et les conseils qu'il donne à son frère sur la manière de répondre aux critiques nous éclairent avec une précision fascinante sur ses intentions du moment :

Dis à Serret que je serais au désespoir si mes figures étaient bonnes ; dis-lui que je ne les veux pas académiquement correctes ; dis-lui que pour moi, si on photographiait un homme qui bêche la terre, il est certain qu'il ne bêcherait pas. Dis-lui que je trouve magnifiques les figures de Michel-Ange, bien que les jambes soient nettement trop longues, les hanches et les cuisses trop larges. Dis-lui qu'à mes yeux Millet et Lhermitte sont de vrais peintres pour la raison qu'ils ne peignent pas les choses telles qu'elles sont, sèchement analysées, scrutées, mais telles qu'ils les sentent, les Millet, les Lhermitte et les Michel-Ange. Dis-lui que mon grand désir, c'est d'apprendre à peindre ces inexactitudes-là, ces anomalies, ces refontes, ces modifications de la réalité, pour que tout cela puisse devenir, eh bien, oui, des mensonges, si l'on veut, mais des mensonges plus vrais que la vérité littérale.

Mais tous ses efforts étaient vains. En dépit d'un léger frémissement d'intérêt, de temps à autre, fidèlement rapporté par Théo, personne ne se déclara suffisamment intéressé pour acheter. Comment aurait-il pu en être autrement, quand les impressionnistes les plus confirmés qui, eux, avaient au moins eu un succès de scandale, n'arrivaient même pas à vivre de leur peinture ? Depuis sa première vente d'un Pissarro, l'année précédente, Théo avait fait des efforts considérables pour écouler d'autres toiles d'impressionnistes. Mais, en 1885, il ne trouva preneurs que pour un Sisley, un paysage de Monet et un jardin de Renoir.

L'Europe était en proie à la récession, comme Durand-Ruel en fit la triste expérience en constatant combien avaient été maigres les profits qu'il avait tirés de ses expositions à Londres, Rotterdam et Berlin. Dans un climat économique aussi médiocre, quel plaisir pouvait-il y avoir pour un Durand-Ruel à voir un jeune roquet hollandais japper à ses trousses ?

Bien que le chiffre des ventes de Théo ne fût pas supérieur au sien, il se passait dans la galerie du boulevard Montmartre quelque chose qui risquait de ravir à Durand-Ruel la première place dans la promotion de peintures d'avant-garde. Théo s'était vu allouer à l'entresol de sa galerie deux petites salles dont le plafond était trop bas pour qu'elles puissent accueillir les vastes fresques historiques qui occupaient toute la hauteur des murs au rez-de-chaussée. Petit à petit, ces salles devinrent un lieu de rencontre pour les artistes et leurs amis qui firent de ce local une sorte de club ouvert à tous, entre cinq et huit heures.

Les gens aisés aimaient s'y retrouver le soir en rentrant de leurs bureaux situés à deux pas de là, dans le quartier des affaires, et cela permit à Théo d'attirer une clientèle potentielle qui, en d'autres circonstances, n'aurait même pas détourné le regard pour contempler les œuvres d'avant-garde. Certes, les ventes restaient rares mais il y avait dans le salon personnel de Théo une atmosphère toute particulière qui ne se retrouvait pas dans les salles d'exposition souvent désertes de Durand-Ruel.

Cet été-là, Théo décida de se rendre à Nuenen en compagnie de son ami Andries Bonger. Les deux compatriotes ne s'étaient vraiment liés qu'au mois de décembre de l'année précédente. Ils s'étaient rencontrés plusieurs fois dans leur club hollandais en 1881, mais Andries était alors beaucoup plus soucieux de profiter des avantages dont un homme jeune peut jouir à Paris que de nouer des relations plus sérieuses.

Au début, il avait travaillé sept jours sur sept dans une agence commerciale franco-hollandaise où on lui versait un salaire dérisoire, et il était souvent obligé de dormir sur un lit de camp sous un comptoir. S'il tombait malade, il n'avait pour toute ressource que de marcher dans les rues pour tenter de se débarrasser des maux qui l'accablaient.

Bien qu'il eût une certaine attirance pour les arts — il était issu d'une famille de musiciens et s'était délecté de sa visite au Louvre dès son arrivée à Paris —, il avait décidé d'ignorer cet aspect de la vie parisienne pour s'intéresser exclusivement aux distractions plus frivoles qui faisaient la célébrité de la capitale française, jusqu'au jour où le travail intensif, une nourriture insuffisante et les excès de sa vie de noctambule finirent par faire sentir leurs effets. Heureusement pour Andries, on lui présenta le Dr David Gruby, un Juif hongrois parlant le français avec un accent très prononcé, qui avait autrefois soigné Heine.

Les manières excentriques de Gruby lui avaient conféré un très grand prestige au sein des milieux artistiques de la ville. Les traitements qu'il prescrivait n'avaient rien de conventionnel mais il semble bien, en tout cas, qu'il ait préconisé un mode de vie sain et naturel. Il recommanda par exemple à Alexandre Dumas fils de se rendre quotidiennement à pied chez le marchand de fruits de son quartier, d'y acheter trois pommes du dernier arrivage, et de les manger sans les peler en se promenant sous les arcades de la rue de Rivoli. Ce conseil ne manquait pas de sagesse, malgré la manière insolite dont il avait été formulé, mais Gruby n'en avait pas moins été menacé de se faire expulser par les autorités médicales.

C'est donc Gruby qui prescrivit le régime strict à base de repos, d'alimentation saine et d'exercice physique qui permit à Andries de se remettre sur pied, et le jeune Hollandais devint un de ses plus fervents admirateurs, toujours prêt à recommander à ses amis ce praticien de soixante-dix ans.

C'est après avoir opéré ce nouveau départ dans l'existence qu'Andries renoua avec Théo lorsqu'il le revit au club hollandais. Ils allèrent ensemble au théâtre en décembre 1884 et Théo entreprit d'initier son nouvel ami à l'art d'avant-garde dont il était tant épris. Il trouva un élève enthousiaste qui finit par devenir lui-même un promoteur et un collectionneur de peintures contemporaines. Leur amitié fut définitivement scellée quand Andries vint assurer Théo de toute sa sympathie le jour où fut annoncée la nouvelle de la mort du pasteur. Les deux hommes avaient beaucoup de points communs et Théo appréciait particulièrement de trouver dans cette présence un dérivatif aux perpétuelles exigences de son frère Vincent.

Quand les deux hommes arrivèrent à Nuenen, ils s'aperçurent que l'ambiance familiale était loin d'être sereine. Vincent s'était définitivement installé dans son atelier mais ses rapports avec sa famille s'étaient considérablement détériorés à cause des questions d'héritage — Vincent avait refusé d'assister jusqu'au bout à l'inventaire officiel des biens de son père, incident dûment consigné par le notaire local. Les visiteurs reçurent au presbytère une lettre fort cérémonieuse les invitant à passer voir Vincent chez lui : *avant le dîner, disons cet après-midi entre trois et cinq heures.*

Si cela s'était passé dans une autre famille que la sienne, Théo aurait trouvé comique un comportement aussi infantile. Mais en l'occurrence, il ne savait que trop bien quelle montagne Vincent pouvait faire d'une prétendue offense. Il dut éprouver une certaine appréhension en se rendant chez son frère car il n'avait pas réussi à vendre *Les mangeurs de pommes de terre* et Vincent lui en ferait certainement grief.

Heureusement le courant passa très bien entre Vincent et Andries. Vincent fut ravi de rencontrer quelqu'un qui partageait la même passion que lui pour les romans modernes. Tous trois parlèrent d'art, bien qu'il apparût de toute évidence que Vincent n'avait pas encore pleinement saisi toute la portée du mouvement qui avait surgi en France. Sa conception de l'impressionnisme était extrêmement confuse : pour lui, tout ce qui tournait le dos à l'académisme méritait automatiquement l'appellation d'impressionnisme.

En fait, le seul véritable point commun aux deux frères était le souci que leur causait leur éternel problème financier. Vincent ne parvenait pas à joindre les deux bouts avec l'argent que lui envoyait Théo, mais celui-ci n'avait aucune envie d'accorder la moindre rallonge.

Quand ils se séparèrent, Théo dut se féliciter que la rencontre se fût si bien passée et qu'Andries n'eût eu à subir aucune remarque désagréable de la part de Vincent, dont le comportement était toujours imprévisible en pareil cas.

D'autres visiteurs, en effet, n'avaient pas eu autant de chance. L'infortuné Van Rappard, désolé par leur rupture et voulant à tout prix se réconcilier avec Vincent, avait dépêché un artiste de ses amis, Willem Wenkebach, en lui confiant la mission de rétablir la paix. Cette rencontre mémorable fut à deux doigts de tourner au ridicule le plus total. On se lança dans un échange de propos passionnés sur l'art, ponctué de violents coups de colère de la part de Vincent qui s'enflammait à chaque remarque innocente hasardée par son visiteur.

Complètement chaviré, Wenkebach alla dîner avec Vincent chez Kerssemakers, à Eindhoven. En plein milieu du repas, piqué au vif par une remarque anodine, Vincent jeta sa fourchette sur la table et sortit en claquant la porte. Persuadé de ne jamais revoir cet hurluberlu, Wenkebach n'en crut pas ses yeux le lendemain matin, à la gare, en voyant Vincent qui était venu lui faire ses adieux comme si rien ne s'était passé : « J'espère que vous reviendrez bientôt », déclara Vincent avec la plus grande courtoisie.

Vincent consentit finalement à faire quelques efforts pour répondre aux tentatives d'ouverture de Van Rappard mais désormais rien ne pouvait plus être comme avant. Il lui écrivit en septembre mais le ton était guindé et conventionnel. Ce fut le dernier contact qu'il y eut entre eux. Vincent ne revenait que fort rarement sur le passé et il était si absorbé par ses occupations du moment qu'il ne lui restait que bien peu de temps pour les regrets.

Somme toute, Andries Bonger avait eu un accueil tout à fait acceptable et rien n'indique que Vincent ait pris quelque ombrage à l'idée que son frère avait un ami intime. Au bout de quelques jours, Andries partit rejoindre sa sœur à Amsterdam, où Théo alla les retrouver quelques jours plus tard.

De nouveau seul, Vincent fut alors une fois de plus aux prises avec de nouvelles difficultés bien que, là encore, tout comme avec Margot Begemann, il n'eût absolument rien fait de répréhensible. Il venait à peine de donner le coup de pinceau final à ses *Mangeurs de pommes de terre* lorsque Sien, la fille De Groot, qui était encore célibataire, tomba enceinte. Mais, hormis l'étrange coïncidence du prénom et le fait que Vincent l'avait vue en maintes occasions quand il travaillait à son tableau, il ne s'était jamais rien passé entre eux. Pourtant, aux yeux des paysans de Nuenen, le coupable ne pouvait être que cet incroyable « *schildermenneke* » (le petit barbouilleur de toiles). Là-dessus, voilà le père Van Luijtelaar qui entre en scène et lance à ses ouailles catholiques une mise en garde péremptoire leur interdisant de poser pour le peintre protestant : s'ils ont besoin de l'argent ou des cadeaux qu'il leur offrait, eh bien, c'est lui, le curé, qui leur en donnera. Et Vincent se trouve, du jour au lendemain, privé de sa principale source de modèles et menacé de déménager sans délai par Schafrat qui s'est vu obligé de lui signifier son congé.

Comme personne ne voulait plus poser pour lui, Vincent suivit opiniâtrement le conseil qu'il donnait lui-même à ses élèves et se rabattit sur les natures mortes : des fruits, des bouteilles, un chapeau, tout ce qui traînait dans le bric-à-brac de cet atelier qu'il allait devoir libérer bientôt. Il sortit des nids de son placard et représenta sur ses toiles ces boules compactes faites de brindilles entrelacées qu'il avait posées sur des branches en superposant une fois de plus d'épaisses couches de pâte pour mieux rendre l'enchevêtrement des feuillages.

Impossible de se méprendre sur le sens qu'il faut donner au choix de tels sujets au moment où son propre « nid » allait lui être enlevé, mais il est peut-être plus révélateur encore qu'il ait vécu toutes ces belles journées d'automne en s'enfermant dans son atelier comme un reclus. De toute évidence, son séjour à Nuenen touchait à sa fin. D'ailleurs, on peut voir un indice significatif de l'imminence d'un changement dans le fait qu'il éprouvait un renouveau d'intérêt pour la vie urbaine. Kerssemakers et lui passèrent une journée dans une galerie d'Anvers où Vincent s'extasia sur un Frans Hals dont on distinguait nettement tous les coups de pinceau et en octobre, les deux amis décidèrent d'aller à Amsterdam pour visiter le Rijksmuseum qui venait d'être terminé. Vincent partit le premier, car son ami avait des problèmes de famille à régler, et ils se retrouvèrent le lendemain dans la salle d'attente de la gare centrale. Quand Kerssemakers arriva, il vit Vincent affublé de son manteau hérissé de poils, qui s'était assis près de la fenêtre pour dessiner quelques vues de la ville, indifférent à la foule de badauds goguenards qui s'était massée autour de lui.

Une fois dans le nouveau musée, Vincent alla se camper en face d'un tableau de Rembrandt, *La fiancée juive*, et dit à Kerssemakers de revenir en fin de soirée ; lui n'avait pas l'intention de bouger de là de toute la journée.

Et il passa en effet la journée entière à observer cette toile, bien que, comme il le révéla plus tard, son esprit ne fût pas uniquement préoccupé de Rembrandt, mais aussi de Rubens, Velasquez, Delacroix, et aussi de la couleur, la couleur, la couleur. A en croire ses lectures, à en croire ce qu'il avait compris des explications de Théo, l'utilisation de la couleur était beaucoup plus complexe qu'il ne l'avait cru précédemment. Il ne percevait encore que très confusément la nature du problème mais il savait que la réponse se trouvait là, dans le Rembrandt qui était devant lui.

Pendant le dernier mois qu'il passa à Nuenen, il s'efforça subtilement mais avec une grande persévérance d'éclaircir sa palette sur une série de paysages d'automne. Il réussit même à peindre le presbytère familial en lui donnant l'apparence d'une demeure où il faisait bon vivre ; la maison hantée d'autrefois n'était plus qu'un lointain souvenir. C'était peut-être sa façon à lui de dire au revoir. Sa mère allait être obligée de partir au début de l'année suivante. Elle avait décidé de s'intaller à Breda, il n'avait donc plus aucune raison de s'attarder à Nuenen.

Il irait à Anvers pour y suivre les cours de l'Académie. Mais, une fois de plus, il se montra incapable de faire place nette : il se comporta comme s'il avait l'intention de ne s'absenter que pendant un court laps de temps. Il laissa toutes ses œuvres et son capharnaüm chez Schafrat et c'est sa mère qui dut venir tout enlever au moment où elle préparait son propre déménagement.

Bien des années plus tard, quand on lui eut demandé ce que tout cela était devenu, elle répondit qu'elle ne le savait pas au juste mais que l'homme qui l'avait aidée à débarrasser l'atelier de Vincent pourrait peut-être donner quelques précisions. D'après certains, un colporteur poussant une brouette pleine de tableaux les aurait vendus pour quelques pièces de monnaie ; selon une autre source, certains dessins de nus auraient été détruits sur l'injonction d'une ménagère indignée. Des toiles auraient également servi pour réparer un hangar ou remplacer des vitres cassées sur une porte. Beaucoup furent perdues, mais il en demeure un certain nombre qui ont été miraculeusement retrouvées.

Avant de partir, Vincent était allé rendre visite à Kerssemakers, à Eindhoven, pour lui donner une de ses études d'automne qu'il venait tout juste de terminer. Une fois de plus, son ami lui fit remarquer qu'il avait oublié de signer sa toile. Vincent lui répondit qu'il le ferait sans doute la prochaine fois qu'il viendrait. Il ne l'a jamais fait, mais il avait également dit à Kerssemakers :

... ce n'est pas vraiment nécessaire. Un jour ou l'autre ils finiront par reconnaître mes œuvres, et ils feront des livres sur moi quand je serai mort. Je ferai ce qu'il faut pour cela, pourvu que la vie m'en laisse le temps.

CHAPITRE VIII

Vert foncé, noir et rouge feu
(1885-1888)

Anvers. Ce sont les entrepôts, sur les berges de la Schelde, qui enflammèrent l'imagination de Vincent. Naturellement, il avait vu les hauts lieux du tourisme ; le Grote Market, la cathédrale, l'hôtel de ville, les ruelles tortueuses de la vieille ville — il en dessina quelques-unes —, mais c'est le port qui le frappa le plus :

On voit des matelots flamands, aux visages débordant de santé, aux fortes épaules, larges et puissantes, cent pour cent anversois, en train de manger des moules et de boire de la bière, debout, turbulents et bruyants ; et puis, contraste : un tout petit personnage survient, silencieux, vêtu de noir, ses petites mains collées au corps, se faufilant le long des murs gris.

Encadré de cheveux d'un noir de jais, un petit visage ovale, brun ? jaune orange ? je ne sais.

Le personnage lève les paupières, et c'est le regard en coin des deux yeux de jais d'une fillette, une Chinoise, mystérieuse, muette, pareille à une souris, petite, plate, l'air d'une punaise. Quel contraste avec le groupe de Flamands qui mangent des moules !

Il y avait plus de deux ans qu'il avait quitté Sien et, en dépit des accusations du prêtre catholique, il était resté chaste pendant son séjour à Nuenen. Peut-être y avait-il des maisons de tolérance à Eindhoven, pourtant il n'en fit jamais mention dans ses lettres.

Mais le port d'Anvers était renommé pour les plaisirs de la chair et Vincent ne dédaigna pas les occasions offertes dans les ruelles tortueuses et les impasses du quartier réservé.

La fête de la chair commençait pour lui : les prostituées le prenaient pour un marin et, pour la première fois, l'étrangeté de son aspect ne lui portait aucun préjudice. Et il y avait aussi de la chair dans l'art qui s'offrait à lui. Anvers était la ville de Rubens, et il n'avait pas eu de mal à trouver ce qu'il cherchait ; *L'assomption de la Sainte Vierge*, qui dominait le grand autel de la splendide cathédrale gothique, avait été peinte sur les lieux par le maître.

Au Musée d'Art ancien, comme on l'appelait à l'époque, il y avait *L'adoration des Rois mages*, et le *Triptyque du marchand Jan Michielsen*. Des nus mais aussi de la violence : une lance perce le flanc du Christ : le sang jaillit ; ailleurs, le Sauveur saigne du nez ; le grotesque côtoie le sublime.

Quel était donc le secret de Rubens ? Le rose luisant des chairs, leur rondeur ? En rentrant à pied chez lui, sous la pluie glacée de l'hiver, Vincent pouvait tout à loisir méditer sur ces questions tandis que naissait en lui un mécontentement qui ne ferait que s'accroître en pensant à son œuvre trop grise, trop sombre.

Il demeurait dans une rue qui s'appelait alors rue des Images, une artère banale dans le quartier commerçant, à une bonne distance du port. Sa chambre était au-dessus de chez un marchand de couleurs, et c'était là son seul point positif. Il tenta de peindre la vue qu'il avait de sa fenêtre vers l'arrière, au-dessus des toits, mais la toile obtenue est aussi déprimante que la réalité avait dû l'être. Mieux valait hanter les rues plus pittoresques du port et se faire passer pour un marin.

Mais si Rubens était le saint patron du passé culturel d'Anvers, le doyen de son présent pictural était le baron Leys, qui venait de mourir. Ses grandes fresques représentant des épisodes de l'histoire flamande l'avaient rendu célèbre et son influence dominait encore le milieu artistique local. Vincent alla voir celles qui avaient pour thème Noël au XVIe siècle et que Leys avait faites en 1857 pour décorer sa salle à manger. Après le décès de leur auteur, on les avait installées dans une petite salle de l'hôtel de ville flamand qui débouchait dans une pièce plus spacieuse que Leys avait décorée avec des scènes illustrant les temps forts de l'histoire de la cité.

Ces peintures murales étaient restées inachevées quand l'artiste était mort en 1869, alors qu'il n'était âgé que de cinquante-quatre ans, mais d'autres qu'il avait eu le temps de finir montrent une existence qui se consacra entièrement à la recréation minutieuse d'un monde littéraire et artistique complètement figé. *La duchesse de Palma, à une époque troublée, tendant les clés de la ville au magistrat*, est un exemple typique de ces sujets où la précision du drapé et de chaque fleur brodée apparaît comme une illustration du soin que Leys accordait aux moindres détails.

Certes, on voyait que les fresques de la salle à manger s'étaient quelque peu estompées, mais Vincent y trouva encore bien des motifs d'admiration. En dépit du patriotisme plutôt laborieux de Leys — il avait été élevé à la dignité de baron en 1862 —, ces œuvres ne manquaient pas d'une certaine sensibilité aux problèmes préoccupant alors le peintre aux vêtements râpés qui les contemplait. Si surprenant que cela puisse paraître, Leys avait lui aussi admiré Rembrandt et Delacroix, et il avait tenté, non sans s'imposer certaines limites toutefois, de donner un éclairage dramatique à des compositions quelque peu statiques. Le pire que l'on puisse dire du défunt baron, c'était que l'héritage artistique qu'il avait légué pesait maintenant comme un poids mort sur la vie culturelle de la ville et que ses successeurs ne présentaient même pas le soupçon d'audace décelé parfois chez leur devancier. Malheureusement, comme Vincent n'allait pas tarder à le constater, certains de ces « Leysiens » étaient titulaires d'un certain nombre de chaires à l'Académie.

Le prochain trimestre allait s'ouvrir en janvier. En attendant, il continuait de méditer sur les œuvres de Rubens et cherchait une femme blonde qui acceptât de poser pour lui afin de lui permettre de percer le secret du maître. Il en trouva quelques-unes en décembre et tenta de tisser des fils d'un rouge pur sur les teintes de la peau, car il était persuadé que Rubens avait procédé ainsi. Des contours colorés pouvaient également créer l'impression du mouvement, beaucoup mieux que le noir ne réussissait à le faire, et il se rendit à maintes reprises dans une salle de bal populaire pour essayer de fixer sur la toile, avec de rapides touches de rouge, le passage fugitif de femmes dansant une polka échevelée.

Soudain, un jour, peu de temps après son arrivée dans la ville, se produisit une révélation étonnante qui allait provoquer en lui un changement complet. Il découvrit des boutiques où l'on vendait des estampes exotiques absolument fascinantes avec leurs contours hardis, sans concessions, et des masses éclatantes de couleurs fondamentales à l'état pur. Vincent venait, avec quelque retard, de tomber tout à fait par hasard sur le « Monde Flottant » :

le Japon lui était enfin révélé. Comment avait-il pu rester si longtemps sans le connaître ? C'est là un mystère, un de plus, que personne n'a jamais pu élucider.

Quand il avait séjourné à Londres, le monde artistique de la capitale anglaise était déjà en proie à la passion de la japonaiserie et Paris n'avait pas tardé à lui emboîter le pas. Et pourtant, ni à Paris ni à Londres, Vincent ne semblait avoir remarqué ce que d'autres artistes avaient déjà assimilé dans leur quête de formes et de couleurs nouvelles. Il lui fallut la grisaille des ruelles délavées par la pluie du vieux port pour lui ouvrir les yeux à ces mystérieuses figures aux cheveux de jais noués très haut au-dessus de la tête, et vêtues de kimonos surchargés de motifs multicolores.

Utilisés à l'origine pour protéger à peu de frais les colis de porcelaine destinés à l'exportation, ces tissus trouvèrent bientôt des admirateurs et des imitateurs, de Whistler à Manet. Quand le graphiste Félix Bracquemont découvrit accidentellement un exemplaire des œuvres de Hokusai au cours d'une visite chez son imprimeur, il fut bientôt l'un des premiers à faire la différence entre ces toiles d'emballage « anonymes » et les œuvres d'art de premier ordre qui pouvaient exister par ailleurs.

Des échoppes du port jusqu'aux galeries du centre des villes, les estampes japonaises étaient devenues des œuvres d'art que tout le monde pouvait s'offrir, et les artistes empruntèrent à ces estampes tout ce qui correspondait à leurs besoins du moment, de sorte qu'il est bien difficile de définir avec précision l'influence exercée par les Japonais. Les uns s'extasiaient devant les poses insolites, la façon dont on disposait les personnages, sans se soucier des limites rigides de l'estampe, si bien que certains d'entre eux coulaient hors du tableau. D'autres admiraient la simplicité du dessin qui faisait songer à une bande dessinée. Et il y en avait aussi qui éprouvaient une forte attirance pour le genre de vie évoqué par ces estampes : le monde paisible et méditatif auquel faisait songer la cérémonie du thé, chaque geste soigneusement calculé, où la perfection d'une unique fleur pouvait être contemplée dans un silence éthéré.

Par la suite, Vincent allait découvrir de nombreuses raisons pour justifier son admiration, mais au début c'est la puissance libératrice de la couleur qui l'incita à s'arrêter pour regarder. Ces estampes ne coûtaient pas cher ; il en acheta quelques-unes ; et puis il en acheta encore pour décorer sa sinistre chambre avec ces étranges aperçus d'une vie différente : le mont Fuji avec sa calotte de neige, une geisha préparant le thé sur un réchaud au charbon de bois. Il retourna souvent dans les boutiques, car il commençait à apprécier les multiples aspects de ces œuvres. Il en acheta d'autres, malgré les sacrifices qu'il lui fallait s'imposer : elles ne coûtaient pas cher mais il avait très peu d'argent. Maintenant qu'il utilisait la couleur à profusion, il dépensait un argent fou, et comme il lui fallait payer un loyer, il ne pouvait plus compter, pour payer son matériel, sur la totalité de la somme envoyée par Théo.

Il cessa de manger. Il jeûnait plusieurs jours d'affilée. Et il se demanda s'il ne pourrait pas vendre quelques-unes de ses œuvres. Peut-être un marchand serait-il intéressé par un dessin de la Steen, la vieille citadelle ? Et pourquoi n'écoulerait-il pas quelques portraits ? Tout cela n'était qu'illusion, bien entendu, mais il se mit à soigner un peu sa mise pour aller proposer ses esquisses dans les galeries d'art. Une fois de plus, ce fut à Théo qu'il s'adressa, comme à un sauveur :

... je te le demande gentiment mais avec beaucoup d'insistance — fais patienter l'un ou l'autre de tes créanciers : 50 francs, pour eux, ce n'est pas le bout du monde, n'aie pas peur —, mais je t'en prie, ne me fais pas attendre...

Ce qui le soutenait, c'était l'espoir de voir se résoudre d'eux-mêmes ses problèmes — par quel miracle, il ne le savait pas trop —, dès qu'il aurait commencé à suivre les cours de l'Académie. Il avait laissé quelques-unes de ses productions à Charles Verlat, le directeur, et il attendait la décision. Entre-temps, il lut un extrait de *L'œuvre* dans un magazine et fut intrigué par la façon dont Zola décrivait l'impressionnisme, car il n'avait encore que des idées fort confuses sur ce nouveau mouvement. Si l'on en croit les commentaires qu'il adressa ensuite à Théo, il s'imagina que tout cela serait élucidé aussitôt qu'il aurait commencé à étudier à l'Académie, sous la férule de Verlat.

Il n'allait pas tarder à déchanter.

Les jolis ateliers tout blancs de l'Académie, installés dans un ancien monastère franciscain, se dressaient au milieu des arbres dans un paisible quartier résidentiel non loin de l'hôtel de ville. Vincent reçut une convocation. Le directeur voulait le voir en janvier. Il arriva le matin, à la date convenue, toujours coiffé de sa toque de fourrure mais vêtu cette fois d'une blouse bleue de marchand de bestiaux. La classe se composait d'une soixantaine d'étudiants, dont certains étaient anglais ; il se trouva un chevalet et se mit au travail.

N'ayant pas eu assez d'argent pour se payer une palette, il se servait d'une planche arrachée à une caisse. Les élèves avaient à peindre deux lutteurs dont la nudité avait été fort pudiquement dissimulée aux regards ; Vincent se mit à peindre avec sa fébrilité coutumière, appliquant sur la toile qu'il avait apportée un pinceau surchargé de pâte, laissant couler tout autour de lui la peinture sur le parquet. Verlat entra.

Personne n'aurait été moins à même de comprendre Vincent... A soixante-deux ans, Verlat s'était une fois pour toutes figé dans des habitudes qui n'avaient que fort modérément sacrifié au goût de l'aventure. Il était allé à Paris durant sa jeunesse pour étudier avec Couture, l'auteur des *Romains de la décadence*, apprenant à maîtriser un classicisme périmé. Il devint la risée de ses condisciples parce qu'il avait peint treize rayons à une roue de char. C'est peut-être par réaction à cette erreur impardonnable et au ridicule qu'elle avait provoqué que Verlat avait épousé le néo-réalisme de Courbet, et on le considérait maintenant dans les milieux artistiques d'Anvers comme le disciple le plus fervent du maître français.

En fait, Verlat avait depuis longtemps abandonné toute velléité de se conformer aux règles d'un véritable réalisme ; il se consacrait à la production de tableaux monumentaux illustrant, de manière très stylisée, des scènes de la vie rurale, avec des paysans qui apparaissaient tous comme de joyeux drilles, toute ressemblance avec Courbet n'étant plus qu'un lointain souvenir.

Pour se détendre, il produisait de petites œuvres humoristiques dans lesquelles des singes prenaient la place des humains. C'était ce qu'il appelait avec beaucoup de drôlerie sa « monnaie de singe ».

Il ne faut tout de même pas en conclure que ce Verlat était un humoriste. Tout le monde s'accordait pour le trouver pompeux et ce n'est pas son visage exprimant une irritation perpétuelle qui pouvait démentir ce jugement. C'était l'archétype même du rond-de-cuir de la culture. En 1879, il avait concocté le « Plan général » destiné à définir les règles de l'Académie, érigeant en principe primordial que l'étude du nu féminin était une offense à la morale (ce qui explique pourquoi les lutteurs avaient drapé leur nudité avec beaucoup de décence), bien que le corps féminin, dépouillé de ses vêtements, eût été à la base de toute l'éducation artistique en Occident depuis la Renaissance. Le « Plan général » décrétait toutefois que les moulages de nus en plâtre étaient tolérés. N'empêche que Verlat était peu disposé à faire preuve d'indulgence envers ceux qui oseraient contester son autorité.

Verlat fixa sur le travail de Vincent un regard furibond, lui demanda son nom et lui ordonna de sortir pour se rendre à la classe de dessin. Rouge de confusion et de colère, Vincent ramassa ses pinceaux et sa palette improvisée et disparut derrière la cloison de bois qui séparait les deux salles de classe.

L'apparition de l'hurluberlu dans la salle de dessin complètement comble provoqua un émoi inhabituel, tandis qu'il s'agenouillait pour dérouler ses dessins afin de les montrer à Eugene Siberdt, le professeur. L'aspect du nouveau venu était si insolite et les travaux qu'il montrait si incongrus qu'un attroupement bruyant ne tarda pas à se former autour de lui, tandis que fusaient les rires et les plaisanteries. Les élèves, trop nombreux pour la place dont on disposait, se montraient souvent indisciplinés et il fallait alors faire appel à Piet Van Havermaet, un policier en retraite, pour rétablir l'ordre. Cette fois, son intervention se solda par un échec total.

Siberdt, le professeur de dessin, n'était pas meilleur que Verlat. Bien qu'il eût séjourné à La Haye et qu'il n'eût pas plus de trente-cinq ans, il était resté complètement rebelle à la pratique de l'art en plein air. Après s'être adonné aux études historiques, sous la direction de Leys, il s'était mis progressivement au portrait et complétait le salaire que lui versait l'Académie grâce aux rondelettes sommes d'argent que lui valait son titre de portraitiste officiel. Il était lui aussi bourré de préjugés vieillots, mais n'hésitait pas à charger Van Havermaet, l'ancien policier, d'assurer l'enseignement à sa place quand il avait lui-même d'autres occupations ailleurs.

Le verdict fut irrévocable : pour lui aussi, Vincent ne devait pas peindre, il n'était pas prêt à se mesurer à cette tâche. Il fallait qu'il dessine, d'après des plâtres de modèles antiques. Bien qu'il eût autrefois répugné à suivre le même conseil quand il émanait de Mauve, qu'il admirait, Vincent se mit au travail avec beaucoup d'application. Pour lui qui désirait tant apprendre à représenter en couleurs des sujets humains, ce régime dut paraître bien cruel.

Il souffrit également beaucoup de se voir devenir la tête de Turc de ses condisciples, qui l'accablaient de leurs plaisanteries féroces, et il se referma dans sa coquille, espérant qu'on le laisserait enfin tranquille pour pouvoir s'attaquer à ses dessins avec sa fébrilité et son ardeur coutumières.

Heureusement, il y avait dans sa classe un ou deux étudiants un peu moins infantiles que les autres. Horace Levens, un jeune

Anglais qui venait de l'Art College de Croydon, put parler de Londres avec Vincent. Levens, ou Livens comme son nom est de temps en temps écrit, trouva le personnage de Vincent si fascinant qu'il alla jusqu'à faire son portrait, fixant d'ailleurs sur la toile les traits d'un homme vieilli, au visage ravagé. Peut-on vraiment croire que Vincent était bien ainsi alors qu'il n'avait que trente-deux ans ?

Il ne faut pas non plus s'imaginer que Vincent avait trouvé en Horace un esprit aussi frondeur que le sien. Toute sa vie, Horace Levens allait vouer une reconnaissance inébranlable à Verlat pour l'enseignement qu'il avait dispensé, et se consacrer à une œuvre qui devait porter les traces indélébiles de l'influence du baron Leys.

Vincent conseilla à son ami d'aller à Paris, ce qui montre bien quelle orientation prenaient maintenant ses pensées, et Levens finit par l'écouter avant de rentrer à Londres pour se lancer dans une carrière banale de peintre, se consacrant à la représentation de scènes de rues et de ports d'un impressionnisme modéré, qui eurent quelque succès dans l'Angleterre édouardienne. Tout comme Verlat, il s'intéressait également aux portraits d'animaux, bien qu'il préférât les volatiles de la basse-cour aux singes travestis.

Parmi les étudiants belges, c'est Victor Hageman qui sympathisa le plus avec Vincent. Il devait par la suite se faire le peintre et le graveur de scènes de la vie des ports : émigrants pauvres, habitants des quartiers juifs, vieux bateaux — que Vincent aurait été le premier à apprécier, on l'imagine aisément. Comme Levens, Hageman eut lui aussi une brève période de succès quand ses œuvres participèrent à des expositions importantes au début du siècle suivant. C'est avant de mourir, en 1928, qu'il décrivit les impressions qu'il avait ressenties en voyant le personnage impétueux qui avait fait irruption dans cette classe somnolente où il ne se passait jamais rien.

Le fond du problème, c'était que Vincent avait déjà dépassé ce que Verlat et les autres avaient à lui offrir, et il s'en rendait bien compte. Il avait compris la nécessité de s'affranchir des théories appliquées par Gérôme et par Bargue dans leur méthode d'apprentissage et qui mettaient avant tout l'accent sur le tracé des contours. Les cours de dessin de l'Académie — tous les élèves assis en rond autour des moulages antiques — visaient à enseigner la création des volumes en décomposant l'objet en formes géométriques que l'on arrondissait ensuite. C'était là l'aboutissement final de la méthode des admirateurs d'Ingres, la couleur n'étant, pour ces tenants d'un classicisme attardé, qu'une façon de combler le vide entre les lignes du contour. Seulement, Vincent en était arrivé à la conclusion inverse, suivant en cela l'exemple de Rubens et de Delacroix. Pour lui, c'est par le centre qu'il fallait commencer pour en arriver progressivement à rendre les rondeurs de la chair.

Pourtant, il acceptait de dessiner les moulages. En fait, il commençait à entrevoir de grandes possibilités dans un enseignement fondé sur cette méthode. Mais ce qui l'exaspérait, c'est la manière dont on voulait qu'il s'y prenne, surtout quand il voyait les résultats atteints dans la classe de peinture où toute tentative de représenter le corps était d'une *platitude désolante*.

Décidément ce qui se passait à l'Académie était bien loin de ce qu'il avait espéré. Il apprit alors que certains étudiants avaient réussi à tourner l'interdiction de peindre le corps humain en formant leur propre club de dessin. On se cotisait pour payer un modèle et partager le coût de quelques bouteilles de bière. Il se fit inscrire à deux de ces clubs pour pouvoir participer aux séances du soir, dont certaines se tenaient dans le vieux « De gulden Winkel » (la boutique des Orfèvres) au cœur du magnifique Grote Market.

L'un des clubs avait pu se concilier les services d'un moniteur, Frans Vinck, bien que celui-ci dispensât un enseignement à peine supérieur à celui des professeurs de l'Académie. Il avait à peine quelques années de moins que Verlat et était un imitateur acharné du baron Leys sans avoir la sensibilité du maître. Son œuvre la plus connue, *Les confédérés devant Margaret de Palma*, témoigne des heures innombrables et fastidieuses passées à reproduire les détails de la broderie et des décorations du mur, avec une minutie et une exactitude rendues inutiles par l'impression générale d'ennui qui se dégage de la scène.

Malgré cela, il y avait des modèles nus dans ce club, et le carnet d'esquisses de Vincent révèle sa capacité à maîtriser les techniques du dessin traditionnel et à se conformer aux consignes qu'on lui donnait quand il considérait qu'elles en valaient la peine.

A l'Académie, en revanche, il avait beaucoup de mal à s'intégrer. Ses professeurs manifestaient de plus en plus d'exaspération en le voyant attaquer le papier au crayon ou au fusain pour s'acharner à reproduire la forme qu'il avait devant lui. Pour ne rien arranger, un autre élève se mit à imiter sa méthode. Vincent fit de grandes démonstrations de fausse humilité pour tenter d'améliorer une atmosphère qui se tendait de plus en plus. Il aurait d'ailleurs été bien incapable de tenir tête à ses professeurs. Une faiblesse extrême s'était emparée de lui et il commençait à payer le prix d'un travail excessif, poussé au-delà des limites de l'endurance physique.

Il se passait de nourriture pour pouvoir acheter le matériel dont il avait besoin, et il était dévoré par une faim perpétuelle qui le vidait de toutes ses forces. Mais il y avait pire encore, ses dents lui faisaient affreusement mal et quand il résolut de régler d'abord ce problème, le dentiste fut impitoyable. Il arracha une dizaine de dents qui étaient complètement pourries et exigea la somme exorbitante de cinquante francs.

Mais c'est quand Vincent consulta un médecin qu'il découvrit le tribut à payer pour sa « saison de la chair ». Il avait contracté la syphilis et on l'envoya à un nouvel hôpital, près de chez lui, pour y recevoir le traitement limité que l'on appliquait à cette époque. La maladie était incurable mais on pouvait atténuer les symptômes en recourant à des bains chimiques.

Il faisait dix ans de plus que son âge et, saisi d'une sorte de fascination morbide en constatant ce changement, il voulut faire son autoportrait : les joues sont plus creuses et la barbe plus fournie pour masquer l'absence des dents de devant.

Bien des aspects de son comportement, sa mauvaise humeur croissante et son caractère sans cesse plus renfrogné s'expliquent manifestement par son mauvais état de santé physique. D'un moment à l'autre, pour le prétexte le plus futile, il risquait de basculer.

On avait demandé à la classe de dessiner un moulage en plâtre de la Vénus de Milo. Vincent l'exécuta à sa manière, représentant une femme plantureuse aux larges hanches qui évoquait plus un nu de matrone flamande que la beauté d'une déesse antique. C'en était trop pour Siberdt qui, après avoir examiné le dessin à travers son lorgnon, arracha du chevalet cette offense au bon goût et déchira l'esquisse. Vincent explosa, hurlant que le professeur n'y connaissait rien : *une femme, il faut bien qu'elle ait des hanches, des fesses et un bassin pour pouvoir porter un enfant !*

Si l'on s'en tient au récit que fit Hageman, cet incident marqua la fin du séjour de Vincent à l'Académie. Mais l'auteur de ces lignes a effectué ce récit longtemps après l'événement, et il a dû céder à la tentation de dramatiser un tel affrontement en lui donnant une conclusion spectaculaire : Vincent sortant de scène, la rage au cœur. Mais en réalité, les choses n'étaient pas aussi nettes. Il semble qu'après cet excès de colère, Vincent ait évité tout contact avec les professeurs mais qu'il s'arrangeait pour se faufiler de temps en temps dans la salle contenant les moulages afin d'y travailler comme il l'entendait.

Quoi qu'il en soit, cette crise marque le moment où Vincent perdit tout espoir de tirer le moindre profit de l'enseignement dispensé par l'Académie. Il fut même sur le point de renoncer à la carrière artistique, car il se trouva qu'à la même époque son passé devait surgir de nouveau brutalement devant lui.

Les journaux belges se faisaient l'écho d'effroyables nouvelles relatives aux événements qui se déroulaient dans le Sud : les mineurs du Borinage avaient fini par se révolter. Au début de l'année 1886, l'agitation politique se répandit dans les houillères. Les socialistes réclamaient des augmentations de salaire ainsi que l'abolition du plus injuste des privilèges : la possibilité pour les riches d'échapper au service militaire en achetant un remplaçant. Ils exigeaient en outre l'instauration du suffrage universel.

Le gouvernement répondit par la force. En mars, la grève générale gagna tout le Borinage et cette fois, il y eut des violences : le ministre envoya des policiers en armes et fit appel à la garde nationale. Les non-grévistes, détestés par leurs compagnons, reçurent l'ordre de descendre au fond des fosses et on envoya en prison les mineurs qui avaient quémandé de quoi manger pour leur famille.

La presse de droite catholique exigeait que l'on fasse appliquer la loi interdisant d'arborer le drapeau rouge. A la fin de l'année, une commission fut constituée pour enquêter sur les salaires payés aux mineurs et l'on vit les propriétaires des charbonnages contester systématiquement le résultat des investigations. La conclusion eut beau faire ressortir que les salaires avaient effectivement baissé au cours des dernières années, l'enquête ne déboucha sur aucune mesure concrète. Cent vingt mineurs trouvèrent la mort dans le Borinage cette année-là !

En lisant les comptes rendus publiés par la presse, Vincent percevait avec acuité toute la souffrance qui se cachait derrière les statistiques : on condamnait à la prison un homme qui avait osé demander de la viande au boucher pour nourrir sa famille. Il y avait certainement quelque chose à faire !

Vincent envisagea de retourner auprès des mineurs pour jouer de nouveau un rôle actif et se mettre à leur service, sans hésiter à se sacrifier si nécessaire. Étant donné ses dissensions avec l'Académie, il était tenté de donner à sa vie un but bien défini, un objectif dont l'aspect positif ne ferait aucun doute.

Ce fut là le moment le plus critique pour sa vocation de peintre, mais en fait, au fond de lui-même, il savait certainement que ce projet ne se réaliserait pas : la page était définitivement tournée. Maintenant qu'il n'était plus soutenu par sa foi religieuse, comment aurait-il pu espérer apporter le moindre réconfort aux déshérités du Borinage ?

C'est alors qu'il commença, timidement d'abord, puis avec de plus en plus d'insistance, à suggérer à Théo qu'il avait absolument besoin d'aller le rejoindre à Paris. Il était malade, il toussait à fendre l'âme, expulsant une sorte de mucus grisâtre, il avait faim et se sentait en proie au découragement. Une seule solution : aller à Paris. Mais comment faire pour persuader Théo de payer les frais du voyage ? Et par quel moyen fallait-il le convaincre que ce séjour dans la capitale française lui était absolument indispensable pour mener ses études à bien ? C'est alors qu'il retrouva le nom d'un certain Cormon qui possédait un atelier dont Vincent avait entendu parler par d'autres peintres hollandais.

Il décida de dire et de répéter à Théo combien il avait envie, besoin même, de se rendre chez Cormon, car c'était le seul endroit où il trouverait la compréhension et les conseils qui lui faisaient si cruellement défaut à Anvers.

Pour une fois, Théo ne céda ni aux pressions affectueuses ni à la menace. Il n'était nullement d'humeur à envisager la venue d'un frère au caractère aussi difficile. Certes, il avait toujours apporté à Vincent une aide indéfectible, il l'avait toujours encouragé à persévérer, mais cela ne l'empêchait pas de se poser parfois quelques questions. Il avait un jour déclaré au peintre hollandais Just Havelaar : « Je ne serais pas surpris si mon frère comptait un jour parmi les plus grands génies, du genre de Beethoven, ou quelqu'un de cette stature. » Mais à une autre occasion il ne cacha pas qu'à son avis Vincent n'était que moyennement doué.

Il est facile de comprendre pourquoi il balançait ainsi, d'une opinion à l'autre : il suffit de voir les écarts considérables dans la qualité des œuvres exécutées par Vincent à l'époque. En outre, la façon dont Vincent parlait des tableaux qu'il était en train d'exécuter devait sembler infantile ou provinciale à quelqu'un comme Théo qui avait ses entrées dans les milieux artistiques de la capitale.

D'ailleurs, l'incapacité où se trouvait Vincent de comprendre les principes de base de l'impressionnisme alors que ce mouvement était déjà dépassé par des écoles plus modernes, irritait sans doute son frère au plus haut point. Dans ces conditions, il n'est guère étonnant que Théo ait pu, de temps en temps, être assailli par le doute.

Pourtant, ce n'est pas l'opinion qu'il avait du talent de son frère qui expliquait l'opiniâtreté avec laquelle il s'efforçait de détourner Vincent de son projet : il ne savait que trop bien quels désagréments lui attirerait la présence à ses côtés d'un personnage aussi extravagant. Il avait déjà assez de problèmes.

L'appartement qu'il occupait, rue Laval, était des plus exigu et sa maîtresse — dont la postérité ne connaîtra rien de plus que l'initiale de son nom, «S» —, se montrait de plus en plus difficile à vivre. Introduire Vincent dans un ménage où régnaient déjà de telles tensions, c'était aller au-devant des pires ennuis. Aussi Théo continua-t-il de faire la sourde oreille.

Malheureusement, ce qui affaiblissait sa position, et il s'en rendait parfaitement compte, c'est qu'il n'avait pas encore réussi à vendre une seule œuvre de Vincent, ce qui entretenait chez l'artiste un profond sentiment d'amertume, et Théo ne l'ignorait nullement. S'il parvenait seulement à vendre quelques toiles, il avait la conviction qu'il pourrait alors beaucoup plus facilement persuader Vincent que tout allait pour le mieux et qu'il n'avait aucune raison de quitter la Belgique.

Ravalant son orgueil, Théo contacta son ami et concurrent, le marchand de tableaux Alphonse Portier, pour solliciter son aide.

Portier demeurait à deux pas de là, un peu plus haut sur la Butte. Ancien importateur de tissu, il s'était constitué un petit patrimoine grâce au boom péruvien des années 1850-1860 ; il se retira des affaires et décida de satisfaire sa passion pour l'art en achetant un fonds de marchand de couleurs et de fournitures pour artistes. Il put ainsi réaliser son rêve d'entrer en relations avec un certain nombre de peintres, avant d'abandonner son commerce pour se lancer, à temps partiel toutefois, dans le négoce des objets d'art. A l'instar de Théo, il préférait la peinture d'avant-garde, et le brave Durand-Ruel, déjà âgé et qui ne s'était pas encore remis du soutien qu'il avait été le premier à apporter aux impressionnistes, se retrouva avec un concurrent de plus.

Portier était un homme généreux, et il accepta de prendre quelques-unes des œuvres de Vincent, y compris une lithographie des *Mangeurs de pommes de terre* qui avait soulevé son enthousiasme (ce que Théo s'empressa aussitôt de faire savoir à Vincent). Mais tous ses efforts furent vains. Il était déjà suffisamment difficile de vendre des tableaux de Pissarro, qui était pourtant un artiste beaucoup plus accessible au grand public !

Pour vendre les œuvres qu'il avait en dépôt, Portier se rendait au domicile des quelques collectionneurs qu'il connaissait pour leur présenter ce qu'il avait de mieux. Dans le cas de Vincent, Portier eut beau déployer des trésors d'éloquence, il ne put les décider à débourser le moindre centime pour acquérir des productions dans lesquelles ils ne voyaient qu'une accumulation de gaucheries.

On peut voir encore à présent de bien étonnantes photographies représentant des courtiers comme Portier et Durand-Ruel, assis dans leur salle à manger aux murs entièrement recouverts, du plancher jusqu'au plafond, de toiles aujourd'hui d'une valeur inestimable et dont à l'époque ils ne pouvaient même pas se débarrasser pour le prix d'un séjour d'une semaine dans un hôtel de troisième ordre.

Théo ne pouvait rien faire de plus. Heureusement, la dernière lettre de Vincent semblait suggérer que son frère avait l'intention d'aller passer l'été dans le Brabant avant de retourner à l'Académie d'Anvers. Il poussa un ouf de soulagement. On était au début mars et les beaux jours allaient revenir. Et puis un matin, il trouva à son bureau un commissionnaire de la gare du Nord qui avait un message pour lui. Aussitôt qu'il eut vu les quelques lignes gribouillées au crayon noir, Théo comprit que ce qu'il avait tant redouté avait fini par arriver.

Mon cher Théo*

Ne m'en veux pas d'être venu tout d'un trait, j'y ai tant réfléchi et je crois que de cette manière nous gagnons du temps. Serai au Louvre à partir de midi ou plus tôt si tu veux.

Réponse, s.v.p., pour savoir à quelle heure tu pourrais venir dans la Salle carrée. Quant aux frais, je te le répète, cela revient au même. J'ai de l'argent de reste, cela va sans dire, et avant de faire aucune dépense, je désire te parler. Nous arrangerons la chose, tu verras.

Ainsi, viens-y le plus tôt possible.

Je te serre la main,

Tout à toi,
Vincent.

Théo n'avait plus qu'à obtempérer.

Ce n'était pas sur un simple caprice que Vincent avait pensé à ce qu'il appelait la « Salle » carrée pour servir de cadre à ces

---

* A partir de maintenant, les lettres de Vincent à Théo sont rédigées en français (*NdT*).

retrouvailles qu'il était seul à désirer. Le Salon carré, un vaste espace cubique au plafond baroque, se trouvait au centre d'une série de galeries, de cours et de salles, qui abritaient alors la collection de vieux maîtres que possédait le musée. Les œuvres des artistes contemporains étaient exposées au Luxembourg. Le Salon carré avait autrefois accueilli le Salon annuel, et les jours où les étudiants venaient y travailler, il se transformait en un atelier aux dimensions quasi nationales, les visiteurs étant obligés de contourner les estrades mobiles qui supportaient les immenses toiles nécessitées pour la copie des *Noces de Cana* de Véronèse, ou l'un quelconque des gigantesques tableaux qui semblaient se défier d'un bout à l'autre de la salle envahie par la foule.

Quant à Vincent, la présence des Delacroix dans la galerie voisine l'attirait comme un aimant car il allait enfin pouvoir vérifier les théories qu'il avait étudiées, en les confrontant à la réalité. Il avait là de quoi s'occuper en attendant l'arrivée de son frère. En outre, peut-être se disait-il, pour calmer son appréhension, que dans un cadre aussi prestigieux Théo ne pourrait faire autrement que de se comporter avec la plus grande gentillesse à son égard.

Aucun témoignage ne nous permet de savoir comment se déroula la rencontre. En fait, après ce message envoyé de la gare, leur correspondance n'a plus lieu de se poursuivre, de sorte que le séjour de Vincent à Paris est la période de sa carrière d'artiste sur laquelle nous possédons le moins de documents. Heureusement, d'autres sources d'informations — témoignages, le plus souvent, des nombreuses personnes qu'il a côtoyées pendant ces deux ans — nous aident dans une certaine mesure à combler cette lacune.

Quelle qu'ait pu être la teneur des paroles échangées à voix basse dans le silence sépulcral de la « Salle » carrée, il n'en demeurait pas moins que Vincent était arrivé à Paris, et qu'il allait falloir s'occuper de lui, tout du moins dans l'immédiat.

En arrivant à l'appartement de célibataire que Théo occupait au 25 de la rue Laval, au-dessous du boulevard de Clichy, Vincent dut commencer à comprendre pourquoi son frère avait manifesté si peu d'enthousiasme à l'idée de le voir s'installer chez lui. Le logement était tout simplement minuscule. Impossible pour Vincent de travailler dans des pièces aussi exiguës sans provoquer une gêne considérable pour l'un comme pour l'autre.

Confronté à cette cruelle réalité, il hésita, dépossédé pour une fois de l'ardeur au travail qui l'animait habituellement. Quand il se mit enfin à peindre, quelques semaines plus tard, ses efforts furent bien indécis. Il entreprit un autoportrait où il se donne un air passablement inquiet, avec pour coiffure un chapeau noir plutôt pompeux et un manteau du même style, comme pour proclamer que le paysan est maintenant devenu citadin. Les seuls sujets offerts par le minuscule logement de Théo n'étaient guère que des vases de fleurs, mais Vincent se mit au travail avec un enthousiasme retrouvé : il allait peindre plus de trente vases de fleurs différents en une seule année, sans compter les études de tournesols aux proportions un peu surprenantes qu'il effectua également.

Il suffit de jeter un simple coup d'œil à ces bouquets hauts en couleur et enduits d'une pâte épaisse pour se rendre compte que Vincent et Théo avaient dû aller dans la boutique de Joseph Delarebeyrette, rue de Provence, qui était à l'époque un véritable musée consacré à Adolphe Monticelli. Trois ans plus tôt seulement, Delarebeyrette avait appris que, loin d'avoir trouvé la mort au temps de la Commune, Monticelli avait échappé aux massacres et réussi à regagner Marseille, sa ville natale, où il résidait et travaillait maintenant.

Le marchand alla immédiatement le voir et fut ravi de constater que son style n'avait pas changé, si ce n'est qu'il était peut-être encore plus éclatant qu'auparavant. De nouvelles toiles ne tardèrent pas à arriver à Paris, bien qu'elles fussent toujours aussi difficiles à écouler. Les collectionneurs français préféraient le Monticelli des années soixante, époque où il avait peint les *Fêtes champêtres*, dont la facture faisait songer à une parodie du style rococo. En revanche, il se trouvait parfois un amateur anglais pour apprécier ses œuvres les plus récentes — on ne sait trop pourquoi, il y avait, en effet, un marché pour Monticelli de l'autre côté de la Manche.

L'effet produit sur Vincent par ces visites rue de Provence fut immédiat : un tableau comme *Fleurs et tournesols* est presque une parodie de Monticelli ; on y retrouve aussi bien le vase placé au centre, et rendu presque palpable grâce à ses couches de peinture, que les fleurs aux couleurs vibrantes, avec leurs pétales « sculptés » en pleine pâte.

Quoi que Delarebeyrette eût pu dire sur ce peintre, il ne fit que renouveler l'intérêt de Vincent, lequel l'imaginait en paysan insouciant et paillard, passionné de musique gitane et occupé à peindre toute la nuit à la lueur d'une bougie, s'extasiant sur le jeu d'un rayon lumineux sur une fleur. Non content d'imiter l'art de Monticelli, il voulut connaître sa vie dans le moindre détail et commença à envisager de descendre dans le Midi pour aller le retrouver.

Ce qu'il ignorait, tout comme Théo d'ailleurs, c'est que la vie dissolue menée par le peintre marseillais avait provoqué une seconde attaque en 1884, de sorte que le vieil homme irascible devait être surveillé de près par sa famille de crainte qu'une crise soudaine ne vienne le terrasser pendant sa promenade quotidienne. C'est à peu près au moment où Vincent s'était mis à puiser dans le trésor entreposé rue de Provence que Monticelli mourut, à l'âge de soixante et un ans.

Dans les nécrologies de la presse locale, on trouva des éloges aigres-doux des œuvres de la première période et les historiens n'ont pas fait grand-chose pour que les toiles qu'il exécuta par la suite soient portées à l'attention d'un public plus large. L'individualisme total de Monticelli, son refus d'appartenir à une école ou de se faire promouvoir d'une manière ou d'une autre, ont amené son exclusion des ouvrages sur l'art «contemporain», bien qu'il ait toujours de fervents défenseurs. Vers la fin de l'année, un marchand de tableaux écossais, Alexander Reid, vint effectuer un court séjour chez les Goupil pour acheter des œuvres de Monticelli qu'il voulait exposer à Glasgow, dans une galerie appartenant à sa famille.

Il partagea une chambre avec Vincent, à qui il donna une toile de Monticelli. Pour le remercier, Vincent exécuta deux portraits de lui. Mais leurs relations amicales n'allèrent pas bien loin, sans doute parce que Reid s'était amouraché d'une Parisienne, mais il est plus vraisemblable que la rupture provint du fait que Théo et Vincent avaient entrepris de constituer une collection des œuvres de Monticelli et s'irritaient de la présence d'un concurrent sous leur toit.

La richesse des coloris et l'absence totale de retenue autre que celle qui lui était imposée par sa vision intérieure — à quoi s'ajoutait, chez Vincent, le sentiment sans cesse accru qu'ils étaient l'un et l'autre isolés et incompris — firent des œuvres de Monticelli l'un des éléments les plus déterminants du contexte pourtant riche en ingrédients dans lequel Vincent évolua pendant les deux années passées à Paris. A mesure que les semaines s'écoulaient, l'admiration que Vincent éprouvait pour lui ne faisait que s'accroître. Il constata que le registre de l'artiste était plus large qu'il ne l'avait soupçonné, car, outre les fleurs, il y avait des paysages de Provence, et des marines peintes sur le littoral voisin des Saintes-Maries-de-la-Mer, en Camargue.

Quand il vit enfin le portrait de Monticelli, Vincent s'imagina, non sans complaisance, sortant dans la rue *avec un énorme chapeau jaune, une veste de velours noir, un pantalon blanc, une canne de bambou et la dignité d'un méridional.*

Mais pendant que Vincent laissait vagabonder son imagination, Théo s'inquiétait. L'appartement était vraiment trop petit, même pour y peindre des fleurs. Mais ce qui l'exaspérait le plus, c'est que maintenant Vincent ne semblait plus guère disposé à aller travailler dans l'atelier de Cormon. De toute évidence, c'était la vie à Paris qui l'avait attiré ici et il se contentait de se laisser vivre en attendant de voir quelles nouvelles sensations la cité pourrait lui offrir.

Son arrivée coïncida, à peu de chose près, avec la publication définitive de *L'œuvre* de Zola. Les gens informés perçurent ce roman comme un signe que l'impressionnisme, sous sa forme la plus pure, avait atteint le terme de sa carrière. Ce sentiment se trouva confirmé en mai quand la huitième et dernière exposition impressionniste n'offrit guère autre chose à la curiosité publique que les œuvres de Pissarro et de la seconde vague d'artistes plus jeunes avec lesquels il travaillait maintenant.

Pissarro avait découvert Seurat un an après le premier Salon des Indépendants. Il avait été aussi enthousiasmé par Seurat qu'il l'avait été autrefois par l'impressionnisme de Manet. C'est Pissarro qui avait insisté pour que Seurat et Signac exposent chez les impressionnistes, toutefois sa démarche allait amener les tenants de l'ancienne école à refuser leur participation. Quand il avait commencé à organiser l'exposition, deux ans auparavant, la vieille garde s'était montrée fort mécontente de l'admission de ces jeunes dans leurs rangs. Il écrivit alors à son fils, lui racontant qu'il avait eu la veille une violente explication avec Manet à propos de Seurat et de Signac, ce dernier étant d'ailleurs présent, ainsi que Guillaumin. A en croire Pissarro, il avait passé un sacré savon à Manet, faisant valoir, au risque de déplaire à Renoir et malgré l'incompréhension manifeste de Manet, que Seurat avait quelque chose à apporter, quelque chose de neuf que les impressionnistes en dépit de leur talent, étaient incapables d'apprécier. Pissarro s'était déclaré nettement convaincu du caractère progressiste de cet art nouveau en affirmant être intimement persuadé que, le moment venu, il produirait des résultats extraordinaires.

Les propos tenus par Pissarro trouvèrent leur justification quand Seurat domina la huitième exposition avec son admirable toile :

Un dimanche d'été à l'île de la Grande-Jatte, dont la facture était si différente de tout ce que les impressionnistes avaient tenté jusqu'alors, qu'elle devint le clou de la saison artistique parisienne. Avec ses dix-neuf toiles exposées, toutes dans le droit fil des théories impressionnistes, Gauguin attira moins l'attention que Seurat avec son unique tableau.

Seurat avait recouru à une méthode résolument révolutionnaire car, tandis que Monet et Renoir avaient tenté de capter la fugacité frémissante de l'instant, cette imprécision brumeuse provoquée par le choc soudain de la lumière sur un monde changeant, il avait choisi d'aborder le problème par une voie diamétralement opposée. Ses personnages figés dans une pose classique, lors d'une sortie dominicale, au bord de la Seine, ne sont pas suggérés par d'épais traits de pinceau tremblotants sur la toile, mais par l'accumulation patiente de minuscules pointes de couleur, le moment n'étant plus passager et éphémère mais rendu permanent et éternel.

Mais c'est dans le choix des couleurs que résidait le triomphe de Seurat, car en dépit du caractère laborieux de sa méthode, il avait parfaitement réussi à recréer l'atmosphère lumineuse et paisible d'un dimanche après-midi limpide.

De telles contradictions allaient de pair avec la personnalité du jeune homme. Fils d'un fonctionnaire de banlieue, il avait méthodiquement franchi les étapes du système éducatif, du lycée local jusqu'aux Beaux-Arts, en passant par l'école artistique municipale et en calculant judicieusement son itinéraire. Il avait un caractère difficile, peu accommodant mais très appliqué.

Voyant ce que les impressionnistes avaient fait avec la couleur, il avait décidé que tout cela était trop brouillon pour lui. Monet avait dit : « Nous peignons de la même manière que les oiseaux chantent », mais c'était là une démarche beaucoup trop intuitive pour Seurat, qui se disait qu'avec du temps et à force d'application, on devrait être capable de définir les règles qui sous-tendent la confection d'un tableau. Cette attitude ne surprend guère à une époque où la foi en la science n'avait pas encore été compromise par les échecs de la technologie ; et si les inventions nouvelles pouvaient améliorer le monde, il était sans doute possible d'adopter cette approche dans le domaine des arts.

Étant donné la rigueur dont Seurat voulait faire preuve dans l'exécution de ses tableaux, il était inévitable qu'il se plonge dans l'étude de la couleur d'une manière beaucoup plus approfondie que ses prédécesseurs immédiats. Comme eux, il commença par

Chevreul, puis, à l'instar de Vincent, il suivit l'itinéraire qui menait de Delacroix jusqu'aux impressionnistes. Ces derniers avaient considéré la théorie des couleurs comme un moyen de « rendre » la nature de façon plus vivante, mais Seurat, lui, ne tarda pas à entrevoir d'autres messages dans les études auxquelles il se consacrait.

A l'école des Beaux-Arts, il avait suivi les cours de David Sutter, qui initia le jeune homme aux relations qui peuvent exister entre la peinture et la musique. Comme le disait Sutter : « Il y a des yeux de coloristes comme il y a des voix de ténors. » Ces principes ne paraissaient nullement étrangers à ce que Chevreul avait appelé des « abstractions », qu'il différenciait nettement de l'« image du concret ».

Quant à l'artiste américain James McNeil Whistler, il avait déjà tenté de démontrer qu'on pouvait envisager la peinture non point comme un portrait ou un paysage mais comme un nocturne ou une symphonie, et il convient à ce sujet de se souvenir que Vincent s'était autrefois efforcé, vainement il est vrai, de découvrir des liens entre la couleur et la musique, au moment où il prenait des leçons de piano à Eindhoven.

Il est intéressant de signaler à ce propos qu'à partir des années 1880, on constata en France l'apparition d'une certaine sensibilité à la musique de Wagner, si décriée jusqu'alors, car les écrivains et les artistes commençaient à s'écarter de plus en plus du réalisme de la génération précédente pour admirer le mariage de la mythologie et de l'abstrait qui apparaît dans les œuvres du compositeur.

Seurat découvrit de nouvelles raisons d'adhérer à ces idées quand, en 1885, Charles Henry publia *Une esthétique scientifique* qui proposait une relation entre la couleur et l'évocation d'un état d'âme ou d'une émotion. D'après Henry, les couleurs vives comme le rouge et le jaune produisent une sensation de bonheur, tandis que les couleurs plus sombres comme le bleu inclinent à la tristesse ou la mélancolie.

Le chemin de Seurat était désormais tracé. Il appliquerait le principe de la théorie des couleurs, en particulier le mélange optique des couleurs pures apposées directement sur la toile, pour créer un art qui serait une « synthèse » — ce mot allait ensuite connaître une fortune particulière —, entre la nature et sa recréation par les artistes qui s'efforceraient de produire chez le spectateur les sensations ou les émotions qu'ils avaient eux-mêmes éprouvées.

C'est la volonté manifestée par Seurat de s'intéresser aux recherches scientifiques et mathématiques dans le domaine de la couleur et de l'optique, ainsi qu'aux découvertes relativement récentes de l'esthétique, qui lui permit d'exercer une influence aussi cruciale sur ses contemporains, et surtout sur Vincent. Certes les autres peintres n'étaient sans doute guère attirés par des études aussi poussées, mais ils pouvaient tout de même en voir les applications dans les œuvres de Seurat. Tout artiste qui restait subjugué dans sa contemplation de *La Grande-Jatte*, et qui rentrait ensuite dans son atelier pour imiter la technique qu'il venait de découvrir, ne faisait guère autre chose que de se joindre à un mouvement de pensée artistique qui n'avait cessé de s'amplifier depuis le début des années 1850, époque où Chevreul avait commencé à publier ses ouvrages. Somme toute, de nombreux artistes appliquaient de manière purement empirique les différentes théories qui proposaient un art dans lequel les qualités abstraites d'une œuvre apparaissaient plus importantes que les motifs représentés.

Quand Seurat et Signac se rencontrèrent à l'époque des premiers Indépendants, ils virent tout de suite qu'ils suivaient, en gros, la même direction. Naturellement Seurat s'affirmait comme un véritable théoricien, tandis que Signac se contentait d'appliquer les principes, mais il serait erroné de croire qu'il y eut entre eux des relations de professeur à élève, Signac étant plus averti des effets de lumière que pouvait créer la couleur, choses qu'il avait apprises en étudiant les œuvres de Pissarro. D'ailleurs Seurat tira grand profit des conseils de Signac, ainsi qu'en témoignent les effets d'une lumière limpide et miroitante que l'on peut admirer dans *La Grande-Jatte*.

Toute question de travail mise à part, ils offraient un contraste saisissant. Bien qu'ils fussent l'un et l'autre des enfants des faubourgs, l'éducation bourgeoise de Seurat n'avait que fort peu de points communs avec l'enfance de Signac à Pigalle. Son père étant dessinateur, Signac avait grandi sur les franges de la communauté artistique, bénéficiant du libre accès aux ateliers voisins où travaillaient les consciencieux peintres historiques surnommés en fonction de la période dans laquelle ils se spécialisaient : Roybet, «le Mousquetaire»; Luminais, «le Mérovingien». Élève du collège Rolin, à deux pas de la place Pigalle, Signac traînait ses guêtres dans les galeries et chez les marchands de tableaux, offrant un spectacle incongru avec sa tunique militaire à col montant, ornée de boutons de cuivre.

Très jeune déjà, il fréquentait la boutique des marchands de peintures, où il avait rencontré les impressionnistes. Il avait même connu Henri Rivière au Chat noir, et c'est par lui qu'il était entré en relations avec Théo. Quand il vit Seurat, en 1884, ils tentaient l'un et l'autre de briser le moule des impressionnistes et ils s'aperçurent qu'ils pourraient faire ensemble un travail fructueux. Déjà, leur apparence révélait le contraste de leurs caractères : Seurat, grand et élancé, dissimulant un physique avantageux sous une barbe hirsute et un costume austère, semblait avoir vieilli avant l'âge, tandis que Signac, le visage glabre et un chapeau plat rejeté en arrière, faisait penser à un gamin effronté.

Seurat avait un tempérament si secret que c'est seulement une semaine avant sa fin tragique, à trente et un ans — des suites d'une infection —, que sa mère apprit qu'il avait une maîtresse et un fils d'un an. Au moins Signac était-il capable de parler d'autre chose que du travail. Pour Seurat, il n'y avait aucun autre sujet de conversation possible.

Quand ils eurent comparé leurs idées, Seurat décida que la meilleure façon d'aborder le problème était d'aller demander conseil au spécialiste qui était à l'origine des théories nouvelles, et Signac reçut la mission de contacter Chevreul, maintenant âgé de quatre-vingt-dix-huit ans : c'est lui qui, bien des lustres plus tôt, avait été le premier à énoncer la notion du contraste simultané des couleurs dont s'étaient inspirés Delacroix, d'abord, puis les impressionnistes. M. Chevreul pouvait-il expliquer la division de la lumière ?

Signac fut obligé de répéter la question plusieurs fois, mais le vieux savant ne put émettre qu'une simple suggestion : il fallait aller parler de tout cela avec son vieil ami Ingres. Comme Ingres était mort depuis vingt ans, et qu'en plus il n'avait jamais manifesté un intérêt particulier pour la théorie des couleurs, il apparut clairement aux deux jeunes gens qu'ils allaient devoir élaborer eux-mêmes leur propre système.

Le principal résultat de leurs réflexions fut l'importance qu'ils accordèrent au mélange optique de la couleur. Le principe fondamental en est très simple : au lieu de mélanger les couleurs sur la palette avant de les appliquer, deux ou plusieurs couleurs pures sont juxtaposées sur la toile, de sorte qu'à une certaine distance, l'œil du spectateur pourra opérer le mélange. Naturellement, beaucoup d'artistes avaient tenté une application partielle de cette technique, mais les impressionnistes eux-mêmes avaient hésité à aller au-delà de la mise en relief de certains fragments d'une œuvre en recourant à ce procédé.

Seurat, avec toute la conviction d'un néophyte, l'appliqua avec la plus grande rigueur. Son *Dimanche après-midi à l'île de la Grande-Jatte* était le résultat fidèle de cette adhésion à un tel principe. Quand on regardait de près, on voyait des myriades de petits points de couleurs pures, un véritable kaléidoscope, et il suffisait de se reculer pour contempler une scène d'une limpide harmonie.

Une telle méthode fondée essentiellement sur le travail en atelier peut sembler fort éloignée des principes autrefois prônés par le réalisme et le naturalisme, avec leur insistance pour clamer les vertus de la peinture en plein air, et pourtant rien ne pouvait mieux que *La Grande-Jatte* rendre ce sentiment de chaleur statique, alors que pas un souffle d'air ne venait rafraîchir la température de cet après-midi d'été. Et si cette apparente contradiction continue de nous intriguer encore aujourd'hui, il faut imaginer l'effet qu'elle dut produire sur ceux qui, comme Vincent, allèrent voir l'exposition dans les salons du premier étage du célèbre restaurant de la Maison-Dorée, rue Laffitte, car ils n'avaient encore jamais rien aperçu de semblable.

Comme on peut s'y attendre, les critiques se déchaînèrent, bien que l'un d'entre eux, Félix Fénéon, s'efforçât de répliquer à la sauvagerie de ces attaques en publiant une brochure intitulée *Les impressionnistes*, qui n'était en fait que le rejet des valeurs de la vieille garde et l'apologie d'un mouvement qui avait déjà reçu le nom de «divisionnisme».

Fénéon expliquait avec beaucoup de clarté la technique de Seurat. «Prenez l'herbe, par exemple : la plupart des coups de pinceau donnent la valeur locale de l'herbe ; d'autres, aux tons orange, sont disséminés çà et là pour figurer l'action presque imperceptible du soleil...» Et il concluait : «Avec ce genre de peinture, il est impossible de tricher et il ne sert rigoureusement à rien de recourir à la virtuosité. Le morceau de bravoure n'a pas sa place dans une telle composition. La main peut s'engourdir, mais l'œil doit rester agile, averti et perspicace.»

Le fanatisme avec lequel Seurat voulait appliquer ses principes scientifiques — pendant qu'il travaillait à sa *Grande-Jatte*, il avait refusé de parler aux autres artistes qui peignaient au bord de l'eau — lui conférait une force de conviction dangereusement attirante pour ceux à qui une foi aussi vigoureuse faisait défaut. Pissarro avait succombé aussitôt qu'il avait découvert l'œuvre du jeune homme, et son fils Lucien lui avait emboîté le pas.

Seurat et Signac furent flattés de voir se ranger à leurs côtés un peintre plus âgé et plus expérimenté, d'autant que Pissarro put les faire bénéficier de ses connaissances sur la manière dont les couleurs se modifiaient et pâlissaient après avoir séché. Pourtant, dans l'ensemble, c'est Pissarro qui reçut l'aide la plus importante, car tout en continuant de produire des paysages aimables et éthérés, il se mit à les faire en recourant à la technique des divisionnistes. Cette évolution lui valut le mépris des impressionnistes de la vieille école, et quand il se fut aperçu qu'il ne pouvait écouler aucune des toiles réalisées ainsi, sa femme Julie, qui souffrait depuis longtemps — mais sans se résigner à le faire en silence —, décida que c'était uniquement pour la contrarier qu'il avait modifié ses méthodes de travail.

L'atmosphère qui régnait alors sur le monde des impressionnistes, si harmonieuse autrefois, était maintenant tellement compromise que, quand Julie entreprit de se rendre chez Zola, à Médan, en emmenant sa fillette âgée de dix ans, afin de supplier l'écrivain de lui donner quelque argent, elle subit l'humiliation de se voir refuser l'entrée de la maison et dut repartir sans même avoir pu boire un verre d'eau.

Pour Vincent, il n'y eut pas de conflit. L'impressionnisme et le divisionnisme lui arrivèrent en bloc, ce qui ne laissa pas de le dérouter quelque peu au début, en la personne de Pissarro lui-même. Pendant les deux premiers mois de son séjour à Paris, il avait enfin pu voir par lui-même ce que l'impressionnisme était réellement tout en observant dans le même laps de temps une approche radicalement différente. Cette simultanéité produisit sur lui le plus heureux effet car il put se rendre compte, dès le début, qu'il n'existait pas de solution unique aux questions qu'il se posait alors.

En juin, Théo réussit à trouver un appartement dans l'immeuble où habitait Portier, au 54 de la rue Lepic. Cette rue ne ressemblait en rien aux venelles étroites et tortueuses qui caractérisaient le « village » de Montmartre. Elle avait été tracée à travers le dédale du vieux quartier sur l'ordre exprès de Napoléon Ier car un plan d'urbanisme prévoyait la démolition de ces taudis insalubres ; ce projet ne put se réaliser et après la chute de l'Empire, la nouvelle artère perdit le nom de l'Empereur pour recevoir celui, beaucoup moins prestigieux, de rue Lepic.

Toutefois, comme elle était large, c'est là que se tenait le marché du quartier. En partant de la place Blanche et du célèbre Moulin-Rouge qui était à deux pas, la rue Lepic n'était d'abord qu'une enfilade d'épiceries, boulangeries et boucheries ouvrant directement sur le trottoir et protégées généralement par de lourds auvents baroques qui faisaient ressembler à un décor de théâtre un quartier dédié au drame et à la fantaisie.

Un peu plus haut, après le carrefour de la rue des Abbesses, vestige du temps où Montmartre avait été un lieu de pèlerinage, la rue Lepic devenait plus étroite et moins animée au fur et à mesure qu'elle s'élevait vers le sommet de la Butte en décrivant une sorte de point d'interrogation renversé. Le numéro 54 se situait sur la droite, dans la partie de la courbe où la pente devenait plus raide.

De l'immeuble on découvrait un superbe panorama sur Paris, mais Vincent préférait la vue qu'il avait de sa chambre, vers l'arrière, car un léger espacement entre les maisons d'en face lui permettait d'apercevoir la campagne du côté de Clichy et de Saint-Ouen. Ce paysage champêtre était d'ailleurs menacé de disparition rapide.

Pendant les premiers mois de son séjour, il s'était efforcé de se familiariser avec la capitale : il allait à pied dans le centre et il avait même peint une vue du Louvre ainsi qu'une allée du jardin du Luxembourg. Mais maintenant il avait renoncé à ces tentatives et tournait littéralement le dos à la grande ville. Il devenait un résidant à part entière de la « colline des martyrs », et son univers se bornait à des limites précises : au sud, les dernières rues avant le boulevard de Clichy, où il pouvait trouver les boutiques des marchands de couleurs, et au nord, c'étaient les rives de la Seine, là où le fleuve se met brusquement à décrire un de ces méandres qui donnent naissance à des îles, comme celle de la Grande-Jatte que prisaient tant les promeneurs du dimanche et les artistes qui peignaient en plein air.

La rue Lepic retentissait du bruit des fiacres et des omnibus tirés par des chevaux qui devaient gravir cette côte toujours plus raide avant de pouvoir atteindre le sommet de la Butte. Ils passaient devant les derniers moulins à vent subsistant à Montmartre et longeaient des estaminets aux volets clos avant de déboucher sur un vaste chantier où les murs d'un blanc agressif de la toute nouvelle basilique du Sacré-Cœur commençaient à devenir par trop visibles au-dessus du dédale des maisons, au grand mécontentement des habitants du quartier qui savaient parfaitement que l'édification du sanctuaire était un tribut qui leur était imposé pour se racheter des péchés commis par la Commune, cette révolte des sans-Dieu à laquelle la plupart des Montmartrois avaient participé.

Ah, on avait bien ri le jour où Abadie, cet incapable qui avait été choisi comme architecte, s'était aperçu que le sous-sol était criblé de trous : comment établir des fondations sur d'anciennes galeries de mines ? Il était au désespoir. Malheureusement pour les habitants du quartier, on l'avait encouragé à persévérer : il enfonça donc des piliers de soutènement à quarante mètres de profondeur, moyennant quoi, maintenant, les murs porteurs étaient presque terminés.

Sur la Butte, artistes et poètes professaient un profond mépris pour tout ce remue-ménage : mieux valait l'ignorer. Toutefois, à mesure que montaient les échafaudages, il devenait évident qu'il serait de plus en plus difficile de n'y point prêter attention, car la basilique, avec ses dômes en forme de mamelons, allait se voir des endroits les plus reculés, là où les hauts lieux de la vie locale, comme le cabaret des Assassins, devenu le Lapin agile, avaient jusque-là réussi à demeurer inviolés.

Le Montmartrois était fondamentalement anarchiste, tant par ses opinions politiques que par sa tenue vestimentaire. La plupart des artistes venus s'installer sur la colline fuyaient la respectabilité bourgeoise des grands boulevards percés par Haussmann et adoptaient immédiatement l'anticonformisme ambiant. La rue Lepic était à cheval sur ces deux mondes, et le numéro 54 était le type même de l'immeuble haussmannien : un édifice de cinq étages surmonté de mansardes en retrait, les quatre premiers éclairés par de hautes fenêtres garnies de volets dont on rabat les panneaux sur la façade.

On trouvait dans ce genre d'immeuble tout l'éventail des différents types sociaux propres à la grande ville, le moindre d'entre eux n'étant d'ailleurs pas celui des concierges, ces mégères redoutables, dignes héritières des harpies qui, aux dernières heures de la Commune, s'étaient ruées de Montmartre aux Tuileries et à l'Hôtel de Ville pour y mettre le feu — elles traînaient toutes dans leurs jupes une fillette au nez camus et au visage émacié, dont l'unique ambition était de se faire admettre au corps de ballet pour être immortalisée par Degas.

Mais l'important pour les deux frères, c'est que l'appartement était plus grand ; ils avaient chacun leur chambre et il y avait un endroit pour que Vincent puisse travailler. Portier se révéla un voisin charmant qui ne demanda pas mieux que d'aider Vincent à rencontrer les artistes que sa profession l'amenait à côtoyer. Il le présenta à Lucien, le fils de Pissarro, qui commençait lui aussi une carrière de peintre bien qu'il eût dix ans de moins que

Vincent. Tout comme son père, Lucien Pissarro était encore fasciné par l'impressionnisme, quoiqu'il éprouvât une attirance irrésistible pour les idées nouvelles de Seurat.

Pour Vincent, le moment était venu de mettre en pratique certaines de ses découvertes. Il n'avait d'ailleurs pas loin à aller pour se retrouver aussi bien au centre de la ville qu'en plein cœur de la campagne. Il lui suffisait de monter la rue Lepic pour atteindre l'un des trois moulins qui existaient encore, le moulin Debray — que l'on appelait parfois le Blute-Fin —, que surmontait une plate-forme, ou Belvédère, d'où l'on apercevait tous les versants de la colline.

L'un des spectacles les plus attrayants se produisait lorsque le brouillard matinal se dissipait en révélant, au-dessous, la nouvelle cité bâtie par Haussmann. L'année suivante, il allait être possible de suivre les travaux de construction qui se déroulaient sur le chantier situé en face du Trocadéro, là où Théo s'était particulièrement distingué, car les préparatifs de l'Exposition universelle de 1889 allaient bon train. Les quatre énormes jambes d'acier d'une tour étrange allaient se dresser, sans la moindre honte, au-dessus des toits des immeubles environnants ; c'était la dernière création de Gustave Eiffel, qui venait de remporter un succès éclatant en réalisant la statue de la Liberté, laquelle, à la grande fierté des Parisiens, avait aussi dominé leurs demeures avant qu'on la démonte pour l'expédier à New York.

Certes, cette nouvelle tour allait être la plus haute construction d'Europe, mais Vincent n'en continuait pas moins de préférer l'autre versant de la colline pour regarder vers le nord-ouest, là où les zones à peine industrialisées d'Asnières et de Clichy pouvaient encore offrir un paysage presque rural.

Juste au-dessous du moulin, les jardins ouvriers et les terrains des maraîchers se cramponnaient obstinément à la pente, donnant eux aussi l'impression que la campagne était toujours présente. Une fois de plus, Vincent se trouvait dans ce curieux hinterland qui sépare la cité tentaculaire de la nature en péril.

Les impressionnistes avaient choisi le Paris du baron Haussmann, avec ses larges boulevards et les gares toutes récentes, comme sujets de leur art. Vincent, lui, élargissait cette vision purement urbaine vers les scènes de ce monde transitoire où, à deux pas de chez lui, les terrains vagues et les petites propriétés étaient menacés par les cheminées d'usines et les gares de triage.

A l'origine, les ocres, les bruns et les noirs de la Hollande sont encore apparents. Rien d'étonnant à cela, car il n'avait pas encore intégré complètement la vie que lui offrait sa nouvelle résidence, et il semble que le regard qu'il a porté sur cette colline peuplée de moulins à vent a conservé le souvenir de sa terre natale. D'ailleurs le Montmartre qu'il a représenté sur ses toiles est plutôt aseptisé. Il a ignoré le « maquis », cette espèce de bidonville qui déshonorait le versant sud de la Butte. Il y avait là un sordide entassement de masures en planches et en tôle ondulée — des matériaux volés, bien entendu —, qui abritait une faune bigarrée faite de miséreux, d'artistes ratés, d'ivrognes et de petits délinquants qui s'étaient retranchés hors des limites de la société.

Il n'y avait rien de romantique dans ce maquis ; ce n'était qu'un cloaque fétide où des gamins en haillons jouaient au milieu des ordures et des ronces. Dans ses toiles, Vincent a élagué ces tares d'une sordide réalité, comme s'il avait déjà assez à faire pour résoudre ses problèmes de couleurs sans retomber dans ses préoccupations sociales d'antan.

C'est en rentrant d'une de ces séances de peinture qu'il rencontra pour la première fois Pissarro, qui descendait la rue Lepic en compagnie de son fils Lucien. Vincent portait encore son sarrau de marchand de bestiaux, mais sa mise peu conformiste n'était pas pour déplaire à Pissarro, qui était lui-même un adepte du chapeau mou et du costume avachi des artistes bohèmes. Vincent fut ravi de cette rencontre avec un peintre dont Théo lui avait chanté les louanges, d'autant plus qu'il avait pu étudier certaines de ses œuvres dans l'appartement. Sans prêter la moindre attention aux lazzis des passants, Vincent se hâta de disposer ses toiles contre un mur pour montrer ses études au vieil homme barbu qui était toujours content de prodiguer ses conseils et ses encouragements.

Vincent eut énormément de chance avec les critiques qu'il alla consulter ; s'il s'était adressé à l'un ou l'autre des impressionnistes de la première période, à un Degas, par exemple, sa confiance en soi aurait pu être fortement ébranlée et il aurait pu être amené à s'engager, sans le vouloir vraiment, dans des directions qui auraient sans doute émoussé ses forces. Heureusement, les artistes avec lesquels il put s'exprimer en toute liberté manifestèrent une grande compréhension devant les tentatives maladroites qu'il effectuait pour assimiler la multiplicité de tendances et d'idées qui caractérisait le monde artistique parisien en 1886. Il y eut donc d'abord Pissarro, qui était resté malgré tout un disciple du « père » Millet ; et l'année suivante, ce serait Armand Guillaumin, dont la version robuste de l'impressionnisme avait beaucoup de points communs avec ce que Vincent essayait de réaliser.

Au cours de l'été 1886, Vincent s'efforçait encore de se frayer un chemin dans le labyrinthe ; il dédia une nature morte représentant des pommes à Lucien Pissarro, qui lui donna en échange une collection de gravures sur bois. Il écrivit à Horace Levens, à l'Académie d'Anvers, pour lui expliquer ce qu'il faisait et lui dire qu'il espérait procéder à un plus grand nombre d'échanges avec d'autres artistes. Il parla à Levens des fleurs qu'il peignait et de ses efforts pour

... rendre des couleurs intenses et non une harmonie en gris... J'ai fait récemment deux têtes qui, j'ose le dire, sont meilleures, comme lumière et comme couleur, que celles que j'avais faites avant.
En somme, comme nous disions autrefois : « dans la couleur cherchant la vie ». Le vrai dessin c'est de modeler avec la couleur.
J'ai fait aussi une douzaine de paysages franchements verts ou franchement bleus.
Ainsi je lutte, pour vivre et pour faire des progrès en art.

Comme il le dit clairement dans sa lettre, il ne chercha pas vraiment à imiter les impressionnistes, confirmant ainsi sa constante préoccupation de lutter contre les habitudes héritées du passé.

Mais il ne cacha pas non plus à Levens que ce qui le tourmentait le plus, c'était, encore et toujours, le manque d'argent pour payer les modèles. La seule solution, s'intégrer dans un atelier. A condition, bien entendu, qu'il y ait à la tête un artiste bien établi car, moyennant une somme relativement modeste, il pourrait dessiner des nus à partir de modèles professionnels, et ses efforts seraient soumis au jugement d'un maître.

Cette pensée le ramena à sa première idée qui avait été de travailler dans l'atelier de Cormon, non loin de la rue Lepic, boulevard de Clichy. Il avait d'ailleurs une autre raison, plus pressante encore, de peindre ailleurs que dans l'appartement. Comme Andries Bonger, l'ami de Théo, n'avait pas tardé à le remarquer, son frère commençait à manifester des signes de lassitude. Avoir une maîtresse exigeante posait déjà quelques problèmes, mais s'il fallait ajouter à cela un frère qui ne rangeait jamais rien, contestait toujours tout ce qu'on lui disait et oscillait constamment entre les exigences têtues et la dépendance larmoyante, alors il s'installait entre eux une tension absolument insupportable. Trop c'était trop.

Andries écrivit à ses parents, en Hollande : « Théo me semble terriblement malade ; il a une mine de papier mâché, et je pèse mes mots. Le pauvre garçon est miné par les soucis. Et par-dessus le marché, son frère lui gâche l'existence en l'accablant de reproches complètement injustifiés. »

Certes le genre de vie que s'imposait Vincent n'avait rien de plaisant, mais il était soutenu par une robuste constitution ; quelqu'un de plus faible se serait effondré depuis longtemps. En revanche, Théo avait hérité des problèmes de santé qui avaient affligé ses oncles et le poids de la présence de Vincent l'accablait littéralement. Il partit en Hollande pour l'été afin de se changer les idées, et Andries vint s'installer dans l'appartement pour tenir compagnie à Vincent.

Bien qu'il éprouvât quelque appréhension, Andries se plaisait assez avec l'aîné des deux frères. En outre, comme Théo venait de l'initier aux joies de la vie artistique, il était capable de comprendre les problèmes qui préoccupaient le peintre. Malheureusement, maintenant que Théo n'était plus là, il leur incombait de faire bon ménage avec « S », qui ne laissait pas de leur causer quelque ennui.

En fait, si Théo s'était éclipsé ainsi, c'était autant pour aller retrouver la sœur d'Andries, Johanna, que pour rendre visite à la famille de son ami, lequel s'était d'ailleurs épris d'une autre jeune fille d'Amsterdam, Anne Van der Linden. Les deux hommes trouvaient tout à fait normal de s'occuper de la maîtresse de l'absent, à condition toutefois qu'elle ne leur crée pas trop de difficultés. Or, si l'on en croit les propos qu'ils tenaient à son égard, « S » semblait passablement énervée et prenait un malin plaisir à venir leur faire des scènes.

Un beau jour, elle débarqua dans l'appartement en clamant son intention de s'y installer à demeure, à la grande consternation d'Andries et de Vincent, lequel écrivit à son frère pour lui dire qu'il y en avait un de trop car : *parfois, elle nous fait vraiment peur...* Il suggéra même à son frère de se débarrasser d'elle définitivement en la casant avec un autre, malgré le scepticisme d'Andries qui se demandait si un tel stratagème pourrait réussir. Il est vrai que Vincent n'aurait pas demandé mieux que de remplacer Théo dans le cœur de la jeune femme !...

Théo ne dut pas tirer un grand réconfort de cette missive car le malheureux, tout en s'évertuant à séduire Johanna, s'efforçait également de persuader ses oncles de l'aider à monter une galerie à son nom. Mais ces vieux renards avaient dû subodorer, malgré la distance qui les séparait de la capitale française, que les artistes d'avant-garde prisés par leur neveu n'étaient pas du genre de ceux qui leur avaient permis de se payer de grandes maisons et de belles voitures. Ils déclinèrent la proposition de Théo et celui-ci dut rentrer bredouille à Paris, un peu rasséréné tout de même grâce aux vacances qu'il avait passées loin de Vincent. Le fait que « S » ne fut plus jamais mentionnée semble indiquer en tout cas que le problème domestique s'était réglé de lui-même d'une manière ou d'une autre.

Mais il ne fut pas plus tôt rentré rue Lepic qu'il dut se rendre à l'évidence : bien peu de choses avaient changé par ailleurs. Si l'on en croit Andries, Théo était un homme de goût, qui avait magnifiquement arrangé son appartement pour en faire une sorte de vitrine : les œuvres qu'il y avait rassemblées allaient rapidement devenir une collection d'art contemporain de tout premier plan. Chaque pièce constituait un véritable musée, et il était fort déplaisant de constater que les affaires de Vincent traînaient partout : ses toiles encore humides étaient posées contre les murs, et une foule d'objets hétéroclites qu'il avait ramassés au cours de ses excursions restaient exposés aux regards de tous, à croire qu'il voulait recréer la même ambiance que dans son atelier de Nuenen. On trouvait même des pelotes de laine de différentes couleurs, car Vincent avait tenté de renouveler les expériences réalisées par Chevreul avec les fils dont on faisait les tapisseries.

Ce capharnaüm était plus que Théo n'en pouvait supporter. Étant donné les circonstances, l'atelier de Cormon apparaissait comme la seule solution.

Cet atelier se trouvait un peu plus bas, dans la rue Lepic, à l'endroit où l'on rejoignait le boulevard de Clichy, à la hauteur de la place Blanche. C'était l'époque où la cité s'étalait vers le nord et l'on avait, le long de ce boulevard, un mélange insolite de vieilles maisons décrépies à deux étages et d'immeubles neufs qui se dressaient, dans un isolement agressif, au-dessus des demeures plus anciennes qui se serraient les unes contre les autres. Cette proximité du neuf et du vieux faisait de ce quartier un lieu de résidence idéal pour les artistes de toutes sortes, puisque Gérôme lui-même, qui était encore au sommet de sa gloire, y avait installé son atelier, au numéro 65.

Cormon, établi au 104, se trouvait plus près du centre du quartier un peu sordide où la vie artistique du boulevard côtoyait les cafés et les cabarets qui, jusqu'à une époque récente, avaient été situés hors des limites de la ville, ce qui leur permettait de vendre le vin beaucoup moins cher que dans les bars de Paris. A quelques pas du Moulin-Rouge, l'entrée de l'immeuble sis au 104 donnait sur une enfilade de vastes cours : l'une d'elles accueillait le bâtiment de bois que Cormon avait baptisé son atelier.

L'appellation d'« atelier libre » dont on se servait pour le désigner ne doit pas nous induire en erreur. Certains ateliers étaient pratiquement ouverts à tous ceux qui voulaient y venir, et il est certain qu'on y voyait parfois une foule de jeunes gens turbulents qui se rassemblaient autour des femmes nues posant pour les artistes — c'était évidemment ce qui les avait attirés en pareil lieu.

A une certaine époque, ces ateliers étaient obligatoirement l'étape préliminaire à l'admission aux Beaux-Arts; mais dès le début des années quatre-vingt, ils étaient devenus des écoles à part entière, où les élèves venaient parachever leurs études après être passés par l'Académie. (Comme l'Académie d'Anvers, par exemple, qui, malgré la faiblesse de l'enseignement dispensé, figurait sur le cursus.)

Il y avait presque autant d'étrangers que de Français parmi les étudiants, et les grands maîtres qui supervisaient l'organisation des cours trouvaient là une source importante de revenus, ce qui explique en partie le train de vie élevé de Gérôme. Mais Cormon recourait à une sélection sévère, et il lui arrivait souvent d'exiger du candidat inconnu qu'il fût recommandé par quelqu'un avant de lui ouvrir ses portes.

Cormon, avec sa longue mèche de cheveux raides qui barrait son large front, avait la réputation d'être l'homme *le plus maigre et le plus laid de Paris*. On trouvait rassemblé en lui un curieux mélange de contrastes. Il avait changé son nom de Fernand-Anne Piestre — son père avait écrit pour le théâtre de variétés — et il comptait comme un membre éminent parmi les autorités artistiques établies. Il exécutait des commandes officielles importantes, telles que la peinture du plafond du Petit-Palais, et était titulaire de tous les postes les plus prestigieux : il figurait parmi les jurys du Salon, avait une chaire de professeur aux Beaux-Arts et était membre de l'Institut.

Pourtant, il n'avait rien d'un notable compassé. Ses élèves lui connaissaient trois liaisons, qu'il menait de front, et il autorisait la direction du Moulin-Rouge à exposer certaines de ses toiles dans la salle en plein air, ce qui prouvait qu'il ne se souciait pas uniquement de sa position sociale.

Une fois par an, les ateliers les plus importants participaient au Bal des Arts, au Moulin-Rouge, qui donnait lieu à une fête échevelée, interdite au grand public : chaque « écurie » devait construire un char où les étudiants prenaient place, vêtus des cos tumes les plus extravagants, dans l'espoir de remporter le premier prix : cinquante bouteilles de champagne... L'une des prestations de l'atelier Cormon est tout à fait révélatrice : à l'initiative du patron, les élèves couverts de fourrures à la manière des hommes préhistoriques étaient apparus entourés de mammifères de l'ère quaternaire, de plantes tropicales géantes, d'outils primitifs en pierre, créant ainsi une sorte de féerie pré-néandertalienne. Il ne s'agissait d'ailleurs pas d'un simple caprice, car Cormon affectionnait particulièrement ce genre de mise en scène.

En effet, tournant délibérément le dos à la mode du moment, Cormon choisissait de centrer ses propres travaux sur la représentation d'épisodes empruntés à la préhistoire. *La fuite de Caïn*, son œuvre la plus connue, avait réussi, uniquement par ses dimensions gigantesques, à subjuguer le public au Salon de 1880 ; et en 1884 son *Retour de la chasse à l'ours* avait encore confirmé sa réputation de peintre des foules. Après ses voyages au Moyen-Orient, il avait fait ses débuts dans la veine « orientaliste », qui était alors à la mode, mais ces Néandertaliens velus n'appartenaient qu'à lui.

Il faut préciser que les personnages de Cormon présentent une ressemblance remarquable avec les Gaulois blonds qui font partie de l'imagerie populaire, avec leurs peaux de bêtes et leurs cheveux hirsutes, ce qui traduisait, de la part du peintre, le plus profond mépris pour les toutes dernières recherches effectuées par les spécialistes de la préhistoire. (C'est grâce aux énormes quantités d'ossements découverts dans les mines qui criblaient le sol de la Butte que Cuvier avait été amené, un demi-siècle plus tôt, à reconstituer les squelettes des premiers mammifères d'une époque révolue.) Mais la paléontologie et l'archéologie étaient bien le cadet de ses soucis car, en fait, Cormon vivait dans son propre univers sans se préoccuper le moins du monde de la réalité.

Évidemment, le monde moderne n'avait pas grand-chose qui puisse l'attirer et on peut dire que, tout comme Gérôme, il eut le malheur de vivre encore longtemps après l'époque où il avait connu la gloire. Il exprima sa déception dans ses carnets intimes, pendant la Première Guerre mondiale, écrivant en 1918 qu'il était bien affligeant de se pencher sur son passé. Il était enclin à envier quelque peu Gérôme, qui était mort avant que n'éclate le conflit, et se plaignait de ses femmes, qui imposaient un bien lourd fardeau à un homme de soixante-douze ans.

Mais Cormon devait vivre jusqu'en 1924 pour succomber alors

aux atteintes du monde moderne qu'il avait tant décrié. Sortant de son atelier, qui à l'époque, se trouvait rue de Rome, il fut renversé par l'un de ces taxis à essence qui avaient envahi Paris. Il fallut beaucoup de temps pour le dégager de sous les roues arrière. Il y eut peu de monde à son enterrement, car on l'avait déjà complètement oublié.

Il est donc bien difficile d'imaginer maintenant que tant de jeunes artistes aient un jour aspiré avec un tel acharnement à venir travailler dans son atelier : ce ne pouvait être uniquement à cause de l'éminence de sa position. On admirait beaucoup ses qualités de coloriste car il avait bien intégré les leçons de Delacroix et affichait une ouverture d'esprit que nombre de ses collègues auraient pu lui envier, mais qui lui avait peut-être été imposée par les événements de 1886.

Ses ennuis avaient commencé à cause d'un jeune étudiant du nom d'Émile Bernard, fils d'un marchand de drap de Lille, que Cormon avait accepté de prendre chez lui malgré son exceptionnelle jeunesse — il avait alors seize ans. Mais il faut dire que tout le monde était subjugué par l'outrecuidance tranquille de l'adolescent. Cormon aurait sans doute pu prévoir que le nouveau venu n'allait pas tarder à se regimber contre l'atmosphère confinée qui régnait dans l'atelier. L'ambiance était pour le moins sinistre, avec des raclures de palettes qui maculaient les murs ; le ton était tout de suite donné par un écriteau portant une citation de Robert Kant : « Les nouveaux doivent attendre leur tour et leur tour ne vient jamais. »

De telles contraintes ne pouvaient guère plaire au jeune Bernard, qui eut tôt fait de manifester son intérêt pour les nouvelles théories sur la couleur, et commença, malgré les protestations irritées de Cormon, à couvrir une partie de ses toiles de petits points de couleur pure. Il ne se contenta pas de persévérer dans cette pratique, il alla jusqu'à zébrer de rayures rouges et vertes, pour l'égayer disait-il, la vieille toile brune qui était tendue derrière les modèles. Furieux, Cormon dit à Bernard père de reprendre son fils, mais en dépit de l'explication orageuse qu'il eut avec l'auteur de ses jours, l'adolescent refusa de renoncer à la carrière artistique. Il partit aussitôt à pied pour la Bretagne, qui jouissait alors de la faveur des peintres à cause de la modicité des prix pratiqués dans les auberges, des coutumes pittoresques de ses habitants et de la beauté des paysages pendant les mois d'été.

Mais Bernard avait semé un vent de fronde, et Cormon se vit bientôt obligé de fermer le studio pendant tout l'été pour en interdire l'entrée aux autres contestataires. En outre, Cormon n'eut pas la main heureuse dans le choix de son «massier», l'étudiant qui avait pour mission de l'aider à assurer son autorité auprès des autres élèves. Il avait en effet désigné pour exercer ces fonctions un Méridional de vingt ans, un certain Henri-Marie-Raymond de Toulouse-Lautrec Montfa, qu'il avait même chargé de l'aider à réaliser les illustrations qu'il préparait pour une édition de *La légende des siècles* de Hugo. Ce choix de Lautrec s'explique mal, étant donné les influences impressionnistes que l'on pouvait discerner dans ses œuvres. En outre, il avait un physique inquiétant. Il semblait avoir souffert d'un arrêt de croissance au niveau des jambes — il avait eu, en fait, des accidents pendant son enfance —, et bien qu'il ne fût pas vraiment un nain, il avait une démarche bizarre et exagérait encore l'effet que pouvait produire cette disgrâce en recherchant exclusivement la compagnie des gens de très haute taille. En revanche, il était le rejeton d'une famille de la grande noblesse et Cormon devait trouver particulièrement injuste qu'après avoir été honoré du titre de massier, Toulouse-Lautrec ne prenne pratiquement jamais la peine de faire acte de présence à l'atelier.

Évidemment, dans un sens, Cormon était partiellement responsable de cet état de fait, car c'était lui qui avait progressivement encouragé ses élèves à peindre au-dehors, s'imaginant sans doute qu'ils sortiraient de Montmartre pour aller s'aventurer dans la campagne, sur l'autre rive de la Seine. Que Henri-Marie-Raymond n'allât pas plus loin que les bars et les maisons closes de la Butte fait partie de l'image que le grand public conserve aujourd'hui de cette période.

Lorsqu'il rouvrit son atelier, Cormon avait encore présentes à l'esprit les difficultés qu'il venait de rencontrer; on peut donc se demander comment il put accepter de prendre avec lui un candidat aussi extravagant que Vincent. Peut-être s'était-il dit que la présence d'un élève plus âgé tempérerait l'esprit frondeur bien regrettable qui s'était manifesté avant l'été. En tout cas, l'apparence de Vincent et son caractère bourru lui valurent d'échapper à la puérilité des rites initiatiques que l'on réservait généralement aux nouveaux venus et, dès le début, il put jouir d'une tranquillité totale de ce côté.

Il semble que Toulouse-Lautrec ait été le seul, lors de ses rares incursions dans l'atelier, à parler volontiers avec la nouvelle recrue. Mais peut-être Vincent n'était-il à ses yeux qu'un original de plus à mettre dans la collection d'excentriques que ses tournées quotidiennes dans les bars du quartier lui donnaient l'occasion de côtoyer. Et, comme si le personnage de Vincent n'était pas déjà suffisamment insolite, il ne tarda pas à courir sur son compte une histoire inventée de toutes pièces qui ne put qu'accroître l'intérêt éprouvé par Toulouse-Lautrec : on racontait, en effet, que Vincent était arrivé un jour avec un revolver dans l'intention de tirer sur Cormon.

A l'origine de cette fable, il y avait, semble-t-il, un des rares Anglais que Cormon avait admis dans son atelier, un certain Archibald Standish Hartrick, qui était, d'ailleurs, plus britannique que nature. Il avait fait ses débuts chez Julian, qui dirigeait, lui aussi, un atelier, mais un de ses amis, le peintre australien John Peter Russell, avait réussi à persuader Cormon de le prendre comme élève. Ce Hartrick allait finalement devenir illustrateur de livres, et pendant l'entre-deux-guerres il jouit d'une grande popularité dans les milieux artistiques reconnus d'outre-Manche. Il vécut jusqu'en 1950 et le chapitre de sa biographie qui traite de ces folles années montre qu'avec le recul du temps cette période apparaît sous un jour on ne peut plus mythique.

Les notes de Hartrick qui ont trait à sa vie d'étudiant à Paris relatent surtout des canulars dignes de ceux que l'on affectionnait dans les collèges anglais, et il n'est guère surprenant qu'il ait fréquenté l'Australien Russell, une espèce de géant qui, en dehors de ses activités artistiques, pratiquait la boxe en amateur. Tout comme Hartrick, Russell devait considérer Vincent comme un être venu d'une autre planète. Pourtant, si l'on exclut l'histoire du revolver, la plupart des observations de Hartrick ont vraiment un air d'authenticité. Il mentionne que le Hollandais insistait pour qu'on l'appelle par son prénom et il rapporte que Vincent était «un homme frêle, plutôt petit, aux traits pincés, avec une barbe et des cheveux roux et des yeux d'un bleu très clair. Il avait une façon toute particulière de se lancer, lorsqu'il était en verve, dans des discours intarissables, en hollandais, en anglais ou en français, puis de vous jeter un regard en arrière, par-dessus son épaule, en sifflant entre ses dents.

« En fait, quand il était en proie à cette sorte d'excitation il semblait un peu fou, mais à d'autres moments, il était taciturne et renfrogné, sur la défensive en quelque sorte. A vrai dire, je crois que les Français le ménageaient uniquement parce que son frère travaillait chez Goupil et leur achetait donc des toiles. »

C'est sans doute la présence à l'atelier de cet être médisant qui poussait Vincent à siffler ainsi entre ses dents. Cela devait certainement produire l'effet escompté, car Hartrick ne parvint jamais à faire réellement connaissance avec Vincent pendant la période où ils travaillèrent ensemble chez Cormon, et ce n'est que l'année suivante qu'ils se rencontrèrent à l'atelier de Russell, à deux pas de là, dans l'impasse Hélène, où Vincent allait poser pour son portrait.

Naturellement, Vincent trouvait cet Australien de vingt-huit ans beaucoup plus sympathique que l'Anglais avec sa langue de vipère. Russell avait eu des mots avec ses parents, des bourgeois respectables de Sydney, et il vivait maintenant avec une Italienne tout en s'efforçant de peindre à la manière des néo-impressionnistes. Mais surtout, il admirait Millet.

En dépit de sa prédilection pour la peinture d'avant-garde, Russell ne tarissait pas d'éloges sur Cormon, dont il appréciait particulièrement les qualités de dessinateur, tout en reconnaissant que Lautrec avait quelque raison de trouver stupide cette manie qu'il avait d'imposer des « poses classiques » à ses modèles en les affublant de ces grotesques « casques de pompier ».

Russell s'évertuait à briser le carcan de la version victorienne du classicisme de la grande époque qu'il avait apprise à Londres et, tout comme Lautrec, il décelait un talent indiscutable dans les œuvres de Vincent et comprenait ses tentatives pour se frayer un chemin dans la jungle de toutes les écoles qui se faisaient jour à l'époque. Hartrick, lui, restait indifférent à de telles luttes d'influence, mais il n'en demeurait pas moins capable de décrire le travail de Vincent avec une précision et une compréhension tout à fait honorables.

« A cette époque, Van Gogh réalisait ses premières toiles en appliquant la théorie de la division des tons. Il peignait des natures mortes, des fleurs et des paysages de Montmartre. Il ne fait aucun doute que cette immersion dans le domaine de la couleur pure le stimulait violemment et il mettait des couches de peinture à l'huile dont l'épaisseur étonnait les regards des profanes autant que ceux des amateurs beaucoup plus avertis. »

On peut se demander si Hartrick se rangeait dans la première ou dans la seconde de ces catégories. De toute manière, il apparaît assez clairement qu'Archibald avait dû se faire remettre à sa place par Vincent et qu'il nourrissait encore une certaine rancune à son encontre au moment où il écrivit ses mémoires. Mais cela mis à part, sa description des œuvres ne manque pas d'objectivité, ce souci d'honnêteté étant encore confirmé par un autre témoignage, celui de François Gauzi, un autre étudiant, qui allait par la suite évoquer un incident illustrant bien l'état d'esprit qui animait Vincent.

Gauzi se souvint que Vincent ne tenait aucun compte des instructions expresses de Cormon, qui exigeait que ses élèves s'imposent de dessiner uniquement le modèle qui était en train de poser, sans chercher à améliorer le décor. Après le fameux incident créé par Bernard, on avait en effet repris la futaine brune comme toile de fond. Comme on aurait pu s'y attendre, Vincent décida de braver l'autorité du maître et il recouvrit d'une étoffe bleu vif l'estrade sur laquelle il fit s'étendre le modèle, une jeune femme au teint particulièrement clair, comme si elle avait été installée sur un divan. L'éclat doré de la peau heurtait presque avec violence le bleu de la draperie.

Vincent se mit à travailler sur sa toile avec son ardeur coutumière, refusant même de s'arrêter pendant les moments de repos du modèle. Un peu plus tard dans la journée, Cormon se présenta pour procéder à ses commentaires habituels, mais instruit par de précédentes expériences, il se garda bien de risquer une nouvelle révolte chez ses étudiants ; il prit le parti d'ignorer l'innovation et laissa même de côté tout ce qui avait trait à la couleur. Lorsque sa tournée l'amena devant le chevalet de Vincent, il se contenta de faire quelques critiques sur la technique du dessin.

Par une coïncidence assez extraordinaire, le jeune Bernard était rentré de Bretagne justement ce jour-là, et ne tenant aucun compte de l'expulsion dont il avait été l'objet, il eut l'audace de venir à l'atelier pour revoir ses anciens amis. Or, voilà qu'il se trouvait en présence de quelqu'un qui avait réussi à imposer la révolution qu'il avait lui-même tenté de faire quelques mois plus tôt !... Il constata aussi d'ailleurs que les autres se moquaient de Vincent derrière son dos, mais ce dernier feignait de ne rien voir.

Le soir, lorsqu'il revint à l'atelier, Bernard trouva Vincent tout seul occupé à copier patiemment une sculpture antique, rectifiant sans relâche ses dessins, maniant la gomme avec tant de frénésie qu'il en déchirait le papier. Un peu plus tard, il le revit encore chez Tanguy, le marchand de couleurs dont la boutique était le lieu de rencontre des artistes du quartier, et les deux peintres eurent alors tout le loisir de discuter ensemble.

On a peine à imaginer le Montmartre des années 1880 sans la boutique de Tanguy ; ce commerçant jovial qu'on appelait le « père Tanguy », faisait lui aussi partie du décor. Julien François Tanguy, qui nous regarde droit dans les yeux du haut des portraits qu'ont fait de lui « ses » artistes, était un homme trapu, au visage rond, avec des cheveux coupés très court et il émanait de sa personne l'expression d'une grande bonté qui avait fait de lui une sorte d'idole. Vincent le comparait à Bouddha et parlait de la petite boutique comme d'une «minuscule chapelle de l'art».

Ses clients avaient sans doute quelques raisons d'attribuer à Tanguy les qualités d'un saint car, non content de les laisser transformer sa boutique en un club privé où ils pouvaient se retrouver tout à loisir, il leur donnait en outre de la peinture en échange de leurs toiles, ce qui, dans la plupart des cas, n'était que pure charité de sa part car il ne parvenait pratiquement jamais à vendre la moindre de ces œuvres.

Le «père Tanguy» était un Breton de solide constitution qui avait passé la soixantaine lorsque Vincent fit sa connaissance, et qui avait fini par échouer dans la préparation et le négoce des couleurs avant la Commune. Révolutionnaire convaincu, il s'était naturellement joint au mouvement, ce qui lui avait valu de purger une peine de deux ans de prison après la défaite des insurgés. Bien qu'il eût accédé à la condition de petit commerçant, il était resté profondément attaché au socialisme et mettait sur le même plan la défense de l'art nouveau et son militantisme politique.

A ses yeux, les impressionnistes étaient les peintres des gens du peuple, méprisés par le «système», et ils s'affirmaient comme les adversaires des partisans de l'ordre établi qui exposaient dans les galeries élégantes et les salons des grands boulevards. Il avait une telle foi en l'art nouveau qu'il allait jusqu'à mettre à la porte de sa boutique quiconque lui demandait un tube de peinture noire — même si la plupart du temps il se radoucissait aussitôt après.

Il avait trouvé en Cézanne un artiste aux convictions aussi fortes que les siennes, et il lui vouait un véritable culte, cédant au peintre les fournitures dont il avait besoin en échange de la quasi-totalité de sa production. Bon nombre d'étudiants avaient pris l'habitude d'entrer dans cette petite boutique sombre pour étudier les Cézanne rangés le long des murs et écouter le père Tanguy commenter ces œuvres avec la compétence d'un universitaire alors qu'il avait débuté dans la vie comme simple plâtrier.

Tanguy était à tous égards un personnage hors du commun. Dès la fin 1886, après le départ de Cézanne, Vincent en vint à occuper dans le cœur du vieil homme une place presque comparable à celle de son devancier ; maintenant qu'il était devenu un visiteur assidu, Tanguy poussait la bienveillance jusqu'à le laisser fouiller lui-même dans les tiroirs pour y trouver les couleurs dont il avait besoin.

Beaucoup plus qu'à l'atelier de Cormon, c'est dans cette petite boutique que Vincent fit son apprentissage, car c'est là qu'il lui fut enfin possible de réaliser son vœu le plus cher : rencontrer d'autres artistes et discuter avec eux.

Lorsque le père de Bernard avait tenté de détourner son fils de la carrière artistique en lui coupant les vivres, c'est le père Tanguy qui avait pris le relais, s'assurant que le jeune homme ne manquait de rien. Quand Bernard rencontra Vincent, il était venu dans la boutique pour apporter les œuvres qu'il avait réalisées en Bretagne, la province natale de Tanguy. Bernard avait séjourné à Pont-Aven, un village de pêcheurs où s'était établie une véritable colonie d'artistes durant les mois d'été.

Lorsque le jeune Bernard arriva en Bretagne, cet été-là, il rencontra Gauguin à Pont-Aven, mais comme ils ne savaient pas plus l'un que l'autre où leurs efforts allaient les mener, ils n'eurent pas grand-chose à se dire.

Gauguin traversait alors une période difficile : il pressentait que l'impressionnisme ne tarderait pas à être dépassé, mais ne parvenait pas à trouver le moyen de franchir une nouvelle étape.

Archibald Standish Hartrick séjourna lui aussi à Pont-Aven cet été-là, dans la même auberge que Gauguin. Il nota que le peintre continuait de travailler à la manière de Pissarro et essayait de temps à autre d'appliquer les idées de Seurat et de Signac, en recourant aux techniques pointillistes.

Gauguin et Bernard se découvrirent un point commun : c'était l'attirance qu'ils éprouvaient pour cette partie de la Bretagne qui était encore à l'époque un endroit reculé, presque primitif. Hartrick le décrivait comme « un pays de dunes gigantesques, semblables à des vagues montagneuses d'une mer de sable, entre lesquelles apparaissait le spectacle fugitif de la baie de Biscaye et des rouleaux de l'Atlantique. Tout cela peuplé par une race aux mœurs sauvages qui semblait n'avoir d'autre occupation que de récupérer les planches apportées par les flots ou de ramasser des algues avec d'étranges traîneaux tirés par des poneys hirsutes. Les femmes vêtues de robes noires arboraient la grande coiffe, noire elle aussi (semblable à un énorme bonnet destiné à les protéger du soleil). Les croix qui se dressaient au bord des routes témoignaient de la survivance d'une foi primitive et c'est cette atmosphère de mystère et de superstition donnant l'impression de se trouver sur une autre planète, qui attirait tant Gauguin et Bernard ».

Quelle différence avec le monde à la fois brillant et quotidien des impressionnistes, avec leurs scènes de rue et leurs parties de canotage !

Quand il rentra à Paris en cet automne de l'année 1886, Gauguin dut aller à l'hôpital pendant un mois pour se faire soigner une angine, mais une fois guéri il se lança à corps perdu dans la confection d'étranges céramiques dont beaucoup étaient influencées par l'art précolombien, qui lui avait été rendu familier au cours de ses voyages comme matelot dans la marine marchande. Beaucoup de ces vases étaient des autoportraits et comme il ne parvenait pas à vendre des objets ne répondant à aucune nécessité pratique, il sombra bientôt dans un dénuement total et se mit à rêver de lieux sauvages où il trouverait le mystère... et des conditions de vie abordables.

Quand Bernard revint à Paris, en automne lui aussi, il se rendit au Salon des Indépendants qui venait d'ouvrir ses portes. Seurat y exposait encore son *Ile de la Grande-Jatte*. Le jeune Bernard fut si marqué par cette œuvre qu'il rentra aussitôt chez lui pour modifier les toiles qu'il avait peintes à Pont-Aven en y mettant une multitude de petits points colorés. Ayant vu ces œuvres « retouchées » chez Tanguy, Vincent fut, comme beaucoup d'autres, gagné par l'enthousiasme du jeune homme et décida de faire plus ample connaissance avec lui.

Pourtant, dans l'immédiat, c'est avec Toulouse-Lautrec qu'il avait le plus de contacts. Dominant avec une indiscutable maîtrise les ondes de choc qui avaient secoué le monde artistique cette année-là, Lautrec avait rapidement trouvé la direction qui convenait le mieux à son tempérament, aidé en cela par une popularité qui faisait défaut aux autres jeunes peintres.

Son art, qui consistait en un mélange tout à fait original d'impressionnisme et de caricature mordante, présenté avec une simplicité graphique pleine d'audace s'inspirant des estampes japonaises, bénéficia en effet d'une audience populaire immédiate.

Les deux hommes n'avaient certes pas grand-chose en commun dans le domaine artistique, mais la brusquerie de Vincent et aussi cette habitude déplorable qu'il avait de s'attirer l'hostilité de tout le monde durent paraître sympathiques à Lautrec, qui avait lui-même beaucoup souffert de l'aversion inspirée par son physique. L'aristocrate courtaud, tout de noir vêtu, avec sa face joufflue et ses yeux globuleux qui fixaient le monde à travers un pince-nez, et le Hollandais émacié, avec ses habits d'ouvrier, ses épaules voûtées et son air soupçonneux, offrirent bientôt un spectacle familier dans les bars et les cabarets de la Butte.

En décembre, Lautrec emmena Vincent au Mirliton pour lui faire entendre Aristide Bruant, le plus scandaleux des chansonniers qui, dans un langage ordurier, chantait les réalités de la vie chez les proscrits de la Butte et du Maquis. Cette satire ravageuse trouvait sa contrepartie dans les dessins que faisait Lautrec en s'inspirant des gens fréquentant ce monde des cafés. Il donnait toujours l'impression de les dépeindre non point comme ils étaient, ou comme ils souhaitaient être, mais tels qu'ils deviendraient certainement un jour : les traits un peu trop tirés, la bouche trop tombante, les rides sillonnant le cou...

Ainsi donc Vincent, l'homme qui seulement six ans plus tôt pleurait parce qu'il ne pouvait pas se punir davantage au service de Dieu et des pauvres, Vincent était maintenant installé dans le cabaret le plus malfamé d'Europe, écoutant un satiriste sans Dieu fustiger les faiblesses de ses auditeurs et se gausser avec la plus grande cruauté de tout ce à quoi il avait cru autrefois.

Bruant ne servait qu'une bière pas très alcoolisée dans son établissement mais il y avait à l'entour beaucoup de cafés où l'on pouvait aller s'attabler ensuite. Lautrec avait la réputation de ne jamais dormir ou, en tout cas, de se contenter de somnoler dans un fiacre à l'heure où le petit jour allait révéler les aspects les moins reluisants de la vie dans ce quartier. Une toile exécutée par Vincent illustre parfaitement tout cela. Au premier plan, une table de café ; par la vitre, on aperçoit de dos une silhouette lointaine et le tronc d'un arbre qui surgit du trottoir. Tous ces détails sont secondaires, car c'est sur la table que se trouve le véritable sujet : une carafe d'eau et un verre trapu, plein d'un liquide jaunâtre et trouble : l'absinthe.

Jusqu'au jour où elle fut interdite, en 1915, l'absinthe fut la drogue à la mode. Des milliers de poètes à demi fous ont chanté ses propriétés hallucinogènes. Quand on avait ajouté l'eau à l'alcool transparent, la couleur jaune tirant sur l'émeraude que prenait alors le breuvage lui valut ce nom obsédant : la Fée verte. Pour consommer ce poison, le mieux était de l'absorber lentement, toute la journée, afin de se maintenir dans un perpétuel état de rêverie hébétée. Seulement, l'organisme s'habituant peu à peu, il fallait en prendre des doses de plus en plus fortes.

Lautrec avait réussi à mettre au point pour la danseuse Yvette Guilbert un mélange particulièrement redoutable qu'il avait surnommé le « Tremblement de terre » et qui combinait l'absinthe et le cognac ! Le seul portrait que Lautrec ait fait de Vincent le montre fixant sur le lointain un regard vide de toute expression, un verre de Fée verte à la main. Manifestement, il n'en était pas à son premier verre ce jour-là.

Pour un être aussi obsédé par ses problèmes que l'était Vincent, le refuge qu'il trouvait dans l'alcool était peut-être la réponse à toutes ses prières. Quant à Théo, il devait éprouver un certain soulagement tant que son frère traînait dans les bars et les cabarets, dans le sillage de l'infatigable Lautrec, car les incessantes querelles que Vincent était capable de déclencher à tout moment le laissaient à bout de forces.

En décembre, Théo eut une première alerte. Très inquiet, Andries nota qu'il était tout raide, comme après une mauvaise chute. En fait, c'était là le démarrage d'une longue succession d'attaques qui allaient le frapper avec une régularité de plus en plus inexorable. Vincent ne se rendit sans doute pas très bien compte de ce qui arrivait à son cadet, mais il tenta tout de même de se racheter, de la seule manière qu'il connaissait, par la création artistique. Il se lança dans l'exécution d'une série de natures mortes — peut-être pourrait-on parler de portraits — représentant des chaussures !

Le plus connu de ces tableaux montre deux souliers côte à côte, et lorsqu'on regarde d'un peu plus près, on s'aperçoit qu'ils sont tous les deux pour le pied gauche. L'un se dresse bien droit et l'autre retombe vers le bas, son lacet s'enroulant d'une manière assez touchante autour de son compagnon plus robuste, comme pour essayer de l'embrasser. Le symbolisme que beaucoup croient pouvoir déceler derrière cette image est clair. Mais en dépit de ces témoignages d'affection, le seul véritable soulagement pour Théo était les absences prolongées de Vincent, mais il aurait sans doute préféré que ce ne fût pas l'absinthe — entre autres choses — qui le retînt au-dehors.

À jeun, Vincent trouvait toujours à redire à tous les propos qu'on lui tenait ; ivre, il s'asseyait au chevet de Théo et se lançait dans des discussions qui se prolongeaient fort avant dans la nuit.

Le grand danger, avec la Fée verte, c'était la manière dont elle affectait ceux qui en avaient consommé. Elle avait en effet la réputation, et Théo ne pouvait l'ignorer, de pousser à la violence et même au meurtre. La presse populaire se complaisait à décrire les crimes commis à cause d'elle. Cette boisson était une obsession populaire. Après que la famille Pernod eut converti un élixir à l'agréable goût de réglisse en un alcool fabriqué à l'échelle industrielle, le gouvernement l'avait fait distribuer aux troupes qui opéraient dans des régions au climat pénible.

Rentrés au pays, les militaires en avaient conservé le goût, et la consommation de cette drogue s'était encore accrue quand une taxe malencontreuse sur le vin avait amené les couches les plus pauvres de la population à chercher un substitut moins onéreux. La Fée verte se répandit comme une traînée de poudre et, durant le dernier quart de siècle, elle s'était nimbée d'une aura romantique aux yeux des intellectuels et des artistes qui s'encanaillaient dans les bars et les estaminets des quartiers les plus louches des capitales européennes.

Pour servir l'absinthe, il fallait observer un véritable rituel ; il convenait de verser l'eau dans une passoire contenant du sucre, après quoi le liquide opaque et tourbillonnant que l'on avait obtenu semblait préfigurer l'état d'hébétude extatique dans lequel le buveur allait finir par sombrer. Les premiers mouvements concertés visant à obtenir son interdiction ne tardèrent pas à se manifester, l'Église en tête, la légende prétendant que l'ingrédient principal de l'absinthe était l'armoise, cette plante qui jaillissait dans le sillage du serpent quand il fuyait le paradis terrestre. Les abolitionnistes mettaient l'accent sur le degré alcoolique élevé et les dangers que faisait courir cette boisson à la santé publique, bien qu'on n'en ait vraiment connu les effets que longtemps après sa disparition du marché.

Dans la plupart des cas, la concentration en alcool était telle que le consommateur se trouvait très vite complètement ivre. En outre, l'absinthe produisait un tragique effet d'accoutumance. Mais le comportement du buveur dépendait beaucoup plus de son état physique ou mental que des propriétés inhérentes à la Fée verte. Lautrec, qui avait toujours avec lui une canne creuse remplie d'absinthe pour le cas où il se trouverait en manque, finit par tomber malade et il fallut le faire enfermer pour lui imposer une cure de désintoxication.

Quand Vincent commença à s'adonner à l'absinthe, Théo dut se faire un sang d'encre à l'idée qu'un être aussi instable que son frère aîné se mettait à flirter avec un produit dont la réputation était aussi exécrable. Par une coïncidence assez malencontreuse, le journal abolitionniste *L'Étoile bleue* publia un dessin représentant un homme qui s'était enivré à l'absinthe et tenait des propos incohérents à la cantonade. Le malheureux dément avait justement le visage émacié de Vincent.

Lautrec fit le portrait de Vincent dans l'établissement qu'ils fréquentaient assidûment depuis peu, le Tambourin, sis boulevard de Clichy, un restaurant cabaret renommé pour son excellente cuisine italienne. Comme son nom le laisse entendre, tout le décor de l'établissement s'inspirait de la forme du tambourin : les tables et les tabourets ressemblaient à cet instrument et le thème se retrouvait sur les menus et les différents accessoires de l'ameublement. Agostina Segatori, la propriétaire, avec cette beauté fanée d'une femme qui n'est plus très loin de la cinquantaine, ne manquait pas de pittoresque.

Originaire de la région de Naples, elle portait, tout comme les serveuses, le costume folklorique de son terroir, et ces jeunes femmes s'intégraient à la perfection dans le monde coloré qui gravitait à l'entour. Il y avait eu, au cours des années 1860, un arrivage important de belles Italiennes dans son genre, attirées dans la capitale par la perspective de gagner beaucoup d'argent en allant poser pour les peintres. On n'a d'ailleurs jamais pu tirer au clair comment elles avaient été informées de cette possibilité ni pourquoi elles avaient affronté des périls aussi grands, uniquement pour vérifier la véracité d'une telle légende.

Nous disposons à ce propos du témoignage d'un certain Charles Dubosc, personnage très imbu de lui-même qui, pendant près d'un demi-siècle, avait posé pour la plupart des lauréats du Salon. Après avoir noté la contrariété que lui faisait éprouver cette invasion, il décida de renoncer à servir de modèle car il ne pouvait plus soutenir la concurrence avec ces beautés napolitaines. Dans ses mémoires, il rapporte que ces « voleuses de pain » cherchaient surtout à se trouver un mari, de préférence un peintre. A la rigueur, un sculpteur. Cela n'empêcha pas Dubosc, qui malgré ses soixante-deux ans avait gardé — il tenait à le préciser — un corps des plus harmonieux, de vivre confortablement du loyer des propriétés dont il avait pu se rendre acquéreur.

Vincent n'avait pas tardé à se rendre compte que le prix des modèles à Paris était absolument prohibitif, c'est pourquoi les jeunes artistes travaillaient dans les ateliers. Les rapaces Napolitaines avaient trouvé un marché très « porteur » et la « Segatori », comme on l'appelait généralement, s'était taillé la part du lion. Elle avait posé pour Gérôme car son teint basané la désignait d'emblée pour les harems et les marchés d'esclaves.

Quand Corot, après avoir dépassé la soixantaine, s'était trouvé dans l'impossibilité de se déplacer à cause d'une sévère attaque de goutte, il l'avait fait poser devant une ville perchée d'une Italie sortie de son imagination mais semblable à celles qu'il avait visitées dans la péninsule. Pour lui, la peinture de beautés méridionales du genre d'Agostina équivalait à une sorte de relaxation. Il est peu probable que Vincent — tout comme les autres, d'ailleurs — ait connu l'existence de ces tableaux, car le maître, de son vivant, avait tenu cachés pratiquement tous les portraits qu'il avait exécutés. Ils ne furent portés à la connaissance du grand public qu'au Salon d'Automne de 1909.

Si c'était l'argent qui l'intéressait, la Segatori avait dû avoir beaucoup de satisfactions avec Corot, car le vieil homme avait la réputation d'être très généreux. Un jour, il avait acheté la maison de Daumier, alors menacé d'expulsion par son propriétaire, pour en faire cadeau à l'artiste au moment où il allait se retrouver à la rue. Il avait même l'habitude de signer les imitations de ses propres œuvres à cause de la pitié que lui inspirait la misère dans laquelle se débattait le faussaire, ce qui explique la boutade communément répandue selon laquelle «Corot a peint 3 000 tableaux dont 10 000 se trouvent en Amérique».

De l'argent, elle n'en manquait point, mais si Agostina avait été également en quête d'un mari, peintre ou sculpteur, elle eut beaucoup moins de chance. Pourtant l'amour n'en garda pas moins ses droits et elle finit par succomber aux charmes d'un peintre suédois qui avait à peine trente ans.

August Hagborgs — il décida de supprimer le S qui terminait son nom quand il eut choisi de s'installer définitivement à Paris — appartenait à cette horde de réalistes de second ordre qui allait par la suite se faire supplanter par une horde d'impressionnistes médiocres. Il finit par se spécialiser dans les marines, avec des titres comme : *Marée haute dans la Manche* et *Pêcheurs normands*, et dans la peinture de «joyeux» paysans, car la misère de la condition paysanne ne l'inspirait aucunement. Mais il réussit excellemment le portrait d'Agostina, parvenant à rendre sur la toile cette irrésistible combinaison de bouderie enfantine et de force de caractère un peu hautaine. Cette force de caractère allait d'ailleurs s'avérer précieuse, car le jeune Hagborg finit par la quitter. Mais elle avait bien pris soin de ses économies et, sa beauté commençant à se faner et les offres d'emploi de modèle se faisant rares, elle ouvrit son restaurant et mena rondement son affaire.

Dix années plus tôt, Vincent serait sans doute resté indifférent à sa stupéfiante beauté, mais maintenant que le temps avait marqué ses traits en y insufflant une impression de pugnacité et de courage, elle correspondait tout à fait à son idéal de beauté féminine. Il était maintenant mûr pour l'exécution de ce genre de portraits — il avait produit une série de nus extraordinaires, des corps de prostituées exposés de façon provocante, complètement dévêtus à l'exception de bas blancs tout à fait suggestifs, mais avec des visages hideux, pour ne pas dire simiesques. S'agissait-il de représentations réalistes de gamines ramassées sur le trottoir ou de visions imaginaires entrevues dans les vapeurs de l'ivresse? Les deux, peut-être. Bien qu'il évitât de montrer ses œuvres, il ne les reniait pas. Les tableaux qu'il a faits à Paris, à l'exception des natures mortes qu'il destinait à Lucien Pissarro, ne portent généralement pas sa signature, mais l'une de ces toiles représentant ces femmes aux allures de filles de joie arbore fièrement un « Vincent » beaucoup plus audacieux que sa signature normale.

Quel que soit le secret qui se cache derrière ces toiles, Vincent ne fut pas insensible à la personnalité d'une femme comme la Segatori, si attachée aux plaisirs de ce bas monde et jouissant d'un prestige certain auprès des artistes. Comme il n'avait pas d'argent, un marché fut conclu : il donnerait ses toiles pour payer les succulents repas qui lui seraient servis. Mais Agostina ne courait guère de risques, elle ne voulait que les toiles représentant des fleurs, car elle pensait pouvoir les vendre.

Le jeune Ambroise Vollard, qui était sur le point de débuter dans le négoce des tableaux, entendit un jour dans le restaurant quelqu'un demander si Vincent était venu.

« Il sort à l'instant, répondit Agostina. Il a juste accroché ces tournesols au mur, et il est reparti aussitôt. »

Ce n'est que plusieurs années plus tard que Vollard se rendit compte de la véritable envergure de l'homme qu'il avait failli rencontrer, même s'il faut accueillir avec un certain scepticisme cette allusion aux tournesols qui semble vraiment trop bien venue pour être vraie. Pourtant, on peut se fier davantage au témoignage de Vollard quand il dit que l'attachement de la Segatori pour les arts et les artistes n'était pas toujours en harmonie avec son sens des affaires et que si elle laissait Vincent manger gratis ce devait être pour une autre raison.

En fait les langues allaient bon train à Montmartre, et il ne faisait guère de doute que Vincent payait ses repas autrement qu'avec ses toiles. Quoi qu'il en soit, il est certain en tout cas que Vincent et la Segatori entretenaient des relations tumultueuses qui montraient tous les signes d'une liaison amoureuse. Pourtant, en dépit de leurs querelles, le portrait qu'il a fait d'elle, assise devant une de ses tables-tambourins, la cigarette à la main et une chope de bière vide devant elle, montre une tendresse des plus touchante à l'égard d'une femme que la vie n'avait pas particulièrement gâtée.

Vincent eut tôt fait de persuader le père Tanguy de l'accompagner au restaurant, au grand désespoir de l'épouse du commerçant qui se désolait de voir le vieil homme rentrer en trébuchant au logis, à n'importe quelle heure du jour et de la nuit, complètement abruti par l'absinthe. Vincent, qu'elle ne manquait pas d'accabler de reproches, commença à l'appeler Xanthippe (l'épouse acariâtre de Socrate), ce qui n'était pas très justifié car elle avait, en temps normal, aussi bon cœur que son mari.

Quand il n'allait pas boire au Tambourin, Vincent se rendait à l'atelier de Lautrec, au coin des rues Tourlaque et Caulaincourt, où il retrouvait Bernard, Anquetin et d'autres pour discuter avec passion de l'art de demain. Suzanne Valadon, ancien modèle et futur peintre, a laissé une description émouvante de la présence de Vincent à ces réunions :

« Il arrivait, une lourde toile sous le bras, la posait dans un coin mais bien en lumière et attendait qu'on lui manifestât quelque attention. Personne ne le remarquait. Il s'asseyait un peu, surveillait les regards, se mêlant peu à la conversation. Puis, lassé, partait, remportant sa dernière œuvre. »

Pourtant, la semaine suivante, il revenait pour recommencer le même manège.

Au milieu de tant d'indifférence, Vincent commença à s'impatienter de l'insuffisance de ses progrès. Il n'avait rien appris chez Cormon et, imitant Lautrec, il cessa de se rendre à l'atelier. Bernard était trop préoccupé par ses propres recherches d'un nouveau moyen d'expression pour avoir quoi que ce soit à lui apprendre. Seul Louis Anquetin avait un sens de la composition brillant et original : il donnait un angle insolite à l'auvent d'une terrasse de café, plaçait un moissonneur au fond de la toile, laissant le champ de blé, au premier plan, dramatiquement vide. (Vincent allait reprendre ces procédés par la suite, de la même manière qu'il s'était inspiré des personnages de Millet.)

Mais il avait besoin d'autre chose que d'une vague admiration, il lui fallait un mentor. S'il avait rencontré Seurat, il aurait sans doute été aussi marqué que Pissarro, mais sans bénéficier de l'expérience qui avait permis au vieil homme de trouver un équilibre. La carrière artistique de Vincent aurait alors sans doute pris un tour tout à fait différent. En restant si longtemps soustrait à la puissante séduction de l'impressionnisme, il put éviter le sort de tant d'autres artistes qui ne firent jamais rien d'autre que ressasser les mêmes thèmes dans le même style, inlassablement. Ils sont légion, les impressionnistes de la fin du siècle qui appliquèrent consciencieusement les découvertes de Monet, Renoir et Degas à la représentation de leur petit coin d'univers.

De même, si Vincent avait rencontré Seurat, il aurait pu devenir simplement un de ses disciples, un divisionniste de seconde zone. Heureusement, c'est un autre qu'il trouva sur son chemin, un personnage plus chaleureux bien que moins charismatique : Signac. Ils se connurent, dans «la minuscule chapelle d'art», la boutique du père Tanguy, naturellement.

En un sens, Vincent attacha tout simplement ses pas à ceux de son jeune ami. Ils avaient déjà passé un moment, à plusieurs reprises, chez Tanguy, puis ils se virent par hasard un jour où ils peignaient dans la campagne environnante. Vincent se mit ensuite à suivre Signac partout où il allait. Il plantait son chevalet à côté de celui de Signac sur les berges de la Seine et ils travaillaient de concert tout le long du jour.

Il faut porter au crédit de Signac qu'il accepta la présence de ce nouveau compagnon sans jamais se plaindre. Cet enfant de Montmartre avait été habitué, dès sa plus tendre enfance, au spectacle de ces marginaux bohèmes et il se montrait, à cause de cela sans doute, plus tolérant à l'égard des excentricités de ceux qui avaient une activité créatrice.

A bien des égards, de tous les artistes que rencontra Vincent sur son chemin, Paul Signac fut celui qui critiqua le moins les bizarreries de son comportement, faisant preuve d'une tolérance qui ne se démentit jamais.

Ce fut également une chance pour Vincent que Signac, en dépit de la forte personnalité de Seurat, réussit à conserver tout ce qui constituait son originalité. Alors que Seurat avait abouti à la technique des «points» grâce au cheminement théorique d'un problème purement intellectuel : le mélange optique des couleurs, Signac, lui, s'était contenté de se laisser séduire par les petites «virgules» de couleurs pures qu'il avait vues dans les œuvres de Monet et de Guillaumin, et d'en reprendre l'utilisation à son compte.

En dépit des recherches qu'ils avaient faites ensemble, le problème de la méthode fit rapidement apparaître des divergences entre Signac et Seurat. La peinture de Seurat, avec tout le classicisme et la minutie de sa technique, représentait, dès les premières œuvres, une sorte de retour au travail en atelier pratiqué par les générations précédentes. Un tableau que Seurat fit un peu plus tard : *Les poseuses*, ne présentait pas seulement le modèle vu sous trois angles différents ; il montrait aussi *La Grande-Jatte* posée contre un mur de l'atelier, clin d'œil du peintre évoquant le lieu où la scène avait été exécutée, avec toute la patiente recherche d'une fresque historique de la plus pure convention.

En réalité, certains voyaient en Seurat moins un dangereux révolutionnaire qu'un émissaire des Beaux-Arts, représentant un système dont il était issu. Et il est vrai que son œuvre était moins le prolongement de l'impressionnisme que la remise en cause des valeurs fondamentales de ce mouvement, à savoir la spontanéité, le contact direct avec la nature, la soumission aux impératifs changeants de la lumière.

Signac, en revanche, n'abandonna jamais la peinture en plein air. Cette fidélité vient sans doute du fait que le peintre Gustave Caillebotte l'avait initié aux joies de la navigation : tout au long de sa vie, il conserva cette passion pour les bateaux, les fleuves et les ports. Évidemment, couvrir la toile de petits points de couleur était un travail trop méticuleux pour être pratiqué en plein air ; Signac adopta donc la méthode « pointilliste » — autre nom donné au mouvement divisionniste —, en utilisant des carrés de couleur de plus grandes dimensions.

C'est l'amour de Signac pour la rivière qui le conduisit vers Asnières et Clichy et l'amena à rencontrer Van Gogh. Le boulevard de Clichy se prolongeait par l'avenue du même nom, qui partait des anciennes fortifications en direction de la commune de Clichy, sur la rive gauche de la Seine. Un peu plus loin, vers l'ouest, c'est Asnières et la Grande-Jatte. Prairies des berges inviolées ou usines à gaz, il suffisait d'un changement d'angle de quelques degrés pour passer de la vision champêtre à un décor industriel.

Vincent lui-même aurait été bien incapable de dire avec précision ce que représentait pour lui le fait de travailler aux côtés de Signac. Ce dernier eut sans doute l'occasion de lui expliquer en quoi consistait la technique divisionniste, mais Vincent savait déjà, pour avoir vu *La Grande-Jatte* de Seurat, que ce genre d'œuvre, exécutée en atelier, ne lui convenait pas et il ne voyait pas quel intérêt présentait pour lui l'adoption de cette méthode.

Signac était plus proche de lui par la disposition d'esprit. Le *Quai de Clichy*, qu'il venait de réaliser en avril ou mai, était un brillant compromis entre la perception immédiate de l'instant éphémère que permet la peinture en plein air et l'intemporalité du tableau exécuté en atelier. C'était assurément une réussite, mais Vincent se sentait plus attiré par les œuvres plus anciennes de Signac, celles où il recourait aux « virgules de Monet », dont Vincent connaissait les œuvres grâce à Théo.

Vincent utiliserait cette technique mais à sa manière, intuitive et dépourvue de toute rigueur, comme toujours. Il entreprit une série de paysages merveilleusement lumineux et diaphanes dans les environs de Clichy et d'Asnières : c'étaient là ses premiers travaux d'importance depuis *Les mangeurs de pommes de terre*, qui avaient marqué avec tant d'éclat la fin de la période hollandaise.

Il représenta la rivière enjambée par le pont de chemin de fer, le parc d'Asnières, des ruelles paisibles de banlieue, choisissant des verts clairs et des jaunes lumineux sur des fonds de ciel bleu pâle, posant une touche de rouge pour suggérer les contours d'une silhouette dans le lointain. Il avait banni le noir : le Nord était bien loin maintenant...

La nouvelle technique des «points» était d'un précieux secours pour bien rendre l'herbe et les feuilles, mais Vincent se sentait libre de ne faire que les emprunts qui lui semblaient nécessaires. Cet éclectisme n'avait pas toujours l'heur de plaire à Signac, qui était un prosélyte convaincu. Cependant, il reconnaît dans ses écrits que la puissance de Vincent le fascinait.

«Je le rencontrais à Asnières et à Saint-Ouen, on peignait sur les berges, on déjeunait dans les guinguettes et on revenait à pied à Paris par les avenues de Saint-Ouen et de Clichy. Van Gogh, vêtu d'une cotte bleue de zingueur, avait peint sur les manches des petits points de couleur. Collé tout près de moi, il criait, il gesticulait, brandissant sa grande toile de 30 toute fraîche ; et il en polychromait presque les passants.»

Vincent a peint l'intérieur de l'un de ces restaurants où ils avaient déjeuné, et cette scène paisible (il n'y a pas de clients dans la salle) apparaît comme un témoignage de l'époque où il fut un «divisionniste» convaincu. Un ordre parfait règne sur les verres et les assiettes impeccablement disposés sur les tables aux contours bien définis, et on sent même rigueur dans la technique de l'exécution : la juxtaposition méticuleuse des points colorés produit une impression très proche de celle créée par *L'après-midi* ensommeillé de Seurat.

Il faut fournir vraiment un gros effort de mémoire pour se souvenir que le dernier tableau où il avait représenté un repas avait été ce dîner rustique, sombre et terreux où l'on sentait le souffle d'une passion véhémente. Qu'était donc devenu ce brûlant désir de faire un art du peuple et pour le peuple ? Comment pouvait-il donc recréer l'atmosphère paisible d'un restaurant de banlieue où tous les signes de vie avaient été supprimés ?

Bien sûr, dans certaines de ces scènes, on distingue de temps à autre un personnage qui marche dans les rues désertes. A première vue on pourrait y trouver une vague ressemblance avec un paysan de Millet qui regagne à pas lents sa demeure. Mais en fait la seule raison d'être de ce personnage est trop visiblement de contribuer à l'équilibre de la composition : Vincent recourt à un procédé plus qu'il ne veut représenter un être humain.

Il a peut-être oublié sa volonté d'engagement social, mais en tout cas cette nouvelle technique l'obligeait à faire preuve de patience, à observer attentivement et à disposer sa couleur lentement, en conformité avec la méthode laborieuse des divisionnistes. Mais où se trouvait le véritable Van Gogh dans tout cela ?

Parfois, cependant, rarement il est vrai, il ne pouvait résister à la tentation de faire fi de toute circonspection et de laisser le cœur prendre le pas sur la raison. Il existe un tableau où l'on voit un jardin potager sur le versant de la Butte où il a remplacé les points par des traits de couleur acérés qui semblent aspirés dans un invisible tourbillon près du centre de la toile. Tout le calme de Seurat est balayé et on retrouve la passion de Vincent qui impose son impétueuse intensité au paysage qui s'étend devant lui.

Ce tourbillonnement vertigineux était incontestablement très proche de sa propre nature car, à mesure que les années passaient, il s'adonnait de plus en plus à la boisson, et la cohabitation dans l'appartement de la rue Lepic devenait plus pénible que jamais. Théo écrivit à leur jeune sœur Willemina :

« La vie que je mène est à la limite du supportable. Plus personne ne veut venir me voir car les visites se terminent toujours par des disputes. En outre, il est si désordonné que le salon n'a plus aucun attrait. Je ne souhaite qu'une chose : qu'il s'en aille pour vivre seul. Il en parle parfois mais si je m'avisais de lui dire de s'en aller, cela ne ferait que lui donner une raison de rester ; et j'ai l'impression de ne lui servir à rien. Je n'attends rien de lui, simplement qu'il ne me fasse pas de mal ; et pourtant c'est exactement ce qu'il fait en restant avec moi, car je peux à peine le supporter. Tout se passe comme s'il y avait en lui deux personnes : l'une merveilleusement douée, tendre et raffinée, et l'autre égoïste et sans cœur. Il peut être tour à tour l'une et l'autre. On l'entend d'abord parler d'une certaine manière, puis c'est l'autre qui prend le pas, et ce sont des discussions qui n'en finissent pas. Quel dommage qu'il soit son propre ennemi car il rend la vie difficile non seulement pour les autres mais aussi pour lui-même. »

Pourtant Théo savait qu'il ne pourrait jamais abandonner Vincent : c'eût été le condamner à renoncer à l'art, ce qui était hors de question. Si on laissait de côté les querelles dues à l'ivresse, Vincent avait permis à son frère d'élargir ses contacts artistiques, au cours des dix-huit mois qu'il avait passés à Paris. En outre, certains signes permettaient d'espérer qu'il allait élaborer un style personnel bien distinct en dépit de la force des idées nouvelles qui menaçaient de le submerger.

Et puis Vincent avait encore autre chose à apporter : son enthousiasme pour l'art du Japon. Cet engouement peut paraître surprenant car les estampes étaient déjà bien connues, et les impressionnistes avaient déjà adopté, pour leur peinture des grands boulevards, les façons étranges qu'avaient les Japonais de cadrer leurs scènes de rue. Les couleurs hardies de ces estampes les avaient également encouragés dans leurs expériences et l'amour des Japonais pour l'eau et les ponts était entré dans leur vocabulaire.

Certains, comme Monet, collectionnaient les japonaiseries. Il peignit sa femme Camille vêtue d'un kimono et tenant à la main un éventail décoré. L'habitude se répandit, dans les milieux artistiques les plus variés, de collectionner les estampes les moins chères. L'Australien John Peter Russell avait commencé sa collection à l'âge de dix-neuf ans quand il s'était rendu au Japon, et Vincent savait bien que Henri Rivière s'y intéressait aussi depuis que Théo l'emmenait au cabaret du Chat noir.

On a de la peine à imaginer maintenant qu'une telle quantité de gens se soient passionnés à ce point, au siècle dernier, pour ce « monde flottant » d'acteurs et de courtisanes, de théâtres et de lieux de divertissement, pour ces inexplicables « incidents » sur la route de Tokaido, un monde à la fois si accessible et si insondable et dont ils savaient si peu de chose.

Le rôle joué par Vincent au sein de cet enthousiasme général pour le Japon eut pour effet de revivifier l'intérêt ambiant : il fut un peu un mentor pour certains qui n'avaient pas encore imaginé que l'art japonais pouvait leur apporter un message particulier.

Vincent se rendait fréquemment dans le magasin de Samuel Bing, rue de Provence, non loin de la boutique de Delarebeyrette. Bing était un collectionneur de japonaiseries tout autant qu'un marchand, et il s'était donné pour mission de convertir les gens à tout ce qui venait de l'Orient. La salle du rez-de-chaussée était presque un musée, avec des objets japonais disposés avec goût dans des vitrines. Fabricants et artistes venaient étudier les céramiques et les tissus et Edmond de Goncourt n'allait pas tarder à imputer le déclin de l'art français à l'essor d'une industrie qui, sous l'influence du Japon, avait créé les objets « art nouveau », lesquels jouissaient d'une immense popularité mais que, comme son frère Jules, il méprisait.

Chez Bing, les estampes s'empilaient à tous les étages, jusque sous les combles, et Vincent, avec la bénédiction du propriétaire, avait toute liberté de se livrer à ses recherches. Un jour, il y amena même Bernard et Anquetin. Les deux hommes furent aussitôt gagnés par l'enthousiasme de Vincent et se convertirent à l'art oriental. Bernard trouvait même ces curieuses scènes plus étranges et plus inextricables encore que la culture ancienne dont il avait pu avoir quelques aperçus en Bretagne.

En fait, comme la plupart des autres gens, il trouvait dans ces estampes exactement ce qu'il voulait y voir. Naturellement, la connaissance de l'art japonais s'était considérablement améliorée depuis que Bracquemont avait découvert Hokusai. La croyance originelle selon laquelle toutes les estampes étaient issues de grands artistes et qu'il fallait les contempler en se pénétrant de l'atmosphère raffinée qui régnait pendant la cérémonie du thé, avait laissé la place à l'idée que la plupart d'entre elles appartenaient à un art populaire bon marché destiné à la consommation de masse. Ne s'en était-on pas servi comme papier d'emballage !

Vincent, lui, était convaincu qu'elles avaient été produites par une sorte de guilde d'artistes qui s'étaient donné pour mission de créer un art accessible à tous. Il avait entendu dire que les poètes japonais échangeaient leurs vers, se mettant à plusieurs pour créer leurs œuvres. Il transféra cette idée à la peinture et ne cessa de tenter de persuader les artistes qu'il rencontrait d'échanger leurs toiles avec lui, parfois avec succès. Évidemment, il voulait aider Théo à enrichir sa collection, mais ce qui le motivait surtout était son désir de fonder une sorte de communauté d'artistes.

Avec cette idée en tête, il persuada Agostina de lui laisser monter, au Tambourin, une exposition d'estampes japonaises qui débuta en mars 1887 et attira tous les peintres qu'il avait rencontrés jusqu'alors. Son portrait de la Segatori fut probablement exécuté à cette époque car, sur le mur qui se dresse derrière elle, on voit une estampe représentant une femme en kimono, et sur le tabouret à côté du modèle se trouve un parasol aux vives couleurs, qui venait sans doute de chez Bing.

Cette exposition eut de nombreuses répercussions, surtout sur Bernard. Il avait vu la collection des deux frères, dans l'appartement de la rue Lepic, et quand il revint de Pont-Aven au printemps, il était déjà très marqué par l'art japonais.

Quant à Gauguin, il s'était lancé à la recherche d'un exotisme véritable. Las de Paris et de la pauvreté, il était parti pour Panama avec son ami Charles Laval, espérant que son beau-frère l'aiderait à trouver quelque paradis tropical. Pour lui, Paris c'était fini. Il n'avait aucunement l'intention d'y revenir.

En ce qui concerne Vincent, les estampes japonaises allaient influencer de différentes manières sur son registre artistique. Ce qui le frappa le plus, c'était leur façon de défier les principes orthodoxes de la perspective. Les ponts de Hiroshige franchissent les rivières en formant des angles impossibles, mais l'effet produit est doublement spectaculaire. Vincent s'essaya au même procédé en peignant les ponts de chemin de fer d'Asnières, et ne fut pas mécontent du résultat.

A Anvers, il avait hésité à utiliser les couleurs audacieuses des Japonais, mais ses réticences disparurent à Paris et il ne tarda pas à éclaircir sa palette. Dès le printemps 1887, son œuvre étincelle de petites touches de couleurs vives, à mi-chemin entre l'impressionnisme et le pointillisme. Pour une fois, il paraissait insouciant et gai, comme s'il avait réussi à sortir de lui-même en laissant derrière lui les soucis qui l'avaient obsédé.

Étant donné la disposition d'esprit dans laquelle il se trouvait, on peut se demander ce qu'il éprouva en voyant l'exposition des œuvres de Millet aux Beaux-Arts, en mai 1887. Il dut avoir un peu mauvaise conscience en contemplant ces humbles paysans — les originaux des gravures qu'il avait admirées —, maintenant qu'il ne cherchait plus à s'inspirer de l'intérêt manifesté par Millet pour la condition humaine. Certes, il y avait beaucoup de campagnards dans les estampes japonaises — des êtres qui couraient sur leurs jambes torses, le buste penché en avant, abrités d'une pluie de flèches par leurs larges chapeaux de paille —, mais ils étaient d'un comique presque embarrassant quand on les comparait aux nobles personnages du père Millet.

Mais si les œuvres de Vincent témoignaient d'une plus grande légèreté de touche, il n'en allait pas de même dans son comportement personnel. L'atmosphère qui régnait dans l'appartement était de plus en plus tendue, et Théo fut ravi de pouvoir se rendre de temps à autre à Giverny pour voir Monet, qui avait commencé à lui confier ses tableaux. Monet s'était installé depuis peu dans sa retraite campagnarde et il venait juste d'entreprendre la réalisation du merveilleux jardin qui allait être immortalisé dans ses dernières œuvres. Là aussi, l'influence du Japon se faisait sentir dans la conception des bassins fleuris de nénuphars avec le petit pont en dos d'âne qui rappelait le style japonais. Bien qu'il fût encore à l'état embryonnaire, ce havre de paix permit à Théo de goûter quelques instants de calme avant de retourner affronter les inévitables querelles

Le début de l'été fut particulièrement difficile. Signac partit dans le Midi, et Vincent fut contraint de travailler seul. Il continua d'aller à Clichy, ses couleurs s'éclaircirent encore, mais comme tant de fois auparavant, il y avait quelque chose qui commençait à le ronger. Ses disputes avec Agostina empiraient — un moment, il convint d'un arrangement identique avec le restaurant du Chalet, à deux pas de là, qui lui permettait de prendre ses repas en échange de ses toiles, ce qui semblerait indiquer que la Segatori avait déjà cessé de le nourrir gratuitement. En juillet, se produisit la rupture «officielle», mais il y eut d'âpres discussions à propos des tableaux qu'il avait laissés au Tambourin.

Il était au plus bas ; la plupart de ses amis avaient déserté la capitale, il avait perdu son statut d'hôte privilégié au Tambourin et l'absinthe ne faisait qu'exacerber sa mélancolie.

C'est alors que se produisit ce qu'il pouvait redouter le plus. Théo partit en Hollande pour y passer l'été, et cette fois Vincent apprit qu'il s'était fiancé à Johanna, la sœur d'Andries. La lettre que Vincent écrivit alors à Théo est un mélange affligeant de vœux de bonheur complètement dénués de sincérité et d'une description plaintive des malheurs qui l'accablent. Il révèle même qu'Agostina est malade et qu'il la soupçonne de s'être fait avorter, mais sans l'en blâmer pour autant. On sent percer le sarcasme quand il dit à Théo qu'une fois marié il pourra se payer une maison de campagne, comme beaucoup d'autres marchands de tableaux — il pense naturellement à l'oncle Cent. Et il termine avec cette vague menace : *Il vaut mieux se faire du bon sang que se suicider.*

Quelle importance Théo attache-t-il à cette remarque ? Nous n'avons aucun moyen de le savoir, mais elle ne dut pas lui faciliter ses rapports avec sa fiancée. Un peu plus loin, il y a une parenthèse qui en dit long sur l'état d'esprit de Vincent : *... Et puis je me retire dans le Midi pour ne pas voir tant de peintres qui me dégoûtent comme hommes.*

Alors que la plupart des artistes se plaisaient à dénigrer les idées des uns et des autres — Gauguin était particulièrement friand de ce genre de médisances —, Vincent détestait les ragots qu'il entendait dans les cafés. La communauté artistique, loin de se présenter comme une guilde médiévale, se caractérisait par son aigreur et ses sarcasmes ; ce n'était qu'une juxtaposition d'individus imbus d'eux-mêmes, tous jaloux — comme Seurat — de leurs découvertes et furieux si quelqu'un d'autre en tirait quelque crédit à leur place.

On peut à ce propos rapporter un différend assez révélateur des dissensions croissantes qui se faisaient jour au sein des post-impressionnistes. Signac étant sur le point de s'absenter un certain temps, il proposa à Gauguin, qui était temporairement sans logement, de s'installer dans son atelier. Mais il avait oublié d'avertir Seurat de cet arrangement et celui-ci, toujours aussi tatillon, refusa de confier les clés au nouvel arrivant. Gauguin, qui n'était pas d'une patience exemplaire, s'estima gravement offensé et ne se gêna pas pour le montrer en sortant avec ostentation du café où Signac, alors de retour, venait d'entrer.

Cette scène était stupide, mais dans la mesure où l'école de Seurat et de Signac n'allait par tarder à s'opposer à celle de Bernard et de Gauguin, il y a dans cet incident une préfiguration de l'avenir.

Pour quelqu'un d'aussi généreux que Vincent, le spectacle des manigances des peintres et, pire encore, la façon dont ils se chamaillaient pour défendre leurs prérogatives, le déprimaient profondément, lui qui ne voyait presque jamais rien à critiquer dans les œuvres des autres.

L'atmosphère de Montmartre commençait à le détruire et pour couronner le tout, voilà que se profilait la menace d'un abandon possible de la part de Théo. L'une des raisons pour lesquelles il se querellait avec Agostina était sa conviction que ses tableaux appartenaient partiellement à Théo et qu'il n'avait pas le droit de les laisser chez elle. Il décida de retourner au restaurant pour régler le problème mais se heurta à l'indifférence grossière du personnel. Il se disputa ensuite avec la femme de Tanguy parce qu'elle refusait dorénavant de lui faire crédit.

Heureusement pour Théo, Émile Bernard était rentré de Pont-Aven : il acceptait de prendre le relais de Signac et d'aller peindre avec Vincent. Les parents de Bernard venaient d'acheter une maison à Asnières et quand sa grand-mère arriva de Lille pour demeurer avec eux, elle accepta de financer la construction d'un atelier en planches dans le jardin pour que son petit-fils puisse y travailler. Il invita Vincent à venir l'y rejoindre et cet atelier fut leur point de départ pour les sites où Signac et Vincent étaient allés peindre autrefois. On les voit tous les deux sur une photographie — malheureusement, car c'est la dernière que l'on ait de lui, Vincent tourne le dos à l'objectif —, attablés à une terrasse sur les bords de la Seine. Le pont de chemin de fer qui revient constamment dans leurs œuvres se profile au loin.

Il est intéressant de comparer la technique divisionniste à laquelle Signac recourait pour représenter ce décor avec le Bernard nouvelle manière. Pendant son séjour en Bretagne, il avait abandonné le pointillisme pour utiliser des aplats de couleur avec des contours en clair-obscur. Les estampes japonaises allaient désormais exercer sur lui une profonde influence.

La façon dont Bernard peignait le pont de chemin de fer est si radicalement différente de celle de Signac qu'on éprouve quelques difficultés à se souvenir que les deux artistes s'étaient postés presque exactement au même endroit. Pourtant, sur un point d'une importance capitale, les deux hommes opéraient selon une démarche similaire. Tout comme Signac, Bernard n'essayait pas de fixer un moment de la réalité, il s'efforçait plutôt de se servir de la couleur pour provoquer une réaction émotionnelle de la part du spectateur.

Au cours de l'automne, Louis Anquetin se joignit à eux dans leurs excursions et Bernard et lui accentuèrent encore cette approche vers l'abstrait. Comment Vincent aurait-il pu résister à des personnalités si marquées et si convaincantes? Lui aussi s'éloigna de la technique pointilliste inspirée par Signac pour utiliser les couleurs «plus plates» que ses deux compagnons affectionnaient. Bernard et lui firent tous deux des portraits du père Tanguy, et l'œuvre de Vincent montre à quel point il utilisait simultanément les deux techniques. Dans les deux portraits que Vincent peignit de lui cet automne-là, Tanguy pose devant un fond d'estampes japonaises — qui constituent en elles-mêmes un fascinant échantillon de la collection de Vincent. Alors que le vieil homme paraît solide et bien charpenté, avec ses airs de Bouddha, la peinture est appliquée en traits rapides sur des taches de couleur consistantes, produisant un effet de mouvement, voire d'agitation. Avec les couleurs franches des estampes japonaises qui servent de toile de fond, il s'agit moins là d'un portrait de Tanguy que d'une célébration des sensations électriques qu'une couleur débridée peut libérer.

Les deux portraits de Tanguy créent une tension entre le calme du sujet et l'émotion de la méthode. Ce sont les premières œuvres qui révèlent le Vincent connu de la grande majorité des gens : le coloriste effréné dont la richesse des tons confine à la violence.

Travailler aux côtés de Bernard et d'Anquetin lui permettait de mieux supporter la solitude qui l'accablait, et il commença à évoquer la possibilité d'organiser une exposition commune : ils seraient les peintres des «Petits Boulevards», ces artistes méconnus qui vivaient et travaillaient dans les parages du boulevard de Clichy, par opposition aux «Grands Boulevards», comme le boulevard Montmartre et les autres qui le prolongeaient, où se tenaient les galeries d'art, celle de Goupil par exemple.

Au mois d'octobre, Alphonse Portier présenta Armand Guillaumin aux deux frères. Guillaumin était un des premiers impressionnistes, ce qui évidemment le rendait fascinant aux yeux de Vincent, qui n'avait jamais eu l'occasion de rencontrer les pionniers de ce mouvement, exception faite de Pissarro, et encore l'entrevue remontait-elle à bien longtemps...
Guillaumin avait déjà pu voir quelques toiles de Vincent et elles lui avaient plu. Au cours de sa première visite à l'appartement, il en découvrit une nouvelle : une nature morte représentant des livres éparpillés : *Les romans parisiens*. Vincent y manifestait sa passion pour la littérature française en une joyeuse explosion de couleurs, jouant sur les jaunes vifs des couvertures de livres et renforçant cette impression de gaieté par un recours exclusif aux tons chauds : jaune, orange, rouge, tandis que de petites touches de vert viennent en renforcer l'effet.

Guillaumin ne pouvait pas trouver de meilleure occasion pour voir à quel point Vincent tournait le dos au réalisme littéral : il n'y a pas un seul titre que l'on puisse lire, toutes les sensations sont créées par la couleur et par elle seule.

De son côté, Vincent éprouvait pour Guillaumin une attirance semblable à celle que lui avait inspirée Pissarro, car ces deux pionniers de l'impressionnisme étaient pratiquement les seuls à rester ouverts aux nouveaux courants.

Quand Pissarro fut parti s'installer à la campagne, c'est à l'atelier de Guillaumin — quai d'Anjou — que la jeune génération se retrouva pour travailler. Vincent rejoignit le groupe. Guillaumin devait une grande partie de son charme à son absence totale de prétention : sans aucune fortune personnelle, il devait travailler au service des Ponts et Chaussées, ce qui avait amené Degas, toujours aussi snob, à le surnommer «le terrassier républicain».

N'empêche que cet emploi de terrassier lui avait permis de se maintenir dans une excellente forme physique et de paraître beaucoup plus jeune que les quarante-cinq ans qu'il avait réellement.

Il venait justement d'épouser, l'année précédente, une jeune femme de vingt-sept ans, brillant professeur au lycée Fénelon, qui était considéré comme la meilleure école de jeunes filles de la capitale. Cette union montre clairement que malgré la rudesse de son aspect physique, il était tout de même capable d'un certain raffinement. Il était en fait aussi attiré par les livres que Vincent, bien que, contrairement à certains jeunes peintres, il n'eût aucun goût pour la théorie ; ses œuvres lui étaient inspirées par les réalités de sa vie professionnelle beaucoup plus que par un concept intellectuel particulier.

Il avait été récemment promu inspecteur, et comme il devait effectuer son service de nuit, il était contraint de peindre tard le soir ou en début de matinée, ce qui l'avait amené à renoncer aux couleurs claires du milieu de journée, affectionnées par les impressionnistes, pour recourir à un registre plus sombre et plus vigoureux qui séduisit immédiatement Vincent. Ce dernier appréciait également de trouver quelqu'un qui travaillait dans son coin, au calme, après tout le bruit et les bavardages des piliers de cabaret.

Pour Vincent, Guillaumin était *plus sûr de ses idées que les autres*, il représentait une force stabilisatrice bien utile en cette période où fourmillaient les influences contradictoires. Son nouvel ami l'aida à mieux résister au classicisme de Seurat et à accepter ses propres réactions émotionnelles au monde qui l'entourait. Les deux hommes avaient l'un et l'autre une personnalité extrêmement violente ; Guillaumin avait dû jurer à sa jeune femme qu'il se contrôlerait toujours en sa présence et cela pouvait lui imposer un effort si pénible qu'il se voyait alors contraint de ne plus ouvrir la bouche, parfois pendant une semaine d'affilée.

Pourtant, avec Vincent, les rôles étaient inversés. Un jour, dès son arrivée à l'atelier, Vincent se mit à protester violemment à propos d'un dessin de Guillaumin qui représentait un manutentionnaire déchargeant une péniche. Trouvant le mouvement incorrect, Vincent se mit torse nu et commença à manier une pelle imaginaire pour montrer comment il aurait fallu dessiner le personnage. Naturellement, Guillaumin en vint à redouter de telles visites bien que Vincent en tirât un plaisir extrême, car il appréciait au plus haut point de se retrouver dans cette oasis de calme après avoir subi les chamailleries des autres :

... si tous étaient comme lui, on produirait davantage de bonnes choses et on aurait moins de temps et d'envie de se manger le nez.

En dépit de l'irritation croissante qu'il éprouvait en leur compagnie, Vincent continuait d'insister pour organiser cette exposition des artistes des « Petits Boulevards ». Le lieu idéal pour cette manifestation lui paraissait être le restaurant du Chalet, pompeusement nommé Grand Bouillon, au 43 de l'avenue de Clichy, qui s'enorgueillissait de posséder une salle intérieure aussi vaste que n'importe quelle galerie et qui était même éclairée au-dessus par une lucarne.

Pourquoi le patron de l'établissement accepta-t-il d'accueillir ces toiles ? Le mystère n'a jamais été élucidé... ses clients ne manifestant qu'un enthousiasme modéré en constatant la présence de ces explosions de couleurs éclatantes mais inexplicables sur les murs du lieu où ils venaient pour se restaurer.

Bernard, Anquetin et un jeune peintre hollandais nommé Hans Koning participèrent à l'événement, et l'exposition ouvrit en novembre. Financièrement, ce fut un fiasco, mais elle eut tout de même pour résultat de faire venir les autres artistes et de montrer au quartier ce que réalisaient certains de ses habitants. Seurat vint, mais Vincent n'y était pas ce jour-là. Naturellement, Pissarro et Guillaumin ne manquèrent pas de se manifester. Pourtant, c'est un autre visiteur qui devait marquer le plus l'avenir de Vincent.

Bien qu'il se fût juré de ne jamais remettre les pieds à Paris, Paul Gauguin était de retour une fois de plus et, quoiqu'il souffrît d'une dysenterie qui n'en finissait pas de le tenailler, il était décidé à se mettre au courant de tout ce qui s'était passé à Paris pendant son absence.

Il n'est guère difficile d'imaginer pourquoi l'arrivée de Gauguin au restaurant du Chalet exerça sur Vincent une influence aussi durable. Vigoureux et plein d'assurance, en apparence du moins, Gauguin, qui était plus âgé que Vincent, dut lui faire l'effet d'une oasis de bon sens et de maturité au milieu de tous les tiraillements qui déchiraient les jeunes artistes. Certes, il n'y avait là qu'une image soigneusement entretenue et parfaitement superficielle, image qui allait provoquer finalement la ruine de l'équilibre mental de Vincent mais, sur le coup, il fut saisi de respect et d'admiration.

Bien qu'il y eût entre eux une différence d'âge assez sensible,

— Vincent avait trente-quatre ans et Gauguin trente-neuf — et que leur stature ne fût pas identique — Gauguin normalement très robuste et Vincent voûté et émacié —, ils avaient maintenant une allure assez comparable. Gauguin avait subi de telles épreuves au cours de ses voyages qu'il avait perdu une partie de sa belle prestance et de son physique avantageux.

A son arrivée au Panama avec Laval, il avait trouvé un beau-frère fort peu disposé à lui venir en aide. Gauguin s'était donc fait embaucher dans la société qui creusait le canal — encore un grand projet de Gustave Eiffel —, mais il fut renvoyé au bout de deux semaines. Quant à Laval, terrassé par la fièvre jaune, il avait tenté de se suicider. Il fallut à Gauguin toute la puissance de sa volonté et les remèdes homéopathiques que lui avait appris Pissarro pour leur permettre de se tirer de ce mauvais pas. Ils réussirent à gagner l'île de la Martinique où ils trouvèrent une hutte, en amont d'un village ; c'était le paradis tropical dont ils avaient rêvé.

Pendant plusieurs semaines, ils firent des tableaux merveilleux. Ce que Bernard avait tenté de faire à Pont-Aven, Gauguin, entouré comme il l'était de couleurs vibrantes et de formes sensuelles, s'y lança à corps perdu. Les femmes de l'île, avec leurs vêtements éclatants, étaient des geishas en chair et en os ; la montagne Pelée tenait lieu de Fuji-Yama ; et de même qu'avec Bernard en Bretagne, les brefs et incisifs traits de pinceau des impressionnistes furent abandonnés pour laisser place à des taches de couleur plus simples, plus fortes, plus plates.

Les paysages dans les collines, les femmes cueillant des mangues, les cocotiers le long de la mer, tout cela était empreint d'un sentiment d'indolence et de farniente au grand soleil des tropiques.

Et puis la maladie frappa de nouveau ; cette fois c'est Gauguin qui fut atteint : anémie, malaria, dysenterie, hépatite, il était à bout de résistance. Désespéré, il apprit que sa femme, qu'il avait abandonnée au Danemark avec ses cinq enfants, n'avait aucune envie de venir partager cette existence avec lui. Le médecin local lui conseilla de rentrer, dans son propre intérêt. Finalement, il fut donc obligé de quitter Laval pour trouver un bateau à bord duquel il pourrait travailler afin de payer son passage.

Quand il vit disparaître derrière le sillage de son navire son paradis tropical, il eut soudain la certitude que les toiles qu'il rapportait en France n'appartenaient qu'à lui : il n'était plus un simple disciple de Pissarro. Il n'avait jamais manqué de confiance en soi, même dans les moments où cette confiance était le moins justifiée, mais maintenant, il était absolument convaincu d'avoir trouvé la seule voie qui fût valable.

Dès qu'il vit ces toiles, Vincent se rendit compte qu'elles étaient extraordinaires, et les opinions bien tranchées et abondamment développées de Gauguin l'envoûtèrent immédiatement. Il n'y avait personne pour contrer une telle puissance : Guillaumin avait quitté Paris pour passer les vacances d'hiver avec sa femme sur la Côte d'Azur. Quant à Bernard, il n'était guère facile de le voir car Vincent s'était querellé avec le père qui estimait que son fils était sans doute en train de gâcher sa vie en voulant devenir peintre. Comme l'art était pour Vincent une vocation sacrée, le vieil homme avait eu droit à une algarade en règle, mais le studio en planches d'Asnières était désormais fermé à Vincent et les deux jeunes gens ne pouvaient se voir que de temps en temps dans l'appartement de la rue Lepic.

En entendant les récits de voyage de Gauguin, Vincent, toujours aussi influençable, se disait de plus en plus qu'il n'avait jamais vraiment vécu. Il éprouvait un sentiment de frustration, comme si sa vie avait été sacrifiée aux différentes obsessions qui l'avaient hanté. Et Gauguin était là, avec ses tableaux aux couleurs stupéfiantes, qui lui racontait des histoires de nymphettes aux seins nus s'offrant à la convoitise des étrangers.

Mais il n'avait pas besoin de tout cela : l'absinthe et les effets sournois de la syphilis minaient profondément sa santé physique et mentale. Ce fut un hiver bien difficile, et son comportement se fit de plus en plus imprévisible. Les modèles refusaient de poser pour lui, et si les gens l'irritaient pendant qu'il peignait à l'extérieur, il se produisait des scènes tout à fait regrettables.

Il paraissait de plus en plus évident qu'une telle attitude était bien davantage le symptôme d'une maladie que la manifestation d'un tempérament excentrique. Théo l'envoya à son médecin, le Dr Louis Rivet, qui avait son cabinet au faubourg Montmartre, non loin de la galerie ; mais Andries insista pour que le malade aille aussi voir l'homme qui l'avait sauvé, le Dr David Gruby, qui habitait rue Lepic.

Gruby s'était construit un observatoire au dernier étage de son immeuble, au numéro 100, d'où il pouvait étudier les étoiles. C'était également un naturaliste qui avait des idées originales sur les parasites. Son cabinet était à ce point encombré des souvenirs de ses excursions à la campagne que la chambre de Vincent paraissait bien rangée par comparaison. Plus excentrique que jamais, Gruby allait voir ses malades en plein cœur de la nuit, si cela l'arrangeait, et il ne se gênait pas pour dire à certains d'entre eux qu'ils l'ennuyaient profondément.

Quant aux traitements qu'il prescrivait, ils étaient pour le moins bizarres : il recommanda à une patiente de se jucher sur son piano, vêtue d'une robe blanche ; une autre s'entendit signifier qu'il fallait que sa bonne s'assoie sur elle. A bien des égards, c'était donc bien le praticien idéal pour Vincent, et son conseil mémorable (« pas de femmes ») provenait indiscutablement d'un diagnostic irréprochable car il avait conclu que la plupart des problèmes de Vincent étaient dus à l'alcool et aux prostituées. Si le jeune homme se reposait et prenait bien soin de lui-même, son état de santé s'améliorerait sensiblement. Pendant un moment du moins, Vincent obéit aux recommandations de Gruby et resta tranquillement au logis.

Quand ses forces commencèrent à revenir, il entreprit de réaliser ses propres versions des estampes japonaises : une courtisane en kimono encadrée par une large bande blanche annonce un revirement complet, avec une masse confuse d'épais coups de pinceau remplaçant les aplats de couleur pure. Il apparaît clairement que Vincent essayait de se ragaillardir quelque peu : les grues et les grenouilles de la bordure désignent des prostituées en argot parisien, et constituent un clin d'œil à la profession supposée de la jeune femme.

Comme sa convalescence traînait en longueur, il se remit à faire des autoportraits. Il en avait effectué souvent durant les deux années de son séjour à Paris, comme s'il avait besoin de s'examiner de temps à autre. Il n'y a pas dans cette série une progression régulière, depuis le citadin austère, vêtu de son costume noir des débuts, qui, après un déclin impitoyable, aboutit au portrait final d'une épave hébétée au visage décharné. En fait, les portraits oscillent sans cesse entre ces deux extrêmes, montrant à quel point la vie dans la grande ville avait pu le détruire. Dans la première moitié de l'année 1886, il fixe sur le spectateur le regard d'un enfant égaré qui supplie qu'on lui vienne en aide. Pendant l'été 1887, coiffé de son chapeau de paille jaune clair, il semble avoir trouvé la paix ; pourtant, quelques semaines plus tard, il a l'air d'un déséquilibré, avec ses cheveux hirsutes, comme si une décharge électrique venait de le traverser.

Au début de l'année 1888, il fut suffisamment rétabli pour reprendre la vie de café, accompagné par Théo. Ils rencontraient Camille et Lucien Pissarro, Bernard et Gauguin. Certes, leurs conversations n'avaient rien de bien stimulant car il est rare que les peintres, comme les poètes, parlent de leur art. Le plus souvent leurs conversations se font l'écho du manque d'argent qui les obsède, et les séances dans les cafés du « Petit Boulevard » ne firent pas exception à la règle. On se répandait en critiques contre les iniquités du système des galeries en déplorant que les artistes gagnent si peu d'argent, mais la seule solution proposée par Vincent était que Théo devait les subventionner tous. Le seul résultat de cette suggestion hautement fantaisiste fut que Gauguin commença à espérer que les Van Gogh allaient pouvoir soulager la misère dans laquelle il avait sombré.

Aussitôt rentré en France, il s'était de nouveau bercé de l'illusion qu'il pourrait vendre des poteries, mais il se rendit compte que le fabricant avec lequel il avait travaillé s'était retiré des affaires. Gauguin était encore malade, il ne pouvait pratiquement pas peindre. Il envisagea de retourner en Bretagne.

Se conformant à un désir de Vincent, Théo avait déjà inclus les œuvres de Gauguin dans une des expositions qu'il avait faites dans sa galerie du premier étage. Il acheta lui-même un des tableaux peints à la Martinique pour sa collection personnelle.

Vincent était très peiné de voir la façon dont Gauguin et Bernard se querellaient dès que la discussion glissait des problèmes financiers vers les questions artistiques. Ils avaient des techniques trop proches pour pouvoir se détendre quand ils se retrouvaient ensemble. Après être resté si longtemps dans l'ombre de Pissarro, Gauguin ne pouvait plus tolérer d'être relégué au second plan. Bien que Bernard eût incontestablement effectué lui-même les découvertes qui l'avaient amené à adopter cette technique picturale, Gauguin voulait à tout prix qu'on le considère comme le principal innovateur de ce qu'il appelait le « synthétisme ».

Et les discussions s'éternisaient, en présence de Vincent que ces querelles exaspéraient. Soudain, au début février 1888, quand Gauguin partit pour Pont-Aven, Vincent trouva son absence plus difficile à supporter que les disputes. Pourquoi restait-il donc à Paris, alors qu'il se sentait si malade ? Il peignit un dernier autoportrait, stoïque, impassible, comme si, tout son enthousiasme envolé, il ne pouvait plus qu'attendre passivement ce que le sort allait décider pour lui.

Il y avait eu trop de choses à assimiler, avec ces allées et venues incessantes de gens qui luttaient pour s'affirmer, tentaient de lui imposer leurs idées, leurs enthousiasmes, et s'efforçaient de convaincre le monde de la justesse de leurs théories. L'un de ses derniers tableaux parisiens est un portrait qui résume assez bien ces deux années dans la capitale. Le costume italien suggère que le modèle est à certains égards une réminiscence d'Agostina, bien que son visage, semblable à un masque, présente les échos des nus secrets. Le fond n'est rien d'autre qu'une surface colorée, et sa chaise, deux barres de couleur rayées. La femme et son costume sont constitués de motifs bien définis, conformes aux copies d'estampes japonaises qu'il a faites cet hiver-là. Les couleurs luisent d'un feu intérieur. La femme a un visage dur, et deux fleurs pendent à sa main comme si elles avaient été flétries par la chaleur des pigments. Le résultat est un mélange d'intensité et de détachement.

Vincent avait besoin de partir, besoin de faire de la place pour absorber la pléthore d'idées qui l'avait presque submergé. Toulouse-Lautrec lui avait décrit la Provence de son enfance en des termes qui faisaient penser à un véritable paradis terrestre. Pourquoi ne pas partir dans le Midi, loin d'un autre hiver à Paris ?

Ravi, et on le comprend, Théo ne pouvait que l'encourager dans cette intention. La première idée de Vincent fut d'aller à Marseille, la ville de Monticelli, car il était persuadé que les couleurs qu'il avait tant admirées chez l'artiste lui avaient été inspirées là-bas. Mais son ami australien, John Peter Russell, lui parla d'Arles et de la campagne environnante où un de ses amis, un Américain nommé Dodge MacKnight, était parti peindre. Vincent se dit qu'il pourrait y rester un certain temps avant de pousser jusqu'à Marseille. Après tout, Monticelli avait peint ses marines tout près d'Arles, aux Saintes-Maries-de-la-Mer.

Il alla faire ses adieux à Bernard, qui fut bouleversé de voir combien Vincent avait vieilli depuis la dernière fois qu'ils s'étaient rencontrés. Il partait juste au bon moment. En un sens, la cité avait pris sa revanche ; il avait cru qu'il pourrait y vivre en lui tournant le dos et pourtant les pressions et les tiraillements s'étaient avérés trop forts pour lui.

Une fois de plus, comme déjà à Bruxelles, à Nuenen, à La Haye, dans la Drenthe et à Anvers, le désir de partir avait à peine fait son apparition en lui que Vincent s'en allait aussitôt, laissant tout derrière lui et fermant son âme au passé. Quelle merveille ce serait de se retrouver dans le Sud, au soleil de la Provence, au milieu de ces chaudes couleurs ! Mieux encore, la vie serait bon marché, et d'autres artistes viendraient sûrement le rejoindre une fois qu'il aurait installé son atelier. Peut-être même pourrait-il persuader Gauguin de venir ? Comme toujours, il entreprit ce voyage le cœur plein d'espoir.

A sa descente du train, à Arles, Vincent découvrit la ville sous un manteau de neige. Lautrec avait donc menti en prétendant que le soleil y brillait en permanence ! Tant pis, c'était le Borinage, une fois de plus ; seulement, cette fois, ce n'était pas un décor de Bruegel mais le paysage d'hiver d'une estampe japonaise. Aussitôt qu'il se fut trouvé une chambre dans une auberge, Vincent s'empressa d'écrire un mot rapide à Théo pour lui raconter ce qu'il avait vu.

Mais Théo n'avait pas besoin qu'on lui rappelle l'existence de son frère. Le soir précédant son départ, Vincent avait persuadé Bernard de venir l'aider à recouvrir les murs de l'appartement avec ses toiles pour que Théo puisse encore sentir sa présence une fois qu'il serait parti. Entouré de ces autoportraits, ces visages au regard fou, Théo n'a pu que s'étonner de la douleur qu'ils exprimaient.

S'il avait espéré éprouver quelque soulagement après le départ de son frère, Théo s'aperçut qu'il n'en était rien. Il ne ressentait qu'une impression de vide et de déchirement.

CHAPITRE IX

La Maison Jaune
(1888)

La gare se trouvait à une courte distance de la ville. Vincent tourna tout de suite à droite et s'engagea dans une petite rue qui débouchait sur une large place, la place Lamartine, qui s'étendait au pied des murailles médiévales. A sa droite, il apercevait le Rhône; à gauche, la grand-rue décrivait un arc de cercle en longeant les fortifications et se dirigeait vers Marseille : devant lui se dressaient les deux tours courtaudes de la porte de la Cavalerie, qui constituait l'entrée principale de la ville. Il franchit le porche et remonta la rue de la Cavalerie. Sur sa droite, il y avait une charcuterie et, juste en face, un petit café, le restaurant Carrel, qui avait des chambres à louer aux étages supérieurs. C'est là que Vincent élut domicile pour ses débuts en Arles.

L'image que nous nous faisons de cette ville a été fortement conditionnée par la façon dont Vincent l'a recréée sur ses toiles, et comme il excluait impitoyablement tout ce qui lui déplaisait, il nous est tout naturel de considérer Arles comme une minuscule citadelle médiévale entourée par les champs et les fermes d'une Provence restée inviolée. Mais dans la réalité il en allait autrement, et Vincent ne tarderait pas à s'en apercevoir.

Certes, la campagne environnante n'était pas seulement inviolée, elle était à bien des égards restée pratiquement à l'état sauvage. La ville est située sur le Grand Rhône, juste au-dessous du départ du Petit Rhône, plaçant Arles au sommet du triangle qui contenait les étendues alors désertes de la Camargue, une vaste région plate, criblée de marais et de lagons, qui abrite encore aujourd'hui des troupeaux de chevaux et de taureaux sauvages, avec des envols soudains de flamants roses.

Dans les environs immédiats, la Crau apparaissait comme un vaste marécage ponctué d'affleurements rocheux, mais la création d'un réseau de canaux avait permis la transformation de ces surfaces arides en bon terrain agricole. A quelque distance de là, au nord-est, une chaîne de montagnes peu élevées barrait l'horizon : les Alpilles. Au sud de la ville, il y avait le canal d'Arles-Bouc, une voie d'eau d'importance cruciale qui, à la grande délectation de Vincent, était franchie par un certain nombre de ponts levants du même style que ceux que l'on trouve aux Pays-Bas et qui auraient été parfaitement à leur place dans la Drenthe.

La ville était limitée par le Rhône à l'ouest et à l'est par la ligne de chemin de fer Paris-Marseille. C'est la pose de cette voie ferrée, au milieu du XIXe siècle, qui avait métamorphosé ce trou perdu de province. Certes, à l'intérieur des murailles restées pratiquement intactes, bien peu de choses semblaient avoir changé : les vastes arènes romaines, l'église Saint-Trophime, avec son imposant portique roman, étaient toujours les hauts lieux du tourisme, ainsi que le dédale de petites rues étroites et pittoresques revêtues de ces « maudites pierres pointues » qui avaient tant exaspéré Henry James.

Mais à part ces quelques visiteurs éminents, Arles n'était pas encore à l'époque assaillie par le tourisme de masse (ses hôtels avaient la réputation d'être mal équipés), bien que les femmes de la ville, les Arlésiennes immortalisées par Alphonse Daudet, fussent renommées pour leur beauté et pour la grâce avec laquelle elles portaient leur long costume noir bordé de dentelle et leur minuscule coiffe surmontée d'un nœud noir bouffant.

Le rare visiteur qui osait braver les insuffisances de l'accueil hôtelier pouvait admirer un hôtel de ville grandiose, manifestement trop imposant pour une ville où la population ne dépassait pas vingt-trois mille habitants. Plus étrange encore était le nombre de pensionnaires de l'asile d'aliénés qui se trouvait dans l'enceinte de l'Hôtel-Dieu, le principal hôpital de la ville ; l'importance relative de cet effectif était attribuée aux excès de tabac et de boisson auxquels certains se livraient dans les estaminets de la place Lamartine. Mais c'étaient là les quartiers les plus récents, car le chemin de fer avait permis à la vieille ville de faire irruption dans le monde contemporain.

Cette métamorphose ne devait d'ailleurs rien au hasard. Lorsqu'en 1842, à la Chambre des députés, Lamartine avait vigoureusement plaidé la cause du chemin de fer, auquel beaucoup de parlementaires étaient hostiles, il avait mentionné Arles parmi les villes qui devaient bénéficier de ce nouveau mode de transport, apte à remédier à la stagnation et au déclin de la vie économique de la Provence. Ce héros de la révolution de 1848 était l'homme qui avait proclamé la Seconde République du haut des marches de l'Hôtel de Ville de Paris et dont le courage avait préservé la France d'un nouveau règne de la terreur. «Oui, commencez par moi, si vous cherchez une victime. Bouchers! Croyez-vous représenter la France?» Lamartine, au début du bref interlude précédant le coup d'État de Napoléon III, avait été l'un des personnages les plus influents du nouveau pouvoir.

Arles obtint donc le passage de la voie ferrée et, mieux encore, elle devint le centre de fabrication de locomotives du Sud, avec un réseau d'usines où l'on construisait et réparait le matériel roulant, et qui, avec ses mille ouvriers spécialisés, constituait l'employeur le plus important de la ville. Quand Vincent arriva, les cheminées d'usines faisaient autant partie du décor que les tours des églises médiévales. Des gazomètres et un pont métallique à deux niveaux, qui traversait le Rhône pour relier le centre aux faubourgs de Trinquetaille, complétaient le tableau.

L'intérêt suscité par la ligne de chemin de fer et par la promesse de prospérité qui l'accompagnait était si puissant que les ingénieurs avaient été autorisés à profaner le plus ancien des sites de la ville, les Alyscamps, ou «Champs-Élysées», un cimetière datant du paganisme et des débuts du christianisme, dont les sarcophages imposants bordaient une longue allée ombragée qui apparaissait comme un haut lieu de la civilisation antique. Du fait que la ligne de chemin de fer se dirigeant vers Marseille le traversait de part en part, ce qui restait de la promenade avait été réduit à un petit jardin public au-delà duquel on voyait d'autres usines et leurs cheminées.

La cohabitation de l'ancien avec le moderne n'était pas du plus heureux effet, surtout depuis l'arrivée de cinq à huit cents immigrés italiens attirés par les nouveaux emplois et que les gens du quartier appelaient avec dédain «les singes savoyards».

Quand Vincent arriva, il y avait aussi un régiment d'infanterie légère, les fameux zouaves, en garnison dans les casernes locales. Ces hommes avaient la réputation, assez justifiée il est vrai, de semer le désordre. «Faire le zouave» était une expression que l'on utilisait pour décrire un comportement bravache, insolent et un peu stupide à la fois, une image encore renforcée par la tenue exotique de ces militaires : un pantalon bouffant rouge vif, un gilet bleu aux parements dorés, et un fez avachi que portaient autrefois les recrues d'origine algérienne, bien que beaucoup de zouaves fussent maintenant en majorité des Français du Midi. C'était le troisième des trois régiments de zouaves qui était alors au repos dans la caserne Calvin, les hommes venant de rentrer de la bataille du Tonkin. Ils n'allaient pas tarder à partir pour l'Afrique du Nord mais, pour le moment, ils avaient tout loisir de déambuler dans les rues et d'aller se divertir dans les lieux réputés pour leurs « beautés grecques », les maisons de tolérance, situées à l'intérieur des murailles de la ville, et qui avaient tout ce qu'il fallait pour ne pas décevoir les espérances que chacun nourrissait.

D'emblée, Vincent opta pour la ville ancienne, à quelques dizaines de mètres près car le restaurant Carrel se trouvait à une très courte distance de la porte de la Cavalerie, à l'intérieur de l'enceinte. Ce n'était qu'un modeste bistrot, mais Vincent s'aperçut, à sa grande consternation, qu'on y pratiquait les mêmes prix qu'à Paris. Pour ne rien arranger, le temps resta exceptionnellement mauvais. Cette région qui jouissait habituellement d'un climat très doux en hiver, refroidi seulement de temps à autre par le mistral, connut un hiver particulièrement rigoureux cette année-là.

Pourtant Vincent s'efforça de garder bon moral en vaquant aux différentes occupations qu'il s'était fixées. Il tenta de voir s'il était possible de se procurer des Monticelli et ne tarda pas à trouver un antiquaire qui prétendit en connaître un. Il se conforma également à son habitude de peindre les traits les plus caractéristiques de l'endroit où il venait de s'installer. Cette fois, il fit trois études : une Arlésienne, un paysage de neige et ce qu'il voyait de la fenêtre des Carrel en regardant la charcuterie, de l'autre côté de la rue. Bref, un résumé assez fidèle de ses premières impressions.

Ayant ainsi, un peu à la manière d'un chat, délimité son domaine, il se laissa imprégner par l'atmosphère de la ville. Il découvrit qu'il pourrait se procurer de la peinture et de la toile soit chez l'épicier du coin, soit dans une librairie du quartier. Mais il ne trouverait pas tout ce dont il aurait besoin. En somme, il aurait le même problème qu'à Eindhoven, surtout avec le blanc dont la qualité était fort inégale ; il était très long à sécher et il fallait laisser la toile bien exposée à l'air pendant plusieurs jours de suite. Étant donné la place fort limitée dont il disposait, il ne voyait vraiment pas comment il allait pouvoir faire.

Il n'avait pas encore recouvré toutes ses forces après les derniers mois passés à Paris. Son estomac et ses dents lui causaient quelque souci, mais il espérait que son état allait s'améliorer. Il attribuait ses maux à une mauvaise circulation, mais maintenant qu'il était dans le Midi, son sang *pensait* à reprendre une circulation normale. Il était de plus en plus persuadé que ces handicaps étaient dus à son hérédité mais il dit à Théo qu'il espérait avoir moins de crises de dépression qu'auparavant.

En tout cas, il fit un effort pour mener une existence plus saine. Il réduisit sa consommation d'alcool — il reconnaissait qu'il était pratiquement devenu alcoolique à la fin de son séjour à Paris —, et bien que son régime alimentaire fût encore très irrégulier, dans la mesure où il comptait sur l'argent que Théo lui envoyait pour payer sa nourriture, il essaya de manger plus raisonnablement, allant même jusqu'à prendre deux œufs au petit déjeuner et à commander du vin de meilleure qualité pour accompagner ses repas, afin de permettre à son estomac de se remettre un peu.

Bien qu'il eût choisi de demeurer en ville, il se contenta d'une visite assez superficielle sans pour autant ménager ses critiques ; le musée Réattu lui déplut mais le musée des Antiquités le satisfit davantage. Il ne manqua pas d'admirer le portique gothique de l'église Saint-Trophime mais émit tout de même quelques réserves car il lui trouvait quelque chose de *cruel*, qui lui rappelait un *cauchemar chinois*. L'impression d'ensemble est celle de quelqu'un qui marque une certaine distance, observant les choses sans se sentir vraiment impliqué :

Faut-il dire la vérité et y ajouter que les zouaves, les bordels, les adorables petites Arlésiennes qui s'en vont faire leur première communion, le prêtre en surplis qui ressemble à un rhinocéros dangereux, les buveurs d'absinthe, me paraissent aussi des êtres d'un autre monde ?

Mais la réalité ne tarda pas à s'imposer quand il tomba sur un attroupement devant l'un des bordels où la police enquêtait sur le meurtre de deux zouaves par deux Italiens. Vincent profita de l'occasion pour se glisser à l'intérieur de l'établissement. Et c'est ainsi que commença sa véritable prise de contact avec la vieille ville, par une tournée en règle des « maisons » qu'elle contenait.

Ai vu un bordel ici le dimanche — sans compter les autres jours — une grande salle teinte à la chaux bleuie — comme une école de village. Une bonne cinquantaine de militaires rouges et de bourgeois noirs, aux visages d'un magnifique jaune ou orangé (quels tons dans les visages d'ici), les femmes en bleu céleste, en vermillon, tout ce qu'il y a de plus entier et de plus criard. Le tout éclairé de jaune. Bien moins lugubre que les administrations du même genre à Paris.

Les « maisons de tolérance » se trouvaient dans le quartier réservé, à quelques minutes à pied de son hôtel, mais il eut tôt fait de fixer son choix sur la maison de tolérance n° 1 aux destinées de laquelle présidait une certaine Mme Virginie. Pour lui, les stages qu'il y effectuait étaient de simples « pratiques hygiéniques », car ses rapports avec le sexe opposé se réduisaient uniquement à des fonctions corporelles. Seules ses infortunées expériences passées, lorsqu'il avait tenté d'établir une relation sincère avec une femme, peuvent fournir une excuse, bien qu'il entretînt des contacts suivis avec l'une des pensionnaires de Mme Virginie, une fille nommée Rachel dont les manières plutôt timides et le caractère réservé lui permettaient plus facilement de trouver un terrain d'entente.

On ne peut toutefois se défendre d'une ineffable tristesse quand on l'imagine en train de cheminer dans les sombres ruelles de la ville, les quelques pièces de monnaie qu'il a au fond de ses poches lui permettant de profiter des services que pouvait lui offrir la maison de Mme Virginie. Surtout quand on pense au naturel sensible, voire affectueux, d'un homme qui aspirait tant à exprimer ses sentiments véritables.

Quand il se retrouva dans la rue, à l'issue de cette première visite, il constata qu'une émeute en règle venait de se déclencher. Le ressentiment si longtemps contenu à l'égard des « singes savoyards » avait fini par éclater et une bande d'excités s'étaient répandus dans le quartier pour s'en prendre à tous les Italiens qui avaient le malheur de se trouver sur son chemin, obligeant les immigrés à évacuer leur logis pour prendre la fuite.

Vincent fut particulièrement frappé par le spectacle de ces foules en furie dévalant les étroites ruelles et quand, par la suite, il assista pour la première fois à une corrida dans les arènes romaines, il fut beaucoup plus fasciné par les mouvements de foule des spectateurs massés sur les gradins abrupts que par le rituel de la mise à mort qui se déroulait à ses pieds. Il se dit alors qu'il représenterait un jour sur une toile un tel grouillement d'individus.

Au bout de quelques jours, quand il eut achevé ses trois premières toiles, il passa le plus clair de son temps en dehors de la ville, au-delà des hangars ferroviaires et des usines, dans les champs que la neige recouvrait encore. Moins de trois semaines après son arrivée, en dépit du gel qui sévissait toujours, il découvrit un amandier qui était déjà en fleur. Cette incomparable promesse d'un printemps tout proche lui rappela toutes les raisons qui l'avaient poussé à descendre dans le Sud. Il brisa deux branches pour les rapporter chez lui et après les avoir disposées dans un verre, il en peignit deux études.

Cet effort fut pour lui une véritable libération : loin des pressions de la vie à Paris, il pouvait utiliser tout ce qui lui plaisait dans les méthodes et les techniques qui l'avaient submergé auparavant. S'il le souhaitait, personne ne pouvait l'empêcher de «dessiner» au pinceau un premier contour, en bleu foncé par exemple, pour ensuite emplir cette forme avec de la couleur. Mais il ne lui était pas interdit non plus de faire des points et des lignes aiguës de pigments pour créer une explosion de feuillage ou un soudain mouvement tourbillonnant. Les théories ne semblaient plus avoir la moindre importance, toutes les techniques étaient à sa disposition pour qu'il en use à sa guise.

Bien que le froid fût encore très vif, le temps commençait à s'améliorer imperceptiblement quand il fit connaissance avec son premier mistral, le vent soudain, parfois violent, qui déprimait les esprits autant qu'il bousculait les tuiles des toits et claquait les volets contre les murs. Les tourbillons du vent faisaient aussi tournoyer les branches des cyprès et les nuages dans le ciel, mais quand les rafales s'étaient apaisées éclatait le soleil brûlant de midi, et l'envie de se promener devenait irrésistible.

Vers le nord, sur la route qui partait vers les Alpilles, il trouva le monastère abandonné de Montmajour, un ensemble extraordinaire d'édifices bâtis à différentes périodes comprenant une église médiévale dont les vastes dimensions rappelaient une cathédrale et une forteresse plus récente, élancée et squelettique, qui dominait la plaine environnante ; on l'avait construite pour défendre les moines contre les bandes de mercenaires qui avaient harcelé la Provence au XIVe siècle. Fermé après la révolution et partiellement démoli à l'époque de Vincent, cet ancien monastère dont les ruines étaient encore impressionnantes avait été classé monument historique et sa restauration avait déjà été entreprise. C'était donc le contraire de ce qui s'était passé pour sa tour à

Nuenen, bien que cette bâtisse vide et fantomatique lui apparût encore comme un signe du déclin religieux.

Au sud d'Arles, là où le canal s'enfonçait dans les terres après avoir quitté le Rhône, il découvrit le premier pont levant. Il en fit quelques dessins, le peignit à plusieurs reprises, témoignant pour la première fois de sa conquête de la liberté dans l'utilisation des couleurs, les bleus de l'eau contrastant vivement avec les tons orange du pont et de la berge. Le Japon est présent, dans le choix du sujet mais aussi dans cet effet de relief, presque abstrait, qui est créé par des contours puissants et des zones de couleurs claires. Mais, une fois de plus, Vincent adapte les coups de pinceau à chacun des éléments du tableau : des mouvements rapides pour l'eau, des gestes acérés pour l'herbe. Les résultats sont tels qu'il les a voulus : il a trouvé une méthode qui lui permet d'opérer en conformité avec sa volonté, ou plutôt avec ce qu'il ressent.

En regardant ces œuvres joyeuses et ensoleillées, l'observateur éprouve la sensation qu'il y a deux Vincent car, en dépit de ses efforts pour commencer à Arles une nouvelle existence, tous les problèmes d'autrefois continuaient à le harceler. Dans ces tableaux qui respirent la joie de vivre, nous ne décelons aucune trace des souffrances de l'homme qui les a peints.

Il souffrait intensément de la solitude — bien qu'il consentît rarement à le reconnaître et s'efforçât de feindre le contraire — et il se précipita sur la première lettre de Gauguin. Cette missive, qui venait de Bretagne, ne contenait guère autre chose que des suppliques. Gauguin hésitait à importuner Théo en lui écrivant directement au sujet de la vente de ses toiles et il préférait faire part à Vincent de ses problèmes de santé et des soucis que lui causaient ses dettes, car il était certain que ce dernier intercéderait en sa faveur. En dépit de sa détresse, Gauguin avait gardé un certain sens des affaires car il suggérait qu'il pouvait baisser ses prix si cela s'avérait nécessaire.

Oubliant ses propres problèmes, Vincent fit ce que Gauguin avait espéré et il écrivit à Théo et à John Peter Russell car il s'était dit que l'Australien pourrait peut-être acheter une des toiles de Gauguin.

A Pont-Aven, Gauguin attendit le résultat de cette démarche. Si les frères Van Gogh consentaient à l'aider, il ne pourrait que s'en féliciter. En fait le seul signe encourageant, au cours d'une période qui devait s'avérer particulièrement éprouvante pour lui, fut la lettre dans laquelle Vincent lui annonça qu'il avait demandé à son frère de vendre davantage de tableaux martiniquais. Dans sa chambre de l'auberge Gloanec, Gauguin était enclin à la morosité. « Tu te plains d'être seule », écrivit-il à sa femme qui était restée à Copenhague. « Qu'est-ce que je devrais dire ? Je suis seul dans une chambre d'hôtel du matin jusqu'au soir. Personne avec qui échanger des idées. » Il faut sans doute comprendre : « Personne pour discuter de mes dernières théories ».

Certes, il souffrait encore du contrecoup de la dysenterie qu'il avait contractée à la Martinique, mais il bénéficiait au moins du soutien de Marie-Jeanne Gloanec, la patronne de l'auberge, qui l'avait autorisé à installer son atelier dans une mansarde et lui consentait un crédit pratiquement illimité. Sans cette aide, il n'aurait jamais pu réussir à survivre, car il s'était brouillé avec son ex-collègue, l'agent de change Émile Schuffenecker, qui l'avait hébergé quand il était rentré à Paris, épuisé et malade, l'année précédente.

Peintre amateur lui-même, ce « brave vieux Schuff » comme l'appelait Gauguin avec une certaine condescendance, avait été impressionné au plus haut point par son invité. Dans le portrait de famille qu'a exécuté Gauguin, on le voit légèrement voûté, frottant ses mains l'une contre l'autre comme un commerçant obséquieux, alors que sa femme a pris une pose majestueuse au premier plan. Seulement, le « brave vieux Schuff » avait fini par soupçonner qu'il se passait quelque chose entre elle et son invité, ce qui avait incité le peintre à fuir sans tarder vers la Bretagne.

En dehors de la saison d'été si prisée par les artistes, Pont-Aven était plutôt sinistre. Cette poignée de maisonnettes au toit en ardoise nichées au fond d'une vallée bien abritée offrait fort peu de distractions, surtout par mauvais temps, car nul n'avait alors envie d'escalader les collines environnantes ou de visiter les fermes qui jouxtaient l'Aven non loin de l'endroit où la rivière se jetait dans l'Atlantique. Quand Gauguin voulut peindre, tout le feu qui avait embrasé ses toiles martiniquaises s'éteignit, étouffé par les brouillards de février. Gauguin avait l'impression que quelque chose le tirait de force en arrière...

Lui qui n'éprouvait aucun scrupule à séduire les femmes des autres, il ressentait une gêne intolérable à l'idée de devoir de l'argent à quelqu'un, et ce n'est pas là la moindre contradiction que l'on puisse déceler dans son caractère. Comme il ne pouvait supporter de se faire soigner à crédit par le docteur, il tentait par tous les moyens de recouvrer la santé.

Après Pâques, il se sentit mieux et les beaux jours revinrent, mais il était toujours en proie à la solitude. Les premiers peintres qui commençaient à arriver étaient des imbéciles et des prétentieux, du genre de ceux que l'on pouvait rencontrer chez Cormon et dans les autres ateliers. Il n'avait rien de commun avec eux et comme ils passaient le plus clair de leur temps à dénigrer les impressionnistes, l'antipathie était réciproque.

Il fêta son quarantième anniversaire le 7 juin, mais il se sentait beaucoup plus vieux. Les heures se traînaient interminablement. Il proposa à Mette de venir le rejoindre mais elle fit une fois de plus la sourde oreille. On peut mettre en doute la sincérité de sa déception mais il n'en demeure pas moins qu'il souffrait réellement d'être séparé de ses cinq enfants et il se mit à peindre les portraits de bambins du coin, des garçons au bain, des fillettes qui dansaient dans leur costume de paysanne.

C'est juste après son anniversaire que Vincent lui proposa pour la première fois de venir le rejoindre à Arles et son désarroi était tel qu'il éprouva la tentation d'accepter. A en juger par leurs conversations à Paris et par le ton de ses lettres, ce Vincent lui apparaissait de la même trempe que ce « brave vieux Schuff », un faire-valoir toujours disposé à approuver la haute opinion que Gauguin se faisait de lui-même. Or c'était ce genre d'interlocuteur qui lui manquait le plus en ce moment. Il écrivit aux Van Gogh pour leur dire tout l'intérêt que suscitait en lui leur projet, mais ne donna aucune autre précision.

Tout en attendant la décision de Gauguin, Vincent faisait de son mieux, à Arles, pour créer un semblant de communauté artistique avec les gens qu'il pouvait trouver sur place. Ses premiers contacts, il les établit avec deux peintres amateurs de la région, un épicier et un magistrat, qui vinrent voir le nouvel artiste installé dans leur ville. Comme Vincent n'a jamais reparlé d'eux, on doit pouvoir conclure sans grand risque qu'ils jetèrent un coup d'œil à ses toiles aux couleurs éclatantes et ne remirent jamais les pieds dans sa chambre.

L'isolement de Vincent s'accrut encore quand il apprit la mort subite d'Anton Mauve pendant un voyage à Arnhem. Certes les deux hommes s'étaient souvent querellés, Mauve ayant fait preuve de mesquinerie et même de cruauté, mais Vincent comprenait ce qui se cachait derrière une telle attitude et il n'avait jamais cessé d'éprouver de la reconnaissance pour la manière dont son cousin l'avait initié, non sans recourir à la contrainte, d'ailleurs, à l'utilisation de la couleur. Sans Mauve il n'aurait jamais pu faire tout ce qu'il peignait maintenant.

La mort de Mauve l'amena à réfléchir à la misère dans laquelle se débattaient les artistes qu'il connaissait, des hommes comme Gauguin, comme lui-même d'ailleurs, qui souffraient de la faim et de la maladie, constamment en butte aux moqueries ou, dans le meilleur des cas, à l'indifférence du reste du monde. Pourquoi fallait-il que leur vie soit si triste ? Ne pouvait-on faire quelque chose pour eux ? Il avait déjà écrit à Théo pour lui suggérer quelques moyens d'améliorer leur condition : peut-être pourraient-ils convaincre Tersteeg de défendre les intérêts des nouvaux artistes en Hollande et en Angleterre ?

A sa grande fureur, son ancien directeur ne prit même pas la peine de répondre. Alors Vincent envisagea de nouveau l'idée d'une association d'artistes, tout en se rendant compte qu'il n'était pas question de demander à Théo de financer l'opération. N'était-ce pas plutôt aux moins démunis d'entre eux — il pensait aux premiers impressionnistes — de venir en aide aux autres, les peintres du « Petit Boulevard » ?

Il n'y avait là que de simples chimères mais elles l'aidèrent à supporter la solitude. Il écrivit à Émile Bernard pour lui dire qu'il continuait de compter sur lui pour venir à Arles grossir l'effectif du groupe qu'il voulait désespérément fonder. Une nouvelle fournée de doléances envoyée de Pont-Aven par Gauguin ne fit que le confirmer dans l'illusion que ce dernier était sur le point de quitter la Bretagne pour venir le rejoindre. Il alla jusqu'à écrire à Toulouse-Lautrec, sans soupçonner ce qu'il pouvait y avoir d'absurde à s'imaginer que le plus parisien des peintres viendrait s'enterrer à la campagne dans les environs d'Arles. Comme on peut s'en douter, Lautrec ne répondit jamais et Vincent renonça à le relancer.

Tandis que ce projet d'atelier du Sud occupait une grande partie de ses pensées, Vincent continuait de travailler avec entrain. Il avait découvert un verger et, sans doute avec la permission du propriétaire, il entreprit de peindre les différents arbres à mesure qu'ils se mettaient à fleurir. Ce fut sa première série d'œuvres majeures dans sa nouvelle patrie. Il commença à la fin mars et termina pendant les derniers jours d'avril quatorze toiles merveilleuses : abricotier, cerisier, pommier, pêcher, poirier, une seule sorte de fleur pour chaque tableau, comme s'il s'agissait de bouquets vivants.

A Paris, il avait eu les fleurs de la ville, coupées et apprêtées pour la pose, mais maintenant c'étaient les couleurs vivantes du printemps en Provence. Seule la rare présence d'une échelle ou d'une faucille indique que des êtres humains ont pu participer à ce processus naturel. Une fois de plus, il recourut aux techniques qui lui paraissaient les plus appropriées : un fin lavis coloré, une couche épaisse de pâte, une utilisation divisionniste des pointillés, des blocs de couleur.

Bien qu'il ait pu peindre plusieurs vergers, l'impression qui se dégage de l'ensemble est qu'il s'agit du même lieu vu sous une infinité d'angles différents, comme s'il tentait de soumettre à la maîtrise de l'artiste une portion bien définie de l'univers, de la même façon que le verger lui-même était bien délimité par les coquettes clôtures de cannisses et les rangées de cyprès qui abritaient les arbres délicats des brusques rafales destructrices du mistral.

Décidé à rendre un dernier hommage à celui à qui il devait tant, il prit une toile représentant un pêcher rose, protégé par un arbre semblable qui se dressait derrière, et écrivit :

SOUVENIR DE MAUVE
VINCENT THÉO

Aujourd'hui, seul le nom de Vincent est encore visible. Il écrivit à Théo pour expliquer qu'il voulait faire trois études de chaque arbre fruitier : une grande, dans le sens de la hauteur, avec un tableau horizontal de chaque côté — un triptyque, en d'autres termes —, qui témoignait de sa nouvelle religion : la nature ; un retour à l'obsession de son enfance pour les plantes et les insectes des jardins et des champs de Zundert.

Il réussit enfin à se trouver de la compagnie. Il avait lié connaissance avec l'autre artiste étranger résidant en ville, un jeune peintre danois nommé Christian Mourier-Petersen, qui achevait la première moitié de son périple de trois ans à travers la France et la Hollande. Agé de trente et un ans, Petersen était, comme Vincent, venu tard à la peinture. Il avait étudié la médecine mais l'anxiété que faisait naître en lui la perspective des examens avait provoqué de graves troubles nerveux et un récent séjour à Paris n'avait sans doute pas fait grand-chose pour améliorer son état.

Originaire d'une petite ville du Danemark, il appréciait la vie paisible qu'il menait à Arles, manifestant à bien des égards un goût marqué pour tout ce qui touchait à sa patrie. Il avait vu la dernière exposition des impressionnistes, rue Laffitte, mais ne cachait pas à Vincent qu'il préférait de beaucoup les peintres réalistes du nord de l'Europe, des gens comme Heyerdahl et Kroyer, dont il connaissait les œuvres depuis son enfance.

Vincent décida de fermer les yeux sur ces préjugés ; l'homme avait lu Zola et les Goncourt : on pourrait donc parler littérature. Ils commencèrent à passer leurs soirées ensemble, bien que leurs points communs fussent plutôt limités. Petersen produisait des toiles que Vincent trouvait *sèches mais très consciencieuses*. Timide et manquant de confiance en soi, le jeune homme voulait aller à Paris pour voir le Salon, puis gagner la Hollande avant de rentrer dans son pays. Il ne semblait évidemment guère qualifié pour faire partie de l'atelier que Vincent voulait fonder, mais comme il n'y avait pas d'autre candidat pour l'instant...

L'ami de John Peter Russell, l'Américain Dodge MacKnight qui habitait à Fontvieille, un village des environs situé au-delà des ruines du monastère de Montmajour, venait de temps à autre voir Vincent quand il avait l'occasion d'aller à Arles. Pour Vincent, cet Américain de vingt-sept ans n'était qu'un *Yankee*, ce qui semble impliquer qu'il trouvait le personnage agaçant, mais comme il n'avait encore jamais vu ses œuvres, il évitait de porter sur lui un jugement définitif.

Pour le moment, MacKnight semblait assez peu disposé à montrer ce qu'il faisait. Entre ses visites, Vincent se plaisait à imaginer que ce Yankee était peut-être riche et qu'il pourrait l'aider à financer la communauté d'artistes dont il rêvait. MacKnight avait travaillé chez Cormon et connaissait Anquetin, n'était-ce pas bon signe ?

Pourtant, quand Vincent se fut décidé à pousser jusqu'à Fontvieille et vit les aquarelles de MacKnight, il ne put que constater à quel point le jeune homme pataugeait au milieu des théories contradictoires qui foisonnaient alors. Sa « force » n'était qu'une façade dissimulant l'indécision dont MacKnight était la proie. On peut se faire une idée de sa personnalité à partir de sa revendication de la découverte de Vincent : « un type complètement fou, mais un brave garçon ».

Mieux valait passer les soirées à discuter avec Mourier-Petersen en dépit de son accent danois souvent impénétrable. Quand il était en colère, Vincent l'appelait *Dr Ox*, mais Petersen recevait de sa famille un peu d'argent, et c'était bien utile pour s'acheter du cognac : cela changeait de l'absinthe du pauvre. Il s'ennuyait de son pays mais appréciait tout de même le dépaysement, si bien que Vincent l'incitait sans cesse à prolonger son séjour dans le Midi pour essayer d'assimiler quelques-unes des idées récentes.

Les nouvelles qui venaient de Paris étaient un peu meilleures. Théo avait réussi à faire accepter quelques-unes des œuvres de

Vincent au Salon des Indépendants qui allait ouvrir bientôt ses portes. Vincent lui écrivit aussitôt qu'il voulait figurer au catalogue sous le nom de « Vincent », partant comme d'habitude du principe que l'on allait prononcer de travers son patronyme. Quant à Tersteeg, il finit par adresser à Théo une lettre dans laquelle il lui disait accepter l'envoi de quelques toiles d'avant-garde : « Envoyez-moi des impressionnistes, mais seulement ceux que vous trouvez les meilleurs. »

En dépit de cette restriction, la nouvelle était encourageante. Vincent avait envie d'envoyer sa première fournée de vergers à Théo mais il en était empêché par le blanc de zinc qui refusait de sécher. Ces problèmes matériels commençaient à l'irriter : les marchands de la ville avaient épuisé leur stock de fournitures. Il passa alors une énorme commande de peinture et de toiles auprès de Tasset et Lhote, à Paris. Manifestement la facture allait être salée, et quand il eut appris que Boussod et Valadon recommençaient à critiquer son frère sur l'utilisation qu'il faisait de la galerie du premier étage, Vincent s'inquiéta des incidences que cela pourrait avoir sur ses revenus et décida d'utiliser moins de toiles et de peinture.

Son retour à la technique du dessin fut également motivé par une découverte qu'il fit alors : les berges des canaux étaient couvertes de touffes de roseaux dont il pouvait aiguiser les tiges pour en faire des outils de tout premier ordre. Leur souplesse leur permettait en effet de tracer des traits d'une extrême finesse comme une plume. En appuyant moins, il pouvait également s'en servir comme d'un pinceau. Utilisa-t-il alors un carnet d'esquisses ? Nous n'en avons aucune trace, mais tout permet de penser que ces croquis n'étaient pas vraiment destinés à servir de base à des tableaux. Il s'agissait d'œuvres à part entière.

Les sujets choisis répondent aux mêmes préoccupations que les œuvres peintes. D'abord, il délimite son territoire avec la vue qu'il a de sa chambre, chez les Carrel, puis il reproduit les sites qui se trouvent dans les environs de la ville, comme le pont levant et une vue d'Arles depuis le bord du Rhône. Mais les dessins les plus marquants représentent simplement la campagne aux alentours, vide de toute activité humaine, avec le plus souvent une vaste étendue déserte au premier plan, comme dans les esquisses qu'il avait faites à La Haye, les maisons et les arbres regroupés tout au fond, à l'horizon.

Rien ne peut témoigner d'une plus grande maîtrise que ces dessins malgré la contradiction qu'il peut y avoir entre la précision du dessin et le pouvoir évocateur recherché par le coloriste. Mais Vincent réussit à transcender ces limitations apparentes, recourant à la technique des points et des traits, comme il le faisait dans ses tableaux, pour suggérer l'herbe ou les feuillages ou encore le mouvement d'un sentier. En dépit de cette économie de moyens, il créa des effets d'une subtilité exceptionnelle : des piétinements dans un champ de blé, les formes précises des iris au bord d'une prairie, — le tout exécuté avec une assurance remarquable pour quelqu'un que le sentiment d'insécurité assaillait sans cesse.

Quand on compare ces œuvres avec ce qu'il écrivait sur lui-même, apparaît clairement la nécessité d'une extrême prudence quand on veut établir un lien direct entre l'homme et son art. Le Vincent qui tient sa plume de roseau d'une main ferme, l'œil fixé sur la ville qui se profile à l'horizon ou sur la laveuse au bord du canal du Roi n'a rien à voir avec le personnage lunatique et caractériel qui boit un verre avec Mourier-Petersen dans un café, le soir, la journée de travail terminée.

Il y avait pourtant des fois où il ne réussissait pas à faire ce qu'il voulait : dans une lettre à Théo, il explique qu'il a complètement gâché le cerisier qu'il voulait représenter sur une grande toile ; dans une autre, que son pont a été raté de bout en bout. Mais ce sont là des accidents inévitables, qui ne l'affectent pas outre mesure. Ce qui le déprimait, c'était la réalité du monde, l'hostilité qu'il croyait déceler chez les gens qu'il côtoyait quotidiennement, son impression qu'on cherchait constamment à le rouler.

Naturellement, l'isolement auquel il était condamné provenait peut-être uniquement de la méfiance suscitée par l'étrangeté de son apparence et de ses manières, mais il faut reconnaître aussi que les Arlésiens formaient une communauté très solidaire, renfermée sur sa propre culture, avec son dialecte provençal particulier qui constituait en fait une véritable langue à part. La ligne de chemin de fer avait apporté des emplois mais n'avait guère contribué à ouvrir cette société hermétique. A l'intérieur des murs de la ville, les étrangers restaient des étrangers qui n'intéressaient que par la source de revenus qu'ils pouvaient constituer.

Dès le début, Vincent eut la certitude qu'on abusait de sa crédulité. Il avait réussi à ramener le prix de la chambre de cinq à quatre francs par jour, mais ce marchandage avait fait naître une certaine malveillance chez le patron, malveillance qui ne s'atténua pas, même quand il devint manifeste que Vincent n'allait pas bien.

Ainsi si j'avais du bouillon très fort, cela m'avancerait immédiatement ; c'est affreux, jamais je n'ai pu me procurer ce que je demandais de choses pourtant très simples chez ces gens-là. Et c'est partout de même dans ces petits restaurants. C'est pourtant pas difficile de faire cuire des pommes de terre.
Impossible.
Du riz alors, ou du macaroni, pas davantage, ou bien c'est sali de graisses, ou bien ils ne le font pas, s'excusant : ce sera pour demain, il n'y a pas de place sur le fourneau, etc.
C'est bête, mais pourtant vrai que voilà pourquoi la santé traîne.

Vraisemblablement, sa mauvaise dentition et ses habitudes alimentaires aberrantes avaient provoqué l'apparition d'un ulcère à l'estomac, que venaient encore aggraver ses accès de colère et sa constante nervosité. Toujours convaincu de se faire tondre la laine sur le dos par les Carrel, il prit début mai une grande décision : il allait louer une petite maison abandonnée qui occupait la moitié d'une bâtisse peinte en jaune au numéro 2 de la place Lamartine, juste en face de la porte de la ville.

Bordée d'un côté par le fleuve, cette place n'était autre qu'un paisible jardin public, mais il y avait en son centre un carrefour animé, là où la rue qui venait de Trinquetaille franchissait le pont de pierre pour déboucher sur la grand-route venue du nord avant de se diviser en deux branches, l'une pénétrant au centre de la ville, et l'autre contournant l'agglomération. C'était là le cœur de cette autre Arles apportée par le chemin de fer. Derrière la place se trouvait la gare, entourée de cafés et d'établissements nocturnes fréquentés par les déclassés.

A bien des égards, la démarche de Vincent était lourde de signification, bien qu'au début ce ne fût qu'un geste symbolique, car la maison était inhabitable : le sanitaire le plus proche se trouvait dans l'hôtel qui occupait l'autre moitié de l'immeuble, sur l'arrière, et qui appartenait au même propriétaire. Il allait continuer de loger chez les Carrel, le temps d'aménager quelques pièces. Mais la signification de son geste lui apparaissait clairement à l'esprit. Dans cette maison peinte en jaune, il aurait la place de loger ses amis artistes. Les quinze francs qu'il aurait à donner chaque mois pour le loyer lui permettraient d'importantes économies, à côté des quatre francs quotidiens qu'il fallait verser aux Carrel, surtout quand ses amis seraient là pour l'aider à supporter cette charge.

Il commença à se demander comment il pourrait la meubler,

et se procura un lit et un matelas. Il lui faudrait remettre à plus tard son installation à Marseille, bien qu'il eût déjà acheté des vêtements neufs pour son séjour dans la grande ville. Mais il ne renonçait pas à ce projet, bien que, pour le moment, il eût des sujets de préoccupation plus urgents : Mourier-Petersen partait bientôt pour Paris en emportant des toiles pour Théo. Ensuite, il se fâcha pour de bon avec les Carrel qui lui réclamaient soixante-sept francs alors qu'il estimait ne leur en devoir que quarante, car, selon lui, ils lui facturaient du vin de qualité supérieure alors qu'il n'avait bu que de l'ordinaire. Il partit s'installer au café de la Gare, à quelques pas de la maison jaune. Les patrons du restaurant Carrel saisirent sa malle et refusèrent de la lui rendre tant qu'il n'aurait pas réglé sa dette. Vincent paya pour récupérer ses affaires mais il se précipita au palais de justice pour porter plainte, pétrifié tout de même à l'idée qu'il risquait de perdre son procès et de devoir payer le reste de la note et les frais du jugement.

Tout en attendant la décision du juge, il s'installa dans son nouveau logement qui était la propriété de Joseph Ginoux et de sa femme Marie. Le café de la Gare était un établissement où régnait une atmosphère bon enfant. Il restait ouvert toute la nuit et accueillait tous les marginaux de la ville. Tout se passait, une fois de plus, comme si Arles avait expulsé Vincent d'une communauté où il n'avait pas sa place ; et il se retrouva en compagnie des employés de chemin de fer, des zouaves en goguette et des voyous du quartier. Ils y restaient parfois jusqu'au matin, faute de pouvoir passer la nuit ailleurs, à boire de l'absinthe ou à dormir sur les tables.

En dépit du caractère un peu louche de leur activité, Joseph et Marie Ginoux avaient l'un et l'autre une nature très généreuse, et d'emblée ils conçurent pour Vincent une vive sympathie — Marie souffrait de problèmes nerveux et de dépression, ils avaient donc au moins cela en commun.

Non loin de là, au coin de la rue qui menait à la gare, se dressait une maison aux volets rose et vert où Mme Venissac tenait le restaurant dans lequel il prendrait dorénavant ses repas. Il pouvait manger pour un franc, ou un franc cinquante s'il voulait vraiment quelque chose de spécial, et comme Mme Vénissac se montrait beaucoup plus attentive à ses désirs que les Carrel, son état de santé s'améliora rapidement. Il éprouva un nouveau réconfort en apprenant que le magistrat obligeait ses anciens logeurs à lui rembourser douze francs.

Mais à peine reprenait-il goût à l'existence que Théo lui écrivit pour lui annoncer qu'il avait consulté le Dr Gruby, lequel avait diagnostiqué des troubles cardiaques. Vincent suggéra que Mourier-Petersen pourrait s'installer un moment rue Lepic pour lui tenir compagnie. Le jeune homme était parti en emportant deux tableaux et deux dessins.

Théo proposa alors à Vincent de soumettre ses dessins à une exposition hollandaise qui allait bientôt avoir lieu, et Vincent entreprit quelques études près du vieux monastère de Montmajour. Pourtant, ce qu'il désirait le plus, c'était de traverser la Camargue pour se rendre au village de pêcheurs des Saintes-Maries-de-la-Mer où Monticelli avait peint de nombreux tableaux.

A la fin du mois de mai se produisaient les pèlerinages dans le village où l'on disait que les trois Maries — la sœur de la Vierge, la mère des apôtres Jacques et Jean, et Marie-Madeleine — avaient débarqué en l'an 45 pour convertir la Provence au christianisme. Il y avait également un pèlerinage effectué par les gitans qui se rendaient au sanctuaire de leur sainte Sarah. Mais Vincent semble avoir été moins intéressé par l'aspect religieux de ces festivités que par la perspective de faire le voyage en diligence à prix réduit pendant cette période de l'année. Ce qui l'attirait également en cet endroit, c'est que son oncle Jan, l'ancien marin qui était décédé trois ans plus tôt, avait autrefois longé cette côte en bateau. Or, de tous ses oncles, c'était Jan qui avait le moins critiqué la façon dont Vincent avait mené sa vie.

Avant de partir, il fallait régler le problème de Gauguin, qui rappelait dans ses lettres à Théo, communiquées ensuite à Vincent, que ses dettes n'avaient toujours pas été payées. Il lui avait été proposé une fois pour toutes d'aller rejoindre Vincent, car on trouverait alors un moyen d'éponger les sommes dues et de lui verser une allocation mensuelle. Il fallait donc maintenant aménager la maison jaune. Vincent ne parvint pas à acheter les lits mais il réussit à se procurer un peu de vaisselle et une cafetière qu'il peignit en leur donnant la précision d'une affiche, comme s'il voulait faire de la réclame pour son nouvel intérieur. La nature morte qui en résulta était si lumineuse qu'il dit à Théo qu'elle *tue absolument tout le reste*.

Ces préparatifs domestiques retardèrent son voyage aux Saintes-Maries. Il lui fallut décorer la maison et les frais que cela entraînait grevèrent ses finances à tel point qu'il dut attendre le 30 mai pour pouvoir prendre place dans la diligence qui partait à l'aube en direction du petit village de pêcheurs. L'essentiel des fêtes religieuses était maintenant terminé mais la perspective d'effectuer cette excursion était suffisamment agréable pour lui permettre de surmonter son aversion pour les voyages qui, selon ses propres termes, *vous crèvent littéralement*. Il allait également avoir l'occasion de voir la Camargue *avec ses plaines herbeuses où il y a des troupeaux de taureaux de combat et aussi des troupeaux de petits chevaux blancs, à demi sauvages et très beaux*.

Le village des Saintes-Maries était dominé par une église de pierre, le seul autre édifice présentant quelque intérêt étant une ancienne forteresse qui servait de caserne. Pour le reste, il y avait les cabanes de pêcheurs dont certaines avaient des toits de chaume qui lui rappelaient la Drenthe. Mais là s'arrêtait la comparaison avec les pays nordiques car la Méditerranée était présente ; c'était la première fois qu'il la voyait et il resta confondu d'admiration.

Il avait décidé de faire surtout des dessins qu'il voulait *plus spontanés, plus exagérés*, c'est pourquoi il n'avait apporté que trois toiles. Mais dès qu'il eut aperçu le décor, il vit immédiatement qu'il y trouverait les couleurs qu'il avait toujours désirées. La description qu'il en fait est une tentative audacieuse de saisir l'éphémère :

La Méditerranée a une couleur comme les maquereaux, c'est-à-dire changeante, on ne sait pas toujours si c'est bleu, car la seconde après le reflet changeant a pris une teinte rose ou grise.

Il réussit à se trouver une pension complète pour quatre francs (on lui en avait demandé six mais il obtint un rabais) et apprit que, si la pêche était exceptionnellement bonne, toute la flottille de pêcheurs se dirigeait sur Marseille, laissant le village pratiquement sans nourriture. Il compara le boucher local à l'un des marchands de viande arabes que l'on peut voir sur un tableau de Gérôme !

Il ne séjourna aux Saintes que quatre jours, car il n'avait pas emporté beaucoup de matériel, mais l'effet produit sur son œuvre fut absolument étonnant. Pas tellement sur les toiles qu'il peignit — de toute manière il fut contraint de les abandonner sur place pour qu'elles sèchent —, l'essentiel de son travail porta sur les dessins et les aquarelles qu'il annota soigneusement afin de les réutiliser dans les tableaux qu'il ferait à son retour. Finalement ce sont ces ébauches préliminaires qui constituèrent la part la plus importante de son travail, surtout une étude à l'aquarelle représentant des bateaux échoués sur la plage et qui précipita une utilisation radicalement nouvelle de la couleur. Les formes sinueuses des embarcations avec leurs mâts semblables à des pointes de bambou donnaient déjà un aspect exotique à l'ensemble mais c'est le contraste presque violent entre les bleus et l'orange qui produit en fin de compte l'effet le plus insolite, avec son côté primitif. L'œuvre tout entière manifeste une volonté de libération. Le dessin préliminaire avait été exécuté en une heure seulement, le dimanche matin, juste avant son départ. Il annonça fièrement à Théo qu'il ne s'était pas servi de son cadre à perspective, traçant les contours à main levée avec cette spontanéité à laquelle il aspirait tant. La lettre qu'il envoya à son frère des Saintes-Maries-de-la-Mer est éloquente :

Maintenant que j'ai vu la mer ici, je ressens tout à fait l'importance qu'il y a de rester dans le Midi et de sentir qu'il faut encore outrer la couleur davantage — l'Afrique pas loin de soi.

De retour à Arles, il perdit une partie de cette ardeur, et la version des bateaux de pêche exécutée à la peinture à l'huile présente des couleurs légèrement atténuées, mais il ne pouvait s'agir là que d'un revirement temporaire, les effets de la vision qu'il avait eue de l'Afrique ne pouvaient s'estomper aussi facilement. Juste avant d'entreprendre cette excursion, il avait commencé une seconde série de peintures saisonnières représentant les moissons qui se déroulaient dans la campagne environnante. Maintenant, les couleurs sont investies d'une intensité nouvelle : des meules de foin jaunes dans un champ jaune avec des maisons jaunes ; un semeur (un peu prématuré pour la saison !) imité de Millet, l'homme et son champ ébauchés à coups de pinceau brefs, en violet, contrastant avec l'ocre jaune et le carmin, tandis que le blé à l'horizon, le ciel et un grand soleil ardent apparaissent une fois de plus en jaune doré.

Loin de trouver les couleurs des moissons plus atténuées que celles de la floraison printanière, il donne l'impression d'avoir éprouvé le sentiment d'être entouré par quelque chose de beaucoup plus riche et de beaucoup plus intense :

C'est devenu tout autre chose qu'un printemps, mais certes j'aime pas moins la nature qui commence à être brûlée dès maintenant.
Dans tout il y a maintenant du vieil or, du bronze, du cuivre, dirait-on, et cela avec l'azur vert du ciel chauffé à blanc, cela donne une couleur délicieuse, excessivement harmonieuse, avec des tons rompus à la Delacroix.

Un déluge soudain, quatre jours d'une pluie intense, tout à fait hors de saison, du 20 au 23 juillet, aviva encore ces réactions. Mis dans l'impossibilité, tout comme les fermiers, de travailler dans les champs, il décida de se remettre au portrait.

Mais comment faire pour trouver un modèle, étant donné la réserve manifestée à son égard par les habitants de la ville ? C'est alors que la vie qu'il menait en dehors des murailles de la cité se révéla de quelque utilité. Faisant maintenant partie de ces marginaux qui restaient attablés jusque tard dans la nuit dans les cafés avoisinants, il avait également eu l'occasion de rencontrer des « étrangers » dans les bordels et commençait enfin à se faire des amis.

Outre Joseph et Marie Ginoux, il buvait souvent avec un employé des postes, un certain Joseph Roulin, et juste avant de partir pour les Saintes-Maries, Vincent s'était également lié d'amitié avec un sous-lieutenant du troisième régiment de zouaves. Ce jeune officier, Paul-Eugène Milliet, était encore en convalescence d'une maladie qu'il avait contractée pendant la campagne du Tonkin. Il arborait sur sa veste la médaille aux rayures jaunes et bleues, avec le numéro trois (celui de son régiment) bien visible sur son col montant et sur le devant de son képi rouge.

Le menton orné d'une barbiche très Second Empire, l'homme ne manquait pas d'allure, mais à l'opposé de la plupart de ses collègues officiers, ses horizons ne se limitaient pas à l'armée ou aux prostituées, seules préoccupations des zouaves locaux. Milliet était un artiste amateur des plus enthousiastes et Vincent s'empressa de lui offrir son aide, demandant à Théo de lui envoyer un exemplaire du livre de Cassagne *ABCD du dessin*, et emmenant son nouvel ami en promenade avec le carnet et le crayon.

Ils allèrent à Montmajour au début juillet. Avec Milliet sanglé dans son uniforme bleu foncé et rouge, et Vincent affublé de ses grossiers vêtements de travail et de son chapeau de paille tout dépenaillé, ils devaient former un couple plutôt bizarre lorsqu'ils sortaient de la ville pour passer devant les moissonneurs et les glaneuses qui achevaient la courte récolte avant les grosses chaleurs d'un été torride.

Certes, le jeune officier n'allait pas jusqu'à résister à la tentation d'accompagner le peintre dans un verger où ils volaient d'*excellentes figues*, mais en dépit de ces moments d'aberration, Milliet n'était rien d'autre qu'un soldat dont l'existence entière était pliée à la discipline régimentaire. Fils d'un policier militaire, il avait passé toute son enfance dans les casernes et n'avait jamais connu d'autre existence. Récemment promu officier pendant la campagne d'Indochine, il devait se dire que sa carrière s'annonçait favorablement. Le régiment allait être envoyé en Afrique du Nord, ce qui offrait toutes sortes de possibilités de promotion ; malheureusement, Milliet devait d'abord passer un examen écrit et il lui faudrait abandonner ses occupations artistiques pour potasser à fond les matières au programme avant de se rendre à Paris pour y subir les épreuves imposées.

Tout en appréciant fort la compagnie de son nouvel ami, Vincent n'était guère impressionné par la qualité de ses talents artistiques, mais le soldat ne vouait pas non plus une admiration béate aux réalisations de Vincent. « Il aurait fallu caresser la toile, écrivit-il par la suite. Vincent l'attaquait, se comportant parfois comme un véritable sauvage. » Avec le courage d'un guerrier couvert de médailles, Milliet ne cacha pas ce qu'il pensait et fut récompensé de sa franchise par une réaction furieuse. Mais ils se réconcilièrent bien vite car Vincent déclara avec condescendance qu'il n'allait pas tenir rigueur à Milliet de la balourdise du propos.

A bien des égards, les relations qui s'étaient établies entre ce peintre bohème et ce militaire rigoureux sont les plus étranges de toutes celles qui ont émaillé l'existence de Vincent. Naturellement la façon dont ce sous-lieutenant voit l'artiste de son point de vue de soldat, est tout à fait unique :

« Il avait le visage un peu hâlé, à croire qu'il avait fait campagne en Afrique. Ce qui n'était pas le cas, bien entendu. Il n'avait rien d'un soldat, absolument rien. Était-ce un artiste ? Oui, bien sûr. Il dessinait très bien. Il pouvait être un compagnon charmant, quand il le voulait, ce qui ne se produisait pas tous les jours. Nous faisions souvent de longues promenades dans les environs de la ville et nous réalisions d'innombrables dessins dans la campagne. Parfois, il plantait son chevalet, et il se mettait à peindre, directement. Pas question de le faire bouger de là. Il avait du talent pour le dessin, c'est sûr, mais il en allait tout différemment dès qu'il attrapait ses pinceaux. Aussitôt qu'il se mettait à peindre, je préférais le laisser seul, sinon il aurait fallu que je refuse de lui dire ce que je pensais, et on se serait disputés. Il n'avait pas bon caractère et quand il se fâchait on aurait cru qu'il était devenu fou*. »

Naturellement Vincent n'était guère plus objectif dans son jugement et ce n'est pas sans une certaine ironie un peu pincée qu'il

---

* Le texte est retraduit de l'anglais (*NdT*).

formule son opinion à propos de son ami : « *Aujourd'hui Milliet s'est déclaré satisfait de ce que j'avais fait : "Le champ labouré"; d'habitude il n'aime pas ce que je fais mais là, du fait que la couleur des mottes de terre est aussi douce qu'une paire de sabots, il n'a pas été choqué, avec le ciel bleu myosotis tacheté de nuages blancs.* »

Mais si Vincent acceptait à la rigueur les critiques formulées par son ami sur sa peinture, il ne pouvait admettre le goût affiché par le jeune homme pour la littérature populaire et il s'efforça d'améliorer la qualité de ses lectures. Pourtant, en dépit des différences qui les opposaient, les deux hommes semblent avoir conçu l'un pour l'autre une grande estime et quand Vincent eut besoin d'un modèle, en cette période pluvieuse de juillet, c'est Milliet qui vint à son aide en amenant un jeune soldat du régiment, un zouave qui allait poser pour le peintre en grand uniforme, avec ses culottes bouffantes rouges, le gilet bleu foncé brodé, et le fez orné de glands.

Si l'on excepte la nature morte représentant le service à café, c'était la première fois que la maison jaune servait d'atelier et il n'aurait pas pu y avoir d'image plus puissante pour inaugurer les lieux que ce Nord-Africain avec son visage hâlé et son uniforme chamarré. Quand Vincent était dehors, dans les champs, il y avait toujours les obligations imposées par la nature pour lui rappeler les limites de l'abstraction et le contraindre à une certaine discipline, mais enfermé entre quatre murs avec une figure aussi exotique en face de lui, il pouvait devenir aussi « japonais » qu'il le souhaitait.

J'ai enfin un modèle — un zouave! c'est un garçon à petite figure, à cou de taureau, à l'œil de tigre, et j'ai commencé par un portrait et recommencé par un autre; le buste que j'ai peint de lui était horriblement dur, en uniforme bleu des casseroles émaillées bleues, à passementerie d'un rouge orangé fané, avec deux étoiles sur la poitrine, un bleu commun et bien dur à faire.

La tête féline très bronzée coiffée d'un bonnet garance, je l'ai plaquée contre une porte peinte en vert et les briques orangées d'un mur. C'est donc une combinaison brutale de tons disparates, pas commode à mener.

L'étude que j'en ai fabriquée me paraît très dure, et pourtant je voudrais toujours travailler à des portraits vulgaires et même criards comme cela. Cela m'apprend, et voilà ce que je demande surtout à mon travail. Maintenant le deuxième portrait sera assis en pied contre un mur blanc.

C'est ce deuxième portrait, une toile célèbre, qui révèle jusqu'où pouvait aller Vincent : le triangle évasé de la culotte rouge du soldat domine le centre de la toile, le sol carrelé aux lignes fuyantes laisse le personnage isolé, coupé de toute appartenance à un lieu quelconque, un peu comme la geisha de l'estampe qu'il avait copiée à Paris. Il savait exactement ce qu'il cherchait à faire et il le déclara sans ambages : *En un sens, toute mon œuvre est fondée sur l'art japonais.*

Tout ce qu'il faisait maintenant dépassait les facultés de compréhension de son entourage. MacKnight vint le voir avec un ami, mais aucun des deux visiteurs ne formula le moindre commentaire. L'ami en question, un Belge de trente-trois ans nommé Eugène Boch, résidait à Fontvieille avec l'Américain. Peintre et poète, il présentait de nombreuses ressemblances avec Van Rappard. Son père était un industriel qui avait largement les moyens de satisfaire les caprices de son fils, comme il l'avait d'ailleurs déjà fait avec sa fille aînée qui poursuivait des études artistiques à Bruxelles quand le jeune Eugène avait décidé de suivre son exemple.

Boch avait fait un stage chez Cormon, où il avait rencontré Toulouse-Lautrec, bien qu'il se fût toujours considéré comme un peintre d'extérieur. En 1884, il avait visité l'Afrique du Nord, beaucoup plus attiré par les paysages exotiques que par les scènes de la vie orientale si appréciées de Gérôme. Étant donné les préoccupations actuelles de Vincent, la présence de cet homme qui avait été en contact avec cette terre de rêve, au-delà de la Méditerranée, dut le fasciner et il conçut pour lui une sympathie grandissante, à mesure qu'il le connaissait mieux, l'appréciant certainement beaucoup plus que l'arrogant MacKnight.

Il était intrigué par le visage étrangement chevalin du jeune poète, *un peu la tête d'un gentilhomme flamand du temps du compromis des nobles, du temps du Taciturne et de Marnix. Cela ne m'étonnerait pas du tout qu'il fût bon.* Quand il alla les voir tous les deux à Fontvieille, il trouva les œuvres de Boch acceptables, en dépit des efforts encore infructueux de l'artiste pour assimiler la technique des impressionnistes. Mais ce qui l'attirait le plus chez lui, c'était le fait étonnant que Boch était né à La Louvière, près du Borinage. Pourquoi son nouvel ami ne rentrait-il pas chez lui ? Il y avait certainement beaucoup plus à faire au pays des lauriers-roses et du soleil sulfureux qu'ici, en Provence ?

Qui mieux que Vincent aurait pu convaincre quelqu'un qui était né sous des ciels d'un jaune malsain, en vue des terrils gris et fumants, que cette région était une Mecque pour les artistes ? Finalement, les arguments de Vincent l'emportèrent et Boch rentra effectivement au pays ; il ne devait pas le regretter car les houillères furent à l'origine de ses tableaux les plus réussis : des images éthérées de fronts de taille fumants et de chaumières austères tapies à côté des sombres amoncellements de scories.

Derrière ces encouragements se cachait le désir encore vivace de Vincent de retourner dans les charbonnages. L'Afrique ou le Borinage — seul Vincent pouvait être déchiré entre de tels extrêmes.

Cet été-là, Théo avait envoyé quelques-unes des œuvres de Vincent en Hollande, comme prévu, mais aucune ne trouva preneur. Vincent dut se contenter du plaisir de savoir que ses productions étaient proposées aux regards des habitants de son pays natal, bien que Tersteeg continuât de manifester son opposition à l'art nouveau en prétendant que Sisley devait peindre ses paysages après avoir un peu trop forcé sur la bouteille... Théo avait de plus en plus de mal à traiter par le mépris de tels commentaires. Il commençait à s'inquiéter sérieusement de ne pouvoir vendre les œuvres qu'il aimait et en était arrivé au point de s'irriter pour de bon quand il réussissait à écouler un Meissonier ou un Bouguereau — les deux peintres qui étaient alors en vogue et dont il détestait cordialement les tableaux.

Vincent éprouva une autre contrariété en recevant de Tanguy un message qui contenait une facture concernant un achat d'accessoires qu'il avait omis de régler avant de quitter Paris. Vincent se récria, se bornant à reconnaître qu'il devait effectivement de l'argent mais uniquement à Bing à qui il avait pris quelques estampes japonaises, et accusant de mauvaise foi l'épouse de Tanguy, une mégère qui voulait absolument lui nuire. Comme Théo finit par régler les deux factures, on peut supposer que Vincent n'avait conservé qu'un souvenir assez confus de cette affaire. Contrairement à Gauguin, il semblait avoir une attitude assez désinvolte à l'égard de ses créanciers. Comme il lui arrivait rarement de toucher quelque argent, il voyait dans les réclamations des autres une sorte d'agression.

En fait, il était beaucoup plus soucieux d'assainir les finances de Gauguin que les siennes et maintenant, chaque fois qu'il demandait cinquante ou cent francs à Théo, il ne cessait de s'interroger sur les intentions de Gauguin concernant sa venue à Arles. Il y a quelque chose d'humiliant dans les supplications de Vincent et on ne peut que constater la coquetterie et le désir d'entretenir l'incertitude dont Gauguin faisait preuve chaque fois qu'il était question de ce projet.

Côté travail, tout ne marchait pas comme sur des roulettes non plus. Il tenta, sans succès, de se lancer dans la peinture religieuse, bien que ses motivations n'apparaissent pas très clairement.

J'ai gratté une grande étude peinte, un jardin des oliviers, avec une figure de Christ bleue et orangée, un ange jaune. Un terrain rouge, collines vertes et bleues. Oliviers aux troncs violets et carminés à feuillage vert, gris et bleu. Ciel citron.
Je l'ai grattée parce que je me dis qu'il ne faut pas faire des figures de cette portée sans modèle.

Heureusement, d'autres modèles se mirent à sa disposition, en particulier une jeune fille d'environ seize ans, qu'il appela la Mousmé, s'inspirant d'un personnage tiré du roman de Pierre Loti *Madame Chrysanthème*, qu'il venait de lire. Le fragilité orientale de l'adolescente était rehaussée par l'ampleur du bouquet qu'elle tenait à la main et par les dimensions inusitées de la chaise en bois courbé sur laquelle elle était assise, deux fois plus grande qu'en réalité, pour faire ressortir sa frêle silhouette et sa taille de guêpe.

C'est cette même chaise que l'on peut voir dans le portrait exécuté quelques semaines plus tard de Joseph Roulin, son « copain de bistrot », bien carré sur son siège, qui a été réduit cette fois pour mettre en valeur la taille et la force de l'homme.

Roulin avait pris la place de Tanguy dans la vie de Vincent : le solide homme du peuple, le vieux sacripant sur lequel on pouvait compter en cas de besoin. Les différents portraits que l'on a de lui font ressortir ce que Vincent appelait une *gravité silencieuse et de la tendresse pour moi, celle qu'aurait pu avoir un vieux soldat pour une jeune recrue.*

Roulin n'avait en fait que dix ans de plus que Vincent mais sa barbe et ses manières paisibles lui conféraient un air paternel, bien que la comparaison avec le défunt Theodorus parût bien étrange étant donné le temps qu'il passait avec son cadet dans les bars et les bordels du quartier. On a beaucoup parlé de leurs beuveries, si bien que Roulin est souvent présenté comme un alcoolique invétéré, mais les responsabilités auxquelles il avait à faire face dans l'exercice de son métier rendent cette interprétation bien invraisemblable.

Bien que Vincent le désignât sans cesse sous l'appellation de « Facteur Roulin », il avait depuis longtemps cessé de distribuer le courrier pour devenir l'agent postal de la gare, où il supervisait le déchargement des sacs postaux et leur acheminement soit vers le bureau d'Arles, soit vers celui de Marseille ou de Paris. Si l'on songe que beaucoup de gens envoyaient de l'argent par le courrier — Théo mettant toujours directement dans l'enveloppe les billets de cinquante ou de cent francs qu'il destinait à son frère —, on comprend alors que Roulin occupait en fait un véritable poste de responsabilité. Il ne devait d'ailleurs pas tarder à recevoir la médaille de bronze du service postal, puis la médaille d'argent, en récompense de ses loyaux services.

Il n'avait donc rien d'un alcoolique, même s'il lui arrivait de lever le coude de temps à autre et bien qu'il ne refusât jamais une occasion de s'amuser un peu. Il était né non loin de là, dans le petit village de Lambesc, où il s'était marié avec une dénommée Augustine. Après avoir effectué un stage plutôt déplaisant à Nice, il avait réussi à se faire muter à Arles et le couple s'était installé rue de la Cavalerie, à côté du restaurant Carrel, avec ses deux fils : Armand, dix-sept ans et Camille douze ans.

Quand Vincent lia connaissance avec la famille, Mme Roulin était de nouveau enceinte. Bien qu'elle eût dix ans de moins que son mari, ses maternités avaient considérablement épaissi sa silhouette. A l'opposé de Mme Ginoux, Augustine Roulin avait plutôt peur de Vincent. Contrairement à la femme de Tanguy, elle ne semble pourtant pas avoir pris ombrage à l'idée qu'il entraînait son mari au café, car elle savait fort bien que Roulin y serait allé de toute façon.

De son côté, Vincent trouvait leur ménage «exemplaire», tout comme celui qu'avaient formé ses parents, bien que la ressemblance n'allât pas plus loin, car à la différence du pasteur Theodorus, Roulin était un républicain convaincu en dépit du serment de fidélité à Napoléon III qu'il avait dû prêter lors de son entrée dans l'administration des postes, une vingtaine d'années plus tôt. Il était tout à fait homme à entonner une *Marseillaise* vibrante, ce qui transportait Vincent, en imagination, à l'époque de la Révolution dont la nation était sur le point de célébrer le centenaire.

Il ne faisait pas bon contredire le fougueux Roulin sur le terrain de la politique : comme on peut s'y attendre de la part de quelqu'un qui avait coltiné des monceaux de sacs postaux avant de se voir confier la responsabilité de veiller sur leur intégrité, il mesurait près de deux mètres de haut et avait très fière allure dans son uniforme bleu aux passementeries dorées.

Ce fils de paysan n'avait évidemment pas reçu une instruction très poussée, mais il possédait cette soif d'apprendre qui caractérise le travailleur doté d'une conscience politique, et il ne demandait pas mieux que de lire les livres que l'on pouvait lui recommander. Mais surtout, il était l'une des rares personnes qui appréciât sincèrement les œuvres de Vincent, en dépit de leur côté avant-gardiste, et quand on lui demandait de poser, il refusait énergiquement toute rétribution bien que son salaire de 135 francs mensuels lui laissât à peine de quoi payer son absinthe. Sa générosité ne manqua toutefois pas de grever lourdement le budget de Vincent car celui-ci avait accepté de le nourrir en échange de ses services, et alimenter un corps aussi gigantesque n'était évidemment pas une mince affaire!

A en juger d'après ce que Vincent écrivait sur lui à Théo et d'après les portraits eux-mêmes, le «facteur» semble avoir été un fort brave homme. Il avait, déjà à l'époque, le physique d'un Russe et finit, l'âge venant, par ressembler à Tolstoï avec sa large barbe blanche et sa calotte noire. Grâce à Roulin, Vincent avait enfin trouvé un modèle correspondant à ses premières intentions de peindre des gens ordinaires, car à tous égards le «facteur» était un homme du peuple. Plus encore que les De Groot et les Van Rooy de Nucnen, la famille Roulin en était venue à représenter une sorte d'idéal. Vincent les peignit tous : Armand, le jeune homme au regard triste, au moment où il allait partir pour l'armée; Camille, son jeune frère, toujour coiffé d'un petit chapeau coquin, et la petite Marcelline qui était venue au monde le dernier jour de juillet alors que Vincent travaillait à ses premières études préparatoires au portrait du père.

Attiré comme toujours par les enfants, Vincent fut subjugué par la manière dont son ami raffolait du nouveau-né et il peignit l'enfant que la mère tenait dans ses bras pour qu'on puisse l'admirer, et exécuta un certain nombre de portraits de la plantureuse Augustine, confortablement installée dans son fauteuil pour veiller sur l'enfant endormi.

Stimulé sans aucun doute par ces images de bonheur domestique, il se mit à la recherche de sujets similaires. Il y avait également dans son entourage un jardinier nommé Patience Escalier, qui avait été autrefois vacher en Camargue. C'était le modèle idéal, avec son bon visage tout ridé, sa blouse et son chapeau de paille de paysan. Vincent brûlait d'envoyer son portrait à Paris pour qu'on l'accrochât à côté de l'une des toiles de Toulouse-Lautrec, *parce que la qualité ensoleillée et brûlée, hâlée du grand soleil et du grand air se manifestera davantage à côté de la poudre de riz et de la toilette chic.*

Aux environs du 15 août, le sous-lieutenant Milliet partit pour Paris en emportant un colis de tableaux destiné à Théo et ce fut comme si une page de la vie de Vincent à Arles venait d'être tournée. Il avait vaguement envisagé de s'en aller lui aussi pour rejoindre Gauguin à Pont-Aven, mais il décida alors que c'était à Gauguin de venir dans le Midi, et telle une jeune épouse préparant la chambre nuptiale, il se lança dans l'exécution d'une série de tableaux de tournesols avec lesquels il allait décorer la Maison Jaune.

Bien que les beaux jours fussent revenus avec l'été, Gauguin ne constatait aucune amélioration dans son état de santé. Il souffrait encore de la solitude, son estomac et ses dettes continuaient à le tenailler et il lui parut plus facile d'accéder aux instances affectueuses de Vincent : il allait descendre dans le Sud. Mais soudain, à son grand soulagement, la situation changea. D'abord son ami Charles Laval, qui avait réussi à rentrer de la Martinique, vint le rejoindre. Laval, avec ses airs timides et ses yeux bleus pleins d'humilité qui vous imploraient à travers le pince-nez, correspondait tout à fait au genre de jobard qui pouvait lui prodiguer l'admiration dont il avait tant besoin.

Ils ne tardèrent pas à partir peindre dans la nature, et Laval, comme autrefois, écouta bouche bée le maître pérorer. Vincent pouvait attendre. D'autant qu'à la mi-août, Bernard arriva à son tour, débordant de théories et d'idées nouvelles, la tête pleine de projets. Lui aussi avait été relancé plusieurs fois par Vincent, mais il n'avait aucunement l'intention de se joindre à la communauté que leur ami semblait décidé à fonder en Arles.

Mais voilà que, faisant preuve d'un esprit de sacrifice assez insolite, Vincent se mettait à insister pour que Bernard quitte Saint-Briac où il s'était installé pour travailler, et vienne à Pont-Aven afin d'y retrouver Gauguin. Aux yeux de Vincent, toute communauté artistique, même s'il n'en faisait pas lui-même partie, valait mieux que l'isolement total.

La rencontre de Bernard et de Gauguin menaçait d'aboutir à des scènes assez explosives, comme autrefois. Le plus jeune des deux peintres avait encore évolué davantage vers la simplification des lignes et de la couleur, tandis que Gauguin avait marqué le pas. Mauvais signe ! Heureusement pour l'harmonie de leurs relations, Bernard avait décidé de jouer le rôle de disciple. La paix allait donc s'installer entre eux.

Pour renforcer encore cette cordialité inattendue, survint l'arrivée soudaine de la sœur de Bernard, Madeleine, âgée de dix-huit ans, que la mère accompagnait. Ils la peignirent tous cet été-là mais c'est Gauguin qui fit le plus joli portrait, avec ses cheveux ramassés en un haut chignon, une robe d'un bleu électrique qui rappelle le soupçon d'ombre de ses yeux en amande, et les mules brodées sur le sol, à côté d'elle. Le coin d'un tableau de Degas représentant des ballerines, qui est accroché sur le mur derrière elle, apparaît comme un hommage, ainsi que l'ensemble de l'ouvrage d'ailleurs. Il était amoureux d'elle et il n'avait pu résister à la tentation de montrer, par le regard un peu ironique qu'elle lance en biais, qu'elle savait très bien à quoi s'en tenir.

Ce portrait, à un autre égard, est une marque de reconnaissance envers la famille, car Gauguin avait été régénéré par ce qu'il avait vu des œuvres d'Emile Bernard. Plus jeune et beaucoup moins inhibé, Bernard avait exécuté à Saint-Briac des dessins possédant la simplicité des vitraux et la désinvolture des caricatures. En mai, le critique Édouard Dujardin avait donné le nom de « cloisonnisme » à ce style, se référant aux émaux du Moyen Age dans lesquels les aplats de couleurs crues sont séparés par des cloisons de métal. Dans le jeu de saute-mouton auquel se livraient les peintres rivaux, c'était Bernard qui se trouvait nettement en tête pour l'instant.

Il était également profondément attiré par le catholicisme, ce qui le sensibilisait aux obscures pratiques médiévales qui avaient encore cours chez les Bretons. Les toiles qu'il peignit à Pont-Aven commencèrent à combiner la vivacité des couleurs de l'art japonais avec le mysticisme et l'insolite que la clientèle du Chat noir appréciait tant.

En septembre, Bernard fit un portrait d'un groupe de Bretonnes portant leurs costumes de grande fête avec les tabliers et les coiffes aux formes compliquées, une fois terminé le pardon traditionnel, cette fête religieuse au cérémonial celtique, incompréhensible pour les étrangers, qui doit avoir son origine dans les rites druidiques. Dans cette œuvre, Bernard va beaucoup plus loin que ce que Gauguin avait jamais tenté. Le fond n'est rien d'autre qu'une étendue plate de couleur, les personnages ressemblent à des découpages d'enfant.

Pour ne pas être en reste, Gauguin lui emboîta immédiatement le pas avec une scène dans laquelle les mêmes Bretonnes sont rassemblées devant l'église et aperçoivent soudain une vision du sermon qu'elles viennent d'entendre : le combat de Jacob avec l'ange. Il y a moins de relief que dans les toiles martiniquaises mais les couleurs sont plus vives, plus audacieuses. Gauguin eut tout de suite l'intuition que c'était là le « quelque chose » de mal défini et d'inexprimé qu'il avait cherché si longtemps.

Il détestait qu'on lui rappelle sa dette envers son jeune ami et les deux hommes consacrèrent une grande partie de leur énergie, au cours des années suivantes, à revendiquer l'initiative de ce nouvel avatar, chacun dénigrant le rôle que l'autre avait pu jouer dans la mise au point de cette découverte.

Dans l'immédiat, tout se passa bien, car Bernard appelait Gauguin « Maître », et Gauguin lui donnait du « mon petit Bernard ». Et puis il y avait Madeleine. Ils prenaient leurs repas à une table qui leur était réservée, à l'écart de ceux que Gauguin appelait « la bande des crétins de Paris ». Tous les clients de l'auberge avaient l'habitude de fêter l'anniversaire de Marie-Jeanne et quand l'un des « crétins » protesta parce que Gauguin ajoutait une nature morte étincelante aux décorations que l'on était en train d'accrocher, Gauguin la signa « Madeleine B. » pour calmer le contestataire, en lui faisant croire que c'était la sœur de Bernard qui avait commis cette toile.

Gauguin était un peintre essentiellement intuitif, il laissait à Bernard le soin d'avoir les idées et de les articuler ensemble pour en faire des théories. L'aîné des deux hommes tirait le plus grand profit des explications prodiguées par son cadet. Il appréciait également beaucoup les lettres de Vincent, qui lui décrivait dans le moindre détail tout ce qu'il faisait, et Gauguin pouvait lui donner la réplique en dissertant sur sa philosophie de l'art, laquelle n'était en fait qu'une resucée de ce qu'il avait entendu à la table de Bernard pendant le repas précédent.

Certes, Théo était loin de vendre autant de toiles qu'il l'avait escompté, mais Gauguin tirait quelque réconfort de l'idée que les Van Gogh s'intéressaient à son sort, car il avait désespérément besoin de se savoir soutenu. Mais l'argent demeurait son problème principal, les dettes n'ayant pas encore été toutes payées.

Sans cesse relancé par Vincent, Théo avait maintenant deux peintres à entretenir. Son salaire de sept mille francs par an, à quoi s'ajoutaient les commissions, était suffisant pour lui permettre de tenir son rang mais il n'avait tout de même pas assez d'argent pour jouer les mécènes. Pourtant, malgré la distance qui les séparait, Théo avait beaucoup de mal à refuser quoi que ce soit à son frère. Sa présence dans l'appartement l'avait épuisé au-delà de toute mesure, mais maintenant qu'il était seul il avait l'impression qu'un être cher avait disparu de son existence.

En avril, Andries Bonger épousa Anne Van der Linden, sa fiancée, et le jeune couple alla s'installer à Passy. Bien que Théo les vît de temps en temps chez lui, il regrettait l'époque où il prenait tous les jours ses repas avec son ami. En mars, il avait logé un locataire, le peintre hollandais Arnold Konig, qui avait été malade, lui aussi, et traité par le Dr Rivet. Mais aussitôt guéri grâce aux préceptes du praticien, qui recommandait une vie saine avec un petit déjeuner copieux, Konig était reparti pour la Hollande. Bien que d'autres locataires, comme Mounier-Petersen, aient pris la suite de temps à autre, Théo n'en demeurait pas moins seul la plupart du temps.

Pour ne rien arranger, il recommençait à avoir des problèmes avec Boussod et Valadon. Il avait du mal à conserver l'usage de sa galerie du premier étage, lui qui ne pouvait pas espérer tirer plus de 150 francs d'une toile de Renoir alors que la galerie principale de la place de l'Opéra achetait 27 000 francs un portrait exécuté dans l'atelier de Cabanel et le revendait 30 000 francs quelques heures plus tard. La différence était beaucoup trop considérable pour passer inaperçue. On pouvait réaliser un bénéfice de 30 000 francs — 6 000 dollars à l'époque — en vendant un seul tableau de Gérôme. Il n'y avait donc rien d'étonnant à ce que Boussod et Valadon le trouvent stupide de vouloir écouler une marchandise impossible à vendre la plupart du temps, ou tout juste susceptible de rapporter quelques centaines de francs au grand maximum !

Ses relations avec ses employeurs étaient si tendues que Théo évitait systématiquement d'exposer les œuvres de Vincent, de peur qu'on ne l'accuse de favoritisme. Et pourtant il demeurait aussi déterminé que son frère, manifestant un courage qui jurait étrangement avec son caractère réservé. Le poète symboliste Gustave Kahn l'a décrit en train de montrer timidement un Renoir à un client : « Livide, blond, et si lugubre qu'il donnait l'impression de présenter les tableaux comme il aurait tendu une sébile pour recevoir l'aumône. »

Mais Kahn continue en disant que malgré sa réserve Théo manifestait une telle conviction sur la valeur de la nouvelle peinture qu'il réussissait tout de même une vente de temps à autre et s'il lui manquait le bagou du camelot, il n'en était pas moins un critique excellent qui pouvait discuter avec les peintres et les écrivains comme « un amateur éclairé ».

Indiscutablement, Théo aurait mérité mieux que d'avoir cet égocentrique de Gauguin au nombre de ses protégés — le peintre ne prenait même pas la peine de bien orthographier son nom, écrivant presque toujours « Van Gog » dans sa correspondance. Affichant même un certain détachement à l'égard des choses de ce monde, Gauguin alla jusqu'à remettre sur le tapis l'idée que Théo devrait créer une espèce de coopérative d'artistes dont il assurerait le financement tandis que lui, Gauguin, se chargerait, gracieusement, de la gestion.

En temps normal, Théo n'aurait jamais pu trouver les fonds nécessaires pour réaliser cette opération. Il versait déjà 150 francs à Vincent, le quart de son traitement de base, commissions non comprises. Mais en juillet sa situation se modifia avec la mort de l'oncle Cent, qui lui avait laissé un héritage.

Vincent fut terriblement mortifié d'avoir été tenu à l'écart mais il faut bien reconnaître qu'il n'avait aucune raison d'espérer quoi que ce soit. De toute manière, Théo s'empressa de préciser qu'il n'avait aucunement l'intention de garder cet argent pour lui : il allait le consacrer à leur projet de communauté artistique. Il écrivit donc à Gauguin pour lui dire qu'il toucherait aussi une somme de 150 francs par mois, ce « salaire » lui étant versé à l'avance en échange des toiles qu'il confierait à la galerie.

Bien que Théo eût réitéré avec une certaine insistance le souhait de Vincent que Gauguin aille le rejoindre à Arles, où ils pourraient partager les frais et utiliser l'argent au mieux, la seule réaction de Gauguin à cette proposition fut d'écrire au « brave vieux Schuff » pour lui faire part de sa méfiance : selon Gauguin, le Hollandais spéculait secrètement sur ses œuvres dont il cherchait à s'assurer le monopole.

Inconscient des soupçons dont il était l'objet, Théo continua d'insister pour que Gauguin tienne sa promesse de partir pour Arles où Vincent se réjouissait de plus en plus de le voir arriver d'un moment à l'autre. Gauguin ne savait trop quel parti prendre. Il connaissait un peu le Midi ; en 1883 il avait visité le musée Fabre de Montpellier, où il avait exécuté une copie du *Portrait de la mulâtresse Aline*, de Delacroix, dont il s'était inspiré par la suite pour ses « négresses » de la Martinique. Mais quels pouvaient être les attraits de la Provence comparés aux mystères de la Bretagne et à la présence de Madeleine ?

Vincent ne pouvait guère penser à autre chose qu'aux préparatifs nécessités par l'arrivée imminente de Gauguin. Il alla même jusqu'à choisir les modèles de ses tableaux parmi ceux qui pourraient fournir une décoration satisfaisante pour la chambre de son invité, et c'est la raison pour laquelle il se mit une fois de plus à exécuter des études de fleurs.

Naturellement, il avait déjà peint des tournesols à Paris, mais ce n'avaient jamais été ces fleurs tourmentées dans leur quête du soleil qu'il couchait maintenant sur la toile. Elles sont d'un jaune qui hurle, certaines disposées dans un vase jaune sur une table jaune ; les unes violemment vivaces, brûlées de soleil, d'autres mortes, flasques, épuisées, mais ce n'est pas la mort paisible du véritable tournesol quand il vire au brun sec avant de disséminer ses graines luisantes. C'était la mort par auto-immolation, un suicide jaune. Et, tout en même temps, il y a ce merveilleux soleil vivifiant de la Provence et *ce diable mistral* ; la vie et la mort rassemblées côte à côte.

Avant de commencer à peindre, il avalait d'innombrables tasses de café noir très fort, pour s'exciter délibérément afin de réussir à trouver cette *note aiguë du jaune*. C'était là un jeu dangereux. Il passait parfois toute la journée à travailler dans les vergers et les champs puis, le soir, déversait dans ses lettres à Théo toutes les idées qui lui passaient par la tête : comment il fallait procéder pour vendre ses toiles, pour créer sa colonie d'artistes, ou ce qui le préoccupait le plus au moment où il rédigeait ses missives.

La plupart du temps, il restait toute la journée sous un soleil de plomb, sans autre protection contre la chaleur intense qu'un vieux chapeau de paille, et s'obligeant à travailler comme un forcené. Il avait tellement tardé à se lancer dans la peinture ! Aurait-il assez de temps à sa disposition ? Quand le soir venait, il rentrait à la ville et s'asseyait à une terrasse de café pour avaler les absinthes et les cognacs les uns après les autres, jusqu'au moment où, ses pensées enfin anesthésiées, il pouvait regagner sa chambre en titubant pour dormir ou se traîner dans la « maison » de Mme Virginie afin d'y trouver un peu de chaleur humaine.

Les contrastes surgissaient de toutes parts. Seul et éloigné des artistes résidant dans la capitale, il avait réalisé de grandes choses, mais il se languissait de Gauguin — qu'il savait pourtant être le plus exigeant de tous —, car seul Gauguin pouvait transformer son existence. Parfois, il était en proie au doute : peut-être vaudrait-il mieux que Gauguin ne vienne pas, il ne se plairait peut-être pas à Arles... Non, il fallait qu'il vienne ! Théo allait y veiller. Les lettres circulaient en un va-et-vient triangulaire : Arles, Paris, Pont-Aven. Si Gauguin était préoccupé, il se contentait de ne pas répondre.

Les semaines passant, les dettes et les doutes reprenaient le dessus et Gauguin se remettait à écrire, suscitant de nouveaux espoirs de le voir arriver dans le Sud. Une fois de plus, Vincent acheta des meubles, fit installer le gaz, exécuta d'autres tableaux pour décorer la chambre de son invité.

Les contradictions se retrouvaient également dans ses œuvres. Il fit un nouveau portrait du vieux Patience Escalier, mais il lui fallait autre chose.

Je voudrais faire le portrait d'un ami artiste, qui rêve de grands rêves, qui travaille comme le rossignol chante, parce que c'est ainsi sa nature. Cet homme sera blond. Je voudrais mettre dans le tableau mon appréciation, mon amour que j'ai pour lui.

Je le peindrai donc tel quel, aussi fidèlement que je pourrai pour commencer.

Mais le tableau n'est pas fini. Pour le finir je vais maintenant être coloriste arbitraire.

J'exagère le blond de sa chevelure, j'arrive aux tons orangés, aux chromes, au citron pâle.

Derrière la tête, au lieu de peindre le mur banal du mesquin appartement, je peins l'infini, je fais un fond simple du bleu le plus riche, le plus intense que je puisse confectionner, et par cette simple combinaison la tête blonde éclairée sur ce fond bleu riche obtient un effet mystérieux comme l'étoile dans l'azur profond.

Il ne saurait y avoir de meilleure description de sa croyance dans les propriétés symboliques de la couleur. Rien n'était dû au hasard, aucune naïveté dans ses méthodes ; il entreprit d'exécuter un portrait en se conformant point pour point à ce programme, car c'est au poète Eugène Boch qu'il avait pensé.

Au grand soulagement de tous, MacKnight était parti pour Paris à la fin du mois d'août, si bien que désormais Vincent et Boch pouvaient se voir davantage. Malheureusement, le jeune Belge allait bientôt regagner le Borinage, sur les conseils de Vincent, et celui-ci était maintenant de nouveau en proie au sentiment de solitude qu'il avait si bien connu autrefois. Il ne parlait pas le provençal et souffrait d'être tenu à l'écart. Certes Roulin était un bon « copain de bistrot » mais Vincent avait besoin de quelqu'un avec qui il pouvait discuter de problèmes artistiques.

Une fois Boch parti, Vincent n'eut plus, pour toute perspective, que l'espoir de voir enfin arriver Gauguin. Il ne mangeait pratiquement plus et buvait trop de café, avalant tasse sur tasse, ruinant sa santé. Il commença à veiller la nuit, reprenant le ciel étoilé qui lui avait servi de fond pour le portrait du poète afin d'en amplifier encore le sentiment de l'infini ; il y eut aussi une vue nocturne sur l'autre rive du Rhône telle qu'il pouvait la contempler tout près de chez lui, et l'extérieur brillamment éclairé du café de la place du Forum.

Il plantait des bougies autour des bords de son chapeau pour voir l'effet produit par ses couleurs. Tout cela lui rappelait les histoires qu'il avait entendues à propos de Monticelli qui travaillait à la lueur de la chandelle. Si les gens du quartier avaient eu des doutes sur son équilibre mental, maintenant ils étaient fixés quand ils le voyaient aussi bizarrement accoutré en train de peindre... la lune !

Une fois de plus, on constatait un net contraste : à l'extérieur, il trouvait de vastes espaces vides constellés d'étoiles, mais quand il peignait l'intérieur du café de l'Alcazar, la nuit, sur le côté est de la place Lamartine, il révélait un monde interlope sur lequel les lampes à gaz jetaient des lueurs d'un rouge et d'un vert crus, là où ceux qu'il appelait les « rôdeurs nocturnes » venaient chercher refuge. Un billard inutilisé occupe le centre de la salle, la pendule accrochée au mur dit qu'il est une heure, un serveur fixe un regard vide en direction de l'artiste, des personnages sont effondrés sur les tables de marbre, perdus dans un sommeil tourmenté. Le conflit entre les couleurs discordantes et les humains épuisés vous met les nerfs à fleur de peau.

Et puis, soudain, la nouvelle arrive de Pont-Aven : Gauguin va venir ; Bernard et Laval l'accompagnent.

Théo va devoir envoyer de l'argent pour l'achat des articles suivants :

Table à toilette avec commode	*40 francs*
4 draps	*40 francs*
3 tables à dessiner	*12 francs*
Fourneau de cuisine	*60 francs*
Couleurs et toiles	*200 francs*
Cadres et châssis	*50 francs*

Ses espérances ont atteint un niveau dangereux :

Eh bien, oui, je me le reproche, mais enfin j'ai l'amour-propre de faire par mon travail une certaine impression sur Gauguin, je ne peux pas faire autrement que désirer de travailler seul, avant qu'il vienne, le plus possible. Sa venue me changera dans ma façon de peindre et j'y gagnerai, j'ose croire, mais tout de même je tiens un peu à ma décoration, qui est de la barbotine, presque.

Ces lignes avaient été écrites par une de ces belles journées, ces journées *superbes*. Les tableaux montaient dans les chambres, les meubles arrivaient dans la maison. A la mi-septembre, tout était pratiquement prêt. Il emménagea, ravi d'avoir enfin son logis bien à lui, libéré de la contrainte des hôteliers. Le temps était particulièrement clément, ce qui n'avait pas été toujours le cas, loin de là, au cours d'une année remarquable par son instabilité, alors qu'une chaleur accablante avait alterné avec des périodes désespérantes pendant lesquelles le mistral avait sévi.

Mais, comme par le passé, ces beaux jours ne pouvaient durer. Des orages inhabituels pour la saison éclatèrent. Bloqué une fois de plus dans sa chambre, il fit le portrait de Milliet, qui venait de rentrer, vêtu de son uniforme, le képi crânement incliné sur la tête, à la manière des « coloniaux », devant le drapeau émeraude des zouaves avec son croissant et son étoile dorée. Mais le sous-lieutenant était trop agité pour faire un bon modèle.

Alors qu'il attendait encore l'arrivée de Gauguin, Vincent décrivit ses sentiments dans une lettre, avec une humilité presque servile :

Pour la chambre où vous logerez j'ai bien exprès fait une décoration, le jardin d'un poète...

Et j'eusse voulu peindre ce jardin de telle façon que l'on penserait à la fois au vieux poète d'ici (ou plutôt d'Avignon) Pétrarque et au nouveau poète d'ici — Paul Gauguin...

Quelque maladroit que soit cet essai vous y verrez tout de même, peut-être, que j'ai pensé à vous en préparant votre atelier avec une bien grosse émotion.

Gauguin transmit cette lettre au « brave vieux Schuff », sans doute pour démontrer à son admirateur qu'il avait maintenant un rival.

Vincent avait également, dans sa lettre à Gauguin, suggéré un échange de portraits. Il fit l'emplette d'un petit miroir de manière à commencer le sien en attendant la réponse de son ami. Pendant ce temps, en Bretagne, on discutait de cette idée, à table, dans la salle de l'auberge. Gauguin entreprit de peindre Bernard, mais ne réussit pas à bien rendre l'effet qu'il voulait produire et ils décidèrent alors tous de réaliser des autoportraits.

Quand Gauguin eut terminé le sien, il envoya à Vincent une explication sur la symbolique de l'ouvrage : l'éclat de la peau, dit-il, était le feu de la créativité, le fond jaune et plat représentait la pureté de l'artiste impressionniste, et le fait que la toile était signée « les Misérables », indiquait qu'un tel artiste était dans la même situation que le Jean Valjean de Victor Hugo, ce héros solitaire, traqué par le monde entier. Dès qu'ils eurent lu ces lignes, les deux frères Van Gogh devinèrent ce que Gauguin voulait dire en réalité et ils lui écrivirent aussitôt pour le rassurer, affirmant que s'il acceptait de se rendre à Arles on prendrait bien soin de lui.

Quant à Vincent, il envoya à Gauguin une description du portrait qu'il avait exécuté :

J'ai un portrait de moi tout cendré. La couleur cendrée qui résulte du mélange de véronèse avec la mine orangée sur fond de véronèse pâle, tout uni à vêtement brun rouge. Mais exagérant moi aussi ma personnalité, j'avais cherché plutôt le caractère d'un bonze simple adorateur du Bouddha éternel.

En somme, Vincent donnait l'impression d'être le moine novice qui attend humblement l'arrivée de son supérieur monastique, ce qui ne pouvait que flatter le destinataire de ces lignes. Pourtant, quand on eut effectivement échangé les portraits, Gauguin dut se poser quelques questions car loin de paraître totalement serein et imprégné d'une dévotion bouddhiste, Vincent fait plutôt penser à un criminel, avec son crâne rasé, son œil méfiant, et l'air égaré d'un individu dangereux. Ce cadeau fait à Gauguin pouvait sembler un acte prémonitoire étonnant, une sorte de mise en garde. Mais Gauguin avait décidé de partir une fois pour toutes. Rien n'aurait pu le faire changer d'avis.

D'ailleurs Théo lui força la main en acceptant de lui prendre un lot de tableaux afin de lui permettre de régler ses dettes. En outre, il lui avançait le prix du voyage en échange de la promesse que Gauguin lui enverrait ses futures toiles. Il devenait donc impossible de tergiverser davantage.

L'imminence de son arrivée avait mis Vincent dans un état de nervosité extrême ; il ne mangeait pratiquement plus et consommait encore davantage de café et d'absinthe en compagnie de Roulin. Et si Gauguin ne venait pas ? Arles allait peut-être lui déplaire ? Pourvu qu'il fasse beau ! Et si... ?

Dans un effort désespéré pour mettre en valeur le logis qu'il avait préparé, il exécuta un tableau représentant sa chambre située au premier étage : un lit jaune, deux chaises jaunes, une serviette jaune, une lumière jaune derrière une unique fenêtre. A côté de la fenêtre se dresse une table couleur de sable sur laquelle il a mis ses objets de toilette, une cruche et une cuvette, son rasoir à main et une carafe d'eau. Au mur est accroché le miroir qu'il a acheté pour se peindre lui-même. Les portraits de Roulin et de Boch sont suspendus au-dessus du lit, dont la courtepointe rouge apporte la seule note vibrante dans cette symphonie jaune d'or. Le mur du fond semble s'incliner en formant un angle bizarre, et ce détail a souvent été interprété comme un signe d'instabilité mentale. La vérité est beaucoup plus simple : la pièce n'était pas un rectangle parfait et Vincent l'avait représentée exactement comme elle était.

Il dit à Théo que tous les éléments de ce tableau devaient suggérer le repos ou le sommeil et, de fait, rien ne pouvait mieux évoquer la sieste silencieuse et chaude d'un après-midi d'été en Provence.

En fait, ce n'était là que le fruit de son imagination, bien entendu. La réalité, c'était que, comme pour l'appartement de Théo à Paris, il régnait dans la Maison Jaune un désordre indescriptible. Il donnait à une femme du quartier un franc pour qu'elle vienne deux fois par semaine faire le ménage, mais rien ne pouvait endiguer le flot de détritus qu'il semait de toutes parts. L'emplacement où il travaillait était jonché de taches de peinture, les tubes à demi vidés laissant échapper la couleur car il négligeait toujours de les reboucher.

Pourtant, comme le montrait ce tableau, il y avait en lui une sorte d'aspiration à l'ordre, une ambition qui s'était manifestée quand il avait tenté de vivre avec Sien. Mais à mesure que l'arrivée de son invité semblait plus imminente, une espèce d'hystérie l'avait saisi, et pour la première fois il admit même, dans une lettre à Théo, qu'il était au bord de la folie.

Juste au moment où il avait commencé à se trouver, à maîtriser toutes les contradictions qui l'avaient troublé à Paris, il retombait une fois de plus dans l'insécurité du novice qui attendait... quoi ? Il était lui-même à peine capable de le préciser. Toute certitude s'était envolée, envolée avec l'argent de la nourriture, qu'il avait dépensé en meubles et en cadres coûteux pour les « décorations ».

Et si Gauguin, une fois arrivé à Arles, ne parvenait pas à trouver la maison ? Il alla porter l'autoportrait de Gauguin à Joseph Ginoux en lui demandant de guetter le visiteur. Il n'avait aucune idée de la date de sa venue, mais la nuit du 22 octobre sa nervosité exacerbée dut cesser de le tourmenter car il dormit bien et longtemps. Jusqu'au moment où de violents coups frappés à la porte l'éveillèrent en sursaut.

Gauguin ne serait peut-être jamais parti de Pont-Aven si les choses ne s'étaient pas brusquement gâtées chez les Gloanec. Il devait à Marie-Jeanne une somme considérable pour sa pension ; deux prêtres de la paroisse avaient refusé son offre d'accrocher dans leur église sa *Vision après le sermon : combat de Jacob avec l'Ange*. Ensuite il apprit que Madeleine avait un penchant pour Charles Laval, qui se révélait beaucoup moins effacé et soumis qu'il ne l'avait cru : ils parlaient même de se marier ! De toute manière, Bernard étant sur le point d'aller faire son service militaire, la jeune fille et sa mère allaient bientôt rentrer à Paris.

Ayant donc décidé de partir, il fut alors assailli par les incertitudes de Vincent qui se demandait s'il trouverait tout à son goût dans le Midi. Gauguin décida de n'y point prêter attention, envoya à Madeleine une courte lettre d'adieu pleine de tristesse, et monta à bord de l'omnibus qui allait l'emmener en Provence.

Le voyage dura deux jours et deux nuits. Il arriva, complètement épuisé, à cinq heures du matin, le 23 octobre. Le train ayant de l'avance, il ne trouva personne pour l'accueillir, et il était transi de froid. Il n'avait aucune idée de la direction qu'il fallait prendre et doutait fort que quelqu'un puisse le renseigner à cette heure.

Il y avait deux cafés éclairés et manifestement ouverts : le café de la Gare, à deux pas de là et, un peu plus loin, sur la même place, l'Alcazar. Il entra dans celui qui était le plus près. Le patron surveillait d'un œil sans doute attentif sa clientèle nocturne mais, à la grande surprise de Gauguin, le patron leva soudain les yeux, l'examina un moment et annonça avec une certaine satisfaction : « C'est vous, le copain ! »

Ainsi reconnu par M. Ginoux, Gauguin put obtenir les renseignements dont il avait besoin. Son guide lui indiqua le chemin de la place Lamartine et lui dit comment atteindre la maison jaune au double fronton. Comme il était encore très tôt, Gauguin attendit un moment, mais dès que le jour se fut levé, il décida d'annoncer son arrivée.

On imagine aisément la surexcitation de Vincent arraché ainsi au sommeil par le maître qu'il attendait depuis si longtemps. Dévoré par une anxiété pathétique, il voulait que Gauguin appréciât tout : la maison, Arles, ses œuvres. Mais le nouveau venu observait un mutisme total : il avait débarqué dans une porcherie. Et il y avait ces « décorations » que l'autre avait accrochées avec tant d'amour. Gauguin balaya du regard ces ornements aux couleurs violentes et se mordit les lèvres pour ne pas répondre.

Vincent voulut à tout prix montrer à son ami les charmes de

la ville et se répandit en louanges sur la beauté des Arlésiennes. Pourtant, Gauguin ne manifesta guère d'enthousiasme. Une visite «hygiénique» à l'un des lupanars préférés de Vincent l'impressionna plus favorablement et on convint de renouveler l'expérience. Ils se mirent au travail le lendemain matin; l'atelier du Sud, la grande ambition de Vincent, était en marche.

La plus grande part de ce que nous savons sur leur vie commune provient des souvenirs de Gauguin *Avant et Après*, écrits quinze ans plus tard, à une époque où il était tenaillé par le désir de justifier son propre rôle dans la tragédie qui allait se dérouler à Arles, car tout le monde s'accordait alors pour considérer qu'il avait eu un comportement répréhensible. Malheureusement pour lui, l'insistance pompeuse avec laquelle il affirme que tout ce qui était bien venait de lui tandis que Vincent avait été à l'origine de tout ce qui avait mal tourné, ne réussit qu'à convaincre ses détracteurs de sa mauvaise foi.

La façon dont il relate les incidents qui ont émaillé leur existence est si partiale et parfois même si absurde — il va jusqu'à affirmer que Vincent ne savait plus écrire en hollandais —, que beaucoup ont réagi en refusant d'accorder le moindre crédit à ses propos. En outre, l'influence artistique exercée par Gauguin sur Van Gogh est souvent considérée comme désastreuse. Certains prétendent même qu'en intervenant comme il l'avait fait dans le travail de Vincent, Gauguin s'était rendu responsable de la tournure qu'avaient prise les événements et que c'était l'influence maléfique qu'il avait exercée sur son ami qui avait provoqué les horreurs que nous connaissons si bien.

Aucune de ces conclusions n'est corroborée par les faits, et s'il est exact que l'on doit accueillir avec circonspection sa relation du séjour qu'il a effectué à Arles, il n'en demeure pas moins que l'essentiel de ce qu'il a écrit est confirmé par d'autres sources. La plus grosse erreur que l'on puisse commettre a consisté à considérer que des événements d'une importance capitale aussi bien pour l'un que pour l'autre s'étaient échelonnés sur un laps de temps assez long. En fait, Gauguin ne resta à Arles que durant quelques semaines. Arrivé le 23 octobre, il allait repartir deux mois plus tard, presque jour pour jour.

Ce fut d'ailleurs là le point qui allait le plus détériorer leurs relations : pour Gauguin, il ne pouvait s'agir que d'une brève visite, six mois tout au plus peut-être, avant qu'il ne reparte pour les tropiques, tandis que Vincent était obsédé par l'idée que son ami devrait rester au moins un an afin que d'autres artistes se sentent encouragés à venir se joindre à eux.

Dès que Gauguin faisait allusion à son départ, Vincent s'en trouvait profondément perturbé, si bien que, dès le début, tout se passa comme si une bombe à retardement menaçait d'exploser à tout instant. Cette crainte amena Vincent à se montrer d'une humilité extrême avec son ami, satisfaisant ses moindres caprices, acceptant servilement ses jugements pour se plier à tous ses désirs. Toutefois il serait erroné de prendre pour argent comptant les affirmations de Gauguin quand il prétend qu'il avait la haute main sur les méthodes de travail de Vincent. Celui-ci évoluait déjà vers l'abstraction avant même l'arrivée de son ami, et si ce mouvement s'accentua encore sous les directives de son nouveau maître, ce fut surtout parce que, de toute façon, il avait lui-même décidé de s'orienter dans cette voie.

Il est certes très facile d'éprouver une certaine antipathie à l'égard de Gauguin, si l'on s'en tient à l'éclairage défavorable qu'il projette lui-même sur sa propre conduite, mais il est essentiel de se souvenir qu'il souffrait lui aussi de la solitude et qu'il était soumis à des tensions considérables : il situait son œuvre à une distance telle des canons artistiques en usage à l'époque qu'il lui était fort difficile de dire si ce qu'il faisait avait la moindre valeur.

Placé dans la même situation, Vincent trouvait un refuge dans son rêve, complètement irréaliste, de fonder une communauté d'artistes. Ce recours à l'utopie peut paraître beaucoup plus humain, plus sympathique que le masque d'arrogance et de confiance en soi dont Gauguin préférait se parer, mais en fait les deux réactions étaient l'une et l'autre destinées à assurer la survivance de deux êtres accablés par l'isolement.

Arrogant et difficile à vivre, Gauguin dut l'être, mais nombreux furent ceux qui réussirent à percer le masque. Des années plus tard, son fils Émile, qui avait pourtant toutes les raisons du monde de se sentir abandonné par un père toujours parti par monts et par vaux, évoquait son personnage avec une affection profonde. Quant à Vincent, jusqu'à son dernier jour, il le considéra comme son meilleur ami.

En dépit de son laconisme plutôt exaspérant, Gauguin ne ménagea pas ses efforts pour que la vie commune démarre sur des bases satisfaisantes. Vincent avait toujours dit que le principal avantage de ce système était que deux personnes pouvaient aussi bien vivre qu'une seule avec l'argent envoyé par Théo : Gauguin se mit donc en devoir d'appliquer ce principe. Il commença par déclarer la guerre au gaspillage, tout en faisant ce qu'il fallait pour améliorer l'ordinaire.

L'argent du « ménage » fut rangé dans une boîte et il donna la priorité à certaines dépenses essentielles : les besoins « hygiéniques » venaient en tête, suivis par le tabac alors qu'au bas de la liste figurait le paiement du loyer. Il y avait également dans la boîte un papier et un crayon pour que chacun puisse noter les sommes qu'il prélevait.

Dans un autre coffret on mettait l'argent pour la nourriture, le total étant divisé en quatre pour savoir de combien on pouvait disposer le jour où on faisait les courses. Sur la suggestion de Gauguin, ils cessèrent d'aller au restaurant voisin. C'est lui qui ferait la cuisine. On devine aisément pourquoi car un jour Vincent voulut préparer la soupe, mais il avait dû s'y prendre de la même manière que pour faire ses mélanges de couleurs sur ses tableaux. Aucun des deux hommes ne put réussir à l'avaler. Voilà qui en dit autant sur l'opinion qu'avait Gauguin des œuvres de Van Gogh que sur celle qu'il professait quant à ses talents culinaires.

Gauguin nous parle également de la façon dont il réagissait aux œuvres de Vincent. Il trouvait l'intérêt que ce dernier manifestait pour les œuvres de Monticelli, avec ces empâtements énormes, absolument inacceptable, et les méthodes de Vincent lui paraissaient brouillonnes et incontrôlées, bien que Gauguin reconnût préférer ses tournesols à ceux de Monet. Vincent témoigna alors d'un plaisir touchant, tout en s'affirmant bien décidé à ne pas se laisser tourner la tête par de telles flatteries.

Il convient d'ailleurs de préciser qu'au cours des trois premières semaines de leur vie commune, Gauguin n'eut pas une attitude très claire vis-à-vis de ce que Vincent avait fait. Il entreprit même un portrait de Mme Ginoux qui n'était rien d'autre qu'un hommage à son hôte. Non seulement parce qu'il avait disposé au fond du tableau *Le zouave* et *Le facteur Roulin*, mais aussi par son utilisation des rouges et des verts complémentaires qui évoquait tout à fait le *Café de nuit* de Vincent.

Si surprenant que cela puisse paraître venant de lui, il alla jusqu'à le reconnaître dans une lettre qu'il écrivit à Bernard, bien que ce fût surtout pour se plaindre du résultat, qui lui déplaisait, et expliquer qu'une telle utilisation de la couleur pouvait convenir à d'autres mais l'avait toujours rempli d'appréhension.

Cela mis à part, ils firent beaucoup de choses ensemble au cours de ces premières semaines : ils se promenèrent dans la nature pour peindre les mêmes sujets. S'il y avait des différends, ils apparaissaient beaucoup plus dans leurs discussions sur l'art que dans les œuvres qu'ils exécutaient effectivement. Comme Vincent était encore très réceptif à tout ce que pouvait lui dire Gauguin, les frictions se réduisaient à leur plus simple expression.

Vincent était littéralement subjugué par le récit des voyages de son ami : l'enfance au Pérou, la jeunesse sur les océans, les mésaventures en Martinique. Quand ils rencontraient Milliet dans un bar, les deux voyageurs pouvaient confronter leurs expériences. Le troisième régiment de zouaves avait enfin reçu son ordre de route et, le 1er novembre, le sous-lieutenant et ses hommes allaient partir pour Marseille, dernière étape avant l'Afrique du Nord. Cette nouvelle suscita quelque inquiétude chez Vincent car elle parut réveiller en Gauguin le désir de retourner vers les tropiques. Mais il s'efforça de partager ce rêve. Lui aussi émigrerait un jour, en Afrique, par exemple, et la Maison Jaune deviendrait un lieu d'accueil pour les artistes du Nord en partance pour le Sud.

Gauguin écouta le récit que faisait Milliet de la campagne du Tonkin et envisagea un séjour en Orient. Quand il se retrouvait seul avec Vincent dans la Maison Jaune, il peaufinait ses anecdotes, flatté par l'attention que lui prêtait son auditeur, et de plus en plus persuadé d'incarner le personnage de l'aventurier « sauvage » de sa propre légende, ce qui l'incitait encore davantage à reprendre ses voyages.

Mais, pour l'instant, la cohabitation avec les Van Gogh lui réussissait plutôt : Théo avait exposé ses œuvres à la galerie et il écrivit pour dire que Degas les avait beaucoup admirées. Il parvint même à en vendre quelques-unes. Gauguin se révéla un homme d'intérieur tout à fait accompli ; il acheta une commode et quelques ustensiles de cuisine. Vincent fut étonné de voir les talents de cordon bleu de son ami. Bref, ils devaient l'un et l'autre commencer à se porter mieux ; malheureusement ils continuaient de boire avec excès. C'était la faille du système que Gauguin avait si bien établi ; après avoir imposé de sages mesures de modération, il jetait tout à coup ses bonnes résolutions par-dessus les moulins et on allait faire une foire à tout casser.

Certes, ces accès de folie devaient amuser Roulin qui ne refusait jamais une occasion de vider quelques verres, mais Vincent s'en trouvait complètement déstabilisé ; il lui fallait de la discipline et de l'ordre, et non de folles nuits à l'Alcazar suivies de périodes où il fallait tirer le diable par la queue en économisant les bouts de chandelle.

Milliet partit en emportant leurs portraits. Le poste « hygiénique » de leur budget prenait une importance croissante, mais ils parvinrent à réduire leurs dépenses en fournitures grâce à Gauguin, qui acheta à vil prix une pièce de toile d'emballage sur laquelle ils réussirent à peindre. Vers la mi-novembre, Gauguin se sentant plus sûr de lui, fut moins enclin à passer sous silence ses façons de voir, qu'il finit par essayer d'imposer avec un aplomb sans cesse croissant.

Une fois de plus, l'hiver s'annonçait rude et il fallut renoncer à peindre dans la nature. Gauguin incita Vincent à travailler en faisant appel à la mémoire et à l'imagination. D'après Gauguin, il fallait domestiquer une réalité inadéquate par une approche synthétique : la nature, c'était très bien comme point de départ, pour les ébauches, mais ensuite il fallait manipuler ce matériau brut pour en faire de la poésie. Cette conception n'était pas très éloignée de celle de Vincent, mais avec lui ce processus de la création artistique s'était toujours déroulé en contact direct avec la nature, au beau milieu des champs. Le travail en studio, fondé sur le souvenir, supposait un bond encore plus grand vers l'abstraction. Mais le « maître » y tenait beaucoup, et au cours de leur seconde période de trois semaines, Vincent s'appliqua à imiter la méthode de son ami.

Ils avaient un jour visité l'Hôtel-Dieu, l'hôpital situé au centre de la ville. Les bâtiments entouraient une cour carrée occupée par un jardin à la française, avec des parterres de fleurs d'une symétrie rigoureuse. Les religieuses, leurs malades en convalescence et les infortunés pensionnaires du service psychiatrique pouvaient flâner dans ce paisible environnement et profiter des quelques accalmies qui ponctuaient des intempéries pratiquement constantes.

Gauguin semblait avoir apprécié la disposition rigide du jardin et il entreprit d'en faire un tableau qui ne tarda pas à devenir un lieu purement imaginaire. Les Arlésiennes qui évoluent dans le jardin de Gauguin sont des créatures étrangement voilées, un peu comme des femmes arabes, inspirées sans doute par l'Afrique du Nord dont il rêvait toujours. Certains éléments de cette œuvre, malgré leur bizarrerie, peuvent s'expliquer : les arbres coiffés d'un cône de paille protectrice se voient couramment dans le Midi pendant l'hiver bien que, interprétés par Gauguin, ils prennent un aspect qui évoque un monde extra-terrestre.

Mais il y a aussi des choses qu'on ne peut expliquer avec la même simplicité : au premier plan, un arbuste ressemble au museau d'un monstre, et au sommet de la toile, un siège de jardin effilé devient un insecte maléfique qui tente de ramper au-delà du cadre. Si Gauguin se livre à de telles exagérations, c'est sans doute pour obliger son ami à se couper de la réalité.

Vincent se fit un devoir d'obéir à cette suggestion en peignant sa propre version du jardin de l'hôpital, qu'il transforma de mémoire de façon à représenter le verger de ses parents à Etten. Il se contraignit à le remplir de mystères tout aussi symboliques et parfaitement inexpliqués. D'abord enthousiaste, Vincent écrivit à Théo : *Gauguin me donne le courage d'imaginer et les choses d'imagination certes prennent un caractère plus mystérieux.*

A la même époque il écrit à sa sœur Willemina pour lui expliquer que les deux personnages qui apparaissent au premier plan de son tableau pourraient être sa mère et elle en train de se promener. S'agissait-il bien d'elles, il ne le précise pas, mais la plus jeune des deux femmes pourrait également être leur cousine Kee.

Pourtant, malgré ses efforts pour être mystérieux, il n'eut pas l'impression de faire du bon travail, et au bout d'un moment il écrivit à Théo pour lui dire qu'il avait gâché son tableau. Il n'en continuait pas moins de chanter les louanges de Gauguin, assurant à son frère qu'ils s'entendaient à merveille, mais il cessa très vite de suivre les préceptes de son ami pour reprendre ses anciennes habitudes. Il exécuta alors une série de portraits de la famille Roulin, ce qui indiquait clairement son intention de rester fidèle à l'égard de la nature.

Loin de se laisser mener au désespoir devant la nécessité que lui aurait imposée Gauguin de renoncer à ses propres méthodes de travail, Vincent semble avoir puisé dans les idées de son aîné pour les adapter à sa propre vision. C'est d'ailleurs ainsi qu'il avait toujours procédé ! Il peignit une salle de bal extrêmement stylisée et une vue panoramique de la foule à une corrida, ces deux tableaux exécutés de mémoire, mais il intercalait les portraits des Roulin, comme pour manifester son intention de s'en tenir à une observation précise de la réalité.

En fait, beaucoup plus qu'un éventuel désaccord sur la façon de travailler, ce fut la confrontation de ces deux personnalités hors du commun, confinées pendant des jours et des jours dans un espace réduit à cause d'une pluie incessante, qui fut à l'origine du drame. Vincent illustra leur problème en recourant à son mélange personnel de réalisme et de symbolisme dans deux tableaux intitulés maintenant *La chaise de Van Gogh* et *La chaise de Gauguin*. Ils se ressemblent aussi peu que le jour et la nuit. Sur la chaise de Vincent, jaune et ensoleillée, il y a sa bonne vieille pipe et son tabac qui l'attendent. Quant à la chaise de Gauguin, vert foncé, marron et bleu, elle est éclairée par une bougie, et deux livres attendent leur lecteur en cette fin de soirée. La chaise de Vincent est « vivante » ; celle de Gauguin rappelle le défunt Dickens et fait songer à un départ.

Ils ne lisaient guère, d'ailleurs. Après avoir travaillé dans cette atmosphère confinée, ils allaient au café pour passer la soirée à boire. Vincent commençait à avoir des soupçons. Gauguin avait-il l'intention de repartir ? En somme, l'expérience n'avait pas été concluante. Il s'était montré incapable de marcher sur les traces de son aîné et manifestement Arles n'avait pas séduit son visiteur : la ville l'ennuyait, les femmes n'étaient pas aussi belles qu'on avait voulu lui faire croire. Contrairement à la Bretagne, avec ses calvaires au bord des routes et ses cérémonies remontant à l'Antiquité, la Provence ne contenait guère de mystère.

Après avoir bu, Vincent avait un comportement inquiétant, passant par des alternatives d'agitation extrême et de mutisme le plus complet. Parfois, Gauguin s'éveillait la nuit et le trouvait debout à côté de lui, le regardant fixement, sans bouger. Dans les premiers temps, il garda la situation en main. « ... Il me suffisait de lui dire, d'un ton très sévère : ''Qu'est-ce qui t'arrive, Vincent ?'' pour qu'il retourne se coucher sans un mot, et il sombrait dans un sommeil profond. »

Dans les vapeurs de l'ivresse, Vincent voulait sans doute s'assurer que Gauguin était encore là, bien qu'un tel comportement ne pût que hâter le départ de son ami. Bloqués par le mauvais temps, ils travaillaient côte à côte, Gauguin sur un portrait de Vincent en train de peindre un bouquet de fleurs — non pas de mémoire, mais d'après un vase posé près de lui. Gauguin dominait Vincent de toute sa hauteur pour le toiser avec attention, et Vincent n'eut pas le droit de voir le tableau avant qu'il ne fût terminé.

Quand Gauguin l'invita à venir voir, Vincent fut consterné. « C'est incontestablement moi, mais c'est moi après être devenu fou. » Manifestement, c'était aussi l'opinion de Gauguin et Vincent en fut profondément affecté. Autrefois, dès que quelqu'un comme son père ou Tersteeg avait suggéré qu'il pouvait être atteint d'un dérangement mental, il déversait un torrent de protestations scandalisées dans ses lettres à Théo. Mais là, le moment critique semblait arrivé.

Ce soir-là, ils allèrent au café, comme d'habitude, mais Vincent commanda une absinthe moins forte, car il se rendait sans doute compte de la nécessité de se modérer un peu. Vaine précaution, si l'on en croit le récit de Gauguin, car Vincent saisit soudain son verre et lui en jeta le contenu au visage. Gauguin baissa la tête pour esquiver le liquide, puis saisit le bras de Vincent d'une poigne solide et ramena au logis, manu militari, son ami qui s'endormit immédiatement. « Quand il se réveilla le lendemain matin, il n'avait qu'un souvenir confus de l'événement et tenta de s'excuser. »

« Je vous pardonne volontiers et d'un grand cœur, prétend avoir répondu Gauguin, mais la scène d'hier pourrait se produire à nouveau et si j'étais frappé je pourrais ne pas être maître de moi et vous étrangler. Permettez-moi donc d'écrire à votre frère pour lui annoncer ma rentrée. »

La lettre partit effectivement et Vincent passa les quelques jours suivants dans un véritable enfer, car il était en train d'assister à l'écroulement de ses rêves de constituer un atelier dans le Sud. Reconnaissons que Gauguin se tourmentait lui aussi et faisait de son mieux pour lui remonter le moral. Il proposa une sortie à Montpellier pour aller voir le musée où il avait un jour copié la mulâtresse de Delacroix. Le musée Fabre avait rouvert ses portes dix ans plus tôt, après avoir été reconstruit pour pouvoir accueillir la magnifique collection léguée par Alfred Bruyas, un négociant en objets d'art, qui donnait ainsi plus de cent tableaux, dont beaucoup avaient été exécutés par des peintres éminents du milieu du siècle.

Ce voyage — ils avaient pris le train — aurait dû produire l'effet réconfortant escompté par Gauguin : la collection présentait suffisamment de variété pour les satisfaire tous les deux. Gauguin avait pu s'identifier à Courbet saluant la mer ou se faisant respectueusement accueillir par Bruyas lui-même dans ce chef-d'œuvre un peu teinté de narcissisme intitulé *La rencontre*. Pour Vincent, il y avait eu *Les femmes d'Alger* de Delacroix, pour raviver le mythe de l'Afrique du Nord.

Malheureusement, cette visite fut à l'origine d'un grave différend qui les opposa longtemps encore après leur retour à la Maison Jaune ce soir-là. Gauguin écrivit à Bernard pour déplorer le manque d'intérêt manifesté par Vincent à l'égard d'Ingres, Raphaël et Degas — « tous les gens que j'admire » —, et dire combien il lui déplaisait que son ami continue de vouer un véritable culte à des romantiques et à des réalistes comme Rousseau et Daumier. Pour sa part, Vincent révéla enfin à Théo combien ces disputes étaient devenues *d'une électricité excessive*.

Malgré tout, Gauguin eut pitié de Vincent et il tenta de le convaincre qu'il allait rester. Les explications qu'il donna à Schuffenecker montrent qu'il n'était pas le monstre d'égoïsme que certains se sont plu à faire de lui. Sa situation était très difficile, car il devait beaucoup à Théo Van Gogh et à Vincent, et en dépit d'une certaine mésentente, il ne pouvait en vouloir à cet excellent garçon qui était malade, souffrait et réclamait sa présence. Pour lui, Vincent était un peu comme Edgar Poe qui était devenu alcoolique par chagrin et à cause de son extrême nervosité. Pour l'instant, Gauguin allait rester à Arles, mais son départ demeurait toujours possible.

Naturellement, c'est cette éventualité que Vincent soupçonnait et qui le poussait aux limites du désespoir. Gauguin ne pouvait rien dire sans que ses paroles le convainquent immédiatement que la fin était proche. Et la pluie tombait toujours et ils restaient enfermés entre quatre murs dans la Maison Jaune.

Le 23 décembre fut la pire de ces journées. La tension était devenue intolérable. Vincent travaillait à un portrait de Mme Roulin tenant une corde pour balancer un berceau que l'on ne voyait pas sur la toile. Dès qu'il pensait à une mère et à son enfant, il revoyait Sien et le petit Willem et leur souvenir le bouleversait profondément. La journée s'écoula lentement puis, le repas du soir achevé, Gauguin ne put plus supporter cette atmosphère et il sortit faire une promenade solitaire dans le square de la place Lamartine. Le récit que fait Gauguin de ce qui se passa ensuite est le seul témoignage existant :

« J'avais déjà traversé presque entièrement la place Victor-Hugo lorsque j'entendis derrière moi un petit pas rapide et saccadé, que je connaissais bien. Je me retournai au moment même où Vincent se précipitait sur moi, un rasoir ouvert à la main. Mon regard dut à ce moment être bien puissant, car il s'arrêta et, baissant la tête, il reprit en courant le chemin de la maison. »

Gauguin décida que cette fois la mesure était comble. Il ne rentra pas au logis. Il trouva un hôtel et alla directement se coucher, bien qu'il fût trop agité pour pouvoir s'endormir avant trois heures du matin. Il se réveilla à sept heures. C'était la veille de Noël, mais il n'avait guère la tête à penser aux festivités au moment où il se dirigeait vers la Maison Jaune pour mettre les choses au point.

Lorsqu'il arrive place Lamartine, il voit devant la maison un grand attroupement. La police est là, près de la porte. Il se fraie un chemin dans la cohue et se trouve face à face avec un petit homme coiffé d'un chapeau melon. C'est le commissaire, qui lui dit d'un ton peu amène : « Qu'avez-vous fait à votre camarade, monsieur ? » Déconcerté par cette question, il balbutie son ignorance totale de ce qui se passe et se rend compte peu à peu qu'on est en train de l'accuser de meurtre. Les deux hommes pénètrent alors dans la maison et Gauguin, horrifié, voit des serviettes ensanglantées qui jonchent le sol de la pièce du bas. Une traînée de sang indique le chemin de la chambre de Vincent, au premier étage, où un corps inerte gît sur le lit, « couché en chien de fusil » comme le dit Gauguin, sous des draps rougis par le sang. Gauguin s'approche nerveusement et tend la main. A son grand soulagement, il sent la chaleur qui émane du corps de son ami.

Gauguin se tourne alors vers le commissaire et lui recommande à voix basse d'éveiller le blessé avec beaucoup de précautions pour lui dire que son ami est reparti pour Paris car sa vue pourrait lui être funeste.

Ayant ensuite convaincu ses interrogateurs de son innocence, il s'en alla précipitamment.

CHAPITRE X

Surveillé comme une bête dangereuse
(1889-1890)

CHRONIQUE LOCALE

Dimanche dernier à 11 heures 1/2 du soir, le nommé Vincent Vaugogh [*sic*], peintre originaire de Hollande, s'est présenté à la maison de tolérance n° 1, a demandé la nommée Rachel, et lui a remis... son oreille en lui disant : « Gardez cet objet précieusement. » Puis il a disparu. Informée de ce fait qui ne pouvait être que celui d'un pauvre aliéné, la police s'est rendue le lendemain matin chez cet individu qu'elle a trouvé couché dans son lit, ne donnant presque plus signe de vie.
Ce malheureux a été admis d'urgence à l'hôpital.

Forum républicain, Arles, le 30 décembre 1888.

En fait, la police avait été prévenue presque dès le début. Alphonse Robert, chargé de surveiller le « quartier réservé », passait devant la maison de Mme Virginie quand il entendit de grandes clameurs. Il se précipita à l'intérieur et trouva Rachel évanouie au milieu d'une agitation générale. La cause ? Un journal enroulé qui une fois ouvert révéla à Robert l'objet grisâtre qu'il contenait. D'après Robert, une oreille humaine tout entière. Il confisqua la chose et se fit expliquer les circonstances dans lesquelles elle était venue jusqu'ici.

Ce n'était pas la première fois que Robert se trouvait confronté à la violence, dans ce secteur de la ville. En fait, c'était lui qui avait arrêté un des Italiens coupable de l'assassinat d'un des zouaves devant ce même lupanar et avait dû le protéger de la fureur de la foule qui voulait le lyncher. Mais cette histoire d'un artiste fou, la tête enveloppée de bandages, tendant une de ses oreilles pour la confier à une putain, ne laissa pas de l'intriguer. Après avoir entendu tous les détails, il retourna au commissariat et fit son rapport à son supérieur, le commissaire d'Ornano, qui prit possession de la pièce à conviction, toujours emballée dans le journal.

C'est d'Ornano qui emmena son escouade de policiers jusqu'à la Maison Jaune, et qui décida finalement de laisser partir Gauguin, après avoir constaté que l'homme qui gisait sur le lit était encore en vie. D'Ornano demanda alors une ambulance pour faire emmener le corps mutilé de Van Gogh à l'Hôtel-Dieu.

Gauguin, lui, était allé directement à la poste, où il télégraphia à Théo pour lui dire ce qui s'était passé et lui demander de venir immédiatement. Quant à Vincent, il fut confié au Dr Félix Rey, un interne de l'hôpital qui assistait le Dr Urpar, le médecin-chef. L'oreille lui fut également remise, mais comme il s'était écoulé trop de temps pour envisager de la recoudre, on la mit dans un bocal contenant de l'alcool pour le cas où on aurait besoin d'une pièce à conviction. Quelques mois plus tard, on allait la jeter.

La blessure fut pansée ; aucun signe d'infection ne se manifestait, mais on décida que l'état de santé mentale du malade était critique. Théo arriva en fin de journée. Aussitôt après avoir reçu le télégramme de Gauguin, il s'était précipité à la gare. Quand il vit son frère, il eut la conviction que personne ne pouvait plus rien pour lui. Vincent était catatonique et affaibli par la perte de sang. Il n'avait pas vraiment tranché toute l'oreille, mais ce n'était pas faute d'avoir essayé. Tenant dans sa main droite le rasoir ouvert, il avait attaqué le lobe en commençant très haut pour descendre en diagonale, si bien que toute la partie inférieure avait été tranchée. Le haut de l'oreille tenait donc encore, apparaissant comme un horrible petit lambeau de chair.

Il s'était ainsi sectionné l'une des artères auriculaires, ce qui avait provoqué une importante hémorragie, d'où la présence des serviettes ensanglantées que Gauguin avait trouvées sur le carrelage de la pièce du bas.

Vincent était-il rentré directement à la Maison Jaune pour se mutiler ainsi juste après la scène avec Gauguin ? Ou était-il d'abord allé s'enivrer ? Personne ne peut le dire et lui-même n'avait qu'un souvenir assez confus de ce qui s'était passé. Heureusement, le vieux Roulin s'était trouvé au bordel cette nuit-là, et il avait entraîné Vincent hors des lieux avant l'arrivée de Robert.

Comme on peut s'y attendre, on s'est efforcé de donner bien des explications à cette automutilation et au don de son résultat à l'infortunée Rachel. S'agit-il d'un comportement schizophrénique classique ? N'ayant pas réussi à tuer Gauguin, il aurait retourné sa violence contre lui-même ? N'était-il pas tout simplement accablé de honte devant la manière dont il avait provoqué l'événement qu'il redoutait le plus : le départ prochain d'un ami dont la compagnie lui était si précieuse ?

Les explications abondent. On a découvert ensuite qu'il était tourmenté par des voix ; ces hallucinations avaient-elles commencé cette nuit-là, et avait-il tenté de leur imposer le silence en se privant de l'organe qui les lui transmettait ? Il disait toujours que sa faiblesse physique était due à une mauvaise circulation. Avait-il donc pensé qu'une saignée lui procurerait un remède efficace ?

Le fait qu'il soit ensuite allé trouver Rachel fournit également à beaucoup l'occasion de montrer leur ingéniosité. Avait-il voulu s'inspirer des pratiques de la corrida, quand le matador triomphant se voit offrir l'oreille du taureau vaincu ? Mais cette théorie ne tient aucun compte du fait que ce n'est pas le taureau qui se tranche l'oreille lui-même.

Quelle que fût la cause, il apparaissait clairement à Théo, qui avait déjà assisté à des crises de dépression chez son frère, que cette fois la situation était beaucoup plus grave que d'habitude. Les explications trouvées après coup sont nécessairement suspectes car il ne peut y avoir de diagnostic en dehors de la présence du malade. La seule certitude que nous puissions avoir, c'est l'opinion que s'en firent ceux qui étaient chargés de le soigner.

A cet égard, on peut dire que Vincent, au début du moins, fut plutôt favorisé par la chance. Bien que la triste époque de Bedlam et de Charenton fût indubitablement révolue, le traitement des malades mentaux se faisait encore de manière très irrégulière en Europe. Certes, on s'orientait de plus en plus, dans les milieux les plus éclairés de la médecine, vers une attitude plus compréhensive à l'égard de la dépression nerveuse, mais les chances de bénéficier d'un traitement intelligent, surtout dans un hôpital public, étaient en fait très limitées.

Vincent eut de la chance. Certes le Dr Rey, ce jeune interne qui allait s'occuper de lui, n'avait rien d'un spécialiste des maladies mentales, mais il avait été initié à des principes nouveaux qui interdisaient que l'on fasse souffrir un malade. Rey n'avait que vingt-trois ans et il travaillait encore sur *L'antisepsie dans les voies urinaires* à l'université de Montpellier, et devait se rendre bientôt à la faculté de médecine de Paris pour y soutenir sa thèse. Il allait devenir une sorte d'expert en matière de tuberculose et il s'était déjà fait un nom dans la région, grâce au travail qu'il avait accompli au cours d'une épidémie de choléra, ce qui lui avait valu de recevoir la médaille d'argent du ministère de l'Intérieur.

Ses parents vivaient à Arles et sa photographie montre à l'évidence qu'il s'agit d'un fils choyé, légèrement joufflu grâce aux plats provençaux mitonnés par sa mère ; avec sa petite barbiche impeccablement taillée et ses cheveux en brosse, il semble destiné à devenir un bon vivant, bien dans sa peau et confortablement installé dans la vie. C'était certainement tout à fait l'homme qu'il fallait pour dispenser des soins au pauvre être émacié que lui avait amené le commissaire d'Ornano. Là où un autre se serait contenté du minimum pour assister un aliéné venu on ne sait d'où, et qui manifestement ne valait guère mieux qu'un vagabond, Félix Rey fit tout ce qui était en son pouvoir pour améliorer l'état de santé de son étrange malade.

Le jour de Noël, un Théo complètement affolé va trouver le pasteur de l'Église protestante réformée du quartier, le révérend Frédéric Salles, qui habite près de l'Hôtel-Dieu. Théo ne pourra pas prolonger son séjour à Arles, puisqu'il n'y a aucun moyen de savoir combien de temps cette situation risque de durer encore, mais Salles promet d'aller voir le malade et de donner des nouvelles à son frère.

Le lendemain, Théo prit le train pour Paris, accompagné de Gauguin qui en était sans doute encore à mettre au point son système de défense, afin d'expliquer pourquoi il n'avait pas désarmé Vincent trois jours plus tôt, alors qu'il paraissait en proie à une véritable crise de démence. En dépit des fanfaronnades qu'il multiplia par la suite, Gauguin avait été profondément affecté par la vue de son ami recouvert de draps ensanglantés. Ses réactions furent d'ailleurs assez particulières. Peu après son retour à Paris il se rendit dans une prison pour assister à l'exécution publique d'un condamné que l'on avait mené à la guillotine. Il confectionna ensuite un de ses vases-portraits ; seulement cette fois les oreilles ont été tranchées et une sinistre coulée rouge vernie s'étale sur sa surface comme un torrent de sang.

Une fois Théo reparti, le toujours fidèle Roulin alla à l'hôpital où il fut fortement ébranlé à la fois par ce qu'il y vit et par la conversation, brève et pathétique, qu'il eut avec un compagnon qui avait autrefois été si animé. Rentré chez lui, il s'assura l'aide d'Armand ou de Camille pour transcrire ses réactions dans un style simple et cérémonieux à la fois afin de les communiquer à Théo.

Arles, le 26 xbre 1888

Monsieur Gogh,

Je suis allé voir votre frère Vincent. Je vous ai promis de vous dire mon appréciation sur lui. J'ai le regret de vous dire que je le crois perdu. Non seulement son cerveau est attaqué, mais il est très faible et très abattu. Il m'a reconnu et n'a manifesté aucun contentement de me voir et n'a demandé de personne de ma famille ni de celles qu'il connaît. Lorsque je l'ai quitté je lui ai dit que [je] viendrais encore le voir, il m'a répondu que nous nous reverrions là-haut et dans ses manières j'ai compris qu'il disait une prière. D'après ce que m'a dit le concierge je crois qu'ils font les démarches voulues pour le faire mettre dans une maison de santé.

Veuillez, Monsieur, recevoir les salutations de celui qui se dit l'ami de votre frère bien-aimé.

Le lendemain, Mme Roulin alla à l'hôpital à son tour, mais après son départ, Vincent fut pris d'une violente attaque et il fallut l'isoler dans une chambre. Bien que ce ne fût pas sa spécialité, le Dr Rey commença à entrevoir la possibilité d'un diagnostic : son patient souffrait peut-être d'une sorte d'épilepsie provoquée sans doute par la combinaison d'un régime alimentaire insuffisant et d'une consommation excessive d'absinthe, et aggravée par le surmenage et une absorption exagérée de tasses de café.

Quand Roulin se présenta le lendemain à l'hôpital, on jugea qu'il valait mieux que Vincent ne soit pas dérangé par les visiteurs, et Roulin repartit sans l'avoir vu. Rey envisagea de l'envoyer dans un hôpital psychiatrique d'Aix-en-Provence, mais l'état de Vincent commença alors à s'améliorer. Il apparaissait clairement qu'il n'était pas atteint d'une maladie chronique mais qu'il avait été victime d'une sorte de crise qui semblait confirmer le diagnostic d'épilepsie.

Vincent se mit à demander, d'une voix à peine perceptible, qu'on lui amène Gauguin, ce qui indiquait qu'il commençait à reprendre un peu conscience du monde qui l'entourait. Le 31 décembre, le révérend Salles put dire à Théo que son principal sujet d'inquiétude était l'indignation à laquelle Vincent risquait de donner libre cours si on continuait de le tenir enfermé, ce qui pourrait provoquer une autre crise. Mais ensuite les progrès se confirmèrent, et le pauvre Roulin se crut obligé d'écrire à Théo pour lui présenter ses humbles excuses, car il se rendait compte qu'il avait été trop pessimiste la première fois qu'il avait vu son ami.

Faisant preuve d'un bon sens indubitable, le Dr Rey autorisa Vincent à essayer de reprendre ses occupations antérieures. Il l'encouragea à se promener brièvement dans le jardin de l'hôpital, celui qu'il avait peint avec Gauguin. Un peu plus tard, Roulin reçut la permission de l'escorter jusqu'à la Maison Jaune, où la vue de ses tableaux le réconforta considérablement.

Il se rétablissait si vite qu'il put quitter l'hôpital dès le 7 janvier, bien qu'il fallût envoyer au maire de la ville un rapport sur ses faits et gestes afin qu'il décide de la suite à donner à cette affaire. Soucieux de faciliter le retour de son patient à une existence normale, le Dr Rey, accompagné de deux collègues, fut parmi les premiers visiteurs à se rendre à la Maison Jaune, où Vincent s'efforça de les aider à surmonter l'évidente perplexité qu'inspiraient ses tableaux en leur expliquant la théorie des couleurs complémentaires. Il écrivit ensuite à Théo qu'*ils avaient compris avec une rare promptitude.*

Il se remit à peindre presque immédiatement et réussit à convaincre le docteur, qu'il voyait tous les jours à l'hôpital quand il s'y rendait pour faire panser son oreille, de poser pour lui. Vincent avait eu beau se persuader que Rey avait compris ses œuvres, le portrait qu'il fit n'eut guère l'heur d'impressionner le bon docteur, qui se plia sans trop se faire prier aux directives de Vincent mais n'accorda qu'un intérêt limité à leur résultat. Quant à ses parents, il furent scandalisés par la barbe rouge et les cheveux verts dont leur fils bien-aimé avait été doté, sans parler des arabesques criardes qui tourbillonnaient autour d'une tête affligée d'une maigreur injustifiée. Ils conclurent qu'il s'agissait là de la simple lubie d'un pauvre dément et le tableau ne tarda pas à échouer dans leur grenier.

Pourtant, en dépit de l'opinion que Rey pouvait avoir de ce portrait, le jeune docteur n'en garda pas moins son estime pour le peintre et il se joignit au groupe minuscule de ses amis arlésiens : les Roulin et les Ginoux, et maintenant le révérend Salles, qui avait été le seul à assister Vincent pendant cette terrible crise.

Durant près d'un mois, le précaire équilibre de l'état de santé de Vincent se maintint vaille que vaille, mais toujours avec le risque d'une nouvelle attaque. Il se remit au dangereux portrait de Mme Roulin, assise près du berceau de sa fille, auquel il avait travaillé avant de craquer, mais cette fois il n'y eut apparemment pas de suites fâcheuses. Il fit ensuite son autoportrait, en se regardant dans son petit miroir, comme précédemment, si bien que c'est son oreille droite qui semble entourée d'un pansement. L'image qu'il reproduisit est d'une rudesse indubitable : avec sa vareuse boutonnée jusqu'en haut et sa toque de fourrure mouchetée, il a l'air d'un simple d'esprit, mais son expression douloureusement inquiète trahit la peur de la folie qui l'étreignait désormais. Il ne s'apitoie aucunement sur son sort ; on y voit plutôt la volonté de s'analyser avec clairvoyance et il manifeste même la détermination de vaincre sa peur en recourant à l'utilisation systématique des couleurs complémentaires : la veste verte sur un fond rouge, la toque de fourrure bleue se détachant sur l'orange. Et, comme auparavant, il y a une distinction marquée entre l'art et la vie : l'air résolu sur la toile mais une faiblesse extrême dans la réalité.

Il peut paraître injustifié de chercher une relation entre les événements qui ont marqué sa vie et les crises subites dont il a été victime. Pourtant, il y a peut-être deux choses qui lui ont mis les nerfs à vif. Le 9 janvier, il reçut sa première lettre de Johanna Bonger, la sœur d'Andries, qui lui annonçait avec beaucoup de ménagements la nouvelle de ses fiançailles avec Théo. Vincent avait toujours tendance à s'inquiéter dès qu'il avait l'impression que Théo risquait de ne plus lui apporter une aide aussi régulière, et cette annonce, bien qu'elle ne fût pas entièrement inattendue, ne laissa pas de lui causer quelque tourment.

Un peu plus tard, toujours en janvier, Roulin se vit offrir un poste un peu mieux rétribué à la gare de Marseille. Il n'avait certes guère envie de quitter Arles, car il serait séparé de sa famille pendant quelque temps, mais avec la naissance de ce troisième enfant, il se disait qu'il n'avait pas les moyens de refuser. Quand il se sépara de la petite Marcelline, à la fin du mois, Vincent fut profondément attristé car il se rappelait sans doute le petit Willem qu'il avait pris sur ses genoux dans la gare de La Haye, en ce jour sinistre qui ne remontait pas à plus de cinq années.

Le 2 février, il retourna à la maison de tolérance n° 1 pour s'excuser auprès de Rachel ; c'est là le seul indice qu'il se soit rendu compte de ce qui s'était passé cinq semaines plus tôt Bien qu'elle se fût évanouie à la vue de l'oreille coupée, la petite Rachel ne manquait pas de philosophie, car elle balaya ses explications d'un geste de la main en disant que de tels incidents n'avaient rien d'exceptionnel dans le milieu où elle exerçait sa profession.

En un sens, cette visite tendait à montrer qu'il commençait à assumer cette crise, reconnaissant ce qui s'était passé et s'efforçant de faire face aux conséquences de son geste. Vu de l'extérieur, son comportement paraissait tout à fait normal. Il finissait le portrait de Mme Roulin et exécutait des copies de ses tableaux de tournesols. En fait, il était loin d'être guéri. Il avait la conviction ferme et inébranlable que l'on essayait de l'empoisonner. Il y avait des empoisonneurs partout. Il en était certain et rien ne pouvait lui ôter de l'idée que d'autres que lui en étaient également victimes.

Pendant trois jours, cette certitude s'accrut encore, et il prit de plus en plus l'allure d'un véritable dément. Sa femme de ménage en était horrifiée. Elle constata qu'il n'avait pas mangé et quand elle l'entendit marmonner stupidement que la nourriture contenait du poison, elle se dit avec effroi qu'il fallait prévenir la police.

Une fois de plus d'Ornano se chargea de l'affaire et fit surveiller la maison. Il en arriva très vite à la conclusion que cette femme avait raison : l'homme était fou. Le 7 février, Vincent fut arrêté et ramené à l'Hôtel-Dieu, où on l'incarcéra dans une cellule solitaire. Quand Salles accourut à l'hôpital pour voir ce qui s'était passé, il découvrit Vincent caché sous ses couvertures et refusant de dire le moindre mot. Complètement désemparé, le bon Salles demanda au moins qu'on lui allume un feu pour réchauffer cette pièce glacée et il s'en alla pour demander à Théo ce qu'il comptait faire.

Cette fois encore, Vincent se remit rapidement de l'attaque, bien que l'un des collègues de Rey, le Dr Albert Delon, ait confirmé dans le procès-verbal destiné à la police que Vincent entendait des voix accusatrices et croyait effectivement que quelqu'un l'empoisonnait. On le garda à l'Hôtel-Dieu pendant dix jours, après quoi il fut autorisé à se rendre à la Maison Jaune dans la journée, mais il prendrait ses repas et dormirait à l'hôpital.

Le compromis ne manquait pas de bon sens et les résultats ne pouvaient que satisfaire tout le monde. Quelle que fût la nature de sa maladie, l'hôpital le préservait de l'alcool et des autres excès qui résultaient de sa solitude dans la Maison Jaune. A l'Hôtel-Dieu, il ne manquait pas de compagnie et éprouvait moins le besoin de passer des heures à chercher l'oubli dans la boisson. Cette protection qui lui laissait la liberté de travailler dans la journée apparaissait comme la solution idéale. Malheureusement, les habitants du quartier en avaient décidé autrement.

Certains des voisins de Vincent s'étaient inquiétés de l'incident du rasoir ; maintenant son obsession de l'empoisonnement commençait à polariser l'opinion contre lui. Son propriétaire, le patron de l'hôtel voisin, avait déjà essayé de le faire expulser mais il y avait maintenant un véritable complot qui se tramait contre lui. Il fallait qu'il parte. Certes, il ne circulait en liberté que pendant les heures de jour mais cela ne réussissait pas à calmer des esprits sans cesse plus enflammés : cet homme était un fou dangereux.

Les parents ne voulurent pas voir la façon dont leurs enfants tourmentaient le pauvre dément en se lançant à sa poursuite aussitôt qu'il apparaissait dans la rue. Un homme du nom de Jullian, qui devint par la suite bibliothécaire municipal, se rappelle, non sans honte, comment il avait pris part à ces persécutions alors qu'il n'était encore qu'un enfant : « Je me rappelle — et j'en éprouve maintenant une grande honte — que je lui lançais des trognons de chou ! Que voulez-vous ? Nous étions jeunes et il avait l'air bizarre quand il partait peindre dans la campagne, sa pipe entre les dents, son grand corps un peu voûté, une lueur de folie dans le regard. On avait toujours l'impression qu'il fuyait, sans oser regarder qui que ce soit. C'est peut-être pour cela que nous le poursuivions de nos injures. »

Non contents de laisser leurs enfants l'importuner, trente citoyens firent circuler une pétition demandant au maire de faire interner cet homme qui buvait à l'excès et présentait une menace pour les femmes et les enfants. Saisi de cette supplique, d'Ornano décida — bien qu'il eût fait peu de temps auparavant une visite des plus agréable à la Maison Jaune — que l'opinion publique devait recevoir satisfaction. Il ordonna à Vincent de rester à l'hôpital pendant qu'il interrogerait une délégation de signataires de la pétition. Les cinq personnes consultées virent leurs plaintes enregistrées. Le texte en est affligeant. Voici par exemple ce que dit une couturière d'une quarantaine d'années qui habitait à proximité de la Maison Jaune :

« Cet individu, ce van Goghe [sic], qui habite dans le même quartier que moi, a eu un comportement de plus en plus dément au cours de ces derniers jours ; c'est pourquoi tout le monde a peur dans le quartier. Surtout les femmes, qui ne se sentent plus en sécurité parce qu'il se permet de les toucher et de faire des remarques obscènes en leur présence. En fait, cet individu m'a saisie par la taille, en face de la boutique du second témoin, et il m'a soulevée en l'air, lundi, c'est-à-dire avant-hier. Ce fou est devenu un véritable danger public et tout le monde réclame son internement dans un établissement spécial. »

Comment s'étonner que Vincent ait ensuite traité les Arlésiens de *cannibales* ? Malheureusement, d'Ornano céda à leurs pressions et rédigea un rapport en leur faveur. La Maison Jaune fut fermée sous scellés et Vincent obligé de rester à l'Hôtel-Dieu. Le révérend Salles fut consterné par cet internement forcé, persuadé que c'était aux médecins et non à la police de prendre une telle décision.

Le comble fut que, sur les ordres de d'Ornano, on l'avait remis en cellule en lui interdisant les livres, sa précieuse pipe et la peinture. Le lit de ce « cabanon » était vraiment spécial, avec ses hauts rebords et les sangles qui limitaient les mouvements de l'interné. Heureusement, le Dr Rey et les autres administrateurs de l'hôpital intervinrent et Vincent ne tarda pas à bénéficier d'un régime plus libéral. Un membre du personnel l'accompagna à la Maison Jaune pour qu'il y prenne ses affaires afin de lui permettre de travailler. Quant au Dr Rey, il lui laissa le libre accès à son bureau s'il voulait écrire à Théo, et il alla avec lui faire de courtes promenades en ville.

Rey convint avec Salles que la meilleure solution serait que Vincent déménage de la Maison Jaune pour aller s'installer dans un autre quartier où il serait moins connu et où il ne serait pas en butte à l'hostilité du voisinage. La mère de Rey avait un petit appartement qui était vacant et, faisant abstraction de ses doutes sur le talent de Vincent, elle accepta de se conformer à la suggestion de son fils et de le louer au malade.

Seulement, Vincent redoutait tellement l'éventualité d'une rechute qu'il se sentait de moins en moins capable d'affronter le monde environnant : il lui paraissait si simple de rester où il était, entouré de gens compréhensifs comme Rey. Théo, en dépit de sa profonde affliction, ne pouvait rien faire d'autre qu'envoyer quelque argent. Il écrivit pour dire que Paul Signac allait bientôt se rendre dans le Midi. Il viendrait à Arles pour voir ce qu'il était possible de faire.

Signac arriva le samedi 23 mars. Il y avait plus d'un an qu'il n'avait pas vu son vieux compagnon et il le retrouvait maintenant recroquevillé dans un coin d'une cellule, la tête entourée de bandages. L'inquiétude du jeune homme fut telle que l'administration de l'hôpital l'autorisa à emmener Vincent jusqu'à la Maison Jaune pour voir ses toiles. La police avait brisé les serrures puis posé les scellés sur la porte et quand Signac alla demander la permission d'entrer, il se vit d'abord opposer un refus. Sans se laisser démonter, il protesta qu'aucune loi ne pouvait empêcher son ami de pénétrer chez lui. Le commissaire céda et Signac put forcer, avec son ami, les portes de la maison.

Dans les pièces aux volets clos, attendaient, tels des trésors oubliés dans une grotte plongée dans la pénombre, le *Café de nuit*, *Madame Roulin*, les *Bateaux de pêche aux Saintes-Maries-de-la-Mer*, *La nuit étoilée*, les *Tournesols* et les *Moissons*. Entassée dans ces pièces minuscules se trouvait une des productions les plus magistrales de l'art du XIXe siècle, réalisée en un peu plus d'un an et, en face de ces chefs-d'œuvre, il y avait un homme qui seulement huit ans plus tôt était pratiquement incapable de tenir un crayon. Signac ne put que regarder avec étonnement cet ami blessé qui se tenait debout à côté de lui, la tête enfoncée dans les épaules.

Ils s'assirent confortablement pour parler de littérature et de peinture, discuter du socialisme et de tout ce qui leur passait par la tête. Signac passa des heures fort agréables, mais ne parut pas se rendre compte à quel point cette excursion avait pu fatiguer son compagnon, qui n'était pas sorti de l'hôpital depuis déjà longtemps. A la tombée de la nuit, le mistral commença à souffler, et les rafales de vent durent accroître l'état d'excitation dans lequel se trouvait Vincent, car il saisit soudain un flacon de térébenthine et il fallut l'intervention rapide de Signac pour l'empêcher d'en avaler le contenu. Comprenant enfin que son ami était encore loin d'être guéri, il le ramena promptement à l'Hôtel-Dieu pour le confier à la surveillance vigilante de ses gardiens.

Le lendemain, Signac revint pour l'emmener faire une autre promenade avant de partir pour Cassis, près de Marseille. Les deux amis prirent congé sans se douter qu'ils n'allaient plus jamais se revoir. Signac allait lui envoyer un petit mot d'encouragement de sa nouvelle adresse et également écrire à Théo pour lui rapporter ce qu'il avait vu et fait avec Vincent. Manifestement, Signac ne savait pas très bien ce que l'on pouvait faire, bien qu'il assurât Théo de son espoir que tout finirait par s'arranger.

Le samedi 30 mars était le jour du trente-sixième anniversaire de Vincent. Théo partit pour Amsterdam afin de préparer son mariage. Quelques jours plus tard, Roulin arriva de Marseille pour rendre une dernière visite à Vincent : sa famille l'ayant maintenant rejoint là-bas, il n'aurait plus aucune raison de venir à Arles.

Maintenant qu'il était parti, il ne restait plus à Vincent que la vie à l'hôpital. Il peignit les jardins, clairs et joyeux sous le soleil. Il eut bientôt la permission de se promener dans la campagne environnante, bien que personne n'aimât vraiment les tableaux qu'il faisait.

Un jour où le Dr Rey marchait dans un couloir mal éclairé, il aperçut Vincent qui portait une de ses toiles. Celle-ci représentait la longue salle des contagieux occupée par les victimes du choléra et de la typhoïde, qui sévissaient à l'état endémique et dont le Dr Rey avait fait sa spécialité. Rey étudia la peinture, avec sa double rangée de lits isolés par leurs rideaux et le rassemblement habituel de malades qui s'étaient regroupés d'un air abattu autour d'un poêle à la mode d'autrefois. Ce n'était pas une image particulièrement flatteuse de l'endroit, et on ne peut guère s'étonner que Rey ait refusé le cadeau que Vincent insistait pour lui donner : il savait quelles seraient les réactions de sa famille s'il rentrait à la maison avec une telle horreur !

C'est alors que le pharmacien Rousseau survint, mais en dépit de l'insistance de Rey, il dit lui aussi qu'il n'était aucunement attiré par de telles idioties. C'est seulement quand arriva M. Neuvière, l'intendant de l'hôpital, que le tableau trouva enfin preneur. Vincent éprouva une reconnaissance pathétique quand l'homme l'accepta. Neuvière le trouvait « curieux » mais il le conserva et, plusieurs années plus tard, acquit une petite fortune grâce à ce mouvement de « générosité » passagère.

Manifestement, Vincent devenait un pensionnaire attitré de l'institution. La Maison Jaune étant fermée et le mobilier entreposé au café de la Gare, chez les Ginoux, il n'avait pas d'autre endroit où aller. Les tableaux avaient été envoyés à Théo, lequel, maintenant rentré à Paris avec sa jeune épouse, n'était naturellement pas en mesure de le prendre chez lui.

On proposa une nouvelle fois à Vincent l'appartement de la mère du Dr Rey. Elle ne demandait qu'un loyer fort modique, de six à huit francs par mois pour un logement qui avait l'eau courante ; mais il n'eut pas le courage de déménager. La vie à l'hôpital n'était pas désagréable : on l'avait autorisé à aller rendre visite à Rey, dans la partie de l'établissement où il logeait, s'il avait besoin de compagnie ; toutefois, il y eut des moments où le docteur dut regretter sa générosité. Un jour, Vincent arriva au moment où Rey était en train de se raser.

Qu'est-ce que vous faites, docteur ?

« Vous le voyez bien, je me rase. »

Ah, si vous voulez, je pourrais vous raser moi-même.

Là-dessus, le visage soudain inquiétant, Vincent essaya de s'emparer du rasoir. Rey mit fin à l'incident en ordonnant sèchement : « Fichez-moi le camp immédiatement. » Vincent déguerpit et rentra dans sa chambre.

Le 19 avril, le révérend Salles écrivit à Théo pour lui indiquer quelles possibilités s'offraient à eux désormais :

« Il a une pleine conscience de son état et il parle avec moi de ce qu'il a eu et dont il craint le retour, avec une candeur et une simplicité touchantes. "Je ne suis pas capable, me disait-il avant-hier, de m'administrer et de me gouverner moi-même ; je me sens tout autre que je n'étais auparavant."

« En l'état il n'y avait pas lieu de louer un appartement complet et nous avons cessé toutes démarches à cet égard. Il m'a chargé alors de prendre les renseignements nécessaires pour qu'il pût être interné quelque part et de vous écrire aussi dans ce sens. En présence de cette détermination prise après mûre réflexion j'ai pensé avant de m'adresser à vous, de prendre quelques informations au sujet d'un établissement privé qui est aux portes d'Arles, à Saint-Rémy, et où, paraît-il, les pensionnaires sont très bien traités. Je vous envoie la réponse que j'ai reçue et le prospectus qui l'accompagne.

« Je suis à votre entière disposition comme toujours, et vous pouvez librement user de moi. J'ajoute que ceux qui connaissent votre frère, et notamment les médecins, approuvent cette détermination et la considèrent comme très sage, étant donné l'état d'isolement où se trouverait votre frère à sa sortie de l'hospice. »

L'établissement proposé par Salles était l'asile de Saint-Paul-de-Mausole, près de la petite ville de Saint-Rémy-de-Provence, au nord d'Arles en direction d'Avignon. Vincent accepta volontiers cette suggestion. Il avait récemment souffert d'évanouissements après lesquels il ne se souvenait de rien de ce qui s'était passé. Il était certain de ne pas être fou, mais il craignait que la folie ne le frappe à tout instant et considérait que seule une longue période de repos pouvait l'aider à écarter une aussi horrible éventualité.

Il regrettait de devoir quitter Rey et les autres, mais la perspective de se voir interner dans un établissement psychiatrique ne le désespérait nullement. Le révérend Salles l'y accompagna le 8 mai et, deux jours plus tard, il écrivait à Théo pour l'assurer que tout s'était bien passé :

« Notre voyage à Saint-Rémy s'est effectué dans d'excellentes conditions. M. Vincent était parfaitement calme et a expliqué lui-même son cas au directeur, comme un homme qui a pleine conscience de sa situation. Il est resté avec moi jusqu'à mon départ et quand j'ai pris congé de lui, il m'a chaleureusement remercié et a paru quelque peu ému à la pensée de la vie toute nouvelle qu'il allait mener dans cette maison. Faisons des vœux pour que son séjour lui soit vraiment salutaire et que sous peu il soit jugé capable de reprendre son entière liberté. M. Peyron m'a assuré qu'il aurait pour lui toute la bienveillance et tous les égards que comporte son état.

« Bien à vous,

« Salles. »

Salles avait donc confié Vincent aux soins du docteur Théophile Peyron, qui dirigeait depuis 1874 l'établissement connu sous le nom d'Asile d'aliénés. Agé de cinquante-cinq ans, le Dr Peyron avait été médecin dans la marine puis s'était installé à Marseille, et c'est là qu'il avait commencé à s'intéresser aux maladies mentales et aux troubles nerveux. Il était donc le premier « spécialiste » auquel on soumettrait le cas de Vincent.

Ce dernier nous a laissé du praticien la description suivante . *C'est un petit homme goutteux — veuf depuis quelques années, et qui a des lunettes très noires. L'établissement étant un peu stagnant, l'homme ne paraît s'amuser à ce métier qu'assez médiocrement et d'ailleurs il y a de quoi.*

A la différence de l'Hôtel-Dieu, qui était un établissement public, l'asile accueillait une clientèle privée. Sans doute soucieux de rentabilité, Peyron était plutôt du genre regardant à la dépense et cela n'échappa nullement à Vincent, qui vit en Saint-Paul un établissement décadent qui aurait appartenu à *un riche ruiné et défunt*. Mais il est intéressant de relever que Vincent choisit de parler des rideaux fanés et des meubles éraflés plutôt que des barreaux placés aux fenêtres et au bas de l'escalier, interdisant l'accès au rez-de-chaussée.

Sa chambre, située au second étage et munie d'une lourde porte métallique, avait beau n'être guère plus confortable qu'une cellule, Vincent ne semble pas avoir partagé les impressions de ceux qui l'ont décrite par la suite : tous sont frappés par l'aspect sinistre de l'endroit. Il est fort possible en effet que l'on ait voulu créer une atmosphère d'isolement et d'austérité précisément parce que la plupart des pensionnaires étaient censés y rechercher la solitude et la paix.

Dans cette perspective, l'asile apparaissait comme l'endroit idéal, situé comme il l'était à trois kilomètres d'une petite ville somnolente, dont le seul titre de gloire se limitait à avoir été le lieu de naissance de Nostradamus, et qui ne pouvait offrir aucune des distractions que l'on trouvait à Arles.

Un an avant l'arrivée de Vincent, le poète provençal Frédéric Mistral, accompagné de quelques amis, également poètes, s'était rendu à Saint-Rémy pour visiter les ruines romaines — un arc de triomphe et un tombeau — situées non loin de la ville sur le « plateau des Antiques ». Ils parcouraient les sites en s'imprégnant de l'atmosphère de ce lointain passé provençal, dans un air chargé des senteurs exhalées par les fleurs sauvages qui poussaient en abondance au bas des pentes des Alpilles, lorsque le bruit d'une cloche les attira vers le cloître tout proche. L'un d'eux estima que la bâtisse ressemblait à un couvent italien assoupi au fond de son parc séculaire, et cachait « si près de toute cette poésie lumineuse tant de misère et d'obscurité ».

Vincent eut à l'égard de l'endroit des réactions beaucoup plus prosaïques bien que l'asile eût indubitablement conservé une grande part de l'atmosphère du couvent qu'il avait été jusqu'à la Révolution française.

Le bâtiment était divisé en deux sections nettement séparées, l'une pour les hommes, l'autre pour les femmes. Les infirmières chargées du secteur des femmes étaient des religieuses appartenant à l'ordre de Saint-Joseph d'Aubenas ; leur supérieure, sœur Epiphanie, rendait compte au directeur de l'établissement, le Dr Peyron, du bon fonctionnement de son service. Les religieuses s'occupaient également des repas et de la blanchisserie de la section des hommes, les soins étant confiés à un personnel masculin qui opérait sous les ordres de Charles Elzéard Trabuc, le gardien-chef traditionnellement appelé le « Major ».

A l'époque où Vincent entra à l'asile, la quiétude monacale de l'établissement était encore accrue par le fait que seul un quart des chambres disponibles était occupé. Vincent serait l'un des dix hommes en traitement dans l'institution. Pourtant, en dépit du nombre restreint des internés, les nuits étaient marquées par de longues crises de sanglots et des hurlements qui évoquaient pour Vincent le comportement d'animaux en cage.

Malgré tout, au lieu de l'abattre, ces scènes semblent au contraire lui avoir apporté un certain réconfort dans la mesure où il se rendait compte qu'il était dans un état nettement moins grave que certains des malheureux qu'il côtoyait. Il y avait un épileptique de vingt-cinq ans avec qui Vincent se lia d'amitié et dont les crises ponctuaient la vie de l'établissement. Un autre malade, âgé de vingt-trois ans, figurait sur le registre sous la mention « idiot », car il ne pouvait produire que des sons inarticulés, et un troisième vivait dans l'obsession qu'il était poursuivi par la police secrète.

Quelques jours après l'arrivée de Vincent, on amena à l'asile un homme qualifié de « maniaque » qui, à peine interné, se mit à saccager sa chambre, démolissant le lit et déchirant ses camisoles de force. Vincent nota que le spectacle était *triste à voir* mais qu'on avait traité le malade avec beaucoup de patience.

Son statut d'interné volontaire, dont la pension était payée par le frère, valait à Vincent des attentions particulières. Il recevait la même nourriture — *ça sent un peu le moisi* — que les autres pensionnaires, mais Théo avait réussi à lui obtenir une chambre particulière, de sorte qu'il était un peu isolé du vacarme épouvantable qui régnait dans la salle commune. En outre, il pouvait disposer d'une chambre inoccupée pour en faire son atelier.

Quant au traitement, le diagnostic du Dr Peyron avait rapidement confirmé celui du Dr Rey : le bordereau d'inscription sur le registre des internés volontaires précise que le malade souffre d'une manie aiguë accompagnée d'hallucinations de la vue et de l'ouïe qui l'ont porté à se mutiler en se coupant l'oreille droite (*sic*). Et le docteur ajoute que si le malade paraît maintenant revenu à la raison, il ne se sent toutefois pas la force et le courage de vivre en liberté et a demandé son admission dans la maison. Et le docteur conclut, en conséquence de tout ce qui précède, que M. Van Gogh est sujet à des attaques d'épilepsie, fort éloignées les unes des autres, et qu'il y a lieu de le soumettre à une observation prolongée dans l'établissement.

Vincent pouvait donc se rassurer, il n'était pas fou au sens strict du terme, mais sujet à des crises passagères de nature mal déterminée. Peyron apprit rapidement l'existence de cas d'épilepsie dans la famille Carbentus, et comme la boisson, la syphilis, la malnutrition et le surmenage avaient, chacun à sa manière, contribué à provoquer la crise, il n'était pas déraisonnable de prescrire le calme et le repos.

Comme pour le diagnostic du Dr Rey, on a souvent remis en question les conclusions du Dr Peyron, dans la mesure où les « crises » ne présentaient que peu de ressemblances avec les formes classiques de l'épilepsie où les convulsions, avec leurs spasmes violents, s'accompagnent de morsures de la langue. L'hypothèse la plus sérieuse que l'on pourrait opposer au diagnostic de l'épilepsie serait qu'il pourrait s'agir de schizophrénie, en se fondant sur le fait que Vincent avait d'abord agressé quelqu'un d'autre

(Gauguin), l'échec de sa tentative l'ayant ensuite amené à retourner cette violence contre lui-même. Mais il faut bien se souvenir que le seul témoignage que nous ayons sur cette agression est celui de Gauguin lui-même ; or son récit est peu fiable dans la mesure où on y sent l'intention de justifier son propre comportement. En outre Gauguin ne rapporta cet épisode que plusieurs années plus tard ; quand il retourna à Paris juste après l'incident, il ne fit pas mention de l'agression dont il avait failli être victime, en racontant à Bernard les événements de cette soirée mémorable.

De toute manière, quel que fût le diagnostic, il n'y aurait pas eu de grandes différences au niveau des traitements susceptibles d'être appliqués. Du calme et beaucoup de repos, tel était le grand principe à l'époque, bien que l'asile Saint-Paul fût également spécialisé dans l'hydrothérapie. (Il disposait d'une salle équipée d'une longue rangée de baignoires profondes où les malades restaient pendant des heures.)

La seule autre « thérapie » à laquelle Peyron pouvait recourir était l'administration de fortes doses de bromure, qu'on utilisait surtout comme sédatif et comme remède contre l'insomnie et qui, en traitement prolongé, pouvait être efficace pour juguler les crises d'épilepsie. Associé aux opiacés, il servait pour apaiser les excités mais, malheureusement, l'usage prolongé du bromure pouvait déclencher exactement les mêmes symptômes que ceux auxquels ce produit était censé mettre fin.

Vincent se vit prescrire des bains deux fois par semaine, mais on considérait que la tranquillité de l'endroit était pour lui le meilleur remède et, comme il le dit lui-même avec un certain regret, c'était un traitement facile, même en voyage, *vu qu'ils ne faisaient strictement rien.*

Quel que fût le traitement, le véritable problème pour Vincent ne différait en rien de celui auquel se trouvent confrontés tous ceux qui souffrent d'un accès de dépression nerveuse : il fallait inverser le processus qui avait probablement sévi jusqu'alors, et cela n'allait pas se faire du jour au lendemain. Il faudrait beaucoup de temps et le premier souci du Dr Peyron fut de dissuader Vincent de reprendre sa liberté dès qu'il commença à se sentir plus reposé.

Au début, le problème ne se posa guère, car Vincent ne manifestait même pas le désir de quitter sa chambre, et on eut grand mal à le persuader d'aller explorer le parc qui entourait l'asile. Peyron veilla à ce que l'atelier de Vincent donne sur le jardin, et il fut heureux de voir que le malade passait le temps à peindre ; mais il fallait éviter le surmenage !

Comme un animal blessé qui émerge avec précaution de la sécurité d'une grotte et commence à flairer la nature environnante, Vincent fit peu à peu connaissance avec l'asile : il peignit les iris du jardin, de tout près, de sorte que les fleurs occupent toute la surface de la toile, comme si l'artiste avait voulu qu'elles cachent la vue. Le tableau suivant commence à révéler un coin du jardin de l'asile, avec un banc de pierre sous un arbre. Et puis vient le tour d'un cloître voûté, à l'intérieur de l'asile, et une vue de son atelier qui montre qu'il a commencé à y accrocher des tableaux.

Se postant à une fenêtre, il peignit le champ qui s'étendait à côté des bâtiments de l'asile, soigneusement enclos d'un mur qui le séparait du monde extérieur dont on apercevait les fermes et les collines lointaines. Parfois les autres malades s'approchaient d'un pas traînant pour voir ce qu'il faisait, mais il trouvait l'attention hébétée dont il était l'objet moins gênante que les réactions des Arlésiens qui s'étaient esclaffés en l'accablant de quolibets tandis qu'il s'efforçait de se concentrer sur son travail.

Peu à peu sa peur du monde extérieur s'atténua, et quand juin arriva, Peyron le trouva beaucoup mieux ; il lui donna l'autorisation d'aller peindre au-dehors à condition de se faire accompagner par quelqu'un. Le gardien que l'on chargea de cette mission fut le plus souvent Jean-François Poulet, un jeune homme de vingt-sept ans qui connaissait bien le pays et fut à même de guider Vincent vers les endroits qui méritaient d'être fixés sur la toile.

Certes, tout ne se passait pas toujours sans anicroches. Un jour où ils rentraient à l'asile, remontant les marches de l'escalier, Vincent se retourna et donna un coup de pied dans le ventre de Poulet. Le gardien ne cria pas au scandale pour autant, mais ne put se défendre d'un certain amusement quand Vincent lui eut expliqué le lendemain qu'il avait été obligé d'agir ainsi parce que la police d'Arles était à ses trousses.

Une autre fois, il fallut écourter une promenade à Saint-Rémy car la proximité de tous ces inconnus dans la rue commençait à le perturber sérieusement. Mais il faut dire aussi que ces petites bavures furent largement compensées par le succès total d'un voyage à Arles, qui n'était pourtant pas sans danger. Il s'y rendit en effet, en compagnie de M. Trabuc, le gardien-chef, pour récupérer certaines de ses affaires.

Mieux encore, il ne manifesta aucune réaction défavorable quand Jo lui écrivit pour annoncer qu'elle attendait un bébé, ce qui prouve bien qu'il est imprudent d'établir un lien entre les événements extérieurs et ses crises de dépression.

Il vécut à Saint-Paul une extraordinaire période de calme, bien que ce fût aussi l'époque où il peignit des toiles que l'on a souvent considérées comme les plus tourmentées de toute son œuvre : oliviers biscornus, cyprès tourbillonnants se détachant sur des nuages en spirales, étoiles qui explosent en arabesques sinueuses. Tout en exécutant ces images « torturées », il procédait également à des copies très fidèles de certains des tableaux qu'il avait faits à Arles : Mme Roulin près du berceau, les tournesols. Ils ne diffèrent pratiquement pas des originaux et ne montrent aucun signe de cette démence tourbillonnante qui aurait sans doute fait irruption sur ces toiles si la folie s'était imposée à son art.

En fait, les œuvres peintes à Saint-Rémy reflètent un retour à ses premières techniques picturales. L'utilisation agressive des complémentaires a commencé à laisser la place à des couleurs plus proches l'une de l'autre — les bleus côtoient les verts — et plus atténuées, plus « nordiques » (c'est ainsi qu'il commençait désormais à qualifier tout ce qui contrastait avec l'éclat de ce « Sud » qu'il avait connu à Arles). Il avait commencé à ressentir le mal du pays, à imputer au « Midi » les malheurs qui l'avaient accablé, et à accuser le brûlant soleil jaune, les couleurs vives du Sud et l'« électricité » à l'état pur qu'il avait connus en Provence d'avoir été à l'origine de la plupart de ses problèmes.

C'est alors, juste au moment où tout paraissait s'arranger, que la catastrophe se produisit. Il était sorti pour aller peindre dans les champs. Le vent soufflait avec violence et Vincent s'efforçait de fixer sur la toile des arbres agités et tourbillonnants qui entouraient l'entrée d'une carrière, quand il se rendit compte qu'une attaque était sur le point de se produire. Il refusa de se laisser dominer et continua stoïquement de peindre jusqu'à ce que le tableau fût achevé, mais au moment où il revint à l'asile il n'était manifestement plus capable de se contrôler.

Au début, Peyron s'abstint de prévenir Théo, espérant sans doute que la crise allait vite passer. Mais elle se prolongea pendant cinq jours, et comme Vincent était incapable d'écrire ses lettres habituelles, il fallut bien prévenir Théo qui commençait déjà à s'inquiéter. Jamais encore il n'avait eu d'attaque aussi tenace, il divaguait le jour et son sommeil était troublé par les cauchemars. Affaibli et le cerveau à la dérive, il parvint un jour à se traîner jusque dans son atelier et, revivant la scène qui s'était produite avec Signac, il tenta de se tuer en vidant les tubes de peinture, se forçant à en avaler le contenu hautement toxique. Poulet réussit à l'arrêter juste à temps, mais cet incident convainquit Peyron que c'était cette passion démesurée pour la peinture qui avait amené Vincent à choisir un mode de suicide presque symbolique. La solution s'imposait avec évidence : il ne fallait plus qu'il peigne. L'atelier serait fermé.

A mesure que Vincent recouvrait progressivement l'usage de la raison et que son estomac se remettait du vomitif qu'on lui avait administré pour expulser le poison, il se disait qu'il allait tomber fou à cause de l'ennui qui l'accablait dans cet endroit, lequel, en soi, n'avait déjà rien de bien divertissant. Quand il eut assez de force pour écrire, il supplia Théo d'intercéder pour que l'interdiction fût levée, mais il fallut encore deux semaines pour que Peyron ait la certitude que les obsessions du malade s'étaient suffisamment atténuées et qu'il avait recouvré suffisamment de maîtrise de soi pour pouvoir retourner dans son atelier. Il lui fallut encore deux mois pour se sentir capable de ressortir de l'asile. Il se retrouvait en fait dans le même état que quand il était arrivé la première fois : il ne parvenait pas à sortir des bâtiments, ni même à se promener dans le jardin entouré de murs. Mais il tenait absolument à prouver à Peyron que l'on pouvait lui faire confiance, qu'il ne tenterait pas de s'empoisonner si on le laissait seul avec ses tubes de couleurs. Comme la répulsion que lui inspirait le monde extérieur l'obligeait à se cloîtrer dans son atelier, la seule solution qui lui apparut fut de se prendre une fois de plus comme modèle pour exécuter son autoportrait.

Depuis son arrivée à Saint-Rémy, il n'avait jamais fait de portrait ; maintenant, il ne pouvait rien faire d'autre. Peut-être voulait-il aussi s'«examiner», car les autoportraits étaient souvent pour lui un moyen de faire le point. En tout cas, il voulut d'emblée transmettre un message à Peyron, un message riche en informations à prendre à la lettre : il se peignit en effet vêtu d'une blouse bleue d'artiste, tenant à la main ses pinceaux et sa palette, en fait, sa tenue de «travail».

L'expression qui apparaît sur le visage tirant sur le vert — les yeux sont verts, eux aussi — et se détachant sur un fond sombre, est moins facile à interpréter que les fois précédentes, quand il avait son air hagard ou inquiet ; peut-être cherchait-il à présenter une physionomie neutre, celle d'un homme sain d'esprit, dans le but de rassurer ses gardiens. Comme ce portrait fut exécuté à partir de ce que Vincent voyait de lui-même dans une glace, c'est son oreille droite que l'on distingue à gauche, ce qui explique qu'elle apparaît entière. Il n'est pas improbable, là encore, qu'il ait essayé de prouver qu'il était vraiment sur la voie de la guérison.

En dépit des manipulations évidentes auxquelles il s'était livré, il apparaît clairement dans ses lettres que, selon lui, le portrait exécuté par un peintre était le meilleur moyen de dire la vérité sur une personne ; il détestait la photographie et c'est sans doute la raison pour laquelle nous n'avons aucune photo de lui prise pendant les dernières années de sa vie.

Étant donné les indications fournies par l'artiste lui-même, il est tentant d'attribuer toutes sortes d'explications apocalyptiques à ses autoportraits, mais à moins que ses propres lettres ne viennent les corroborer, de telles interprétations sont susceptibles de varier d'un extrême à l'autre. Dans son second autoportrait de Saint-Rémy, par exemple, la toile est presque entièrement peinte en bleu : le fond est bleu, ainsi que la veste et le gilet, et son visage présente des teintes bleues. Il porte une veste ordinaire avec une chemise sans col, ce qui pourrait s'interpréter comme le signe qu'il s'est maintenant résigné à n'être rien d'autre qu'un malade aussi mal habillé que les autres. Le bleu tourbillonnant de l'arrière-fond et les lignes fortement appuyées de ses vêtements font apparaître ses deux yeux fixes comme deux points stables dans un maelström, comme s'il s'efforçait, de toute la puissance de sa volonté, de résister au chaos qui est en train de se précipiter autour de lui.

Pourtant, une telle lecture est purement subjective ; il se peut qu'il n'ait rien voulu faire de semblable. En revanche, le terrain est plus sûr quand il s'agit de son premier tableau représentant le monde extérieur, après sa tentative de suicide. Nous avons indiscutablement là une illustration de la sécurité que lui procure la fenêtre de sa chambre, inspirée à coup sûr par la nervosité dont il est la proie. Cette interprétation se trouve renforcée quand on apprend, grâce à ses lettres, qu'il n'a pas peint ce tableau de sa fenêtre mais qu'il a recréé cette image dans son atelier, comme s'il était trop difficile pour lui de regarder en face le monde extérieur dans sa réalité. Un autre détail significatif nous est fourni par le fait qu'il a choisi des couleurs plus sombres, moins éclatantes, et bien que le tableau ait été peint en plein milieu de l'été, on se croirait déjà en automne. Il y a encore là un indice qui confirme son désir, qui va dominer peu à peu ses pensées, de se tourner dorénavant vers le nord.

Il commençait à se lasser de l'asile. Les religieuses l'exaspéraient, il se méfiait des autres pensionnaires qui pouvaient être dangereux, la nourriture lui déplaisait et les heures passaient beaucoup trop lentement. Il aurait voulu partir, peut-être dans un autre asile près d'Avignon ou, mieux encore, beaucoup plus au nord. Il demanda à Théo s'il y avait une chance pour que Pissarro le prenne chez lui, comme il l'avait fait pour Cézanne et Gauguin.

Pourtant le portrait qu'il fit du «Major», le gardien-chef Trabuc, ainsi que celui de son épouse, montre combien il leur était reconnaissant de leur sollicitude. Trabuc se trouvait à son tour investi du rôle de père et d'homme du peuple que Roulin avait lui-même hérité du père Tanguy.

Théo et Jo, qui attendait toujours son bébé, s'étaient installés dans un appartement plus grand, et Théo avait entreposé la plupart des toiles de Vincent chez Tanguy, ce qui indique que leurs rapports s'étaient améliorés. Une fois de plus, les tableaux de Vincent étaient exposés. Théo avait fait admettre, cette année-là, *Les iris* et *Nuit étoilée sur le Rhône* au Salon des Indépendants, et s'était renseigné auprès des «XX» de Bruxelles pour savoir si Vincent pourrait participer à leur prochaine exposition.

Les XX (vingt) étaient un groupe d'avant-garde qui s'était fixé un objectif identique à celui des Indépendants, c'est-à-dire court-circuiter le Salon officiel de Bruxelles. Depuis l'arrivée de certains intellectuels français, qui s'étaient exilés outre-Quiévrain à la fin du Second Empire et pendant la Commune, la Belgique s'était mise au diapason de l'évolution littéraire et artistique qui s'était produite en France et avait connu sa propre renaissance culturelle. Chaque année, donc, les Vingtistes proposaient un véritable festival artistique avec concerts, lectures de poèmes et conférences qui accompagnaient l'exposition de peinture.

On pouvait venir y contempler les œuvres des artistes belges faisant partie du groupe, mais aussi les toiles provenant d'autres pays, en particulier de France. Cet événement jouissait maintenant d'un tel prestige que les peintres encore inconnus qui constituaient l'avant-garde parisienne s'empressaient souvent de solliciter une invitation. (Ce qu'on soupçonna Gauguin d'avoir fait.) C'est la raison pour laquelle le fait que le secrétaire fondateur du mouvement, Octave Maus, ait lui-même pris l'initiative de contacter Théo peut être considéré comme un honneur. (Reconnaissons toutefois que Maus avait du être encouragé à effectuer cette démarche par son cousin Eugène Boch qui avait suivi le conseil de Vincent et exerçait ses talents dans le Borinage.)

L'avantage du système bruxellois, c'est qu'une fois sélectionné, l'artiste pouvait non seulement choisir lui-même les œuvres qu'il souhaitait montrer mais aussi imposer la façon dont il voulait qu'on les accroche aux cimaises. C'était là une possibilité qui concordait tout à fait avec le désir exprès de Vincent de disposer ses toiles dans un certain ordre, conformément à leurs couleurs dominantes. Dans sa réponse à Maus, Vincent demanda qu'on lui accorde un espace un peu plus grand que la normale, de manière à pouvoir procéder pour la première fois à un regroupement conforme à ses vœux.

Ce n'était là qu'un indice parmi quelques autres qui montraient que la période d'obscurité totale traversée par Vincent commençait à tirer à sa fin. Théo se fit l'écho, dans ses lettres, de l'enthousiasme manifesté par ceux qu'il avait invités à venir dans son appartement pour voir les tableaux, et il y eut même un certain frémissement d'intérêt parmi les critiques d'art, du moins ceux qui appartenaient à l'avant-garde et cherchaient eux-mêmes à se faire reconnaître.

Comme on pourrait s'y attendre, ce n'est pas sans une certaine inquiétude que Vincent prit connaissance des réactions communiquées par Théo. L'isolement n'avait aucunement suscité en lui le désir d'accéder à la célébrité à n'importe quel prix ; bien au contraire, il avait sur la façon dont il fallait présenter ses œuvres des idées très précises, aussi bien sur le style du cadre que sur la couleur du fond sur lequel chacune devait apparaître. Et il fut également décidé, dès le début, à ne laisser personne donner une idée fausse de ce qu'il était et de ce qu'il faisait. Son «porte-parole» devrait avant tout bien comprendre ce que Vincent s'efforçait de réaliser.

Il ne serait que trop facile de s'imaginer Vincent comme une sorte d'hurluberlu, un saint au cerveau un peu fêlé, complètement déphasé par rapport à un monde artistique qui l'aurait rejeté. Il faut bien se souvenir qu'il avait été lui-même négociant en objets d'art, employé pendant des années dans une galerie au renom international. Il savait donc parfaitement comment fonctionnait le système et ce qu'il fallait faire pour ne pas en devenir la victime. Tout en aspirant à créer un art pour le peuple, il visait une élite restreinte dont il espérait qu'elle viendrait apprécier ce qu'il faisait. Son principal souci était que ce groupe limité comprenne et aime ses toiles, certes, mais à condition que ce fût pour des raisons valables.

En revanche, il ne cessait de distribuer ses tableaux à des gens qui n'y connaissaient rien, ce qui, le plus souvent, aboutissait à un résultat désastreux. Il donna au «major» et à sa femme les portraits qu'il avait faits d'eux et les toiles furent perdues. Heureusement, Vincent avait désormais pris l'habitude d'exécuter des copies de ses œuvres et ce sont généralement ces deuxièmes versions, plus soignées parce que moins hâtivement faites que les originaux, qui sont parvenues jusqu'à nous.

Un original, capital et unique, a survécu : l'autoportrait qu'il a fait pour l'offrir, avec quelque retard, à sa mère à l'occasion de son soixante-dixième anniversaire. Il n'avait guère entretenu de relations épistolaires avec elle mais une lettre qu'il reçut d'elle en ce mois de juillet 1889 l'avait impressionné tant son écriture lui avait paru *ferme et régulière* pour une femme de son âge.

Il savait qu'elle devait être bouleversée par le départ imminent de son plus jeune fils, Cor, qui allait, comme beaucoup de Hollandais, émigrer en Afrique du Sud, chez les Boers. Mais il ne doutait aucunement que le récent mariage de Théo et la naissance proche d'un bébé étaient pour elle une grande joie.

L'autoportrait qu'il peignit en septembre témoigne du désir de Vincent de faire plaisir à sa mère, c'est pourquoi le tableau ne ressemble guère à ce qu'était réellement le modèle à l'époque. Vincent s'efforçait plutôt de reconstituer l'apparence qu'il avait eue vingt ans plus tôt quand, rasé de près et les traits énergiques, il n'avait pas encore eu le visage marqué par les stigmates que les ravages du temps et de la folie finiraient par laisser. Ce portrait nous rappelle la dernière photo qui fut prise de lui, où il apparaît avec l'air timide et les cheveux ébouriffés de l'adolescent de dix-neuf ans qui allait commencer sa carrière chez Goupil. Pour Vincent, il s'agissait de redonner espoir à sa mère en lui permettant de revoir son fils aîné tel qu'il avait été en des jours meilleurs ; mais en fait tout le personnage est empreint d'une infinie tristesse et exprime le plus grand désarroi.

Il ne devait plus jamais faire son autoportrait, à une exception près toutefois : quand il exécuta une copie du tableau représentant sa chambre dans la Maison Jaune, à Arles, l'une des toiles qu'il «accrocha» au mur, au-dessus du lit, est précisément une reproduction miniature de cet autoportrait d'anniversaire. L'autre tableau que l'on peut voir également représente sans doute sa sœur Willemina. Cette *Chambre* fut elle aussi envoyée à sa mère, probablement pour la convaincre encore mieux qu'il menait une vie simple et saine en dépit de toutes les nouvelles alarmantes qui avaient dû lui parvenir pendant des années, depuis qu'il l'avait vue pour la dernière fois.

En pensant ainsi à sa famille, et en multipliant de telles attentions à l'égard de sa mère, il ne pouvait qu'accroître son désir de retourner dans le Nord et aggraver encore le sentiment d'échec provoqué par son incapacité à fonder l'atelier d'artistes dont il avait rêvé. Gauguin et les autres se retrouvaient de nouveau en Bretagne, et il n'y avait que les rares lettres qu'il recevait parfois pour le tenir au courant de ce qui se passait là-bas.

Ce fut donc en partie pour créer une communauté à sa manière et en partie pour reprendre les éléments les plus intimement liés à sa vie dans le Nord qu'il se lança dans une série de peintures exécutées à partir des estampes en noir et blanc qu'il avait jadis collectionnées. Mais ces tableaux n'ont rien à voir avec les copies laborieuses qu'il avait réalisées autrefois, quand il apprenait le dessin. Les estampes n'étaient plus désormais qu'un point de départ à une création personnelle originale : il comparait cette activité à celle du musicien qui fait un arrangement à partir d'une composition.

Toutefois, en choisissant d'abord Millet comme source d'inspiration, il marque par là même sa volonté de revenir à d'autres valeurs. Il redemanda à Théo de lui envoyer *Travail aux champs* de Millet et réalisa sa propre version des *Buveurs* de Daumier. C'était comme si, pour lui, ces artistes faisaient partie de son atelier imaginaire, de la communauté qu'il avait rêvé de fonder. Il repoussa toutes les objections tendant à suggérer qu'en se consacrant à ses « copies » il renonçait à peindre d'après nature ; de toute évidence, il considérait que ces estampes étaient aussi réelles et aussi vivantes que des objets concrets ; c'était exactement comme s'il avait peint un arbre ou une fleur.

Pourtant il n'en fut pas moins gravement perturbé quand Bernard lui envoya une série de photographies montrant les peintures qu'il était en train d'exécuter en Bretagne. Parmi elles figurait un *Christ au jardin des Oliviers*, thème que Gauguin avait traité lui aussi. Vincent réagit exactement comme s'il n'avait pas lui-même recopié des estampes : il clama bien haut l'importance du réel — par opposition à l'abstrait ou à l'imaginaire — car c'était pour lui un principe fondamental :

... Ce cauchemar d'un « Christ au jardin des Oliviers », ma foi, je m'en sens triste, et je te redemande par la présente, à hauts cris et t'engueulant ferme de toute la force de mes poumons, de vouloir bien redevenir toi.

« Le Christ portant sa croix » est atroce. Sont-elles harmonieuses les taches de couleur là-dedans ? Je ne te fais pas grâce d'un poncif — tien poncif — dans la composition.

Lorsque Gauguin était à Arles, comme tu le sais, une ou deux fois, je me suis laissé aller à une abstraction, dans « La berceuse », une « Liseuse de romans », noire dans une bibliothèque jaune ; et alors l'abstraction me paraissait une voie charmante. Mais c'est terrain enchanté ça, mon bon ! et vite on se trouve devant un mur.

Il était si exaspéré qu'il partit peindre un bouquet d'oliviers, directement d'après nature, et en se gardant d'y ajouter un Christ imaginaire qui ferait de son œuvre un « poncif ». Il appliqua les couleurs par petites touches fines, comme s'il réinventait sa propre version du divisionnisme, indiquant ainsi qu'il prenait encore plus de distance par rapport à la fausse route — selon lui, du moins — sur laquelle on était en train de s'engager en Bretagne.

Évidemment sa réaction aux photographies envoyées par Bernard témoignait d'une rudesse excessive si l'on songe que ce dernier était plus jeune que lui et qu'il avait toujours été un ami fidèle quand tant d'autres s'étaient dérobés. Étant donné l'attitude que Vincent pouvait avoir lui-même face à la critique — on se souvient de l'affaire Van Rappard —, il aurait pu faire preuve dans sa lettre de plus de tolérance.

Pourtant la violence même de sa réaction montre qu'il émergeait de cette hébétude et de cette apathie qui succédaient généralement à ses crises. Il fut même stimulé au point de se lancer dans l'exécution d'une série d'oliveraies, en recourant à des couleurs nettement plus sombres et, d'une certaine manière, cet obscurcissement de sa palette correspondait au retour d'une paix de l'âme qui s'installait de nouveau en lui.

A la mi-décembre, il écrivit à Théo pour lui dire que ses couleurs avaient repris une certaine sobriété :

Je trouve probable que je ferai plus guère des choses empâtées, c'est le résultat de la vie calme de réclusion que je mène et je m'en trouve mieux. Au fond je ne suis pas si violent que cela, enfin je me sens davantage moi dans le calme.

Il dit à Théo que tout en étant résigné à passer encore un autre hiver dans le Midi, il avait l'impression que *mes études provençales se tiendraient*, du moins l'espérait-il, *avec nos lointains souvenirs de jeunesse en Hollande*. Mais il se tourmentait encore à l'idée de devoir sans cesse compter sur l'argent de la famille et il se demanda même s'il n'aurait pas mieux fait de continuer à travailler chez les Goupil.

Naturellement, Théo prit sa plume pour le rassurer. D'accord il n'avait jamais rien vendu, mais qu'est-ce que ça prouvait ? Il suffisait de regarder Pissarro et Gauguin : leurs peintures récentes étaient-elles moins vendables que celles de l'année précédente ?

Gauguin lui avait écrit pour lui dire que l'un de ses enfants (à Copenhague) était tombé d'une fenêtre. On l'avait ramassé à demi mort. Gauguin était prêt à n'importe quoi pour se procurer un peu d'argent mais Théo ne pouvait pas lui en donner.

Pour le conforter encore dans la certitude que l'on commençait de plus en plus à accepter ses œuvres, Théo lui décrivit les cadres des tableaux qui iraient à Bruxelles et il lui dit que deux de ses *Tournesols* étaient maintenant exposés chez le père Tanguy.

La lettre de Théo était datée du 22 décembre 1889. Le lendemain, Vincent écrivait à sa mère et joignait à sa missive une note pour sa sœur Willemina. Il leur rappelait à toutes les deux qu'un an juste s'était écoulé depuis sa première attaque. Puis il procéda à une description du travail qu'il faisait. Les lettres achevées, il sortit pour aller peindre et c'est alors que, sans que rien puisse le laisser prévoir, il fut pris d'un nouvel accès de convulsions. Une fois de plus il avait tenté d'avaler le contenu de ses tubes de peinture. Une fois de plus, il fallut le ramener à l'asile pour lui faire régurgiter le poison. La crise dura une semaine et Peyron reconnut que l'alerte avait été chaude. Un certain moment, durant sa convalescence, Vincent vit un domestique qui emplissait les lampes avec du pétrole et, saisi d'une sorte de fureur suicidaire, il réussit à avaler une partie du liquide avant qu'on ait eu le temps de l'arrêter.

Cette fois, la crise s'était déclarée dans des circonstances différentes des précédentes. Peyron avait cru voir un lien entre les sorties effectuées par Vincent en dehors de l'asile et ses accès de folie ; or, un mois plus tôt seulement, il était allé chez les Ginoux à Arles sans que cette visite ait eu la moindre répercussion sur sa santé mentale. Peyron conclut donc que son premier diagnostic était le bon : c'était la peinture qui était la cause de tout le mal. Il fallait donc interdire à Vincent de se remettre à peindre, pour l'instant du moins, non pas pour le punir bien entendu, mais dans son intérêt. Il serait tout de même autorisé à dessiner pour se distraire un peu.

Quand le révérend Salles vint le voir, il était déjà pratiquement rétabli. Vincent se répandit en critiques sur l'asile, en manifestant une grande lucidité. Comme pour montrer son désir de reprendre contact avec le monde extérieur, il envoya aux Roulin deux de ses toiles en cadeau. Plus que jamais, il éprouvait le besoin d'avoir à ses côtés une présence comme celle de Roulin, mais dans l'asile il n'y avait que de pauvres êtres errant dans les couloirs comme des âmes en peine ou qui vous fixaient d'un regard vide. Entre les crises, Vincent était tout à fait normal, et les interminables heures qu'il fallait passer dans ce lieu sinistre le mettaient de plus en plus à la torture. L'impossibilité de peindre rendait maintenant cette réclusion intolérable.

Et juste au moment où il s'évertuait à démontrer au docteur qu'il n'y avait aucun risque à le laisser utiliser son matériel, il eut sa première exposition importante. Le 17 janvier 1890, les Vingtistes procédaient à leur vernissage à Bruxelles. Parmi les exposants se trouvaient cette année-là Anne Boch, la sœur d'Eugène, Henry De Groux, fils du peintre historique belge Charles De Groux auquel Vincent vouait une grande admiration, et Théo Van Rysselberghe, le principal représentant du néo-impressionnisme belge qui avait scandalisé les critiques l'année précédente.

Ceux-ci avaient baptisé les peintres du genre de Rysselberghe « les bubonistes », pour montrer qu'ils considéraient leurs œuvres comme un véritable fléau pour la culture nationale. Mais les remous qu'il avait pu y avoir l'année précédente n'étaient qu'un bien timide prélude à la tempête de protestations qui allait se déchaîner maintenant.

Parmi les artistes invités, on trouvait Eugène Boch, Cézanne, Lucien Pissarro, Odilon Redon, Signac, Toulouse-Lautrec et Vincent. Les organisateurs semblaient être partis du principe que c'était Cézanne qui allait être la tête de Turc des critiques, mais le soir précédant le vernissage, Henry De Groux refusa que l'on expose sa toile à côté de « l'exécrable vase de tournesols commis par monsieur Vincent ou tout autre agent provocateur ». Il apparut alors soudain que c'était ce Hollandais inconnu qui allait s'attirer toute la notoriété cette année.

De Groux retira ses œuvres, mais vint au banquet le lendemain soir, bien décidé à en découdre. Il se montra d'une telle grossièreté à l'égard de Signac et de Toulouse-Lautrec, qui étaient venus exprès de Paris pour assister au vernissage, qu'une terrible querelle éclata alors et De Groux se trouva finalement dans l'obligation de démissionner du groupe des Vingtistes. Certains prétendent même qu'il avait été question d'un duel, les témoins étant déjà nommés, mais comme De Groux était presque aussi petit que Lautrec, ils durent finalement renoncer à cette occasion de sombrer dans le ridicule.

Pendant que se déroulait le programme habituel de manifestations littéraires et de concerts de musique contemporaine — Fauré et Franck figurant parmi les plus éminents des compositeurs —, c'est la bataille dont Vincent fut l'objet qui suscita le plus d'intérêt. Si l'on songe que les critiques avaient peu apprécié les tonalités modérées des pointillistes, on ne peut guère s'étonner qu'ils réagissent aussi sauvagement aux couleurs agressives utilisées par Vincent.

Pourtant, il y eut tout de même un article qui trancha sur les autres. Son auteur, un jeune écrivain nommé Albert Aurier, publia dans *L'Art moderne*, un journal de Bruxelles, son opinion sur les œuvres de Vincent sans se limiter aux peintures que l'on pouvait voir à l'exposition. *L'Art moderne* était un périodique à sensibilité socialiste et ses chroniqueurs s'attachaient sans cesse à établir un lien entre l'art et le progrès social, contrairement à la mode qui consistait de plus en plus alors à défendre la doctrine de l'art pour l'art. L'article d'Aurier, qui en reprenait un autre publié auparavant dans le premier numéro du *Mercure de France*, en janvier, fut le seul article important publié sur Vincent de son vivant.

Les éloges qu'on y trouvait sur l'art de Vincent étaient presque excessifs, mais il contenait aussi un grand nombre d'affirmations sur les intentions du peintre qui préfiguraient déjà les idées fausses que le grand public allait nourrir plus tard à l'égard de sa vie et de son œuvre.

En fait, Aurier était un étudiant en droit qui cherchait à se faire un nom dans le monde des lettres. Il était un ami de Bernard, qui lui avait parlé de Vincent, et il avait rencontré brièvement Théo en novembre 1888, quand il s'était rendu à l'appartement de la rue Lepic pour voir les œuvres de Vincent. Un examen attentif des tableaux en dépôt chez Tanguy avait ensuite donné au jeune homme une idée assez précise de ce que pouvait faire Vincent, sans oublier les toiles plus récentes exécutées à Saint-Rémy. Aurier avait déjà décrit quelques-unes des premières œuvres de Vincent dans un journal éphémère qu'il avait fondé et qui s'appelait *Le Moderniste*. (C'était une des premières fois qu'on utilisait ce mot destiné à remplacer bientôt l'« impressionnisme » pour désigner l'ensemble des nouvelles tendances artistiques.) *Le Moderniste* ne dura pas longtemps mais l'attachement d'Aurier à ses principes ne mourut pas pour autant, et l'article qu'il écrivit sur Vincent fut une tentative audacieuse pour faire figurer le peintre parmi les nouveaux modernes.

Le titre de l'article, « Les isolés », donne tout de suite le ton. Vincent est présenté comme un être à part, un génie en proie à une terrible folie, parfois sublime, parfois grotesque, dont la vie ne peut être séparée de son art. Pour Aurier, Vincent était un visionnaire solitaire, condamné, par sa nature même, à demeurer incompris... en d'autres termes, l'artiste moderne par excellence, quelqu'un qui ne serait « jamais compris sauf par ses frères, ceux qui sont des artistes authentiques... et par ceux qui avaient la chance de faire partie de ces gens du commun, cette foule anonyme qui avait pu échapper, par bonheur, aux ''bienfaits'' de l'instruction publique ».

Pour Aurier, l'art nouveau menait une véritable bataille, et Vincent se trouvait à l'avant-garde pour attaquer ces traditionalistes méprisables au nombre desquels il citait Gérôme et le peintre historique Meissonier. Aurier ne soupçonnait donc aucunement quelle admiration Vincent vouait depuis longtemps à ce dernier. En fait — suprême ironie ! — juste au moment où les pensées de Vincent se tournaient de nouveau vers Millet et vers ses racines nordiques, il se trouvait soudain porté aux nues parce qu'on voyait en lui le peintre le plus représentatif du nouveau symbolisme et de l'avant-garde en lutte.

Quelles que fussent les inexactitudes de l'article, il n'en eut pas moins pour résultat de sortir Vincent d'une obscurité complète et d'attirer sur lui l'attention croissante des artistes et des écrivains faisant partie de l'art nouveau. On peut lire une description touchante de sa mère et de Willemina, venues à Paris pour aider Jo pendant son accouchement, assises toutes les deux avec Théo à minuit, lisant l'article d'Aurier dans le *Mercure de France* pour en discuter ensuite jusque fort avant dans la nuit. Du moins y avait-il là pour Théo une grande source de satisfaction à l'idée que la foi aveugle dont il avait gratifié son frère pendant tant d'années trouvait enfin sa récompense.

Pour l'instant, Vincent ne savait pas encore quelle tempête s'était déchaînée dans les milieux de la critique bruxelloise ni qu'une voix solitaire s'était élevée pour louer son œuvre. Il s'inquiétait beaucoup au sujet de Marie Ginoux, qui souffrait à nouveau de dépression nerveuse. Peyron l'autorisa à aller la voir à Arles, mais deux jours plus tard il avait une nouvelle attaque, ce qui sembla confirmer le second diagnostic du docteur : c'était bien le monde extérieur qui était responsable de ses crises.

Il n'y avait donc plus aucune raison de lui interdire de peindre.

Vincent fut malade pendant une semaine et c'est seulement quand il fut suffisamment rétabli que Peyron put lui montrer la lettre annonçant que Jo avait donné le jour à un fils, que l'on allait nommer Vincent Willem en son honneur. Cette révélation, associée au souvenir du lointain cimetière de Zundert, n'eut pas l'effet fracassant que certains biographes de Vincent ont cru pouvoir déceler car, en fait, celui-ci ne manifesta aucune réaction immédiate. Il parut accepter cette naissance avec beaucoup de calme et écrivit une lettre dans laquelle il exprima sa joie et son intention de peindre un tableau pour le petit enfant qui portait son nom.

En revanche, quand Peyron lui eut communiqué l'article d'Aurier, il montra une vive inquiétude et il passa une grande partie du temps qu'il ne consacrait pas à la peinture à rédiger sa réponse avec le plus grand soin. Il voulait d'abord remercier Aurier de la gentillesse de ses remarques, mais il était également décidé à contester la référence à Meissonier, prenant chaudement la défense du peintre.

Maintenant qu'il était de nouveau autorisé à peindre, l'une de ses premières toiles fut celle qui, pour beaucoup de gens, illustre le mieux son séjour à Saint-Rémy, sa propre interprétation de *La ronde des prisonniers* de Gustave Doré, une image pénétrante en noir et blanc qui montre un cercle de prisonniers qui tournent en rond, d'un air morne, pendant leur période d'exercice quotidien dans une cour de prison entourée de hautes murailles sinistres qui cachent complètement le ciel. Beaucoup ont cru qu'il s'agissait là pour Vincent de montrer la réalité de ce qu'il ressentait à Saint-Rémy. Certes, il trouvait la vie à l'asile d'un ennui assommant, mais il n'avait rien d'un prisonnier et, en reprenant l'œuvre de Daumier, il voulait sans doute davantage faire un geste de défi et exprimer son désir de plus en plus grand de partir, plutôt que chercher à réaliser une illustration littérale de la vie qu'il menait dans ce cloître délabré.

Il y avait encore un autre signe révélant son retour vers le passé : l'appétit vorace qu'il manifestait de nouveau pour la lecture. Il lisait les drames historiques de Shakespeare pour tenter de meubler des heures qui n'en finissaient jamais de s'écouler. Et c'est également au cours de cette période qu'il se mit à envisager la possibilité de refaire certaines de ses œuvres originales. Il écrivit à Théo et à sa mère pour leur demander de lui envoyer les premiers dessins qu'ils pouvaient encore avoir pour retravailler ces sujets, maintenant qu'il avait amélioré sa technique.

C'est ainsi qu'il en vint à exécuter une version peinte du vieil homme assis auprès du feu, la tête dans les mains, qu'il appela *A la porte de l'Éternité*. Il en avait déjà fait deux versions, l'une à Etten et l'autre à La Haye. En revenant une fois de plus sur ce thème, il indiqua clairement la direction qu'il cherchait à prendre : fuir l'abstraction dans laquelle il voyait maintenant une marque caractéristique de l'art d'avant-garde. En s'efforçant de raviver son intérêt pour l'« art engagé » qu'il avait tenté de réaliser à l'origine, il espérait opérer ce contact étroit avec le monde « réel », le monde de la nature qu'il considérait maintenant comme essentiel pour un artiste authentique.

En dépit de la gravité de sa dernière attaque et de sa tristesse en constatant que les crises ne cessaient de se faire plus sévères d'une fois sur l'autre, il était encore très inquiet au sujet de Marie Ginoux. Maintenant qu'il n'était plus autorisé à aller la voir, la seule façon dont il pouvait exprimer ses sentiments était de la peindre. Gauguin n'ayant pas jugé utile d'emporter le portrait qu'il avait fait d'elle vêtue de son traditionnel costume d'Arlésienne, Vincent décida de se servir de cette œuvre pour en faire le point de départ de sa propre version.

Il voulait la voir sourire de nouveau et en fait il la montre, avec une sorte de demi-sourire flottant sur ses lèvres ; mais la pose qu'il lui fait « prendre », la tête légèrement inclinée sur le côté, s'appuyant sur une main, produit une impression de mélancolie et révèle les effets de la dépression. Il en fit plusieurs versions ; dans l'une d'elles il a placé deux livres à côté du personnage : *La case de l'Oncle Tom* et les *Contes de Noël* de Dickens, deux titres qui sont des symboles d'amitié et de sollicitude et qui nous donnent une autre preuve qu'il relisait certains des romans qui l'avaient si profondément influencé autrefois.

Cette préoccupation pour des modes de pensée anciens se retrouve également dans ses lettres où il exprime sa certitude grandissante que, après Millet, l'art s'est engagé dans la mauvaise voie :

Ah Millet! Millet! celui-là comme il a peint l'humanité et le quelque chose là-haut familier et pourtant solennel. Se dire de nos jours que celui-là s'est mis à peindre en pleurant, que Giotto, qu'Angelico peignaient à genoux, Delacroix si navré, si ému... presque souriant. Qui sommes-nous, impressionnistes, pour faire déjà comme eux, salis dans la lutte pour la vie... « Qui rendra à l'âme ce qu'en ont enlevé le souffle des révolutions », voilà le cri d'un poète de l'autre génération qui sembla pressentir nos faiblesses, nos maladies, nos égarements actuels.

Millet donnait l'exemple en vivant dans une chaumière, en restant bien avec les gens sans nos écarts d'orgueil, d'excentricité.
 Donc plutôt un peu de sagesse que beaucoup d'entrain. — Alors comme alors —

Le 22 février, il partit pour Arles, emportant avec lui un portrait de Marie Ginoux dont il voulait lui faire cadeau. Il ne réussit pas à atteindre le café de la Gare, et quand on ne le vit pas rentrer à l'asile ce soir-là, on crut qu'il avait trouvé un endroit où passer la nuit. Mais le lendemain — c'était un dimanche —, quelqu'un vint prévenir le Dr Peyron qu'il avait reparu et avait eu une autre attaque. On dépêcha une voiture jusqu'à Arles pour le ramener, mais quand il fut assez lucide pour répondre aux questions, on s'aperçut qu'il n'avait aucun souvenir de l'endroit où il avait passé la nuit du samedi. Le portrait avait disparu, on ne le retrouva jamais.

Dans la lettre qu'il envoya à Théo, Peyron affirma que les suites de cette attaque allaient disparaître aussi vite que les autres fois, mais il se trompait. Il fallut deux mois pour que son état redevienne à peu près normal. De la fin février jusqu'à la fin avril, ce ne fut qu'une succession de crises de profonde prostration. Dès qu'il donnait l'impression de redevenir calme et lucide, il se réfugiait derrière un masque de récriminations et de suspicion, maugréant sans discontinuer. Le jour de son anniversaire, le 30 mars, ne différa en rien des autres : Vincent resta abîmé dans le vide de ses pensées.

Théo tenta de le réconforter en lui disant dans une lettre quel accueil ses toiles avaient reçu au Salon des Indépendants de 1890 — Gauguin lui-même avait dit que les œuvres de Vincent étaient « le clou du Salon ». Mais rien ne pouvait le tirer de son apathie. La seule chose dont il se sentit capable fut de dessiner une série de miniatures qu'il intitula *Souvenirs du Nord* — une chaumière, un couple dans une carriole —, assez peu différentes des premiers dessins qu'il avait faits pour Betsy Tersteeg vingt ans plus tôt.

Le 24 avril, il se sentit capable d'écrire une lettre à Théo. Il dit sa détresse, dans le post-scriptum :

Je reprends encore cette lettre pour essayer d'écrire, cela viendra peu à peu, c'est que j'ai eu la tête prise tellement, sans douleur il est vrai, mais totalement abruti. Je dois te dire qu'il y en a, pour autant que je puisse en juger, d'autres qui ont cela comme moi, qui, ayant travaillé durant une période de leur vie, sont pourtant réduits à l'impuissance. Entre quatre murs, on n'apprend que difficilement quelque chose de bon, cela se comprend, mais cependant est-il vrai qu'il y a des personnes qu'on ne peut pas non plus laisser en liberté comme s'ils n'avaient rien. Peut-être, peut-être je guérirais en effet à la campagne pour un temps.

Il voulait sans doute parler du Nord, qui pour lui était devenu « la campagne » tandis que le Sud était investi de tous les maux qu'il avait autrefois associés avec la vie urbaine. Il avait fui La Haye pour aller dans la Drenthe, et Paris pour la Provence; la campagne, c'était son refuge, loin de la ville. Maintenant, il était convaincu que seul le retour au pays de son enfance lui apporterait cette guérison à laquelle il aspirait tant.

Théo avait déjà écrit à Pissarro pour lui dire que Vincent espérait pouvoir aller séjourner chez lui quelque temps. Non sans une certaine sagesse sans doute, le vieil homme se rangea à l'avis de sa femme et répondit que c'était impossible. Mais il mentionna à Théo qu'il avait au nombre de ses amis collectionneurs un certain Dr Gachet qui habitait dans le village d'Auvers-sur-Oise, à une heure de train de Paris. Grand admirateur des impressionnistes dont il avait soutenu les efforts depuis très longtemps, il soignait un certain nombre d'artistes qu'il traitait avec beaucoup de sympathie et de compréhension.

Théo l'avait vu en mars dans le cabinet de consultation que le docteur avait à Paris et n'avait pas été peu surpris quand le praticien, après avoir écouté la longue énumération des symptômes de Vincent, avait déclaré qu'il ne s'agissait aucunement de folie et que ce genre de dérangement, quelle que fût sa nature, était parfaitement curable. Comme à présent Vincent insistait pour partir de Saint-Rémy immédiatement, Théo écrivit à Auvers pour demander l'avis du médecin. La solution offerte par Gachet fut que Vincent pourrait loger dans une auberge voisine de manière à pouvoir venir consulter le docteur chaque fois qu'il en ressentirait le besoin. Comme l'asile ne semblait apporter aucun soulagement à la maladie de Vincent, Théo accepta cette proposition qui lui semblait fort sage.

Peyron n'opposa aucune objection. La présence de Vincent chez lui ne pouvait que le gêner dans la mesure où son état ne faisait qu'empirer. Vincent était d'autant plus désireux de s'en aller le plus vite possible qu'il croyait à l'existence d'une période de rémission entre les attaques : il avait donc intérêt à partir dans le Nord maintenant qu'il en était encore temps. Mais qui allait l'accompagner dans le train? On avait en effet décidé que Vincent se rendrait d'abord à Paris, où le Dr Gachet l'examinerait avant de décider de ce que l'on ferait ensuite.

Pendant que les lettres circulaient entre Gachet, Théo et Peyron, Vincent reprit ses pinceaux et s'en donna à cœur joie. L'une des dernières toiles exécutées à Saint-Rémy, *La route aux cyprès*, est probablement l'œuvre la plus célèbre de cette période. Pour beaucoup, ce tableau représente la quintessence de la Provence telle que Vincent la voyait, et pourtant la petite maison que l'on aperçoit à l'arrière-plan ainsi que la carriole et le cheval sur la route figurent déjà dans les dessins qu'il avait intitulés *Souvenirs du Nord*. Comment le pauvre Bernard, que Vincent avait si sévèrement admonesté pour s'être éloigné de la nature, aurait-il réagi s'il avait su que le puriste que se prétendait son ami avait incorporé des souvenirs aussi « irréels » dans un tableau destiné à donner du Midi une illustration exemplaire ?

Finalement, Vincent fut autorisé à voyager seul. Il écrivit à Joseph et à Marie Ginoux pour leur dire combien il regrettait ne de pas les avoir revus. Il leur demanda de lui envoyer certaines de ses affaires personnelles, en particulier son petit miroir, en leur recommandant de coller sur le verre des bandes de papier pour éviter de l'abîmer. C'était le seul objet qu'il semblait vouloir vraiment conserver...

Il se rendit d'abord à Tarascon, d'où il télégraphia à Théo pour le prévenir qu'il arriverait à la gare de Lyon le lendemain matin à dix heures. Si l'on en juge à la mine qu'il avait en débarquant du train, il avait entrepris ce voyage sans la moindre appréhension et semblait avoir passé une nuit fort reposante. En revanche, Théo, rongé d'inquiétude à l'idée que son frère était seul, n'avait pas réussi à fermer l'œil. A l'asile de Saint-Rémy, le Dr Peyron acheva le rapport concernant le malade qui venait de le quitter en écrivant dans la colonne des « Observations », ce simple mot : « Guéri ».

C'est d'ailleurs ce mot qui dut traverser l'esprit de Jo quand elle vit son beau-frère pour la première fois. Elle s'attendait à voir un pauvre être affaibli par la maladie et avait devant elle un homme robuste, aux larges épaules, qui paraissait en bien meilleure santé que son mari. Depuis leur mariage, Théo avait en effet eu beaucoup de problèmes de santé, et avant la naissance du petit Vincent on s'était demandé avec une grande inquiétude si l'enfant n'allait pas lui aussi hériter des faiblesses qui avaient accablé la famille.

Heureusement cette peur n'était plus qu'un mauvais souvenir mais l'état de santé de Théo était resté préoccupant. Ne le voyant pas revenir de la gare aussi vite qu'elle l'aurait voulu, Jo ne tarda pas à se faire du souci et c'est avec un soulagement considérable qu'elle vit enfin un fiacre découvert entrer dans la cour de son immeuble et aperçut pour la première fois l'homme qui avait pris une telle importance dans la vie de son mari, et aussi dans la sienne depuis son mariage.

Johanna Gesina Van Gogh était belle, d'une beauté un peu masculine. Son teint frais et clair, ses cheveux coupés court et son nez un peu proéminent la faisaient paraître beaucoup plus jeune que ses vingt-huit ans. Cet aspect juvénile et le fait que, par son mariage, elle était entrée dans une brillante famille pourraient incliner facilement à la considérer comme une jeune femme timide et effacée qui suivait docilement le chemin tracé par son mari. Mais il serait erroné d'interpréter la promptitude avec laquelle elle adopta l'enthousiasme de Théo comme la marque d'une obéissance conjugale servile. Jo avait une forte personnalité. Après des études tout à fait remarquables en anglais, elle avait travaillé un moment au British Museum, à Londres. Ayant écrit une monographie sur Shelley, elle avait enseigné l'anglais jusqu'à son mariage dans un lycée de jeunes filles d'Utrecht.

L'admiration que Jo vouait à l'œuvre de son beau-frère n'avait rien de forcé ou de factice, elle était profondément sincère. Après leur mariage, Théo et Jo étaient allés s'installer dans leur nouvel appartement de la cité Pigalle, à deux pas de la rue Laval, et ils avaient passé les premiers jours à accrocher et à raccrocher les toiles de Vincent en s'efforçant de trouver la disposition que Théo pensait être la meilleure pour chacune d'elles.

Il y avait eu de nombreuses allées et venues d'artistes et de curieux, car Théo s'efforçait de sensibiliser le maximum de gens à ce que son frère était en train de faire. Jo l'y aida avec beaucoup d'ardeur, et il n'y a donc rien d'étonnant à ce qu'elle éprouvât un tel émoi à l'idée de rencontrer quelqu'un qui jouait un rôle aussi essentiel dans sa nouvelle existence. Le Vincent qu'elle découvrit ce jour-là semblait jouir d'une santé éclatante. Le fait d'avoir enfin réussi à quitter l'asile pour se lancer dans une nouvelle aventure avait manifestement stimulé Vincent au plus haut point. Le bonheur se lisait sur son visage.

Les deux frères entrèrent pour aller aussitôt admirer le petit Vincent qui dormait, et Jo vit qu'ils avaient l'un et l'autre les yeux mouillés de larmes. Ils passèrent le reste de la journée ensemble et, le lendemain matin, l'oncle Vincent se leva dès l'aube pour regarder seul ses tableaux accrochés aux murs et les toiles étalées sur le parquet de la salle à manger. Un peu plus tard dans la matinée, les deux frères se rendirent chez le père Tanguy pour voir la petite mansarde que Théo avait louée afin d'entreposer ses autres œuvres ainsi que la collection de peintures de différents artistes qu'ils avaient décidé d'entreprendre ensemble.

Tanguy fut l'une des rares personnes parmi leurs anciennes connaissances que Théo permit à Vincent de rencontrer au cours de ce bref séjour à Paris, car il ne pouvait pas risquer de surmener son frère. Vincent avait espéré pouvoir visiter le plus grand nombre d'expositions possible, mais Théo, plus vigilant que jamais, ne l'emmena qu'au Salon du Champ-de-Mars, où un nouveau groupe d'artistes proposait pour la première fois des œuvres que l'on n'avait pas voulu montrer au Salon officiel. L'un de ses chefs de file était justement Meissonier, dont Vincent avait récemment pris la défense dans sa réponse à l'article d'Albert Aurier.

La présence de Meissonier — ainsi que celle du sculpteur Rodin — montrait clairement qu'il ne s'agissait nullement d'une manifestation organisée par des jeunes révolutionnaires. Il n'y avait pas que les impressionnistes et les indépendants pour s'insurger contre les institutions artistiques officielles. Même des gens que l'on aurait pu croire susceptibles d'accepter les règles établies tant pour le choix des sujets que pour le style de l'exécution pouvaient se rebeller contre le jury officiel et passer à l'action, ainsi qu'en témoignait l'exposition du Champ-de-Mars. Parmi eux figurait également Puvis de Chavannes qui, à l'âge de soixante-six ans, était déjà une figure éminente du monde artistique mais, à l'instar de Meissonier, il tenait à faire connaître son désaccord avec le noyau dur — comprenant, entre autres, Gérôme et Cormon — qui dominait l'«establishment». Vincent avait admiré les quelques toiles qu'il avait pu voir pendant son séjour antérieur à Paris, mais cette fois il fut subjugué par le tableau de Puvis intitulé *Inter Artes et Naturam*, une œuvre qui était le clou de l'exposition.

Cette toile était sans doute une version réduite de la fresque murale qui se trouve au musée des Beaux-Arts de Rouen et, au premier abord, une composition aussi guindée — des personnages en costumes modernes sont disposés en groupes dans un jardin à la française, imitant des poses classiques — ne semble guère en mesure d'inspirer des artistes d'avant-garde. Pourtant, en dépit de sa vision solitaire, pour ne pas dire indocile et fantasque, Pierre Puvis de Chavannes fut une des rares figures à être admirées par la quasi-totalité des factions parisiennes et l'influence d'*Inter Artes et Naturam* s'est fait sentir chez des artistes aussi divers qu'Aubrey Beardsley et Pablo Picasso.

Pour un observateur superficiel, Puvis peut apparaître comme l'artiste officiel par excellence. Ses peintures murales décorent le Panthéon à Paris ainsi que d'autres édifices officiels, que ce soit à Boston, aux États-Unis, ou dans différentes mairies de son pays natal. Pourtant, à sa manière, et grâce à son obstination, Puvis a pu se montrer aussi révolutionnaire que les impressionnistes. Lui aussi, il avait rejeté le classicisme formel de l'«establishment». Il s'était fait inscrire à l'atelier de Couture mais répétait à qui voulait bien l'entendre qu'il avait dormi dans cet atelier pendant trois mois. Une fois réveillé, Puvis était parti aussitôt.

Puvis avait sans doute choisi Courbet et Manet comme point de départ de sa propre vision artistique, mais à l'opposé des impressionnistes, il avait continué d'adapter la tradition classique, utilisant une palette plus claire, comme ses contemporains, mais demeurant fidèle aux sujets allégoriques : la guerre, la paix, le travail, le repos. En dépit de cette allégeance, il s'était vu refuser l'accès au Salon officiel et il passait une grande partie de son temps à exécuter des commandes publiques, peignant de vastes fresques pour des centres provinciaux comme Amiens, dont les administrateurs éprouvaient une surprenante sympathie pour la façon unique dont il combinait l'ancien et le moderne.

Si surprenant que cela puisse paraître, ses confrères artistes éprouvaient à son égard une estime comparable. Aujourd'hui sa célébrité a été quelque peu éclipsée par la victoire écrasante de l'impressionnisme, mais à l'époque on ne manquait pas de voir dans son style un élément dominant de l'art de cette fin de siècle, un lien vivant avec le passé. Il n'en était jamais arrivé à pasticher les morts, contrairement à la plupart des artistes du Salon, et ne préconisait aucunement une rupture avec les courants essentiels de la tradition occidentale, contrairement à l'orientation que semblaient prendre les symbolistes. Quand ceux qui avaient épousé la cause de l'avant-garde commençaient à avoir des doutes sur les limites à ne pas dépasser dans la réalisation de leurs expériences, c'était Puvis qui montrait le chemin d'un retour vers une vision plus équilibrée.

Dans ce sens, *Inter Artes et Naturam* était en soi une sorte de manifeste, un appel à l'harmonie entre l'art et la nature, entre le passé et le présent. Il est donc finalement assez peu surprenant qu'étant donné son propre retour vers un art plus ancien, Vincent ait été profondément ému par ce tableau quand il le vit pour la première fois avec Théo.

Les deux hommes rentrèrent à l'appartement, où ils trouvèrent Andries, le beau-frère de Théo, qui avait été invité à venir les voir. Ses relations avec Vincent étaient restées excellentes. Andries était maintenant un expert artistique très apprécié, qui commençait à s'intéresser aux peintres symbolistes. Mais une soirée aussi détendue ne pouvait empêcher Vincent de se sentir un peu étourdi par son retour soudain dans la capitale. Le lendemain, qui était un lundi, on renonça à l'y faire rester jusqu'au vendredi, jour où il devait consulter le Dr Gachet dans sa clinique du faubourg Saint-Denis. Il allait partir dès le mardi pour Auvers où il pourrait voir le praticien chez lui.

Vincent prit le train comme prévu, et une fois arrivé à destination, il sortit de la gare pour monter la petite côte qui passait devant la maison construite par le peintre Daubigny. Il s'engagea dans les lacets de la rue des Vessenots pour atteindre l'imposante demeure carrée de son nouveau protecteur.

Si Gachet avait choisi de résider à Auvers-sur-Oise, c'était non seulement à cause de la proximité de la capitale, où il avait ouvert une clinique pour les maladies mentales, mais aussi parce qu'il connaissait de nombreux artistes dans cette localité.

Le peintre de la nature Charles Daubigny, que Vincent admirait beaucoup, fut le premier à venir à Auvers, en 1857, à l'époque où c'était un joli village niché dans une vallée et entouré par une mer de champs de blé. Trois ans plus tard, Daubigny se faisait construire une grande maison, celle que Vincent venait de voir, et il allait, par sa présence dans le village, attirer des amis à lui, comme Corot et Daumier, suivis de leurs admirateurs et de leurs élèves. A l'instar de Barbizon, Auvers se transforma en communauté artistique et les forêts et les champs qui entourent les habitations devinrent des motifs que l'on distingue aisément dans les œuvres des peintres de paysages du XIXe siècle français.

Daubigny était encore en activité quand Gachet arriva, et lorsque Pissarro s'installa peu de temps après à Pontoise, non loin de là, pour être ensuite rejoint par Cézanne et Gauguin, la continuité de la présence des artistes dans la région fut maintenue. Gachet acheta une vaste résidence à deux étages — c'était une ancienne pension de jeunes filles —, sur la colline qui domine la ville, et s'y installa avec son fils Paul et sa fille Marguerite, sa femme étant décédée.

Vincent et lui avaient entre eux beaucoup de points communs. Gachet était un homme du Nord, né à Lille, non loin du Borinage, et il avait passé une grande partie de son enfance en Belgique où il avait appris le flamand. Pour signer ses estampes il utilisait les mots flamands « Van Ryssel », qui signifient « de Lille ». Ce qui semblait également indiquer que Vincent et lui allaient bien s'entendre, c'était que Gachet, non content de se passionner pour la collection des œuvres d'art, était également un peintre amateur qui exposait souvent aux côtés de ses amis professionnels.

Pendant sa jeunesse il avait d'abord voulu devenir artiste, puis avait opté pour la médecine. Encore étudiant à la faculté de Paris, il avait accompagné un ami d'enfance, Armand Gautier, qui était élève des Beaux-Arts, dans ses excursions au sein de la communauté artistique et avait ainsi fait la connaissance de Courbet et d'autres peintres.

De retour à Paris, il travailla à la Salpêtrière et à l'hôpital de Bicêtre où on se spécialisait dans le traitement des maladies mentales. En 1856, il emmena son ami dans la cour où les femmes faisaient leur promenade quotidienne. Gautier peignit le tableau déprimant de ces folles qui discutaient en petits groupes ou déambulaient au hasard ; l'une d'elles est debout, face au mur, coupée de tout contact avec le reste du monde.

Par une coïncidence curieuse, Gachet choisit, pour présenter sa thèse, l'université de Montpellier, la même que celle où Rey allait soutenir la sienne une vingtaine d'années plus tard. Fasciné alors par le problème de la santé mentale, Gachet s'était consacré à *Une étude de la mélancolie*. Il faut dire aussi qu'il était sans doute également motivé par une raison plus personnelle, car il souffrait lui aussi, de temps en temps, de ces inexplicables accès de tristesse qui peuvent mener au désespoir le plus profond.

Comme docteur, Gachet sortait nettement de l'ordinaire. Déjà à l'époque où il était étudiant, il redoutait à un tel point de disséquer les cadavres humains qu'il avait pris l'habitude de fumer la pipe pour penser à autre chose pendant ces expériences. L'étude des maladies mentales le perturbait nettement moins. Pendant son séjour à Montpellier, il avait rencontré Bruyas, dont la collection allait un jour stimuler Vincent et Gauguin. Il était allé voir Courbet et avait poussé une pointe jusqu'à Marseille pour rendre visite à Monticelli dont il avait acheté quelques toiles. Sur le chemin du retour, il avait fait la connaissance de Cézanne. Rentré à Paris, il s'était lié d'amitié avec les impressionnistes dont il commença à collectionner les œuvres.

Il serait difficile d'imaginer quelqu'un qui fût plus à même de s'occuper de Vincent !

Gachet avait soixante et un ans quand Vincent arriva dans son village, et il se montra ravi de l'accueillir en manifestant un grand désir de lui venir en aide, ainsi qu'il l'avait fait au moment où Cézanne était venu séjourner à Auvers. Pourtant, ainsi qu'en témoigne le diagnostic hâtif dont il avait fait part à Théo, il semble bien qu'il ait sous-estimé dès le début la gravité du cas de Vincent qui, selon lui, n'avait besoin de rien d'autre que d'un peu de repos et d'un confident pour l'écouter parler de ses problèmes.

Leur première rencontre dut renforcer cette impression car, en dépit des trois jours épuisants qu'il avait passés à Paris, Vincent avait fort bonne allure. Tant qu'il tiendrait, il lui suffirait de rencontrer de temps en temps ce sympathique docteur, mais il n'en demeurait pas moins qu'en cas de crise subite, il n'y aurait personne à proximité pour lui tendre une main secourable. S'il était pris d'un accès de violence, s'il tentait à nouveau de s'empoisonner, il resterait livré à lui-même, sans la moindre surveillance.

Il semble que le séjour effectué par Vincent à Auvers ait profondément marqué le souvenir de ceux qui l'y ont connu. A en croire le Dr Gachet, son amitié avec le peintre et son rôle de docteur et de conseiller ont pris des proportions mythiques. En réalité, Vincent ne resta pas plus de soixante-neuf jours à Auvers et le nombre de ses visites au domicile du docteur fut fort limité.

En fait, dès le début, Vincent se douta que le Dr Gachet ne lui serait pas d'un grand secours, et avec cette étrange prescience de celui qui reconnaît sa propre faiblesse chez un autre, il conclut avec un certain mordant :

J'ai vu le Dr Gachet, qui a fait sur moi l'impression d'être assez excentrique, mais son expérience de docteur doit le tenir en équilibre en combattant le mal nerveux, duquel certes il me paraît attaqué au moins aussi gravement que moi.

A l'inverse de Cézanne et des autres visiteurs qui y étaient allés avant lui, Vincent ne fut pas le moins du monde impressionné par la maison du Dr Gachet, avec ses tables anciennes encombrées de plantes en pot et de vases de fleurs, ses petites statuettes et autres curiosités qui permettaient aux artistes de passage d'avoir toujours sous la main un modèle de nature morte. Pour Vincent, tout cela était *noir, noir, noir...* à l'exception de cette extraordinaire collection de toiles impressionnistes qui comprenait une scène d'hiver de Pissarro, des études de fleurs de Cézanne et un nu réalisé par Guillaumin à ses débuts.

En dépit des soupçons qu'il nourrissait sur l'équilibre mental du Dr Gachet, Vincent décida de laisser les choses suivre leur cours. On l'amena, un peu plus tard dans la journée, au bas de la colline, à l'auberge Saint-Aubin ; mais quand il s'aperçut que la pension lui coûterait six francs par jour, rien de ce que put lui dire le docteur ne réussit à le persuader d'accepter de telles conditions. Il finit par s'en aller pour se chercher tout seul quelque chose de moins onéreux. Il jeta son dévolu sur un café qui avait quelques chambres à l'étage, situé près de la mairie, laquelle présentait une ressemblance étrange avec celle qu'il avait vue, pendant son enfance, à Groot Zundert — un carré parfait avec une tour pointue au centre.

L'auberge appartenait à Arthur-Gustave Ravoux et à sa femme. Ils ne demandaient que trois francs cinquante par jour pour la pension, mais il faut dire aussi que la minuscule chambre avec un petit lit en fer au bout d'un couloir étroit et mal éclairé, en face de l'escalier, n'avait rien de bien attirant. Cependant, la pièce fut vite remplie de tableaux — près d'un par jour pendant le séjour de Vincent à Auvers — et il n'y regarda pas de si près.

Ce qui l'avait peut-être le plus séduit, c'était le café d'en bas car, avec son poêle et son billard, il lui rappelait le café de nuit à Arles. Quelles que fussent ses raisons, en tout cas, le hasard voulut qu'il tombe justement sur l'une des rares familles du village qui n'éprouvaient guère de sympathie pour le Dr Gachet. Il y avait déjà un généraliste dans la localité, un certain Dr Mazery, mais on admirait beaucoup Gachet parce qu'il était toujours prêt à soigner gratuitement les nécessiteux. Pourtant les Ravoux semblaient avoir une dent contre lui, pour une raison mystérieuse ; cela mis à part, ils se montrèrent très aimables envers Vincent, lui laissant même la disposition d'une pièce du rez-de-chaussée où il pouvait travailler quand les intempéries lui interdisaient d'aller peindre au-dehors.

Vincent se mit au travail dès le lendemain, éprouvant une vive attirance pour les étroites ruelles bordées de maisonnettes au toit de chaume. Un grand nombre de portails, comme celui qui commandait l'entrée du jardin du Dr Gachet, étaient recouverts de lierre, cette plante que Vincent avait toujours aimée et qui symbolisait le Nord à la perfection. Après les fortes chaleurs et les couleurs intenses de la Provence, le climat plus tempéré, les fleurs de ce printemps tardif et les tons plus discrets comblaient on ne peut mieux ses vœux les plus chers. Il écrivit à Théo pour lui demander de lui envoyer les exercices de Bargue, car il voulait reprendre la méthode afin d'améliorer sa technique.

Mais ces instants de bonheur ne devaient pas durer ; la surexcitation qu'il avait éprouvée en voyant Jo et le bébé pour la première fois, ainsi que l'installation à Auvers, tout cela commençait à faire sentir ses effets. Il alla chez Gachet, mais c'était justement le jour où le praticien consultait à Paris et Vincent conçut une vive irritation à cause de ce contretemps.

Personne ne fut épargné. Il envoya une lettre à Théo pour lui demander pourquoi il n'avait pas écrit et pourquoi il avait omis de procéder à un arrangement financier acceptable pendant le séjour de Vincent à Paris. Et il continua en disant qu'il ne pensait pas pouvoir compter sur Gachet car *il est plus malade que moi, ou du moins tout autant*. Il se plaignit aussi de *ce trou infesté de punaises*, chez Tanguy, où Théo avait entreposé ses toiles. Bref, une suite ininterrompue de récriminations.

La première lettre que Théo envoya à Auvers contenait du bon et du mauvais. Vincent avait vendu à Bruxelles une de ses toiles à Anna Boch, la sœur d'Eugène, pour la somme rondelette de 400 francs belges. C'était la première véritable vente à quelqu'un d'étranger à la famille, si l'on ne comptait pas les échanges de tableaux avec les autres artistes. Mais cette annonce réjouissante était gâchée par la nouvelle qu'au lieu de venir passer les vacances d'été à Auvers, comme ils l'avaient espéré, Théo et Jo allaient devoir se rendre en Hollande pour montrer le « petit » aux grands-parents.

Ce fut une douche froide pour Vincent. Cette décision, plus que toute autre chose, allait créer en lui une véritable obsession durant les semaines suivantes. En un sens, cette irritabilité maussade semble plus proche des états dépressifs observés autrefois que des accès de violence qu'il avait eus en Provence. S'il en était ainsi, il y avait peut-être quelque raison d'espérer un retour à une situation antérieure moins dramatique, mais malheureusement il n'y avait personne pour constater et aider à amplifier de telles améliorations. Toutefois, il ne faut sans doute pas regretter qu'il n'ait pas vu le Dr Gachet avant le dimanche suivant, car cela donna à son extrême irritabilité le temps de se calmer.

Gachet l'avait invité à déjeuner ce dimanche-là. Persuadé que la bonne nourriture et une compagnie agréable feraient le plus grand bien à Vincent, il avait l'intention de le faire venir à sa table une ou deux fois par semaine. Certes, Vincent n'en était plus à exiger qu'on ne lui servît que du pain et du fromage. Depuis son séjour dans le Midi, il préférait nettement un plat d'olives, mais ses goûts culinaires n'allaient pas plus loin. A l'auberge des Ravoux, il se joignait aux autres pensionnaires pour manger la nourriture toute simple qui leur était proposée, mais la perspective d'ingurgiter un repas en règle, avec une succession de plats différents, lui était encore intolérable.

D'ailleurs, Gachet lui-même n'avait pas non plus intérêt à se gaver ainsi car il souffrait de troubles digestifs, et s'il persévérait à offrir de telles agapes, ce ne pouvait être que par devoir. Ce premier repas aurait dû être le dernier mais finalement son effet fut bénéfique car Vincent avait besoin de quelqu'un à qui se confier, et Gachet était la seule personne susceptible de l'épauler. En dépit de ces interminables déjeuners pendant lesquels il enrageait à l'idée de ne pas pouvoir peindre, il cessa peu à peu de grommeler et de se plaindre et commença à voir une aide possible dans la personne du docteur. Au bout d'une quinzaine de jours il pouvait écrire à sa sœur Willemina qu'il avait *trouvé dans le Dr Gachet un ami tout à fait et quelque chose comme un nouveau frère.*

Le docteur fut moins heureux dans ses efforts pour communiquer à Vincent son goût pour la gravure. Quelques années plus tôt il avait fait installer une presse dans l'une des mansardes du troisième étage, et bien que Guillaumin et Cézanne n'aient manifesté pour cette technique qu'un intérêt passager, il n'en fut pas de même pour Pissarro qui, grâce à Gachet, consacra une grande partie de son œuvre à la réalisation de nombreuses gravures.

L'atelier, que Gachet s'était installé dans une mansarde, valait indiscutablement le spectacle, avec les masques mortuaires d'assassins guillotinés qui le décoraient. L'intérêt passionné que le docteur vouait à l'anthropologie et à l'histoire l'avait aidé à surmonter son aversion pour la dissection des cadavres humains, et c'est ainsi qu'il s'était lancé dans cette macabre collection. Il y avait également dans la pièce tout un assortiment d'objets étranges et merveilleux qui lui donnaient l'aspect d'un laboratoire d'alchimiste.

Quant aux œuvres de Gachet, elles étaient manifestement influencées par les dessins et les tableaux exécutés par Pissarro à ses débuts et risquaient peu, par conséquent, de présenter le moindre intérêt pour Vincent. Pourtant, sur les instances de son hôte, celui-ci accepta de s'essayer à la gravure. Il décida donc de réaliser un portrait de Gachet à l'eau-forte, lui demandant de poser, la pipe à la bouche, dans la cour qui donnait sur l'arrière et où ils avaient pris le repas de midi.

En fait, c'est en posant ainsi que Gachet se rendit le plus utile à Vincent, car les deux portraits que ce dernier a peints du docteur figurent parmi les meilleurs.

En tant que modèle, Gachet était vraiment fascinant. De taille modeste, il avait des yeux d'un bleu intense, une moustache fournie avec une touffe de poils sous la lèvre inférieure et une abondante chevelure rousse — teinte, disait-on —, qu'il rejetait en arrière pour dégager le front et qu'il recouvrait fréquemment d'une sorte de casquette d'officier de marine à la visière fauve.

Il portait le plus souvent une redingote en alpaga, mais il lui arrivait parfois aussi de revêtir une blouse d'ambulancier qu'il s'était procurée à l'hôpital où il avait travaillé pendant le siège de Paris. Chez lui, pendant les mois d'hiver, il mettait une robe de chambre rouge foncé qui avait grande allure avec son col de fourrure, et se coiffait d'une toque.

Les deux portraits sont presque identiques, bien que, dans l'un d'eux, il y ait deux livres sur la table, symbolisant l'un et l'autre les intérêts du docteur : *Germinie Lacerteux*, des frères Goncourt, qui n'est autre que l'histoire d'une névrose et *Manette Salomon*, des mêmes auteurs, qui décrit le monde artistique parisien. Dans les deux tableaux, Gachet apparaît avec ces yeux tristes et mélancoliques qui correspondent, comme l'explique Vincent à Gauguin, *à l'expression navrée de notre temps*. Et comme Mme Ginoux avant lui, il appuie sa tête sur sa main, pose que le peintre associait manifestement à la dépression.

Dans le premier portrait, il y a un brin de digitale dans un verre. Dans le second, Gachet tient la fleur dans sa main gauche. La digitale servait au traitement homéopathique des maladies de cœur, mais c'était aussi l'un des principaux ingrédients de l'absinthe, ce que Vincent ignorait d'ailleurs peut-être. Des spécialistes de la recherche médicale devaient se demander par la suite si ce n'était pas une forme d'empoisonnement par la digitaline — dû à une consommation excessive d'absinthe —, qui était à l'origine de ses attaques. Mais il semble peu probable que Vincent ait pu se poser de telles questions.

En ce qui concerne la gravure à l'eau-forte, en dépit des encouragements de Gachet et du plaisir enfantin que Vincent éprouvait à tirer de la presse des épreuves de différentes couleurs, sa première tentative fut la dernière. Ils avaient pourtant prévu d'en réaliser d'autres, mais ce projet demeura lettre morte, ce qui est bien dommage si on se souvient du désir de Vincent de faire en sorte que son art puisse profiter à tous, et de l'habitude qu'il avait contractée de réaliser plusieurs versions de la même œuvre, surtout quand c'étaient des portraits.

Il retourna chez Gachet le mardi suivant, et peignit dans le jardin en attendant le sacro-saint déjeuner, après quoi le docteur l'accompagna jusqu'à sa chambre pour voir la sélection de toiles qu'il avait apportées à Auvers. Il y avait son autoportrait, exécuté à Saint-Rémy, où on le voit en blouse de peintre, et une version du portrait de Mme Ginoux, *L'Arlésienne*. Gachet fut, pour reprendre ses propres termes, immédiatement envoûté par l'œuvre de Vincent — ce qui n'était aucunement évident même de la part de quelqu'un qui avait des goûts aussi avancés —, mais en dépit de son intérêt pour ces toiles, le docteur ne manifesta jamais l'intention d'en acheter une.

Le reste de la semaine, Vincent resta livré à lui-même. Le lundi, le mercredi et le vendredi, Gachet prenait le train de Paris pour se rendre à sa clinique du faubourg Saint-Denis. Son aversion pour la chirurgie ne cessant de croître avec le temps, il s'intéressait de plus en plus aux médecines alternatives, qu'il s'agisse de l'homéopathie — il communiqua son enthousiasme à Pissarro — ou des formes les plus excentriques des traitements à base d'électricité parmi lesquels figurait, par exemple, l'utilisation de l'électrolyse pour soigner le rétrécissement de l'urètre provoqué par certaines maladies vénériennes.

Il y avait deux aspects dans la personnalité du Dr Gachet. Du côté positif, il fut l'un des premiers à préconiser la médecine préventive en montrant l'intérêt de l'hygiène et de l'antisepsie. Il était même allé à Londres, où il avait rencontré Lister. En revanche, à une époque où la chirurgie progressait à pas de géant, son attitude de refus ne manque pas de surprendre. En 1883, quand Manet souffrait de gangrène, Gachet usa de toute sa force de persuasion pour convaincre son ami de ne pas écouter son docteur qui lui conseillait de se laisser amputer le pied. Manet étant décédé des suites de l'opération, Gachet donna pour toute explication qu'un dandy comme Manet ne pouvait survivre au choc qu'il avait subi en perdant une partie de lui-même !

Comme Vincent ne devait pas retourner chez Gachet avant le dimanche suivant, à l'heure du déjeuner, il s'installa dans la routine qui allait être la sienne pendant le court laps de temps qu'il passa dans la petite bourgade. Il se levait à cinq heures et sortait peindre quand le temps était suffisamment beau. Il rentrait à l'auberge pour un bref déjeuner, se reposait un moment, puis repartait peindre jusqu'à l'heure du souper. Il se couchait à neuf heures.

Ses lettres donnent maintenant beaucoup moins de détails sur ses œuvres, et les souvenirs de ceux qui l'ont connu à l'époque portent beaucoup plus sur ce qu'il faisait que sur ce qu'il peignait. La plupart des témoignages sont contradictoires, visant parfois à mettre en valeur le rôle joué par leurs auteurs, et relèvent le plus souvent de la plus haute fantaisie. Il convient donc de les lire avec beaucoup de précautions.

Adeline, la fille des Ravoux, qui avait douze ans quand Vincent était venu s'installer à l'auberge, a raconté beaucoup plus tard les souvenirs que lui avait laissés cet étrange client ; elle avait en effet déjà atteint la quarantaine, et on discerne dans son propos le désir de montrer que c'était son père qui avait eu le plus de contacts avec le peintre, et non le Dr Gachet, qu'elle ne semblait pas avoir en odeur de sainteté.

Mais d'autres révélations ont l'accent de la vérité, par exemple quand elle décrit l'artiste, misérablement vêtu de sa vareuse bleue et son chapeau de paille de paysan, ainsi que sa façon de parler français, très correctement, certes, mais avec beaucoup de lenteur, en cherchant ses mots. En dépit de ses efforts pour gonfler l'importance des relations qu'ils entretenaient avec le peintre, elle laisse pourtant échapper qu'ils lui parlaient à peine et qu'ils s'adressaient toujours à lui en l'appelant Monsieur Vincent. En revanche, Vincent faisait grand cas du bébé des Ravoux, la petite Germaine, avec laquelle il jouait tous les soirs avant qu'on ne la mette au lit, en attendant le souper.

Adeline affirme que Vincent n'a jamais bu pendant son séjour dans l'auberge, son père ayant été absolument formel sur ce point ! Il prenait ses repas avec deux des autres peintres qui faisaient partie de cette colonie changeante d'artistes attirés à Auvers par la beauté du cadre. Parmi les pensionnaires, il y avait un peintre hollandais nommé Anton «Tom» Hirschig qui était arrivé un peu après Vincent. Agé d'un peu plus de vingt ans, il parlait un français très approximatif et dut apprécier fort la présence d'un compatriote avec qui il pouvait causer.

La conversation à table ne devait guère être générale, car un de leurs compagnons, Martinez de Valdivielse, parlait uniquement l'espagnol et le français. Martinez avait sa chambre dans le village mais il prenait ses repas à l'auberge. C'était un peintre d'origine cubaine, un ami de Pissarro, mais les Ravoux étaient persuadés qu'il était en fait un exilé politique espagnol. Quant à l'anecdote racontée par Adeline, selon laquelle en voyant pour la première fois une toile de Vincent, Martinez se serait exclamé :

« Quel est le cochon qui a fait ça ? » elle fait plutôt songer à une saillie trouvée après coup.

En dépit des problèmes de langue et de son absence d'intérêt pour les œuvres de Hirschig, Vincent bénéficiait au moins de la compagnie d'artistes dont il avait toujours rêvé. A bien des égards, Auvers aurait dû lui offrir un cadre de vie idéal : la petite bourgade avec ses chaumières un peu archaïques et ses étroites ruelles en pente fournissait à profusion des motifs variés, à quelques pas de l'auberge, qui de son côté apportait une nourriture régulière et un logis stable. Si les problèmes de santé resurgissaient, il y avait Gachet ; il n'était peut-être pas aussi disponible et dévoué que Rey ou Peyron, mais on pouvait tout de même compter sur lui en cas d'urgence.

D'après les quelques indices que l'on a pu recueillir sur l'ordre dans lequel Vincent a exécuté ses toiles, il semble qu'il ait observé le même processus qu'à Saint-Rémy, commençant à peindre tout près de son logis, pour s'éloigner peu à peu jusque dans la campagne environnante. Ses premiers tableaux représentent donc les chaumières et les ruelles, ainsi que les villas plus récentes, qu'il affirmait aimer aussi. C'est seulement par la suite qu'il monta la côte pour sortir du village et gagner la plaine où il put peindre les vastes champs de blé, ou le château d'Auvers entouré de son parc, ou se tourner vers le sud pour embrasser le panorama qui s'étendait de l'autre côté de l'Oise.

Plus encore que pour toute autre période, les œuvres exécutées à Auvers défient toute description un peu hâtive. Mais comme Vincent ne nous donne que peu d'aperçus sur son état d'esprit à l'époque, nous en sommes réduits aux conjectures, malgré l'existence d'un certain nombre d'éléments tangibles.

Il commença à peindre sur des toiles en forme de rectangle allongé, deux fois plus long que large, de façon à rendre le paysage plus panoramique. Ainsi, il enveloppe le spectateur, l'invitant à « entrer » dans la scène représentée, et on peut sans doute voir là un résultat direct de l'intensité de sa réaction au tableau de Puvis de Chavannes, inspiré lui-même par la vaste fresque murale du musée de Rouen. Vincent utilisa ce nouveau format pour peindre des arbres, des racines et des gerbes de blé, en se mettant si près du sujet qu'on ne peut rien voir à travers ou au-delà, provoquant chez l'observateur une impression de claustrophobie.

Autre trait marquant de ces toiles qui montrent le village ou la rase campagne : ni les sentiers ni les routes ne semblent mener nulle part. En outre, dans aucune des œuvres exécutées à Auvers on ne voit apparaître le soleil. On comprendrait fort bien que cette boule embrasée et desséchante ait perdu un peu de son éclat dans le Nord, mais que Vincent l'ait entièrement bannie de sa peinture ne laisse pas de susciter quelque étonnement.

D'une manière plus subjective, on peut dire que les toiles d'Auvers sont relativement plus sobres ; on y voit moins de contrastes de couleurs violentes que dans les œuvres méridionales. Incontestablement, cela est dû en grande partie à l'utilisation de sa palette « nordique », mais on ne peut que difficilement s'empêcher de songer qu'il cherchait sans doute à se contenir après une galopade sauvage et périlleuse qui s'était achevée par une chute. Après l'énergie terrifiante des toiles d'Arles, on éprouve un inévitable sentiment de régression qui a amené certains spécialistes à penser que la puissance commençait à lui faire défaut, le comparant à un chanteur qui a trop forcé sa voix et constate qu'il n'est plus capable de produire les mêmes notes.

Ce qui est beaucoup plus vraisemblable, c'est qu'il opérait un réajustement de ses idées et n'avait pas encore trouvé le plein épanouissement de son expression dans ses œuvres. Un tel phénomène s'était déjà produit à Paris, et, comme pour les toiles parisiennes, on peut discerner la trace d'influences différentes dans un certain nombre de tableaux, ce qui prouve bien qu'il s'efforçait de trouver une nouvelle direction. Mais l'influence dominante reste celle de Millet, et on peut constater que Vincent se voit en imagination revenir à l'époque de Nuenen où il se considérait comme un continuateur de la tradition des peintres de paysans.

Il écrivit à sa sœur Willemina pour lui parler du tableau qu'il avait fait de l'église d'Auvers, à la fin de la deuxième semaine de son séjour : *c'est encore presque la même chose que les études que je fis à Nuenen de la vieille tour et du cimetière, seulement à présent la couleur est probablement plus expressive, plus somptueuse.*

Ce devait être là son dernier hommage au père Millet. On retrouve les souvenirs de *L'église de Gréville* dans la manière dont il exagère la masse de l'église qui « écrase » la femme en costume de paysan qui nous tourne le dos, à gauche. En cherchant à interpréter ses intentions au moment où il a exécuté cette œuvre puissante, on peut atteindre les limites les plus extrêmes de la fantaisie. L'historien de l'art Marc Edo Trabault fit remarquer par exemple que Vincent avait choisi de peindre l'abside de l'église, représentant ainsi un édifice dépourvu d'entrée, ce qui d'après Trabault est un indice des relations tendues que Vincent pouvait avoir avec la religion institutionnelle.

Cette interprétation est en tout cas plus plausible que celle à laquelle il se livre ensuite en affirmant que la femme qui s'en va à gauche est un personnage symbolique incarnant à la fois Eugénie, Kee, Sien et Margot en route vers le passé, tandis que le chemin désert qui monte vers la droite est celui que Vincent devra suivre à l'avenir. En réalité ce chemin menait au cimetière du village situé à droite, là-haut, dans les blés. Mais tout cela relève d'une certaine fantaisie car, à l'époque où Vincent travaillait à cette église, il était entré dans une phase de calme relatif qui lui avait permis de vivre les jours les plus paisibles qu'il lui avait été donné de connaître depuis longtemps.

Ce dimanche-là, Théo et Jo acceptèrent l'invitation du Dr Gachet et vinrent à Auvers en amenant le petit Vincent Willem. Ils passèrent tous ensemble l'une des journées les plus insouciantes et les plus heureuses que l'on pût imaginer. Vincent fut ravi de montrer au bébé qui portait son nom tous les animaux peuplant le jardin du docteur*. Après l'inévitable déjeuner ils partirent faire une longue promenade. Ce fut le début d'une période de trois semaines d'une paix ininterrompue, pendant laquelle sa seule préoccupation fut de trouver une pièce où il pourrait entreposer les toiles qui languissaient chez Tanguy, et de faire venir d'Arles les objets personnels qui étaient restés là-bas. Cela mis à part, il put se livrer à de bien agréables excursions pour peindre dans les environs, les seules corvées étant les interminables repas chez le Dr Gachet.

S'il avait besoin de modèles, les gens du village se mettaient bien volontiers à sa disposition, car personne, même les Ravoux, n'était au courant de ses problèmes de santé, et tout le monde ignorait qu'il venait de passer une année dans un asile d'aliénés.

Il peignit Adeline Ravoux — dans un silence total, selon elle, tirant sans cesse sur sa pipe — et Marguerite, la fille de Gachet, dans le jardin d'abord puis, une seconde fois, assise devant son piano. Le portrait d'elle qu'il avait projeté de faire alors qu'elle jouait de l'harmonium — elle recourait à cet instrument pour remonter le moral de son père lorsqu'il sombrait dans la mélancolie — ne fut jamais réalisé. Il peignit aussi le fils de Levert, le menuisier local qui lui fabriquait ses cadres, et deux versions d'une paysanne coiffée d'un vaste chapeau de paille dans les champs de blé ; mais à aucun moment il ne se peignit lui-même. A l'exception des deux extraordinaires portraits du Dr Gachet,

---

* Qui avait eu, en effet, jusqu'à douze chats, cinq chiens, une chèvre, deux paons et une tortue.

ce sont les paysages qui ont dominé son œuvre pendant cette période de deux mois.

Dans certains de ces paysages, on discerne déjà l'autre influence, la plus récente. Dans *Femmes se promenant dans les champs* les couleurs pâles — le vert de l'herbe, le violet des robes, le bleu de la terre et du fond — semblent prises directement dans *Inter Artes et Naturam,* et dans une lettre à Willemina, Vincent donne une merveilleuse description du tableau de Puvis en précisant en quoi il a orienté sa propre conception :

Les personnages sont vêtus de couleurs claires et on ne sait pas si c'est des costumes de maintenant ou bien des vêtements de l'Antiquité.
Deux femmes, toujours en longues robes simples, causent d'un côté, des hommes artistes de l'autre, au centre une femme, son enfant dans les bras, cueille une fleur sur un pommier en fleur. Une figure sera bleu myosotis, une autre citron clair, une autre rose tendre, une autre blanche, une autre violette. Le terrain, une prairie piquée de fleurettes blanches et jaunes. Des lointains bleus avec une ville blanche et un fleuve. Toute l'humanité, toute la nature simplifiée mais comme elle pourrait être si elle ne l'est pas.
Cette description ne dit rien — mais en voyant le tableau, en le regardant longtemps, on croirait assister à une renaissance, totale mais bienveillante, de toutes choses auxquelles on aurait cru, qu'on aurait désirées, une rencontre étrange et heureuse des antiquités fort lointaines avec la crue modernité.

Une telle rencontre était-elle possible à réaliser dans le cadre de son art tel qu'il le concevait ? N'était-ce pas plutôt, au lieu d'un retour à l'époque où il pratiquait une peinture « engagée », la nouvelle route qu'il lui fallait prendre ? Après les énormes efforts physiques et spirituels qu'il avait fournis à Arles, une nouvelle activité créatrice de grande envergure était-elle encore possible ? Peut-être avait-il besoin de temps, d'une période d'expérimentation semblable à celle qu'il avait connue à Paris, avant que la prochaine grande explosion créatrice puisse se produire. Pendant un certain temps, cela dut sembler possible : il était calme et bien dans sa peau, les attaques n'étaient pas revenues, et rien ne pouvait laisser présager que cette nouvelle phase de son existence risquait d'être perturbée.

Gauguin lui écrivit pour lui parler de ses projets. Il avait rencontré un certain Dr Charlopin — un nom tellement proche de charlatan qu'il aurait dû y regarder à deux fois avant de lui faire confiance — qui avait vendu un brevet à la Foire mondiale qui se tenait alors : lorsqu'il aurait touché son argent, Charlopin était apparemment prêt à acheter suffisamment de toiles de Gauguin pour lui permettre de partir pour Madagascar. En attendant, Gauguin retournait en Bretagne.

Le Dr Peyron écrivit pour dire qu'il avait expédié les tableaux restés à l'asile et ceux-ci, en effet, ne tardèrent pas à arriver à Auvers. Le Dr Gachet envoya à Vincent une carte d'invitation illustrée d'un dessin japonais pour le prier d'assister au double anniversaire de Marguerite et de Paul, le 22 juin. Cela aurait pu lui rappeler qu'il avait lui-même le même anniversaire que le premier Vincent Willem, mais il ne semble pas que ce souvenir l'ait spécialement perturbé en cette période sereine. C'est une lettre de Théo, datée du 30 juin, qui sema pour la première fois le trouble dans son esprit :

« Nous avons été dans la plus grande inquiétude, notre chéri a été très souffrant, mais heureusement le médecin, qui était inquiet lui-même, disait à Jo : vous ne perdrez pas l'enfant de cela. »

En dépit de ces efforts pour le rassurer, tout ce qui pouvait laisser supposer que le petit Vincent Willem — c'était le nom de son frère mort-né ! — risquait de mourir produisait sur Vincent un effet terrifiant. Sans doute Théo s'était-il imaginé que son frère était suffisamment rétabli pour être mis au courant des problèmes auxquels il était lui-même confronté. La lettre, d'une longueur inhabituelle, énumérait les doutes et les craintes de Théo : l'appartement était-il assez grand ? Ne devraient-ils pas déménager ? Fallait-il continuer de travailler chez Boussod et Valadon ? Ne feraient-ils pas mieux finalement de venir à Auvers passer l'été au lieu d'aller en Hollande ?

On sait maintenant que Théo se trompait en croyant son frère guéri. Le dimanche suivant, Vincent se rendit à Paris pour prendre des nouvelles, mais la journée qu'ils passèrent en famille n'eut rien de commun avec celle qui s'était déroulée précédemment à Auvers. Théo et Jo étaient épuisés, et bien que l'enfant fût hors de danger — après avoir surmonté une grave infection apparemment due au lait de vache qu'on lui avait donné —, il régnait dans l'appartement une atmosphère morbide. Théo n'avait pour tout sujet de conversation que son désir de plus en plus vif de quitter Boussod et Valadon pour s'établir à son compte, ce qui avait toujours pour effet d'exaspérer son frère.

Cette atmosphère pesante ne pouvait qu'être aggravée par de constantes allées et venues de visiteurs, parmi lesquels Albert Aurier et Toulouse-Lautrec, lequel resta pour déjeuner et tenta de leur remonter le moral en leur racontant quelques anecdotes sur un employé de pompes funèbres qu'il avait croisé dans l'escalier. Ses efforts restèrent vains, et finalement Vincent décida de ne pas attendre Guillaumin, qui s'était annoncé pour la fin de l'après-midi. Il rentra précipitamment à Auvers.

Quelques jours plus tard, le 9 juillet, Jo écrivit une lettre pour essayer de le rassurer. Tout allait très bien maintenant. Dans sa réponse, Vincent s'efforce de faire le brave, mais ne peut cacher combien il a été inquiet :

Revenu ici, je me suis senti moi aussi encore bien attristé et avais continué à sentir peser sur moi l'orage qui vous menace.

Qu'y faire — voyez-vous, je cherche d'habitude à être de bonne humeur assez, mais ma vie à moi aussi est attaquée à la racine même ; mon pas aussi est chancelant.

Et puis, le 15 juillet, Vincent reçut de Théo une lettre qui bouleversa le calme des précédentes semaines. Pourtant il savait déjà à quoi s'en tenir, puisqu'il s'agissait de la décision finale de Théo et de Jo d'aller montrer le bébé aux grands-parents en Hollande. Il est impossible d'expliquer pourquoi cette « nouvelle » produisit un tel effet sur Vincent. C'était beaucoup plus que de la déception ; pour lui il s'agissait d'une véritable trahison.

Si Théo était resté chez lui, le silence de son frère lui aurait sans doute mis la puce à l'oreille et il se serait douté que quelque chose n'allait pas. Mais Théo voyagea pendant environ cinq jours, ayant finalement décidé de rentrer à Paris après avoir laissé sa femme et le bébé en Hollande. C'est seulement après son retour qu'il commença à s'inquiéter. Le 22 juillet il envoya à Vincent une lettre dans laquelle il avait glissé un billet de cinquante francs, espérant sans doute recevoir en retour des nouvelles rassurantes de son frère.

Trop tard. Il s'était produit en Vincent quelque chose d'irréversible : son frère ne pouvait plus l'aider. Avait-il eu une nouvelle attaque, du genre de celles dont il avait souffert à Arles et à Saint-Rémy ? Personne n'en sut jamais rien car personne ne s'occupait de lui, en fait. Tous les témoignages concernant ce qui se passa au cours de ces journées cruciales ont été écrits beaucoup plus tard ; ils sont souvent contradictoires et leurs auteurs cherchent surtout à justifier leur propre comportement.

La version des Ravoux fut donnée au cours d'un entretien accordé par Adeline, la fille de l'aubergiste, très longtemps après les événements. Sa principale préoccupation consiste davantage à donner le beau rôle à son père qu'à tenter de dire la vérité. De la même façon, Paul Gachet considéra qu'il était de son devoir de protéger l'honneur de son père. Comble de l'ironie, le seul fait marquant du récit de Paul n'a rien d'honorable pour le docteur, dans la mesure où le praticien fut en quelque sorte prévenu qu'il se passait quelque chose de grave mais ne fit rien pour y remédier.

Si l'on en croit ce témoignage, Vincent était venu à la maison du docteur, comme d'habitude, et regardait sa collection de tableaux quand il remarqua soudain qu'un nu de Guillaumin n'avait jamais été encadré. Saisi d'une fureur subite et incontrôlable, Vincent exigea qu'on lui explique pourquoi, et somma le docteur de réparer immédiatement cette erreur. Pour le calmer, on fit venir Levert, le fidèle menuisier, qui prit les mesures de la toile. Quelque peu apaisé, Vincent repartit, mais quant il revint quelques jours plus tard, la toile n'avait toujours pas de cadre. Vincent fut alors pris d'une violente frénésie et se mit à délirer en hollandais. Le Dr Gachet, tout comme l'avaient fait avant lui Gauguin et le Dr Rey, fixa sur Vincent un regard foudroyant et lui ordonna de prendre la porte. Cette fois encore, Vincent déguerpit.

Quand il évoqua cet incident, par la suite, Gachet se souvint tout à coup qu'au paroxysme de sa frénésie, Vincent avait plongé la main dans l'une de ses poches. Avait-il tenté, se demanda Gachet, de sortir un revolver dans l'intention de tirer sur lui ?

Une fois de plus, comme pour Gauguin, cette tentative de justification se retourne contre son auteur. Car enfin, comment un homme qui se prétend un expert spécialisé dans les aberrations du comportement des artistes a-t-il pu laisser Vincent partir sans avoir essayé de le calmer ou en tout cas de le suivre pour voir ce qu'il allait faire ensuite ?

A l'auberge, personne, ni les Ravoux ni Tom, ne se rendit compte qu'il se passait quelque chose d'anormal. Vincent sortait le matin pour aller peindre dans la nature, il rentrait le soir avec ses tableaux achevés, il n'y avait donc aucune raison de soupçonner quoi que ce soit, d'autant qu'on ne les avait jamais prévenus des problèmes mentaux de Vincent. Comme toujours, on constate l'existence d'un large fossé entre ses œuvres et la vie qu'il menait réellement, mais peut-être serait-il plus exact de dire que pendant qu'il travaillait toutes ses angoisses tombaient momentanément dans l'oubli.

Dès que Vincent eut reçu la lettre de Théo contenant les cinquante francs, il se mit à rédiger une réponse, mais dut se dire qu'il n'avait pas trouvé le ton juste : trop de désespoir, trop de doléances. Il replia la feuille de papier, la mit dans sa poche et fit une autre lettre, beaucoup plus positive, parlant surtout des toiles qu'il était en train d'exécuter ; et c'est celle-là qu'il envoya.

Il avait également mis dans l'enveloppe quatre esquisses des tableaux en question. Le jardin de Daubigny, une scène représentant des chaumières et deux paysages de champs de blé. Il travaillait sur ces champs de blé depuis un certain temps déjà : il en avait parlé dans la lettre envoyée à Jo avant qu'elle ne parte pour la Hollande.

Les toiles définitives présentent entre elles une différence tellement frappante qu'il semblerait bien, pour une fois, y avoir un lien direct entre l'atmosphère qui émane d'elles et l'état d'esprit de l'artiste. Comme l'un de ces paysages est imprégné de calme et de sérénité, alors que l'autre est violent et torturé, on a toujours considéré que le premier a été peint avant que Théo annonce son départ en Hollande, après quoi, Vincent aurait exécuté le second. D'après cette théorie, la première toile serait *Champ sous un ciel d'orage*, deux bandes horizontales de terre jaune et verte sous un ciel bleu et blanc qui créent un sentiment exaltant de l'infini. Il la décrivit dans une lettre qui devait être la dernière envoyée à sa mère et à sa sœur.

Quant à moi, je suis entièrement absorbé par cette étendue infinie de champs de blé, sur un fond de collines, grande comme la mer, aux couleurs délicates, jaunes, vertes, le violet pâle d'un terrain sarclé et labouré, régulièrement marqueté par le vert des plants de pommes de terre en fleur, tout cela sous un ciel délicat, dans les tons bleus, blancs, roses, violets.

Je suis complètement dans une disposition de presque trop grand calme, dans l'état qu'il faut pour peindre cela.

Mais vint alors la lettre de Théo, d'où le second tableau : *Les champs de blé aux corbeaux*. Cette fois, l'observateur se trouve beaucoup plus près de la scène et voit diverger devant lui trois chemins différents. A droite et à gauche, ils sortent du tableau par les côtés, tandis que celui du milieu ne mène nulle part : il s'arrête brusquement au cœur d'une mer tumultueuse de blé mûr survolée par une bande de corbeaux menaçants qui tournoient autour du spectateur pris au piège.

Ce tableau rappelle la gravure de Van der Maaten, seulement

la procession funèbre serait déjà passée. Et la réminiscence de toutes ces œuvres dans lesquelles de sombres volatiles menacent la paix de la scène représentée semble confirmer que l'on a dans ce tableau le cri ultime poussé par cet artiste tourmenté qui épanchait son angoisse dans ses œuvres. C'est tout Vincent que nous avons là, toute l'anxiété du père de la peinture moderne — fauvisme, expressionnisme abstrait —, le créateur de toutes les formes d'art où la personnalité torturée de l'artiste est le trait dominant de ses productions.

Il n'y a donc rien de bien surprenant à ce que les biographes de Vincent aient vu dans cette toile la clé de l'œuvre d'une vie entière, car pour eux tout montre que c'est la dernière peinture qu'il ait jamais faite. Les plus imaginatifs ont même suggéré que c'est à ce paysage qu'il travaillait quand la tragédie finale s'est produite.

Cette hypothèse semble trouver sa confirmation dans le fait que la quasi-totalité des gens qu'il connaissait à Auvers sont d'accord pour déclarer qu'il avait, on ne sait comment, réussi à se procurer un petit revolver dont il se servait pour effrayer les corbeaux qui venaient l'importuner pendant qu'il travaillait. Adeline Ravoux prétendit que c'était son père qui le lui avait prêté, mais une autre personne revendiqua également cet honneur un peu particulier, un certain René Secrétan qui, une fois devenu vieux, affirma que cette arme lui avait appartenu.

Une fois de plus, il convient de répéter que les anecdotes de Secrétan sur Vincent se sont trouvées agrémentées de nombreux ajouts, on en a la quasi-certitude, d'une année sur l'autre.

René et son frère aîné Gaston étaient les deux fils, plutôt gâtés, d'un riche pharmacien. Quand ils ne suivaient pas leurs études à Condorcet, lycée chic de Paris, ils étaient autorisés à aller chasser ou pêcher dans les environs d'Auvers. Si l'on en croit les déclarations un peu fanfaronnes de René, ils pouvaient emmener avec eux tous les amis et toutes les petites amies qu'ils voulaient. Gaston, qui avait dix-neuf ans, s'intéressait à l'art et il semble qu'il se soit lié d'amitié avec Vincent, qu'ils voyaient parfois, avec son accoutrement insolite, en train de peindre au bord de l'Oise. Malheureusement, ce n'est pas Gaston qui a couché ses souvenirs par écrit, mais René, qui était beaucoup moins ouvert au domaine artistique. Il décrit les mauvais tours que ses compagnons et lui jouaient au peintre. Il se souvient de la gêne de Vincent lorsque les garçons et les filles s'embrassaient devant lui et il prétend avoir vu, avec son frère, Vincent se masturber dans les bois.

Même si l'on fait la part des exagérations qui émaillent ces récits, ils en disent long sur les malveillances que Vincent fut souvent amené à subir de la part de certains imbéciles, bien que Gaston semble avoir parfois voulu lui venir en aide : par exemple le jour où, selon René, il lui apporta les fonds des boîtes de cigares de son père pour lui permettre de peindre dessus. Plus importante pour notre compréhension de la tragédie qui allait se produire est l'affirmation de René selon lequel Vincent aurait « fauché » le revolver dans l'une de leurs gibecières. Évidemment, comme ils ne découvrirent ce vol qu'après le drame, René était incapable de préciser à quel moment il avait eu lieu et, par conséquent, de nous donner la moindre indication sur la durée pendant laquelle Vincent avait eu l'intention de commettre une quelconque violence.

S'était-il, comme Gachet le crut par la suite, promené pendant plusieurs jours avec le revolver sur lui ? Était-ce pour se saisir de cette arme qu'il avait plongé la main dans sa poche au cours de l'incident provoqué par le tableau qui n'était pas encadré ? Il n'est pas impossible que, pendant toutes ces journées de solitude, alors qu'il se croyait abandonné de tous, il ait eu cette arme prête à l'emploi pour le cas où le désespoir aurait fini par le submerger.

Les récits de la tragédie finale divergent selon les témoignages, mais les faits essentiels sont relativement clairs.

Le 27 juillet 1890, après avoir avalé son repas de midi plus rapidement que de coutume, Vincent quitte l'auberge pour reprendre sa séance de peinture au-dessus du village. Après avoir parcouru environ quinze cents mètres en direction du château, il appuie son chevalet contre une meule de foin, descend le chemin qui longe le fossé, au pied des murailles du château, sort son revolver qu'il braque sur sa poitrine, et presse la détente. Selon la version hollywoodienne, les corbeaux noirs prennent leur essor, pris de panique et menaçants à la fois, tandis que l'artiste blessé titube et tombe à terre.

Qui sait ce qui s'est passé en réalité ? Et qui peut dire pourquoi cela est arrivé justement ce jour-là ? Comme le montrent les lettres et les tableaux des jours précédents, ses réactions étaient loin d'être bien définies, et il a fort bien pu passer de l'affolement à la résignation. Il est souvent vérifié que les gens ne se suicident pas au moment où ils sont le plus déprimés, mais lorsqu'ils émergent du plus profond de la crise et se révèlent de nouveau capables de réaliser un acte positif, dans la mesure où « positif » est vraiment l'adjectif approprié.

Mais avait-il vraiment l'intention de mettre fin à ses jours ?

Comme les fois précédentes, il avait choisi un dimanche pour s'infliger cette automutilation.

D'après Adeline Ravoux, après avoir tiré la balle, il s'était évanoui. Quand il revint à lui, il se traîna à quatre pattes pour tenter de récupérer l'arme mais n'y parvint pas. Elle affirma qu'ils avaient eux aussi essayé de la retrouver le lendemain. Il avait une plaie à la poitrine, il était grièvement blessé mais il pouvait marcher. Il se remit debout et reprit le chemin de la ville.

Les Ravoux avaient été un peu inquiets de ne pas le voir rentrer pour le dîner, mais ils avaient eu une dure journée et appréciaient de se reposer un moment, comme tous les dimanches, dans leur véranda, quand ils le virent se diriger vers l'auberge, le corps légèrement recroquevillé. En pénétrant dans le café, il éluda leurs questions en quelques mots à peine compréhensibles, traversa la salle de billard et gravit l'escalier d'un pas mal assuré.

Si l'on en croit une des versions, c'est Mme Ravoux qui dit avoir vu le sang et être immédiatement montée derrière lui. Un autre récit affirme que c'est le père d'Adeline qui assuma ce rôle. Quoi qu'il en soit, l'un des deux Ravoux finit par aller voir ce qui se passait et trouva Vincent étendu sur son lit. On envoya chercher le médecin du village, le Dr Mazery, qui habitait à côté, dans l'une des anciennes maisons de Daubigny.

Sur les instances de Vincent, on fit également venir le Dr Gachet, qui arriva avec son fils Paul, lequel a décrit par la suite la façon dont son père avait saisi une trousse de secours ainsi qu'une bobine d'induction pour le cas où la thérapeutique électrique professée par le praticien s'avérerait souhaitable.

Quand ils arrivèrent, Mazery avait déjà déshabillé Vincent mais Gachet procéda très volontiers à un nouvel examen. Ils distinguèrent le point d'impact et éprouvèrent un certain soulagement en constatant qu'il avait perdu fort peu de sang. Il est vrai qu'à cette époque où la radiologie n'existait pas encore, on ne pouvait déterminer le trajet d'un projectile qu'en observant les réactions d'un blessé à un examen externe.

L'examen terminé, les deux docteurs pansèrent la blessure et se retirèrent dans une pièce voisine pour se concerter. Trente ans plus tard, Paul décrivait ainsi les constatations de son père : il avait vu qu'« (...) elle formait au niveau du rebord costal gauche, un peu en avant de la ligne axillaire, un petit cercle rouge sombre, presque noir, entouré d'une auréole violacée, qui laissait suinter un mince filet de sang vermeil. La balle était entrée trop en bas et trop en dehors. Le cœur n'était pas atteint, ni aucun autre organe essentiel, semblait-il. Très probablement elle avait traversé le cul-de-sac pleural, peut-être même avait-elle touché la base du poumon, puis elle était allée se perdre dans le médiastin postérieur au voisinage des gros vaisseaux et de la colonne vertébrale. En tout cas Vincent ne présentait aucun symptôme d'une plaie de poitrine grave : ni hémoptysie, ni étouffement, ni schock [*sic*] appréciable ».

En d'autres termes, la balle était entrée juste au-dessous de la cage thoracique pour se loger à la base de la colonne vertébrale mais si aucun organe vital n'avait été atteint, il n'en demeurait pas moins qu'on ne pouvait pas l'enlever sans risques pour le blessé, étant donné les techniques chirurgicales alors en usage. Vingt-cinq ans plus tard, pendant la Première Guerre mondiale, les médecins trouvaient encore préférable de laisser les éclats d'obus dans les chairs plutôt que de tenter de les extraire. Ce fut en tout cas la conclusion à laquelle aboutirent les deux praticiens dans la chambre étroite et obscure située au-dessus de l'auberge.

Il convient toutefois de noter que ces deux docteurs étaient probablement les moins qualifiés que l'on puisse imaginer pour s'occuper du cas particulier présenté par Vincent. Mazery n'était qu'un simple médecin de campagne, dont la seule spécialité connue consistait à mettre les enfants au monde et à leur administrer les soins postnataux. Quant à Gachet, on a déjà suffisamment fait remarquer son aversion à l'égard des pratiques opératoires pour comprendre qu'il ne pouvait guère recommander le recours à la chirurgie. Le diagnostic fut sans doute communiqué par la suite à Paul, vraisemblablement pour diminuer la responsabilité du docteur quant à l'issue de ce drame.

Apparemment, aucun des deux hommes n'envisagea de faire transporter Vincent à l'hôpital. Mazery ne demanda pas mieux que de confier le blessé aux bons soins de son ami et il semble bien que Gachet décida de ne rien faire parce qu'il se disait que si Vincent avait voulu mourir, personne n'avait le droit de l'en empêcher.

Bien sûr, il y a certainement des cas où le suicide apparaît comme un moyen triste mais miséricordieux de mettre un terme à une existence qui a abouti à une impasse, mais Vincent, lui, était sans doute sur le point d'engager son art dans des voies nouvelles et pleines de promesses. Il aurait encore pu réaliser de grandes choses et rien ne pouvait permettre de penser que les attaques dont il souffrait allaient continuer indéfiniment ou prendre nécessairement un caractère de gravité plus accentué. On pourrait même prétendre que son état s'améliorait ; bien qu'il eût connu des moments de dépression au début de son séjour à Auvers, il ne semble pas avoir été victime d'accès de violence semblables à ceux qui l'avaient saisi en Provence. Ce suicide à demi raté n'était peut-être que le résultat du geste d'un désespéré qui n'était pas obligatoirement décidé à en finir définitivement avec l'existence. Pourtant, quand les deux docteurs se mirent d'accord pour ne rien tenter, le destin de Vincent se trouva scellé à jamais.

Une fois Mazery parti, Gachet retourna dans la chambre pour voir si Vincent avait besoin de quelque chose. Il paraissait parfaitement calme et quand il demanda la permission de fumer, Gachet bourra sa pipe et l'alluma lui-même. Mais quand le docteur lui demanda l'adresse de Théo — la galerie étant fermée le dimanche —, Vincent refusa obstinément de la lui donner. Il n'y avait donc plus qu'à le laisser se reposer.

A ce moment du drame, tout le monde prétend être resté au chevet de Vincent, ajoutant que ce dernier ne prononça pas une seule parole. Il resta allongé, fumant sa pipe sans discontinuer. Le lendemain matin, Gachet chargea Tom Hirschig de porter une lettre à Théo à la galerie du boulevard Montmartre. Pendant que Théo se précipitait vers la gare, deux gendarmes d'Auvers, alertés par la rumeur publique, se présentèrent à l'auberge pour voir ce qu'il en était. Ils montèrent dans la chambre, mais après s'être assurés qu'il n'y avait pas eu meurtre, ils repartirent pour rédiger leur rapport.

Théo arriva vers midi, et la vue de son frère dut redonner quelques forces à Vincent, car il paraissait mieux qu'on n'aurait pu s'y attendre. Une fois seuls, les deux frères échangèrent quelques paroles en hollandais, comme pour revivre leur enfance, ou peut-être restèrent-ils simplement silencieux pendant plusieurs heures. Vincent réclama la présence de Jo et du bébé, sur quoi Théo écrivit une lettre à son épouse, qui était toujours en Hollande, en concluant sur une note optimiste : Vincent n'avait-il pas toujours réussi, jusqu'à présent, à démentir les diagnostics de ses médecins ?

Pourtant, à mesure que passaient les heures, il paraissait de plus en plus évident que de tels espoirs n'avaient pas leur raison d'être. La plaie s'était infectée et, vers le soir, Vincent, au bord de l'asphyxie, avait peine à retrouver son souffle. Quand il se rendit compte que son frère allait s'éteindre, Théo s'assit sur le lit à côté de lui et posa la tête de Vincent sur ses bras.

Je voudrais pouvoir mourir ainsi, dit Vincent.

Une demi-heure plus tard, ce dernier vœu était exaucé. Vincent mourut à une heure et demie du matin le mardi 29 juillet 1890, âgé de trente-sept ans.

Ravoux abaissa les stores comme s'il y avait eu un deuil dans sa propre famille, mais laissa le restaurant ouvert. Le Dr Gachet revint et exécuta un dessin de Vincent sur son lit de mort; puis les deux hommes se rendirent à la mairie, en compagnie de Théo, pour déclarer le décès en présence de M. Caffin, le maire de la localité. On demanda au menuisier Levert de confectionner le cercueil et il proposa de prêter deux tréteaux pour la mise en bière. Les obsèques furent prévues pour le lendemain à deux heures et demie de l'après-midi.

Théo avait envoyé des instructions à Pontoise pour que l'on procède à l'impression des cartes d'invitation à la cérémonie mortuaire, mais à peine furent-elles arrivées que le curé catholique d'Auvers refusa que l'on utilise le corbillard de la paroisse parce qu'il y avait eu suicide. Il fallut alors beaucoup de temps pour obtenir de la commune située sur la rive opposée de l'Oise qu'elle prête un véhicule.

Comme le prêtre avait clairement stipulé qu'il n'était pas question d'assurer un service religieux, on décida que Vincent serait enterré civilement, dans le petit cimetière qui dominait la ville, à la lisière des vastes champs de blé. Théo, Ravoux et Hirschig passèrent le reste de la journée à préparer la pièce du bas qui avait servi d'atelier à Vincent pour en faire une chapelle ardente et y exposer les toiles en souvenir du défunt. Au centre de la salle, Vincent reposait dans le cercueil ouvert que l'on avait posé sur les tréteaux prêtés par Levert. Au pied de la bière, on disposa sa palette et ses pinceaux ainsi que son chevalet et le pliant dont il s'était servi pour peindre dans la nature. Théo accrocha tous les tableaux que les murs pouvaient contenir et Hirschig sortit chercher des feuillages, dont on décora la pièce.

Le lendemain, le mercredi 30 juillet, des amis commencèrent à arriver par le train de Paris, dès le début de la matinée. Ce fut d'abord Andries Bonger, accompagné du père Tanguy, puis Émile Bernard et Charles Laval. Tous attendaient près du cercueil lorsque le Dr Gachet entra, un bouquet de tournesols à la main. D'autres arrivèrent en portant des dahlias jaunes et d'autres fleurs, jaunes également. La petite chambre se mit soudain à vibrer de tout l'éclat de la couleur chère à Vincent.

Quand Bernard fut rentré à Paris, il raconta cette journée dans une lettre à Albert Aurier :

« A trois heures on lève le corps. Ce sont des amis qui le portent jusqu'au corbillard. Quelques personnes pleurent dans l'assemblée. Théodore Van Gogh, qui adorait son frère, qui l'avait toujours soutenu dans sa lutte pour l'art et l'indépendance, ne cessait de sangloter douloureusement...

« Dehors, il faisait un soleil atroce, nous montions les côtes d'Auvers en parlant de lui, de la poussée hardie qu'il a donnée à l'art, des grands projets qu'il avait toujours en tête, du bien qu'il a fait à chacun de nous. »

Ils arrivent au cimetière, un petit cimetière récemment créé où les pierres tombales sont toutes neuves. C'est sur cette hauteur dominant les champs de blé que Vincent aurait aimé reposer... sans doute. On le descend dans la fosse. Qui aurait pu ne pas pleurer en cet instant?... C'est une journée tellement faite pour lui qu'on aurait pu le croire encore vivant.

Le Dr Gachet, grand amateur d'art (il possède l'une des meilleures collections impressionnistes de l'époque) et artiste lui-même, veut rappeler en quelques mots les épisodes significatifs de la vie de Vincent mais il pleure à chaudes larmes, lui aussi, et ne peut que bredouiller quelques paroles d'adieu. Il décrit pourtant les efforts de Vincent, précise l'idéal sublime que ce dernier cherchait à atteindre, évoque l'immense sympathie que lui, Gachet, éprouvait pour le défunt (qu'il ne connaissait pourtant que depuis peu). Vincent Van Gogh était un honnête homme et un grand artiste ; il n'avait que deux buts dans la vie : l'humanité et l'art. C'est l'art qu'il chérissait par-dessus tout, c'est l'art qui garderait son nom vivant. Et Bernard reprend :

« Puis nous rentrons. Théodore Van Gogh est brisé de chagrin, chacun des assistants, très ému, se retire dans la campagne, d'autres regagnent la gare.

« Laval et moi revenons chez Ravoux et l'on cause de lui. »

Une fois revenus dans la chambre mortuaire, Théo prit dans la collection de peintures un souvenir à offrir aux amis restés auprès de lui. Ce geste a provoqué chez Adeline Ravoux la seule note d'amertume de cette journée mémorable : son père s'était contenté de demander un portrait que Vincent avait fait d'elle et un tableau représentant la mairie le jour du 14 juillet, que Vincent leur avait déjà promis. En revanche les Gachet, tant le père que le fils, firent main basse sur le maximum de toiles.

Quand tout le monde fut enfin parti, Théo se retrouva seul ;

il était accablé de chagrin. Il rangeait les affaires de Vincent quand il découvrit par hasard la feuille de papier pliée que son frère avait glissée dans la poche de sa veste. En lisant cette lettre, Théo ne put qu'arriver à la conclusion qu'il s'agissait d'un dernier message que Vincent avait rédigé juste avant de sortir pour se tirer une balle dans la poitrine.

Certes, ces lignes où apparaissent tour à tour la résignation et le désespoir semblent être l'adieu d'un homme qui va se suicider. On y lit toute la tendresse de Vincent pour Théo, et aussi toute sa compréhension, et c'est la preuve qu'arrivé au terme de sa vie, Vincent avait voulu montrer combien il admirait la manière dont son frère cadet avait préservé sa propre intégrité bien qu'il fût aux prises avec toutes les pressions commerciales de la galerie où il travaillait. Mais plus que cela encore, elles reconnaissent le rôle joué par Théo dans la création des œuvres qui, comme le disait Vincent, *même dans la débâcle gardent leur calme.*

Mais c'est la fin du message qui oriente dans la direction de la mort, car Vincent était manifestement de nouveau en proie à un profond désespoir :

Eh bien, mon travail à moi, j'y risque ma vie et ma raison y a sombré à moitié — bon — mais tu n'es pas dans les marchands d'hommes pour autant que je sache, et tu peux prendre parti, je le trouve, agissant réellement avec humanité, mais que veux-tu ?

Théo ne pouvait supporter la tristesse d'un tel dénouement. Il repartit pour Paris afin d'y attendre le retour de Jo. Il écrivit à sa mère pour lui dire tout ce qui s'était passé depuis la mort de Vincent, et son message angoissé met sa douleur à nu :

« Il m'est impossible de te faire mesurer l'étendue de mon chagrin et de trouver nulle part le moindre réconfort. Cette peine me pèsera durant de longues années et je ne l'oublierai jamais tant que je vivrai ; la seule chose que l'on puisse se dire, c'est qu'il a lui-même trouvé le repos qu'il avait tant désiré... La vie était un tel fardeau pour lui ; mais maintenant, ainsi que cela se produit si souvent, tout le monde est plein d'éloges pour son talent... Oh, Mère ! Nous étions tellement, oui, tellement proches l'un de l'autre ! »

Bien qu'il fût manifestement malade, Théo se contraignit à repartir pour la Hollande pour voir sa famille. Son souci majeur était de s'assurer que les œuvres de Vincent seraient protégées. Comme les autres membres de la famille n'éprouvaient pas le moindre intérêt pour les créations de Vincent, il n'eut aucun mal à persuader Anna et son mari, Jo Van Houten, ainsi qu'Élisabeth et Willemina, de signer une lettre qui le laissait unique propriétaire de la succession du peintre.

Quand il revint à Paris, il était, selon ses propres termes, aussi maigre qu'un cadavre. Comme au cours de l'été précédent, il était affecté d'une toux dont il ne pouvait se débarrasser. Il dut quitter Andries et Jo pour se rendre à Auvers afin de commencer l'inventaire du fonds. Mais il tenta surtout de persuader son vieux rival Durand-Ruel d'organiser une exposition commémorative. Celui-ci refusa, et Théo s'adressa alors au jeune Émile Bernard, qui accepta. Théo espérait également qu'Albert Aurier écrirait une biographie du peintre disparu. L'écrivain ne demandait pas mieux mais comme il travaillait à son premier roman, il allait falloir attendre un peu. Deux ans plus tard, au moment où il était prêt à s'atteler à cette tâche, il contracta soudain la fièvre typhoïde et mourut, fauché lui aussi en pleine jeunesse.

La principale obsession de Théo était de faire en sorte que les vœux de Vincent fussent exaucés. Il envoya un télégramme à Gauguin en Bretagne : « Départ pour tropiques assuré, argent suit — Théo, directeur. » Mais en fait, cet argent n'existait que dans l'imagination d'un esprit enfiévré. Ses proches imputèrent ce comportement au chagrin qui l'accablait mais en fait il y avait une cause physiologique très grave : il était atteint d'une infection rénale qui ne tarda pas à le plonger dans un véritable délire dû à de fortes fièvres.

En octobre, Jo et Andries s'inquiétèrent sérieusement en voyant ses accès de contrariété dégénérer en crises de fureur incontrôlables qui, parfois, l'amenaient à commettre des actes de violence. Andries décida d'aller consulter le Dr Gachet, mais après une attaque subite dont il avait été victime à la galerie, Théo se prit lui-même en charge et se fit interner dans la maison de santé du Dr Dubois. Cette clinique spécialisée du faubourg Saint-Denis se trouvait en fait tout près du cabinet du Dr Gachet. Ce dernier réussit d'extrême justesse à voir Théo avant qu'il ne se fasse transférer dans un établissement plus connu, la maison de santé du Dr Blanche. Cette clinique célèbre, fondée par Émile Blanche, était maintenant dirigée par son fils Antoine-Émile et un collègue à lui, le Dr Meuriot.

Le traitement prescrit par les deux médecins fut exactement le même que pour Vincent. Ils recommandaient un calme absolu et conseillaient à Théo de se faire admettre dans l'asile de Passy, où Émile Blanche avait autrefois été le principal consultant. Tout comme le Dr Gachet, les Blanche — père et fils — avaient la réputation de combiner leurs idées d'avant-garde sur le traitement psychiatrique avec la connaissance des arts. Il y avait un autre fils, le peintre Jacques-Émile Blanche, qui avait été un client de Théo, et leurs malades étaient à la fois riches et célèbres comme l'avaient été la majorité de ceux du vieux Gruby.

La nouvelle de l'internement de Théo ne tarda pas à se répandre dans le cercle étroit des artistes d'avant-garde. Camille Pissarro l'annonça lui-même à son fils Lucien :

« Van Gogh était, paraît-il, malade avant sa folie, il avait une rétention d'urine, il y avait une huitaine qu'il n'urinait pas, joint à cela, les tracas, les chagrins et une violente discussion avec ses patrons à propos d'un tableau de Decamps. Par suite de ces faits, il a dans un moment d'exaspération remercié les B., et tout d'un coup, il est devenu fou, il voulait louer le Tambourin *(le café de la Segatori où Vincent avait organisé l'exposition d'estampes japonaises)* pour faire une association de peintres, il est ensuite devenu violent ; lui qui aimait tant sa femme et son enfant, il a voulu les tuer. Bref, on a dû l'emmener à la maison du Dr Blanche. »

Boussod et Valadon ne perdirent pas de temps pour le remplacer, à la grande consternation des artistes qu'il avait aidés avec un tel désintéressement et qui se retrouvaient maintenant sans personne pour les soutenir. Gauguin, qui attendait toujours l'argent promis, conclut qu'il avait été dupé par Théo, puis finit par admettre que ce dernier avait des excuses. Pourtant, il ne ménagea pas ses efforts pour dissuader Bernard d'organiser l'exposition commémorative, affirmant qu'elle ne pourrait que leur faire du tort en accréditant l'idée auprès du grand public que l'art nouveau était l'œuvre de fous. Heureusement, Bernard ne tint aucun compte de ces objections.

Grâce au calme et au repos, l'infection de Théo perdit du terrain et le délire disparut presque complètement. Comme pour Vincent à Saint-Rémy, il apparaissait clairement qu'il ne pourrait espérer la guérison à Passy, c'est pourquoi Jo profita de cette rémission pour emmener Théo en Hollande. Elle décida de s'installer à Utrecht où elle avait exercé les fonctions de professeur avant son mariage, mais aussitôt après leur arrivée dans la ville, Théo eut une nouvelle crise. Une fois de plus se manifestaient les symptômes d'un grave dérangement mental, et il fallut le confier à un asile d'Utrecht. En janvier 1891, les complications surgirent : Théo avait déjà souffert de problèmes cardiaques qui l'avaient harcelé depuis le début du premier séjour de Vincent à Paris cinq ans plus tôt. Soudain survint l'attaque qui devait le paralyser à jamais. Il sombra dans le coma et Jo eut alors la pénible révélation que l'homme aimé, avec lequel elle avait passé de si brefs instants de bonheur, allait lui être enlevé.

Plusieurs jours de suite, il resta comme mort et c'est seulement quand un docteur compatissant vint à son chevet avec un journal local pour lire un court paragraphe sur Vincent, que Théo montra quelques signes de vie. Le nom de son frère était la seule chose qui avait pu pénétrer dans sa conscience.

Il perdit de nouveau connaissance immédiatement après et mourut le 25 janvier 1891, à l'âge de trente-trois ans, moins de six mois après la mort de son frère bien-aimé.

Bien qu'il n'eût que peu d'attaches à Utrecht, c'est dans cette ville qu'il fut enterré. Après les obsèques, Jo emmena son bébé à Paris où elle allait tenter de rassembler, non sans difficultés, les bribes éparses de son existence.

ÉPILOGUE

Deux sépultures

Quand on sait qu'aujourd'hui les toiles de Vincent Van Gogh s'arrachent à prix d'or, personne n'oserait affirmer qu'à l'époque de sa mort, le peintre aurait fort bien pu sombrer complètement dans l'oubli. Et pourtant, il aurait très bien pu ne pas remporter un tel succès.

Quand Théo mourut, les œuvres étaient éparpillées en Hollande et en France, et un grand nombre d'entre elles se trouvaient entre les mains de gens à qui Vincent en avait fait cadeau et qui n'en appréciaient que fort médiocrement les mérites artistiques. Nombreux étaient même ceux qui éprouvaient à leur égard une aversion profonde. La seule collection importante de tableaux qui se trouvât confiée à un négociant était celle qui était entreposée chez le père Tanguy, dans le grenier de sa boutique, et le brave homme savait fort bien que la valeur commerciale de ces toiles était complètement inexistante.

C'est à Jo, la veuve de Théo, qu'allait incomber d'accomplir le miracle consistant à transformer la minuscule réputation d'un obscur suicidé, qui avait exposé une poignée de toiles dans un ou deux salons d'avant-garde et n'avait réussi, de son vivant, à vendre qu'un seul de ses tableaux, pour lui faire atteindre le sommet de la célébrité dont il jouit aujourd'hui. Elle ne reçut de personne le moindre encouragement. Jusqu'à son frère Andries qui lui conseilla de se débarrasser des monceaux de peintures et de dessins et des piles de lettres que Théo avait religieusement conservées. Elle s'y refusa avec obstination.

Sa première démarche consista à s'assurer que la famille allait confirmer son fils Vincent Willem comme le seul héritier de la succession de Théo, et par conséquent de Vincent. A la mort de Théo elle avait vingt-neuf ans et Vincent Willem n'était encore qu'un bébé. Il y avait cinq cent cinquante toiles, plusieurs centaines de dessins et cette énorme quantité de lettres que personne n'avait songé à classer. Le père Tanguy ne parvenait pas à vendre le moindre tableau, et les tentatives qu'elle effectua pour en écouler trois par l'intermédiaire de Durand-Ruel s'avérèrent également infructueuses. Ces œuvres lui furent finalement retournées. Personne n'en voulait!

Pourquoi cette jeune femme persévéra-t-elle ? Elle a donné elle-même la réponse à cette question dans une lettre qu'elle écrivit à une amie, une fois rentrée à Paris après les obsèques de Théo en Hollande.

« La première soirée que j'ai passée dans notre appartement, après mon retour, j'ai commencé à relire ces lettres car je savais qu'elles me permettraient de me retrouver en sa compagnie, et soir après soir, j'y ai trouvé une consolation à mon immense chagrin. En ce temps-là, ce n'était pas Vincent mais seulement Théo que je cherchais, tous les détails qui le concernaient... »

En voulant retrouver l'homme à qui elle avait été mariée pendant dix-huit mois, Jo Van Gogh-Bonger commença lentement à découvrir Vincent, son beau-frère, qu'elle n'avait vu que cinq jours en tout et pour tout. Ce fut une étonnante odyssée.

Mais il y avait d'abord des problèmes pratiques à régler. Dès qu'elle en eut la possibilité, elle repartit en Hollande où elle s'installa avec le bébé dans le petit village de Bussum, à quinze kilomètres d'Amsterdam, à la villa Helma. Elle prit des pensionnaires et fit quelques traductions pour un hebdomadaire littéraire. *Les mangeurs de pommes de terre* étaient accrochés au-dessus de la cheminée, *La négresse* de Gauguin au-dessus du vieux canapé de Théo, et tous les autres murs étaient tapissés des œuvres de Vincent.

En grandissant, Vincent Willem se rendit de plus en plus nettement compte que les tableaux partaient et revenaient à un rythme accéléré, car les expositions des œuvres de son oncle se faisaient sans cesse plus nombreuses, à mesure que croissait sa célébrité. Le démarrage fut difficile. L'exposition commémorative organisée par Bernard à Paris en 1892, avec seulement seize toiles présentées, n'avait attiré qu'une attention fort limitée et il fallut attendre l'année 1901, lorsqu'une exposition qui se tint à la Galerie Bernheim-Jeune attira l'attention de jeunes peintres comme Matisse, Derain et Vlaminck sur Vincent, pour que Paris prenne soudain conscience de l'existence des œuvres de Van Gogh. Mais en fait, c'est seulement quand le négociant berlinois Paul Cassirer manifesta son intérêt que les choses commencèrent à bouger. Pendant les années qui précédèrent la Première Guerre mondiale, c'est Cassirer qui œuvra le plus pour la gloire de Vincent hors de France.

En 1901, Jo épousa Johan Cohen Gosschalk, peintre et critique d'art. Ils allèrent s'installer à Amsterdam, où Johan aida sa femme à organiser l'une des premières expositions importantes, en 1905, au musée Stedelijk. C'est Gosschalk qui écrivit l'introduction au catalogue. En 1910, ils se firent construire une maison de campagne à Laren, près de Hilversum, et on y disposa toute la collection. Malheureusement, la santé de Gosschalk était aussi précaire que l'avait été celle de Théo, et il mourut en 1912, laissant une fois de plus Jo seule pour venir à bout de la tâche qu'elle s'était imposée.

La même année, Roger Fry organisa la première exposition importante de peintres post-impressionnistes : avec ses vingt et un Van Gogh, elle contribua considérablement à conférer à Vincent la stature d'un chef de file, le présentant comme l'un de ceux qui avaient créé un mouvement nettement distinct de l'impressionnisme. La même année, au cours de l'été, l'exposition Sonderbund à Cologne atteignit des sommets inégalés avec cent huit Van Gogh, dont un tiers se trouve maintenant entre les mains de collectionneurs allemands, car les ventes allaient désormais bon train.

Au début, les prix étaient dérisoires — encore fallait-il parvenir à trouver un acheteur! Après la mort de Tanguy en 1894, une toile se vendit pour trente francs. L'acquéreur était sans doute Ambroise Vollard, qui avait failli rencontrer Vincent au Tambourin en 1887. Vollard était alors le premier négociant-collectionneur français à prendre en marche un train qui s'ébranlait lentement. Il en vint même à rivaliser avec Jo pour traquer les œuvres que Vincent avait abandonnées dans ses différents lieux de séjour. Une fois de plus, des gens comme les Roulin furent mis à contribution, car les agents de Vollard allèrent les relancer pour leur acheter les portraits que Vincent leur avait donnés. Le vieux Roulin mourut à Marseille en 1903, suffisamment tard pour entendre les échos de la gloire grandissante de cet homme étrange qui avait été son ami.

Pendant un temps, la recherche des toiles perdues de Vincent devint une véritable passion pour les collectionneurs aventureux. Ravoux, qui avait alors cessé ses activités à l'auberge d'Auvers, crut avoir fait preuve d'un sens commercial exceptionnel quand il eut réussi à vendre à un Américain, pour quarante francs, les deux toiles qui étaient en sa possession : *La mairie le jour du quatorze juillet* et le portrait de sa fille Adeline.

D'autres avaient carrément perdu ou détruit des cadeaux auxquels ils attachaient si peu de prix. En 1910, le Dr Rey reçut la visite d'un jeune peintre, nommé Charles Camion, qui faisait son service militaire à Arles. Catalogué comme «intellectuel», Camion, subissant les retombées de l'affaire Dreyfus, était soumis aux brimades des autres soldats et il saisissait toutes les occasions de fuir la caserne pour s'adonner de temps en temps à ses intérêts artistiques.

Il alla trouver Rey chez lui pour lui demander s'il savait où il y aurait des toiles de Vincent. Un peu gêné, le docteur lui demanda de revenir le lendemain et, une fois son visiteur parti, il se mit en quête du portrait exécuté par son ami. Il apprit alors que ses parents avaient détesté ce tableau au point de le reléguer dans un coin du grenier, mais au bout d'un certain temps on l'en avait ressorti pour combler une brèche dans le poulailler. Rey alla aussitôt récupérer l'objet et se hâta de le nettoyer un peu, mais comme il était incapable de le restaurer, Camion lui suggéra de le confier à Vollard. Et c'est ainsi que l'un des plus beaux portraits de Vincent fut envoyé à Paris en échange de la somme de cent cinquante francs.

Vollard le vendit à son tour à Cassirer, le Berlinois, d'où il revint chez Druet à Paris, avant d'aboutir entre les mains d'un collectionneur russe nommé Shoukine. Après la révolution d'Octobre, il fut intégré dans le catalogue du musée Pouchkine. Le tableau se trouve encore aujourd'hui en Union soviétique.

A mesure que grandissait l'intérêt pour Vincent, Jo elle-même se vit contrainte de vendre une partie de sa collection personnelle. Elle pourrait ainsi améliorer sa situation financière, mais ces transactions permettraient en outre la mise en circulation des œuvres de Vincent. C'est ainsi que certaines collections publiques britanniques purent acquérir *La chaise* et une version des *Tournesols* dès le début des années 1920.

En 1908, ou 1909, une collectionneuse hollandaise, Mme Hélène

Kroller-Muller, fit l'acquisition d'une autre version des *Tournesols*. Elle allait ensuite amasser l'une des plus fortes quantités de productions de Vincent, surtout des dessins. L'intérêt que l'on éprouvait pour ses œuvres se trouva encore accru quand les fauves le revendiquèrent comme l'un de leurs précurseurs, comme le firent par la suite les expressionnistes et les expressionnistes abstraits. Le nouveau musée d'Art moderne de New York s'ouvrit en 1929 avec une exposition des œuvres de ceux que l'on considérait désormais comme les quatre évangélistes de la peinture moderne : Cézanne, Gauguin, Seurat et Van Gogh. La canonisation de Vincent par une Église à laquelle il n'avait jamais appartenu était assurée.

Pendant ce temps, Jo s'était attelée aux lettres. Au début, elle en retarda la publication, partant du principe qu'il fallait d'abord que l'œuvre de Vincent soit mieux connue du public avant que l'on dévoile les détails de sa vie privée. En 1914, les trois gros volumes de la correspondance parurent à Amsterdam. Les lettres furent publiées dans la langue utilisée par Vincent à l'origine. En guise de préface, Jo évoqua les souvenirs qu'elle pouvait avoir sur Vincent, reprenant le plus souvent ce que Théo avait pu lui raconter.

Cette somme a constitué la base de tous les ouvrages biographiques écrits par la suite. Des recherches récentes ont permis aux historiens de corriger la façon dont Jo avait daté certaines lettres, ce qui ne provoqua que de légères modifications dans certains aspects de la vie de Vincent, mais amena des différences considérables dans la chronologie des œuvres et notre compréhension des intentions de l'artiste.

Personne cependant ne peut refuser à Jo les éloges qu'elle mérite pour avoir entrepris la tâche apparemment impossible de créer un ordre dans une masse de plus de six cents lettres, dont la plupart ne portent pas de date. Elle écarta certains passages pour des raisons de convenance familiale, mais ne tarda pas à les faire figurer dans les éditions ultérieures.

Ses souvenirs personnels reflètent les vues, d'une sévérité quelque peu excessive, de la famille sur Sien, qu'elle présente comme une femme méchante et alcoolique, mais les personnes encore vivantes à l'époque furent protégées par l'anonymat. C'est ainsi que Kee Vos était mentionnée uniquement par la lettre « K », et Margot Begemann par « Miss X ». La seule intervention importante de Jo dans le corps de la correspondance fut d'abréger les élucubrations religieuses de Vincent, car elle craignait de lasser le lecteur. Afin de présenter un tableau complet et équilibré, ces lettres vont figurer dans leur intégralité dans une nouvelle édition de la correspondance qui sera publiée incessamment en Hollande.

La collection des lettres de Vincent Van Gogh rivalise avec le *Journal* de Delacroix dans la mesure où elle présente la vision la plus profonde que nous possédions du processus créatif dans les arts visuels. Sa publication acheva la transformation de Vincent en ce personnage protéiforme que nous connaissons aujourd'hui. Et pourtant aucun autre artiste ne nous est aussi accessible : presque tous les détails de sa vie et de sa pensée de créateur ont été portés à notre connaissance.

L'un des résultats de cet état de fait est le nombre et la variété des ouvrages qui lui ont été consacrés. On peut dans une certaine mesure les diviser en deux catégories : les ouvrages d'érudition et les livres populaires. C'est un historien de l'art, un Allemand nommé Julius Meier-Gräfe, qui fut le premier à écrire un ouvrage à grand succès sur la vie de l'artiste, juste après la publication des lettres. Beaucoup d'autres suivirent, le point culminant étant atteint par le romancier américain Irving Stone, qui écrivit en 1934 une biographie légèrement romancée intitulée *La passion de la vie*. Ce livre fut le point de départ du film, très populaire, intitulé *La vie passionnée de Van Gogh* tourné en 1956, avec Kirk Douglas dans le rôle de Vincent et Anthony Quinn dans celui de Gauguin.

De telles créations firent beaucoup pour propager l'image d'un Vincent présenté comme un super-héros, un martyr de la cause de l'art, un solitaire et un marginal, dont les œuvres émanent d'une sorte de folie divine et qui déverse sa vie aux multiples couleurs directement sur les toiles. Comme on pouvait s'y attendre, les spécialistes ont souvent méprisé ces livres car ils font bien souvent fi de la vérité historique et ignorent délibérément les propres explications de Vincent concernant ce qu'il tentait de réaliser et les motifs qui le poussaient vers ces objectifs.

Pourtant, les choses ne sont pas si simples. On ne peut guère soutenir que les « romanciers » se soient contentés de suivre les traces des érudits car ce sont eux, les adeptes de l'art populaire, qui ont présenté Vincent comme un héros du modernisme qui livrait bataille aux Académies et aux Salons du XIXe siècle. Ils ont vu en Vincent une victime de la cabale des impitoyables philistins de l'art, que ses successeurs ont finalement réussi à terrasser. Bien que l'article d'Albert Aurier fût passé pratiquement inaperçu à cause de la mort prématurée de l'écrivain, c'est tout de même l'interprétation du personnage de Vincent sous les traits d'un « Isolé » qui a dominé pendant des années les travaux des universitaires.

De telles études furent souvent des modèles d'érudition, par exemple le catalogue que fit Alfred H. Barr pour l'exposition organisée par le musée d'Art moderne de New York en 1935. Mais trop souvent, le désir de justifier la place de Vincent dans le combat mené par les peintres d'avant-garde incitait les écrivains à sous-estimer, sinon à ignorer complètement sa fidélité indéfectible à l'inspiration qu'il puisait chez des artistes comme Jules Breton et Ernest Meissonier.

De même était-il inévitable que certains passent sous silence, dans un souci de sauvegarder leur confort intellectuel, le fait que, vers la fin de sa vie, loin de vouloir continuer à naviguer vers les rivages plus sauvages de la nouveauté, Vincent soit retourné auprès du père Millet, en qui il voyait la pierre de touche de la grandeur artistique. On peut en trouver un exemple dans un livre écrit par le critique d'art Philip James qui, en 1950, balaya cet aspect du problème avec ces mots olympiens : «... ses goûts étaient souvent confus et même empreints d'une banalité incontestable. Il proclame à maintes reprises son admiration pour des peintres médiocres comme Breton, Lhermitte, Dupré et Meissonier».

Heureusement il y eut aussi des auteurs plus impartiaux, qui cherchèrent à prendre en compte tous les aspects de la vie et de l'œuvre de Vincent sans se laisser limiter par les contraintes d'une théorie qui les amènerait à exclure tous les faits contredisant leurs vues. Au premier rang de ces auteurs se trouve Marc Edo Trabault, un spécialiste de l'histoire de l'art qui consacra pratiquement toute son existence à Vincent, et qui s'efforça avec un acharnement extraordinaire de découvrir tous ceux qui, de près ou de loin, avaient eu le moindre rapport avec lui. Pendant un temps, Trabault publia même un journal personnel, *Van Goghiana*, et son énorme biographie (1969), qui, de nombreuses années durant, fit autorité en la matière, est un merveilleux mélange où se côtoient l'essentiel et l'accessoire. Après lui, les rares détails que le remarquable Trabault n'avait pas réussi à dénicher furent mis au jour par l'un ou l'autre de ces amateurs passionnés que la vie de Vincent continue de fasciner. C'est un postier de Londres, Paul Chalcroft, un homme qui a consacré tout son temps libre à l'exécution de copies des œuvres de Van Gogh, qui a patiemment reconstitué tous les fragments qui manquaient encore à propos du séjour de Vincent à Brixton, sa plus importante découverte étant que la jeune fille dont Vincent s'était épris à Londres s'appelait en fait *Eugénie* et non Ursula, qui était le nom de la mère, contrairement à ce qu'avait compris la famille Van Gogh.

A l'époque de sa publication, le livre de Trabault apparut comme la somme définitive de tout ce qui pouvait être dit sur la vie de Vincent, mais depuis lors, durant les vingt ans qui se sont écoulés, des faits nouveaux, comme ceux que Chalcroft a pu établir, se sont peu à peu accumulés aussi bien dans des revues spécialisées que dans des publications populaires. Mais il y a eu aussi, dans le même laps de temps, une modification considérable dans la manière dont l'œuvre de Vincent est vue par les critiques.

Nous savons maintenant, en effet, que le «Mouvement moderne» n'est qu'une école artistique comme les autres et non le but ultime vers lequel l'ensemble de l'histoire de l'art tendait inéluctablement, et cela a permis aux historiens de l'art de considérer l'œuvre de Vincent d'un œil nouveau, en cessant de l'apparenter à un combat et à une victoire. Il a fallu alors se pencher davantage sur ce que Vincent lui-même déclarait à propos de ses intentions. Le résultat de cette nouvelle approche a été une série d'expositions importantes couvrant en détail les différentes périodes de sa vie : Van Gogh dans le Brabant, influences anglaises sur Vincent Van Gogh, Vincent Van Gogh en Belgique, Van Gogh à Paris, Van Gogh en Arles, Van Gogh à Saint-Rémy et à Auvers — et les catalogues correspondants ont rassemblé les découvertes les plus récentes qui, pour la plupart, ont été possibles grâce à la modification de l'ordre des lettres écrites par Vincent à propos des œuvres concernées.

Ces activités ont été menées de pair avec une remise en question de ce que l'on croyait être les objectifs de Vincent, et du rôle qu'il a joué dans l'évolution des mouvements artistiques du XIXe siècle, lesquels ont été également soumis à une réévaluation d'une ampleur considérable.

Les matériaux contenus dans ce présent ouvrage ont pris en compte ces éclairages nouveaux, en particulier ceux qui ont été fournis par les apports de Ronald Pickvance et de Bogomila Welsh-Ovcharov aux différents catalogues des expositions mentionnées ci-dessus. Grâce à eux, notre vision de Van Gogh a été sensiblement transformée. Le professeur Pickvance a fait plus que tout autre pour concentrer notre attention sur les sources d'inspiration qui sont à la base des œuvres de Vincent, tandis que le Dr Welsh-Ovcharov a réussi à faire la lumière sur la période, si mal connue jusqu'alors, des deux années passées par le peintre à Paris, deux années qui comptent incontestablement parmi les plus importantes pour la formation de l'artiste.

Il y a eu aussi, dans les études sur Van Gogh, une branche parallèle qui s'est consacrée à ses problèmes mentaux. Au cours du siècle qui vient de s'écouler, d'innombrables théories ont vu le jour pour expliquer ses maladies et les rattacher à ses peintures. Certaines de ces conclusions semblent avoir été imaginées par des gens qui ne jouissaient pas eux-mêmes de toutes leurs facultés, et toutes se contredisent à tel point qu'il est beaucoup plus sage de n'y point prêter la moindre attention. En fait, la seule leçon que l'on puisse en tirer, c'est que les problèmes mentaux dont Vincent a pu souffrir n'ont jamais été traduits directement dans son art, et toutes les études récentes sont d'accord sur ce point. L'image d'un Vincent qui aurait été un Dément Divin, un Mage de l'Art ou autres balivernes apparaît maintenant comme une absurdité qui a toujours été dépourvue de fondement.

Mais le changement de perspective le plus important dans la façon d'envisager la vie de Vincent est peut-être dû à l'idée émise par un Hollandais, le Dr Jan Hulsker, spécialiste de l'histoire de l'art : Hulsker s'est dit en effet que la lettre trouvée par Théo dans la veste de son frère n'était pas, contrairement à ce que l'on avait toujours cru, le cri ultime d'un désespéré qui allait mettre fin à ses jours. Ce n'était, conclut Hulsker, qu'un simple brouillon que Vincent avait renoncé à envoyer. La vraie lettre, expédiée le 23, Théo l'avait déjà reçue quand il fut appelé à Auvers par le Dr Gachet.

Or cette lettre montre que Vincent avait une fois de plus recouvré son calme et sa maîtrise de soi :

En ce qui me regarde, je m'applique sur mes toiles avec toute mon attention, je cherche à faire aussi bien que certains peintres, que j'ai beaucoup aimés et admirés.

Une fois réfutée cette idée d'un geste définitif dicté par l'angoisse et le désespoir et précédé d'une lettre d'adieu écrite par un homme décidé à en finir avec l'existence, il y avait encore bien d'autres choses à remettre en question. Pourquoi par exemple fallait-il considérer que les deux champs de blé étaient ses derniers tableaux ? Il n'y avait aucun indice qui permît d'aboutir à cette conclusion. En fait il est tout aussi plausible de penser que c'était l'un des quatre autres tableaux, dont il avait dessiné l'ébauche dans la lettre, et dont l'exécution l'avait préoccupé à cette époque.

Si l'on décide que c'est son tableau représentant le jardin de Daubigny qui fut sa dernière œuvre, c'est toute l'image que nous nous faisons de Vincent qui se trouve modifiée. Il voulait peindre la maison et le jardin de Daubigny depuis qu'il était arrivé à Auvers, et il en avait peint une esquisse d'après nature dès le mois de juin. Il était décidé à rendre hommage au grand homme, et peut-être même aussi à réaliser une toile qu'il pourrait ensuite donner à la veuve qui demeurait encore dans la maison. Bien que le tableau ait été retouché par des mains inexpertes et que sa surface ait subi quelques dégâts, cette œuvre, telle qu'elle est maintenant, apparaît comme l'une des plus équilibrées et des plus soigneusement composées qu'il ait jamais faites. Dans sa dernière lettre, celle qu'il avait postée, il la décrit comme *une de mes toiles les plus voulues*.

Nous sommes loin de ce cri désespéré, si prisé de ceux qui voulaient faire de lui l'archétype d'un génie tragique et affligé. La simple vérité, c'est qu'il n'y a pas eu de dernière toile à proprement parler. Alors qu'Andries Bonger aidait Jo à dresser l'inventaire des toiles à Auvers, Ravoux lui dit que c'était à une œuvre plutôt passe-partout, représentant une rue de village, où les épais traits de pinceau du ciel sont manifestement incomplets, que Vincent avait travaillé en dernier. De toute manière, s'il avait emporté son chevalet et une toile le jour de la tragédie, c'était sans doute pour aller peindre du côté du château. Dans l'esprit de Vincent en tout cas, il n'y avait pas de dernier tableau qui aurait constitué une somme de toute son œuvre.

Hulsker a fait là une bienheureuse découverte, car elle a contribué à nous libérer d'une vision trop étroite de la vie de Vincent. Un être dont les pensées étaient si multiples et les intérêts si variés ne peut pas être étiqueté d'une manière aussi simpliste. Quelles qu'aient pu être ses souffrances, le désespoir n'a jamais été l'élément dominant de son existence et le fait qu'il se soit suicidé ne modifie en rien cette évidence. Comme il l'a dit dans une des toutes premières lettres écrites à Théo pendant la sombre période vécue dans le Borinage :

... je suis toujours porté à croire que le meilleur moyen pour connaître Dieu c'est d'aimer beaucoup. Aime tel ami, telle personne, telle chose, ce que tu

voudras, tu seras dans le bon chemin pour en savoir plus long après, voilà ce que je me dis. Mais il faut aimer d'une haute et d'une sérieuse sympathie intime, avec volonté, avec intelligence, et il faut toujours tâcher d'en savoir plus long et davantage.

Le destin tragique qui s'acharnait sur la famille Van Gogh ne s'acheva pas avec la mort des deux frères. Quelques années plus tard, leur sœur préférée, Willemina, dut être internée dans un asile où elle resta jusqu'à sa mort, en 1941, à l'âge de soixante-dix-neuf ans. C'était la dernière survivante des enfants du pasteur Theodorus et d'Anna Carbentus. On ne connaît pas la cause de sa maladie, bien qu'elle fût sans doute de la même nature que la dépression et l'épilepsie héréditaires qui avaient accablé Vincent. Quoi qu'il en soit, l'infortunée Willemina s'était complètement coupée du monde extérieur, et pendant la plus grande partie de sa vie, elle ne prononça pas une seule parole.

Anna Carbentus devait perdre son autre fils avant de mourir elle-même : Cor, le cadet, décéda à Pretoria en 1900, sept mois après le début de la guerre des Boers. Bien qu'il eût été mentionné comme mort au combat par les forces des Boers, une rumeur non confirmée prétendit qu'il s'était suicidé.

Anna Carbentus Van Gogh mourut en 1907. Outre Willemina, il restait encore deux autres filles : l'aînée, Anna, qui s'était brouillée avec Vincent après la mort de leur père, et Élisabeth. Élisabeth avait quelque ambition littéraire, mais ses *Souvenirs personnels sur Vincent Van Gogh*, publiés en 1910, s'avérèrent plutôt décevants ; seules ses réminiscences de leur enfance à Zundert présentent quelque intérêt. Anna mourut en 1930 et Élisabeth en 1936.

En fin de compte ce résumé de l'« apothéose » de Vincent se doit de revenir à Jo, car c'est grâce à elle que l'on est si bien renseigné sur la vie et les œuvres de l'artiste. En 1915, Vincent Willem, qui avait maintenant terminé ses études d'ingénieur, épousa Josina Wibaut. Après un court séjour en France, le couple partit pour l'Amérique, où Jo les rejoignit en 1916.

Installée à New York, Jo se lança dans une énorme entreprise : elle avait décidé de traduire les lettres en anglais. En 1919, elle revint en Hollande, suivie un an plus tard par son fils et sa belle-fille. C'est alors qu'apparaît l'importance considérable du fait que c'était son fils et non elle-même qui avait été désigné comme unique héritier de la succession. Âgé maintenant de trente ans, Vincent Willem décida d'assurer lui-même la gestion de ce patrimoine. Cette décision fut à l'origine de bien des frictions entre la mère et son fils, car il décida catégoriquement de conserver toutes les toiles qui étaient encore en sa possession.

Ainsi il mettait brusquement fin à la politique de sa mère qui avait toujours consisté à faire en sorte que toutes les grandes collections mondiales puissent avoir leur part de l'œuvre de Vincent. Certes, Vincent Willem était toujours disposé à prêter des toiles pour les expositions, mais l'énorme masse de tableaux fut empilée, loin des regards, dans une pièce inoccupée et jamais chauffée, à Laren. Jo trouvait ce comportement intolérable. On n'avait pu accrocher qu'une vingtaine de toiles dans la maison ! La famille s'inquiétait, même l'épouse de Vincent Willem. Jo écrivit à sa sœur : « En outre, je suis souvent assez navrée qu'il en soit ainsi pour ces tableaux. C'est le seul problème que pose ma vie avec Vincent : notre différence de point de vue sur qui doit posséder ces toiles. »

Finalement, les événements devaient donner raison à l'attitude inflexible de Vincent Willem. Il y avait déjà tellement de toiles entre les mains d'amateurs privés, ou exposées dans les musées nationaux, que l'on pouvait se demander s'il ne valait pas mieux que les autres restent regroupées ensemble.

D'ailleurs, Vincent avait toujours désiré que ses toiles ne soient pas vues séparément ; bien que la combinaison exacte de ses tableaux telle qu'il l'avait rêvée fût désormais impossible à réaliser, il n'en fallait pas moins s'efforcer de réunir en un seul lieu une large sélection de ses œuvres. Si Jo avait pu mener jusqu'au bout sa propre politique, l'ensemble des toiles aurait été dispersé, à raison de deux ou trois unités à la fois, aux quatre coins du monde.

Jo mourut en 1925. Elle avait traduit en anglais environ deux tiers des lettres. En dépit des déceptions qui avaient été les siennes au cours des dernières années de sa vie, elle avait mené à bien la tâche qu'elle s'était assignée : assurer la célébrité de son beau-frère. Quant à Andries, son frère, les événements lui avaient donné tort de bout en bout, quand il avait conseillé à sa sœur de se défaire des toiles après la mort de Théo.

Personnellement, Andries s'était fait le protecteur du peintre symboliste Odilon Redon. Après la mort de sa femme Anne, il s'était remarié en 1934, et tout le reste de sa vie avait été consacré à des activités culturelles marquées du même dilettantisme que celles du Dr Gachet. Il devint membre de la Société des Amis de Delacroix et suivit avec intérêt les nouvelles recherches entreprises sur Shakespeare. Il était lui aussi rentré en Hollande après la mort de Théo mais il n'hésitait jamais à faire le voyage jusqu'à Paris quand il y avait une exposition impressionniste qui valait le déplacement.

Pendant un temps il avait été très ami avec Bernard, mais l'intérêt que ce dernier montrait pour le catholicisme s'était progressivement mué en un véritable mysticisme religieux qui décourageait ses amis, si bien qu'Andries et lui se virent de moins en moins. Bernard alla se fixer en Égypte, où il fut rejoint par Laval et sa sœur Madeleine. En 1894, Laval mourut de la tuberculose et Madeleine disparut à son tour l'année suivante. La créativité de Bernard ne tarda pas à se tarir, mais il leur survécut longtemps, car il devait mourir à Paris en 1941. Ce fut un des rares amis de Vincent qui ne se soit jamais querellé avec lui.

La conviction de Vincent selon laquelle ses camarades artistes et lui-même étaient obligés d'endurer des souffrances excessives au service de leur art fut confirmée par le destin que subirent nombre de ses amis. Seurat mourut prématurément d'une infection en 1891, tandis que Toulouse-Lautrec, qui s'était adonné à la boisson de manière excessive, disparaissait en 1901, à l'âge de trente-sept ans. En revanche Signac, cet homme de cœur, avait soixante-douze ans quand il passa de vie à trépas en 1935, après avoir mené une existence très agréable, ponctuée par de nombreux voyages vers les villes du littoral qu'il aimait par-dessus tout.

Quant à Gauguin, il justifia pleinement la théorie de Vincent. Après un suicide manqué, il mourut, sans doute de sa propre main, dans les îles Marquises en 1903. Sa réputation devait ensuite connaître un essor vers la gloire comparable à ce qui se produisit pour Vincent.

D'autres eurent moins de chance. Van Rappard était mort seulement deux ans après Vincent, doutant jusqu'au bout de son talent, malheureux devant les résultats obtenus. La postérité s'est contentée de confirmer le jugement qu'il avait porté sur lui-même et, si on connaît encore son nom aujourd'hui, c'est uniquement à cause des relations qu'il a pu entretenir avec son ami.

Certains personnages secondaires ont disparu pratiquement sans laisser de traces : Adrien-Jean Madiol, le peintre que Vincent avait connu brièvement à Bruxelles, mourut peu de temps après lui. La seule toile préservée pour la postérité au musée de Courtrai en Belgique fut détruite au cours d'un raid aérien pendant la Seconde Guerre mondiale.

C'est également un bombardement aérien qui supprima le dernier vestige du lien que Vincent avait établi avec son ami anglais Harry Gladwell, dont il avait fait la connaissance au cours de son premier séjour à Paris. Son apprentissage chez les Goupil terminé, Harry était entré dans l'affaire dirigée par son père, et après la mort de celui-ci, en 1879, était devenu le principal associé de la Galerie Gladwell Brothers, qui avait des succursales dans Regent Street, Kingsway et Gracechurch Street, dans la City.

Quand Harry mourut, en 1927, à l'âge de soixante-dix ans, son fils Algernon prit la suite, transférant la galerie à Cheapside où elle fut finalement rachetée par son directeur Herbert Fuller; elle est maintenant située dans Queen Victoria Street, près de Mansion House. Fuller avait également pris possession d'un coffret contenant les lettres que Vincent avait envoyées à Harry. Malheureusement, personne ne lut jamais cette correspondance, qui fut détruite pendant la guerre lors d'un bombardement; ces lettres, dont il n'existe aucune copie, brûlèrent dans l'incendie de la galerie.

L'une des petites-filles de Harry a hérité de sa bible, le dernier souvenir de ces soirées passées à Montmartre où les deux jeunes gens lisaient à haute voix les Écritures saintes jusque fort avant dans la nuit.

De temps à autre, les noms de certains personnages que Vincent a croisés tout au long de son existence refont surface selon les hasards des caprices de journalistes voulant percer les « secrets » d'une vie qui a pris des dimensions mythiques dans l'esprit du grand public.

Un jour, un certain Pierre Weiller, qui cherchait un appartement dans le Paris des années trente, monta l'escalier pour rencontrer la propriétaire qui se nommait Mme Milliet. La porte fut ouverte par le mari, un homme à l'air très distingué, très viril, dont le visage orné de redoutables moustaches et d'une barbe en pointe rappelait la physionomie des élégants des années 1880. L'écrivain venait bien entendu de « découvrir » celui qui avait été l'ami de Vincent, l'ancien sous-lieutenant des zouaves, maintenant lieutenant-colonel à la retraite.

Milliet avait servi dans l'active en Tunisie, en Algérie et au Maroc, avait combattu pendant la Première Guerre mondiale, puis, peu attiré par la vie dans les casernes de province, s'était retiré de l'armée. Il fut très heureux de répondre à toutes les questions qu'on lui posa sur Vincent, sans être davantage impressionné par le talent de son ex-ami qu'il ne l'avait été autrefois. Il avait d'ailleurs égaré, au cours des ans, les toiles que lui avaient offertes aussi bien Vincent que Gauguin. Milliet mourut pendant la sombre époque de l'occupation allemande à Paris.

Au cours des années trente, Andries Bonger s'était affligé de la montée du national-socialisme, en particulier dans sa Hollande natale. Ce fut peut-être une chance pour lui de mourir avant de pouvoir assister au spectacle de l'invasion de sa France bien-aimée, sa seconde patrie.

Comme on peut s'en douter, la plus lamentable de ces figures fut Sien Hoornick, avec laquelle Vincent avait vécu à La Haye. Après avoir erré pendant des années d'un bout à l'autre de la Hollande, elle finit par se fixer à Rotterdam où, en 1901, elle suivit le conseil que Vincent lui avait donné et fit un mariage de raison avec un certain Arnoldus Van Wijk. Il avait cinquante et un ans, mais il put au moins donner à Willem, le fils de Sien, alors âgé de dix-neuf ans, un nom légitime.

Cependant, Sien était encore incapable de connaître le bonheur, et trois ans plus tard, le 12 novembre 1904, elle mit à exécution la menace qu'elle avait autrefois proférée à l'intention de Vincent et mit fin à ses jours en se jetant à l'eau.

Son fils devait mener une existence marquée par le malheur. Grâce à la protection de l'un des frères de Sien, il avait pu trouver un emploi au Service des Eaux de l'État hollandais. Au début des années soixante-dix, un journaliste britannique en poste à Amsterdam, Kenneth Wilkie, entreprit de prouver que Vincent avait des descendants. Il apprit que Willem, alors décédé, avait collaboré avec les troupes d'occupation nazies pendant la guerre et purgé une peine de prison après la Libération. Mais il avait eu un fils, Willy Van Wijk, en qui Wilkie n'hésita pas à voir un petit-fils de Vincent, affirmation réfutée par tous les spécialistes connus, qui arguèrent que sa grand-mère était déjà enceinte quand elle avait rencontré Vincent.

Wilkie eut la main plus heureuse avec les descendants d'Eugénie Loyer, cette jeune fille obstinée qui, en repoussant les avances de Vincent, avait été à l'origine des événements qui devaient engager le jeune homme dans sa carrière de peintre puis le mener au suicide. Grâce aux indices fournis par la découverte du postier Paul Chalcroft, lequel avait retrouvé l'adresse des Loyer et mis fin à la confusion de prénoms concernant Eugénie et sa mère, Wilkie put établir qu'elle s'était effectivement mariée avec l'autre pensionnaire, Samuel Plowman, et qu'ils avaient eu un fils nommé Frank, qui était mort en 1966.

A force de patience et de multiples recherches, Wilkie finit par retrouver un descendant vivant, la fille de Frank, Kathleen Maynard, qui vit maintenant dans le Devon. Wilkie alla lui rendre visite et elle lui montra une boîte contenant quelques photographies d'Eugénie et des souvenirs de famille. Il demanda la permission d'en examiner le contenu lui-même, et dénicha au fond du coffret un petit dessin souillé de taches de thé ou de café et aux bords écornés. C'était l'esquisse que Vincent avait faite de la maison des Loyer à Brixton, là où il avait connu certains des jours les plus heureux mais aussi les plus tristes de sa jeunesse. Il avait dû faire présent à Eugénie de ce témoignage d'un amour qu'il n'avait pas encore osé exprimer.

Après la mort de Jo, son fils Vincent Willem Van Gogh perpétua la tradition familiale en ouvrant sa maison à tous les chercheurs qui souhaitaient regarder la collection. Il ne se fit jamais prier pour prêter les toiles dont on pouvait avoir besoin à l'occasion des expositions internationales qui ne cessaient d'avoir lieu, et apporta toutes les corrections nécessaires au texte de la correspondance mis au point par sa mère.

N'empêche qu'il y eut quelques sujets de friction. Les manières hautaines que Vincent Willem affichait parfois eurent le don d'indisposer un certain nombre de personnes, en particulier Mme Kroller-Muller, qui avait alors amassé une remarquable collection des œuvres de Vincent, la seconde en importance après celle que détenait la famille du peintre. Mme Kroller-Muller en arriva donc à refuser de montrer ses tableaux en même temps que ceux qui étaient en possession de Vincent Willem.

Dans un autre ordre d'idées, il y eut aussi l'énorme et regrettable publicité qui se fit autour de la découverte, à la fin des années vingt, que de nombreux Van Gogh alors en circulation étaient l'œuvre d'un faussaire, un négociant allemand nommé Wacker. Le «Scandale Wacker» prit une dimension encore plus grave quand on apprit que le plus grand spécialiste de Van Gogh, J.B. de la Faille, avait inclus un grand nombre de faux commis par Wacker dans son vaste *Catalogue raisonné* de l'œuvre de Vincent. Il fut contraint de publier un nouveau catalogue, *Les faux Van Gogh*, dans un effort tardif pour remettre les choses au point.

Pendant ce temps, Vincent Willem continuait de couver sa collection comme une véritable mère poule, en dépit des efforts multipliés par différentes parties intéressées pour lui soustraire une partie de ses œufs. En 1930, Mme Kroller-Muller et lui se laissèrent persuader de passer l'éponge sur leurs différends et de joindre l'une à l'autre les deux collections, afin de les prêter au musée Stedelijk d'Amsterdam qui organisait une exposition de toute première importance. Vincent Willem consentit ensuite, tout en gardant chez lui les toiles qu'il chérissait le plus, à laisser en permanence l'ensemble de la collection exposé au musée.

En 1938, les œuvres détenues par Mme Kroller-Muller devinrent une collection nationale et elles furent offertes à la curiosité du public dans un musée construit spécialement dans le magnifique Parc national de Hoge Veluwe, près d'Otterlo. Désormais la collection de la famille Van Gogh constituait le seul groupe majeur de toiles de Van Gogh à se trouver encore en possession d'intérêts privés.

La Seconde Guerre mondiale, avec l'effondrement subit que connut la Hollande, allait inévitablement arrêter toute velléité de modifier cette situation. A la veille de l'invasion allemande, les œuvres prêtées au Stedelijk furent cachées dans un bunker souterrain situé dans les dunes côtières, près de Castricum. Un petit groupe de toiles échoua dans les Antilles hollandaises, et un autre ensemble fut « retenu » par le musée de Santa Barbara, en Californie, ce qui permit au gouvernement hollandais en exil d'exposer ces toiles dans différentes villes américaines espérant éveiller ainsi la sympathie des Américains à l'égard de la nation occupée.

En 1941, un incendie qui s'était déclaré à la maison de Laren fut rapidement circonscrit mais l'*Autoportrait devant le chevalet* subit de légers dommages. Cet incident eut au moins l'avantage d'inciter Vincent Willem à prendre des dispositions plus satisfaisantes à l'égard des œuvres qu'il chérissait tant. Après la Libération, il apparut avec une évidence aveuglante que la famille ne pouvait plus espérer continuer à détenir un tel patrimoine. Bien que Vincent Willem ne fût qu'un humble ingénieur qui vivait modestement et sans ostentation, le nombre considérable de Van Gogh qui étaient en sa possession faisait de lui l'homme le plus riche de Hollande. Mais si une telle richesse était purement théorique, il n'en demeurait pas moins qu'à sa mort les droits de succession seraient tellement élevés qu'ils contraindraient ses enfants à faire ce qu'il redoutait le plus : vendre la collection.

La solution à laquelle il se résolut finalement ne manquait pas de complexité mais elle correspondait bien à certaines idées auxquelles il tenait particulièrement.

Une Fondation Van Gogh fut constituée et contrôlée pour l'essentiel par la famille elle-même. L'État hollandais donna alors à cette fondation les subsides nécessaires pour acheter la collection à condition que celle-ci fût exposée dans un musée dont la construction serait assurée par la ville d'Amsterdam. C'est donc ainsi que la famille vendit la totalité des œuvres qui était en sa possession — les tableaux de Vincent mais aussi ses dessins, ainsi que les toiles d'autres peintres que Théo avait amassées —, pour une somme équivalant en gros à six millions de dollars, une somme énorme certes, mais très en dessous de la valeur marchande de la collection.

Vincent Willem se dépensa alors sans compter pour la réalisation de ce musée que l'on construisit sur le Museumplein d'Amsterdam, en vue du Rijksmuseum, où Vincent était resté toute une journée en extase planté devant *La fiancée juive* de Rembrandt. Le Rijksmuseum Vincent Van Gogh fut inauguré en 1973 et il abrite aujourd'hui la plus importante collection des œuvres de Van Gogh ainsi qu'un grand nombre de documents sur sa vie, tout en organisant de temps à autre des expositions réunissant certaines de ses autres œuvres et celles de ses contemporains.

Vincent Willem mourut en 1978, avant Marceline Roulin, la dernière survivante, que Vincent avait peinte quand elle n'était encore qu'un bébé, dans les bras de sa mère, à Arles. Naturellement, Marceline n'avait gardé aucun souvenir de Vincent, mais elle était toujours très fière de voir les portraits de son père, de sa mère, de ses frères et d'elle-même quand ils étaient reproduits dans les magazines. Elle vint à Arles au moment du tournage du film *La vie passionnée de Vincent Van Gogh* et ne fut pas peu surprise de voir un acteur, avec sa grande barbe et autres accessoires, jouer le rôle de son père. Elle mourut à l'âge de quatre-vingt-treize ans, le 22 février 1980, la dernière des modèles de Vincent à avoir survécu.

Vincent Willem eut quatre enfants : Théo, Johan, Floor et une fille nommée Mathilde. Théo fut exécuté par les Allemands pour avoir participé à la Résistance hollandaise. Johan est maintenant membre du conseil d'administration de la Fondation Van Gogh, qui comprend également Mathilde et Willem, le fils de Floor, ainsi qu'un représentant de l'État hollandais. Pour l'instant, aucun des membres de la famille n'a manifesté la moindre intention d'embrasser une carrière artistique, à l'exception de Théo, le fils de Johan, qui a réalisé des films très controversés mais qui est peut-être mieux connu de ses compatriotes par les attaques véhémentes dont il accable les critiques cinématographiques pour lesquels il professe un souverain mépris.

La famille tient encore en sa possession un certain nombre de lettres et de documents dont certains sont inaccessibles aux chercheurs, par exemple les carnets intimes de Jo, que personne n'a encore réussi à voir, y compris les conservateurs du musée auquel ils ont été confiés. Il paraît fort peu probable qu'ils puissent contenir des éléments susceptibles de modifier notre connaissance de la vie de Vincent. La discrétion dont fait preuve la famille à cet égard provient sans doute des efforts plutôt étranges déployés par Vincent Willem, vers la fin de sa vie, pour affirmer que personne, chez les Van Gogh, ne s'était jamais défait d'une seule des œuvres de leur oncle. Comme les carnets de Jo mentionnent sans doute les transactions dont on veut nier l'existence, il va falloir attendre que ses petits-enfants décident de passer outre à cette curieuse interdiction et autorisent la lecture des notes prises par leur grand-mère. Ce jour ne peut être très éloigné car ils ont récemment permis la publication par la Fondation de tous les documents concernant les transactions de Jo avec le marchand de tableaux allemand Paul Cassirer.

Ainsi, en dépit de la vie misérable qu'il avait menée, Vincent eut finalement une chance extraordinaire. Non seulement Théo lui avait assuré un soutien indéfectible, mais la veuve de son frère s'était consacrée corps et âme à l'établissement de sa réputation, imitée en cela par un neveu qu'il avait fait sauter sur ses genoux deux ou trois fois en tout et pour tout. Avec une obstination exemplaire, Vincent Willem avait réussi à faire en sorte que la plus grande partie des œuvres de son oncle demeure rassemblée et facilement accessible au public le plus large possible. Et c'est ce public qui rend l'histoire de Vincent non pas triste et désespérée mais au contraire heureuse au plus haut point. Qui pourrait nier que grâce à ces foules où se côtoient toutes les nationalités imaginables et qui se rassemblent pour regarder ses œuvres, il a finalement réussi à atteindre le but qu'il avait le plus ardemment cherché : rendre son art accessible au grand public ?

Les universitaires et les auteurs de biographies populaires, les érudits qui ont mis au point les catalogues des expositions et les fabricants de cartes postales et de calendriers, tous ont contribué à faire de Vincent le mieux connu et le plus aimé des artistes de l'époque moderne. Sa chaise jaune, cet humble objet, est l'œuvre qui a été la plus reproduite dans le domaine de l'art non religieux. Il est bien évident que les foules qui font la queue pendant des heures pour aller voir une exposition de ses œuvres appartiennent à un public beaucoup plus large que celui qui fréquente ordinairement les galeries d'art.

Quand on songe à l'immense adhésion populaire apportée aux réalisations de Vincent, on peut se demander s'il convient vraiment de s'indigner devant les sommes phénoménales payées lors des ventes de ses toiles. En quoi cela peut-il importer si 49 000 000 de dollars changent de mains pour ses *Iris*, du moment que le tableau ne reste pas ensuite enfermé dans la chambre forte d'une banque, comme cela s'est produit pour les *Tournesols* pendant de nombreuses années ?

N'y a-t-il pas non plus une certaine ironie dans le fait que le portrait d'Adeline Ravoux, que son père avait si habilement vendu pour quelques francs, a été acheté à une vente aux enchères en 1988 pour 13 750 000 dollars, un chiffre qui a apparemment déçu aussi bien la presse que le public qui s'attendait à ce que l'on batte un record avec 15 000 000 de dollars !

On peut évidemment objecter que tout le bruit, le scandale même qui entourent de tels événements ne peuvent qu'attiser encore davantage l'intérêt du public et faire venir à ses expositions des gens qui autrement n'auraient jamais songé à faire ce déplacement. Les commentaires acides de certains critiques, horrifiés à l'idée que ces gens ne comprennent rien aux œuvres qu'ils vont voir mais sont uniquement attirés par les mythes populaires qui entourent la vie de l'artiste, ces commentaires, donc, font singulièrement penser à une élite exaspérée de se voir privée de ses privilèges liturgiques.

Le musée Vincent Van Gogh d'Amsterdam constitue la première étape obligée pour tous ceux qui souhaitent embrasser du regard la gamme étendue des œuvres de Vincent. Cette visite peut se combiner facilement avec celle du Rijksmuseum Kroller-Muller, à environ une heure et demie d'Amsterdam sur la route d'Arnhem. Ces musées abritent non seulement une vaste sélection de peintures, parmi lesquelles on peut voir l'une des premières versions des *Mangeurs de pommes de terre*, mais aussi l'une des plus importantes collections des dessins de Vincent, bien que, pour des raisons de conservation, on ne puisse en exposer qu'une partie à la fois, de façon temporaire.

En dehors de la Hollande, la seule autre importante collection des œuvres de Vincent a été constituée par le Dr Gachet. Après sa mort, en janvier 1909, les toiles furent transmises à son fils Paul qui, toute son existence, s'efforça de préserver le souvenir de son père, comme Jo l'avait fait pour Vincent. Paul fit de la maison d'Auvers un sanctuaire consacré à des réalisations intellectuelles d'une diversité remarquable.

En 1949, il commença une série de dons destinés au Louvre qui s'acheva en apothéose en 1954 avec les six dernières toiles, qui valaient déjà une fortune. Comme Vincent Willem, Paul avait vécu modestement en dépit de cette fortune potentielle absolument stupéfiante.

D'abord accrochée au musée du Jeu de Paume, la collection Gachet fut transférée à Orsay quand cette ancienne gare transformée en musée fut ouverte au public en 1986. Cet ensemble extraordinaire réunissant toutes les formes d'art de la seconde moitié du XIXe siècle permettait enfin de voir les œuvres de Vincent dans leur contexte, comme faisant partie intégrante d'une certaine époque et non comme une explosion isolée vers le modernisme. En faisant émerger d'une obscurité presque totale des artistes comme Breton, dont les toiles avaient été reléguées dans des caves par des directeurs de musées « progressistes », on pouvait enfin montrer Vincent au sein du Musée Imaginaire qu'il avait toujours porté dans son cœur.

La fureur de certains modernistes, incapables de voir qu'ils étaient eux-mêmes aussi encroûtés que les académiciens du passé, apportait la preuve que l'idée directrice qui avait présidé à la conception du musée d'Orsay était parfaitement correcte : on avait même trouvé de la place pour l'une des vastes toiles échevelées de Cormon !

Peut-être convient-il ici de rappeler que Vincent excluait rarement un artiste et s'attachait toujours à célébrer les côtés positifs de ce qu'il voyait.

Pour ceux qui seraient attirés par les endroits où Vincent a vécu ou travaillé, il y en a encore beaucoup qui sont restés pratiquement inchangés. Certes, l'habitude qu'il avait de graviter dans les faubourgs des villes en pleine transformation fait que certaines de ses résidences temporaires ont été englouties par le développement urbain. Pourtant, l'église de Zundert est encore debout, et on peut voir à côté d'elle la pierre tombale mélancolique du premier Vincent Willem.

Le collège de Vincent, à Tilburg, ce curieux château fort d'opérette, est devenu la mairie de la ville. Le village de Nuenen a aménagé un local où les visiteurs peuvent obtenir tous les détails sur l'itinéraire à suivre pour trouver l'église, le presbytère, le moulin à vent, la chaumière des De Groot et tous les autres lieux fréquentés par Vincent. Nuenen est l'un des rares endroits qui ont gardé une partie de l'atmosphère pastorale que Vincent appréciait tant.

En ce qui concerne les villes, la maison des Loyer, 87 Hackford Road, à Brixton, est toujours là, ainsi que celle du révérend Slade-Jones et son église à Twickenham. L'immeuble de la rue Lepic, à Paris, existe toujours et Montmartre, en dépit de son intense activité touristique, continue d'évoquer les souvenirs de la vie artistique de la fin du siècle dernier en France.

Naturellement, c'est en Provence que le véritable pèlerin doit se rendre, et bien qu'il n'y ait plus là-bas le moindre vestige des œuvres de Vincent, on y trouve un environnement semblable, pour l'essentiel, à celui qu'il a connu.

La ville d'Arles s'est donné beaucoup de mal pour tirer profit du souvenir d'un homme que les habitants de l'époque avaient si cruellement rejeté, et bien que les autorités municipales n'aient pas cru souhaitable de reconstruire la Maison Jaune qui avait été détruite par un bombardement pendant la guerre, elle a tout de même rouvert, en 1989, l'Hôtel-Dieu magnifiquement restauré, qui est devenu un centre culturel et une bibliothèque.

Cependant, tout ne se modifie pas toujours, et cette même année vit l'apparition d'une certaine Mme Jeanne Calment qui, à l'âge de cent quatorze ans, affirma être la personne la plus vieille de France. Selon les journalistes qui l'interviewèrent, elle se souvient très bien d'avoir vu Vincent entrer dans la boutique familiale pour y acheter de la toile. « Il était horrible, déclare-t-elle, toujours malpoli, rudoyant sans cesse les gens. Je me rappelle la nuit où il s'est tranché l'oreille, comme un morceau de pâté. Alors, là, ç'a été le comble ! » Mais n'insistons pas davantage sur le bon peuple d'Arles !

Aux Saintes-Maries-de-la-Mer, il ne reste plus rien de ce que Vincent a connu ; pourtant il est encore possible de voir, tel qu'il était alors, l'extérieur de l'hôpital de Saint-Rémy.

Mais l'endroit le plus émouvant de tous se situe loin du Midi ensoleillé, dans une partie de l'Europe que bien peu de touristes songeraient à visiter, les houillères abandonnées du Borinage. La maison des Denis, à Wasmes, est encore là, dans une rue sinistre bordée de bâtisses en brique, de même que le Salon du Bébé où Vincent a tenté de prêcher. Les mines sont fermées et la région est en plein marasme économique. Pourtant, on peut encore suivre le chemin bourbeux qui mène à la fosse abandonnée de Marcasse, et risquer un œil à travers les grilles en fer pour regarder les ruines imposantes d'un lieu qui fut responsable de tant de souffrances humaines. La minuscule maison des Decrucq, à Cuesmes, a été restaurée pour devenir un musée assez pathétique.

Une atmosphère lourde d'abandon pèse sur le Borinage — les carreaux de mine avec leurs tours rouillées ponctuent le paysage, ainsi que les pitoyables monuments aux morts — et pourtant les terrils désaffectés se hérissent de touffes de verdure qui leur donnent un air vaguement japonais et, le jour de la Toussaint, les bouquets de chrysanthèmes jaunes posés dans les cimetières font penser à Vincent et à sa vision dorée.

Finalement, et inévitablement, il reste la petite ville d'Auvers, à une courte distance de Paris par le train. Elle a gardé sa beauté inviolée, celle que Vincent a connue. Là aussi, la municipalité a prévu un bureau d'accueil qui dirige les visiteurs vers le café des Ravoux, la mairie, la maison du Dr Gachet, et enfin l'église et le chemin qui monte vers le vaste plateau encore recouvert de champs de blé et où, mais oui! les corbeaux noirs continuent de tournoyer dans le ciel.

A l'intérieur du cimetière carré entouré de murs, un panneau guide le visiteur vers la tombe, bien que ce ne soit pas là que Vincent ait été enterré de prime abord. Quand la concession de quinze ans arriva à expiration, en 1905, le Dr Gachet choisit un autre endroit, près du mur nord, et avec l'aide de Paul, il supervisa l'exhumation et le nouvel enterrement des restes de Vincent.

En 1914, l'année de la publication des lettres de Vincent, Jo décida que Théo, dont le corps avait été enseveli à Utrecht, devait aller reposer à côté du frère qu'il avait tant aimé. Le Dr Gachet était alors décédé, mais Paul assista à la petite cérémonie. Jo prit un rameau de lierre dans le jardin de Gachet et le planta dans la terre fraîchement retournée. Ce lierre a bien grandi. Aujourd'hui, deux pierres tombales identiques s'élèvent au-dessus d'une unique couverture verte formée par la plante que Vincent a toujours préférée.

REMERCIEMENTS

Je veux en tout premier lieu remercier mon éditeur, John Curtis, qui a eu l'idée de ce livre, ainsi qu'Andrew Best, qui est mon agent et aussi mon ami, car non content de procéder aux formalités contractuelles nécessaires, il a également fait beaucoup plus que son devoir en relisant le premier brouillon de mon manuscrit, une tâche dont se sont également acquittés avec beaucoup de compétence Alex MacCormack et Claire Trocmé. Je remercie également Jean Autret pour sa contribution à l'édition française, et Julia Brown qui a réussi à retrouver la trace des tableaux les moins connus.

Carolyn Doyle s'est vu confier la lourde tâche de dactylographier le texte une première fois et la mission plus délicate encore de le taper de nouveau, pour établir le texte définitif. Et ce fut un sans faute dans les deux cas.

Je veux exprimer ma reconnaissance au personnel de la bibliothèque et du centre de documentation du musée d'Orsay pour les relations amicales qu'il a su entretenir avec l'usager que j'étais, faisant en sorte que la machine à photocopier soit un instrument de recherche et non une forme de torture administrative. Quant à la National Art Library du musée Victoria and Albert... le souvenir que j'ai gardé des Archives de l'art contemporain à Bruxelles me retient d'en dire davantage...

Personne n'aurait pu m'accueillir plus aimablement que M. Han Van Crimpen, conservateur du Rijksmuseum Vincent Van Gogh, à Amsterdam, car, en dépit du travail considérable que lui apporte la rédaction de ses propres ouvrages, il a pris le temps de me recevoir pour me prodiguer ses précieux conseils.

De nombreux amis m'ont également, dans le domaine où ils sont spécialisés, fourni des renseignements d'une grande précision, en particulier mon voisin, le Dr David Watt, qui s'est efforcé de m'éclairer sur les problèmes médicaux complexes soulevés dans le livre. De la même manière, le révérend

James Bentley m'a proposé maintes explications sur le choix fait par Vincent dans ses citations de la Bible. Toute ma gratitude est également acquise à Sir Terence et Lady Conran qui m'ont offert de disposer de leur maison de Provence pendant que je travaillais à l'élaboration des chapitres neuf et dix.

Finalement, c'est au sujet du livre lui-même que je dois adresser mes plus profonds remerciements. Encore écolier, durant les années cinquante, je participai à un voyage scolaire qui me permit d'assister à une importante exposition itinérante des œuvres de Van Gogh. Elle se tenait alors à la Laing Art Gallery de Newcastle-on-Tyne. Pour la première fois, il m'était donné d'avoir un contact direct avec cet art et ce fut pour moi une expérience semblable à ce qu'éprouvent la plupart des gens quand ils vont au théâtre pour la première fois : les cheveux se hérissent sur la nuque, c'est une exaltation qu'on ne retrouvera jamais tout à fait. En me livrant aux recherches nécessitées par la réalisation de cet ouvrage, j'ai pu revivre une grande part de cette griserie.

Je dois une reconnaissance toute particulière à la petite exposition organisée à l'Hôtel-Dieu restauré d'Arles au début de l'année 1989, car elle m'a permis de voir le portrait véritablement stupéfiant du Dr Rey — «en chair et en os» — et de constater combien sont merveilleux et extraordinaires les dessins de Vincent. A tous égards, je me suis efforcé, sans y parvenir entièrement, de m'acquitter d'une énorme dette.

David SWEETMAN
Pittefaux (Nord-Pas-de-Calais),
septembre 1989.

BIBLIOGRAPHIE

La plupart des données utilisées dans ce livre ont été trouvées dans les ouvrages de référence cités ci-dessous. Les grandes lignes de la vie de Vincent ont été tracées grâce aux renseignements fournis par la *Correspondance complète* et par l'introduction qui les précède et qui est due à la plume de Johanna Van Gogh-Bonger. La mise à jour de ces documents a pu être réalisée grâce aux catalogues des différentes expositions thématiques ayant trait à la carrière du peintre et qui se sont déroulées au cours de ces dix dernières années. Il a donc été tenu compte des récentes modifications apportées dans la façon de dater les lettres, ce qui a changé la chronologie des œuvres de Vincent à des périodes clef de sa vie. Chaque fois que cela m'a été possible, j'ai tenté d'en savoir davantage sur les personnages que l'on considérait jusqu'alors comme secondaires, afin de leur conférer l'importance que Vincent leur aurait accordée, et la plupart de mes recherches ont eu pour objectif de recréer l'atmosphère culturelle de la fin du XIXe siècle, avec sa vie urbaine, ses ateliers, ses cafés et ses cabarets, afin de mieux situer Vincent dans le contexte de son univers tel qu'il l'aurait vu lui-même.

Je me suis efforcé du mieux que j'ai pu d'éviter l'emploi de mots comme «peut-être» et «probablement» dont les auteurs de thèses aiment user pour exprimer leurs incertitudes quant aux faits et gestes de leurs «héros». Par exemple, Vincent a *peut-être* vu Gauguin au cours de la première année de son séjour à Paris, mais il ne mentionne leur rencontre que l'année suivante. Étant donné la forte impression produite sur lui par son futur ami, il me semble improbable qu'il ait pu omettre de signaler un pareil événement s'il avait eu lieu plus tôt, c'est la raison pour laquelle je suis parti du principe que 1887 était l'année de leur première rencontre.

Dans d'autres cas, je me suis contenté de suivre les suggestions de la logique. Pour moi, Vincent a dû se rendre du Brabant jusqu'à La Haye par la route, puis prendre le train jusqu'à la côte car à l'époque c'était pratiquement la seule façon dont on pouvait accomplir ces déplacements.

Chaque ouvrage n'est mentionné qu'une fois, bien qu'il ait pu être utilisé de nouveau dans les chapitres suivants. Les ouvrages généraux sur Van Gogh que l'on peut encore se procurer aujourd'hui sont signalés par un astérisque.

GÉNÉRALITÉS

Vincent VAN GOGH, *The Complete Letters of Vincent Van Gogh*, Thames and Hudson Ltd, Londres, 1958 (*Correspondance complète de Vincent Van Gogh*, Gallimard/Grasset, 1960 [1]).
A.M. et R. HAMMACHER, *Van Gogh, a documentary biography*, Thames and Hudson, Londres, 1982.
Melissa MCQUILLAN, *Van Gogh*, Thames and Hudson, Londres, 1989.
Phoebe POOL, *Impressionism*, Thames and Hudson, Londres, 1967.
John REWALD, *Post-Impressionism. From Van Gaugh to Gauguin*, 3ᵉ éd., The museum of Modern Art, New York, 1978*.
John REWALD, *Studies in Post-Impressionism*, Thames and Hudson, Londres, 1986.
Robert ROSENBLUM et H.W. JANSON, *Art of the 19th Century. Painting and Sculpture*, Thames and Hudson, 1984.
M.E. TRABAULT, *Van Goghiana*, Édition privée, P. Peré, Anvers, 1963-1975. 10 numéros.
M.E. TRABAULT, *Vincent Van Gogh*, Macmillan, Londres, 1969.
Rosemary TREBLE, *Vincent, the paintings of Van Gogh*, Hamlyn, Londres, 1989.
E. Van UITERT et M. HOYLE, *The Rijksmuseum Vincent Van Gogh*, Meulenhoff/Landshoff, Amsterdam, 1987.
Vincent, bulletin du Rijksmuseum Vincent Van Gogh, 4 vol., Amsterdam, 1970-1976.
Bernard ZURCHER, *Vincent Van Gogh, Art, Life and Letters*, Rizzoli, New York, 1985.

CHAPITRE 1

E.H. DU QUESNE-VAN GOGH, *Personal Recollections of Vincent Van Gogh*, trad. K.S. Dreier, Londres, 1913.
Van Gogh in Brabant, catalogue de l'exposition Noordbrabants Museum, 's-Hertogenbosch 1987-1988, Wanders bv, Zwolte. Hollande, 1987*.

CHAPITRES 2, 3, et 4

Ben BROOS, *Meesterwerken in het Mauritshuis*, Staatsuitgeverij, La Haye, 1987.
Salon de Bruxelles 1872, *Catalogue explicatif*, imprimerie Adolphe Mertens, Bruxelles, 1872.

1. Note du traducteur.

De Haagse School, catalogue de l'exposition Haags Gemeentemuseum, 1983.
Dr Fr. FORSTER, *Illustrirter Wiener Fremdenführer*, Beck'sche Universitäts Buchhandlung, Vienne, 1873.
Dr Jos. DE GRUYTER, *De Haagse School*, Lemniscaat, Rotterdam, 1968.
MARIUS, *Dutch Painters of the 19th Century* (1re éd. Hollande, 1903), trad. angl. 1908, rééd. Antique Collectors Club (éd. G. Norman), 1973.
Jean-François Millet, catalogue de l'exposition The Arts Council of Great Britain, 1976.
Roy OSBORNE, *Lights and Pigments*, John Murray, Londres, 1980.
Salon de Paris 1873, Imprimerie Nationale, Paris, 1873.
Ronald PICKVANCE, *English Influences on Vincent Van Gogh*, catalogue de l'exposition de l'université de Nottingham, Arts Council of Great Britain, 1974.
Dr Croel THOMSON, « The Brothers Maris », *The Studio*, numéro spécial d'été, Londres, 1907.
Louis VAN TILBORGH (éd.), *Van Gogh and Millet*, Rijksmuseum Vincent Van Gogh, Amsterdam, 1989.
Kenneth WILKIE, *The Van Gogh Assignment*, Paddington Press, Londres, 1972.

CHAPITRE 5

René DÉJOLLIER, *Charbonnages en Wallonie 1345-1984*, Éditions Erasme, Namur, 1988.
Georges DUEZ, *Vincent Van Gogh au Borinage*, Fédération du Tourisme du Hainaut, Mons, 1986.
Jean PIÉRARD, *Mon pays, le Borinage*, Fédération du Tourisme du Hainaut, 1978.
Van Gogh en Belgique, catalogue de l'exposition Musée des Beaux-Arts de Mons, 1980.

CHAPITRE 6

Gerald M. ACKERMAN, *Jean-Léon Gérôme*, Sotheby's Publications, Londres, 1986.
Kathleen ADLER, *Camille Pissarro*, B.T. Batsford, Londres, 1978.
L'art belge, catalogue de l'exposition Bruxelles, Société royale des Beaux-Arts, 1905.
L'art en Belgique 1880-1950, catalogue de l'exposition Bruxelles, Palais des Beaux-Arts, 1978.
Belgian Art 1880-1914, catalogue de l'exposition Brooklyn Institute of Art and Science, 1980.
Émile Bernard, catalogue de l'exposition Londres, Kaplan Gallery, 1964.
Georges BESSON, *Paul Signac 1863-1935*, éditions Braun, Paris, 1951.
André Bonger en Zijn Kunstenaarsvrienden : Redon, Bernard, Van Gogh, catalogue de l'exposition Amsterdam Rijksmuseum, 1972.
Patricia ECKERT BOYER (éd.), *The Nabis and the Parisian Avant-Garde*, Rutgers University Press, New Brunswick et Londres, 1988.
Richard BRETTELL, etc., *The Art of Paul Gauguin*, National Gallery of Art, Washington, 1988.

Robert L. DELEVOY, *Symbolists and symbolism*, Skira, Rizzoli, New York, 1978.
William G. FLIPPO, *Lexicon of the Belgian Romantic Painters*, International Art Press, Anvers, 1981.
Edmond et Jules DE GONCOURT, « Paris et les Arts, 1851-1896 », extraits du *Journal des Goncourt*, sélectionnés et traduits par George J. Becker et Edith Philips, Cornell University Press, 1971.
Charles KUNSTLER, *Pissarro*, Cassell, Londres, 1988.
Le Livre des expositions universelles 1851-1989, Union centrale des Arts décoratifs, Paris, 1983.
John MILNER, *The Studios of Paris*, Yale University Press, 1988.
Lodewijk OPDEBEEK, « A.J. Madiol », *Vlaamsch en Vrij*, 4 février 1984.
Camille PISSARRO, *Correspondance de Camille Pissarro*, Presses universitaires de France, 1981.
John REWALD, « Théo Van Gogh, Goupil et les impressionnistes », *Gazette des Beaux-Arts*, janvier-février 1973.
A. SHEON, *Monticelli*, catalogue de l'exposition Pittsburgh, Carnegie Institute Museum of Art, 1978-1979.
A. SHEON, « Monticelli and Van Gogh », *Apollo*, juin 1967.
Ralph E. SHIKES et Paula HARPER, *Pissarro, his life and work*, Quartet Books, Londres, 1980.
Belinda THOMPSON, *Gauguin*, Thames and Hudson, 1987.
Eeyon WEBER, *France, Fin de Siècle*, Harvard University Press, 1986.

CHAPITRE 7

J.G. VAN GELDER, *Vincent Van Gogh, The Potato Eaters*, Percy Lund Humphries, Londres, 1948.
Johannes VAN DER WOLK, *The Seven Sketchbooks of Vincent Van Gogh*, trad. par Claudia Swan, Thames and Hudson, 1987.

CHAPITRE 8

Riva CASTLEMAN et Wolfgang WITTROCK (éd.), *Henri de Toulouse-Lautrec*, The Museum of Modern Art, New York, 1985.
Barnaby CONRAD III, *Absinthe, history in a bottle*, Chronicle Books, San Francisco, 1988.
Phillip Dennis CATE et Bogomila WELSH-OVCHAROV, *Émile Bernard — Bordellos and Prostitutes in Turn of the Century French Art*, The Jane Voorhees Zimmerli Art Museum, Rutgers, New Jersey, 1988.
« Fernand Cormon », dans *L'académie du Japon moderne et les peintres français*, catalogue de l'exposition Ishibashi Foundation, Tokyo, 1983.
« Nécrologie : Mort de Fernand Cormon », *Le Temps*, 22 mars 1924.
Figures de Corot, catalogue de l'exposition Paris, Musée du Louvre, 1962.
DUBOSC, *Soixante ans dans les ateliers des artistes*, Calmann-Lévy, Paris, 1900.
Jacques DUFURA, *Winds from the East — A Study in the Art of Manet, Degas, Monet and Whistler, 1856-1886*, Almquist and Wiksell International, 1981.
Ann GALBALLY, *The Art of John Peter Russell*, Sun Books, Melbourne, 1977.

Paul GAUGUIN, *Lettres à sa femme et à ses amis*, éd. Maurice Malingué, trad. par Henry J. Stenning, The Saturn Press, Londres, 1946.
Paul GAUGUIN, *45 Lettres à Vincent, Théo et Jo Van Gogh*, éd. Douglas Cooper, Rijksmuseum Vincent Van Gogh, Amsterdam, 1983.
Van Gogh à Paris, Catalogue de l'exposition Musée d'Orsay, publ. du ministère de la Culture et de la Communication, Paris, 1988.
Christopher GRAY, *Armand Guillaumin*, The Pequot Press, Connecticut, 1972.
A.S. HARTRICK, *A Painter's Pilgrimage through Fifty Years*, Cambridge, 1939.
A.S. HARTRICK, catalogue de l'exposition Londres, Arts Council of Great Britain, 1951.
T.J. HONEYMAN, «Van Gogh — A Link with Glasgow», *The Scottish Art Review*, vol. II, n° 2, 1948.
Philippe JULIAN, *Montmartre*, Phaidon, Oxford, 1977.
Philippe LEJEUNE (éd.), Extraits du *Journal* de Fernand Cormon (1917-1918), éditions de la Fondation Taylor, sd.
Musée d'Orsay, *Guide*, ministère de la Culture et de la Communication, Paris, 1986.
Yann LE PICHON, *Gauguin : Vie, Art, Inspiration*, trad. I Mark Paris, Harry N. Abrams, New York, 1987.
M. ROSKILL, *Van Gogh, Gauguin and the Impressionist Circle*, Londres-New York, 1970.
Yvon TAILLANDIER, *Corot*, The Uffici Press, Milan, 1967.
Ambroise VOLLARD, *Recollections of a Picture Dealer*, trad. Violet M. Macdonald, Dover Publications, New York, 1978.
B. WELSH-OVCHAROV, *Vincent Van Gogh and the Birth of Cloisonism*, Art Gallery, Ontario, 1981.
B. WELSH-OVCHAROV, *Vincent Van Gogh : his Paris Period 1886-1888*, Utrecht-La Haye, 1976.

CHAPITRE 9

Chefs-d'œuvre de la peinture, Musée Fabre, Montpellier, 1988.
Jean-Paul CLÉBERT et Pierre RICHARD, *La Provence de Van Gogh*, Édisud, Aix-en-Provence, 1981.
V. DOITEAU et E. LEROY, *La folie de Van Gogh*, Paris, 1928.
V. DOITEAU et E. LEROY, «Vincent Van Gogh et le drame de l'oreille coupée», *Aesculape*, juillet 1932.
Paul GAUGUIN, *Paul Gauguin's Intimate Journals*, trad. Van Wyck Brooks, préf. Émile Gauguin, *Liveright*, New York, 1921.
Van Gogh et Arles, catalogue de l'exposition Hôpital Van Gogh, Arles, 1989.
E. LEROY, «Le séjour de Vincent Van Gogh à l'asile de Saint-Rémy-de-Provence», *Aesculape*, mai-juin-juillet 1926.
Pierre MICHON, *Vie de Joseph Roulin*, Éditions Verdier, Lagrasse, 1988.
Ronald PICKVANCE, *Van Gogh in Arles*, The Metropolitan Museum of Arts, pub. Harry N. Abrams, New York, 1984*.
Jean-Noël PRIOU, «Van Gogh et la famille Roulin», *Revue des PTT de France*, mai-juin 1955.
Jean-Noël PRIOU, «Le facteur de Vincent», *Référence de la Poste*, Paris, n° 19, automne 1987.

P. WEILLER, « Nous avons retrouvé le zouave de Van Gogh », *Lettres françaises*, 24-31 mars 1955.

CHAPITRE 10

G.A. AURIER, « Les isolés - Vincent Van Gogh », *Mercure de France*, janvier 1890.
Les Cahiers de Van Gogh, Genève, 1957, n°ˢ 1 et 2 uniquement.
Marie-Paule DÉFOSSEZ, *Auvers or the Painter's Eye*, Valhermeil, Paris, 1986.
Evelyne DEMORY, *Auvers en 1900*, Valhermeil, Paris, 1985.
V. DOITEAU, « Deux "copains" de Van Gogh inconnus : les frères Gaston et René Secrétan, Vincent tel qu'ils l'ont vu », *Aesculape*, mars 1957.
Le Groupe des XX et de son temps, catalogue de l'exposition Bruxelles, Musées royaux des Beaux-Arts, 1962.
Ronald PICKVANCE, *Van Gogh in Saint-Rémy and Auvers*, The Metropolitan Museum of Art, Pub. Harry N. Abrams, New York, 1986*.
Richard J. WATTENMAKER, *Puvis de Chavannes and the Modern Tradition*, catalogue de l'exposition Art Gallery of Ontario, Canada (édition révisée), 1976.

ÉPILOGUE

Walter FEILCHENFELDT, *Vincent Van Gogh and Paul Cassirer, Berlin*, Cahier Rijksmuseum Vincent Van Gogh, 1988.
I. STONE, *Lust for Life*, New York-Toronto 1934 ; Londres, 1935 ; film sorti en 1956.
Vincent, Guide to the Rijksmuseum Vincent Van Gogh, Amsterdam, sd.
Vincent Van Gogh, catalogue du Rijksmuseum Kroller-Muller, Otterlo, 1983.